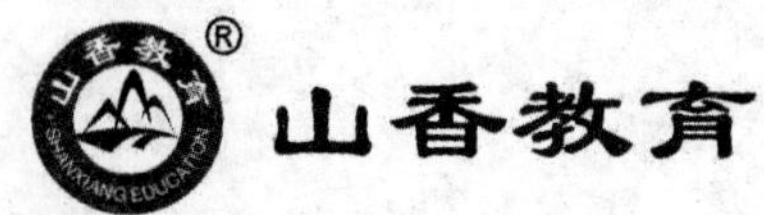

福建省教师招聘考试

高分题库精编

教育综合 下册

山香教师招聘考试命题研究中心 主编

图书在版编目(CIP)数据

福建省教师招聘考试教育综合高分题库精编:全2册/山香教师招聘考试命题研究中心主编.—北京:首都师范大学出版社,2012.7(2022.5重印)

ISBN 978-7-5656-0895-7

Ⅰ.①福… Ⅱ.①山… Ⅲ.①教师—聘用—资格考试—习题集 Ⅳ.①G451.1-44

中国版本图书馆CIP数据核字(2012)第173931号

福建省教师招聘考试
JIAOYU ZONGHE GAOFEN TIKU JINGBIAN XIACE
教育综合高分题库精编·下册
山香教师招聘考试命题研究中心 主编

策划编辑 张文强
责任编辑 曹亮亮 王慕飞　　封面设计 山香教育
首都师范大学出版社出版发行
地　址 北京市西三环北路105号
邮　编 100048
电　话 010-68418523(总编室)　010-68982468(发行部)
网　址 http://cnupn.cnu.edu.cn
印　刷 河南黎阳印务有限公司
经　销 全国新华书店
版　次 2012年7月第1版
印　次 2022年5月第15次印刷
开　本 787mm×1092mm 1/8
印　张 36
字　数 800千
定　价 70.00元

前　言

近年来,国家扩大和补充教师队伍的政策力度不断加大,教育部《关于进一步做好中小学教师补充工作的通知》中指出:深化教师队伍补充机制改革,确保教师聘用质量。全面推行新任教师公开招聘制度,形成长效机制。这意味着教师招聘考试各方面将日益规范和深入。这对每一位立志成为人民教师的考生来说,既是新的契机,也将是巨大的挑战。教师招聘考试(教师入编考试,简称招教)是我国公开招聘教师的选拔性考试,其目的是为教育行政部门录用优秀教师提供参考。各地依据考生笔试成绩,结合面试情况,按已确定的招聘计划择优录取。

一、福建省中小学教师公开招聘考试笔试结构

2022年福建省不再统一组织安排全省中小学幼儿园教师公开招聘工作,由市、县(区)教育部门会同有关部门组织实施。省教育厅委托福建省教育考试院提供一次教师招聘笔试服务,各市、县(区)和省直有关单位根据需要确定是否参加本次笔试。第一轮公开招聘结束后,各市、县(区)和省直有关单位(学校)可与福建省教育考试院对接,针对未完成招聘的空缺岗位开展第二轮补充招聘。

1. 笔试科目:笔试科目有"教育综合知识"和"专业知识"。"教育综合知识"考试时间120分钟,卷面总分为150分;"专业知识"考试时间120分钟,卷面总分为150分。"教育综合知识"是每位应聘者必考科目;"专业知识"由应聘者根据所学专业选择其中一个科目参加考试。

2. 笔试内容:教育综合知识考试的主要内容为时事政治、师德和教育法律法规与政策、教育学和心理学;专业知识考试的主要内容为相应学科的专业基础主干知识、相应学科的课程与教学论知识等。

二、福建省教师招聘考试教育综合知识备考策略

1. 了解教育综合知识考查的内容

福建省教育综合知识包括时事政治、师德和教育法律法规与政策、教育学和心理学,考生需要重点掌握后三部分知识,并对时事政治有所了解。

2. 在理解和掌握教材内容的基础上加强知识点之间的联系

该题库是依据教材相应章节的内容编订的,因此,考生可在整体理解教材的基础上利用该题库巩固所学知识。考生在做题的时候,应注意把握知识点之间的关联,这样才能熟练掌握相关知识并融会贯通。例如,在复习"最近发展区"的时候,考生不仅要想到教育学中个体身心发展规律的相关知识,而且要想到心理学中维果斯基的其他相关主张。

限于时间及水平,本套题库难免会有疏漏之处,衷心希望各位专家、学者及读者朋友们批评指正。

编　者

目　录

参考答案及解析单独成册

第一部分　心理学

第一章　心理与心理学

命题分析

[考查要点]

1. 理解科学的心理观。
2. 区分脑的结构与功能。
3. 识记心理学的概念和心理现象的结构。
4. 识记不同心理学流派的代表人物和观点。

[考查题型]

以选择、判断、填空等客观题为主。

基础训练

一、单项选择题

视频讲解

1. 听觉中枢位于大脑皮层的(　　)
   A. 额叶　　B. 顶叶
   C. 颞叶　　D. 枕叶

2. 下列对应关系中正确的是(　　)
   A. 构造主义心理学—斯金纳　　B. 行为主义心理学—冯特
   C. 人本主义心理学—安吉尔　　D. 机能主义心理学—杜威

3. 心理学作为一门独立的科学诞生于(　　)
   A. 1879年　　B. 1897年
   C. 1789年　　D. 1798年

4. 视觉中枢位于大脑皮层的(　　)
   A. 额叶　　B. 顶叶　　C. 枕叶　　D. 颞叶

5. 铁钦纳是(　　)心理学派的创始人之一。
   A. 构造主义　　B. 格式塔
   C. 行为主义　　D. 机能主义

6. 在心理学史上格式塔心理学派又被称为(　　)
   A. 完形心理学派　　B. 机能主义学派
   C. 精神分析学派　　D. 神经心理学派

7. 构造主义心理学主张研究人的(　　)
   A. 认知　　B. 意识
   C. 行为　　D. 无意识

8. 下列不属于反射活动的是(　　)
   A. 草履虫的趋利避害反应　　B. 人的手感觉到火的高温后便立即移开
   C. 谈梅生津　　D. 学生听到铃声后走进教室上课

9. 有的人能歌善舞,具有很高的音乐才能;有的人能说会道,善于与人相处,表现出较高的人际交往水平。这体现的是个性心理特征中的(　　)
   A. 能力　　B. 气质
   C. 性格　　D. 信念

10. 位于人体中枢神经系统的最高部位,称为整个神经系统的“最高司令部”的是(　　)
    A. 脑垂体　　B. 脊髓
    C. 大脑两半球　　D. 小脑

11. 心理现象的产生方式是(　　)(易错)
    A. 精神活动　　B. 技能活动
    C. 意识活动　　D. 反射活动

12. 下列对精神分析学派的表述中,说法错误的是(　　)
    A. 重点研究动机和无意识现象　　B. 认为精神宣泄能够达到治疗疾病的作用
    C. 认为人性本善　　D. 认为欲望受到压抑是精神病的起因

13. 下述哪项属于大脑左半球的功能(　　)
    A. 绘画、绘图能力　　B. 建造能力
    C. 计算能力　　D. 音乐能力

14. 下列现象属于第二信号系统的是(　　)
    A. 一朝被蛇咬,十年怕井绳　　B. 谈虎色变
    C. 望梅止渴　　D. 马做算术题

15. “甲之熊掌,乙之砒霜”这个谚语体现了以下科学心理观中的哪种观点(　　)
    A. 心理是脑的机能　　B. 脑是心理的器官
    C. 客观现实是心理的源泉　　D. 心理是对客观现实的主观映像

16. 重视对人类异常行为的研究,强调心理学应研究无意识现象的心理学派为(　　)
    A. 人本主义学派　　B. 格式塔学派
    C. 行为主义学派　　D. 精神分析学派

17. 人的“生命中枢”是指(　　)
    A. 中脑　　B. 脊髓　　C. 小脑　　D. 延髓

18. 周围神经系统由12对脑神经和(　　)对脊神经组成。
    A. 11　　B. 21　　C. 31　　D. 35

19. 心理过程是指人对客观现实的反映过程,是一个人心理现象的动态过程,不包括(　　)

A. 认知过程　　B. 情绪情感过程

C. 意志过程　　D. 自我调控过程

20. 主张心理学应该以可观察与测量的行为为研究对象的理论流派是(　　)

A. 机能主义　　B. 行为主义

C. 人本主义　　D. 精神分析

21. 西方心理学的"第一势力"是指(　　)

A. 精神分析心理学　　B. 行为主义心理学

C. 认知心理学　　D. 人本主义心理学

22. 用信息加工的观点来研究人的感觉、知觉、记忆、思维等心理过程的心理观点是(　　)

A. 行为主义的观点　　B. 生物学的观点

C. 现象学的观点　　D. 认知学派的观点

23. 行为主义创立的标志是1913年美国心理学家(　　)出版了《在行为主义者看来的心理学》一书,由此,他被称为"行为主义的创始人"。(常考)

A. 罗杰斯　　B. 华生　　C. 弗洛伊德　　D. 马斯洛

24. 反射弧是由什么组成的(　　)

A. 感受器、神经中枢、效应器　　B. 传入神经、神经中枢、传出神经

C. 感受器、传入神经、传出神经、反馈　　D. 感受器、传入神经、神经中枢、传出神经、效应器

25. 下列选项中,不属于个性心理特征的是(　　)

A. 感知　　B. 能力　　C. 气质　　D. 性格

26. 历史上第一部论述各种心理现象的著作是(　　)

A.《心理学大纲》　　B.《认知心理学》

C.《论灵魂》　　D.《生理心理学原理》

27. (　　)是人进行活动的基本动力,是个性结构中最活跃的因素,它决定着人对现实的态度及对认识和活动对象的选择。(易混)

A. 能力　　B. 气质

C. 个性心理倾向性　　D. 个性心理特征

28. 首创实验内省法的心理学家是(　　)

A. 卡特尔　　B. 皮亚杰　　C. 罗杰斯　　D. 冯特

29. 看同一部电影或上同一堂课,不同的人其感受也不同。这种现象说明人的心理具有(　　)

A. 客观性　　B. 主观性

C. 现实性　　D. 能动性

30. 认为所有复杂的心理活动都是由感觉、意象和激情状态这些基本元素构成的心理学流派是(　　)

A. 机能主义心理学　　B. 构造主义心理学

C. 格式塔心理学　　D. 认知心理学

31. 1879年,(　　)在德国莱比锡大学建立世界上第一个心理学实验室,标志着心理学成为一门独立的学科。(常考)

A. 冯特　　B. 桑代克　　C. 华生　　D. 铁钦纳

32. 提出了"意识流"概念的是(　　)

A. 格式塔心理学派　　B. 精神分析心理学派

C. 构造主义心理学派　　D. 机能主义心理学派

33. 两个学生看见桌子上的半瓶水,一个学生说:"只有半瓶了。"另一个学生说:"还有半瓶呢!"这说明了心理对客观现实的反映具有(　　)

A. 真实性　　B. 被动性

C. 客观性　　D. 主观性

34. 现代心理学诞生和发展的两个重要历史渊源是哲学和(　　)

A. 社会学　　B. 生理学　　C. 人类学　　D. 物理学

二、多项选择题

1. 中枢神经系统包括(　　)

A. 脑　　B. 脑神经

C. 植物性神经　　D. 脊髓

2. 个性心理倾向性包括(　　)(易混)

A. 需要　　B. 动机　　C. 能力　　D. 世界观

3. 反射是有机体的基本生命活动,可分为无条件反射和条件反射,以下在学校发生的现象属于条件反射活动的是(　　)

A. 实验课闻到刺激的气味就咳嗽　　B. 被老师批评后见老师就躲

C. 听到老师叫自己名字立刻起身　　D. 午餐时看到美味的饭菜流唾液

4. 下列说法中正确的是(　　)

A. 脑是心理的器官　　B. 心理是脑的机能

C. 心理具有主观能动性　　D. 心理反映总是正确的

5. 冯特对心理学的历史功绩主要有(　　)

A. 心理科学的独立　　B. 实验心理学的创立

C. 出版《生理心理学原理》　　D. 建立心理学专业队伍

三、判断选择题

1. "谈梅生津"属于第二信号系统的条件反射。(　　)

A. 正确　　B. 错误

2. 心理活动是人脑对客观现实的反映,但有了人脑和客观现实,不一定就会产生人的心理。(　　)

A. 正确　　B. 错误

3. 不仅人有心理,动物也有。(　　)

A. 正确　　B. 错误

4. 心理过程是在个性心理特征的基础上形成和发展起来的,反过来又影响着个性心理特征的完善与发展。(　　)

视频讲解

A. 正确　　B. 错误

5. 建构主义学习理论认为,心理学不应该研究意识,只应该研究行为,把行为与意识完全对立起来。(　　)

A. 正确　　B. 错误

6. 人本主义学派是西方心理学的第三势力。(　　)

A. 正确　　B. 错误

四、填空题

1. 构造主义心理学把人的经验分为感觉、意象和________三种元素。

2. ________被称为"心理学之父"。

3. 心理学兼有自然科学和社会科学的性质,是一门________科学。

4. 心理现象非常复杂,但从形式上可以归纳为________和________两个方面。

5. 用语词作为条件刺激而建立的条件反射系统叫作________。

6. ________是抽象逻辑思维和言语中枢的优势半球,它主要负责言语、阅读、书写、运算和推理等。(常考)

7. ________是神经系统活动的基本形式。

8. 神经活动主要是指大脑皮层活动。它的基本过程是________和________。

9. 1967年________出版的《认知心理学》标志着现代认知心理学的诞生。

10. ________把大脑皮层的功能分为第一信号系统和第二信号系统。

真题精解

一、单项选择题

1. 下列属于认知过程的心理现象是(　　)

A. 注意　　B. 思维　　C. 情绪　　D. 人格

2. "小明既聪明又勤奋。"该评价涉及的心理现象是(　　)(易错)

A. 气质和意志　　B. 能力和性格

C. 能力和气质　　D. 性格和气质

3. "一千个人的眼里,有一千个哈姆雷特"表明人的心理具有(　　)

A. 客观性　　B. 主观性

C. 目的性　　D. 社会性

4. 主张人的每一种经验都是一个整体,整体先于部分而存在,整体大于部分之和的心理学流派是(　　)

A. 现代认知心理学　　B. 格式塔心理学

C. 人本主义心理学　　D. 机能主义心理学

二、判断选择题

注意是一种独立的心理过程。(　　)

A. 正确　　B. 错误

三、填空题

1. 心理学是研究________及其发生发展规律的科学。

2. 人的心理过程包括________过程、情绪情感过程和意志过程。

3. 大脑半球分为________、顶叶、枕叶和颞叶。

4. 科学心理观认为,心理是________的机能。

5. 神经系统结构和机能的基本单位是________。

6. 科学心理学的创始人是德国心理学家________。

7. 科学心理观认为,心理是人脑对________的主观能动的反映。

第二章　感觉与知觉

命题分析

[考查要点]

1. 识记感觉的概念，区分感觉的种类，理解感觉的规律。
2. 识记知觉的概念，重点掌握知觉的种类和规律。
3. 区分和掌握四个感知规律和观察的品质，并重点记忆培养学生观察力的措施。

[考查题型]

以选择、判断、填空等客观题为主。

基础训练

一、单项选择题

1. 对每一个教师而言，在新班级中第一堂课的印象往往会在很大程度上影响学生对教师的整体评价。这体现的是(　　)

A. 刻板印象　　B. 近因效应　　C. 晕轮效应　　D. 首因效应

2. 一个人换了衣服和发型，但是我们仍然能够认出他。这体现了(　　)(易混)

A. 知觉的整体性　　B. 知觉的恒常性

C. 知觉的理解性　　D. 知觉的选择性

视频讲解

3. 以下现象中，表明感受性可通过练习而提高的是(　　)

A. 从亮处到暗处，由看不清到逐渐看清物体轮廓

B. 吃糖之后再吃橘子，觉得橘子酸

C. 卖糖果的售货员用手抓糖，重量较准确

D. 洗热水澡时开始觉得水热，稍后觉得不那么热了

4. 李老师为了激励同学们好好读书，用白纸黑字、黄底红字写上了“好好学习，天天向上”等名言，挂在教室的墙壁上，同学们因为教室的色彩图案对比太过强烈而产生了一种难以接受的感觉，一个月下来，同学们的学习效果不但没有提升反而下降了。这体现的感知规律是(　　)

A. 强度律　　B. 差异律　　C. 活动律　　D. 组合律

5. 人们倾向于认为教师是儒雅的、知识渊博的。这一现象被称为(　　)(常考)

A. 社会刻板印象　　B. 首因效应　　C. 晕轮效应　　D. 投射效应

6. 相同的歌曲旋律，不管是用钢琴演奏还是用小提琴演奏，我们都能听出来是同一首歌，这说明知觉具有(　　)

A. 理解性　　B. 选择性　　C. 恒常性　　D. 整体性

7. 生活中人们看到蓝色会产生清凉的感觉，这属于(　　)

A. 适应现象　　B. 联觉现象　　C. 感觉补偿　　D. 感觉对比

8. 在一定时间里，人总是有选择地把少数事物作为知觉对象，而把其他事物作为背景，这就是知觉的选择性。影响知觉选择性的主观因素不包括(　　)

A. 动机　　B. 兴趣　　C. 需要　　D. 对象

9. 科学实验中，老师强调学生注意看有什么现象发生。这样做可以培养学生的(　　)

A. 记忆能力　　B. 观察能力　　C. 感觉能力　　D. 知觉能力

10. 研究表明，安静环境下我们可以听到20英尺以外钟表的滴答声，这种刚刚能够引起人们感觉的最小刺激量是(　　)(常考)

A. 绝对感觉阈限　　B. 差别感受阈限　　C. 绝对感受性　　D. 差别感受性

11. 学生看书时，喜欢用荧光笔画出优美的语句，以便于下次欣赏品读。这利用了知觉的(　　)(常考)

A. 理解性　　B. 整体性　　C. 恒常性　　D. 选择性

12. 知觉恒常性受各种因素的影响，其中(　　)线索最为重要。

A. 视觉　　B. 听觉　　C. 嗅觉　　D. 触觉

13. 在阅读中遇到生词时，教师一般要求学生联系上下文猜测词义，而不是急于查字典。这体现了知觉的(　　)(易混)

A. 整体性　　B. 理解性　　C. 选择性　　D. 恒常性

14. 黑人的牙齿总给人以特别洁白的感觉，这与“月明星稀”给人的印象一样，都属于感觉的(　　)

A. 补偿　　B. 适应　　C. 同时对比　　D. 继时对比

15. 人们看电影时，电影拷贝上的一幅幅画面是不动的，而人们看到的却是连贯的动作、活动的景物。这运用的心理学原理是(　　)

A. 感觉后像　　B. 感觉对比　　C. 感觉适应　　D. 联觉

16. 如果用眼睛注视一朵绿花一分钟，然后将视线转向身边的白墙，那么在白墙上将看到一朵红花。这种现象是(　　)

A. 正后像　　B. 负后像　　C. 视觉适应　　D. 感觉对比

17. 吃糖之后再吃药，就觉得药特别苦，而吃完药之后再吃糖，就会觉得糖特别甜。这种现象是(　　)(常考)

A. 感觉适应　　B. 同时对比　　C. 继时对比　　D. 感觉转换

18. 在实验中，让你戴上耳机，然后开始由小到大地调节音量，你会从一开始听不见，到开始逐渐能够听得见。在你刚刚能够听得见时的音量，在心理学中被称为(　　)

A. 绝对感受性　　B. 绝对感觉阈限　　C. 差别感受性　　D. 差别感觉阈限

19. 下列俗语中，反映了晕轮效应的是(　　)

A.“路遥知马力，日久见人心”　　B.“以己之心，度人之腹”

C.“情人眼里出西施”　　D.“先入为主”

20. 从影院里走出来，感到外面的阳光格外刺眼。这属于(　　)

A. 感觉后像　B. 感觉对比　C. 联觉　D. 感觉缺失

21. 将一根木棒的一截插入水中，木棒看起来弯曲了。这是(　　)

A. 感觉　B. 错觉　C. 动觉　D. 幻觉

22. 诗句“欢娱嫌夜短，寂寞恨更长”描写的心理现象是(　　)

A. 空间错觉　B. 时间错觉　C. 运动错觉　D. 视觉错觉

23. 能够感受刺激之间最小差异量的能力叫(　　)

A. 绝对感觉阈限　B. 绝对感受性

C. 差别感觉阈限　D. 差别感受性

24. 下列有关感觉的表述中，说法不正确的是(　　)

A. 感觉是人脑对事物个别属性的认识　B. 感觉是认识的起点

C. 感觉是人脑对事物整体属性的认识　D. 感觉是一切较高级、较复杂的心理现象的基础

25. 人在刚进入电影院时，感觉阈限的变化是(　　)(易错)

A. 缓慢下降　B. 急速下降　C. 缓慢上升　D. 急速上升

26. 当两条直线按一定空间间隔和时距相继呈现时，我们就会看到从一条直线向另一条直线的连续运动，这种现象属于(　　)

A. 诱导运动　B. 动景运动　C. 自主运动　D. 运动后效

27. “入芝兰之室，久而不闻其香；入鲍鱼之肆，久而不闻其臭。”这是感觉的(　　)现象。(常考)

A. 疲劳　B. 对比　C. 融合　D. 适应

28. “以小人之心，度君子之腹”反映的是(　　)

A. 刻板印象　B. 光环效应　C. 投射效应　D. 最近效应

29. 儿童刚学写字时，“乌”和“鸟”等形近字常混淆。这是由于该时期儿童的观察品质缺乏(　　)(常考)

A. 精确性　B. 顺序性　C. 目的性　D. 敏捷性

视频讲解

30. 小军在背诵课文时总是用横线将自己容易记错的地方标出来，这体现了知觉的(　　)

A. 整体性　B. 理解性　C. 选择性　D. 恒常性

31. 在噪音影响下，黄昏视觉的感受性会降低到受刺激前的20%；而轻微的肌肉动作或用凉水洗脸，可以使黄昏视觉的感受性提高。这种现象是(　　)(易错)

A. 不同感觉的相互影响　B. 不同感觉的相互补偿

C. 同一感觉的相互作用　D. 联觉

32. 张佳在上课的过程中，总是习惯用红笔在书本上或者自己的笔记本上标记出老师在课堂上讲解的重点知识，目的是方便期中或者期末复习。张佳所采用的学习方法体现了知觉的(　　)

A. 理解性　B. 选择性　C. 整体性　D. 恒常性

33. 光环效应是一种(　　)的现象，可能在人们没有意识到的情况下发生。

A. 社会适应　B. 信息干扰　C. 先入为主　D. 以偏概全

34. 小晶说当她听到小刀刮玻璃的声音时，就会觉得很冷，浑身不舒服。这种感觉现象是(　　)

A. 适应　B. 对比　C. 联觉　D. 综合

35. 看见一株茉莉花并能认识它，这时的心理活动是(　　)

A. 感觉　B. 知觉　C. 统觉　D. 思维

36. 游泳时，刚刚跳进水中时会觉得水很冷，不久后这种感觉就会消失，这种感觉规律属于(　　)

A. 感觉后像　B. 感觉适应　C. 感觉对比　D. 感觉补偿

37. 闻到猕猴桃的香味，看到猕猴桃的褐色外观，触摸猕猴桃的果皮等所引起的心理活动是(　　)

A. 感觉　B. 知觉　C. 感受性　D. 感觉阈限

38. 当我们在人群中寻找自己的朋友时，经常会把一些与朋友具有某些相似特征的人误认成朋友。这体现的是知觉的(　　)

A. 整体性　B. 恒常性　C. 选择性　D. 理解性

二、多项选择题

1. 下列符合小学生观察力特点的有(　　)

A. 观察的目的性较差　B. 观察缺乏精确性

C. 观察缺乏顺序性　D. 观察缺乏深刻性

2. 内部感觉包括(　　)

A. 肤觉　B. 机体觉　C. 运动觉　D. 平衡觉

3. 空间知觉指物体的空间特性在人脑中的反映，它可以划分为(　　)

A. 形状知觉　B. 深度知觉

C. 大小知觉　D. 方位知觉

4. 下列选项中，体现了知觉的理解性的有(　　)(易混)

A. 内行看门道，外行看热闹

B. 一千个读者心中有一千个哈姆雷特

C. 人群中一眼就能找到熟悉的人

D. 教师在教学生辨别“澡”“噪”“躁”时，把这几个字的偏旁用彩色笔标出来

5. 知觉的基本特征包括(　　)

A. 知觉的选择性　B. 知觉的整体性

C. 知觉的理解性　D. 知觉的恒常性

6. 下列现象中能引起感受性提高的是(　　)(易混)

A. 暗适应　B. 明适应　C. 嗅觉适应　D. 感觉补偿

三、判断选择题

1. 知识经验越丰富，理解就越深刻，对事物的知觉也就越完整、精确。(　　)

A. 正确　B. 错误

2. 观察是人的一种有目的、有计划、持久的知觉活动，是知觉的高级形式。(　　)

A. 正确　B. 错误

3. 虽然产生错觉的条件存在，但通过主观努力是可以克服错觉的。（　）

A. 正确　　B. 错误

4. 知觉恒常性是指当知觉的客观条件在一定范围内发生改变时，我们的知觉映像在相当程度上却保持稳定的特点，它包括大小恒常性、形状恒常性和颜色恒常性等。（　）

A. 正确　　B. 错误

5. 根据人脑反映的对象的不同，可以把知觉分为物体知觉和时间知觉。（易错）（　）

A. 正确　　B. 错误

四、填空题

1. 透过现象看本质，这体现了观察品质中的________。

2. ________是指人以知识经验为基础对感知的事物加工处理，并用语词加以概括赋予说明的加工过程。

3. 知觉是人脑对直接作用于感觉器官的客观事物的________的反映。

4. ________是指在总体印象形成上，新近获得的信息比原来获得的信息影响更大的现象。

5. 由于一个物体的运动使其相邻的静止的物体产生运动的现象叫________。（常考）

五、判断说理题

1. 盲人失去视觉，通过实践活动使听觉更加敏锐的现象是感觉的补偿。这种说法是否正确？请运用心理学知识加以说明。

2. 错觉现象的存在正是说明了人类无法客观地反映世界。这种说法是否正确？请运用心理学知识加以说明。（常考）

六、简答题

1. 简述观察的品质。

2. 简述似动知觉的主要形式。

3. 简述感受性与感觉阈限的关系。（常考）

七、论述题

在学校教育教学中，如何培养学生的观察能力？（常考）

真题精解

一、单项选择题

1. 进入吵闹的市集，刚开始会觉得嘈杂，一段时间后觉得嘈杂声减弱了。这体现的是(　　)(常考)
A. 听觉掩蔽　B. 听觉对比　C. 听觉疲劳　D. 听觉适应
2. “光和影有着和谐的旋律，如梵婀玲上奏着的名曲。”这种“有色听觉”是(　　)
A. 联觉　B. 后像　C. 感觉适应　D. 感觉对比
3. 红色往往让人感到温暖，绿色往往让人感到凉爽，这种感觉现象是(　　)
A. 联觉　B. 感觉后像　C. 感觉补偿　D. 感觉适应
4. 教师在板书时，用红色粉笔标注教学重点内容，以引起学生关注。这体现了知觉的(　　)(常考)
A. 理解性　B. 恒常性　C. 整体性　D. 选择性
5. 我们先后看100米和10米处的同一辆汽车时，在视网膜的映像大小不同，但我们仍然认为这辆车的大小没有变化。这主要体现了知觉的(　　)
A. 选择性　B. 整体性　C. 理解性　D. 恒常性

二、多项选择题

下列关于感觉规律的表述，正确的有(　　)
A. 感觉有补偿现象　B. 感觉适应时感受性下降
C. 感受性与感觉阈限成反比关系　D. 感觉对比分为同时对比和继时对比

视频讲解

三、判断选择题

一面红旗不管在白天或是在晚上，人们都会把它知觉为红色。这是知觉的恒常性。(　　)
A. 正确　B. 错误

四、填空题

1. 感觉是人脑对直接作用于感觉器官的客观事物的________的反映。
2. 根据知觉反映的客观事物的特征的不同，知觉可分为空间知觉、时间知觉和________。

第三章　记　忆

命题分析

[考查要点]

1. 区分不同记忆的分类及应用。
2. 识记记忆的过程及其规律。
3. 区分记忆的四个品质。
4. 掌握记忆规律在教学中的应用。

[考查题型]

以选择、判断、填空等客观题为主，有时也会以判断说理和案例分析题的形式考查。

基础训练

一、单项选择题

1. 以动作、技巧为内容的记忆是(　　)
A. 形象记忆　B. 情绪记忆
C. 运动记忆　D. 逻辑记忆
2. 著名的“遗忘曲线”是由(　　)提出来的。
A. 冯特　B. 华生　C. 杜威　D. 艾宾浩斯
3. 从信息加工的观点来看，记忆的基本过程是(　　)
A. 输入—编码—提取　B. 编码—储存—提取
C. 储存—加工—提取　D. 输入—加工—使用
4. 甲乙两班同学学习一段材料，甲班同学学习后不久就复习，乙班同学不复习。一周后，甲班同学的平均保持量为83%，乙班同学的保持量为25%。由此可见，防止遗忘要(　　)(常考)
A. 集中复习　B. 分散复习
C. 及时复习　D. 适度复习
5. 根据识记时对材料是否理解，学生对无意义音节、地名、人名、历史年代等的识记属于(　　)
A. 机械识记　B. 意义识记　C. 无意识记　D. 有意识记
6. 德国心理学家艾宾浩斯最早对记忆保持量的变化进行了系统的实验研究，他以自己为被试，以(　　)
A. 无意义音节为记忆的材料　B. 图形为记忆的材料
C. 词汇为记忆的材料　D. 数字为记忆的材料
7. 有预定目的、用专门方法的识记是(　　)(易混)
A. 机械识记　B. 无意识记　C. 意义识记　D. 有意识记

8. 下列属于陈述性记忆的是(　　)

A. 端午节的日期　B. 打篮球　C. 骑车的技能　D. 跳舞

9. “当我们学到了更高级的概念与规律以后，高级概念可以替代低级概念，使低级概念简化，从而减轻记忆负担。”这种思想和以下哪一种理论有关(　　)

A. 消退说　B. 同化说　C. 干扰说　D. 压抑说

10. “自由联想”和“触景生情”引起的回忆是(　　)(易错)

A. 有意回忆　B. 无意回忆　C. 直接回忆　D. 追忆

11. 小张同学上初中时记下了一个数学公式，虽多年没有复习，但上大学的时候依然记得，并使用其来解题。小张对这个数学公式的记忆属于(　　)

A. 瞬时记忆　B. 短时记忆　C. 感觉记忆　D. 长时记忆

12. 学习后立即睡觉，保持的效果往往比学习后继续活动保持的效果更好。这是由于(　　)(常考)

视频讲解

A. 过度学习　B. 记忆恢复

C. 无倒摄抑制的影响　D. 无前摄抑制的影响

13. 陈楠在期末考试前复习了很久，考试时却发现自己考前明明复习过这些知识点，但就是想不起来，大脑一片空白。最可能解释陈楠遗忘原因的理论是(　　)

A. 提取失败说　B. 干扰说　C. 痕迹衰退说　D. 同化说

14. 教师答疑时，能迅速、灵活地提取头脑中的知识，以解决学生当前的问题。这体现了记忆品质的(　　)

A. 准确性　B. 持久性　C. 敏捷性　D. 准备性

15. 记忆过程包括(　　)

A. 识记、保持和遗忘　B. 识记、再认和回忆

C. 识记、保持和联想　D. 识记、保持、再认或回忆

16. 小董回家和妈妈描述新老师的外貌特征，这种对见过的人的记忆属于(　　)

A. 语义记忆　B. 情景记忆　C. 短时记忆　D. 形象记忆

17. 全国有些省市中考的文科综合科目，采用开卷形式进行。开卷考试时，学生的记忆活动主要是(　　)

A. 识记　B. 回忆　C. 再认　D. 保持

18. 学生在做问答题时所使用的记忆过程主要是(　　)

A. 识记　B. 保持　C. 再认　D. 回忆

19. 学生在使用知识时能迅速地回忆起来，体现了记忆的(　　)

A. 准备性　B. 持久性　C. 敏捷性　D. 准确性

20. 奥运会期间看游泳比赛的记忆属于(　　)

A. 情景记忆　B. 语义记忆　C. 程序性记忆　D. 陈述性记忆

21. 我们进入社会后，仍能回忆起很多年前老师在课堂上谆谆教诲的过程，这一记忆是(　　)

A. 短时记忆　B. 内隐记忆　C. 情景记忆　D. 语义记忆

22. 一个人学会骑自行车，很多年不骑也不会忘记。这种记忆是(　　)

A. 情景记忆　B. 程序性记忆　C. 陈述性记忆　D. 外显记忆

23. 对于那些必须能准确记忆却没什么意义的操作性信息，如乘法口诀表，适宜采用(　　)的方法。(易错)

A. 及时复习　B. 分散复习　C. 限时记忆　D. 过度学习

24. 关于前摄抑制和倒摄抑制，下列说法正确的是(　　)(易错)

A. 当我们学习英语单词时，我们以前学习过的汉语拼音对我们记忆英语单词有干扰，这就是倒摄抑制

B. 当我们能熟练使用英语单词时，英语单词对我们回忆之前学过的汉语拼音有干扰，这就是前摄抑制

C. 前摄抑制和倒摄抑制就是在学习两种不同但又彼此类似的材料时产生的，在学习一种材料的过程中不会出现

D. 在学习两种不同材料时，如果后来学习的材料与之前学习的材料在难度上不同，倒摄抑制的作用也就不同

25. 有一位语文老师告诉学生如何区别“买”“卖”两个字时说：“多了就卖，少了就买。”学生很快就记住了这两个字。还有学生把“干燥”写成“干躁”，把“急躁”写成“急燥”，老师就教学生：“干燥防失火，急躁必跺足。”从此以后学生对这两个字再也不混淆了。下列关于该事例分析错误的是(　　)

A. 该教师鼓励学生进行了意义识记

B. 意义识记的先决条件是理解，所有文字都可以用这种方法识记

C. 该方法可以使学生获得良好的记忆效果

D. 对于无意义的材料，尽量赋予其人为的意义，在理解的基础上进行识记

26. 下列哪种记忆类型符合俗语所说的“良言一句三冬暖，恶语伤人恨不休”(　　)(易混)

A. 形象记忆　B. 逻辑记忆　C. 情绪记忆　D. 动作记忆

27. 人们对一般知识和规律的记忆，与特殊的时间和地点无关。它表现在单词、符号、公式、规则、概念这样的形式中，如记住一年有四季。这种记忆属于(　　)

A. 情景记忆　B. 语义记忆　C. 情绪记忆　D. 动作记忆

28. 下列哪种记忆可以通过语言传授而一次性获得，它的提取往往需要意识的参与，如我们在课堂上学习的各种课本知识和日常生活常识都属于这类记忆(　　)

A. 动作记忆　B. 语义记忆　C. 陈述性记忆　D. 程序性记忆

29. 遗忘的进程受多种因素影响，以下表述正确的是(　　)

①学习者最先遗忘的往往是对其没有重要意义的材料

②一般情况下，学习者对于熟悉的情景材料遗忘较慢

③在学习程度相等的情况下，识记材料越多遗忘越慢

④适当的过度学习对学习者的记忆保持具有正向作用

A. ①②③　B. ①②④　C. ②③④　D. ①②③④

30. 临近下课，班主任王老师又一次向同学们强调了及时复习的重要性。以下关于及时复习的理解正确的是(　　)

A. 及时复习无法加深印象　　B. 应在发现忘记得差不多的时候开始复习

C. 及时复习只能防止遗忘，不能发展记忆能力　　D. 及时复习可以诊断、弥补学习上的知识缺陷

31. 下列遗忘的理论中，(　　)认为遗忘是因为我们不想记，而将一些记忆信息排除在意识之外，因为它们太可怕、太痛苦或有损自我的形象。(常考)

A. 消退说　　B. 干扰说　　C. 同化说　　D. 动机说

32. 下列措施有助于提高有意识记效果的是(　　)

A. 明确记忆的目的和任务　　B. 增加材料的数量

C. 无需特殊的努力　　D. 漫无目的地诵读多遍

33. 很久以前学过的英语单词，一名学生现在写也许写不出来，但是在阅读文章时遇见这些单词却可以再认出来。该学生的这种记忆属于(　　)

A. 内隐记忆　　B. 外显记忆　　C. 形象记忆　　D. 运动记忆

34. 回忆高尔基的《海燕》时，头脑中浮现出课文的第一段和结尾部分，中间部分却模糊不清，这种现象可以用遗忘的(　　)来解释。

A. 干扰理论　　B. 衰退理论　　C. 压抑理论　　D. 提取失败理论

二、多项选择题

1. 下列属于情绪记忆的有(　　)

A. 余音绕梁，三日不绝于耳　　B. 一朝被蛇咬，十年怕井绳

C. 游泳动作的记忆　　D. 想起接到大学录取通知书时的愉快心情

2. 下列情境与遗忘理论匹配正确的有(　　)

A. 瑶瑶在记单词时，往往最开始记的和最后记的几个单词记忆效果最好——消退理论

B. 从北京回来几年后，小轩更多记得的是在北京发生的开心的事情，而那些令她伤心难过的事情她慢慢都不记得了——压抑理论

C. 朵朵在看书时，发现看了后面的内容又忘了前面的，看了前面的又忘了后面的——前摄抑制理论

D. 高二学生小红回忆初中物理知识时，对其知识结构、公式、原理记忆犹新，但怎么也记不起其中的例题、习题——同化理论

3. 关于过度学习，下列说法正确的有(　　)

A. 超过的次数少，达不到效果

B. 过度学习的次数保持在50%时，记忆效果最好

C. 超过50%时，费时费力，很可能引起厌倦、疲劳，而效果却不会因此提高

D. 过度学习最适用于那些必须能准确回忆却没有深刻意义的材料

4. 影响遗忘的因素有很多，下列有关说法正确的有(　　)(易错)

A. 回忆系列材料时，最先呈现和最后呈现的材料遗忘最多

B. 在学习程度相等的情况下，识记材料多，遗忘较快；识记材料少，遗忘较慢

C. 实验证明，过度学习的材料比恰能背诵的材料记忆效果要好一些

D. 一般认为，对熟练的动作和形象材料遗忘得快，而无意义材料比有意义材料遗忘要慢得多

5. 李老师在巩固知识的问题上，一直注重指导学生进行记忆，发展他们的记忆力，李老师可采取的措施包括(　　)

A. 提出记忆的任务，培养记忆的兴趣

B. 掌握记忆的方法，理解记忆与机械记忆结合使用

C. 使学生养成边阅读、边思考、边记忆的习惯

D. 使学生学会正确分配复习时间，复习时间越集中越好

三、判断选择题

1. 防止遗忘的方法是复习。(　　)

A. 正确　　B. 错误

2. 随着年龄的增长，记忆方面最为明显的变化表现在记忆广度的增加。(　　)

A. 正确　　B. 错误

3. 通常情况下，最佳学习程度为100%，超过这个限度就会发生"报酬递减"现象。(　　)

A. 正确　　B. 错误

四、填空题

1. ________是人的心理过程在时间上的持续。

2. 消退说认为，遗忘是记忆得不到________而逐渐衰弱，以致最后消退的结果。

3. 先学习的材料对识记和回忆后学习材料的干扰作用称为________。

4. 艾宾浩斯认为遗忘的进程是不均衡的，表现为________、先多后少，呈负加速。(常考)

5. 记忆材料在系列中的位置会对识记和回忆产生影响，这种影响叫________。

6. "舌尖现象"可以用________来解释。

7. 小叶在学习某材料10次后正好记住，那么她想要取得最好的学习效果，应一共学习________次。

8. 难度小的材料适合________复习，难度大的材料适合________复习。

9. ________是记忆的正确和精确特征。它是指对于所识记的材料，在再认和回忆时，没有歪曲、遗漏、增补和臆测。

10. 需要做出一定的努力，克服一定的困难的有意回忆称为________。

11. 心理学研究表明，过度学习程度为________时，记忆效果最佳。

12. 从信息加工论的观点看，考试过程相当于对信息的________。

五、判断说理题

1. 一般来说，刚学过的新知识每次复习的时间可以短些，而间隔的时间可以长些。这种说法是否正确？请运用心理学知识加以说明。

2. 遗忘总是不利于学习的。这种说法是否正确？请运用心理学知识加以说明。(易错)

六、简答题

1. 影响遗忘进程的因素有哪些？(常考)

2. 简述影响识记效果的因素。

3. 简述遗忘的原因。(常考)

七、案例分析题

1. 小楠是一名五年级的学生，经常协助老师检查班级同学的学习情况。最近，同学们新学了一首古诗，老师要求大家利用课外时间把它背熟，并安排小楠负责检查背诵情况。小楠发现：有些同学没有认真准备，背得磕磕巴巴，在多次提示后才能勉强背出来。有些同学记忆力非常好，仅读几遍，就能够顺利地背出来，记得很快。有些同学先学习这首诗的基本意思，在理解这首诗创作时的作者境遇和历史背景之后，不仅背得很流利，声情并茂，而且记忆深刻，就像知识在脑子里"生了根"。

(1)结合案例，谈谈记忆品质的类型。

(2)记忆过程包括哪些环节？

(3)教师如何在教学中运用记忆规律？

2. 小李的英语成绩在班上排名靠前，老师让他在班上谈谈自己的学习方法。小李说："早上先预习，理解当天要学习的课文；睡觉前背诵一遍当天学习过的课文；每隔几天复习一遍背诵过的课文，从而达到忘不掉的程度。"

请运用心理学原理解释这一案例。

真题精解

一、单项选择题

1. 根据学习程度对保持的影响，一般情况下，若学习30分钟刚好记住材料，要想达到最佳的记忆效果，则需要继续学习(　　)

A. 10分钟　　B. 15分钟　　C. 30分钟　　D. 45分钟

2. 根据艾宾浩斯遗忘曲线揭示的规律，学生学完新的知识后，需要(　　)

A. 分散复习　　B. 及时复习　　C. 间隔学习　　D. 适当过度学习

3. 学生在背诵温庭筠的《望江南》时，通常更容易记住首句"梳洗罢，独倚望江楼"和末句"肠断白蘋洲"，却容易混淆中间句"过尽千帆皆不是，斜晖脉脉水悠悠"，这种现象是(　　)

A. 上下文效应　　B. 罗森塔尔效应　　C. 系列位置效应　　D. 蔡加尼克效应

二、判断选择题

社会环境中的各种影响往往会通过有意识记而被个体"潜移默化"地接受。(易混)　(　　)

A. 正确　　B. 错误

三、填空题

根据识记材料有无意义以及对材料是否理解，识记分为机械识记和________。

四、判断说理题

1. 根据遗忘的干扰说可知，为了防止遗忘，应及时复习。对此你觉得是否正确，请用心理学知识说明理由。

2.“一个人只要能做到过目成诵,就说明其记忆力好。”这种说法是否正确?请运用心理学知识加以说明。

五、案例分析题

1. 老师:同学们请说老师手上拿的是什么图形(依次呈现各色纸片图片)

学生:直角三角形、锐角三角形……

老师:OK,我们来做个拼角的游戏,把三角形三个角拼在一起会有个特殊现象,看谁能发现?(同学们跃跃欲试,老师分发三角形,每人一个)

老师:请同学们跟随老师的示范一起折纸。(当学生代表把各种结果展示在黑板时)

学生甲:(迅速)都是直线(其他同学也陆续说出相同答案)。

老师:这说明什么问题?请同学们用量角器量自己手上三角形三个内角的度数并相加,然后报告得数。

学生乙:179度。

学生丙:181度。

学生(多数):180度。

老师:为什么多数同学是180度。个别同学会有一点偏差呢?应该是由于度量三个角的时候,观察角度不够准确,稍微有些误差,实际上都是180度,也就是平角。

老师(总结):今天大家通过折纸游戏发现,任意一个三角形的三个角都能拼成一条直线,这太棒了!又通过测量验证,理解掌握了“三角形的内角和等于180度”这个重要理论,同学们要把它牢牢记住,它对我们今后学习其他知识很关键。

从影响识记因素的角度,结合案例分析该老师合理组织识记的做法。

2. 阅读材料,回答问题。

甲同学有偏科现象,对语文、历史等学科产生较强的畏难心理。他平时学习缺乏主动性,总是“临时抱佛脚”。考前复习时总以为“文科就靠背”,可以不求甚解。他采取反复识记的方法,但刚能背诵就停止学习,浅尝辄止。再加上时间紧、任务重,学习效果往往欠佳。他对一些形象的知识记忆效果相对好些。对抽象的知识,他采取相同的学习方法,尽管也投入大量的时间和精力,但总难以取得相应的记忆效果。后来,甲同学不断尝试运用自己习惯的记忆方法,发现早晨起床后和晚上临睡前的记忆效果好。

问题:

(1)运用记忆理论,分析“早晨起床后和晚上临睡前记忆效果好”这一现象。

(2)结合材料,分析甲同学记忆方面存在的问题并提出相应的改善措施。

第四章　表象与想象

命题分析

[考查要点]

1. 识记表象的概念、分类及特点。
2. 理解想象的概念,并重点掌握想象的类型。
3. 识记培养学生想象力的措施。

[考查题型]

以选择、判断、填空等客观题为主,有时也会以判断说理题的形式考查。

基础训练

一、单项选择题

1. 当谈到某一个朋友时,他的音容笑貌会浮现在脑海中。这属于(　　)(易混)
A. 想象　B. 表象　C. 联想　D. 思维

2. 对头脑中已有的表象进行加工改造,形成新形象的心理过程是(　　)
A. 联想　B. 想象　C. 知觉　D. 思维

3. 看到天上的白云,根据它的变动,人们不由自主地把它想象为一群羊、一团棉花。这种想象属于(　　)
A. 无意想象　B. 有意想象　C. 再造想象　D. 幻想

4. 借助于想象我们可以"思接千载,视通万里""精骛八极,心游万仞"。这体现了想象的(　　)
A. 预见功能　B. 补充功能　C. 替代功能　D. 调节功能

5. 中国神话中,鲧因治水不成变为三足鳖,禹因凿山通水变为熊,其妻涂山氏见状又变为石头,这属于(　　)
A. 创造想象　B. 再造想象　C. 幻想　D. 空想

6. 小田在写《最难忘的一件事》这篇记叙文之前,会在头脑中构思他要描述的场景。这属于(　　)
A. 无意想象　B. 有意想象　C. 再造想象　D. 幻想

7. 设计师设计城市、规划蓝图的过程属于(　　)
A. 再造想象　B. 创造想象　C. 无意想象　D. 空想

8. 李白的名句"飞流直下三千尺,疑是银河落九天"运用的想象加工方式是(　　)
A. 黏合　B. 夸张　C. 拟人化　D. 典型化

9. "心理旋转实验"证明了表象的(　　)(常考)
A. 直观性　B. 概括性　C. 可操作性　D. 形象性

10. 游览过南京长江大桥的人,在头脑中再现该大桥的形象。在心理学上称为(　　)
A. 后像　B. 表象　C. 应激　D. 联想

11. (　　)是创造想象的一种特殊形式,体现了个人的愿望,是个人向往的形象,是创造性活动的准备阶段。
A. 无意想象　B. 梦　C. 有意想象　D. 幻想

12. 阅读鲁迅先生的《孔乙己》时,脑海中浮现出一个站着喝酒、穿着长衫的人物形象。这种想象属于(　　)
A. 再造想象　B. 创造想象　C. 幻想　D. 无意想象

13. 在创造想象的过程中,新形象的产生往往带有突然性,这种突然出现新形象的状态,称为(　　)
A. 定势　B. 原型　C. 原型启发　D. 灵感

二、多项选择题

1. 神话中的孙悟空形象、千手观音形象、雷公和电母等形象分别利用的想象加工方式是(　　)
A. 典型化　B. 黏合　C. 夸张　D. 拟人化

2. 下列属于再造想象的是(　　)(易错)
A. 工人看建筑图纸,头脑中出现的相关形象　B. 白日梦
C. 发明家设计将要发明的工具　D. 根据文章的描述在头脑中呈现出阿Q的形象

3. 优秀教师能够把想象运用在课堂教学活动中,从而产生意想不到的效果,运用想象对教学产生的积极意义有(　　)
A. 使教师上课更轻松　B. 可以打破时空界限,增强教学活动的生动性
C. 使学生能够更深刻地理解教材　D. 有助于培养学生的创造力

4. 下列选项中,属于幻想的有(　　)(易混)
A. 有个小学生将来想成为科学家　B. 庄周梦蝶
C. 夜晚注视天空中的星星久了,觉得星星在动　D. 守株待兔

视频讲解

三、判断选择题

1. 表象是人们多次知觉的结果,它不表征事物的个别特征,而是表征事物的大体轮廓和主要特征。这体现了表象具有概括性。(　　)
A. 正确　B. 错误

2. 理想是符合事物发展规律、并可能实现的想象。(　　)
A. 正确　B. 错误

3. 想起舞蹈动作是视觉表象。(易错)(　　)
A. 正确　B. 错误

4. 再造想象是根据词语或符号的描述、示意在头脑中形成与之相应的新形象的心理过程,所以再造想象没有任何创造性可言。(　　)
A. 正确　B. 错误

四、填空题

1. 从表象产生的主要感觉通道来划分,表象可以分为________、________和________。
2. 幻想可分为科学幻想、理想、________三种形式。(常考)

五、判断说理题

想象与表象没有本质区别。这种说法是否正确？请运用心理学知识加以说明。

六、简答题

简述再造想象产生的条件。

真题精解

一、单项选择题

1. 根据日常生活中绵羊的形象创作出喜羊羊这一卡通人物。这种心理现象是(　　)

A. 推理　B. 联想　C. 表象　D. 想象

2. 学生在读“枯藤老树昏鸦”时头脑中浮现相应的形象，这种现象属于(　　)

A. 幻想　B. 再造想象　C. 创造想象　D. 无意想象

二、判断选择题

“想起母亲的笑脸”是一种想象。(　　)

A. 正确　B. 错误

三、填空题

1. 表象具有三大特征，即直观性、________和可操作性。

2. 当事物不在面前时，人们在头脑中出现的关于事物的形象称为________。

四、判断说理题

“幻想是一种不切实际、不能实现的想象，不宜提倡。”这种说法是否正确？结合想象的知识说明理由。

第五章　思　维

命题分析

[考查要点]

1. 识记思维的概念及特点。
2. 重点掌握思维的种类。
3. 理解思维的过程。
4. 区分思维的品质，识记培养思维品质的措施。

[考查题型]

以选择、判断、填空等客观题为主，有时也会以案例分析题的形式考查。

基础训练

一、单项选择题

1. 技术工人在对一台机器进行维修时，一边检查一边思考故障的原因，直到发现问题排除故障为止。这一过程中(　　)占据主要地位。(常考)

A. 直观动作思维　B. 具体形象思维　C. 抽象逻辑思维　D. 直觉思维

2. 下列关于思维间接性的表述，错误的是(　　)

A. 对根本不能直接感知的事物加以反映

B. 在对现实事物认知的基础上，做出某种预见

C. 从部分事物的联系中，找出普遍的、必然的联系

D. 对不在眼前，没有直接作用于感官的事物加以反映

3. 早上醒来看到地上湿漉漉的，就推测昨天晚上可能下雨了。这反映的是思维的(　　)

A. 概括性　B. 灵活性　C. 间接性　D. 直觉性

4. 教师提问学生，要求学生列举砖头的各种用途。学生给出的答案是：建房子用的材料、打人的武器、用于垫高、用于固定某种东西。这种寻求答案的思维方式是(　　)(常考)

A. 发散思维　B. 形象思维　C. 抽象思维　D. 直觉思维

5. 学生总结出鸽子、老鹰、鸡、鸭的共同特征是“有羽毛”“是动物”而舍弃其“会不会飞”“大小”“颜色”等非本质特征。这是思维过程的(　　)环节。(易混)

A. 抽象　B. 概括　C. 具体化　D. 综合

6. “眉头一皱，计上心来”体现了思维的(　　)品质。(易错)

A. 敏捷性　B. 广阔性　C. 独立性　D. 灵活性

7. 面对问题情境时，我们在短时间内产生的观念越多，说明我们思维的哪项指标发展的越好(　　)

A. 流畅性　B. 变通性　C. 独特性　D. 精密性

8. “面面俱到”体现了思维的(　　)品质。
A. 独立性　B. 批判性　C. 广阔性　D. 深刻性
9. “足智多谋、随机应变”反映的是下列哪种思维品质(　　)
A. 广阔性　B. 独立性　C. 灵活性　D. 逻辑性
10. 法官判案要理性、客观,不能受情绪和个人偏好的影响。这是对其思维(　　)的要求。(易混)
A. 广阔性　B. 批判性　C. 独立性　D. 深刻性
11. 有的人决定事情时容易受别人的影响,这是思维缺乏(　　)的表现。
A. 深刻性　B. 独立性　C. 批判性　D. 敏捷性
12. 人们把那些“有羽毛的动物”统称为鸟类,这就是(　　)的过程。
A. 分析　B. 抽象　C. 分类　D. 概括
13. 课堂上王老师说:“请大家动动脑筋,想想曲别针都有什么用途?”有的学生说可以挂窗帘、订书本,有的学生说可以加工成弹簧、加硫酸可制成氢气等。这个过程体现了同学们具有(　　)
A. 直觉思维　B. 分析思维　C. 辐合思维　D. 发散思维
14. 通过学习,学生了解到正六边形是具有六条相等的边和六个相等的内角的多边形。学生关于正六边形的知识表现形式是(　　)
A. 表象　B. 概念　C. 命题　D. 图式
15. 我们到一个地方去办事,会事先在头脑中想出可能经过的道路,经过分析与比较,最后选择一条短而方便的路。这样的思维是(　　)(常考)
A. 直观动作思维　B. 具体形象思维　C. 逻辑思维　D. 直觉思维
16. 学生掌握数的概念时,把数分为实数和虚数,又把实数分为有理数和无理数,有理数又可分为整数和分数等。这属于思维的(　　)过程。
A. 抽象　B. 具体化　C. 分类　D. 概括
17. 警察根据搜集到的证据寻找案件真相;医生根据病人的各种症状下诊断;科学家根据多种因素的共同作用发现规律等,体现的是(　　)
A. 直觉思维　B. 分析思维　C. 辐合思维　D. 发散思维
18. 把枣树、苹果树、梨树等依据其根、茎、叶、果的共性统称为“果树”,这是思维的(　　)的体现。
A. 概括性　B. 间接性　C. 广阔性　D. 深刻性
19. 小明在学习了“哺乳动物都是胎生的”“虎是哺乳动物”这些概念后,得出“虎是胎生的”这一判断。小明的这种思维形式是(　　)
A. 抽象概括　B. 关系判断　C. 归纳推理　D. 演绎推理
20. 通常认为“太阳从东边升起,往西边落下”。这属于(　　)
A. 抽象思维　B. 经验思维　C. 理论思维　D. 直观动作思维
21. 人们根据已知信息,利用熟悉的规律解决问题,从给予的信息得出逻辑的结论。这反映的是哪种思维方式(　　)(易混)
A. 聚合思维　B. 发散思维　C. 常规思维　D. 创造性思维
22. 将事物整体分解为各个部分、要素或层次,分别抽取其个别属性加以考察,从而认识事物本质的思维方法是(　　)
A. 比较方法　B. 演绎方法　C. 分析方法　D. 综合方法
23. 教师发现班上有一名学生缺课,就会联想到该生缺课的各种可能性。这种心理活动属于(　　)
A. 集中思维　B. 辐合思维　C. 发散思维　D. 直觉思维
24. 头脑风暴法的提出者是(　　)
A. 皮格马利翁　B. 奥斯本　C. 哥顿　D. 詹尼斯
25. “蚂蚁搬家蛇过道,明日必有大雨到,燕子低飞蛇过道,大雨马上就来到。”这句谚语体现的思维类型是(　　)
A. 经验思维　B. 理论思维　C. 直觉思维　D. 发散思维
26. 小红证明命题和定理时,需要将数字符号和概念组合起来运用。这是(　　)
A. 直观动作思维　B. 具体形象思维　C. 抽象逻辑思维　D. 感知运动思维
27. 一般来说,思维的基本过程是(　　)(易混)
A. 比较与分类　B. 分析与综合
C. 抽象与概括　D. 系统化与具体化

视频讲解

28. 思维的(　　)是思维品质的中心环节,是所有思维品质的集中体现。
A. 逻辑性与严谨性　B. 独立性与批判性
C. 灵活性与敏捷性　D. 广阔性与深刻性
29. 某学生在解题时,不喜欢套用现成的公式,而愿意开动脑筋,尽管题目变化很大,他都能应付自如,独立解决。这说明该学生的思维具有(　　)
A. 灵活性　B. 敏捷性　C. 批判性　D. 广阔性
30. “一题多解”“一事多写”“一物多用”等都是(　　)的表现形式。
A. 发散思维　B. 分析思维　C. 集中思维　D. 直觉思维
31. 学生运用学习过的原理,解答教师布置的作业或解决生活中的某一个问题,这一思维过程是(　　)
A. 具体化　B. 抽象　C. 概括　D. 综合
32. 期末考试中,小明有一道填空题不会做,临近交卷时,小明鬼使神差地在横线上写了“0”,结果却给蒙对了,小明的这种思维属于(　　)
A. 直觉思维　B. 分析思维　C. 发散思维　D. 直观动作思维

二、多项选择题

1. 以下对思维的描述正确的有(　　)
A. 借助语言实现　B. 揭示事物本质特征
C. 揭示事物内部规律　D. 理性认识过程
2. 按照思维发展水平的不同,分为(　　)
A. 直观动作思维　B. 具体形象思维
C. 抽象逻辑思维　D. 发散思维

3. 思维是客观事物在人脑中概括的和间接的反映。思维的基本形式包括(　　)

A. 概念　B. 判断　C. 推理　D. 比较

三、判断选择题

1. "以言语为工具,所反映的是事物的本质属性和内在规律的思维"是直观动作思维。(　　)

A. 正确　B. 错误

2. 所有的思维都是一种基于概念、判断和推理的认知方式。(易错)(　　)

A. 正确　B. 错误

3. 学生在解题中未经逐步分析就对问题的答案做出合理的猜测、猜想等。这类思维属于分析思维。(　　)

A. 正确　B. 错误

4. 想象是一种与思维无关,而与表象有关的高级认知形式。(　　)

A. 正确　B. 错误

5. 在面临问题时,人们通常是运用直观动作思维、具体形象思维和抽象逻辑思维中的一种思维来解决问题。(　　)

A. 正确　B. 错误

6. 个体思维由低到高依次发展的顺序是:具体形象思维—直观动作思维—抽象逻辑思维。(　　)

A. 正确　B. 错误

四、填空题

1. ________是由具体事物归纳出一般规律的推理过程,即从特殊到一般的推理过程。

2. 思维的过程包括分析与综合、________、________、系统化与具体化。

3. ________是指摒弃以往的思维习惯方法而开创不同方向的能力,也即个体发散项目的范围或维度。

五、判断说理题

某儿童用掰手指的方法计算加法题,他运用的是动作思维。这种说法是否正确?请运用心理学知识加以说明。

六、案例分析题

许老师在讲授新课《按比例分配》时,先提出了一个问题:"把12本书分给2组,每组可以分几本?"学生们都异口同声地说:"6本。"许老师又询问道:"有没有不同的答案?大家再认真思考一下。"于是学生们开始重新思考,过了一会,孙亮和其他学生举手发言,许老师示意孙亮发言,他站起来说:"每组分6个不一定对。""为什么呢?"许老师追问到,这一问题也吸引了其他学生的注意。孙亮说:"题干并没有说怎么分,如果是平均分,每组就是6个。如果不是平均分,答案有很多种。"许老师带着表扬的口吻说:"很好,回答得很正确。以前我们学习平均分,今天我们学习不平均分。"之后,许老师立即在黑板上写出:按比例分配。学生们好像也从朦胧中被叫醒,兴奋起来。这样,许老师让学生们在习惯认知中巧妙地由单一思维变成多维思维。

(1)分析基于学习认知规律的思维能力培养的重点。

(2)如果你顺利走上教师岗位,许老师的做法给你带来了什么启示?

真题精解

一、单项选择题

1. 学生运用学会的公式解决某一类型的问题,体现的是(　　)

A. 常规思维　B. 直觉思维　C. 创造性思维　D. 直观动作思维

2. 运用数学知识求证某一定理的思维活动属于(　　)

A. 动作思维　B. 形象思维　C. 抽象思维　D. 发散思维

3. 从个体思维的发展过程来看,最先出现的思维是(　　)

A. 形象思维　B. 抽象思维　C. 动作思维　D. 逻辑思维

二、多项选择题

已知A>B,C>D,B>C,B>D,求哪个值最大?解答该问题运用的所有思维有(　　)

A. 辐合思维　B. 逻辑思维　C. 分析思维　D. 创造性思维

三、判断选择题

在规定的时间内,被试所列出发散项目的范围越大,维度越多,说明他的变通性越强。(常考)

A. 正确　B. 错误　(　　)

四、填空题

1. 思维是人脑对客观事物概括的和________的反映。

2. 在头脑中把抽象概括出来的概念、原理、理论应用到实际中的思维过程是________。

3. 从思维特征上看,前人能从日常生活中观察并总结出"月晕而风,础润而雨"的结论,反映了其思维具有________特征。

五、案例分析题

阅读案例,回答问题。

小叶同学经常"眉头一皱,计上心来",他不仅深思好学,触类旁通,有独立见解,还能透过现象看本质;喜欢打破砂锅问到底,是班上名副其实的"智多星"。数学课上,当问题与条件发生变化时,他总能打破常规,想出新办法;解决问题当机立断,毫不犹豫。对此梁老师也十分赏识,决定在数学课上采取新举措。

首先,在班上开展课前讲故事活动,提高学生的言语表达能力和对数学题意的理解力。苹果落地现象是人们司空见惯的,但牛顿却在此基础上提出了万有引力定律;伽利略敢于质疑和挑战权威,通过在比萨斜塔上同时抛下两个大小不同的铁球实验,指出铁球同时落地才是真知。当学生讲到此类故事时,梁老师就及时倡议学生给课本挑刺,要"吾爱吾师,吾更爱真理",要敢于说"老师,我反对",对敢于挑毛病的学生给予奖励。其次,在课堂教学中,梁老师设置问题情境,激励学生独立发现问题,提出问题,老师不急于回答,鼓励学生运用已有知识经验去思考如何解决问题。老师给予一定的启发,让学生自己寻找答案,并鼓励学生一题多解。通过梁老师的指导和训练,小叶同学的思维品质更完善。他不仅敢于质疑,而且善于创新求异。初三毕业时,他成了小发明家,觉得自己离创新梦工厂越来越近了。

问题:

(1)结合案例分析小叶同学具有的思维品质。

(2)结合案例中梁老师的做法,阐述如何培养学生的思维品质。

第六章　注　意

命题分析

[考查要点]

1. 掌握注意的概念、特点、分类和功能。
2. 重点掌握并区分注意的四个品质。
3. 重点掌握运用注意规律组织教学的措施。

[考查题型]

以选择、填空等客观题为主,有时也会以判断说理和案例分析题的形式考查。

基础训练

一、单项选择题

1. "侧耳倾听""举目凝视""屏息"等现象反映的都是注意的(　　)
A. 转移　B. 内在状态　C. 广度　D. 外部表现

2. 上课铃声响起后,学生自觉地将跳绳收起来,并将书本拿出来开始上课。这属于(　　)
A. 注意的分配　B. 注意的转移　C. 注意的分散　D. 注意的稳定性

3. 学生进行计算时,发现自己计算错误并进行了改正。这体现了注意的(　　)
A. 选择功能　B. 维持功能
C. 调节和监督功能　D. 集中功能

4. 教师用红笔批改作业以引起学生的注意是利用了刺激物的(　　)(常考)
A. 强度　B. 对比关系　C. 运动关系　D. 新异性

5. 教师上课时要求学生用耳听、用眼看、用嘴说、用心记。这种现象反映了(　　)
A. 注意的分配　B. 注意的稳定性
C. 注意的广度　D. 注意的转移

6. 课堂上有的学生会开小差,这属于(　　)
A. 注意的分散　B. 注意的转移　C. 注意的起伏　D. 注意的分配

7. 语文老师要求学生在朗读课文的同时,做好知识点的记录,这有助于培养学生(　　)能力。
A. 注意的分配　B. 注意的稳定　C. 注意的转移　D. 注意的分散

8. 学生课前预习,带着不懂的问题去上课,以便更有针对性地注意听讲。这种注意方式属于(　　)
A. 有意注意　B. 无意注意　C. 无意后注意　D. 有意后注意

9. 王红守在天文望远镜前足足盯了两个小时,要观察的小行星终于出现在视野里。这反映了注意的(　　)
A. 监督功能　B. 选择功能　C. 调节功能　D. 保持功能

10. 以下关于注意的说法正确的是(　　)

A. 要避免学生在课堂上产生无意注意　B. 长时间的有意注意容易产生疲劳

C. 有意后注意不应在课堂中出现　D. 有意注意也可以是没有目的的注意

11. 教师讲课时，一位学生一会儿听教师讲，一会儿翻书，一会儿在本上写什么。你认为这位学生这时的注意状态是(　　)(常考)

A. 稳定的　B. 分配的　C. 转移的　D. 分散的

12. 学生李娟一边听音乐一边做运动，这体现的注意品质是(　　)

A. 注意分配　B. 注意稳定性　C. 注意广度　D. 注意转移

13. 学生初学文言文时兴趣比较低，只是为了完成任务而学习。随着对基础知识的掌握，学生对文言文产生了兴趣，开始凭借兴趣自然地将注意力集中到学习上。这时学生的注意属于(　　)

A. 有意注意　B. 随意注意　C. 无意注意　D. 有意后注意

14. 某学生看电影，他的意识选择了屏幕上演员的台词、动作，而忽略了电影院里的其他观众，这是注意的(　　)(易错)

A. 指向性　B. 集中性　C. 有意性　D. 目标性

15. 教师在板书时，用红色粉笔书写重点内容，以引起学生的注意。这利用了刺激物的(　　)

A. 强度　B. 对比　C. 运动　D. 新颖性

16. 在一节课45分钟内，甲同学能够集中注意力30分钟，乙同学能够集中注意力20分钟。这说明甲同学注意的(　　)比乙同学好。

A. 转移　B. 分配　C. 广度　D. 稳定性

17. 小学生小易在做作业时不易被人打扰，而小旺在做作业时很容易受其他同学的干扰，同学的一举一动都会分散他的注意。这反映了小易和小旺在(　　)上存在差异。

A. 注意的广度　B. 注意的分配　C. 注意的稳定性　D. 注意的转移

18. 同学们正在教室里认真听课，被突然飞进来的一只小鸟吸引了注意。这种注意属于(　　)

A. 随意注意　B. 不随意注意　C. 随意后注意　D. 有意注意

19. 亮亮刚学会开车时很不熟练，开车时很紧张，但是后来随着开车次数的增多和开车技能的提高，亮亮开车已经非常熟练了，这时亮亮的注意属于(　　)

A. 无意注意　B. 有意注意　C. 有意后注意　D. 随意注意

二、多项选择题

1. 下列选项中，教师的行为属于正确应用无意注意规律的是(　　)

A. 走到安静的教室门口时，故意使劲地咳嗽两声

B. 发现学生注意力不集中时，故意把音量提高

C. 利用彩色粉笔把黑板边缘装饰得格外的醒目

D. 教师突然中断讲课，引起分心学生的注意

2. 注意的功能有(　　)

A. 调节功能　B. 保持功能　C. 抑制功能　D. 选择功能

3. 下列选项中体现了注意的分配的有(　　)

A. 边听讲边做笔记　B. 吃完饭后看书

C. 自弹自唱　D. 跑步后学习

4. 注意的品质包括(　　)(常考)

A. 注意的稳定性　B. 注意的转移　C. 注意的分配　D. 注意的深度

5. 下列现象中，能够典型体现“注意的集中性”的有(　　)(常考)

A. “两耳不闻窗外事，一心只读圣贤书”

B. “一目十行”

C. 学习英语要做到“眼到，耳到，口到，手到”

D. “视而不见，听而不闻”

视频讲解

三、判断选择题

1. 小红上课时走神，直到老师点名她才回过神来。这是注意的转移。(　　)

A. 正确　B. 错误

2. “眼观六路，耳听八方”“一目十行”等说法体现的是注意的稳定性。(　　)

A. 正确　B. 错误

3. 为了提高教学效果，教师必须在课堂上要求学生保持随意注意。(　　)

A. 正确　B. 错误

4. 个体在无意注意过程中不易产生疲劳。(　　)

A. 正确　B. 错误

5. 注意的分配就是注意的范围，是指同一时间内能清楚地把握对象的数量。(　　)

A. 正确　B. 错误

6.《红楼梦》中刘姥姥进大观园，由于处处觉得新鲜，于是每个角落都能引起她的注意。这里的注意属于有意注意。(　　)

A. 正确　B. 错误

四、填空题

1. ________是心理活动或意识对一定对象的指向和集中，是心理过程的动力特征之一。

2. 汉代董仲舒“目不窥园”的事例，典型地表现了注意的________。

3. 有预定目的，但不需要意志努力的注意是________。(常考)

4. 短时间内注意周期性地不随意跳跃现象称为________。

五、判断说理题

注意的转移即注意的分散。这种说法是否正确？请运用心理学知识加以说明。

六、简答题

1. 简述引起无意注意的条件。

2. 简述维持有意注意的条件。(常考)

3. 简述影响注意稳定性的条件。

4. 简述影响注意的转移的条件。

七、论述题

1. 如何运用注意规律组织教学?(常考)

2. 在教学过程中如何培养学生良好的注意品质?

八、案例分析题

1. 今天是林老师第一次上公开课,她穿着漂亮、艳丽的新衣服来到教室,用早已准备好的彩色粉笔把黑板边缘装饰得格外醒目。开始上课了,林老师显得镇定自若,她先宣布了期中考试的成绩,并鼓励大家再接再厉。在正式讲课中,林老师言语平静、流畅,由于准备的内容十分丰富,她便加快了讲课的速度。正当林老师专心致志地讲课时,偶然发现有个别同学在开小差,她立即点名批评,制止了这种不良行为,然后继续上课。一节课很快就过去了,林老师从容地走出了教室。

(1)试述教学中应如何运用无意注意规律,提高教学效果。

(2)请运用所学的无意注意规律阐述林老师的哪些做法欠妥。

2. 黎老师是一名小学语文教师，担任某小学一年级的语文教学工作。黎老师任教的班上有位小豪同学，上课总是注意力不集中，经常东张西望、做小动作，如玩尺子、铅笔、橡皮。黎老师多次在课堂上提醒教育他要遵守课堂纪律，他也不听，有时还跟其他同学说话，严重影响了其他同学听课。一次，小豪在课堂上与同学聊天聊得正起劲，黎老师一怒之下罚小豪把这堂课教的生词抄写200遍。但罚抄后，小豪依然没有改进。黎老师在家长会后也单独向其家长反映过，他的妈妈说他在家也是这样，除了看电视和看漫画比较能集中注意力，做其他事情都特别容易分心，做作业也分心。小豪妈妈对此也感到很头疼。

(1)结合案例和所学知识，试分析小豪上课注意力不集中的主要原因。

(2)如果你是黎老师，你会如何帮助小豪克服注意力不集中的问题。

真题精解

一、单项选择题

1. 听完一节精彩的语文课，自觉投入到下一节数学课的学习，这体现的注意品质是(　　)(易错)

A. 注意的分配　　B. 注意的转移

C. 注意的起伏　　D. 注意的广度

2. 教师能够一边讲课，一边观察学生，这体现的注意品质是(　　)(常考)

A. 注意的分配　　B. 注意的稳定性

C. 注意的广度　　D. 注意的转移

二、多项选择题

下列关于注意的描述，正确的有(　　)

A. 学生自习时专心致志，是有意注意的表现

B. 阅读时"一目十行"表明注意转移能力强

C. 开车时眼观六路、耳听八方表明注意的分配能力强

D. 教师上课时声调抑扬顿挫，是利用无意注意的规律组织教学

三、填空题

根据注意过程中有无预定目的和是否需要意志努力，把注意分为无意注意、有意注意和________。

四、判断说理题

注意的起伏和注意的分散都是稳定性差的表现。这种说法是否正确？请运用心理学知识加以说明。

五、案例分析题

阅读材料，按要求作答。

案例一　预备铃一响，闹哄哄的教室迅速安静下来。陈老师走进教室，提醒个别仍未做好上课准备的同学调整好状态。开始上课之后，陈老师进行了"如何把6颗糖分成3份"的教学，并要求学生用学具模拟分糖果。学生答出了三种分法，陈老师引导学生进行对比，最后得出"2:2:2"的分法是最公平的分法，让学生初步体会到平均分的意义。随后，陈老师揭示本节课的题目——《平均分》，明确本次学习的目的及任务。

案例二　在教学过程中，当学生通过幻灯片展示操作成果时，陈老师发现赵同学低着头在做小动作，于是悄悄予以提醒，赵同学立即改正。在后续的学习环节中，赵同学认真听课，陈老师及时肯定，他更加自觉主动地投入到课堂学习中去。陈老师决定评选星级作业，作业被评为“五星级”的同学，老师可以帮他实现一个愿望。赵同学一改以往对待作业不认真、马虎了事的不良习惯。经过一番刻苦努力，他的作业最终被评为“五星级”。

问题：

(1)预备铃声和课前陈老师的提醒，有助于影响学生的哪一种注意品质？

(2)根据引起和维持随意注意的条件，分析陈老师的教育教学行为。

第七章　情绪与情感

命题分析

[考查要点]

1. 重点掌握情绪和情感的概念、关系、种类和功能。
2. 识记情绪调节的方法。
3. 识记学生情绪、情感的发展特点和教育措施。

[考查题型]

以选择、判断、填空等客观题为主。

基础训练

一、单项选择题

1. 当学生嘲笑张老师个子矮小时，张老师以一句“浓缩的就是精华”化解了当时的尴尬。这种情绪调节的方法称为(　　)

A. 意志调节法　　B. 转移注意法
C. 合理宣泄法　　D. 幽默法

2. 宋老师通过生活经验来推断打雷的时候一定会下雨，小熊对此产生了怀疑，认为打雷也不一定会下雨，这时的小熊产生的情感体验是(　　)

A. 美感　　B. 道德感　　C. 幽默感　　D. 理智感

3. “先天下之忧而忧，后天下之乐而乐”是下列哪种情感(　　)(易混)

A. 道德感　　B. 美感　　C. 理智感　　D. 心境

4. 杜甫在听到官军收复河南河北的消息时，“漫卷诗书喜欲狂”。他当时的情绪状态是(　　)

A. 冲动　　B. 心境　　C. 应激　　D. 激情

5. 小雪非常喜欢印象派的绘画作品，当她看到印象派的代表作《草地上的午餐》《日出·印象》时，顿时心中非常喜悦。小雪此时的情感属于(　　)

A. 道德感　　B. 理智感　　C. 美感　　D. 成就感

6. 积极的情绪和情感可以调节和促进活动，消极的情绪和情感可以破坏和瓦解活动。这说明情绪和情感具有(　　)(易错)

A. 适应功能　　B. 动机功能　　C. 组织功能　　D. 信号功能

7. 情绪和情感产生的最直接的中介是(　　)

A. 感觉　　B. 知觉　　C. 需要　　D. 诱因

8. 新老师第一次上讲台，他的紧张表现属于(　　)

A. 心境　　B. 心情　　C. 激情　　D. 应激

9. 游客初次游览张家界天门山时，就被这里一夫当关、万夫莫开的阵势所震撼，沉醉于大自然的鬼斧神工久久不能自拔。这种情感属于(　　)

A. 道德感　B. 理智感　C. 自豪感　D. 美感

10. 由于不愿意去上学，小朋友莉莉最近一段时间闷闷不乐，这是一种(　　)

A. 热情　B. 心境　C. 激情　D. 应激

11. 小明即将上考场，感觉心跳加速，有点微微出汗。这属于情绪情感的(　　)

A. 主观体验　B. 外部表现　C. 生理唤醒　D. 认知活动

12. 盛怒时，拍案大叫、暴跳如雷；狂喜时，捧腹大笑、手舞足蹈；绝望时，心灰意冷、麻木不仁。这反映的是哪种情绪状态(　　)

A. 应激　B. 心境　C. 激情　D. 热情

13. “忧者见之则忧，喜者见之则喜。”这句话主要体现了情绪具有(　　)

A. 动机功能　B. 感染功能　C. 信号功能　D. 组织功能

14. “人逢喜事精神爽”，这是受人的哪一情绪影响所致(　　)

A. 激情　B. 心境　C. 热情　D. 应激

15. “一个小丑进城胜过一打医生”说明情绪和情感具有(　　)(常考)

A. 信号功能　B. 调控功能

C. 激励功能　D. 健康功能

视频讲解

16. 在公交车上，小华主动为一位老人让座，并感到很自豪。当时小华体验到的情感是(　　)

A. 道德感　B. 美感　C. 理智感　D. 新异感

17. 小冉解决了一个让自己困惑已久的数学难题，心里很高兴，美滋滋地给自己点了个赞。这种情感属于(　　)(常考)

A. 美感　B. 道德感　C. 理智感　D. 责任感

18. 采取跑步、大声喊叫，甚至痛哭一场的方式来缓解心理压力的方法是(　　)

A. 松弛训练法　B. 心理置换法

C. 改善认知法　D. 合理宣泄法

19. 下列不属于情绪的外部表现的是(　　)(易错)

A. 心潮澎湃　B. 眉开眼笑　C. 坐立不安　D. 轻声呻吟

20. 人们欣赏名画蒙娜丽莎时，陶醉在其永恒的微笑中，感到愉悦。这种情感属于(　　)

A. 道德感　B. 理智感　C. 美感　D. 自豪感

二、多项选择题

1. 以下属于激情的表现的是(　　)(易混)

A. 学校组织班级拔河比赛，三年级(1)班获得第一名，同学们欢呼雀跃

B. 亮亮因为期中考试成绩好，连着几天都很高兴

C. 听老师说下周要测验，同学们显得忧心忡忡

D. 听到南京大屠杀的故事，同学们义愤填膺

2. 梅梅一年级的时候喜欢长得漂亮的、座位挨着自己的同学，对于好孩子的理解就是不打架、不骂人、上课认真，但是到了四年级，她则喜欢选择学习好的、讲义气的同学做朋友，对好孩子的理解也变成了要团结同学、诚实善良、爱祖国、爱班级的人。梅梅这种现象体现了小学生情感发展的哪些特点(　　)

A. 情感的深刻性不断增加　B. 情感的外露性不断提高

C. 情感内容不断丰富　D. 情感的情境变化性不断增加

3. 科学家诺贝尔为了研究炸药，不顾自己的生命危险进行试验。在一次试验中，爆炸空前猛烈，烟雾浓烈冲天，诺贝尔从浓烟中冲出，满脸鲜血，但他却发疯似的高喊：“我成功了!”这属于(　　)(常考)

A. 心境　B. 激情　C. 理智感　D. 恐惧

4. 下列情绪状态中属于应激的是(　　)(易错)

A. 某人失去亲人后心情长时间处于低落状态

B. 正常行驶的汽车意外地遇到故障时紧急刹车

C. 战士排除定时炸弹时紧张而又小心的行为

D. 北京申奥成功后人们欣喜若狂

5. 下列属于道德感的是(　　)

A. 理智感　B. 责任感　C. 自豪感　D. 美感

6. 下列关于中学生情绪、情感的发展特点，表述正确的有(　　)

A. 情感两极性明显　B. 情绪逐渐稳定

C. 情感逐步带有文饰性　D. 情绪、情感的丰富性

7. 情绪的功能包括(　　)(常考)

A. 适应功能　B. 组织功能　C. 概括功能　D. 信号功能

三、判断选择题

1. 情感伴随认识过程产生，它会反作用于认识过程，成为认识过程的动力或者阻力。(　　)

A. 正确　B. 错误

2. 相同的刺激情境必定产生相同的情感体验。(　　)

A. 正确　B. 错误

3. 与人的责任心有关的情感体验最主要的是理智感。(易混)(　　)

A. 正确　B. 错误

4. 学校门口突然发生了一场车祸，刚放学的孩子都愣在当场，不知如何是好。这体现的是应激的情绪状态。(　　)

A. 正确　B. 错误

5. 在抗击新冠肺炎疫情期间，人民群众对驰援各地的医务工作者表达感激之情。这种情感体验属于道德感。(　　)

A. 正确　B. 错误

6.“急中生智”是一种心境现象。（　　）

A.正确　　B.错误

7.紧张、焦虑、恐惧等消极情绪的出现，对身心健康都是有害无益的，应该尽量压抑这类情绪。（　　）

A.正确　　B.错误

四、填空题

1.________是指人们将心比心、设身处地地站在他人的立场去体会或理解他人的情绪、情感的能力。

2.________是出乎意料的紧迫情况所引起的急速而高度紧张的情绪状态。

3.情绪和情感产生的基础是________。

4.情绪分为心境、激情和________。

5.当与人发生争吵，情绪高度激动时，就立即离开现场，去从事其他活动，以此来转移注意力。这种情绪调节的方法是________。

6.情绪和情感的易感性具体表现为________和________作用。

7.情感具有两个功能，一是调节行动的功能，二是信号交际的功能。其信号交际功能是通过________实现的。

五、判断说理题

1.学生问老师竹子的竹筒有没有空气，老师没有回答他，而是引导学生自己思考，学生试过摇、敲、破的方法，最后想到将竹筒放进水里，学生看到有水泡冒出来，非常兴奋。从情感的社会角度来看，这种兴奋是一种道德感。这种说法是否正确？请运用心理学知识加以说明。

2.激情与应激是两种不同的情绪状态。这种说法是否正确？请运用心理学知识加以说明。

真题精解

一、单项选择题

1.在鲜花盛开、花草葱茏的阳春三月，人们常有“花在微笑、草在点头”的愉悦体验。这种情绪状态是（　　）（常考）

A.心境　　B.激情　　C.应激　　D.热情

2.关于情绪、情感的描述正确的是（　　）（易混）

A.“喜者见之则喜”是一种激情

B.暴怒时肌肉紧张、面红耳赤是一种应激

C.在进行认知活动时有新发现的喜悦感是一种理智感

D.“先天下之忧而忧，后天下之乐而乐”是一种美感

3.学生成功破解数学难题后产生的愉悦感属于（　　）

A.美感　　B.理智感　　C.道德感　　D.自我效能感

4.某学生得知自己获得编程比赛一等奖的消息后，欣喜若狂、手舞足蹈，这种情绪状态是（　　）

A.心境　　B.热情　　C.应激　　D.激情

二、多项选择题

下列关于情绪和情感关系的表述，正确的有（　　）（易错）

A.情绪是情感的基础，情感离不开情绪

B.情绪依赖于情感，是情感的具体表现

C.情绪具有情境性，情感具有较强的稳定性和持久性

D.情绪更多的是与人的生理需要相联系，情感则是与社会性需要相联系

三、判断选择题

婴儿通过微笑、哭闹获得成人的关注，体现的是情绪的组织功能。（　　）

A.正确　　B.错误

四、填空题

情感分为道德感、理智感和________。

第八章　意　志

命题分析

[考查要点]

1. 理解意志的概念,并区分意志的四个品质。
2. 掌握动机斗争的四个种类。
3. 识记培养学生意志品质的措施。
4. 理解挫折适应与辅导的内容。

[考查题型]

以选择、判断等客观题为主,有时也会以判断说理题的形式考查。

基础训练

一、单项选择题

1. 学生小唐一遇到困难就灰心丧气,感觉前路茫茫,中途想退缩。俞老师作为小唐的老师需要重点培养小唐意志品质的(　　)

A. 自觉性　B. 果断性　C. 坚韧性　D. 自制性

2. 小敏很想提高学习成绩,但又害怕吃苦。这种动机冲突属于(　　)

A. 双趋冲突　B. 双避冲突　C. 趋避冲突　D. 多重趋避冲突

3. 王刚具有善于迅速地辨明是非、合理地采取决定和执行决定的品质,这体现了意志的(　　)

A. 自觉性　B. 果断性　C. 坚韧性　D. 自制性

4. 成语"百折不挠"主要体现的意志品质是(　　)

A. 自制性　B. 果断性　C. 坚韧性　D. 自觉性

5. 一个人面对压力不随波逐流,能够根据自己的认识和信念独立地决定和行动。这体现了意志的(　　)(易混)

A. 自觉性　B. 果断性　C. 坚韧性　D. 自制性

6. 有的人遇事举棋不定、优柔寡断,说明其缺乏意志的(　　)品质。

A. 自觉性　B. 自制性　C. 果断性　D. 坚韧性

7. 有的同学既不想用功读书,又怕考试不及格。这种心理冲突属于(　　)(常考)

A. 多重趋避冲突　B. 趋避冲突

C. 双趋冲突　D. 双避冲突

8. 学生甲容易受情感左右,缺乏理智,常在需要克制的时候任意为之,意气行事;而学生乙常常在需要采取行动,迎接挑战的时候临阵退缩,不敢有所行动。这表明学生甲和乙的意志均缺乏(　　)

A. 自觉性　B. 坚定性　C. 果断性　D. 自制性

9. 动机冲突是个体在确定目的时对各种动机进行价值权衡并做出选择的过程,动机冲突有不同的形式,参加比赛时"越想赢,越怕输"。这种情况属于(　　)

A. 双趋冲突　B. 双避冲突　C. 趋避冲突　D. 双重趋避冲突

10. 受暗示性和独断性是与意志的(　　)相反的品质。(易混)

A. 自觉性　B. 果断性　C. 坚韧性　D. 自制性

11. (　　)阶段是完成意志活动的中心环节。

A. 确定目标　B. 采取决定　C. 执行决定　D. 动机斗争

12. 某学生既想参加演讲比赛锻炼自己,又害怕讲不好被人讥笑,这时他面临的心理冲突是(　　)

A. 双趋冲突　B. 双避冲突　C. 趋避冲突　D. 多重趋避冲突

13. 王老师中途接手某班的班主任,发现学生畏难情绪大,只要作业题目难一点或量大一点,就不能按时完成作业;在集体活动中经常叫苦叫累。如果你是王老师的话,可在全班进行(　　)

A. 学习方法教育　B. 意志品质的培养

C. 人际交往教育　D. 学习态度的教育

14. "鱼我所欲也,熊掌亦我所欲也"体现的动机冲突是(　　)(常考)

A. 双趋冲突　B. 双避冲突　C. 趋避冲突　D. 矛盾冲突

15. 学生在没有人督促的情况下,能够独立地完成课后作业,体现了意志的(　　)

A. 自觉性　B. 果断性　C. 坚韧性　D. 自制性

16. 下列关于动机斗争的事例中属于多重趋避冲突的是(　　)

A. 小蓝既想参加演讲比赛,但又害怕没得奖被同学嘲笑

B. 小白想下楼去吃夜宵,但又觉得外面太冷不愿意出门

C. 小青既想去北京大学,又想去清华大学,但她只能选一个

D. 小紫想去云南旅行,在选择交通工具时,她觉得坐飞机虽快但机票贵,火车虽便宜但又太慢

17. 对缺乏信心和决心的学生,应注重培养其意志品质的(　　)(易混)

A. 自觉性　B. 自制性　C. 果断性　D. 坚韧性

18. 杨林同学是某高校的应届毕业生,在校园双选会上,他同时接到五家单位的招聘意向,面对多种选择,举棋不定。这种冲突是(　　)

A. 趋避冲突　B. 多重趋避冲突　C. 双避冲突　D. 双趋冲突

二、多项选择题

1. 意志品质包括(　　)

A. 自觉性　B. 果断性　C. 坚韧性　D. 自制性

2. 下列选项中对少年期意志品质特点的描述,正确的是(　　)

A. 果断性品质有所发展,反应快、行动快、有轻率行为的表现

B. 自制能力有所增强,但自制力水平有局限性

C. 坚韧性还很不成熟,其行为容易虎头蛇尾、半途而废

D. 自觉性完全成熟,做事不需要他人监督

3. 意志活动中的动机斗争有多种类型,下面属于回避—回避冲突型的是(　　)

A. 素质拓展课报名,小静对周三下午的竖笛课和舞蹈课都很感兴趣,但又不能同时参加

B. 小明在学校犯了错误,想认错又怕挨批评,不认错又怕被揭发后受到更大的处分

C. 欢欢周末既不想跟妈妈出门聚会,又不愿意留在家里写课外练习

D. 涛涛和好朋友闹了矛盾,不再交往有点舍不得,自己主动和好又担心得不到谅解

4. 以下属于意志行动过程中准备阶段的环节的是(　　)

A. 动机斗争　　B. 确定目标

C. 选择行动方法　　D. 执行决定

三、判断选择题

1. 小学低年级的学生需要在家长、教师的监管下完成作业说明小学生意志的自制性较弱。(　　)

A. 正确　　B. 错误

2. 趋避冲突指一个人对一个目标同时产生两种对立的动机,一方面好而趋之,另一方面恶而避之的矛盾心理冲突。(　　)

A. 正确　　B. 错误

3. 李哲爱好广泛,恰逢本周六晚上既有足球赛,又有演唱会,他都想去看。由于时间冲突,他很矛盾。李哲面临的是双避式冲突。(　　)

A. 正确　　B. 错误

4. 意志是意识的能动作用,只有人才有意志活动。(　　)

A. 正确　　B. 错误

四、填空题

1. 我们把意志过程中所表现出来的行动称之为________。

2. "进退维谷"指的是动机冲突中的________。

3. 意志行动以________为基础。

4. 与坚韧性相反的意志品质是________和________。

五、判断说理题

1. 小学生意志的坚韧性品质较好,已发展的较为成熟。这种说法是否正确?请运用心理学知识加以说明。

2. 具有良好的意志品质是指一个人很坚强。这种说法是否正确?请运用心理学知识加以说明。

六、简答题

1. 简述意志行动的基本特征。

2. 简述教师如何帮助小学生正确地对待挫折。

3. 在执行决定的过程中,必然会碰到许多困难。那么,克服这些困难必须依赖哪些心理条件?

真题精解

一、单项选择题

1. 与意志的果断性品质相反的是(　　)(易混)

A. 怯懦　B. 冲动性　C. 受暗示性　D. 优柔寡断

2. 某大学生想通过中介找兼职赚点零花钱,并得到实践锻炼;却又担心上当受骗和影响学习。这种心理状态是(　　)

A. 双趋冲突　B. 双避冲突　C. 趋避冲突　D. 多重趋避冲突

3. 个体应对挫折的积极反应方式是(　　)

A. 投射　B. 逃避　C. 退缩　D. 升华

二、判断选择题

执拗性是与坚韧性相反的意志品质。(　　)

A. 正确　B. 错误

三、填空题

与任性、冲动性相反的意志品质是________。

四、判断说理题

人应该立长志,而不应该常立志。这种说法是否正确,结合意志品质的知识说明理由。

第九章　个性倾向性

命题分析

[考查要点]

1. 识记需要的概念,并重点掌握马斯洛的需要层次理论。
2. 识记动机产生的条件,以及动机的三个功能。
3. 掌握兴趣的种类和品质,并重点记忆激发和培养学习兴趣的措施。

[考查题型]

以选择、判断、填空等客观题为主,有时也会以案例分析题的形式考查。

基础训练

一、单项选择题

1. 学生小辉对某些课程并不感兴趣,甚至感到乏味,但意识到学好这些课程对将来服务于社会有重要作用,因此努力刻苦学习,逐渐对这些课程产生了兴趣。小辉的这种兴趣为(　　)

A. 直接兴趣　B. 间接兴趣　C. 个体兴趣　D. 情景兴趣

2. 马斯洛的需要层次理论中最基本的需要是(　　)

A. 生理需要　B. 归属与爱的需要
C. 安全需要　D. 审美需要

3. 根据马斯洛的需要层次理论,下列不属于缺失性需要的是(　　)

A. 生理需要　B. 安全需要　C. 审美需要　D. 归属与爱的需要

4. 根据马斯洛的需要层次理论,如果某学生害怕老师、不愿上学,说明他在班上缺少(　　)

A. 归属与爱的需要　B. 自我实现的需要
C. 尊重需要　D. 求知需要

5. 乐乐平时不太受老师的重视,他便经常在上课时讲话、做小动作,老师朝他发脾气,他反倒做鬼脸,引得同学们哈哈大笑。根据马斯洛的需要层次理论,乐乐是为了满足哪一层次的需要(　　)

A. 尊重的需要　B. 自我实现的需要
C. 安全的需要　D. 归属与爱的需要

6. 美国著名心理学家马斯洛认为,(　　)属于缺失需要的一种。

A. 求知需要　B. 自我实现的需要　C. 审美需要　D. 尊重需要

7. 一些孩子对许多事物都很感兴趣,但常常只有"三分钟热度",兴趣很快又会消失。这说明他们的兴趣品质特征是(　　)(易错)

A. 广泛性强,指向性集中　B. 广泛性强,稳定性差
C. 广泛性强,效能性差　D. 效能性强,稳定性差

8. 按照马斯洛的需要层次理论，王维的《九月九日忆山东兄弟》主要体现了下列哪种需要(　　)

A. 归属与爱的需要　　B. 审美需要

C. 自我实现的需要　　D. 尊重需要

9. 马斯洛认为个体的动机需要呈等级结构，由低到高分为七种需要，这七种需要又可以分成缺失需要和成长需要两大类，下列属于成长需要的是(　　)

A. 找一个好工作的需要　　B. 吃饱的需要

C. 被别人尊重的需要　　D. 考上好大学的需要

10. 同样是努力学习，有些学生只是为了获得老师或家长的赞许，并不在意自己是否真正掌握了知识；而有些学生则是对学习内容本身较为感兴趣。这种现象体现了动机具有(　　)(易混)

A. 激活功能　　B. 指向功能　　C. 调节功能　　D. 维持功能

11. 刚刚上二年级的小华的父母离婚了，她和较为富裕的爸爸在一起生活，可是小华的学习成绩却开始下降了。导致这一行为的原因可能是小华的(　　)未能得到满足。

A. 安全需要　　B. 归属与爱的需要

C. 尊重需要　　D. 自我实现的需要

12. 人们希望得到稳定的工作，愿意参加各种保险。这体现了人们有(　　)

A. 生理需要　　B. 安全需要

C. 归属与爱的需要　　D. 尊重需要

13. 为了消除饥饿而引起觅食活动，为了获得优秀成绩而勤奋学习，为了摆脱孤独而结交朋友等体现了动机的(　　)

A. 指向功能　　B. 激活功能　　C. 维持功能　　D. 调整功能

14. 人的认识的倾向性是(　　)

A. 兴趣　　B. 需要　　C. 动机　　D. 理想

15. 人们总是希望自己能成为某一社会群体中的一员，并被其他成员所认可。这种动机属于(　　)

A. 工作动机　　B. 成就动机　　C. 交往动机　　D. 生理动机

16. 马斯洛认为，人类的需要层次由低级向高级发展可分为(　　)

A. 安全需要—生理需要—尊重需要—归属与爱的需要—自我实现的需要

B. 归属与爱的需要—生理需要—安全需要—尊重需要—自我实现的需要

C. 生理需要—安全需要—尊重需要—归属与爱的需要—自我实现的需要

D. 生理需要—安全需要—归属与爱的需要—尊重需要—自我实现的需要

17. 小学生喜欢看动画片，这属于(　　)

A. 物质需要　　B. 自然需要　　C. 精神需要　　D. 社会性需要

18. 某学生学习了习近平总书记在纪念五四运动100周年大会上的讲话后，决心将个人理想与中国梦相结合，努力学习，报效祖国。根据马斯洛的需要层次理论，该生的需要属于(　　)

A. 生理需要　　B. 安全需要

C. 归属与爱的需要　　D. 自我实现的需要

二、多项选择题

1. 根据兴趣所指向的目标，兴趣可以分为(　　)

A. 直接兴趣　　B. 间接兴趣　　C. 中心兴趣　　D. 广阔兴趣

2. 随着社会经济的发展，父母尽最大努力给孩子提供好的生活环境、物质条件。根据马斯洛的需要层次理论，这并不能满足孩子的(　　)

A. 生理需要　　B. 安全需要　　C. 归属与爱的需要　　D. 尊重需要

3. 成长性需要包括(　　)

A. 尊重需要　　B. 求知需要　　C. 审美需要　　D. 自我实现的需要

4. 一般认为，动机具有哪些功能(　　)(常考)

A. 选择功能　　B. 激活功能　　C. 指向功能　　D. 维持和调节功能

5. 需要具有(　　)的特征。

A. 对象性　　B. 选择性　　C. 动力性　　D. 社会性

6. 按照马斯洛的需要层次理论，一旦得到满足，由此产生的动机就会消失的需要有(　　)(常考)

A. 生理、安全的需要　　B. 归属与爱的需要

C. 尊重的需要　　D. 认知与审美的需要

三、判断选择题

1. 自我实现需要的强度随着需要的满足而降低。(易错)　　(　　)

A. 正确　　B. 错误

2. 由需要转化为动机的两个条件(需要的强度、诱因)并不是绝对的，当其中一项达到满足程度时，另一条件即使不具备或不充分，也能引起人们的动机行为。　　(　　)

A. 正确　　B. 错误

3. 按照马斯洛的动机作用论的观点，教师在自尊水平低的学生中灌输为学习本身的满足而去学的做法是不恰当的。　　(　　)

A. 正确　　B. 错误

四、填空题

1. ________是充分发挥个人潜能、才能的心理需要，也是一种创造和自我价值得到体现的需要。

2. 动机产生的基础是________。

3从兴趣的广度来看，兴趣可分为________和广阔兴趣两种。

4. 兴趣的________，指兴趣能积极推动人的活动，提高活动的效能，即兴趣对认知的推动作用。

五、简答题

1. 简述兴趣的品质。

2. 简述马斯洛的需要层次理论。(常考)

六、案例分析题

周老师是小学四年级的班主任,这学期刚开学时班上转来了一名叫小丽的学生,小丽的学习成绩一般,学习主动性、积极性都不高,上课爱打瞌睡,课后也不交作业。近两个月来小丽的学习成绩一直下降,引起了周老师的注意。通过观察与了解,周老师得知小丽的父母外出做生意,把她送到了外婆家,外婆对小丽的学习要求不高,只要求有所进步。小丽性格腼腆,在学校又不爱参加课外活动,所以,同学们对她都很疏远,她连一位知心的朋友都没有。有时被班上调皮的学生欺负,小丽也因为胆小而不敢告诉老师或者家长。

(1)根据马斯洛的需要层次理论,分析小丽的哪些需要没有得到满足?

(2)如果你是周老师,你将如何引导小丽走出困境?

真题精解

一、单项选择题

1. 根据马斯洛需要层次理论,希望多交朋友是为了满足(　　)

A. 安全需要　　B. 尊重需要

C. 自我实现的需要　　D. 归属与爱的需要

2. 对许多事物和活动都乐于参与、乐于探求,主要体现了兴趣的(　　)

A. 敏捷性　　B. 广泛性　　C. 持久性　　D. 效能

3. 提出需要层次理论的心理学家是(　　)

A. 默里　　B. 勒温　　C. 罗杰斯　　D. 马斯洛

4. 有机体感到某种欠缺而力求获得满足的心理倾向是(　　)

A. 能力　　B. 需要　　C. 兴趣　　D. 动机

二、判断选择题

有的观众喜欢《中国诗词大会》节目而对诗词感兴趣,这是一种直接兴趣。　　(　　)

A. 正确　　B. 错误

三、填空题

马斯洛的需要层次理论认为,人的最高层次的需要是________的需要。

四、案例分析题

阅读案例,按要求作答。

辛老师了解到学生小丁学习基础较差,且因家境贫寒导致自卑心理,他为小丁制定并实施了"智志双扶"的措施。辛老师利用课余时间与小丁谈心,以励志的榜样故事鼓舞他树立理想,实现人生价值;为他组建"学习帮帮团"帮助他学习;让他当班级宣传委员,发挥画画的特长;对他取得的进步给予赞赏;在"我们是一个友爱和谐的家"班会课上,同学们友善地接纳了小丁;针对小丁在课堂上做小动作的行为,辛老师没有当众训斥他,而是委婉地提示。一段时间后,小丁爱上了学习,成绩也提高了。他在日记中写道:"我要靠自己去奋斗,努力学习吧,我能越来越……"

问题:结合案例,分析辛老师是如何依据需要层次理论制定教育措施的。

第十章　个性心理特征

命题分析

[考查要点]

1. 识记能力与知识、技能的关系，并掌握能力的分类。
2. 重点掌握不同心理学家的能力结构理论。
3. 识记能力差异的五个方面。
4. 掌握一般能力测验和智力测验的标准。
5. 掌握培养学生能力的措施。
6. 区分不同气质类型的特点。
7. 掌握性格的概念、结构及形成与发展的影响因素，并重点理解性格与气质的关系。
8. 重点记忆针对不同气质类型如何做好教育工作的措施及培养学生优良性格的措施。

[考查题型]

以选择、判断、填空等客观题为主，有时也会以判断说理和案例分析题的形式考查。

基础训练

一、单项选择题

1. 一个人生下来不是一张白纸，而是各有底色。这个底色就是(　　)
A. 性格　B. 气质
C. 能力　D. 兴趣

2. 从社会文化和实践中习得的解决问题的方法的能力是(　　)(易混)
A. 流体智力　B. 多元智力
C. 言语智力　D. 晶体智力

3. 现实生活中，有人擅长体育，有人擅长文学。这体现出(　　)(易错)
A. 人的能力表现早晚的差异性　B. 能力的发展水平具有差异性
C. 人的能力结构具有差异性　D. 能力发展存在性别差异

4. (　　)这一理论中，操作代表智力的高低。个人针对引起思考的情境，在行为上表现出思考结果之前所经过的内在操作历程，即代表个人的智力。
A. 群因素理论　B. 智力三维结构论
C. 智力形态论　D. 多元智能理论

5. 刘翔110米跨栏成绩好，可能是因为他的(　　)好。
A. 视觉—空间智力　B. 自知智力
C. 运动智力　D. 逻辑—数学智力

6. 下列关于多元智力理论叙述错误的是(　　)(易错)
A. 20世纪90年代，加德纳又提出了第八种智力，即认识自然的智力
B. 音乐智力包含在多元智力理论的智力因素中
C. 多元智力理论为新课改提供了理论基础
D. 这几种智力因素不是独立的，是相互联系不可分割的

7. 爱迪生曾说"天才就是1%的灵感加上99%的汗水"，他对天才持一种"有条件的承认"的态度，即天才需要努力才能成为真正意义上的天才。爱迪生的观点强调了(　　)对天才形成与发展的影响。
A. 早期经验　B. 主观努力　C. 教育与教学　D. 遗传与环境

8. 在斯腾伯格的智力三元理论中，起到核心作用的是(　　)
A. 元成分　B. 操作成分
C. 知识获得成分　D. 内容成分

9. 豹子头林冲沉着老练，身负深仇大恨，尚能忍耐持久，几经挫折，万般无奈，终于被逼上梁山。他的气质类型属于(　　)
A. 胆汁质　B. 多血质　C. 黏液质　D. 抑郁质

10. "人心不同，各如其面。"这句俗语说明了人格具有(　　)
A. 稳定性　B. 独特性　C. 整合性　D. 功能性

11. 学生小辉在两个月的时间内进行了两次同样的测验，得到的分数大致相等。这表明两次测验的(　　)较高。
A. 信度　B. 效度　C. 难度　D. 区分度

12. 小雨是个敏感、细心的女孩，同时她又多疑、孤僻、多愁善感、不善于和同学交往，同学们都叫她"林妹妹"。小雨的气质类型属于(　　)(常考)
A. 胆汁质　B. 多血质　C. 黏液质　D. 抑郁质

13. (　　)对智力的发展起着主导作用。
A. 遗传素质　B. 教育和教学　C. 社会实践　D. 个人的勤奋

14. 在电视节目《最强大脑》中，有的选手表现出了超强的处理数字系列、空间视觉等方面的能力。依据卡特尔的智力理论，说明这些选手具有超强的(　　)(常考)
A. 流体智力　B. 经验性智力　C. 晶体智力　D. 情境性智力

15. 在小学低年级的某次数学测验中，由于数学试卷中试题的文字表述过于复杂，学生不能完全理解题干的要求，也不能正确地解答题目，导致该试卷无法正确测量学生数学学习的状况。据此可以判断这次数学测验是(　　)
A. 高信度的　B. 低信度的　C. 低效度的　D. 高效度的

16. 某学生智商85，他的智力水平属于(　　)
A. 中上水平　B. 中下水平　C. 优秀水平　D. 中等水平

17. 诚实或虚伪、勇敢或怯懦、谦虚或骄傲、勤劳或懒惰等描述的是个体的(　　)
A. 性格特征　B. 能力特征　C. 气质特征　D. 认知特征

18. 下列选项属于加德纳提出的多元智力范围的是(　　)
①数学运算与逻辑思考的能力　②有效地理解别人及其关系以及与人交往的能力
③感知音调、旋律、节奏的能力　④独处、反思的能力
A. ①②④　B. ①③④　C. ①②③　D. ①②③④
19. 下列标准化测验中不属于智力测验的是(　　)
A. 斯坦福—比纳量表　B. 韦克斯勒量表
C. 瑞文测验　D. 明尼苏达测验
20. “某同学情绪体验深刻,其言行举止易被情绪左右,头脑不够冷静。”请分析一下他属于哪种性格类型(　　)
A. 独立型　B. 情绪型　C. 理智型　D. 意志型
21. 一般认为,IQ低于(　　)为智力落后。
A. 60　B. 70　C. 80　D. 100
22. 汽车司机应当具备动作灵活敏捷,注意稳定并善于转移的特性。这说明了(　　)特征是职业选择的依据之一。(易错)
A. 兴趣　B. 能力　C. 气质　D. 性格
23. 如果高水平学生在测验项目上能得高分,而低水平学生只能得低分。那么就说明下列哪种质量指标较高(　　)
A. 区分度　B. 信度　C. 效度　D. 难度
24. 沟通能力和解决纠纷的能力属于(　　)
A. 认知能力　B. 操作能力　C. 社交能力　D. 模仿能力
25. 下列关于气质类型的说法,错误的是(　　)
A. 一个人的气质类型在一生中是比较稳定的
B. 气质类型不能决定一个人成就的高低
C. 胆汁质的人容易形成善于克制自己情绪的性格特征
D. 多血质的人难以形成耐心细致的性格特征
26. 在学习立体几何时,有些同学能够非常迅速地接受并绘制出三维立体图形,而有些同学则要经过很长时间才能慢慢接受。这体现了学生在(　　)方面的差异。
A. 言语智力　B. 视觉—空间智力
C. 运动智力　D. 人际智力
27. 小江学习刻苦认真,虽然基础并不好,但他遇到困难时总能勇往直前,不达目的不罢休,因此他的学习成绩在班里一直名列前茅。这体现了小江性格的(　　)特征。
A. 态度　B. 理智　C. 意志　D. 情绪
28. 下列关于流体智力的说法,错误的是(　　)
A. 与年龄的关系密切　B. 依赖于文化和知识背景
C. 在青少年之前一直在增长　D. 30岁以后逐渐衰退
29. 下列有关能力的理解,正确的是(　　)
①能力是在环境和遗传两种因素相互作用下发展起来的
②人与人之间在能力发展水平上存在着明显差异
③人的各种能力随着年龄的增长而增长
④人的能力具有稳定性和可变性
⑤社会生活条件对能力发展的决定性作用是通过教育来实现的
A. ①②③④　B. ①②④⑤　C. ①②③⑤　D. ①②⑤
30. 我们常说的“江山易改,禀性难移”说明了(　　)
A. 性格的可塑性　B. 气质的可塑性
C. 性格的稳定性　D. 气质的稳定性
31. 在性格结构中具有核心意义的性格特征是(　　)
A. 理智特征　B. 意志特征　C. 态度特征　D. 情绪特征
32. 在韦克斯勒智力量表中,他革新了智商的计算方法,把比率智商改成了离差智商。如果某施测团体的平均得分为70分,标准差为5,而某人得分是80分,那么这个人的智商是(　　)
A. 130　B. 140　C. 150　D. 160
33. “笨鸟先飞”“勤能补拙”说明了(　　)
A. 需要对能力有影响　B. 动机对能力有影响
C. 性格对能力有影响　D. 气质对能力有影响
34. 比纳—西蒙量表是世界上第一个标准化智力测验量表,产生于(　　)
A. 1896年　B. 1905年　C. 1916年　D. 1923年
35. 根据多元智力理论,具备哪种智力类型的人善于确立目标,评估自身的能力和弱点,监控自己的思维(　　)
A. 语言智力　B. 人际关系智力　C. 自知智力　D. 数理逻辑智力
36. 意志型性格类型的特点是(　　)
A. 目的明确,自觉支配行动　B. 善于思考,三思而后行
C. 情绪易波动,并左右行动　D. 独立性强,善于思考
37. 根据加德纳的多元智力理论,教师和心理咨询师通常智力水平高。这里的“智力”主要是指(　　)
A. 言语智力　B. 人际智力　C. 自知智力　D. 运动智力
38. 一名7岁儿童通过了9岁组的题目,其智力年龄是9岁。该儿童的智商(IQ)是(　　)
A. 134.5　B. 128.6　C. 93　D. 115
39. “多一把衡量的尺子,就会多出一批好的学生”的心理学依据是(　　)
A. 个体发展具有顺序性　B. 气质类型具有多样性
C. 人的智能具有多元性　D. 人类发展具有共同性
40. 下列属于一般能力的是(　　)(常考)
A. 记忆能力　B. 模仿能力　C. 运动能力　D. 社交能力

41. 对于气质类型为(　　)的学生,应当着重培养其敏感、机智、认真、细致等个性品质,防止其怯懦、多疑、孤独等消极品质的产生;在教育方法方面,要多给予同情、关怀和帮助,避免在公开场合指责他们。

A. 黏液质　B. 抑郁质　C. 多血质　D. 胆汁质

42. "三岁看大,七岁看老"反映的是(　　)因素对人的影响。

A. 社会文化　B. 家庭环境　C. 自然环境　D. 早期经验

43. 何一飞生性活泼好动,上课发言很积极,总是没等老师说完问题就举手甚至直接站起来回答问题,为人热情坦率,但总是粗枝大叶,鲁莽冒失,脾气急躁。其气质类型为(　　)

A. 胆汁质　B. 抑郁质　C. 多血质　D. 黏液质

44. 李老师用一套试卷对程度相当的两个班级进行测试,学生的成绩分布基本一致。这说明此试卷具有较好的(　　)(易混)

A. 难度　B. 效度　C. 信度　D. 区分度

45. 人们通过观察别人的行动和活动,以相同的方式做出反应的能力称之为(　　)

A. 一般能力　B. 创造能力　C. 模仿能力　D. 操作能力

46. 综艺节目《超级演说家》中选手能通过精彩的语言表达出自己的情感,且能感染他人。根据加德纳的多元智力理论,这类人最有可能是(　　)突出。

A. 人际智力　B. 言语智力　C. 空间智力　D. 内省智力

47. "宝剑锋从磨砺出,梅花香自苦寒来"说明性格会受以下哪一因素的影响(　　)

A. 遗传　B. 集体　C. 家庭　D. 个人努力

48. 初中生小昭刚从农村转入城市上学,常担心自己的农村方言会被别人讥笑,所以在与同学交谈时,不敢直视对方的眼睛,总是刻意的闪躲,小昭这种行为表现的心理特征是(　　)

A. 气质　B. 能力　C. 性格　D. 认知方式

49. 有一种人,他们有明确的行动目标,有较强的自我控制能力,能克服消极情绪的影响,能够克服困难,实现预定目标。这种人的性格特征属于(　　)

A. 理智型　B. 意志型　C. 情绪型　D. 混合型

二、多项选择题

1. 根据从事活动时创造性程度的高低,可将能力分为(　　)

A. 认知能力　B. 操作能力　C. 模仿能力　D. 创造能力

2. 测验的质量指标有(　　)

A. 效度　B. 信度　C. 难度　D. 区分度

3. 根据多元智力理论可知,空间感知能力强的人,适合从事的职业有(　　)

A. 律师　B. 画家　C. 航海家　D. 飞行员

4. 美国哈佛大学发展心理学家加德纳提出的多元智力理论(　　)

A. 直接影响教师形成积极乐观的"学生观"

B. 直接影响教师重新建构"智力观"

C. 认为智力是以语言能力和逻辑—数理能力为核心的

D. 能帮助教师树立新的"教育观"

5. 巴甫洛夫划分高级神经活动类型是根据神经过程的基本特性进行的,这些基本特性包括(　　)

A. 强度　B. 稳定性　C. 灵活性　D. 平衡性

6. 下列关于气质的描述正确的是(　　)(易错)

A. 气质是一种稳定的心理特征　B. 人的气质是通过后天因素造成的

C. 气质没有好坏之分　D. 人的气质是天生的

三、判断选择题

1. "老将出马,一个顶俩""姜还是老的辣",这说明老年人的流体智力还在发展。(　　)

A. 正确　B. 错误

2. 性格不会决定学习是否发生,也不会影响学生学习的方式。(　　)

A. 正确　B. 错误

3. 信度高,效度不一定高;效度高,信度一定高。(　　)

A. 正确　B. 错误

4. 气质可以决定人的社会价值与成就的高低,并具有社会道德评价的含义。(　　)

A. 正确　B. 错误

5. "多学近乎智,无知即无能"说明知识的掌握与智力的发展是同步的。(　　)

A. 正确　B. 错误

6. "少年早慧"和"大器晚成"是能力发展水平不同的表现。(　　)

A. 正确　B. 错误

四、填空题

1. ________是智力发展的基础和自然条件。

2. 卡特尔认为________智力受后天经验的影响比较大,是依据我们已有的知识和技能去解决问题的。

3. 美国哈佛大学发展心理学家加德纳提出的________理论,有利于教师更好地理解和实践新课程所倡导的学生评价。

4. "艺高人胆大,胆大艺更高"说明了性格与________之间相互制约的关系。(常考)

5. 吉尔福特的智力三维结构论把人的智力分为内容、________和成果三个维度。

6. 研究表明,人们的智力水平呈________,大多数人的智力属于中等水平。

五、判断说理题

1. 教育测验中有信度就一定有效度。这种说法是否正确?请运用心理学知识加以说明。

2. 男女的智力结构存在差异，各自具有自己的优势领域。这种说法是否正确？请运用心理学知识加以说明。

六、简答题

1. 简述影响能力形成与发展的因素。

2. 简述影响性格形成与发展的因素。(常考)

3. 如何培养学生的非智力因素？

七、论述题

1. 根据能力与知识、技能的关系，分析“高分低能”现象。(常考)

2. 结合教学实际，谈谈培养学生良好性格的方法与途径。

八、案例分析题

奥托·瓦拉赫是诺贝尔化学奖获得者，他的成才过程极富传奇色彩。瓦拉赫在开始读中学时，父母为他选择的是一条文学之路，不料一个学期下来，教师为他写下了这样的评语：“瓦拉赫很用功，但过分拘泥。这样的人即使有着完美的品德，也绝不可能在文字上发挥出来。”此后，他改学油画。可瓦拉赫既不善于构图，又不会调色，对艺术的理解力也不强，成绩在班上是倒数第一，学校的评语更是难以令人接受：“你是绘画艺术方面的不可造就之才。”面对如此“笨拙”的学生，绝大多数老师认为他已成才无望，只有化学老师认为他做事一丝不苟，具备做好化学实验应有的品格，建议他学习化学，父母接受了化学老师的建议。这下，瓦拉赫智慧的火花一下被点着了，终于走向成功之路。后来这一现象被人们称为“瓦拉赫效应”。

请用多元智力理论分析“瓦拉赫效应”以及对教学的启示。

真题精解

一、单项选择题

1. 吉尔福特提出的能力结构理论是(　　)

A. 二因素理论　　B. 群因素理论

C. 三维智力理论　　D. 多元智力理论

2. 下列关于能力与知识、技能关系的说法,正确的是(　　)(易混)

①知识、技能等同于能力

②能力的强弱与知识、技能的多少成正比

③能力的形成与发展依赖于知识、技能的获得

④在掌握知识、技能的过程中会促进相应能力的发展

A. ①②　　B. ②③　　C. ①④　　D. ③④

3. 反映测验结果可靠程度的指标是(　　)

A. 信度　　B. 效度　　C. 难度　　D. 区分度

4. 下列属于一般能力测验的是(　　)

A. 罗夏克墨渍测验　　B. 主题统觉测验

C. 标准化成就测验　　D. 韦克斯勒智力测验

5. 高级神经活动表现为强、不平衡,与此相对应的气质类型是(　　)

A. 胆汁质　　B. 多血质　　C. 黏液质　　D. 抑郁质

6. 某生急躁、直率、热情、情绪兴奋性高、容易冲动,具有外向性。该生的气质类型是(　　)

A. 胆汁质　　B. 多血质　　C. 黏液质　　D. 抑郁质

7. 下列属于斯皮尔曼的智力结构理论观点的是(　　)

A. 智力结构由四个层次组成　　B. 智力由G因素和S因素组成

C. 智力由流体智力和晶体智力组成　　D. 智力结构包括内容、操作和产品三个维度

8. 某学生的实际年龄为10周岁零10个月,根据斯坦福—比纳智力量表测得其智龄为13岁整。该学生的比率智商为(　　)

A. 92　　B. 111　　C. 120　　D. 129

9. 正直、诚实、认真、细致、自立自强,具备社会责任心,这些品质属于性格的(　　)

A. 态度特征　　B. 理智特征

C. 情绪特征　　D. 意志特征

二、多项选择题

1. 下列关于能力的描述正确的有(　　)(易错)

A. 能力高者,创造力也高　　B. 能力属于个性心理特征

C. 能力是掌握知识、技能的前提　　D. 流体智力随着年龄的增长不断提高

2. 下列关于性格和气质的说法,正确的是(　　)

A. 气质是先天的,性格是后天的　　B. 气质无好坏之分,性格有优劣之别

C. 不同的气质可以形成相同的性格　　D. 气质会影响性格的形成和发展速度

三、填空题

1. 能力按功能分为认知能力、________和社交能力。

2. 性格是指表现在人对现实的________和相应的行为方式中的比较稳定的、具有核心意义的个性心理特征。

四、判断说理题

某生的血型是AB型,有同学说:“你这种血型属于黏液质。”对此你觉得是否正确,请用心理学知识说明理由。

五、案例分析题

阅读材料,按要求作答。

八年级(3)班的小刚和小雯是同桌。小雯聪慧敏锐,思维缜密,学习成绩优异。小刚直率开朗,热情外向。一次自习课上,小刚邀请小雯一起看小说,被小亮发现,他随即向班主任杨老师举报。

杨老师把小雯叫到办公室了解情况。小雯感觉周遭都是审视的目光,如芒刺在背,既难堪又委屈。她一直低着头,双手紧拽衣角,老师问什么,她都一声不吭。小刚得知小雯被老师叫去办公室是因为小亮的举报,怒气冲冲地找小亮理论。见到小亮,他不由分说,一把将小亮推倒在地。

问题:

(1)分别写出小雯和小刚的气质类型。

(2)针对小刚的气质类型,杨老师应采取哪些恰当的教育措施?

第十一章　自我意识

命题分析

[考查要点]

1. 重点记忆自我意识的概念和成分。
2. 掌握自我意识三个发展阶段的内容。
3. 掌握小学生、初中生和高中生自我意识发展的特点。

[考查题型]

以填空等客观题为主。

基础训练

一、单项选择题

1. 接受、喜欢自己是自我意识中的(　　)
A. 自我认识　B. 自我体验　C. 自我监控　D. 自我完善

2. 在自我意识的心理成分中,自信、自尊、自卑等属于(　　)
A. 自我认知　B. 自我体验　C. 自我反思　D. 自我控制

3. (　　)是指主体对自己思想、愿望、行为和个性特点的判断,它反映了一个学生的心理成熟程度,是自我意识发展水平的重要标志。(易混)
A. 自我评价　B. 自我体验　C. 自我控制　D. 自我强化

4. "我好开心啊,今天我当值日生,老师表扬了我"这句话反映的是学生自我意识中的(　　)
A. 自我认识　B. 自我监控　C. 自我调节　D. 自我体验

5. 一般认为,自我意识包含自我认识、自我体验和自我监控。其中,自我体验是自我意识的情绪成分,是主观的我对客观的我所持有的一种情绪体验,反映了主体我的需要与客体我的现实之间的关系。个体自我体验中最主要的成分是(　　)
A. 自信　B. 自尊　C. 自豪　D. 自满

6. 下列选项中不属于初中生自我意识发展的特点是(　　)
A. 出现成人感　B. 自尊感增强
C. 出现自卑感　D. 自我形象受到了空前的关注

7. 从轻信成人的评价逐渐过渡到自我独立评价是因为自我意识的发展进入(　　)阶段。(常考)
A. 生理自我　B. 社会自我　C. 主观自我　D. 心理自我

8. 学生自觉地按照一定的行动目标和社会准则来评价自己的心理品质和能力,并且自我评价较为客观、公正和全面,具有社会道德性,并在此基础上形成自我理想,这属于自我意识中的(　　)
A. 生理自我　B. 心理自我　C. 理想自我　D. 现实自我

二、多项选择题

1. 自我意识包括(　　)
A. 自我认识　B. 自我体验　C. 自我监控　D. 自我反思

2. 个体自我意识的发展经历了从生理自我到社会自我,再到心理自我的过程,下列对这一过程说法正确的有(　　)
A. 生理自我是自我意识最原始的形态
B. 青春期是自我意识发展的第一个飞跃期
C. 心理自我是在青春期开始发展和形成的
D. 儿童在3岁以后,自我意识的发展进入社会自我阶段

3. 小学生在自我评价方面的发展具体表现在(　　)
A. 开始具有对内心品质评价的倾向　B. 自我评价的抽象概括性有了提高
C. 自我评价的稳定性有了一定的发展　D. 评价的独立性随着年级的升高而提高

4. 下列属于自我监控的是(　　)(易错)
A. 自暴自弃　B. 自我调节　C. 自我追求　D. 自我检查

三、判断选择题

1. 学生在青春期开始形成和发展的个体自我意识是社会自我。(易错)　(　　)
A. 正确　B. 错误

2. 新生儿不具有自我意识。　(　　)
A. 正确　B. 错误

3. 生理自我在1岁左右基本成熟。(易错)　(　　)
A. 正确　B. 错误

4. 自我意识是使人格各部分整合和统一起来的核心力量。　(　　)
A. 正确　B. 错误

四、填空题

1. ________是指初中生感到自己已经长大成人,渴望参与成人的活动,要求独立,希望得到自尊的体验。

2. 社会自我到________基本成熟。

五、判断说理题

一个人在心目中对自己的印象就是自我认识。这种说法是否正确?运用心理学知识加以说明。

六、论述题

试述自我意识在教学中的应用。

真题精解

填空题

1. 自尊心、自卑感属于自我意识成分中的________。
2. 个体自我意识的发展经历了生理自我、社会自我和________的过程。

第十二章 教育心理学概述

命题分析

[考查要点]

1. 识记教育心理学的概念、研究对象与研究内容。
2. 重点掌握教育心理学各发展时期的代表人物和主要贡献。

[考查题型]

以选择、填空等客观题为主。

基础训练

一、单项选择题

1. 教育心理学是一门研究教育教学情境中学与教的( )的科学。(常考)

A. 基本教育规律　　B. 基本教学规律

C. 基本心理规律　　D. 基本身心规律

2. 在影响教学过程的因素中,学生的先前知识基础、学习方式、智力水平、兴趣和需要等差异属于( )

A. 文化差异因素　　B. 社会差异因素

C. 群体差异因素　　D. 个体差异因素

3. 学与教的系统包含的五个要素是:学生、教师、教学内容、教学环境、( )

A. 教学过程　　B. 学习过程　　C. 学习氛围　　D. 教学媒体

4. 教育心理学作为一门具有独立理论体系的学科,形成于其发展进程中的( )

A. 初创时期　　B. 发展时期　　C. 成熟时期　　D. 深化拓展时期

5. ( )发起的课程改革运动促使美国教育心理学转向对教育过程、学生心理、教材、教法和教学手段改进的探讨。

A. 布鲁纳　　B. 冯特　　C. 罗杰斯　　D. 奥苏伯尔

6. 1924年,( )编写了我国第一本《教育心理学》教科书。(常考)

A. 蔡元培　　B. 陶行知　　C. 廖世承　　D. 杨贤江

7. 下列人物与作品对应错误的是( )

A. 桑代克——《教育心理学》　　B. 杜威——《我的教育信条》

C. 赞科夫——《人是教育的对象》　　D. 弗洛伊德——《梦的解析》

8. 下列属于教学环境中社会环境的是( )

A. 照明　　B. 座位的排列

C. 课堂气氛　　D. 投影仪

9. 下列说法中,正确的是(　　)

A. 美国心理学家杜威以实用主义的"从做中学"为信条,对教学实践活动进行改革,对教育产生了深远的影响

B. 英国心理学家布鲁纳等重视教育心理学理论与教育教学实际的结合,强调为学校教育服务,发起了课程改革运动

C. 苏联心理学家维果斯基提出了"以学生为中心"的主张

D. 人本主义心理学家罗杰斯强调教育与教学在儿童发展中的主导作用,并提出了"文化发展论"和"内化说"

10. (　　)被称为"俄罗斯教育心理学的奠基人"。

A. 马卡连柯　　B. 苏霍姆林斯基

C. 乌申斯基　　D. 谢切诺夫

11. 教育心理学处于完善时期的时间大致为(　　)

A. 19世纪20年代以前　　B. 19世纪80年代

C. 20世纪20年代以前　　D. 20世纪80年代以后

12. 教育心理学的主要研究对象是(　　)

A. 学生　　B. 教师　　C. 学习　　D. 教学

13. 被称为"教育心理学之父"的学者是(　　)

A. 皮亚杰　　B. 桑代克　　C. 布鲁纳　　D. 维果斯基

14. 教育心理学的发展历程大致经历了四个时期,每个时期都有一些心理学家提出的主张,下列说法不正确的是(　　)

A. 裴斯泰洛齐第一次提出"教育教学的心理学化"思想

B. 最早正式以"教育心理学"命名的著作是乌申斯基所写的《教育心理学》一书

C. 我国第一本教育心理学著作是房东岳翻译自日本小原又一著的《教育实用心理学》

D. 罗杰斯提出了"以学生为中心"的教育主张

二、多项选择题

1. 学与教的相互作用过程是一个系统过程,它由一些子系统构成。这些子系统包括(　　)

A. 学习过程　　B. 教学过程　　C. 评价过程　　D. 反思过程

2. 下列关于教育心理学发展进程的说法,正确的有(　　)(易混)

A. 第一次提出"教育教学的心理学化"的思想是在初创时期

B. 布鲁纳的课程改革运动发生在成熟时期

C. 计算机辅助教学出现在完善时期

D. 合作性研究是成熟时期的成果

3. 布鲁纳总结的教育心理学成果主要表现在(　　)

A. 主动性研究　　B. 反思性研究

C. 合作性研究　　D. 社会文化研究

4. 教育心理学有自身独特的研究课题,即(　　)

A. 如何教　　B. 学与教之间的相互作用

C. 如何学　　D. 怎样评价

5. 在教育心理学的发展时期,美国教育心理学界产生了许多有关学习方面的理论,它们是(　　)

A. 维特罗克的生成学习理论　　B. 斯金纳的操作性条件作用理论

C. 托尔曼的认知—目的说　　D. 格式塔学派的完形理论

6. 学生作为一种影响因素,主要从(　　)两方面影响学与教的过程。(常考)

A. 群体差异　　B. 个体差异　　C. 性别差异　　D. 学习方式差异

三、判断选择题

1. 广义的教育心理学专指学校教育心理学。(　　)

A. 正确　　B. 错误

2. 程序教学和教学机器兴起于20世纪50年代。(　　)

A. 正确　　B. 错误

3. 教育心理学不仅要研究如何有效地学与如何有效地教,而且要研究具体的学科内容。(　　)

A. 正确　　B. 错误

四、填空题

1. ________是学与教的过程中有意传递的主要信息部分,是教学中的客体。

2. 1877年,俄国教育学和心理学家________发表了《教育心理学》一书,这是最早正式以"教育心理学"命名的著作。

真题精解

一、单项选择题

1. 撰写出《教育心理学》,从而使教育心理学成为一门独立学科的心理学家是(　　)

A. 冯特　　B. 斯金纳　　C. 桑代克　　D. 班杜拉

2. 教育心理学研究的核心内容是(　　)

A. 评价过程　　B. 学习过程　　C. 教学过程　　D. 反思过程

二、填空题

1. 学与教的过程包括五个要素,即学生、教师、________、教学媒体和教学环境。

2. 美国心理学家桑代克于________年出版了《教育心理学》一书,这是西方第一本以教育心理学命名的专著。(常考)

第十三章　学生心理发展与教育

命题分析

[考查要点]

1. 掌握皮亚杰的认知发展阶段理论。
2. 掌握维果斯基的最近发展区理论。
3. 识记人格的特征及影响因素。
4. 掌握埃里克森的人格发展阶段理论。
5. 掌握学生的认知方式差异。
6. 掌握不同学者的性格特征差异的分类。

[考查题型]

以选择、填空等客观题为主,有时也会以论述题、案例分析题的形式考查。

基础训练

一、单项选择题

1. 下列关于记忆的选项中,小学生比较擅长的是(　　)

A. 具体的词的记忆　　B. 语词材料记忆

C. 抽象图形记忆　　D. 具体形象记忆

2. 老师问妙妙:"你有兄弟姐妹吗?"妙妙回答:"有。"老师问:"他叫什么名字?"妙妙回答:"明明。"老师又问:"明明有兄弟姐妹吗?"妙妙回答:"没有。"根据皮亚杰的儿童认知发展阶段理论,妙妙的认知发展处于(　　)(常考)

A. 感知运动阶段　　B. 前运算阶段

C. 具体运算阶段　　D. 形式运算阶段

3. 皮亚杰认为,儿童思维的发展趋于成熟的标志是(　　)

A. 获得"客体永久性"概念　　B. 有符号功能思维

C. 获得"守恒"概念　　D. 进入形式运算阶段

4. 小朱在春游的时候看到湖面上游着一只白天鹅,以为是自己在爷爷家看到的鸭子,开心地大叫:"看,是鸭子。"根据皮亚杰的认知发展阶段理论,小朱的认知过程属于(　　)

A. 同化　　B. 顺应　　C. 组织　　D. 平衡

5. 根据埃里克森的心理社会发展理论,个体开始思考"我是谁"这一问题时处于(　　)阶段。

A. 主动感对内疚感　　B. 自主感对羞耻感

C. 自我同一性对角色混乱　　D. 勤奋感对自卑感

6. 针对某一问题,搜集或综合信息与知识,运用逻辑规律缩小解答范围,直至找到最适当且唯一正确的解答,这种认知方式属于(　　)

A. 冲动型　　B. 辐合型　　C. 发散型　　D. 场独立型

7. 小君的独立性不强,对待事物的态度容易受到老师、同学的影响。小君的认知方式属于(　　)(常考)

A. 场依存型　　B. 沉思型

C. 场独立型　　D. 冲动型

8. 维果斯基强调的学生的潜在发展水平指的是(　　)

A. 学生的最近发展区　　B. 学生在他人帮助下所能达到的解决问题的水平

C. 学生已有的心理机能的发展水平　　D. 学生正在追求的信息加工水准

9. 人们常说:"三岁看大,七岁看老。"这句话反映了人格的(　　)

A. 社会性　　B. 稳定性　　C. 整体性　　D. 独特性

10. 下列关于认知风格的表述正确的是(　　)

A. 场依存型的人比场独立型的人更多地利用来自身体内部的线索

B. 认知风格主要影响学生的学习方式

C. 区分冲动型和沉思型的标准仅仅是反应时间

D. 发散型认知风格优于辐合型认知风格

11. 学生王强缺乏安全感,行为退缩、性格胆怯,经常撒谎,做事情消极被动。这可能是(　　)教养方式造成的。

A. 专制型　　B. 放纵型　　C. 民主型　　D. 自由型

12. 妞妞今年5岁,她很喜欢帮忙做家务。一次,她清理餐桌时不小心打碎了一叠盘子。她的父亲很生气,当场责骂了她,说她什么都不干就是最大的帮忙,然后让她的姐姐清理完了餐桌。如果这位父亲经常这么对妞妞,那么根据埃里克森的观点,妞妞最有可能发展出(　　)

A. 自卑感　　B. 内疚感　　C. 不信任感　　D. 主动感

13. 下列选项中,属于民主型教养方式的是(　　)

A. 对儿童的态度积极肯定,经常提出明确的要求

B. 在情感上倾向于拒绝和漠视孩子

C. 不对孩子提出任何要求,让其随意控制自己的一切行为

D. 对儿童缺乏基本的关注

14. 小说中的重要人物通常都具有鲜明的特点,以至于提到这些特点我们一下子就会想到这些人物。从人格特质的角度出发,这些特点属于这些人物的(　　)

A. 共同特质　　B. 差异特质

C. 首要特质　　D. 次要特质

15. 下列哪种教育模式下的儿童是最成熟的,他们有能力、独立性强、善于控制自己(　　)

A. 集体型　　B. 放纵型　　C. 民主型　　D. 专制型

16. 处于这个阶段的学生不仅能运用经验—归纳的方式进行逻辑推理，而且能运用假设—演绎推理的方式来解决问题。“这个阶段”是指(　　)

A. 感知运动阶段　B. 前运算阶段　C. 具体运算阶段　D. 形式运算阶段

17. 根据奥尔波特的性格特征分类，教师为某个学生写的操行评定，如准时、整洁、勤奋、诚恳等，属于学生的(　　)

A. 首要特质　B. 次要特质　C. 重要特质　D. 共同特质

18. (　　)学生开始出现逻辑知觉。

A. 童年期　B. 少年期　C. 青年期　D. 青年初期

19. 教师的言行会对学生的人格产生潜移默化的影响。这体现了(　　)对人格的影响。

A. 社会文化　B. 家庭环境　C. 学校教育　D. 生物遗传因素

20. 皮亚杰用来说明儿童认知发展的重要概念是(　　)

A. 图式、运算、同化、顺应　B. 图式、成熟、同化、平衡

C. 图式、同化、运算、成熟　D. 图式、同化、顺应、平衡

21. 有的儿童在解答问题时倾向于深思熟虑且错误较少，这种认知方式属于(　　)

A. 场依存型　B. 场独立型　C. 冲动型　D. 沉思型

22. 对客观事物作判断时，常常利用内部的参照，自己对事物作出判断。这种认知方式属于(　　)

A. 场依存型　B. 场独立型　C. 冲动型　D. 沉思型

23. 维果斯基强调(　　)在认知发展中的作用。

A. 同化　B. 学习　C. 社会文化　D. 成熟

24. 5岁的毛毛第一次参观海洋馆，当他看到玻璃展缸中的潜水员时，大声喊：“看，消防员！”根据皮亚杰的认知发展理论，毛毛的认知过程属于(　　)(易混)

A. 同化　B. 顺应　C. 平衡　D. 组织

25. 在从以具体形象思维为主逐渐向以抽象逻辑思维为主的过渡中出现“飞跃”或“质变”。一般认为，这个关键年龄出现在小学(　　)(常考)

A. 三年级　B. 四年级　C. 五年级　D. 六年级

26. 某学生认为，插队是不文明的行为，但是当遇到孕妇和老人时，可以让他们“插队”。根据皮亚杰的认知发展阶段理论，该学生处于(　　)

A. 感知运动阶段　B. 前运算阶段

C. 具体运算阶段　D. 形式运算阶段

27. 根据皮亚杰的认知发展阶段理论的观点，儿童在自己吃饭的时候会喂洋娃娃吃饭，认为洋娃娃不吃饭就会和自己一样饿。这说明儿童的认知水平处于(　　)

A. 感知运动阶段　B. 前运算阶段

C. 具体运算阶段　D. 形式运算阶段

28. 以“最近发展区”为基础建立起来的一种新教学模式是(　　)

A. 直接教学　B. 合作教学　C. 支架式教学　D. 启发式教学

29. 根据埃里克森的人格发展阶段理论，12～18岁的儿童要解决的主要矛盾是(　　)

A. 自主感对羞耻感　B. 主动感对内疚感

C. 勤奋感对自卑感　D. 自我同一性对角色混乱

30. 根据埃里克森的人格发展阶段理论，当学龄期儿童的勤奋感大于自卑感时，他们就会获得(　　)品质。

A. “目的”　B. “忠诚”　C. “能力”　D. “智慧”

31. 下列案例中，最能体现“最近发展区”理论运用的是(　　)(常考)

A. 3岁的小军在妈妈的指导下，逐渐学会了自己穿衣服

B. 小海的妈妈希望他将来成为一名科学家

C. 小明的实际身高和同龄男孩的平均身高之间的差距

D. 5岁的小西能够背诵100首古诗

32. 人们通常认为“北方人开朗、豪放，南方人含蓄、细腻。”根据奥尔波特的人格特质理论，上述人格特质属于(　　)(易错)

A. 共同特质　B. 首要特质

C. 次要特质　D. 中心特质

33. “人心不同，各如其面。”这句俗语为人格的(　　)做了最好的诠释。

A. 稳定性　B. 独特性　C. 整合性　D. 功能性

34. 学生学习数学新知识时，将原有算术图式发展为代数图式，运用新图式可正确解决代数题，实现图式上的新平衡。这在皮亚杰心理学理论中被称为(　　)(易混)

A. 同化　B. 顺应　C. 组织化　D. 平衡

35. 将一个大杯中的水倒入小杯中时，儿童不仅能够考虑水从大杯倒入小杯，而且还能设想水从小杯倒回大杯，并恢复原状。根据皮亚杰的认知发展阶段理论，该儿童处于(　　)

A. 感知运动阶段　B. 前运算阶段

C. 具体运算阶段　D. 形式运算阶段

二、多项选择题

1. 儿童常把玩具当作活的伙伴，与它们游戏、交谈；做事只以自己的兴趣和需要为出发点，不会考虑他人；他们的思维只能前推不能后推，不能判断别人的左右手。此材料说明前运算阶段儿童的认知特点有(　　)

A. 自我中心　B. 他人中心　C. 不可逆性　D. 认为万物有灵

2. 影响认知发展的因素有(　　)

A. 成熟　B. 自然经验

C. 社会性经验　D. 平衡

3. 下列对小学生知觉发展的特点表述正确的是(　　)

A. 有意性、目的性明显发展　B. 分析与综合水平提高

C. 时间知觉和运动知觉得到较快发展　D. 方位知觉发展比较平衡

4. 根据埃里克森的心理社会发展理论，儿童成长和接受教育时期的危机冲突有(　　)

A. 自主感对羞耻感　　B. 亲密感对孤独感

C. 勤奋感对自卑感　　D. 自我同一性对角色混乱

5. 对学生认知风格差异的研究发现，场依存型者更感兴趣的是(　　)

A. 社会学科　　B. 数学　　C. 化学　　D. 人文学科

6. 下列说法正确的有(　　)(易错)

A. 图式是指人在认识周围世界的过程中，形成自己独特的认知结构

B. 同化是指当有机体不能利用原有图式接受和解释新刺激时，其认知结构发生改变来适应刺激的影响

C. 顺应是指在有机体面对一个新的刺激情境时，把刺激整合到已有的图式或认知结构中

D. 平衡是指同化和顺应之间的"均衡"

7. 下列有关小学生注意力的发展描述正确的有(　　)

A. 小学生无意注意的发展先于有意注意

B. 小学低年级学生的无意注意占主导地位

C. 小学二年级是儿童注意分配能力发展的转折期

D. 具体生动、直观形象的事物更容易引起小学生的注意

8. 下列关于最近发展区的说法正确的是(　　)(常考)

A. 最近发展区实际上是两个邻近发展阶段间的过渡状态

B. 教学创造着最近发展区

C. 儿童现有发展水平和在有指导的情况下，借助别人的帮助所达到的解决问题的水平之间的差异，就是最近发展区

D. 最近发展区和关键期是两个不同的概念

三、判断选择题

1. 心理学家的研究表明，所有的初中生都达到了形式运算阶段。(　　)

A. 正确　　B. 错误

2. "最近发展区"的概念是由洛克提出的。(　　)

A. 正确　　B. 错误

3. 场依存型学生的学业成绩一定会比场独立型学生的差。(　　)

A. 正确　　B. 错误

4. 中学阶段同伴群体对人格发展的影响在某种程度上甚至超过父母。(　　)

A. 正确　　B. 错误

5. 注意稳定性在小学生中具有性别差异，男生的稳定性高于女生。(易混)(　　)

A. 正确　　B. 错误

6. 每个人都有自己独立的人格，因此，人格无共性可言。(　　)

A. 正确　　B. 错误

7. 皮亚杰认为人的知识来源于动作，动作是感知的源泉和思维的基础。(　　)

A. 正确　　B. 错误

四、填空题

1. 埃里克森认为2～3岁的儿童应发展的任务是培养________。

2. ________即在学生试图解决超出当前知识水平的问题时给予支持和指导，帮助其顺利通过最近发展区，使之最终能够独立完成任务。

3. 善于比较深入地分析某一具体观点或情境，但是信息不充分就很容易产生偏见的认知方式是________。

4. 皮亚杰在有关儿童认知发展的研究中，发现儿童只能从自我中心的角度看待问题的著名实验是________。

5. 皮亚杰认为适应的本质在于取得机体与环境的________。

6. ________是维果斯基心理发展观的核心思想。

7. 鲍姆宁曾根据控制、成熟的要求、父母与儿童的交往、父母的教养水平等四个指标，将父母的教养行为分成________、________和________三种方式。

8. ________是决定个体的外显行为和内隐行为，并使其与他人行为有稳定区别的综合心理特征。

9. 学生的认知差异包括________和________。

五、判断说理题

1. 认知方式是指个人所偏爱使用的信息加工方式，认知方式有好坏之分。这种说法是否正确？请运用心理学知识加以说明。(常考)

2. 人格随环境和教育的变化而变化，因此不稳定性是人格的典型特征。这种说法是否正确？请运用心理学知识加以说明。

六、简答题

1. 简述学生性格差异的教育意义。

2. 简述影响人格形成与发展的因素。

七、论述题

1. 试述维果斯基的关于教学与发展的关系。

2. 试述皮亚杰关于儿童认知发展的阶段理论。

八、案例分析题

陈明和罗亮今年高三，是一对好朋友，两个人在处理问题的认知风格方面有较大的差异。比如，让他们从一个复杂的图形中找出另外一个简单的图形，陈明会找得很快，而罗亮则会花费很长的时间。陈明在学习上遇到问题时，常利用个人经验独立地对其进行判断，喜欢用概括的、逻辑的方式分析问题，很少受到同学与老师建议的影响。而罗亮遇到问题时的表现则与陈明相反，他更愿意听老师和同学的建议，并以他们的建议作为分析问题的依据。另外，罗亮还喜欢察言观色，关注社会问题。

(1)请结合案例谈谈二人的认知风格有何差异。

(2)请从教师的角度来说说如何根据二人的认知方式的差异进行教育。

真题精解

一、单项选择题

1. 将饼干藏起来,儿童会去寻找;将饼干掰成两半,儿童认为饼干变多了。儿童所处的认知发展阶段是(　　)(易错)

A. 感知运动阶段　B. 前运算阶段　C. 具体运算阶段　D. 形式运算阶段

2. “跳一跳,摘果子”体现了维果斯基的(　　)

A. 掌握学习理论　B. 先行组织者策略

C. 最近发展区理论　D. 认知结构学

3. 根据皮亚杰的认知发展阶段理论,获得“客体永久性”的儿童处于(　　)

A. 感知运动阶段　B. 前运算阶段　C. 具体运算阶段　D. 形式运算阶段

4. 场独立型学习者一般偏爱的学科是(　　)

A. 语文　B. 数学　C. 政治　D. 历史

5. 根据埃里克森的人格发展理论,小学儿童人格发展要解决的主要矛盾是(　　)

A. 主动感对内疚感　B. 自主感对羞耻感

C. 勤奋感对自卑感　D. 自我同一性对角色混乱

6. 一般而言,场独立型学生偏好的学习方式是(　　)

A. 外在学习　B. 接受学习　C. 模仿学习　D. 自主学习

二、多项选择题

根据皮亚杰的认知发展阶段理论,下列属于具体运算阶段的认知特点的有(　　)

A. 可逆性　B. 假设推理　C. 去自我中心性　D. 客体永久性

三、填空题

1. 皮亚杰将儿童的认知发展分为感知运动阶段、前运算阶段、________和形式运算阶段。(常考)

2. 维果斯基提出“教学应该走在发展的前面”,主张教学内容应该略高于儿童________,这样教学才能够促进发展。

3. 皮亚杰认为适应包括同化和________两个过程。

4. 根据埃里克森的理论可知,中学阶段人格发展的主要任务是培养________。(常考)

四、论述题

试述埃里克森的人格发展理论(前五阶段)及其教育启示。(常考)

五、案例分析题

阅读材料,回答问题。

美国心理学家赫尔曼·威特金认为,个体的认知风格分为场独立型和场依存型。受威特金认知风格理论的启发,彭老师在班级中开展了差异化教育,他运用观察、调查等方法,结合认知风格自我评估表,全面了解学生的认知风格特点。班上学生小李偏爱的是人文、社会科学,善于总体把握所学材料,但具体分析问题的能力不强,对数学和自然科学的兴趣不高,学习不够灵活。学生小王偏爱数学和自然科学,善于抓住问题的关键部分,能灵活运用已有的知识解决问题,但整体把握材料的能力相对不足,人文、社会科学成绩较差。

彭老师根据小李和小王认知风格的优势,进行了针对性教育。对小李,彭老师布置更多的社交性任务,采用小组讨论的教学方式,并及时给予指导。对小王,彭老师布置有难度的学习任务,发挥其学习的自主性。

同时,针对小李和小王认知风格存在的不足,在教学方式上彭老师采取补短板的形式,要求小李承担需要应用分析来单独完成的任务,而鼓励小王参加一些需要合作完成的学习活动,对其整体的合作能力加强训练。

彭老师还根据小李和小王认知风格的发展变化,不断调整自身的教学方式,组织多样化的教学活动。

问题:

(1)按照威特金的认知风格分类,材料中的小李和小王分别属于哪种认知风格?

(2)结合材料阐述彭老师是如何针对不同认知风格的学生进行差异化教育的?

第十四章　教师心理

命题分析

[考查要点]

1. 掌握教师的认知特征、人格特征和行为特征。
2. 重点掌握专家型教师与新手型教师的差异。
3. 掌握教师成长的三个阶段。
4. 识记教师成长与发展的途径。

[考查题型]

以选择等客观题为主,有时也会以案例分析题的形式考查。

基础训练

一、单项选择题

1. 教师的课堂教学能力集中体现在(　　)上。
A. 教学操作能力　B. 教学组织能力　C. 教学认知能力　D. 教学监控能力

2. 教师的(　　)是指教师对成为一个成熟的教育教学专业工作者的向往和追求,它为教师提供了奋斗的目标,是推动教师成长的巨大动力。
A. 职业需要　B. 职业性格　C. 职业信念　D. 职业特征

3. 下列关于新手型教师教学特点的表述,正确的是(　　)
A. 新手型教师的课时计划简洁、灵活、以学生为中心,并具有预见性
B. 新手型教师有完善的维持学生注意的方法
C. 新手型教师往往较注意课堂的细节
D. 新手型教师有丰富的教学策略

4. 孙老师平时对学生特别关心,每个学生有困难她都尽量帮助,孙老师班里的学生成绩明显比别的班级高。这说明在教师的人格中(　　)对教学有显著影响。
A. 说到做到　B. 敬业精神　C. 重义气、讲交情　D. 热心和同情心

5. 教师不仅掌握了所教学科的定理、法则,而且还能分析学生的心理特点与教学策略的密切关系。这主要体现了教师的哪种教学能力(　　)
A. 教学监控能力　B. 教学操作能力　C. 教学认知能力　D. 教学反思能力

6. 当魏老师出现下列哪种想法时,最有可能处在教师发展的关注生存阶段(　　)
A. "肖同学怎么看我呢?他会喜欢我的讲课方式吗?"
B. "我要怎么做才能上好一堂课?"
C. "这节课时间把握得刚刚好。"
D. "我要认清不同学生掌握知识程度的差异。"

7. 袁老师在上课的过程中会有意无意地夸奖成绩中等的晓伟,晓伟认为袁老师对自己寄予厚望,所以在学习上更加努力,成绩也有了突破性的进步,袁老师运用的是(　　)
A. 罗森塔尔效应　B. 阿伦森效应
C. 酝酿效应　D. 投射效应

8. 下列选项中的表现说明皮格马利翁效应的是(　　)(常考)
A. 老师让学生背书,学生们认真地背书
B. 一位教育学专家对一位普通学生说,你是个数学天才,将来必成大器,后来,这位学生果然成为了伟大的数学家
C. 教师的教学水平越高,学生的学习成绩越好
D. 老师穿得很漂亮,结果学生们在课堂上积极地配合老师

9. 根据福勒和布朗的教师成长阶段论,赵老师能够考虑到学生的个别差异,认识到不同年龄阶段的学生有不同的发展水平,具有不同的情感和社会需要。这表明赵老师处在(　　)
A. 关注生存阶段　B. 关注情境阶段
C. 关注学生阶段　D. 关注成就阶段

10. 教师认为自己能够有效地影响学生,相信自己具有教好学生的能力。这是(　　)
A. 一般教学效能感　B. 特殊教学效能感
C. 个人教学效能感　D. 普通教学效能感

11. 教师成长为专家型教师的重要途径是(　　)
A. 经验积累　B. 教学反思　C. 实施培训　D. 获得知识

12. 下列关于教师教学效能感的描述,正确的是(　　)(易错)
A. 好的教学设备条件能促进教师的个人教学效能感
B. 差的校风会降低教师的一般教学效能感
C. 教师的教学效能感对学生的学习成绩没有多大的预测力
D. 教师的价值观和自我概念是影响教学效能感的关键

13. 以少数的学生为对象,在较短的时间内(5~20分钟),尝试做小型的课堂教学,并把教学过程录制下来,课后再进行分析。这种形式我们称之为(　　)
A. 慕课　B. 翻转课堂　C. 微格教学　D. 新教育

14. 孙老师经常自觉地对自己的讲课过程进行分析,进行全面深入的归纳和总结,以不断地改善自己的教学行为,提高自己的教学水平。孙老师的做法基于下列哪种专业发展方式(　　)
A. 教学实施　B. 教学研究　C. 自我发展　D. 教学反思

15. 教师关注的焦点投向了学生学习成绩的提高,这一阶段是教师专业发展的(　　)
A. 关注生存阶段　B. 关注生命阶段
C. 关注学生阶段　D. 关注情境阶段

16. 提出"经验+反思=成长"这一教师成长公式的是(　　)
A. 波斯纳　B. 布鲁纳　C. 科顿　D. 布鲁巴奇

17. 陈老师在教育活动中注意关注学生的个别差异和不同需要,并思考教学方法是否适合学生等问题。这表明陈老师处于教师成长的(　　)

A. 关注生存阶段　　B. 关注情境阶段

C. 关注学生阶段　　D. 关注发展阶段

18. 有人将教师的职业生涯分为"站上讲台""站稳讲台""站好讲台"三个时期,根据福勒等人提出的教师成长阶段论,"站好讲台"对应的是(　　)阶段。

A. 关注教材　B. 关注学生　C. 关注生存　D. 关注情境

19. 为了保证教学达到预期目标,李老师积极主动地做好课前的计划和准备、课堂的反馈和评估以及课后的反省。这说明李老师具备了良好的(　　)(常考)

A. 教学反思能力　　B. 教学应变能力

C. 教学研究能力　　D. 教学监控能力

20. 工作一段时间后,杨老师对自己的教学能力和教学效果都不满意,看到其他教师都有一套处理教学中各种问题的有效办法,他开始对自己胜任教学的能力产生怀疑。这说明杨老师(　　)

A. 缺乏对职业生涯的规划　　B. 缺乏教师威信

C. 缺乏教育机智　　D. 缺乏教学效能感

21. 受老师喜爱或关注的学生,一段时间内学习成绩或其他方面都有很大进步,而受老师漠视甚至是歧视的学生就有可能从此一蹶不振。这属于(　　)

A. 皮格马利翁效应　　B. 瓦拉赫效应

C. 首因效应　　D. 培哥效应

22. 教学反思是教师成长与发展的途径之一。下列选项中不属于布鲁巴奇等人提出的反思方法的是(　　)

A. 理性思考　B. 详细描述　C. 交流讨论　D. 行动研究

二、多项选择题

1. 福勒和布朗按照教师关注的焦点,把教师的成长过程分为(　　)

A. 关注生存阶段　　B. 角色认同阶段

C. 关注情境阶段　　D. 关注学生阶段

2. 教师成长和发展的途径包括(　　)

A. 观摩和分析优秀教师的教学活动　　B. 开展微格教学

C. 进行专门训练　　D. 对教学经验的反思

3. 研究表明,对教学效果有显著影响的教师人格特征有(　　)

A. 教师的热心和同情心　　B. 教师民主的工作作风

C. 教师富于激励和想象的倾向性　　D. 教师敏捷的思维

4. 与新教师相比,专家型教师在教学方面体现的优势有(　　)(常考)

A. 丰富的教学策略　　B. 善于吸引学生的注意

C. 教学预见性强　　D. 教学方法多样化

5. 教师的职业心理特征主要有(　　)

A. 认知特征　B. 人格特征　C. 行为特征　D. 情绪特征

6. 提高教师的教学效能感可以通过下列哪些措施(　　)

A. 形成科学的教育观　　B. 树立尊师重教的良好风气

C. 提高教师的福利待遇　　D. 观摩优秀教师教学

三、填空题

1. 研究表明,学生的知识学习同教师表达的清晰度有显著的________。

2. 教师注意力的特点集中表现在________能力上。

3. 教学反思的成分包括认知成分、批判成分和________。

4. ________是一种教师成长的历史记录,是一种实质性的文档,是一种学习工具。

四、论述题

1. 试述如何提高教师的教学效能感。(常考)

2. 试述专家型教师与新手型教师在课堂教学过程中的差异。

五、案例分析题

教学活动中,杨老师感到能很好地驾驭课堂,认为学生是可以教育好的;与此相反,陈老师则认为并不是所有的学生都能教好,学生的课堂反应并不是老师所能驾驭的。

请用教师心理的有关原理分析上述现象。

真题精解

一、单项选择题

1. 教师主动对自身教学活动进行计划、检查、评价、反馈、控制和调节。这是(　　)

A. 教学认知能力　　B. 教学操作能力　　C. 教学监控能力　　D. 教学研究能力

2. 教师的期望会影响学生,使被期望的学生按照教师所期望的方向来塑造自己的行为,产生预言效应。这种现象称为(　　)

A. 近因效应　　B. 晕轮效应　　C. 投射效应　　D. 罗森塔尔效应

3. 福勒等人的研究认为,衡量教师是否成熟的重要标志之一是能否自觉关注(　　)

A. 生存　　B. 情境　　C. 学生　　D. 名望

4. 根据福勒等人提出的教师成长阶段论,处于"关注情境阶段"的教师主要关注的问题是(　　)

①"学生喜欢我吗"　②"备课是否充分"　③"怎样上好每堂课"　④"如何安排教学时间"

A. ①②③　　B. ①②④　　C. ②③④　　D. ①③④

二、案例分析题

阅读材料,按要求回答问题。

一个新教师和一个具有20年教龄的教师各自上了一节公开课,得出以下数据。

		新教师	老教师
学生课堂注意的时间比例		70%	95%
学生回答的反馈	未理睬	36%	5%
	鼓励	43%	57%
	追问	21%	38%
学生的作业效果	好	44%	75%
	一般	22%	20%
	差	34%	5%
练习针对性		中等生	全体学生
学生执行课堂规则		中	优

问题:

根据专家型和新手型教师的差异,比较两位教师的教学过程。

第十五章　学习的基本理论

命题分析

[考查要点]

1. 理解学习的内涵,学会区分不同的学习现象。
2. 区分和理解不同学习的概念及应用。
3. 区分和理解不同行为主义心理学家提出的理论观点。
4. 区分和理解不同认知心理学家提出的理论观点。
5. 掌握建构主义学习理论的主要内容。
6. 掌握罗杰斯的理论观点。

[考查题型]

以选择、判断、填空等客观题为主。

基础训练

一、单项选择题

1. 奥苏伯尔提倡在教学中采用"先行组织者"这一技术,其精神实质是(　　)

A. 强调直观教学　　B. 强调新旧知识的相互联系

C. 激励学生的学习动机　　D. 引导学生的发现行为

2. 根据学习内容与学习者认知结构的关系,奥苏伯尔把学习分为(　　)

A. 机械学习和有意义学习　　B. 接受学习和发现学习

C. 概念学习和有意义学习　　D. 知识学习和技能学习

3. 先行组织者教学策略是给学习者提供(　　)

A. 图式　　B. 经验

C. 认知框架　　D. 思维模式

4. 如果一个家长想用看电视作为强化物,奖励儿童认真按时完成作业的行为,最合适的安排应该是(　　)(常考)

A. 让儿童看完电视以后立即督促他做作业　　B. 规定每周看电视的适当时间

C. 惩罚孩子过分喜欢看电视的行为　　D. 按时完成家庭作业后才能看电视

5. 齐老师对教务主任抱怨道:"当班里的学生违反纪律时,我会对他们喊叫几声,但他们却变本加厉,越发不服管教。"学生不良行为增加的现象,可以用行为主义的(　　)的观点来说明。

A. 正强化　　B. 负强化　　C. 惩罚　　D. 消退

6. 陈老师是某小学一年级的班主任。近期,陈老师发现有部分学生热衷观看一部卡通片,而且会模仿片中反面人物的行为,导致学生中出现了口角甚至打架等不良品德和行为。为了避免此部卡通片

的消极影响，根据班杜拉的社会学习理论，应采取的适当做法有(　　)

A. 陈老师应禁止学生观看这部卡通片

B. 陈老师应对有模仿行为的学生进行说理教育

C. 卡通片中应尽量少描写反面人物

D. 陈老师应让学生体验到“恶有恶报，善有善报”

7. 加涅认为学习的最初阶段是(　　)

A. 习得阶段　B. 领会阶段　C. 保持阶段　D. 动机阶段

8. 罗杰斯的“有意义学习”与奥苏伯尔的“有意义学习”的区别在于(　　)(常考)

A. 前者强调的是新旧知识要有联系，后者强调学习者对知识的兴趣

B. 前者强调知识与个人经验、兴趣的关系，后者强调新旧知识存在联系

C. 前者强调新旧知识的联系，后者不关注这种联系

D. 前者强调个人兴趣，后者强调学习者主动学习

9. 某位学生最近一段时间及时完成作业，老师告诉他放学后不必再留在教室里完成作业了，此后该生继续按时完成作业。这时该生受到了(　　)

A. 正强化　B. 负强化　C. 正惩罚　D. 负惩罚

10. 小孩如果曾经在牙医那儿有过痛苦的体验，就会对看牙时所坐的椅子、相关的器械以及牙医的白外套有一种恐惧。这属于刺激的(　　)

A. 获得　B. 消退　C. 泛化　D. 分化

11. 学习“圆的东西会滚动”，需要学“圆的东西”和“滚动”两个概念，根据加涅的学习水平分类，这属于(　　)

A. 连锁学习　B. 概念学习　C. 信号学习　D. 规则学习

12. 老师对学生说：“你只有考试考进班级前十名，才能让你跟伙伴们打篮球。”这里老师运用的是(　　)

A. 行为矫正技术　B. 渐进消退技术　C. 环境增强效应　D. 普雷马克原理

13. 根据加涅对学习的分类，“什么是长方形，什么是正方形”属于(　　)

A. 言语信息的学习　B. 智慧技能的学习

C. 认知策略的学习　D. 动作技能的学习

14. 在加涅的学习结果分类中，个体利用符号与环境相互作用的能力被称为(　　)

A. 认知策略　B. 言语信息　C. 智慧技能　D. 动作技能

15. “其身正，不令而行；其身不正，虽令不从。”能够有效解释这一现象的学习理论是(　　)

A. 认知学习理论　B. 人本主义理论

C. 社会学习理论　D. 建构主义理论

16. 人本主义心理学的学习观认为，学习的过程是(　　)

A. 试误　B. 建立暂时神经联系

C. 理解　D. 学习者发挥潜能和自我实现

17. 下列选项中，由学习引起的行为变化是(　　)

A. 嗅觉适应　B. 谈虎色变

C. 青春期男孩变声　D. 服用兴奋剂提高比赛成绩

18. 李老师十分注重教学后的巩固训练，常常要求学生在课下完成相应的课后作业，以达到对知识的吸收和消化。李老师的做法符合桑代克学习理论中的(　　)

A. 准备律　B. 练习律　C. 效果律　D. 失用律

19. 加涅根据学习的繁简水平不同，提出了八类学习。其中，(　　)即经典性条件作用，指学习对某种信号做出某种反应。其过程为：刺激—强化—反应。

A. 信号学习　B. 连锁学习　C. 辨别学习　D. 概念学习

20. 一个孩子捡到1元钱交给老师，老师在全班同学面前表扬了他。以后这个孩子每次捡到东西都主动交还失主或交给老师。这种现象可以用(　　)的原理来解释。

A. 经典性条件反射　B. 操作性条件反射

C. 自我强化　D. 替代强化

21. 根据学习的定义，下列选项中属于学习的是(　　)(常考)

A. 狗熊练习投篮动作　B. 吃杨梅时唾液分泌增加

C. 入芝兰之室，久而不闻其香　D. 服用兴奋剂后比赛取得好成绩

22. 学生需要及时知道自己学习的结果，这符合布鲁纳教学原则中的(　　)

A. 动机原则　B. 结构原则　C. 程序原则　D. 强化原则

23. 小张老师没有依据自己课堂所讲内容布置课后作业，只要求学生反复复习基础知识点，对学生练习完成的知识的相关内容也不做评价，一个月后，学生的阶段测验成绩明显下降。这是因为小张老师没有遵循布鲁纳的教学原则中的(　　)原则。

A. 动机　B. 结构　C. 序列　D. 强化

24. 强调学习者的主体作用，强调学习的主动建构性、社会互动性和情境性的是下列哪一个理论(　　)

A. 信息加工学习理论　B. 建构主义学习理论

C. 人本主义学习理论　D. 社会学习理论

25. “一朝被蛇咬，十年怕井绳”在心理学上属于(　　)

A. 刺激的抑制　B. 刺激的分化　C. 刺激的泛化　D. 刺激的评估

26. 下列情境中，没有运用正强化的激励手段的是(　　)(常考)

A. 教师对上课遵守纪律的学生进行口头表扬

B. 家长对取得优异考试成绩的孩子给予物质奖励

C. 教师对本学期品学兼优的学生颁发“三好学生”的奖状

D. 教师安排不自觉午休的学生去打扫学校宿舍楼的卫生

27. 小彤的妈妈想要纠正小彤的驼背，所以一旦发现小彤驼背，就会让小彤贴着墙站立半个小时，这种方式属于(　　)

A. 正强化　B. 负强化　C. 正惩罚　D. 负惩罚

28. 小杰上课主动回答问题受到老师的表扬，之后逐步养成积极回答问题的习惯。引起这种变化的机制是( )

A. 经典性条件反射 B. 联结反应
C. 操作性条件反射 D. 应激反应

29. 布鲁纳认为，在未经学生自己探索尝试之前，就将答案告诉学生的教学方式，不是囫囵吞枣、半知半解，就是因知之不详而迅速遗忘。因此，他倡导( )

A. 发现学习 B. 接受学习 C. 合作学习 D. 掌握学习

30. 完形—顿悟说认为，学习的实质是( )(常考)

A. 形成刺激—反应的联结 B. 有意义学习
C. 形成新的完形 D. 主动形成认知结构

31. 知识不是固定不变的，而是从原有知识经验中“生长”出来的。这是( )的观点。(常考)

A. 人本主义 B. 建构主义 C. 行为主义 D. 认知主义

32. 小明目睹欺负弱小的同学经常受到老师的严厉批评、处罚，而那些爱护弱小的同学则受到大家的喜爱。久而久之，他也变成了乐于助人、不欺负弱小的学生。这种学习属于( )

A. 亲历学习 B. 观察学习
C. 迁移学习 D. 试误学习

33. 布鲁纳认为任何知识结构都可以用表象形式呈现，以下不属于他提出的呈现方式的是( )

A. 动作表象 B. 图像表象 C. 符号表象 D. 情感表象

34. 孩子哭闹要买玩具，母亲对其不予理睬，这是运用了( )

A. 正强化 B. 负强化 C. 惩罚 D. 消退

35. 小红看到有人摔倒会绕道走开，感到教室杂乱会暂时离开。这种行为属于( )(易混)

A. 消退 B. 回避条件作用
C. 逃避条件作用 D. 强化

36. 根据加涅对学习的分类，下列属于规则学习的是( )

A. 学习三角形的概念 B. 学习三角形的面积公式
C. 学习区别两个相似的汉字 D. 学习利用所学过的公式去完成几何证明题

37. 小梁看见自己的同桌小左因为学习成绩有进步受到老师的点名表扬后，也开始努力学习。这种强化属于( )

A. 直接强化 B. 自我强化 C. 内部强化 D. 替代强化

38. 桑代克和斯金纳的操作性条件反射属于加涅关于学习层次分类中的( )

A. 信号学习 B. 刺激—反应学习
C. 连锁学习 D. 概念学习

39. 下列哪项属于有意义的接受学习( )

A. 学生兴趣盎然地听科普讲座 B. 学生用谐音法记忆单词
C. 科学家探索新材料 D. 玩走迷宫游戏

40. 下列选项中的心理学家与后面的学习理论相匹配的是( )(常考)

A. 桑代克—观察学习 B. 斯金纳—有意义言语学习理论
C. 苛勒—顿悟学习理论 D. 奥苏伯尔—发现学习理论

41. 加涅的智慧技能层次由低到高可分为( )

A. 具体概念、定义性概念、规则、辨别
B. 辨别、规则、定义性概念、高级规则
C. 具体概念、规则、定义性概念、高级规则、辨别
D. 辨别、具体概念、定义性概念、规则、高级规则

42. 在巴甫洛夫的经典性实验中，食物属于( )

A. 无条件刺激 B. 条件刺激 C. 中性刺激 D. 自然刺激

43. 布鲁纳认为掌握学科的基本结构的最好方法是( )

A. 观察学习 B. 发现学习 C. 顿悟学习 D. 接受学习

44. 按照加涅学习结果的分类，智慧技能的学习、态度的学习分别属于( )

A. 动作技能领域；认知领域 B. 动作技能领域；情感领域
C. 认知领域；动作技能领域 D. 认知领域；情感领域

45. 在引导学生复习回顾“三角形”的概念、性质、研究方法等内容后，再指导学生学习“等腰三角形”。这一做法符合著名教育心理学家奥苏伯尔学习理论中的( )策略。

A. 项目学习 B. 元认知 C. 表现性学习 D. 先行组织者

二、多项选择题

1. 布鲁纳认为学习过程的阶段有( )

A. 转化 B. 获得 C. 评价 D. 同化

2. 下列关于学习的实质的说法中，正确的有( )

A. 学习只会引起行为的变化
B. 学习所引起的行为或行为潜能的变化是相对持久的
C. 学习是由反复经验引起的
D. 学习是天生的，本能的

3. 小明最近在课堂上出现小动作，老师不予理睬，小明觉得无聊后小动作减少了。小明在家里顶撞母亲，母亲生气之余，取消了他每天饭后的游戏时间。请问老师和母亲的做法分别是( )

A. 负强化 B. 消退 C. 惩罚 D. 消极强化

4. 桑代克提出了第一个完整的学习理论，其中包括学习的三大规律( )(常考)

A. 准备律 B. 练习律 C. 效果律 D. 差异律

5. 下列选项中，属于有意义学习的包括( )

A. 用长方形的面积公式推导出正方形的面积公式
B. 两岁的明明每天都背诵三字经
C. 狗的英语发音记为“刀割”
D. 学习了哺乳动物的概念后，知道蝙蝠应该归属于哺乳动物

6. 建构主义所蕴含的教学思想主要反映在知识观、学习观、学生观、师生角色的定位及其作用、学习环境和教学原则等6个方面，其中在学习观上强调学习的(　　)

A. 主动建构性　B. 社会互动性　C. 呈现性　D. 情境性

7. 按学习的内容，我国学者一般把学习分为(　　)

A. 知识的学习　B. 技能的学习

C. 行为规范的学习　D. 规则学习

8. 以有意义学习和认知同化的观点为基础，属于奥苏伯尔提出的组织学习的原则和策略的是(　　)

A. 最近发展区　B. 逐渐分化　C. 整合协调　D. 先行组织者

9. 下列选项中，属于概念学习的是(　　)(易错)

A. 将猫、狗、鸡概括为"动物"

B. 根据已知条件证明三角形的度数

C. 认识某个物品、识字、认数

D. 认识花草、树木之间的相同点，并将二者归于"植物"范畴

10. 下列选项中，属于负强化的方法的有(　　)

A. 批评

B. 免去家庭作业

C. 取消洗碗的任务

D. 儿童不愿意吃药，家长原本要带儿童出去玩耍，现在取消了出去玩耍

11. 下列选项中，属于发现学习的特点的有(　　)(易混)

A. 学生的任务是发现事物的意义　B. 花的时间较长

C. 以定义的方式呈现学习材料　D. 花的时间较短

12. 下列关于人本主义学习理论的描述，不正确的是(　　)(易错)

A. 人本主义心理学被称为心理学的第三势力，其主要代表人物有马斯洛、加涅和罗杰斯

B. 推行以教师为中心的教育理念，即教师是知识的传递者，而学生只是被动接受者

C. 在促进学生学习的过程中，最关键的是培养学生良好的态度、品质和人格

D. 学习的本质在于内在学习和机械学习

三、判断选择题

1. 山羊走钢丝，鸭子凫水，新生儿的哭喊等都是学习行为。(　　)

A. 正确　B. 错误

2. "上行下效""耳濡目染"是班杜拉强调的观察学习的具体体现。(　　)

A. 正确　B. 错误

3. 桑代克用"小鸡啄米"实验证明了学习的过程是一种渐进的、盲目的、尝试错误的过程。(　　)

A. 正确　B. 错误

4. 经典性条件反射的建立过程与操作性条件反射的建立过程无根本差异。(　　)

A. 正确　B. 错误

5. 消退是减少不良行为、消除坏习惯的有效方式。(　　)

A. 正确　B. 错误

6. 根据斯金纳的操作条件反射理论，强化分为正强化和负强化，无论正强化还是负强化，其作用都是降低同类反应在将来发生的概率。(　　)

A. 正确　B. 错误

7. 尽管出发点不同，人本主义理论家和建构主义理论家都强调教学应该以学生为主。(　　)

A. 正确　B. 错误

8. 学生能分辨勇敢和鲁莽、谦让和退缩，这属于刺激的分化。(　　)

A. 正确　B. 错误

9. 当学生表现出一次正确的行为时，就表示他已确实学到了该种行为。(易混)(　　)

A. 正确　B. 错误

10. 刺激泛化和刺激分化是互补过程。(　　)

A. 正确　B. 错误

四、填空题

1. 学习的信息加工模式说明，学习是________之间相互作用的结果。

2. 学习是由于练习或反复经验所引起的________或________的比较持久的变化。

3. 学生具有三种最基本的内在动机，即胜任内驱力、互惠内驱力和________。

4. 桑代克认为学习的实质在于形成情境与反应之间的联结，联结公式是________。

5. 斯金纳是著名的心理学家，他认为人和动物的行为有两类：________和操作性行为。

6. 根据学习对学习者的个人意义，人本主义将学习分为________和________两类。

7. 根据经典性条件作用理论，"杯弓蛇影"的反应属于刺激的________。

8. ________将学习过程看作是信息加工流程。

五、判断说理题

1. 一般来说，发现学习就是有意义学习，接受学习就是机械学习。这种说法是否正确？请运用心理学知识加以说明。(常考)

2. 行为主义心理学认为，负强化就是惩罚。这种说法是否正确？请运用心理学知识加以说明。(常考)

六、简答题

1. 如何理解学习的内涵?(常考)

2. 简述程序教学的原则。

3. 简述观察学习的特点。

4. 建构主义学习理论的基本观点有哪些?

七、论述题

1. 试述桑代克的联结—试误学习理论的教育意义。

2. 试述布鲁纳的认知结构学习理论。

3. 有人建议,在教育实践中,"要多使用奖励,而尽量少用惩罚"。请简要阐述你对这种建议的看法。(常考)

真题精解

一、单项选择题

1. 某生观看了电影《战狼》后,对军人产生了敬佩之情,立志成为一名中国人民解放军。根据加涅的学习结果分类,这属于(　　)

A. 态度的学习　　B. 智慧技能的学习

C. 动作技能的学习　　D. 言语信息的学习

2. 根据学习的定义,下列属于学习现象的是(　　)(易混)

①会打球　②个子越长越高　③风沙吹进眼睛自然流泪

④小孩看到穿白大褂的医生感到害怕　⑤儿童理解了"地球是圆的,而不是平的"

A. ①②④　　B. ②③⑤　　C. ①④⑤　　D. ①③④

3. 桑代克认为，学习者对刺激情境做出反应后能获得满意的结果，S-R联结力量就会增加。这符合(　　)(易混)

A. 准备律　　B. 强化律　　C. 练习律　　D. 效果律

4. 周末，小明同学认真完成作业后，被允许玩半个小时的电子游戏。这种强化方式是(　　)(常考)

A. 负强化　　B. 正强化　　C. 消退　　D. 惩罚

5. 老师当众高度赞誉某学生的助人行为，随后班上出现了更多互帮互助的现象。这是一种(　　)

A. 负强化　　B. 直接强化　　C. 替代强化　　D. 自我强化

6. 教师为了让小学生形成利他的习惯，采用的方法是提供榜样，并经常奖励利他行为。这种做法的理论依据是(　　)

A. 顿悟说　　B. 试误说　　C. 认知失调论　　D. 社会学习论

7. 根据学习的定义，下列不属于学习现象的是(　　)

A. 上行下效　　B. 近朱者赤

C. 吃一堑长一智　　D. 青春期学生的变声

8. 美国心理学家布鲁纳认为，学习的实质在于(　　)

A. 构造一种完形　　B. 主动形成认知结构

C. 建构自己知识的过程　　D. 形成刺激与反应的联结

二、判断选择题

1. 学习识别交通标志属于概念学习。(易错)　　(　　)

A. 正确　　B. 错误

2. 负强化的目的是降低目标行为出现的概率。(常考)　　(　　)

A. 正确　　B. 错误

3. 班杜拉认为强化有自我强化、直接强化和替代性强化。　　(　　)

A. 正确　　B. 错误

三、填空题

1. 奥苏伯尔把先于学习任务本身呈现的一种引导性学习材料称为________。

2. 奥苏伯尔认为学生的学习主要是有意义的________学习。

第十六章　学习动机

命题分析

[考查要点]

1. 识记学习动机的概念和基本成分。
2. 区分和理解不同学习动机的概念和应用。
3. 掌握耶克斯—多德森定律。
4. 掌握不同学习动机理论的知识。
5. 识记学习动机的激发与培养的措施。

[考查题型]

以选择、判断、填空等客观题为主，有时也会以判断说理、论述、案例分析题的形式考查。

基础训练

一、单项选择题

1. 奥苏伯尔认为，学校情境中的成就动机主要包括认知内驱力、自我提高内驱力和附属内驱力。关于认知内驱力，下列说法不正确的是(　　)

A. 以求知作为目标　　B. 是学习的外部动机

C. 指向的是学习任务和活动本身　　D. 是三种动机成分中最重要、最稳定的部分

2. 某学生制订一项计划坚持每天锻炼，但是感到自己落实困难便放弃了计划。根据班杜拉的自我效能感理论，这表明他对计划的(　　)

A. 结果期待过高　　B. 结果期待过低　　C. 效能期待过高　　D. 效能期待过低

3. 阿特金森认为力求成功者的目的是(　　)

A. 防止自尊心受到伤害　　B. 防止产生心理烦恼

C. 获取成就　　D. 避免失败

4. 王明喜欢玩电脑游戏，于是老师让他担任电脑课代表。王明做得很好，并带领全班获得某项电脑设计比赛的冠军。以下哪项是促进王明取得成功的原因(　　)

A. 交往内驱力　　B. 内部学习动机　　C. 外部学习动机　　D. 附属内驱力

5. 小明非常喜欢中国历史，所以上历史课时特别认真。这种学习动机属于(　　)

A. 生理内驱力　　B. 附属内驱力　　C. 认知内驱力　　D. 自我提高内驱力

6. 小明在期末考试中取得了好成绩，老师让他给同学们分享学习经验，他说自己取得好成绩是因为运气好。根据韦纳的归因理论，小明的归因属于(　　)(常考)

A. 稳定的、外在的、可控的　　B. 稳定的、外在的、不可控的

C. 不稳定的、外在的、不可控的　　D. 不稳定的、外在的、可控的

7. 教师在激发学生的学习动机时，要对学生的学习结果提供及时的反馈。这种做法的理论基础是(　　)(易错)

A. 自我效能理论　　B. 成就动机理论

C. 动机强化理论　　D. 需要层次理论

8. 学生解决难度大的问题和完成复杂任务时，最有利的动机水平是(　　)

A. 中等偏下水平　　B. 中等水平　　C. 中等偏上水平　　D. 高水平

9. 小敏认为，这次物理实验失败的原因主要是控制变量的选取和实验操作步骤太过复杂。根据归因理论分析，这种归因属于(　　)

A. 外部、不可控和不稳定归因　　B. 外部、可控和稳定归因

C. 外部、不可控和稳定归因　　D. 外部、可控和不稳定归因

10. 小童是个充满好奇心的孩子，对未见过的一切事物都好奇，爱看爱问，并渴望了解，从而获得了许多同龄人不知道的知识。根据奥苏伯尔的观点，在小童的学习动机中占主导地位的是(　　)

A. 自我提高内驱力　　B. 附属内驱力

C. 认知内驱力　　D. 生理内驱力

11. 王雷认为只要上课认真听讲，课后做好作业就能取得好成绩。这属于自我效能感理论中的(　　)

A. 效能期待　　B. 过程期待　　C. 行为期待　　D. 结果期待

12. 创设问题情境的前提是(　　)(易错)

A. 熟悉教材　　B. 了解学生

C. 实施启发式教学　　D. 采用多种形式创设问题情境并贯穿始终

13. 从学习动机的类型来看，"知之者不如好之者，好之者不如乐之者"强调的动机类型是(　　)

A. 内部动机　　B. 外部动机　　C. 社会交往动机　　D. 自我提高动机

14. 在儿童早期，以下哪种动机的作用最为突出(　　)

A. 认知内驱力　　B. 附属内驱力

C. 自我提高内驱力　　D. 欲望内驱力

15. 当一个学生屡次参加考试，每次考试都不及格，久而久之就会对学习失去信心，甚至产生厌学情绪，上课开始不喜欢听讲，经常走神，有时还会扰乱课堂纪律，课后也不再认真复习功课。学生出现的这一现象属于(　　)

A. 习得性无助　　B. 认知功能障碍　　C. 自我效能感低　　D. 消极归因

16. 学生小琳在本学期语文期末考试中考了全班第一，获得了老师的表扬，她的心里很高兴。她认为自己这次考试成功是因为自己学习能力强，其归因是(　　)

A. 内部、不稳定、可控的　　B. 外部、稳定、不可控的

C. 内部、稳定、不可控的　　D. 外部、不稳定、不可控的

17. 在学校教育中，应根据学生的年龄、性别、种族等特点，运用不同的学习动机类型来激发学生的学习动机。提出该观点的心理学家是(　　)

A. 布鲁纳　　B. 斯金纳　　C. 苛勒　　D. 奥苏伯尔

18. 把个人学习与社会主义事业相联系，为将来参加祖国建设做出贡献的学习动机属于(　　)

A. 远景的间接性学习动机　　B. 近景的直接性学习动机

C. 近景的间接性学习动机　　D. 远景的直接性学习动机

19. 创设问题情境的核心是(　　)

A. 熟悉教材　　B. 了解学生

C. 实施启发式教学　　D. 多种形式创设问题情境并贯彻始终

20. 将失败归因于(　　)的学生容易产生习得性无助感。

A. 运气不好　　B. 不够努力

C. 缺少能力　　D. 工作难度大

21. 下列因素中，属于成败归因理论中的稳定因素的是(　　)(常考)

A. 能力　　B. 努力程度　　C. 心境　　D. 运气

22. 在数学课上，郑老师在讲解完同分母分数加法的运算法则后，提出一个异分母加法的题目，以激起学生学习新知识的愿望。郑老师的这种激发学生学习动机的方式属于(　　)

A. 充分利用反馈信息　　B. 创设问题情境

C. 正确指导结果归因　　D. 根据作业难度，恰当控制动机水平

23. 下列关于学习期待和学习需要的说法，错误的有(　　)(易错)

A. 学习需要是个体进行学习活动的根本动力

B. 学习期待在学习动机结构中占主导地位

C. 学习期待指向学习需要的满足，促使主体去达到学习目标

D. 学习需要是学习动机结构中不可缺少的成分

24. 关于韦纳的归因理论，以下表述正确的是(　　)

A. 所有稳定性因素都是内在因素　　B. 所有内在因素都是稳定性因素

C. 所有内在因素都是可控因素　　D. 所有可控因素都是内在因素

25. 在学习中，某学生因为种种学习障碍而在学习上屡遭失败的打击，沦为差生，对自己的学习能力失去信心，对学习成功不抱期望，从而厌倦或放弃学习。这种现象属于(　　)

A. 习得性无力感　　B. 厌学心理

C. 自我效能感　　D. 焦虑感

26. 小王是一名中学生，下列选项中可能对小王的自我效能感没有影响的是(　　)(易混)

A. 小王多次数学考试失败的经验

B. 与小王水平相仿的小红英语考试失败

C. 小王在面对一个十分难的任务时没有其他人的帮助而任务失败

D. 老师利用小王的偶像作为例子对小王进行引导

27. 下列选项中，属于内部学习动机的是(　　)

A. "书到用时方恨少"　　B. "为中华之崛起而读书"

C. "黑发不知勤学早，白发方悔读书迟"　　D. "我一生的嗜好，除了革命之外，就是读书"

28. 下列有关动机水平的说法,错误的是(　　)(常考)

A. 动机水平过低,注意力难以集中　　B. 动机水平越高,越有利于认知活动

C. 动机水平遵循"耶克斯—多德森定律"　　D. 一般来讲,最佳水平为中等强度的动机

29. 学生小东把考试考得好、取得好成绩归结于试卷简单,这是(　　)的归因。

A. 内在、稳定、可控　　B. 内在、不稳定、可控

C. 外在、不稳定、可控　　D. 外在、稳定、不可控

30. 根据"耶克斯—多德森定律",当学生遇到困难或出现问题时,教师应使其心理紧张程度控制在(　　)(易混)

A. 非常高的水平　　B. 较高的水平

C. 中等的水平　　D. 较低的水平

31. 小明的父母都是大学教授,小明为了像父母一样成为大学教授,经常利用假期学习理论知识。根据学习动机分类,小明的学习动机是(　　)

A. 认知内驱力　　B. 附属内驱力

C. 成就内驱力　　D. 自我提高内驱力

32. 根据学校情境中的学业成就动机的不同,奥苏伯尔等人把动机分为(　　)

A. 内部学习动机和外部学习动机

B. 高尚的学习动机和低级的学习动机

C. 近景的直接性学习动机和远景的间接性学习动机

D. 认知内驱力、自我提高内驱力和附属内驱力

33. 自我提高内驱力和附属内驱力属于(　　)

A. 内部动机　　B. 外部动机　　C. 直接动机　　D. 高尚的动机

34. 小华初中时成绩不错,但中考失利,拿钱上高中后,觉得自己能力不行,考不上大学。这体现了(　　)是影响自我效能感的因素之一。

A. 替代经验　　B. 言语暗示

C. 情绪唤醒　　D. 个人自身行为的成败经验

35. 看到与自己水平差不多的人考上大学,就会增强自己考上大学的信心。这种自我效能感源自(　　)

A. 个体自身行为成功和失败的经验　　B. 替代经验

C. 言语暗示　　D. 情绪唤醒

36. 根据归因理论,如果学生将成功归因于(　　),则会产生自豪感。

A. 努力程度　　B. 身心状况　　C. 运气　　D. 外界环境

37. 一位音乐特长生未来想成为一名优秀的歌唱家,这个动机促使她努力学习,刻苦练歌。这是一种(　　)

A. 社会性动机　　B. 高尚的动机

C. 近景的直接性动机　　D. 远景的间接性动机

38. 俗话说"艺高人胆大"体现在动机理论中属于(　　)

A. 归因　　B. 驱力理论　　C. 本能　　D. 自我效能感

39. 奥苏伯尔是当代美国著名的教育心理学家,他认为若一位学生为了获得任课教师的赞许而努力学习。则这一动机属于(　　)

A. 附属内驱力　　B. 自我提高内驱力

C. 认知内驱力　　D. 主导内驱力

40. 某学生通过努力学习考取班级第一名。根据奥苏伯尔的观点,该学生的学习动机是(　　)

A. 认知内驱力　　B. 人际关系内驱力

C. 附属内驱力　　D. 自我提高内驱力

41. 如果某一学生没有任何理想,并且认为上学读书没有多大价值,那么他就很难有强烈的学习动机。这体现了(　　)影响学习动机的形成。

A. 需要与目标结构　　B. 成熟与年龄特点

C. 志向水平与价值观　　D. 性格特征与个别差异

42. 张老师喜欢给学生观看一些十分"热血"的视频,如"某学生一开始成绩非常不好,但通过努力后考上了理想的大学",以此来激励学生。张老师采用的方法属于(　　)

A. 成就动机培养　　B. 成败归因训练　　C. 自我效能感培养　　D. 直接经验培训

二、多项选择题

1. 青年期学生学习的两种主要动机是(　　)

A. 交往内驱力　　B. 发展内驱力

C. 认知内驱力　　D. 自我提高内驱力

2. 学习动机是由哪些方面构成的(　　)(常考)

A. 学习需要　　B. 教师认可　　C. 家长赞许　　D. 诱因

3. 下列选项中,符合"耶克斯—多德森"定律的是(　　)

A. 在学生学习较容易的任务时,应尽量使学生紧张一些

B. 在学生学习较复杂的任务时,应尽量创设轻松自由的课堂气氛

C. 在学生遇到困难或出现问题时,尽量心平气和地慢慢引导

D. 不论学习任务难易都应保持同样的动机水平

4. 下列情境属于内部学习动机的有(　　)

A. 莉莉喜欢朗读英文诗歌,一有空就会拿出书来朗诵两首

B. 为了考上理想的大学,高三学生张宁每天刻苦学习

C. 曲同学为了获得本学期的省级三好学生,不断参加各种学习活动

D. 张强喜欢研究天文,为此订阅了大量的科普杂志进行阅读和钻研

5. 可以划分学习动机的维度有(　　)

A. 学习动机的社会意义　　B. 学习动机的作用与学习活动的关系

C. 动机起作用的大小　　D. 动机产生的诱因来源

6. 根据韦纳的成败归因理论,下列选项中属于内在原因的有(　　)

A. 能力　B. 努力　C. 工作难度　D. 运气

7. 学生的求知欲望、对某门学科的兴趣所引起的学习动机属于(　　)

A. 近景性动机　B. 远景性动机　C. 直接性动机　D. 间接性动机

8. 下列现象能用奥苏伯尔提出的内驱力理论来解释的情形有(　　)

A. 为了得到家长的表扬而学习　B. 为了赢得出国游玩的机会而学习

C. 为了赢得班级地位和自尊而学习　D. 为了探索天文学知识而学习

9. 下列学习动机理论的观点中,属于认知主义观点的是(　　)

A. 成就动机理论　B. 需要层次理论　C. 成败归因理论　D. 自我效能感理论

10. 自我效能感是指人们对自己能否成功地从事某一成就行为的主观判断。自我效能感的作用主要体现在哪些方面(　　)

A. 决定人们对活动的选择及对该活动的坚持性

B. 决定人们对活动结果的满意程度

C. 影响新行为的获得和习得行为的表现

D. 影响活动时的情绪

三、判断选择题

1. 与学习动机中其他内驱力相比,附属内驱力会随着年龄的增长逐步提高。(　　)

A. 正确　B. 错误

2. 根据"耶克斯—多德森定律",在难度较大的任务中,要保证较高的效率水平,动机水平应该上升。(　　)

A. 正确　B. 错误

3. 最佳的动机激起水平与作业难度的关系:任务较容易,最佳激起水平较高。(　　)

A. 正确　B. 错误

4. 表扬和奖励对于学习具有推动作用,因此应多用。(　　)

A. 正确　B. 错误

5. 个体把失败归因于外部的、不可控制的因素,这种归因能增强自我效能感。(　　)

A. 正确　B. 错误

6. 学生将成败归因于能力比归因于努力会产生更强烈的情绪体验。(　　)

A. 正确　B. 错误

四、填空题

1. 成就动机理论的主要代表人物是________。

2. 奥苏伯尔指出,一切称之为学校情境中的成就动机,至少包括三方面的内驱力决定成分,其中________被看作是学习的最重要和最稳定的动机。

3. 改变学生不正确的归因,提高学习动机可以从两方面入手:________和现实归因。

4. 班杜拉认为,期待包括________和________。

5. 根据成就动机理论,力求成功者最可能选择的任务的成功概率是________。

五、判断说理题

1. 学习竞赛可以激发学生的学习动机。所以,经常开展学习竞赛是有百利而无一害的。这种说法是否正确?请运用心理学知识加以说明。

2. 学习动机是学生学习的重要条件,当学生尚未表现出对学习有适当的兴趣或动机时,教师必须推迟教学活动。这种说法是否正确?请运用心理学知识加以说明。

六、简答题

1. 简述培养学习动机的策略。(常考)

2. 简述学习动机的强化理论。

3. 如何培养和激发内部学习动机?(常考)

4. 简述自我效能感的影响因素。(常考)

七、论述题

试述韦纳的成败归因理论在教育上的意义。

八、案例分析题

1. 张亮小时候成绩优秀,对数学特别感兴趣,曾在市里举办的数学竞赛中获奖。升入初中后,在第一次测验中,他的成绩很不理想,班级排名倒数第五。回到家里,父母知道情况后,对他进行责骂,并动手打了他,使张亮产生了挫败感。他很想取得好成绩,可这次的挫败感使他越来越不自信,甚至连他最喜欢的数学也出现了考试不及格的现象。老师还用醒目的红笔在他的试卷上批注:"这么简单的题都不会做,太笨了!"久而久之,张亮对学习丧失了信心,上课不认真听讲,作业不按时完成,对考试成绩也抱着无所谓的态度。

结合案例,分析张亮对学习丧失信心的原因。

2. 阅读案例,回答问题。

有这样一个班级:班级中的一部分学生真心喜欢学习,学习本身给他们带来很多乐趣;一部分学生不喜欢学习,但考虑到自己将来的升学、就业和发展,不得不硬着头皮学习,他们的学习是痛苦的;有一部分学生不喜欢学习,也不愿让自己痛苦,于是他们经常逃避学习,逃不掉的就应付;还有几个学生多次的考试失败经历使他们认为自己不是学习的料,表现出破罐子破摔的苗头,甚至在课堂上调皮捣蛋。

请结合所学的心理学知识,谈谈如果你是这个班的老师,在教学过程中,你会如何培养学生的学习动机?

3. 某老师的困惑:为了充分体现评价的激励作用,在课堂教学中,我不遗余力地表扬学生,该表扬的我大力表扬,不该表扬的我也表扬,该批评的我一句话也不说。可是一段时间下来,我美好的愿望并没有得到理想的回报。学生头脑中的纪律意识越来越淡薄,我万不得已稍加批评,他恨不得跟我对着干;更要命的是,学生产生了"表扬疲劳症",我很难看到表扬的激励作用。

针对这位教师的困惑,谈谈你的看法和建议。

4. 阅读案例，回答问题。

小华是一名刚升入初中的学生。由于老师每天讲述的知识点不多，他感觉自己什么都懂，就没有进行必要的预习和巩固练习。几次测验，他的各门功课都是刚刚及格，任课老师为此分别找他谈话。认识到问题的严重性后，他决定好好学习，每天进行晨读午练，晚上也学习到很迟才睡。接下来的几次测验，他的成绩虽然有所好转，但远远没有达到预定的目标。他把问题归结为自己还不够努力，于是更加刻苦学习，就连平时的休息时间、运动时间都花在了做题上。结果，成绩仍不理想，甚至还不如原来。后来，只要听到"测验""考试"，他就高度紧张，甚至吃不香、睡不好。对此，他很着急，也非常迷茫。

(1)结合案例，谈谈学习动机与学习效果的关系。

(2)作为教师，如何正确激发学生的学习动机？

真题精解

一、单项选择题

1. 以求知作为目标，从知识的获得中得到满足，这种学习动机是(　　)

A. 外部动机　　B. 认知内驱力

C. 附属内驱力　　D. 自我提高内驱力

2. 某学生认为自己学业成功的原因是努力学习，这种归因维度是(　　)

A. 内部、稳定、可控　　B. 外部、稳定、不可控

C. 内部、不稳定、可控　　D. 外部、不稳定、不可控

二、多项选择题

阿特金森认为，成就动机包括(　　)

A. 成长动机　　B. 交往动机

C. 追求成功的动机　　D. 避免失败的动机

三、判断选择题

一般而言，内部动机的作用比外部动机的作用稳定、持久。(　　)

A. 正确　　B. 错误

四、填空题

1. 耶克斯—多德森定律表明，动机强度与工作效率之间是________关系。(常考)

2. 班杜拉认为，影响自我效能感形成的最主要因素是个体自身行为的________。

五、判断说理题

1. 表扬对学习具有推进作用，批评则会伤害学生的自尊自信，所以，教育中只能表扬，不能批评。这种说法是否正确，结合心理学的知识说明理由。

2. 动机强度与学习效率之间构成线性关系，且与学习任务的难易无关。这种说法是否正确？请运用心理学知识加以说明。

六、论述题

阿特金森认为,在面对成功概率为50%的任务时,人们存在两种相反的选择倾向。阐述该理论的主要观点及其教育启示。

七、案例分析题

单元考后,语文老师让同学们对考试成绩进行反思,总结经验教训,写成作业上交,甲、乙、丙三人分别写道:

甲:我使尽了"洪荒之力",一分耕耘,一分收获。

乙:考得好是因为背的全考到了,还没有背的都没有考到。

丙:别人都很强,我可能不是块学习的料。

(1)运用韦纳的归因理论,具体分析甲、乙、丙归因的维度和因素。

(2)分析甲、乙、丙的归因对其动机及行为的影响。

第十七章　知识的学习

命题分析

[考查要点]

1. 识记知识的概念、分类和表征方式。
2. 区分和理解不同知识学习的概念和应用。
3. 掌握知识直观的方式和提高措施。
4. 掌握知识概括的类型和提高措施。
5. 识记和区分三种记忆系统的概念、特点和编码方式。

[考查题型]

以选择、判断、填空等客观题为主,有时也会以案例分析题的形式考查。

基础训练

一、单项选择题

1. 学习《教育心理学课程》时,先掌握技能的概念,再掌握智力技能的概念,这种学习属于(　　)(常考)

A. 下位学习　B. 上位学习　C. 并列学习　D. 无关联学习

2. 从电话号码本上查到一个电话号码,将它记住,并根据记忆去拨号码,与人通话结束后,查到的电话号码已完全遗忘。这种记忆一般是(　　)

A. 周期记忆　B. 短时记忆　C. 长时记忆　D. 永久记忆

3. 人头脑中出现的"学习时如何有效记忆,解决问题时如何明确思维方向"等属于(　　)(易混)

A. 陈述性知识　B. 程序性知识　C. 策略性知识　D. 感性知识

4. 下列选项中,不属于事实性知识学习的是(　　)

A. 学习历史事件和历史人物　B. 学习化学中的化合物

C. 学习汉字、英语单词　D. 学习地形地貌、地理位置

5. (　　)指在教学中应经常变换所用具体材料的样式,可以使学生更好地区分事物的各种因素,并确定哪些是主要的、本质的,哪些是次要的、非本质的。

A. 变化　B. 变式　C. 变革　D. 变动

6. 短时记忆中,最主要的信息编码方式是(　　)(易混)

A. 视觉编码　B. 表象编码　C. 语义编码　D. 听觉编码

7. 观看图片、模型、幻灯片、电影等,能通过人为的手段消除或减弱实物的非本质因素对本质因素的掩蔽作用。这种教学直观方式是(　　)

A. 教具直观　B. 实物直观　C. 模像直观　D. 言语直观

8. 如果学生已经掌握了哺乳动物的相关知识，现在再来认识穿山甲，当教师告诉学生穿山甲是唯一已知的具有鳞片的哺乳动物时，学生很快就能想到穿山甲具有的特点，这种学习是(　　)

A. 上位学习　B. 下位学习　C. 并列结合学习　D. 命题学习

9. 下列不属于瞬时记忆特点的是(　　)

A. 容量较大　B. 操作性强　C. 信息原始　D. 时间极短

10. 对"圆的直径是半径的两倍的学习"属于(　　)

A. 符号学习　B. 概念学习　C. 命题学习　D. 上位学习

11. 在对知识进行分类时，主要关于"是什么"的知识属于(　　)

A. 陈述性知识　B. 程序性知识
C. 策略性知识　D. 演绎性知识

12. 学习者在知道"青椒""白菜"和"胡萝卜"等概念之后，再学习"蔬菜"这一新概念。这种学习属于(　　)

A. 下位学习　B. 上位学习　C. 并列结合学习　D. 类属学习

13. 学生学习了"杠杆"的概念，知道了杠杆的力臂原理，而后他们学习定滑轮，知道定滑轮实际上是一种等臂杠杆。这种同化模式属于(　　)(易错)

A. 上位学习　B. 下位学习　C. 并列学习　D. 组合学习

14. 学习"椅子""书桌"等概念后，再学习"家具"这个总括性的概念，新概念总括了旧概念。根据新知识与原有认知结构的关系，这属于(　　)

A. 符号学习　B. 类属学习
C. 上位学习　D. 并列结合学习

15. 在解答数学方程问题时，我们首先要知道等式两边平衡的规则。从知识的分类上看，数学规则属于________，解答方程的过程属于________。(　　)

A. 陈述性知识;陈述性知识　B. 陈述性知识;程序性知识
C. 程序性知识;陈述性知识　D. 程序性知识;程序性知识

16. 历史课中对历史事件、历史人物的学习，地理课中对地形地貌和地理位置的学习是(　　)

A. 符号学习　B. 命题学习　C. 概念学习　D. 上位学习

17. 在学习"交通工具"这个概念时，把以前知道的自行车、汽车等归到这个概念里，此时发生的学习是(　　)

A. 下位学习　B. 上位学习　C. 并列结合学习　D. 分类学习

18. 根据奥苏伯尔对知识学习的分类，儿童将"猫"这个符号在头脑中与猫的形象建立相应的等值关系的过程，属于(　　)

A. 概念学习　B. 命题学习　C. 表征学习　D. 事实学习

19. 陈述性知识学习的一般过程为(　　)三个阶段。

A. 获得、提取和操作　B. 获得、保持和提取
C. 保持、获得和应用　D. 保持、提取和应用

20. 一位教师在向学生讲"雪花"这一事物时，采用多媒体播放视频并向空中抛洒大量碎纸片的方式以引导学生体会下雪的场景。这种直观的手段是(　　)(常考)

A. 实物直观　B. 模像直观　C. 言语直观　D. 虚拟直观

21. 在教"鸟"的概念时，用麻雀、燕子说明"前肢为翼，无齿有喙"是"鸟"的概念的本质特征。这是适当地运用了(　　)

A. 命题　B. 案例　C. 正例　D. 反例

22. 根据新知识与个体原有认知结构的关系，可以对学习的类型加以划分。下列属于并列结合学习的是(　　)

A. 学生知道了"爬行类动物"的概念后再来学习"蜥蜴"
B. 学生了解到自行车车架利用了三角形的稳定性后，得知三角形具有稳定性
C. 学生先观看眼镜蛇、蟒蛇、响尾蛇的图片，再学习蛇的定义
D. 学生先学习鲨鱼的生活习性，再学习鲸鱼的生活习性

23. 记忆分为感觉记忆、短时记忆和长时记忆三个阶段。在感觉记忆阶段帮助学生更有效的学习的方法是(　　)(易错)

A. 吸引学生的注意　B. 为复述留有时间
C. 帮助学生进行精细加工　D. 经常安排练习

24. 短时记忆的容量有限，为了使其包含更多的信息，可采用的方式是(　　)

A. 感觉登记　B. 注意　C. 组块　D. 复述

25. 直观是主体通过对直接感知到的教学材料的表层意义、表面特征进行加工，从而形成对有关事物的具体的、特殊的、感性的认识的加工过程。直观是理解科学知识的起点，是知识获得的首要环节。在实际的教学过程中，直观方式包括(　　)

①实物直观　②模像直观　③言语直观

A. ①②　B. ②③　C. ①③　D. ①②③

26. 不属于陈述性知识的表征方式的是(　　)

A. 命题和命题网络　B. 表象
C. 符号　D. 图式

27. 教育部、国家文物局印发的《关于利用博物馆资源开展中小学教育教学的意见》提出，中小学语文、历史、地理、思想政治等学科教学和综合实践活动，要有机融入博物馆教育内容。上历史课时，教师将学生带到博物馆观看文物。这种教学方法是(　　)

A. 言语直观　B. 模像直观　C. 意念直观　D. 实物直观

28. 对质量与能量、遗传与变异、需求与价格等概念之间关系的学习属于(　　)

A. 上位学习　B. 下位学习　C. 并列结合学习　D. 符号学习

29. 关于陈述性知识，下列说法正确的是(　　)

A. 主要反映活动的具体过程和操作步骤　B. 说明做什么和怎么做
C. 可用来区别和辨别事物　D. 是一种实践性知识

30. 刘浩在英语课堂上学习“钢笔”的英语单词“pen”。按照奥苏伯尔的学习分类,其学习属于(　　)

A. 表征学习　B. 概念学习　C. 命题学习　D. 分类学习

31. 在几何中讲解三角形的“高”的概念时,教师可以运用(　　),提供给学生各种典型的直观材料,或者不断变换“高”所呈现的形式,通过不同的形式反映其本质属性。

A. 基本原理　B. 变式　C. 概念　D. 材料结构

32. 下列概念教学的活动中,没有使用变式策略的是(　　)

A. 教“鸟”的概念时谈到“鸭子”　B. 教“液体”的概念时谈到“沙子”

C. 教“三角形”的概念时谈到“等腰三角形”　D. 教“哺乳动物”的概念时谈到“蝙蝠”

33. 学生通过学习“0 和正整数”掌握“数”的概念,之后又学习了“负数”的概念,重新认识了“数”的概念。这种学习属于(　　)

A. 并列结合学习　B. 上位学习

C. 相关类属学习　D. 派生类属学习

34. 知道了“长方形的四个顶角都是直角”,而正方形是长方形的一个特例,那就很容易理解“正方形的四个顶角都是直角”。这种同化模式属于(　　)

A. 上位学习　B. 下位学习　C. 组合学习　D. 推理学习

35. 一位数学老师在讲授“圆形”的概念时,是通过向学生描述“毛驴拉碾子”的具体形象来帮助学生理解这一抽象概念的。这位老师所使用的直观手段属于(　　)

A. 实物直观　B. 模像直观　C. 言语直观　D. 表象直观

二、多项选择题

1. 知识的保持是知识学习的重要环节,下列做法有利于头脑更好地保持知识的是(　　)

A. 间隔一段时间重复识记知识　B. 运用记忆术帮助识记

C. 适当地过度学习　D. 对记忆材料进行深度加工

2. 上位学习,是指在认知结构中原有概念的基础上学习一个包容程度更高的概念,即原有概念是从属概念,而新学习的概念是总括性概念。以下属于上位学习的是(　　)

A. 学完直角的概念之后再学习角的概念

B. 学完盐酸的概念再学酸的概念

C. 学完长方形的面积计算公式后再学正方形的面积计算公式

D. 学完鲸的习性再学哺乳动物的习性

3. 根据知识本身的存在形式和复杂程度,知识学习可分为(　　)

A. 表征学习　B. 态度学习　C. 概念学习　D. 命题学习

4. 以下属于理性知识的是(　　)

A. 表象　B. 概念　C. 规则　D. 原理

5. 程序性知识的表征方式主要有(　　)(常考)

A. 命题网络　B. 产生式系统

C. 图式　D. 产生式

6. 下列直观方式中,属于模像直观的是(　　)

A. 图片　B. 演示实验　C. 图表　D. 模型

7. 长时记忆的编码形式有(　　)

A. 图像编码　B. 声像编码　C. 语义编码　D. 表象编码

8. 语文老师带同学们参观植物园后,回到教室,语文老师把在植物园拍到的照片呈现在学生眼前,并请几位同学用语言描述了看到植物和照片的感受。语文老师运用的直观方式有(　　)

A. 实物直观　B. 言语直观　C. 模像直观　D. 图片直观

9. 陈述性知识主要回答(　　)

A. 做什么　B. 是什么　C. 为什么　D. 怎么做

10. 下列关于长时记忆的说法,正确的是(　　)

A. 长时记忆是指存储时间在一分钟以上的记忆

B. 长时记忆中的信息是有组织的知识系统

C. 长时记忆信息的来源大部分是对短时记忆内容的加工

D. 长时记忆的信息在头脑中存储的时间长,但容量很有限

11. 下列属于陈述性知识的有(　　)

A. 成语　B. 万有引力定律　C. 时间　D. 计算数学题

三、判断选择题

1. 短时记忆中的信息转入长时记忆必须经过复述。(　　)

A. 正确　B. 错误

2. 小陈将学习的“东北地区”归到中国地理这类中,这种学习叫作下位学习。(　　)

A. 正确　B. 错误

3. 触类旁通本质上就是奥苏伯尔所说的下位学习。(　　)

A. 正确　B. 错误

4. 智慧技能和认知策略都属于对内调控的程序性知识。(　　)

A. 正确　B. 错误

5. 要使“陈述性知识”的学习变成“程序性知识”的学习,其必要条件是教师的作用。(　　)

A. 正确　B. 错误

6. 陈述性知识获得的心理机制是同化。(　　)

A. 正确　B. 错误

7. 命题也就是我们通常所说的规则、原理、原则,它表示的是概念之间的关系,反映的是不同对象之间的本质联系和内在规律。(　　)

A. 正确　B. 错误

四、填空题

1. 按照学生对知识的概括抽象程度不同,将知识概括分为________和理性概括。

2. 信息从感觉记忆到长时记忆过渡阶段的记忆是________。

3. ________是我们能够评价是非对错的最小的意义单元。

4. ________提出了组块的概念。

5. 意义学习的核心是________。

6. 下位学习包括相关类属学习和________。

7. 程序性知识也叫________，是个体难以清楚陈述，只能借助于某种作业形式间接推测其存在的知识。

8. 有利于突出本质要素和关键特征的知识直观方式是________。

五、判断说理题

1. 知识的获得是知识学习的最终阶段。这种说法是否正确？请运用心理学知识加以说明。

2. 短时记忆的信息都来自瞬时记忆。这种说法是否正确？请运用心理学知识加以说明。

六、简答题

1. 简述如何提高知识直观的效果。(常考)

2. 简述程序性知识学习的一般过程。

3. 如何有效地进行知识概括？(常考)

七、案例分析题

林老师为了上好“两栖动物的生殖与发育”一课，精心制作了PPT，并准备了青蛙标本、三张挂图和视频材料，课前林老师将这些教具摆放悬挂好后，马上受到了许多学生的围观。课上他先是播放了视频材料，接着他演示了青蛙标本，因标本过小，后面的同学伸长了脖子也看不到，他不断翻着PPT，却没有适时地做出讲解。下课铃声响了，准备的PPT还没有翻完。课后学生们反映说：“我们忙着看这看那，老师讲什么都没听清，而且有的PPT背景上浅色字很模糊。”

(1)林老师在教学过程中运用的直观手段存在哪些问题？

(2)联系案例，阐述教师提高知识直观的效果的方法。

真题精解

一、单项选择题

下列属于程序性知识的是(　　)

A. 三角形的内角和等于180°　　B. 三角形有三条边，三个内角

C. 三角形的两边之和大于第三边　　D. 在△ABC中，∠A=30°，∠B>50°，求∠C的度数

二、判断选择题

并列结合学习比上位学习和下位学习更简单、容易。　　(　　)

A. 正确　　B. 错误

三、填空题

1. 现代认知心理学将知识分为陈述性知识与________。

2. 信息加工理论按照信息处理的先后顺序，将记忆区分为三个阶段系统：感觉记忆、________、长时记忆。

3. 短时记忆的容量约为________个组块。（常考）

4. 教学过程主要有三种直观方式：实物直观、模像直观和________直观。

四、案例分析题

阅读案例，按要求作答。

小学科学《磁铁有磁性》教学中，蔡老师播放《机器人总动员》中的片段“机器人与磁铁”让学生明白，磁铁之所以喜欢机器人瓦力，是因为瓦力是铁做的。

第一个实验探索的问题是“能被磁铁吸引和不能被磁铁吸引的物品分别有哪些？”学生带着问题进行观察，随后踊跃回答。“能被磁铁吸引的有回形针、铁夹子”“不能被磁铁吸引的有卡纸、棉布、木片、橡皮筋”。蔡老师及时引导，学生得出结论：磁铁可以吸引铁材料做的物体。

第二个实验主题是“用磁铁识别铁家族成员”。学生通过观察发现，同样是硬币，却有着能被磁铁吸引和不能被磁铁吸引的差别，进而得出结论：能被磁铁吸引的为铁质硬币。

第三个实验中，学生通过铁质教具“芭蕾舞者”的演示实验得知，磁铁隔着纸也能吸引铁制品。随后，蔡老师分发木片、布片和塑料等不同材质的隔板及不同大小的磁铁，进行分组探究实验。学生发现并得出结论：磁铁可以隔物吸铁，且与磁性大小有关。

蔡老师紧接着提出：“磁铁被固体隔着能吸铁，被液体隔着呢？”学生利用水、牛奶等液体进行第四个实验，进一步验证了磁铁可以隔物吸铁的结论。

问题：结合案例，分析蔡老师是如何引导学生进行知识概括的。

第十八章　技能的学习

命题分析

[考查要点]

1. 识记技能的概念和种类。
2. 掌握操作技能的形成阶段和培训要求。
3. 掌握心智技能的形成阶段和培养要求。

[考查题型]

以选择、判断、填空等客观题为主，有时也会以案例分析题的形式考查。

基础训练

一、单项选择题

1. 在操作模仿阶段，动作的控制主要靠（　　）
   A. 听觉控制　　B. 视觉控制　　C. 触觉控制　　D. 动觉控制

2. 在技能形成的练习过程中，其进步情况的表示方法是用（　　）
   A. 图示　　B. 坐标　　C. 遗忘曲线　　D. 练习曲线

3. 数学课上，为了更好地形成智力技能，教师常在黑板上清楚而细致地演算例题。这是给学生提供（　　）
   A. 原型定向　　B. 原型整合　　C. 原型操作　　D. 原型内化

4. 动作技能的练习成绩在达到一定程度后会出现暂时停顿的现象叫（　　）（常考）
   A. 起伏现象　　B. 中止现象　　C. 高原现象　　D. 抑制现象

5. 动作技能的教学方法一般宜采用（　　）
   A. 发现法　　B. 讲解法
   C. 示范法　　D. 示范与讲解相结合法

6. 打篮球、开汽车属于（　　）
   A. 操作技能　　B. 心智技能　　C. 一般技能　　D. 认知技能

7. 下列关于操作整合的特点的描述，不正确的是（　　）（常考）
   A. 动作可以表现出一定的灵活性、稳定性和精确性，但当外界条件发生变化时，动作的这些特点都有所降低
   B. 各个动作成分趋于分化、精确，整体动作趋于协调、连贯，各动作成分间的相互干扰减少，多余动作也有所减少
   C. 听觉控制不起作用，逐渐让位于视觉控制
   D. 疲劳感、紧张感降低，心理能量不必要的消耗减少，但没有完全消除

8. 观看乒乓球教练打球，掌握打球的基本要领和动作属于动作技能的(　　)

A. 操作整合阶段　　B. 操作模仿阶段

C. 操作定向阶段　　D. 操作熟练阶段

9. 在操作技能的形成阶段中，从学习者的角度看，(　　)主要是理解学习任务、形成目标表象和目标期望。

A. 认知阶段　　B. 联结形成阶段

C. 自动化阶段　　D. 活动的定向阶段

10. 就动作技能的学习而言，"见者易，学者难"这句话强调的是(　　)对动作技能学习的重要性。

A. 练习　　B. 观察　　C. 理解　　D. 言语指导

11. 动作技能形成过程中，(　　)阶段动觉控制增强，不需要视觉的专门控制。

A. 操作定向　　B. 操作模仿　　C. 操作整合　　D. 操作熟练

12. 关于心智技能学习过程中的"原型内化"，以下描述不正确的一项是(　　)

A. 智力活动的实践模式向头脑内部转化

B. 由物质的、外显的形式变成观念的、内潜的形式的过程

C. 由展开的形式变成简缩的形式的过程

D. 是心智技能学习的初级阶段

13. 熟练的杂技演员一边骑车，一边做优美、复杂的动作。这说明他的动作技能处于(　　)

A. 认知阶段　　B. 分解阶段

C. 练习定位阶段　　D. 自动化阶段

14. 学生在学习弹奏钢琴曲的过程中，当练习到一定阶段时，常会感到自己的进步似乎停止了。这种现象属于技能学习中的(　　)(常考)

A. 高原现象　　B. 倒摄抑制　　C. 蓄势现象　　D. 及时反馈

15. 小李在练习国标舞蹈动作时，老师告诉小李右手抬起的高度不到位。这种反馈属于哪种类型的反馈(　　)

A. 非建设性的反馈　　B. 内部反馈

C. 延缓的反馈　　D. 外部反馈

16. 下列关于操作技能形成的操作熟练阶段，表述错误的是(　　)(易错)

A. 是操作技能掌握的高级阶段　　B. 对变化的条件具有高度适应性

C. 动作高度程序化、自动化和完善化　　D. 不需要意识参与

17. 依据智力技能的实践模式，把主体在头脑中已建立起来的活动程序计划以外显的操作方式付诸实施，这指的是(　　)

A. 原型操作　　B. 原型定向　　C. 原型强化　　D. 原型内化

18. 操作技能的特点是(　　)

A. 客观性、外显性、展开性　　B. 观念性、内潜性、简缩性

C. 客观性、外显性、简缩性　　D. 观念性、内潜性、展开性

19. 反馈在操作技能学习过程中的作用是非常关键的，其中(　　)的作用尤为明显。(常考)

A. 外部反馈　　B. 方法反馈　　C. 过程反馈　　D. 结果反馈

20. 学生在练习投篮技术时，成绩时而提高，时而下降，时而停顿，这是动作技能练习的(　　)现象。

A. 高原　　B. 反馈　　C. 起伏　　D. 倒退

21. 在心智技能形成过程中，智力活动的实践模式向头脑内部转化，由物质的、外显的、展开的形式变成观念的、内潜的、简缩的形式的过程称为(　　)

A. 原型定向　　B. 原型操作

C. 原型内化　　D. 原型启发

22. 模仿是形成操作技能的重要环节，表现在(　　)(易错)

A. 检验已形成的动作定向映象，加强个体的动觉感受

B. 对各种变化的条件具有高度适应性

C. 形成对有关操作活动的结构要素及其关系的认识

D. 对活动方式的认识

23. 各个动作要素之间的协调性较差，互相干扰，相互衔接不连贯，常有多余动作产生。这属于(　　)

A. 操作定向阶段　　B. 操作模仿阶段

C. 操作整合阶段　　D. 操作熟练阶段

24. 操作(　　)是操作技能形成的高级阶段，是操作技能转化为能力的关键环节。

A. 定向　　B. 规则　　C. 熟练　　D. 练习

25. 在加里培林看来，智慧活动在形式上发生质变的重要阶段是(　　)(易错)

A. 活动的定向阶段　　B. 物质活动或物质化活动阶段

C. 出声的外部言语活动阶段　　D. 无声的外部言语阶段

26. 对于培养学生智力技能最具有现实意义的途径是(　　)

A. 独立开设思维训练课

B. 培养一般的观察力、记忆力和思维力等能力

C. 结合教材知识教学，训练学生掌握智力活动规则和课题解答程序

D. 在教学中侧重学生的思维过程而不侧重思维的结果

27. 技能可分为(　　)

A. 工作技能和生活技能　　B. 动作技能和操作技能

C. 智力技能和认知技能　　D. 认知技能和动作技能

28. "高原现象"是指在学习或技能的形成过程中，出现的暂时停顿或下降的现象。下列不属于学习者出现"高原现象"的是(　　)

A. 学生在学习进程中，学习成绩达到一定程度时，继续提高的速度减慢，有的人甚至发生停滞不前或倒退的现象

B. 在总复习的初期，每一个同学都很有信心，学习效果也较明显，在经历了一段时间的复习之后，有的同学的复习效果逐渐减退

C. 成绩不好的学生跟不上老师的教学进度，整天无精打采、精神萎靡，课堂听课效果差，学习成绩一直无法提高，有的同学甚至失去了进取的决心

D. 在每学期初，大部分学生都有较高的学习热情，学习效果也较好，可一过了期中考试，部分同学就会出现看不进去书也记不住内容、易急躁烦闷的现象

29. 小学生学写新字时，先听教师的讲解，再观察教师的书写示范。这时的技能学习阶段处于（　　）阶段。

A. 操作定向　　B. 操作模仿

C. 操作整合　　D. 操作熟练

30. 打字高手不看键盘就可以打字，这说明操作技能形成的标志是（　　）

A. 意识调控减弱　　B. 利用细微线索

C. 动觉反馈加强　　D. 在不利条件下维持正常操作

二、多项选择题

1. 智力技能与操作技能相比，其特点有（　　）

A. 结构的简缩性　　B. 执行的内潜性

C. 对象的观念性　　D. 结构的展开性

2. 学生在学习过程中会产生高原现象，产生这种现象的原因有（　　）（易混）

A. 学习动机减弱　　B. 学习方法新颖

C. 意志品质薄弱　　D. 学习任务复杂

3. 在操作技能的形成中，虽然不同的学习者练习曲线存在差异，但也有共同点，表现在（　　）

A. 开始进步慢

B. 中间有一个明显的、暂时的停顿期，即高原期

C. 总趋势是进步的

D. 有时出现暂时的退步

4. 影响反馈效果的因素有（　　）

A. 反馈的内容　　B. 反馈的频率

C. 反馈的方式　　D. 反馈的时间

5. 下列关于智力技能说法正确的是（　　）

A. 属于动作经验　　B. 属于操作活动方式

C. 通过学习而形成　　D. 是合乎法则的活动方式

6. 下列属于心智技能的有（　　）

A. 计算机老师不看键盘，迅速地打字　　B. 自习课上学生各自默读课文

C. 张军列方程解应用题　　D. 小赵在体育馆练习攀岩

7. 下列选项中，属于动作技能的有（　　）

A. 弹琴　　B. 阅读

C. 游泳　　D. 计算

8. 在心智技能形成的原型操作阶段，教师的下列做法正确的有（　　）

A. 让心智活动的所有动作以展开的方式呈现

B. 采用变式，注意变更活动的对象

C. 注意活动的掌握程度，适时地向下一阶段转化

D. 用不出声的外部语言或内部语言描述操作过程

9. 培养中学生动作技能的策略有（　　）

A. 准确的示范和讲解　　B. 进行多种训练

C. 克服高原现象　　D. 提供恰当的反馈

10. 操作模仿阶段的动作特点包括（　　）

A. 动作的稳定性、准确性、灵活性较差　　B. 各动作要素之间的协调性好

C. 主要靠视觉控制　　D. 完成动作的速度较慢

11. 下列有关技能特点的陈述，正确的是（　　）

A. 有些技能是本能行为　　B. 技能是通过学习或练习而形成的

C. 技能属于认知经验，不属于动作经验　　D. 技能不是一般的习惯动作

12. 下列选项中，属于心智技能的培养要求的是（　　）

A. 确立合理的智力活动原型　　B. 激发学习的积极性和主动性

C. 注意原型的完备性、独立性和概括性　　D. 注意学生的个别差异

三、判断选择题

1. "高原现象"通常发生在技能学习过程的初期。（　　）

A. 正确　　B. 错误

2. 技能没有好坏之别，习惯有好坏之分。（常考）（　　）

A. 正确　　B. 错误

3. 动作技能一经掌握便不易被遗忘。（　　）

A. 正确　　B. 错误

4. 初学者在学习新的动作时，分解能力较差，动作掌握较慢。（　　）

A. 正确　　B. 错误

5. 技能是个体在获得的知识的基础上，运用某种活动方式构成技能形成与发展的必要环节，属于生理活动范畴。（　　）

A. 正确　　B. 错误

6. 动作技能的形成需要长时间的反复练习，因此练习的次数越多越好。（　　）

A. 正确　　B. 错误

四、填空题

1. 技能是个体运用已有知识经验，通过练习而形成的________的活动方式。

2. 操作技能形成的标志是达到________阶段。

3. 一般来讲，反馈来自两个方面：________和________。

4. 根据练习时间分配的不同，可将练习分为________和分散练习；根据练习内容的完整性不同可分为整体练习和________。

五、简答题

1. 简述技能的特点。

2. 心智技能的形成有哪几个阶段？

3. 为提高分阶段练习的成效，应采取的有效措施包括哪些？

六、论述题

试述技能和习惯的区别。

七、案例分析题

在罗斯主持的一项心理学实验研究中，研究者把一个班的学生分成三组，每天学习后进行测验。第一组每天测验后都告知其学习结果；第二组是每周告知其学习结果；第三组则从不告知其学习结果。从第八周开始，仍对第二组每周告知其学习结果，第一组和第三组进行对调，即研究者不再对第一组告知其学习结果，而对第三组每天告知其学习结果。如此又进行8周后，比较三个组在过去16周内的学习成绩。结果表明：第一组在前8周成绩最好，而后8周成绩直线下降；第三组在前8周成绩最差，而后8周成绩直线上升；第二组的学习成绩始终处于中等水平。

请运用心理学的相关知识对该案例进行分析。

真题精解

一、单项选择题

"曲不离口,拳不离手"强调了在动作技能形成中起重要作用的是(　　)

A. 示范　　B. 反馈　　C. 练习　　D. 言语指导

二、多项选择题

下列关于操作技能熟练阶段的动作特点的表述,正确的有(　　)

A. 动作具有灵活性、稳定性和准确性　　B. 主要靠视觉控制,动觉控制水平较低

C. 紧张感、疲劳感减少,动作具有轻快感　　D. 动作衔接连贯、流畅、协调,多余动作消失

三、判断选择题

操作技能的活动对象具有客观性,心智技能的活动对象具有观念性。(　　)

A. 正确　　B. 错误

四、填空题

1. 阅读技能、写作技能、运算技能、解题技能等属于________技能。(常考)
2. 冯忠良认为,操作技能的形成过程分为操作________、操作模仿、操作整合和操作熟练四个阶段。
3. 冯忠良认为,心智技能的形成要经历原型定向、原型操作和________三个阶段。

五、案例分析题

阅读材料,按要求回答问题。

心算技能一般可利用运算规律,对算式进行变形,使算式表达符合已有的心智操作基础,从而准确快速的计算。例如,某教师在教1.8×27时,教学过程是:

呈现1.8×27=(2-0.2)×27=2×27-0.2×27

或者1.8×27=1.8×(30-3)=1.8×30-1.8×3

出一些类似的题目引导学生进行纸笔操作练习,从而产生言语表征,形成熟练的心算技能。

问题:

根据心智技能形成理论,说明教师如何引导学生形成心算技能。

第十九章　问题解决与创造性

命题分析

[考查要点]

1. 识记问题的概念和分类。
2. 识记问题解决的概念、特征、过程,掌握问题解决的策略。
3. 掌握影响问题解决的因素,并区分定势、功能固着和原型启发。
4. 识记提高问题解决能力的教学措施。
5. 识记创造性的概念和培养措施,掌握创造性的特征。

[考查题型]

以选择、填空等客观题为主,有时也会以材料分析题的形式考查。

基础训练

一、单项选择题

1. 小红在做数学习题时,能够把各种解法逐一列出并加以尝试,最终找到一个最佳解法。小红的这种解题的方法属于(　　)

   A. 归纳式　　B. 启发式　　C. 算法式　　D. 推理式

2. 通过对狗鼻子构造的分析,发明出比狗鼻子更灵敏的电子嗅觉器。这是(　　)对问题解决的影响。(常考)

   A. 知识经验　　B. 迁移　　C. 酝酿效应　　D. 原型启发

3. 下列不属于原型启发的是(　　)(常考)

   A. 学生由于多次练习学会了舞蹈动作　　B. 鲁班由于受到丝茅草的启发创造了锯子

   C. 人们通过鸟的翅膀发明了飞机机翼　　D. 人们通过仿效蝙蝠声波定位制造雷达

4. 学生可以把老虎钳当作锤子用,用缝制衣服的棉线去裁纸。这说明学生克服了(　　)

   A. 意志品质的限制　　B. 功能固着的限制

   C. 认知经验的限制　　D. 性格特征的限制

5. 数学老师在教应用题时,一再强调让学生看清题目,必要时可以画一些示意图,这样做的目的是(　　)

   A. 有效地监控解题过程　　B. 牢记题目内容

   C. 熟练地使用计算技能　　D. 很好地完成对问题的心理表征

6. 从笼统、混乱、不确定的问题中,找出问题的主要矛盾和关键因素,把握问题实质并确定问题的解决方向。这属于问题解决的(　　)

   A. 发现问题阶段　　B. 明确问题阶段　　C. 提出假设阶段　　D. 检验假设阶段

7. 对代数式“$a^2-2ab+b^2$”进行因式分解的问题属于(　　)

A. 一般问题　B. 结构良好问题

C. 结构不良问题　D. 特殊问题

8. 荒野求生的人用火把取暖、照明，却没想过用火把驱赶野兽，这种情况属于(　　)

A. 功能固着　B. 原型启发　C. 酝酿效应　D. 思维定势

9. 教师要求学生列举砖的用途，某学生在单位时间内列举出很多例证，但都在建筑材料范围之内，这表明该学生的发散思维在流畅性和变通性方面的特点是(　　)

A. 流畅性差，变通性差　B. 流畅性好，变通性差

C. 流畅性好，变通性好　D. 流畅性差，变通性好

10. 以下问题属于结构不良问题的是(　　)(常考)

A. 数学应用题　B. 怎样培养学生的创新意识

C.《背影》的作者是谁　D. 按图索骥

11. 下列属于问题解决的是(　　)

A. 记住一个人的名字　B. 幻想成为“蜘蛛侠”

C. 用一个词语造句　D. 荡秋千

12. 要知道一个人的出生月份，只要从1月猜到12月，就会找到一个正确答案。这种解决问题的策略是(　　)

A. 推理式　B. 算法　C. 演绎式　D. 启发法

13. (　　)实际上是一种心理准备状态。具体地说，人们当前的活动常受先前从事的活动的影响，带有先前活动的特点。(易混)

A. 酝酿效应　B. 功能固着　C. 原型启发　D. 心理定势

14. 问题解决的首要环节是(　　)

A. 提出假设　B. 发现问题

C. 理解问题　D. 检验假设

15. 对于解决问题有启发作用的事物是(　　)

A. 变式　B. 定势　C. 原型　D. 原型启发

16. 生活中人们往往认为水果刀只能削水果，杯子只能装水。这属于问题解决影响因素中的(　　)

A. 原型启发　B. 功能固着

C. 问题情境　D. 动机和情绪

17. 小明嚼口香糖玩时，不慎将10元纸币掉到狭缝里，几经尝试，无法用手取出，最后在别人建议下用口香糖粘出，小明开始没有用这样的方法，主要是受到了(　　)的影响。

A. 功能固着　B. 原型启发　C. 动机　D. 知识表征

18. 把握问题的关键信息，形成问题表征的思维过程是(　　)

A. 发现问题　B. 理解问题

C. 提出假设　D. 检验假设

19. 某学生在写一篇论文时感觉任务太难，不知如何开始，于是他将这个任务划分成几个子任务：选题、查找资料、组织材料、制定大纲等，结果他较为轻松地完成了任务。该学生运用的解决问题的方法是(　　)

A. 手段—目的分析法　B. 逆向反推法

C. 爬山法　D. 类比思维法

20. 问题解决是一个复杂的过程，其关键阶段是(　　)

A. 发现问题　B. 提出假设　C. 理解问题　D. 检验假设

21. 下列不属于创造性思维的特点的是(　　)

A. 流畅性　B. 适应性　C. 灵活性　D. 独创性

22. 创造性思维的核心是(　　)(常考)

A. 发散思维　B. 聚合思维　C. 分析思维　D. 直觉思维

23. 工程师通过研究蝙蝠导航机制发明了声呐，并将其运用在潜艇定位上。这一现象反映了问题解决的(　　)

A. 算法式　B. 逆向反推法　C. 爬山法　D. 类比思维

24. 要打开一个三位数组成的密码锁，可以从000、001、002逐一尝试直到998、999，最终便会找到一个正确答案。这种解决问题的策略是(　　)

A. 推理式　B. 算法　C. 演绎式　D. 启发式

25. 教师对学生的错误不能持完全否定态度，更不应该指责，要给予一定的肯定。这体现了在塑造创造性的个性时要注意(　　)

A. 保护学生的好奇心　B. 解除个体对答错问题的恐惧心理

C. 鼓励学生的独立性和创新精神　D. 给学生提供具有创造性的榜样

二、多项选择题

1. 问题解决的基本特点有(　　)

A. 序列性　B. 逻辑性　C. 目的性　D. 认知性

2. 能促进问题解决的因素有(　　)

A. 功能固着　B. 创造性思维

C. 过强的动机　D. 正迁移

3. 问题解决常用的启发式策略是(　　)(常考)

A. 手段—目的分析法　B. 算法

C. 爬山法　D. 逆推法

4. 手段—目的分析法的基本步骤是(　　)

A. 比较初始状态和目标状态，提出第一个子目标

B. 将所有可能的方法都一一列举出来并进行尝试

C. 找出完成第一个子目标的方法或操作，实现子目标

D. 提出新的子目标，如此循环往复，直至问题解决

5. 教师在对学生创造性个性进行塑造时可采取的建议有(　　)

A. 解除学生对答错问题的恐惧心理　　B. 鼓励独立性和创新精神

C. 重视学生非逻辑思维能力的锻炼　　D. 给学生提供具有创造性的榜样

6. 研究表明,创造性与智力的关系并非成简单的线性关系,二者既有独立性,又在某种条件下具有相关性。其基本关系主要表现为(　　)

A. 低智力不可能具有高创造性　　B. 高智力一定具有高创造性

C. 低创造性者的智力水平可能高,也可能低　　D. 高创造性者的智力水平可能高,也可能低

7. 下列选项中,属于结构不良的问题有(　　)

A. 如何写好一篇学术论文　　B. 怎样保持良好的人际关系

C. 如何根据已知条件求证几何问题　　D. 怎样成为一名优秀的运动员

8. 下列关于问题解决策略的表述,正确的有(　　)

A. 算法策略通常可以保证问题得到解决,但比较费时费力

B. 启发式策略不一定能保证问题的解决

C. 算法策略通常优于启发式策略

D. 爬山法是一种算法策略

9. 问题解决的思维过程一般经历的阶段是(　　)

A. 发现问题　　B. 明确问题

C. 提出假设　　D. 检验假设

三、判断选择题

1. 思维定势总是阻碍问题的有效解决。(　　)

A. 正确　　B. 错误

2. 地理老师给学生布置的思考作业为"了解全球水资源短缺",从问题结构的完整性来划分,该类问题属于结构良好问题。(　　)

A. 正确　　B. 错误

3. 智力水平的高低对问题解决起决定作用。(　　)

A. 正确　　B. 错误

4. 对中学生来说,回答"3+2=5"和证明几何题都属于问题解决。(　　)

A. 正确　　B. 错误

四、填空题

1. 一般认为,影响创造性的因素主要有环境、智力和________。

2. 无论简单或复杂、抽象或具体、持续的时间长或短,每一个问题都必然包含三种成分:(1)________;(2)目标;(3)障碍。

3. ________就是指问题呈现的知觉方式。

4. 假如问题的结构不明确,其解法规则和答案具有模糊性和无效性,则该问题在心理学上被称为________。

五、判断说理题

1. 心理定势对问题解决只有消极影响。这种说法是否正确?请运用心理学知识加以说明。

2. 在问题解决者的思维活动处于积极且紧张的状态时,才最容易产生原型启发。这种说法是否正确?请运用心理学知识加以说明。

六、论述题

如何培养学生的问题解决能力?(常考)

七、案例分析题

1. 阿西莫夫是世界著名的科普作家。有一次,一位汽车修理工对他说:"有一位聋哑人,想买几根钉子,就来到商店,对售货员做了一个这样的手势:左手食指立在柜台上,右手握拳做出敲击的样子。售货员见状,先给他拿来一把锤子,聋哑人摇摇头。于是售货员就明白了,他想买的是钉子。聋哑人刚买好钉子,走出商店,接着进来一位盲人。这位盲人想买一把剪刀,请问:盲人将会怎样做?"阿西莫夫顺口答道:"盲人肯定会这样——",他伸出食指和中指,做出剪刀的形状。听了阿西莫夫的回答,汽车修理工笑着说:"盲人想买剪刀,只需开口说'我买剪刀'就行了,他干吗要做手势呀?"请结合案例运用心理学知识分析。

(1)该案例反映了什么心理效应?

(2)该心理效应对学生的学习有什么影响?

2. 培养创新型人才既是时代要求,也是教育改革的迫切要求。但是受应试教育的影响,学校在教育教学中追求标准化、统一化的现象依然存在,随着年级的递增,进而出现学生的好奇心、求知欲逐渐递减,甚至出现学生只会回答问题,不会提出问题的现象。而要培养创新型人才,实践教学是主阵地,教师则是主力军。

(1)请分析创造性的基本特征。

(2)如果你是一位中小学在职教师,请分析如何在教学中培养学生的创造性?

真题精解

一、单项选择题

经常使用一个物体的某项功能,而认为该物体只有这种功能的现象,称为(　　)

A. 顿悟　　B. 原型启发　　C. 功能固着　　D. 导向功能

二、多项选择题

影响问题解决的因素有(　　)

A. 定势　　B. 知识经验　　C. 功能固着　　D. 问题的特征

三、填空题

问题解决策略包括算法策略和________策略。

四、材料分析题

阅读材料,回答问题。

某教师对两组学生进行以下测试:

第一组的测试问题为:抽屉里有混在一起的黑色袜子和白色袜子,黑色袜子和白色袜子的数量比例是4:5。如果在黑暗中取袜子,至少要拿出几只才能保证得到一双颜色相同的袜子?

第二组的测试问题为:从混在一起的黑色袜子和白色袜子中,眼睛不看,至少拿出几只即可得到一双颜色相同的袜子?

测试结果显示,第二组解答问题的正确率和速度均明显优于第一组。

问题:

(1)材料中影响测试问题解决的因素是哪种?

(2)结合材料分析,该因素如何影响问题解决?

第二十章　学习的迁移

命题分析

[考查要点]

1. 理解学习迁移的概念。
2. 掌握学习迁移的种类。
3. 掌握学习迁移的理论。
4. 识记影响学习迁移的因素。
5. 掌握促进学生有效的迁移的措施。

[考查题型]

以选择等客观题为主。

基础训练

一、单项选择题

1. “元素周期表的学习”深化了学生对以前所学的元素化合物等知识的理解，这种迁移属于(　　)

A. 顺向正迁移　　B. 顺向负迁移

C. 逆向正迁移　　D. 逆向负迁移

2. 学过汉语拼音对初学英语有干扰作用。这种影响属于(　　)

A. 负迁移　　B. 正迁移　　C. 逆向迁移　　D. 动作迁移

3. 主张以不变的活动结构或动作图式来适应不同的情境，是(　　)的观点。

A. 情境性理论　　B. 相同要素说

C. 产生式理论　　D. 认知结构迁移理论

4. 苛勒用以说明“关系转换的学习迁移理论”的著名实验是(　　)

A. 黑猩猩取香蕉　　B. 小白鼠取食

C. 小鸡觅食　　D. 鸽子转圈

5. 下列说法中正确的是(　　)

A. 迁移只发生在知识的学习中　　B. 迁移只发生在技能的学习中

C. 迁移只发生在社会规范的学习中　　D. 迁移可发生在上述三种过程中

6. 学习了“角”之后，再学习“直角”“锐角”等知识。这属于(　　)

A. 逆向迁移　　B. 正迁移　　C. 水平迁移　　D. 垂直迁移

7. 羽毛球打得好的人，其网球也打得好，是因为二者之间有共同的成分。该观点属于(　　)

A. 概括化理论　　B. 相同要素说

C. 三维迁移理论　　D. 关系转换说

8. 以下有关迁移的说法正确的是(　　)(易错)

A. 迁移就是因为一种学习而使另一种学习更顺利

B. 必须有两种或两种以上的学习发生时，才能产生迁移

C. 先前的学习对后来的学习产生影响，称为逆向迁移

D. 个体所学的经验影响着相同情境中任务的操作，这属于近迁移

9. 把所学的经验迁移到与原初的学习情境比较相似的情境中，这是(　　)

A. 正迁移　　B. 顺向迁移　　C. 近迁移　　D. 水平迁移

10. 当学生学会拼读“going”时，拼读其他带有“ing”的词也变得更加熟练，最能解释这个现象的理论是(　　)

A. 形式训练说　　B. 共同要素说　　C. 概括化理论　　D. 关系转换说

11. 以下现象不属于学习迁移的是(　　)

A. 由于经常打篮球，小陈的跳高能力很不错

B. 学会骑自行车后，学骑摩托车的速度特别快

C. 由于画画画得很好，小张在美术社表现很出色

D. 由于从小喜欢剪草，小王长大后成为了一名出色的理发师

12. 不改变原有的认知结构，直接将原有的认知经验应用到本质特征相同的一类事物中去。这是(　　)(易混)

A. 低路迁移　　B. 同化性迁移

C. 顺应性迁移　　D. 重组性迁移

13. 当学生先学完“不”和“正”后，再学习“歪”时，即可以产生(　　)

A. 逆向迁移　　B. 一般迁移　　C. 负迁移　　D. 具体迁移

14. 4岁的男孩小石认为空气没有重量，但经过科学演示后他知道自己错了。他现在认为，空气是有重量的。从迁移的角度来说，这一理解的变化属于(　　)

A. 同化性迁移　　B. 顺应性迁移

C. 一般迁移　　D. 重组性迁移

15. 学习迁移产生的客观必要条件是(　　)

A. 学生的智力水平　　B. 学习的理解和巩固程度

C. 学习对象之间的共同要素　　D. 学习的方法

16. 学生因“凹透镜”知识掌握不好而影响了“凸透镜”知识的学习。这种迁移现象是(　　)(易错)

A. 纵向迁移　　B. 横向迁移　　C. 一般迁移　　D. 普遍迁移

17. 迁移的概括化理论认为，迁移发生的主要原因是(　　)

A. 心理官能得到训练　　B. 在先前学习中获得了一般原理和原则

C. 两种学习活动中有共同的成分　　D. 对两种学习之间存在关系的突然领悟

18. (　　)认为良好的教材结构，有利于学生形成良好的认知结构，从而促进学习迁移。

A. 桑代克　　B. 安德森　　C. 贾德　　D. 奥苏伯尔

19. 小学生做数学应用题时,常采用边读题边画示意图的审题方法,后来学习物理时也采用这种审题方法。这种学习迁移属于(　　)

A. 普遍迁移　B. 特殊迁移　C. 顺应性迁移　D. 重组性迁移

20. 学生在学习分数的时候,受到先前关于整数概念的影响,往往认为1/6比1/4大。这类迁移属于(　　)

A. 顺向正迁移　B. 逆向正迁移　C. 顺向负迁移　D. 逆向负迁移

21. 产生式理论适用于(　　)的迁移。

A. 认知技能　B. 知识　C. 行为规范　D. 态度

22. 奥苏伯尔强调(　　)对学习迁移的作用。

A. 官能训练　B. 共同要素　C. 相对关系　D. 认知结构

23. 小学生初学英文字母时,常常将其读成学过的汉语拼音。这种迁移属于(　　)

A. 顺向正迁移　B. 顺向负迁移　C. 逆向正迁移　D. 逆向负迁移

24. 化学学习中,钾、钠等属于同一抽象和概括层次的金属元素在学习中互相影响。这种学习迁移叫作(　　)

A. 水平迁移　B. 垂直迁移　C. 顺向迁移　D. 逆向迁移

25. 安德森的产生式迁移理论是(　　)的现代翻版。

A. 关系转换说　B. 经验内化说　C. 相同要素说　D. 形式训练说

26. 李红学会骑自行车以后,学习骑摩托车就更容易了。这种现象属于(　　)

A. 负向迁移　B. 垂直迁移　C. 顺向迁移　D. 逆向迁移

27. 学生在物理中学习了"平衡"的概念后,就会对以后学习化学平衡、生态平衡、经济平衡、心理平衡产生影响。从迁移的方向看,这属于(　　)

A. 正迁移　B. 负迁移　C. 顺向迁移　D. 逆向迁移

28. 练习越多越好,题海战术有利于提高成绩。这种观点体现的迁移理论是(　　)

A. 形式训练说　B. 共同要素说　C. 认知结构理论　D. 三维迁移模型

29. 王老师用"鱼、河、虫、小、在、里、吃"这几个字编写了一个例句:鱼在河里吃小虫。并让学生用这几个字组成其他不同意思的句子。这属于(　　)

A. 同化性迁移　B. 顺应性迁移　C. 重组性迁移　D. 逆向迁移

30. 重视对情境关系的理解的迁移理论是(　　)

A. 形式训练说　B. 共同要素说　C. 经验类化说　D. 关系转换说

31. 下列选项中,不属于影响迁移的情境因素的是(　　)

A. 教师的指导　B. 学习材料的特性

C. 迁移的媒体　D. 认知结构

二、多项选择题

1. 根据迁移过程中所需的内在心理机制的不同,迁移可分为(　　)

A. 同化性迁移　B. 异化性迁移　C. 顺应性迁移　D. 重组性迁移

2. 下列选项体现出垂直迁移的是(　　)

A. 学习"日""月"对学习"明"的影响

B. "四边形"的概念的掌握影响"平行四边形"的概念的学习

C. 学习完"水果"的概念之后再学习"芒果"

D. 汉语拼音的学习影响英语字母的学习

3. 为了促进学习迁移,合理编排教材内容应做到教材(　　)

A. 结构化　B. 信息化　C. 网络化　D. 一体化

4. 学生学会课本上的例题后,能够迅速完成课后的习题,这种迁移属于(　　)(易错)

A. 负迁移　B. 纵向迁移　C. 横向迁移　D. 顺向迁移

5. 下列因素中,能够影响学习迁移的有(　　)

A. 原有知识经验的概括程度　B. 学习场所的相似性

C. 学习材料之间的相似性　D. 学习者的身体状况

6. 下列选项中,影响学习迁移的因素有(　　)(常考)

A. 智力　B. 对学习情境的理解

C. 原有认知结构　D. 学习的心向与定势

7. 下列属于传统学习迁移理论的有(　　)

A. 形式训练说　B. 相同要素说

C. 概括化理论　D. 关系转换说

8. 奥苏伯尔认为,影响迁移的认知结构变量有(　　)

A. 序列性　B. 可辨别性　C. 可利用性　D. 稳定性

9. 下列心理现象中,属于学习迁移现象的有(　　)

A. 会骑自行车的人比较容易掌握摩托车的驾驶技术

B. 后来的学习对先前的学习产生一定的影响

C. 学习汉语拼音会对英语学习有影响

D. 学会弹钢琴,有利于学弹手风琴

10. 下列选项中,属于一般迁移的有(　　)

A. 获得基本的运算技能、阅读技能后,运用到各种具体学科学习中

B. 数学学习中形成的认真审题的态度和方法影响到化学、物理等学科的审题活动

C. 学习英语单词"eye"和"ball"之后,学习"eyeball"更容易

D. 乒乓球学习当中,推挡动作的学习可以直接迁移到左推右攻这种组合的动作学习中去

三、判断选择题

1. 个体所掌握的经验概括水平越高,迁移的可能性就越大,效果也就越好。(　　)

A. 正确　B. 错误

2. 真正有效的教学必须依据迁移规律。(常考)(　　)

A. 正确　B. 错误

3. 经验类化理论强调概括化的经验或原理在迁移中的作用,这是由班杜拉等人提出的。（　　）

A. 正确　　B. 错误

4. 迁移实质上是新旧经验的整合过程。（　　）

A. 正确　　B. 错误

5. “水”字的掌握影响“森”字的学习是垂直迁移的具体表现。（　　）

A. 正确　　B. 错误

6. 按照迁移性质的不同,学习迁移可以分为顺向迁移与逆向迁移。（　　）

A. 正确　　B. 错误

7. “举一反三”和“触类旁通”是所学知识在新情境中的简单运用,根据加涅的观点,属于纵向迁移。（　　）

A. 正确　　B. 错误

8. 顺向迁移是已经获得的经验对另一种学习起促进作用。（　　）

A. 正确　　B. 错误

四、填空题

1. 垂直迁移表现在两个方面:一是________;二是________。

2. 形式训练说以________为心理学基础。

3. ________是最早的关于迁移的理论,该理论认为迁移是无条件的、自发的。

4. 桑代克等人的研究发现,只有当两种机能的因素中有________时,才能产生迁移。

五、判断说理题

1. 前摄抑制是一种顺向迁移,倒摄抑制是一种逆向迁移。这种说法是否正确?请运用心理学知识加以说明。

2. 学习中的负迁移就是逆向迁移。这种说法是否正确?请运用心理学知识加以说明。

六、简答题

1. 简述情境性理论的基本观点。

2. 简述影响学习迁移的因素。(常考)

真题精解

一、单项选择题

1. “触类旁通”“举一反三”描述的是（　　）

A. 学习迁移　　B. 下位学习　　C. 认知风格　　D. 发散性思维

2. 学习了写毛笔字,有助于写好粉笔字。这是（　　）

A. 顺向正迁移　　B. 顺向负迁移　　C. 逆向正迁移　　D. 逆向负迁移

3. 下列属于迁移理论的是（　　）

①形式训练说　　②相同要素说　　③概括化理论　　④多元智力理论

A. ①②③　　B. ①②④　　C. ①③④　　D. ②③④

4. 水下击靶实验说明了迁移理论的（　　）

A. 形式训练说　　B. 共同要素说　　C. 关系转换说　　D. 经验类化说

5. 阅读小说后加深对已学词句的理解,这属于（　　）

A. 顺向正迁移　　B. 顺向负迁移　　C. 逆向正迁移　　D. 逆向负迁移

二、填空题

根据迁移内容的抽象与概括水平的不同,迁移可以分为水平迁移和________。

第二十一章　学习策略

命题分析

[考查要点]

1. 识记学习策略的概念和特征。
2. 区分和理解学习策略的种类。
3. 理解学习策略的训练原则。
4. 理解训练学习策略的教学模式。

[考查题型]

以选择、填空等客观题为主。

基础训练

一、单项选择题

1. 下列对组织策略的概念解释,正确的是(　　)(易混)
A. 将经过精加工提炼出来的知识点加以构造,形成更高水平的知识结构的信息加工策略
B. 把新信息与头脑中的旧信息联系起来从而增加新信息意义的深层加工策略
C. 在工作记忆中为了保持信息,运用内部语言在大脑中重现学习材料或刺激,以便将注意力维持在学习材料上的方法
D. 学习者加工信息的一些方法和技术,有助于有效地从记忆中提取信息,并加工、处理、储存

2. 教师针对学生的年龄、已有的知识水平以及学习动机类型,帮助学生选择学习策略或改善对其学习不利的学习策略。这体现了学习策略的(　　)
A. 内化性原则　B. 个人效能感原则
C. 特定性原则　D. 有效监控原则

3. 政治老师在讲到马克思主义思想时,为了让学生更好地记住马克思的生日“1818年5月5日”,让学生形象地记为“马克思一巴掌一巴掌打得资产阶级呜呜地哭”。这是采用了学习策略中的(　　)
A. 复述策略　B. 组织策略　C. 计划策略　D. 精加工策略

4. 开学之初,教师通过多次考勤点名,很快就记住了所有学生的姓名。这种策略属于(　　)
A. 精加工策略　B. 复述策略　C. 组织策略　D. 元认知策略

5. 测验时越过某个难题,先做简单的题目。这属于(　　)
A. 认知策略　B. 元认知策略　C. 资源管理策略　D. 精加工策略

6. 在学习我国34个省级行政区域的名称时,可以把34个省级行政单位按地区划分为:东北、华北、西北、西南、华中、华东、华南七大区域来记,这属于(　　)策略。
A. 类比　B. 精加工　C. 记忆　D. 归类

7. 在学习中为了提高学习效果和效率,用以调节学习行为和认知活动的方法是(　　)
A. 学习策略　B. 学习动机　C. 学习理念　D. 学习目标

8. 在期末复习时,学生采用将课文内容以列结构提纲、画网络图的方法来帮助记忆。这种学习策略属于(　　)
A. 复述策略　B. 精加工策略　C. 组织策略　D. 资源管理策略

9. 对于复杂的知识,比较好的学习策略是(　　)(易错)
A. 记忆术　B. 做笔记　C. 提问　D. 联系客观实际

10. 学生对自己的认知过程进行有效监视和控制的策略,称为(　　)
A. 认知策略　B. 资源管理策略　C. 监控策略　D. 辅助策略

11. 在知识学习的过程中,记笔记和做笔记属于下列学习策略中的(　　)
A. 组织策略　B. 复述策略　C. 精加工策略　D. 指导策略

12. 刘思同学在学习外语时,都会利用晨读反复地大声朗读外语文章。其使用的学习策略是(　　)
A. 精加工策略　B. 计划和监控策略
C. 复述策略　D. 组织策略

13. 张明在快速阅读英语课文时发现某段语句没有读懂,就放慢了阅读速度,重新仔细地进行阅读,该生使用的学习策略是(　　)
A. 注意策略　B. 复述策略　C. 元认知策略　D. 精加工策略

14. 通过排除材料间的相互干扰、运用多种感官协同记忆的学习策略是(　　)
A. 精加工策略　B. 认知策略　C. 元认知策略　D. 复述策略

15. 元认知的实质是个体对认知活动的自我意识和(　　)
A. 选择　B. 监督　C. 维持　D. 自我控制

16. 精加工策略的实质是(　　)
A. 重现学习材料　B. 建立信息之间的联系
C. 把材料归类　D. 计划监控

17. 学习课文时分段、总结段意属于(　　)
A. 复述策略　B. 资源管理策略　C. 精加工策略　D. 组织策略

18. 学习时,王明利用一定的记忆术来帮助自己掌握知识,这种学习策略属于(　　)
A. 组织策略　B. 精加工策略　C. 复述策略　D. 元认知策略

19. 小学生记拼音时常用具体的事物来帮助自己记忆,如“m”就像两个门洞,“h”就像一把小椅子。这种学习策略属于(　　)(常考)
A. 复述策略　B. 资源管理策略　C. 组织策略　D. 精加工策略

20. 在学习过程中,学习者采用在主题句下画线的方法帮助自己学习,这种学习策略属于(　　)
A. 组织策略　B. 精加工策略　C. 资源管理策略　D. 复述策略

21. 为了更好地帮助学生学习,教师用逻辑关系图对课本知识进行了总结。这属于组织策略中的(　　)
A. 记忆术　B. 生成性学习　C. 归类策略　D. 纲要策略

22. 学习者在头脑中创建一幅熟悉的场景，在其中确立一条明确的路线，并在其上确定一些特定的点，回忆时按这条路线上的各个点提取所记的项目位置。这种记忆法属于(　　)

A. 复述策略　B. 精加工策略　C. 组织策略　D. 元认知策略

23. 在教学中注重培养学生的自信心，使学生认为自己可以完全正确地默写一首古诗。这体现了(　　)

A. 主体性原则　B. 个人效能感原则

C. 有效监控原则　D. 特定性原则

24. 一位语文老师在教学生们学习"鼠"字时，告诉同学们"鼠"就像一只小老鼠，上面的"臼"是老鼠的脸，下面的部分是老鼠的牙齿，用这样的方式来帮助同学们记忆。该语文老师运用的方法是(　　)

A. 首字联词法　B. 谐音联想法　C. 视觉想象法　D. 位置记忆法

25. 下列关于学习策略的说法，不正确的一项是(　　)(易错)

A. 凡是有助于提高学习效果和效率的程序、规则、方法、技巧及调控方式均属于学习策略

B. 学习策略等于具体的学习方法，是学习方法的集合体

C. 学习策略不能与具体的学习方法截然分开，要借助具体的学习方法表现出来

D. 学习策略是调节如何学习、如何思考的高级认知能力，是会不会学习的标志

26. 在直接讲解策略之后，提供不同程度的完整性材料促使学生练习策略的某个成分或步骤，然后逐步降低完整性程度，直至由学生完成所有成分和步骤，这属于学习策略训练的(　　)

A. 指导教学模式　B. 程序化训练模式

C. 完形训练模式　D. 交互式教学模式

27. 在数学考试中遇到不会做的题时，我们会选择先跳过，然后继续做后面的题，最后集中时间思考不会做的题目。从学习策略来看，这属于(　　)

A. 计划策略　B. 组织策略　C. 调节策略　D. 精加工策略

28. 小美在学习英语的过程中，总是记不住单词，每次背下来的单词总会很快忘记，她为此深感苦恼。假如小美向你求助，你可以建议她采用(　　)，它是短时记忆的信息进入长时记忆的关键。

A. 元认知策略　B. 组织策略　C. 精加工策略　D. 复述策略

29. 学生小华为了记住"飞机""大树"等多个不相干的没有内在意义联系的词语，进行了联想："天空飞着一架银色的飞机，飞机突然撞到一棵大树上……"此例中，小华使用了(　　)

A. 内在联系策略　B. 形象联想法

C. 谐音联想法　D. 首字连词法

30. 学生孟某在记忆一次绝对值不等式的解集：$|x|>a, x<-a$ 或 $x>a$；$|x|<a, a>x>-a$ 这一知识点时，将其记作："大鱼取两边，小鱼取中间"。这种学习策略属于(　　)

A. 调节策略　B. 资源管理策略

C. 组织策略　D. 精加工策略

31. 根据加涅的学习层次理论，(　　)就是将活动的基本技能分解成若干有条理的小步骤，在其适宜的范围内作为固定程序。

A. 程序化训练　B. 交互式教学　C. 完形训练　D. 指导教学

32. 青青在背诵英语短文时，不断自我提问以检查背诵效果，随时采用修正策略，加快记忆。这属于(　　)

A. 精加工策略　B. 组织策略　C. 元认知策略　D. 资源管理策略

33. 庚子春爆发的新冠肺炎疫情，波及范围之广、传染性之强，对人们社会生活影响之大，历史罕见。为阻断疫情向校园蔓延，确保师生生命安全和身体健康，全国大中小学2020年春季学期延期开学。虽然延期期间要求"教师停课不停教、学生停课不停学"，但是有的学生能够正确认识疫情，调整心态，坚持学习不放松；有的则焦虑不已，怨天尤人，放松学习。从学习策略来看，这种现象更多地反映了学生的(　　)

A. 计划策略　B. 调节策略

C. 努力管理策略　D. 时间管理策略

二、多项选择题

1. 下列属于元认知计划策略的是(　　)(常考)

A. 产生待回答的问题　B. 阅读时对注意加以跟踪

C. 浏览阅读材料　D. 设置学习目标

2. 学习策略的训练要遵循的原则有(　　)

A. 内化性原则　B. 理论联系实际原则

C. 特定性原则　D. 生成性原则

3. 元认知由(　　)组成。

A. 元认知知识　B. 元认知体验　C. 元认知监控　D. 元认知反应

4. 管理学习时间时，学习者要注意(　　)

A. 高效利用最佳时间　B. 统筹安排大块时间

C. 充分利用零碎时间　D. 灵活利用零碎时间

5. 学生小强在学习英语单词"house"时，将单词用中文"耗子"标记起来帮助记忆，这是一种(　　)

A. 谐音联想法　B. 复述策略　C. 形象联想法　D. 精加工策略

6. 掌握学习策略对学生的发展与成长至关重要，学习策略的特点有(　　)

A. 主动性　B. 有效性　C. 过程性　D. 可控性

7. 下列属于资源管理策略的有(　　)(易错)

A. 时间管理策略　B. 环境管理策略

C. 努力管理策略　D. 学业求助策略

8. 下列叙述正确的是(　　)

A. 复述主要是死记硬背　B. 勾画、眉批、做笔记是一种认知策略

C. 不同学科所要求的学习策略可能会不同　D. 学习策略不是一般意义上的"教"就能教会的

9. 在复述过程中经常使用到的具体策略有(　　)

A. 及时复习　B. 集中复习和分散复习相结合

C. 多种形式的复习相结合　D. 多种感官协同记忆

三、判断选择题

1. 学生在解题过程中对题目浏览、测查、完成情况的监控及对答题速度的把握主要采用了元认知策略。

A. 正确　　B. 错误　　（　）

2. 精加工策略是一种比较常见的元认知策略。（　）

A. 正确　　B. 错误

3. 学习策略知识不是孤立的，不能脱离专门知识。（　）

A. 正确　　B. 错误

4. 精加工策略是在组织策略基础上的更高级的信息加工策略。（　）

A. 正确　　B. 错误

5. 学生阅读课文时能读出"言外之意"，说明他在运用组织策略。（　）

A. 正确　　B. 错误

四、填空题

1. 监控策略具体包括________、________、________。

2. 做笔记是阅读和听讲时常用的一种________策略，教师应注意讲慢一点、重复复杂的主题材料、在黑板上写出重要信息等。

3. 郑州以西的第一个大城市是"洛阳"，可以记成"从郑州西望夕阳西下"，就不会忘记这座城市叫"洛阳—落阳"了。这里运用的记忆术是________。

4. 在学习策略中，________是学习者信息加工的方法和技术，有助于有效地从记忆中提取信息。

五、判断说理题

学业求助策略是指学生学习能力不足时需要帮助。这种说法是否正确？请运用心理学知识加以说明。（易错）

六、简答题

1. 简述学业求助策略包括哪些方面。

2. 如何合理地对时间进行管理？（常考）

七、论述题

试述训练学习策略的教学模式。

真题精解

一、单项选择题

1. 学生解答几何难题后，对自己的解题思维进行反思、总结。其所采用的学习策略是（　）

A. 复述策略　　B. 组织策略　　C. 元认知策略　　D. 资源管理策略

2. 学生采用关键词法进行复习，这种做法属于（　）（常考）

A. 注意策略　　B. 复述策略　　C. 组织策略　　D. 精加工策略

3. 下列属于元认知策略的是（　）（常考）

A. 做笔记　　B. 列提纲

C. 设置学习目标　　D. 统筹安排学习时间

二、多项选择题

1. 下列选项中，属于认知策略的有（　）

A. 复述策略　　B. 组织策略　　C. 计划策略　　D. 精加工策略

2. 下列属于精加工策略的有（　）

A. 边复习边做笔记　　B. 用表格罗列主要观点

C. 统筹安排学习时间　　D. 把元素周期表编成口诀

三、填空题

迈克卡等人将复述策略、精加工策略和组织策略统称为________。

四、案例分析题

阅读材料，回答问题。

学习策略分享会上，学生们纷纷介绍了自己的学习方法。

学生一：在学习中，为了提高记忆效果，我常常采用画线的方式，以突出重点内容和关键部分。

学生二：我编过歌谣助力记忆。

学生三：复习时画出思维导图是我坚持做的，这样可以图解各种观点是如何相互联系的，并能形成记忆网络。

学生四：我的秘诀是预先制订学习目标，通过浏览阅读材料，分析该如何完成学习任务。

学生五：在遇到学习困难的时候，我经常向老师和同学请教。

问题：

结合材料分析这五位学生属于认知策略、元认知策略和资源管理策略中的哪种学习策略？

第二十二章　品德的形成

命题分析

［考查要点］

1. 理解品德的概念。
2. 掌握品德的四个心理结构。
3. 掌握皮亚杰的道德发展阶段论和科尔伯格的道德发展阶段论。
4. 识记中小学生品德发展的基本特征。
5. 掌握态度与品德形成的一般过程和影响条件。
6. 识记培养品德的措施。

［考查题型］

以选择、判断、填空等客观题为主。

基础训练

一、单项选择题

1. 在班级讨论会上，张老师与学生讨论环境污染的危害，使学生形成了"保护环境"的共识，并要求大家互相监督。这种品德培养的方法是(　　)

A. 树立榜样　　B. 价值解析　　C. 群体约定　　D. 有效说服

2. (　　)是衡量一个人道德品质的重要标志。

A. 道德认知　　B. 道德情感　　C. 道德意志　　D. 道德行为

3. 娇娇认为游戏规则是可以改变的，只要是大家共同约定的就可以。根据皮亚杰的道德发展阶段理论，娇娇的道德发展处于(　　)(易错)

A. 自我中心阶段　　B. 权威阶段

C. 可逆性阶段　　D. 公正阶段

4. "富贵不能淫，贫贱不能移，威武不能屈"反映了态度与品德形成过程的(　　)(常考)

A. 依从阶段　　B. 认同阶段　　C. 内化阶段　　D. 执行阶段

5. 小贾认为人们不应该容忍偷东西的行为，如果大家都不制止的话，社会就会变得很混乱。根据科尔伯格的道德发展阶段理论，小贾处于(　　)

A. 寻求认可取向阶段　　B. 遵守法规取向阶段

C. 普遍伦理取向阶段　　D. 社会契约取向阶段

6. 个体意识到不能依据单纯的、固定的规则来进行奖惩的判断，而应该考虑到具体情况的差异。这表明其道德发展到了(　　)阶段。

A. 自我中心　　B. 权威　　C. 可逆性　　D. 公正

7. 构成品德的基础是(　　)
A. 道德认知　B. 道德情感　C. 道德意志　D. 道德行为

8. 课间,阳阳在教室外的走廊上见到一张废纸,本想装作没有看见走过去,但发现冯老师正在不远处看着自己,于是他把废纸捡起来丢进垃圾桶。阳阳的行为表明其品德的形成正处于社会规范的(　　)阶段。
A. 信奉　B. 认同　C. 依从　D. 建立

9. 与依从相比,认同更深入一层,它不受外界压力的控制,行为具有一定的(　　)
A. 自觉性、主动性和稳定性　B. 积极性
C. 适应性和社会性　D. 内化性和意志性

10. 小林在一则新闻里看到一位母亲为了救患病的女儿去偷东西。小林认为这位母亲虽然是为了救女儿,但她偷别人东西这一行为是违法的,所以不该偷。这表明小林的道德判断发展到(　　)
A. 前习俗水平　B. 中习俗水平
C. 后习俗水平　D. 习俗水平

11. 奖励和惩罚作为外部调控手段,对个体道德的形成也起到一定的作用。下列描述错误的是(　　)(易错)
A. 给予奖励时要选择确定可以得到奖励的道德行为,如爱护公物、拾金不昧等
B. 给予奖励时应选择恰当的奖励物,并且要考虑个体的实际情况
C. 给予奖励时应强调外部奖励、物质奖励
D. 可以通过不许参加某种娱乐性活动的方式对个体施以惩罚

12. 开学之初,学生小恒下定决心要改掉自身的坏习惯,认真学习。起初,小恒成绩有了明显提升,但到了下学期期中阶段,小恒又出现了上课开小差、睡觉等现象,他向老师倾诉,他想改掉坏习惯,但他总是坚持不了。对小恒的教育应从(　　)着手。
A. 道德情感　B. 道德认知　C. 道德行为　D. 道德意志

13. 中学生小蔡因害怕被老师批评而遵守上课纪律。根据科尔伯格的道德认知发展阶段理论,小蔡的道德认知发展处于(　　)(常考)
A. 相对功利取向阶段　B. 服从与惩罚的道德定向阶段
C. 寻求认可取向阶段　D. 遵守法规取向阶段

14. 云丰是一个性格外向,爱耍"小聪明"的学生,凡事以自我为中心,很少顾及他人的感受。根据道德发展理论,云丰此时的道德发展最可能处于(　　)
A. 权威阶段　B. 公正阶段　C. 可逆性阶段　D. 自我中心阶段

15. "朝闻道,夕死可矣"强调的是(　　)
A. 道德认知　B. 道德情感　C. 道德意志　D. 道德行为

16. 下列不属于学生过错行为的是(　　)(常考)
A. 调皮捣蛋　B. 恶作剧
C. 考试作弊　D. 未经允许拿他人东西

17. 缺乏遵守纪律习惯的学生,在严格的老师面前也能遵守班级纪律,这种社会规范的接受属于(　　)
A. 模仿　B. 认同　C. 信奉　D. 依从

18. 由错误意识倾向或个性特点所产生的违反道德规范、损害他人利益的不良行为是(　　)
A. 过失型　B. 品德不良型　C. 攻击型　D. 压抑型

19. "狐假虎威""东施效颦"属于态度与品德的形成过程中的(　　)
A. 依从　B. 逆反　C. 内化　D. 认同

20. 品行不良的学生的转变要经历一个由量变到质变的过程。此过程包括(　　)(易混)
A. 醒悟、转变和自新　B. 清醒、自责和转变
C. 醒悟、自责和自新　D. 清醒、自责和自新

21. 想起岳飞、文天祥、刘胡兰等英雄人物,多半会唤起钦慕之情。这属于(　　)的道德情感。
A. 伦理　B. 想象　C. 直觉　D. 行为

22. (　　)提出了儿童道德发展的"三水平六阶段"理论。
A. 科尔伯格　B. 皮亚杰　C. 杜威　D. 班杜拉

23. 科尔伯格有关儿童道德判断发展的研究中,遵守法规取向阶段属于(　　)(常考)
A. 前习俗水平　B. 习俗水平　C. 中习俗水平　D. 后习俗水平

24. 小丽在跟伙伴们玩耍时,发现一名婴儿被反锁在了私家车内。面对该名婴儿的哭喊声,他们为该不该砸碎车窗、立刻救出婴儿而发生争执。最终小丽站出来说:"我们把车窗砸碎吧,为了救人砸坏车窗没有错!"根据皮亚杰的道德认知发展理论可知,小丽的道德认知最可能处于(　　)
A. 无律道德阶段　B. 契约道德阶段
C. 自律道德阶段　D. 他律道德阶段

25. 林浩每次做完好事,父母都会夸他是个好孩子,为了经常得到表扬,林浩总是积极主动地帮助他人。按照科尔伯格对道德发展阶段的划分,林浩此时处于(　　)
A. 前习俗水平　B. 习俗水平　C. 可逆性阶段　D. 公正阶段

26. 国家乒乓球队的健儿团结拼搏,为祖国和人民赢得金牌。这种爱国主义和集体主义情感属于(　　)
A. 伦理的道德情感　B. 想象的道德情感
C. 直觉的道德情感　D. 记忆的道德情感

27. 孟子曰:"故天将降大任于斯人也,必先苦其心志,劳其筋骨,饿其体肤,空乏其身,行拂乱其所为,所以动心忍性,曾益其所不能。"将孟子的这一思想运用到学生道德教育工作中,要求教师要格外重视(　　)的重要作用。
A. 道德认识　B. 道德情感　C. 道德意志　D. 道德行为

28. 在态度的形成过程中,个人在思想、情感、态度和行为上主动接受他人的影响,试图使自己的状态和行为与他人保持一致的现象叫作(　　)(易混)
A. 从众　B. 服从　C. 认同　D. 内化

29. 根据研究，品德发展的关键期是在(　　)

A. 初中二年级　　B. 初中三年级

C. 高中一年级　　D. 高中二年级

30. 皮亚杰认为，(　　)岁是儿童从他律道德向自律道德转化的分水岭。

A. 10　　B. 9　　C. 12　　D. 18

31. 道德判断只注重行为的客观效果，不关心主观动机，受自身以外的价值标准所支配，具有客体性。这种道德水平处于皮亚杰道德发展阶段论中的(　　)

A. 他律阶段　　B. 自律阶段　　C. 无律阶段　　D. 超自律阶段

32. 下面能反映个人道德行为的是(　　)(常考)

A. 他每天坚持把卧室打扫得干干净净　　B. 他总是烟酒不沾

C. 营业员不小心找错了钱，他主动退还　　D. 他有病也不去看医生

33. 良好行为习惯养成的关键期是(　　)

A. 幼儿阶段　　B. 小学阶段　　C. 初中阶段　　D. 高中阶段

34. 后习俗水平的特点是(　　)

A. 着眼于行为的具体结果及其与自己的利害关系

B. 着眼于社会的希望和要求

C. 着眼于正义和个人尊严

D. 着眼于法律的权威

35. 在科尔伯格有关儿童道德发展阶段的研究中，寻求认可取向阶段属于(　　)(常考)

A. 前习俗水平　　B. 习俗水平　　C. 后习俗水平　　D. 权威水平

36. 品德是个体依据一定的社会道德准则规范自己行动时表现出来的心理特征和倾向，它是(　　)

A. 比较不稳定的　　B. 受先天因素制约的

C. 时稳时变的　　D. 比较稳定的

37. 班长小博是班里许多同学的偶像，同学们都十分认同小博认真负责的态度和良好品德，许多同学还会主动去模仿小博的良好行为，试图与小博在态度和行为上保持一致，这体现了其他同学的态度与品德的形成处于(　　)阶段。

A. 依从　　B. 认同　　C. 内化　　D. 信奉

38. 对于那些“认识到拿人家东西不对，也为此而感到羞愧，但还是抵挡不住一些好东西的诱惑，从而出现了偷盗行为”的孩子，应加强对其(　　)的培养。

A. 道德认识　　B. 道德信念　　C. 道德情感　　D. 道德意志

39. 小刚帮妈妈洗碗，不小心打破了十个碗；小强偷吃冰箱里的零食，不小心打破了一个碗。小红认为，小强做得比小刚更好，因为他只打破了一个碗。这说明小红目前处于道德发展阶段中的(　　)

A. 自律阶段　　B. 他律阶段

C. 具体运算阶段　　D. 后习俗水平阶段

40. 在“海因茨偷药”的道德两难问题上，某儿童认为：“不管妻子过去对他好不好，他都要对妻子负责。为救妻子去偷药，只不过是做了丈夫该做的事。如果他不这样做，别人会骂他的。”根据科尔伯格道德认知发展阶段理论，该儿童道德判断的特点是(　　)

A. 以人际和谐或“好孩子”为定向　　B. 以良心或普遍原则为定向

C. 以惩罚与服从为定向　　D. 以法律的秩序为定向

41. 在影响品德学习的一般条件中，(　　)指的是个体由于过去的经验，对所面临的人或事可能会具有某种肯定或否定、趋向或回避、喜好或厌恶等内心倾向性，这种事先的心理准备或态度定势常常支配着人对事物的预料与评价，进而影响着是否接受有关的信息和接受的量。

A. 同伴群体　　B. 态度定势　　C. 道德认知　　D. 社会风气

二、多项选择题

1. 根据皮亚杰的道德认知发展理论，5～8岁的儿童对道德行为的判断是依据外在的标准。对此下列说法正确的有(　　)

A. 儿童认为规则是不变的，不理解规则是由人创造的

B. 评定是非时，非好即坏，非善即恶

C. 判断行为好坏的依据是后果的严重性，而不看主观动机

D. 把惩罚看作是改变人的行为的一种手段

2. 道德评价能力发展的一般过程包括(　　)

A. 从他律到自律　　B. 从片面到全面

C. 从律他到律己　　D. 从自律到他律

3. 道德情感从表现形式上看，主要包括(　　)

A. 直觉的道德情感　　B. 想象的道德情感

C. 伦理的道德情感　　D. 记忆的道德情感

4. 导致学生品行不良的主观原因有(　　)

A. 缺乏正确的道德观念和道德信念　　B. 道德意志薄弱，自控力不强

C. 不良行为习惯的作用　　D. 不良风气的作用

5. 态度与品德的发展经历的三个阶段是(　　)(常考)

A. 依从　　B. 认同　　C. 泛化　　D. 内化

6. 品德是由道德认识、道德情感、道德意志、道德行为等四个要素构成的综合体。下列关于四者关系的表述，正确的有(　　)

A. 道德认识是道德情感与道德行为的基础

B. 道德情感通过道德行为转化为道德认识

C. 道德行为维持着道德意志

D. 道德行为是衡量一个人道德好坏的客观标准

7. 科尔伯格提出的道德认知发展的三个水平是(　　)

A. 前习俗水平　　B. 习俗水平　　C. 中习俗水平　　D. 后习俗水平

8. 言语说服是中小学生良好品德培养的常用方法之一，而有效的说服方式包括(　　)

A. 有效地利用正反论据　　B. 导之以行和持之以恒

C. 以理服人和以情动人　　D. 考虑原有态度的特点，逐步提高要求

9. 影响态度与品德学习的内部条件有(　　)

A. 道德认知　　B. 价值辨析

C. 态度定势　　D. 认知失调

10. 关于小学生道德发展特点的描述，下面的说法正确的是(　　)

A. 10岁以下的儿童道德判断基本是受他自身以外的价值标准支配

B. 10岁以下的儿童认为规则(规范)是由权威人士(家长、教师)制定的，是不可改变的，要严格地遵守它们

C. 10岁以上的儿童基本处于自律道德发展阶段

D. 10岁以上的儿童认为判断一个行为的好坏不仅要看后果，也要看意向

11. 教师可以综合应用一些方法来帮助学生形成或改变态度与品德。常用的方法有(　　)

A. 言语说服　　B. 榜样示范

C. 群体约定　　D. 价值辨析

12. 学生的态度和品德特征与家庭的教养方式有密切联系，下列情形中孩子更容易产生不良敌对行为的有(　　)

A. 家长行为举止端正庄重　　B. 家庭中无人管教

C. 家长无原则地溺爱　　D. 家长严厉有余，爱抚不足

三、判断选择题

1. 品德的核心是道德认知。(　　)

A. 正确　　B. 错误

2. 皮亚杰认为，十岁以前，儿童的道德判断往往依据自己的内在标准，属于自律道德阶段。(　　)

A. 正确　　B. 错误

3. 人的品德一旦形成，将不再改变。(　　)

A. 正确　　B. 错误

四、填空题

1. 皮亚杰将儿童的道德发展主要概括为四个阶段，分别为自我中心阶段、权威阶段、________和公正阶段。

2. 瑞士心理学家皮亚杰是通过________法来研究儿童的道德发展的。

3. 引导个体利用理性思维和情绪体验来检查自己的行为模式，努力去发现自身的价值观并指导自己的道德行为的方法是________。

4. ________即在思想观点上与社会规范及其价值一致，将自己所认同的思想和自己原有的观点、信念融为一体，构成一个完整的价值体系。

五、判断说理题

1. 个体的道德认识与道德行为是一致的。这种说法是否正确？请运用心理学知识加以说明。

2. 认知失调是态度改变的先决条件。这种说法是否正确？请运用心理学知识加以说明。(常考)

六、简答题

1. 简述学生不良行为产生的原因。

2. 简述影响态度与品德学习的一般条件。(常考)

七、论述题

论述皮亚杰的道德发展阶段理论。

八、案例分析题

学生良好态度与品德的培养是一项较为复杂的任务，老师为了培养学生良好的态度和品德在A班开展"我为班级建言献策"活动。目的在于让A班学生能够切实参与到态度与品德的培养活动中。学生们经过激烈的讨论，最后总结出了以下四种观点：

观点一：我们可以运用言语来说服同学改变不良态度；

观点二：我们可以选举出一位道德模范，因为良好的品德可以通过观察、模仿榜样的行为而习得；

观点三：对有不良行为的同学可以给予适当的惩罚，对保持良好行为的同学可以给予适当的奖励；

观点四：我们可以一起制定规则，利用群体约定，规范大家的行为。

假如你是老师，请结合教学实际和相关理论知识帮助学生分析这四种观点是否可行。

真题精解

一、单项选择题

1."君子欲讷于言而敏于行"强调的品德因素是(　　)

A. 道德认识　B. 道德情感　C. 道德意志　D. 道德行为

2. 科尔伯格研究儿童道德发展所采用的方法是(　　)

A. 文献法　B. 对偶故事法　C. 角色扮演法　D. 两难故事法

二、判断选择题

根据科尔伯格的道德发展阶段理论，通过"做个好人"寻求认可的儿童属于前习俗水平。(　　)

A. 正确　B. 错误

三、填空题

学生品德由认知、情感、________和行为四个基本要素组成。

第二十三章　心理健康教育

命题分析

[考查要点]

1. 理解心理健康的概念和标准。
2. 识记心理辅导的目标。
3. 掌握并区分中小学生常见的心理问题。
4. 掌握影响中小学生行为改变的方法。

[考查题型]

以选择等客观题为主。

基础训练

一、单项选择题

1. 学生小李一到考试临近时，就紧张不安，难以集中注意力，还出现过度出汗、睡眠障碍等不适反应，这属于学生心理健康问题中的(　　)

A. 强迫症　B. 抑郁症　C. 焦虑症　D. 恐怖症

2. 小刚同学性格内向，平时不敢和老师交流，学习上遇到问题也没勇气向老师求教。一次偶然的机会，他向李老师请教了一个问题，李老师耐心解答，并对他的行为给予了表扬，从此小刚逐渐地学会了主动与老师交流。李老师改变小刚的方法属于(　　)

A. 自我控制法　B. 系统脱敏法　C. 全身松弛法　D. 强化法

3. 心理咨询与辅导的基本方法是(　　)

A. 会谈　B. 心理训练　C. 心理测验　D. 理性情绪疗法

4. 亮亮害怕上学，一进校门就惶恐不安，千方百计地逃学旷课，其心理问题属于(　　)

A. 学校恐惧症　B. 过度焦虑反应

C. 学习困难综合征　D. 厌学症

5. 儿童厌学症的主要表现是(　　)(常考)

A. 缺乏学习技能　B. 过度焦虑　C. 注意力缺陷　D. 对学习不感兴趣

6. 小青认为做事应该尽善尽美，绝不允许出现任何差错，因而平时稍有失误就极度焦虑，老师通过认知偏差来帮助她克服这种焦虑。这种心理疏导方法是(　　)

A. 强化法　B. 系统脱敏法　C. 消退法　D. 合理情绪疗法

7. 某学生怕猫，先和他谈论猫，给他看猫的图片，再让他远看关着或者拴着的猫，最后让他接近猫，摸猫甚至抱起猫。这一影响学生行为改变的方法称为(　　)

A. 系统脱敏法　B. 自我控制法　C. 肯定性训练　D. 示范法

8. 根据艾利斯的ABC理论，人的不合理观念常常具有绝对化的要求、过分概括的评价及糟糕至极的结果三个特征。下列说法体现了“绝对化要求”的是(　　)

A.“我没考上大学，一切都完了”

B.“我这次考试一定要考年级第一”

C.“在全校师生面前演讲时忘词是一件非常可怕的事”

D.“如果我这次考试失败了，那我的整个人生就没有希望了”

9. 某学生在与他人谈话时缺乏自信，于是老师用角色扮演的方式来增强他的自信心。这属于(　　)

A. 肯定性训练　B. 来访者中心疗法

C. 系统脱敏法　D. 示范法

10. 下列有关心理健康的说法，正确的是(　　)

A. 焦虑症是一种精神疾病，焦虑对人的心理健康没有好处

B. 各国对心理健康的标准具有明确的界定

C. 心理健康与不健康之间并没有明确的界限

D. 心理健康的状态是客观的、不变的

11. 心理健康至少包含两层含义：一是无心理疾病；二是(　　)

A. 智力发育正常　B. 自我意识正确

C. 人际关系协调　D. 有积极发展的心理状态

12. 心理健康表现为个人具有生命的活力，积极的内心体验和良好的(　　)

A. 精神面貌　B. 社会化人格

C. 社会适应能力　D. 精神状态

13. 小林总觉得自己的手很脏，于是经常连续不断地洗手，为此他耗费了大量时间。小林的这种表现属于心理障碍中的(　　)

A. 恐怖症　B. 抑郁症　C. 强迫症　D. 焦虑症

14. 儿童多动症是小学生中常见的一种以注意力缺陷、活动过度和好冲动为主要特征的综合性障碍，其高峰发病年龄在(　　)(易混)

A. 3～5岁　B. 5～7岁　C. 8～10岁　D. 12～13岁

15. 学校心理辅导的目标有两个方面，一是学会调适，二是(　　)(常考)

A. 促进健康　B. 预防危机　C. 寻求发展　D. 学会适应

16. 学生性格过分内向，害怕在社交场合说话，觉得自己说话不自然，说话时不敢抬头，不敢正视对方的眼睛。这属于(　　)(常考)

A. 嫉妒心理　B. 抑郁状态

C. 强迫行为　D. 社交恐惧

17. 小雪最近情绪低落，思维迟缓，活动减少，容易自我否定，甚至有自杀的冲动，她的问题可能是(　　)

A. 强迫症　B. 焦虑症　C. 恐怖症　D. 抑郁症

18. 当学生做出我们所期待的良好行为时，教师发给他小红花、小奖励等作为强化物。这种影响行为改变的方法叫(　　)

A. 示范法　B. 行为塑造法

C. 自我控制法　D. 代币奖励法

19. 小元经常无故感到紧张不安，对现实生活中的小问题过分担忧或烦恼。比如说，妈妈在切菜的时候，他经常觉得菜刀会掉地上伤到妈妈，并因此感到心神不宁，而实际上这种状况从来都没有出现过。小元最有可能患有(　　)

A. 强迫症　B. 恐惧症　C. 焦虑症　D. 抑郁症

20. 下列属于考试焦虑症的特征的是(　　)

A. 动机缺失、被动、缺少热情　B. 躯体上疲劳、失眠、食欲不振

C. 紧张不安、忧心忡忡、集中注意力困难　D. 对学习、工作异常负责，但又十分拘泥

21. 小明总觉得自己没带课本，上学之前常常会反复检查书包。他的这种行为属于(　　)

A. 强迫行为　B. 强迫观念　C. 强迫恐惧　D. 焦虑

22. 学习困难的学生在记忆方面的最大障碍集中在(　　)

A. 短时记忆方面　B. 长时记忆方面

C. 感觉记忆方面　D. 记忆监控方面

23. 为了使小莉形成努力学习的好习惯，小莉每次认真听讲、积极回答问题、认真完成作业后，张老师都会表扬小莉，慢慢地小莉养成了良好的学习习惯。张老师采用的方法是(　　)

A. 系统脱敏法　B. 行为塑造法

C. 代币奖励法　D. 自我控制法

24. 一名小学生，上课不敢主动举手回答问题，一旦当他主动举手回答问题时，教师就给予表扬、鼓励，渐渐地他养成了勇于举手回答问题的行为方式。在这个过程中，教师采用了(　　)

A. 示范法　B. 行为塑造法　C. 惩罚法　D. 强化法

二、多项选择题

1. 某学校面向全体学生制订心理健康教育计划，将心理教育工作与德智体美劳相结合，采用丰富多彩的活动方式对学生进行心理健康教育，充分调动了学生在心理健康活动中的积极性和主动性，学生对学校的心理健康教育工作评价很高，认为学校提供的平台让他们有所收获。这所学校的心理健康教育体现了(　　)

A. 保密性原则　B. 全体性原则

C. 主体性原则　D. 整合性原则

2. 下列属于行为改变的基本方法的有(　　)(常考)

A. 系统脱敏法　B. 强化法　C. 认知调节法　D. 惩罚法

3. 针对有心理障碍的学生而言，心理健康教育的任务是(　　)

A. 预防学生的心理障碍　B. 排除学生的心理障碍

C. 预防心理疾病的发生　D. 提高学生的心理健康水平

4. 在理解与把握心理健康的标准时，应考虑(　　)

A. 判断时应兼顾内部协调与对外良好适应两个方面

B. 心理健康概念具有相对性

C. 心理健康是一个社会评价问题

D. 心理健康是一种状态，也是一个过程

5. 关于学困生的记忆特点，下列说法正确的有(　　)

A. 情绪记忆比较突出，且常有亢进表现　　B. 长时记忆中语义编码困难

C. 偏向于运动动作记忆　　D. 逻辑型记忆发展较显著，非逻辑记忆较差

6. 以下属于学校心理健康教育范畴的是(　　)

A. 心理健康课　　B. 个别心理咨询

C. 课堂教学渗透　　D. 学科知识竞赛

7. 中小学心理健康教育的总目标是(　　)

A. 提高全体学生的心理素质　　B. 培养学生乐观、向上的心态

C. 充分开发学生的潜能　　D. 促进学生人格的健全发展

8. 学校心理健康教育应遵循的原则有(　　)

A. 尊重与理解原则　　B. 个别对待原则

C. 学生主体性原则　　D. 面向全体原则

三、判断选择题

1. 心理评估是有针对性地进行心理健康教育的依据，是检验心理健康教育效果的手段。(　　)

A. 正确　　B. 错误

2. 只有存在心理障碍或心理问题的学生才需要心理健康教育。(　　)

A. 正确　　B. 错误

3. 心理健康就是没有心理疾病。(常考)(　　)

A. 正确　　B. 错误

4. 学习困难的学生泛指由智力落后造成的学习成绩低下的学生。(　　)

A. 正确　　B. 错误

5. 心理健康有高低层次之分。(　　)

A. 正确　　B. 错误

6. 心理健康的人乐观开朗，热爱生活，积极向上，总能保持良好的心态，而不会产生消极的情绪。(　　)

A. 正确　　B. 错误

四、填空题

1. ________，临床上是指由于患者对互联网过度依赖而导致的一种心理异常症状以及伴随的一种生理性不适。

2. 判断一个人的心理健康状况时，应兼顾个体________两个方面。

3. ________是学生心理健康教育的主要场所。

4. 心理健康教育的总目标是：提高全体学生的心理素质，充分开发他们的潜能，培养学生乐观、向上的心理品质，促进学生________。

5. ________是通过改变肌肉紧张，减轻肌肉紧张引起的酸痛，以应对情绪上的紧张、不安、焦虑和气愤。

6. ________的目的是促进个人在人际关系中公开表达自己真实的情感和观点，维护自己的权益也尊重别人的权益，发展人的自我肯定行为。

7. ________是由于人为因素所造成的儿童厌恶学习的一系列症状。

8. ________是对特定的无实际危害的事物与场景的非理性的惧怕。

五、判断说理题

1. 学校开设心理健康教育课程只会增加学生的课业负担。这种说法是否正确？请运用心理学知识加以说明。(常考)

2. 心理不健康就是有不健康的心理和行为。这种说法是否正确？请运用心理学知识加以说明。

六、简答题

简要说明合理情绪疗法。(常考)

七、论述题

试述考试焦虑症的含义及治疗方法。(常考)

真题精解

单项选择题

学校心理健康教育的最主要途径是(　　)

A. 心理危机干预　　B. 个别心理咨询

C. 心理辅导课程　　D. 大型户外团体活动

第二十四章　课堂管理

命题分析

[考查要点]

1. 识记课堂管理的概念和功能。
2. 掌握影响课堂管理的因素。
3. 掌握课堂管理的四个阶段。
4. 识记课堂管理的目标。
5. 理解和掌握处理纪律问题的策略。

[考查题型]

以选择等客观题为主。

基础训练

一、单项选择题

1. 教师的(　　)对课堂管理有直接的影响。

A. 人格　　B. 语言表达能力

C. 领导风格　　D. 知识结构

2. 作为教学的一部分，课堂管理能够教给学生一些行为准则，并促使学生的行为从他律到自律的转变，这说明课堂管理具有(　　)

A. 维持功能　　B. 缓冲功能　　C. 发展功能　　D. 解释功能

3. 分配学生座位时，教师最值得关心的是(　　)(易错)

A. 对课堂纪律的影响　　B. 学生的听课效果

C. 后进生的感受　　D. 对人际关系的影响

4. 课堂管理就是指教师通过协调课堂内的各种(　　)而有效地实现预定教学目标的过程。

A. 人际关系　　B. 教学方式

C. 环境关系　　D. 能力资源

5. 学生自发组成的航模、象棋兴趣小组的纪律，主要属于(　　)

A. 任务促成的纪律　　B. 集体促成的纪律

C. 教师促成的纪律　　D. 自我促成的纪律

6. 小敏刚刚来到一个新班级，看到班上的同学每次上课前都会提前把课本拿出来翻看，小敏便认为自己也需要这样做，于是小敏在上课前也会提前翻看课本。在这种情况下，小敏遵循的纪律属于(　　)的纪律。

A. 教师促成　　B. 集体促成　　C. 任务促成　　D. 自我促成

7.(　　)是课堂纪律管理的最终目标,也是学生成熟水平提高的标志。

A. 集体促成的纪律　　B. 任务促成的纪律

C. 教师促成的纪律　　D. 自我促成的纪律

8. 关于班级的大小对课堂管理的影响,下列说法正确的是(　　)

A. 班级的大小决定了课堂管理的成功与否

B. 班级的大小是影响课堂管理的一个微弱因素

C. 班级的大小是影响课堂管理的一个重要因素

D. 班级的大小对课堂管理基本没影响

9. 李老师在课前宣布:"今天讲的课非常重要,讲完后当堂进行测验。"随后学生们精神抖擞,全神贯注地投入听课,课堂秩序井然。这种情况形成的纪律属于(　　)(常考)

A. 自我促成的纪律　　B. 任务促成的纪律

C. 规则促成的纪律　　D. 集体促成的纪律

10. 教师在处理课堂纪律时,常使用目光接触、手势、身体靠近和触摸等方式来消除学生的不良行为,该老师使用的方式属于(　　)

A. 应用后果　　B. 言语提示

C. 反复提示　　D. 非言语线索

11. 课堂上某种占优势地位的态度与情感的综合状态被称为(　　)

A. 集体凝聚力　　B. 课堂规范

C. 群体约定　　D. 课堂气氛

12. 某堂课上,有两名学生一直在交头接耳、窃窃私语,教师多次通过眼神暗示提醒,他们依然没有改正。根据课堂纪律管理中的"最小干预"原则,这时教师采取下列哪种处置方式最为恰当(　　)

A. 有意忽视　　B. 暂时隔离

C. 剥夺奖励或进行惩罚　　D. 言语提示

13. 课堂上,学生不再取悦老师而是取悦同伴,有些学生甚至开始检验和否定权威。最常表现出这种行为的学生始于(　　)(易混)

A. 小学低年级和中年级阶段　　B. 小学中年级和高年级阶段

C. 小学高年级和初中阶段　　D. 初中和高中阶段

14. 杨老师是五班的英语老师,在他上课时,教室里吵闹声不断,学生有的说话打闹,有的在教室里随意走动。因此,他不得不中断讲课进程来维持课堂秩序。这属于(　　)课堂气氛。

A. 积极的　　B. 消极的

C. 对抗的　　D. 游离的

15. 下列选项中,常常被用来改善个别学生在课堂上的捣乱行为,也可用于整个捣乱班级行为矫正的最有效方法是(　　)(易混)

A. 以家庭为背景的强化　　B. 个人日志卡

C. 整班代币强化　　D. 集体绩效系统

16. 课堂管理始终制约着教学和评价的有效进行,具有(　　)

A. 维持动机作用　　B. 促进和维持功能

C. 思想教育作用　　D. 培养纪律功能

17. 张老师平时上课喜欢扫视班上的学生。喜欢与学生保持目光接触,这样学生就会感觉自己被他盯着而不敢开小差。张老师的行为属于课堂上预防不良行为中的(　　)

A. 明察秋毫　　B. 一心多用

C. 关注局部　　D. 转换管理

18. 某课堂上,学生将注意力指向与课程内容无关的对象,不信任老师所教授的内容,随意插嘴,老师为了维持课堂纪律而被迫中断教学。该课堂心理气氛属于(　　)

A. 防卫型　　B. 积极型

C. 对抗型　　D. 消极型

二、多项选择题

1. 下列属于课堂情境结构的有(　　)(易混)

A. 建立课堂常规　　B. 控制班级规模

C. 规划教学过程　　D. 合理利用教学时间

2. 课堂管理具有(　　)

A. 启动功能　　B. 维持功能

C. 促进功能　　D. 发展功能

3. 影响课堂管理的因素有(　　)

A. 教师的领导风格　　B. 班级规模

C. 班级的性质　　D. 学校的规章

4.(　　)是课堂的要素。

A. 学习情境　　B. 学生　　C. 学习过程　　D. 教师

5. 下列选项中,一般适用于个体学生的实用行为分析程序的是(　　)

A. 以家庭为基础的强化策略　　B. 个人日志卡

C. 整班代币强化　　D. 集体绩效系统

6. 科宁认为从哪些方面入手可以很好地预防问题(　　)

A. 明察秋毫　　B. 一心多用

C. 关注整体　　D. 转换管理

7. 任务促成的纪律,是指由于某一特定任务的需要而提出的纪律要求。下列选项中体现了任务促成的纪律的有(　　)

A. 为了顺利通过新课后的当堂测试而认真听讲

B. 以在小组讨论中提出他人认可的观点为目标而认真学习

C. 因注重自己在老师心目中的形象而自觉遵守课堂纪律

D. 老师让同学们以"让其他同学喜欢或接纳自己"为行为准则

三、判断选择题

1. 有效的课堂管理能够提高学生的参与度，减少破坏性行为，增加教学时间的使用效率，并最终提高学生的学业成就。（　）

A. 正确　　B. 错误

2. 学生座位的分配，一方面要考虑课堂行为的有效控制，预防纪律问题的发生；另一方面又要考虑促进学生间的正常交往，形成和谐的师生关系。（　）

A. 正确　　B. 错误

四、填空题

1. 课堂规则和程序的设计步骤为：确定所期望的学生行为；把期望转化成规则和程序；________。

2. ________是指在讲演和讨论期间，老师用来鼓励学生保持注意力的提问方法。

3. 花在维持学生纪律上的时间量与学生的成绩具有________。

4. 课堂管理的基本功能是________功能。

5. 课堂不良行为最常见的强化物一般有________和逃避不愉快的状态或活动。

五、判断说理题

1. 班级越大，成员间相互交往的频率就越低，对课堂管理技能的要求也就越高。这种说法是否正确？请运用心理学知识加以说明。

2. 有效的课堂规则是由教师建立的。这种说法是否正确？请运用心理学知识加以说明。（易错）

六、简答题

1. 简述维持课堂纪律的策略。（常考）

2. 简述课堂中常用的处理典型纪律问题的策略。

真题精解

单项选择题

下列关于课堂管理目标的描述，正确的是（　）

①课堂的一切由教师做决定　　②争取更多的时间用于学习

③争取更多的学生投入学习　　④帮助学生形成自我管理的能力

A. ①②③　　B. ②③④　　C. ①②④　　D. ①③④

第二部分　模拟试卷

福建省教师招聘考试教育综合模拟试卷(一)

(满分150分　时间120分钟)

一、单项选择题(在下列每题四个选项中只有一个是符合题意的,将其选出并把它的标号写在题后的括号内,本大题共25小题,每小题2分,共50分)

1. 国家实行(　　)制度。中国公民凡遵守宪法和法律,热爱教育事业,具有良好的思想品德,具备本法规定的学历或者经国家教师资格考试合格,有教育教学能力,经认定合格的,可以取得教师资格。
A. 教师资格　B. 教师竞聘上岗　C. 教师选拔　D. 教师淘汰
2. 某初中为提高生源质量,自行组织入学考试,实行跨学区招生。该校的做法(　　)
A. 合法,学校有招收学生的权利　B. 合法,学校有自主办学的权利
C. 不合法,违反了尊重学生人格的规定　D. 不合法,违反了免试就近入学的规定
3. “从做中学”是杜威提出的教学方法。这是一种经验的方法、思维的方法和探究的方法。这种探究的五个步骤即五步探究教学法,其第一步是(　　)
A. 创设疑难情境　B. 确定疑难所在
C. 提出解决问题的种种假设　D. 验证假设
4. 美国是一个移民国家,学校的学生来自不同的种族与家庭,通过接受系统的学校教育,学生掌握现代文化知识,建立独特的族群和阶层文化,社会也因此充满生机与活力。这主要体现了教育的(　　)
A. 经济功能　B. 文化功能　C. 人口功能　D. 政治功能
5. 提出“染于苍则苍,染于黄则黄”的是我国古代教育家(　　)
A. 孟子　B. 墨子　C. 荀子　D. 老子
6. 教育与人类社会共存亡、同始终。这说明教育具有(　　)
A. 历史性　B. 阶级性　C. 永恒性　D. 相对独立性
7. 老师采取画小星星、贴笑脸等方式鼓励学生的德育方法是(　　)
A. 品德评价法　B. 榜样示范法　C. 陶冶教育法　D. 实际锻炼法
8. 学校体育最为基本的组织形式是(　　)
A. 早操、课间操　B. 体育课　C. 体育竞赛　D. 学生自觉锻炼
9. 先天失明的人很难成为画家,天生体弱的人很难成为运动健将,这表明(　　)
A. 遗传素质是人身心发展的前提
B. 遗传素质的成熟程度制约人的身心发展
C. 遗传素质具有可塑性,可以决定人的身心发展
D. 遗传素质本身可以随着环境和人类实践活动的改变而改变
10. 王老师通过制定和执行班规来管理班级活动,班级各项工作有条不紊。王老师的做法体现了(　　)
A. 目标管理　B. 常规管理　C. 民主管理　D. 平行管理
11. 小明对“为什么偷东西是不对的”这一问题的回答是“被抓住会挨打”,由此可以判断其道德认识发展处于(　　)
A. 前习俗水平　B. 习俗水平
C. 后习俗水平　D. 超习俗水平
12. 关于情绪和情感的描述,下列说法不正确的是(　　)
A. 情感与生理需要是否满足相联系,是人和动物共有的
B. 情感依赖于情绪,具有稳定性、深刻性
C. 情绪是情感的外在表现,情感是情绪的本质内容
D. 情绪具有外显性、冲动性,而情感具有内隐性
13. 教师怎样对待学生,取决于教师怎样看待学生,尤其是怎样理解学生与教师的关系。这就是老师的(　　)
A. 学生观　B. 价值观　C. 发展观　D. 教育观
14. 毛泽东同志说:“思想政治工作,各个部门都要负责任。共产党应该管,青年团应该管,政府主管部门应该管,学校校长教师更应该管。”这句话体现的德育原则是(　　)
A. 正面教育与纪律约束相结合原则　B. 严格要求与尊重信任相结合原则
C. 教育影响的一致性和连贯性原则　D. 发扬积极因素、克服消极因素原则
15. 在良好的环境中,有的人没有什么成就,甚至走向与环境所要求的相反的道路;在恶劣的环境中,有的人却“出淤泥而不染”。这种现象说明(　　)
A. 人的发展不受环境的影响
B. 人们受环境的影响不是消极被动的,而是积极能动的实践过程
C. 好的环境不利于人的发展,坏的环境对人的发展有利
D. 人是环境的奴隶,个人发展是好是坏,完全由环境决定
16. 可可帮助同桌辅导作业后,感到非常开心。这种情感属于(　　)
A. 幸福感　B. 美感　C. 理智感　D. 道德感
17. 有目的、有计划地对处于自然状态下的研究对象进行研究的方法是(　　)
A. 观察研究法　B. 案例法
C. 实验法　D. 调查法
18. 在学习的成败归因的各种因素中,对学习动机的激励作用最大的是(　　)
A. 运气好坏　B. 能力高低　C. 任务难度　D. 努力程度
19. 马斯洛需要层次理论说明,在某种程度上学生缺乏学习动机可能是由于某种(　　)需要没有得到充分满足。
A. 自我实现　B. 高级　C. 缺失性　D. 成长性

20. 做事没有明确的目的，也不做周密的计划，而且缺乏主见，人云亦云。这是由于缺乏意志的(　　)品质。

A. 自觉性　　B. 果断性　　C. 坚持性　　D. 自制性

21. 下列关于心理发展的说法，不正确的是(　　)

A. 埃里克森认为人格的发展受人类实践活动过程的影响和制约

B. 霍尔认为个体心理发展是人类进化过程的简单重复，是由种系发展决定的

C. 教育是个体在心理发展过程中所接受的来自环境方面的最主要的影响，在心理发展中起主导作用

D. 皮亚杰认为个体在平衡与不平衡的交替过程中不断建构和完善认知结构，从而实现认知发展

22. 儿童通过学习，可以用"香蕉"或"banana"来代表他所看到的具体的香蕉。这种学习属于(　　)

A. 符号学习　　B. 辨别学习　　C. 概念学习　　D. 命题学习

23. 儿童在某一时期会觉得世界上所有的事物都是有生命的。不小心撞到了椅子，会小心翼翼地把椅子扶起来，并且摸着椅子自言自语："不痛不痛，伤口快好。"打碎杯子，会可怜兮兮地问妈妈："妈妈，杯子死掉了吗？"根据皮亚杰的发展理论，儿童可能处于(　　)(常考)

A. 感知运动阶段　　B. 前运算阶段

C. 具体运算阶段　　D. 形式运算阶段

24. 在讲授《认识我们身边的植物和动物》一课时，孙老师带领学生们深入校园，分组观察校园里不同的植物。有的观察教学楼旁的花，有的观察操场后的大树，有的观察图书馆旁的草坪，同学们认真又积极。随后，孙老师让同学们组成学习小组，分享自己的观察结果。孙老师的教学体现的教育理论观点属于(　　)

A. 联结主义　　B. 行为主义　　C. 建构主义　　D. 认知主义

25. 测验是学生认知学习评价的重要手段，关于测验的效度和信度，下列说法有误的是(　　)

A. 信度是指测验结果的可靠性或一致性的程度

B. 效度是指测验结果的准确性或有效性的程度

C. 信度和效度是编制测验必须考虑的最基本要素

D. 一个有高效度的测验，不一定是有信度的测验

二、多项选择题(在下列每题四个选项中有两个或两个以上是符合题意的，将其选出并把它的标号写在题后的括号内，错选、多选、漏选均不得分。本大题共10小题，每小题2分，共20分)

26. 教育是有目的地培养人的活动，下列能体现教育对人的发展起主导作用的是(　　)(易混)

A. 不经一番寒彻骨，怎得梅花扑鼻香　　B. 性相近，习相远

C. 植物的形成由于栽培，人的形成由于教育　　D. 建国君民，教学为先

27. 下列表述中，体现对教师能力素养要求的是(　　)

A. "要使学生获得一点知识的亮光，教师应吸进整个光的海洋"

B. 教师应"既知教之所由兴，又知教之所由废"

C. 教师语言表达要做到"生动、形象、具有启发性"

D. 教师应注意课堂教学中的自我监控与课后的自我反思

28. 某高中地理老师正在给学生讲解"对流雨""锋面雨"和"地形雨"，突然有同学举手提问："老师，窗外正下着的雨属于三种中的哪一种呢？"老师对这突如其来的发问似乎并未做好准备，草草搪塞过去。过后也并未就该学生提出的问题给予回应。该老师的课堂教学违背的教学原则主要有(　　)

A. 理论联系实际原则　　B. 循序渐进原则

C. 量力性原则　　D. 因材施教原则

29. 下列目标中属于能力目标的有(　　)

A. 学生能够背诵整首儿歌

B. 学生能够用手指作画

C. 学生能从文章中联想祖国的大好河山，激发学生对祖国的热爱

D. 学生能够把两个数字相加，得出正确答案

30. 了解和研究学生是班主任工作的内容之一，下列描述能反映中等生特点的是(　　)(常考)

A. 自尊心和竞争意识强　　B. 信心不足

C. 不适度的自尊心，意志力薄弱　　D. 表现欲不强

31. 昔时孟母为有利孩子的成长择其善邻而三迁其居，生动地反映了人们对社会环境的重视。预防未成年人犯罪法把净化社会环境、减少不良因素侵蚀作为预防未成年人犯罪的重要任务，这是基于未成年人具有(　　)的特点。

A. 好模仿　　B. 自制力差　　C. 可塑性强　　D. 思想成熟

32. 下列关于耶克斯—多德森定律的说法，错误的是(　　)

A. 动机强度和学习效率之间是线性关系

B. 学习任务比较简单时，学习动机强度较高，可达到最佳水平

C. 学习动机的强度越高，说明学习积极性越高，效率越好

D. 学习任务比较困难时，学习动机强度较低，可达到最佳水平

33. 课堂上，老师发现王雪和小明正在说悄悄话，根本没有听讲，于是点名让王雪站起来回答问题，结果王雪回答正确。下课后，小明对王雪说："你好厉害，没听都能答对。"王雪回答道："我只是运气好罢了，老师问的问题我恰巧会而已。"材料中王雪的归因属于(　　)

A. 内归因　　B. 外归因　　C. 稳定性归因　　D. 不稳定性归因

34. 课堂纪律的类型包括(　　)

A. 教师促成的纪律　　B. 集体促成的纪律

C. 自我促成的纪律　　D. 任务促成的纪律

35. 不同认知风格的学生在解决问题方面具有不同的表现。下列表现中，(　　)更符合沉思型学生。

A. 解决问题速度慢但错误少

B. 在解决高层次问题中成绩更好

C. 解决问题速度快且错误少

D. 在运用低层次事实性信息的问题解决中更占优势

三、填空题(本大题共15小题,每小题1分,共15分)

36. 根据《中华人民共和国教育法》第二十六条规定,国家举办学校及其他教育机构,应当坚持________的原则。

37. 根据《中华人民共和国教师法》第五条规定,________主管全国的教师工作。

38. ________是素质教育的核心,它是教育对知识经济向人才培养提出挑战的回应。(易混)

39. 耶克斯—多德森定律表明,随着任务难度的增加,动机的最佳水平有逐渐________的趋势。(常考)

40. 在影响人发展的众多因素中,个体的________是影响人发展的内在动力。

41. 习近平总书记号召全国广大教师做"四有"好老师,即有理想信念、有道德情操、有扎实学识、________。

42. ________被称为"近代实验科学鼻祖"。

43. 德育途径是指学校教育者对学生实施德育时可供选择和利用的渠道,又称为________。

44. 学生和老师在人格上是________的关系。

45. 学校对有不良行为的未成年学生,应当加强管理教育,________。

46. 在识记的分类中,"潜移默化"是指一些良好的素质可以通过________获得。

47. ________是指注意保持在某一对象或某一活动上的时间长短特性。

48. 指导学生读书,包括指导学生阅读教科书和________两个方面。

49. ________是形成各种操作技能所不可缺少的关键环节。(常考)

50. 将所有可能的针对问题解决的方法都一一列举出来并进行尝试,直到最终从根本上解决问题的策略是________。

四、判断说理题(本大题共3小题,每小题5分,共15分)

51. 讲授法很难关注学生的个别差异,不利于学生主动探究能力的培养,是一种注入式、灌输式教学。这种说法是否正确?请运用教育学知识并结合实际加以说明。

52. 长时记忆的保持量只会减少,不会增加。这种说法是否正确?请运用心理学知识加以说明。

53. 简要地说,智力就是指学生的聪明程度。这种说法是否正确?请运用心理学知识加以说明。

五、材料分析题(本大题共5小题,其中第54小题7分,第55小题10分,第56小题12分,第57小题10分,第58题11分,共50分)

54. 阅读材料,回答问题。

张老师在初中教授历史课,他已经从教30年了,一直兢兢业业,深受学生们的爱戴。学生们都认为张老师的课讲得很认真,同事们也评价他是一位勤勤恳恳的老实人。他每天都要给4、5个班上课,因为年龄较大,学校就没有给他安排班主任的工作。有一次课上,他正在讲授秦代的历史,一个坐在教室前排的女生突然说自己头疼,想回宿舍休息。张老师看了看,也觉得这个学生确实身体不舒服,就让她独自离开教室回宿舍休息去了。然后,张老师继续上课,课堂也没有受到什么影响。下课后,张老师没有跟任何人提起此事。

问题:请从教师职业道德规范的角度,评价张老师的行为。(7分)

55. 阅读材料,回答问题。

材料一:2020年10月17日,第十三届全国人民代表大会常务委员会第二十二次会议表决通过了修订后的一部法律。修订后的这部法律新增了"网络保护""政府保护"两章,在强化家庭监护的责任,加强未成年人网络保护等方面,亮点颇多。七年级学生小刚个子矮小,学习成绩不理想,经常被同学嘲笑。他感到非常孤单、寂寞、无聊,便开始沉迷网络。班主任王老师得知情况后,召开班会,号召同学之间要团结友爱,互相关心,互相帮助,并找到小刚的父母一起和他谈心,劝说他走出网络,专心学习。在王老师和同学们的帮助下,小刚变得活泼开朗起来,成绩也不断提高。

材料二:初二学生李某不喜欢物理课,一次物理课上,他趁班主任王老师不注意,溜出教室,而年老体弱的门卫无力阻拦他跑出校门。李某进入了与学校一巷之隔的网吧,受社会不良青年柯某的教唆,在网上参与赌博。王老师对此非常气愤,向学校建议开除李某,校方没有同意,要求班主任对李某进行耐心教育。

问题:

(1)请写出材料一中这部法律的名称。王老师的做法符合材料一中这部法律的哪些规定?(5分)

(2)根据材料二,运用相关教育法规分析学校和王老师的行为。(5分)

56. 阅读材料，回答问题。

一位教师教“因式分解”这一单元时，发现学生的知识基础差别很大，于是对班里八位成绩好的学生提出了另外不同的要求，允许他们去图书馆自学解决问题，经过自学，这八位学生不仅顺利地完成了学习任务，而且还额外地选编了几十道有代表性的习题交给老师。教师将这些习题有选择地按程度分别介绍给班里其他同学进行练习和讨论，推进了全班同学的学习进度，使全班同学提前五课时完成了教学任务。

问题：

(1)材料中教师的行为遵循了什么教学原则？(3分)

(2)结合材料分析，该教师的哪些行为体现了对教学原则的运用？(9分)

57. 阅读材料，回答问题。

李老师刚入职时，为了得到学校和学生的肯定和认可，把大量时间花在如何与学生搞好关系上，一段时间后，他发现虽然自己与学生的关系非常密切，但是学生的学习成绩并不理想。于是，李老师开始把主要精力放在教学上，为了上好每一堂课，他认真准备材料，虚心地向老教师们请教，积极参加公开课观摩优秀教师的教学，坚持写教学日志，不断反思自己的教学活动，还通过校本教研这个平台，寻找解决问题的方法和努力的方向。经过不懈的努力，李老师在教学上成了一把“好手”，他不仅通过各种途径了解学生，还能考虑学生的不同需要，关注他们的个别差异，并根据学生的不同发展水平设计课堂教学和作业，因此取得了良好的教学效果。由于教学成绩突出，被学校推荐为“教学名师”。

问题：结合材料并运用教师发展阶段理论分析，李老师的专业发展所经历的阶段。(10分)

58. 有四名学生犯错了，老师分别把他们叫到办公室，小赵积极承认错误，答应老师一定改，可是之后还是犯同样的错。小钱没等老师说就气急败坏，愤怒暴躁。小孙去了一句话也不说，然后默默地走了。小李去了，满脸忧郁，感觉天都要塌了。

问题：

(1)请分析案例中的学生都有什么气质类型？(9分)

(2)针对小李的气质类型如何进行教育管理？(2分)

福建省教师招聘考试教育综合模拟试卷(二)

(满分150分　时间120分钟)

一、单项选择题(在下列每题四个选项中只有一个是符合题意的,将其选出并把它的标号写在题后的括号内,本大题共25小题,每小题2分,共50分)

1. 高中生小红想见自己的网友,但小红父亲担心女儿遇见坏人被骗。为了女儿的安全,小红父亲破解了小红的社交账号密码并查看她的聊天记录。小红父亲的做法(　　)

A. 合法,保护孩子安全是父亲的职责　B. 合法,孩子在监护人面前没有秘密
C. 不合法,侵犯了孩子的个人隐私权　D. 不合法,侵犯了孩子的人格尊严权

2. 根据《中华人民共和国教师法》的规定,侮辱、殴打教师的,情节严重,构成犯罪的,依法(　　)(易混)

A. 追究刑事责任　B. 追究民事责任
C. 给予批评教育　D. 停薪留职察看

3. 孟子认为:"人之所不学而能者,其良能也;所不虑而知者,其良知也。"这一观点符合个体身心发展动因论中的(　　)

A. 外铄论　B. 内发论　C. 成熟论　D. 多因素相互作用论

4. 我国的"五四"运动和"一二·九"运动发端于学校,后扩展到社会,进而形成全国性的政治运动。这主要体现了(　　)

A. 教育可为政治稳定或变革制造所需的舆论
B. 教育通过培养大量政治人才,为政治发展服务
C. 政治制约着教育权和受教育权
D. 政治意识形态制约着教育思想的发展

5. 个体主观能动性的第三层次是个体的(　　)

A. 生理活动　B. 心理活动　C. 思考活动　D. 社会实践活动

6. 在古代印度教育中,婆罗门教的经典《吠陀经》是主要的教育内容,其唯一的教师是(　　)

A. 僧侣　B. 武士　C. 宗教祭司　D. 骑士

7. "心不及墨"强调的是精加工策略中(　　)的重要性。

A. 人为联系策略　B. 内在联系策略　C. 生成策略　D. 记笔记策略

8. 马克思说:"搬运夫和哲学家之间的原始差别要比家犬和猎犬之间的差别小得多,他们之间的鸿沟是由分工造成的。"这说明(　　)

A. 遗传素质为人的发展提供了可能
B. 遗传素质的差异是造成个体间个别差异的原因之一
C. 遗传素质的成熟机制制约着身心发展的水平及阶段
D. 遗传素质仅为人的发展提供物质前提,而不能决定人的发展

9. "行教"是指用教师的(　　)教育影响学生。

A. 人格魅力　B. 品德修养　C. 思想观念　D. 实际行动

10. 法国文学家加缪获得诺贝尔文学奖后,第一时间给他的小学老师写了一封信表示感谢。这反映了教师劳动具有(　　)

A. 复杂性　B. 长期性　C. 创造性　D. 示范性

11. 桂林山水的美属于(　　)

A. 自然美　B. 社会美　C. 艺术美　D. 生活美

12. 数学课上学生们在学习了分数乘法后再去进行分数加减法计算时,有的学生竟然将分子与分子、分母与分母分别相加减,这一迁移属于(　　)

A. 正迁移　B. 逆向迁移　C. 负迁移　D. 纵向迁移

13. 路老师在进行生物课教学的过程中,经常是先给大家讲解知识,然后带大家到植物园里去观察,有时候大家一起进行一些扦插的操作,这样既有课堂知识的学习,又有实际的感性认识。这体现了路老师遵循了教育过程的(　　)

A. 直接经验与间接经验相统一的规律　B. 掌握知识与发展能力相统一的规律
C. 教师主导与学生主体相统一的规律　D. 传授知识与思想教育相统一的规律

14. 章老师最近发现学生下课后总是一个个小团体聚在一起,询问班长和学习委员后得知,最近新出了一个玩具盲盒,大部分学生都在收集、交换,甚至互相攀比,小部分受家庭条件制约、没有收集玩具盲盒的学生就被排除在小团体之外。对此,章老师应通过(　　)的方法进行集体培养。

A. 确定集体目标　B. 培养正确舆论和良好班风
C. 做好个别教育工作　D. 健全组织、培养干部以形成集体核心

15. 班主任王老师为了激发学生的学习动机,开展了一系列的学习竞赛活动。正如王老师所料,学生的学习热情高涨,成绩明显提高。但没有想到的是,学生之间相互猜忌、隐瞒学习资料等现象日趋严重。上述事实表明教育(　　)

A. 既有正向显性功能,又有正向隐性功能　B. 既有负向显性功能,又有负向隐性功能
C. 既有正向隐性功能,又有负向隐性功能　D. 既有正向显性功能,又有负向隐性功能

16. 有人在记忆英语单词时贪多求快,一个新单词仅仅拼读几遍就转入下一个新单词,结果每一个单词不久就忘得一干二净,这是因为对单词的记忆处于(　　)阶段。

A. 瞬时记忆　B. 短时记忆　C. 长时记忆　D. 永久记忆

17. "一齐人傅之,众楚人咻之,虽日挞而求其齐也,不可得矣;引而置之庄岳之间数年,虽日挞而求其楚,亦不可得矣。"这说明了(　　)对人的影响。

A. 父母　B. 环境　C. 主观能动性　D. 遗传素质

18. 班级授课制的特征可以用以下哪几个字概括(　　)

A. 班、课、室　B. 师、生、课　C. 师、生、时　D. 班、课、时

19. (　　)被宋庆龄赞誉为"万世师表"。

A. 陶行知　B. 蔡元培　C. 晏阳初　D. 陈鹤琴

20. 在影响儿童心理发展的因素问题上,遗传与环境之间必须通过复杂的相互作用才能生成行为,这已成为当今发展心理学的共识。其代表人物是(　　)

A. 弗洛伊德　B. 皮亚杰　C. 华生　D. 高尔顿

21. 李老师讲授完"全等三角形"一课后,学生小明虽记住了全等三角形的概念,但在做课后练习时就是不会对全等三角形的相关知识作出判断和求解。这说明小明的学习属于(　　)

A. 机械的接受学习　B. 有意义发现学习

C. 机械的发现学习　D. 有意义接受学习

22. "北京是中华人民共和国的首都""太阳升起来了",这些属于(　　)

A. 策略性知识　B. 程序性知识

C. 陈述性知识　D. 概念性知识

23. 皮亚杰指出具备初步的逻辑思维能力的阶段是(　　)

A. 感知运动阶段　B. 前运算阶段

C. 具体运算阶段　D. 形式运算阶段

24. 关于知识的概括,下列说法不正确的是(　　)

A. 概括分为感性概括和理性概括

B. 概括是指主体对感性材料的深度加工改造

C. 教师进行知识概括时应配合运用正例和反例

D. 教师应加强图片、图表、幻灯片的观察和演示

25. 教师在讲课时要求有必要的走动和手势,以增强学生感知的效果,其所依据的感知规律是(　　)

A. 强度律　B. 差异律　C. 活动律　D. 组合律

二、多项选择题(在下列每题四个选项中有两个或两个以上是符合题意的,将其选出并把它的标号写在题后的括号内,错选、多选、漏选均不得分。本大题共10小题,每小题2分,共20分)

26. 下列表述中,能够体现循序渐进教学原则的是(　　)

A. 孔子《论语》中"闻斯行诸"的故事

B. 孟子"盈科而进"的教学方法

C.《学记》中"杂施而不孙,则坏乱而不修"的表述

D. 苏格拉底的"产婆术"

27. 奴隶社会教育的特征包括(　　)

A. 学校教育成为奴隶主阶级手中的工具,具有鲜明的阶级性

B. 学校教育与生产劳动相脱离和相对立

C. 学校教育趋于分化和知识化

D. 学校教育制度尚不健全

28. 下列能体现个体身心发展具有互补性的是(　　)

A. 盲人一般听觉灵敏　B. 聪明的儿童常常学习不努力

C. 意志坚强的人能战胜身体残缺的困难　D. 失去双手的人能用嘴写字

29. 张老师是某初级中学的生物教师。在学习"花的结构"第一课时的知识时,张老师首先向同学们讲述了花的基本结构,其后向同学们展示了花的解剖标本,放映了花的结构图片;第二课时,同学们来到生物实验室,张老师帮助同学们修订实验计划,指导同学们用镊子、刀片解剖一朵真正的百合花。该案例中张老师运用了哪些教学方法(　　)

A. 讲授法　B. 演示法　C. 练习法　D. 实验法

30. 新课程倡导自主学习、探究学习和合作学习,下列体现了新课程学习方式的有(　　)

A."知之者不如好之者,好之者不如乐之者"

B."自为之,不若与人为之;与少为之,不若与众为之"

C."有匪君子,如切如磋,如琢如磨"

D."独学而无友,则孤陋而寡闻"

31. 校园安全涉及千家万户,事关社会的稳定和谐。依据《中小学幼儿园安全管理办法》,学校安全管理遵循(　　)的方针。

A. 积极预防　B. 依法管理　C. 社会参与　D. 各负其责

32. 下列属于知觉的恒常性的是(　　)

A. 在观察一本书时,不管你是从正上方看还是从斜上方看,看起来都是长方形的

B. 白墙在阳光和月色下看,它都是白的

C. 在嘈杂的环境中,有人喊自己的名字容易听到

D. 画家只画几笔,你便能认出他画的是什么

33. 研究表明学生学业成就高低与其学习策略水平密切相关,下列属于自我调控策略的是(　　)

A. 编码与提取　B. 自定目标与计划　C. 自我评价　D. 自我激励

34. 下列选项中,属于外部学习动机的有(　　)

A. 张老师在班上表扬这次期末考试成绩进步明显的同学

B. 新来的赵老师声音好听,长相甜美,在她的课上,学生们都踊跃回答问题

C. 班上的张涛因为课上有不明白的知识点,下课后主动去请教老师

D. 为了让妈妈在开家长会的时候更有面子,小萌最近一直努力学习

35. 教师采用言语说服来培养学生的道德认知时,下列技巧有效的有(　　)

A. 对于受教育程度高的学生,可提供正反两方面的论据

B. 对于受教育程度低的学生,只提供正面论据

C. 对于低年级的学生,提供充分说理、逻辑性强的教育素材

D. 对于高年级的学生,提供富有感情色彩、生动感人的教育素材

三、填空题(本大题共15小题,每小题1分,共15分)

36.《新时代中小学教师职业行为十项准则》中提出,教师要严慈相济,诲人不倦,真心关爱学生,严格要求学生,做学生良师益友;不得歧视、侮辱学生,严禁虐待、伤害学生。这是对教师________方面的要求。

37. 美育的基本形态是艺术美和现实美。________又包括自然美、社会美和教育美。

38. 利托尔诺是教育的________起源说的代表人物之一。

39. ________对制定德育大纲、确定德育内容、选择德育方法、运用德育组织形式等具有指导作用。

40. 在教学过程中会遇到很多意想不到的情况,这要求教师能运用________来解决问题。

41. 班主任工作总结一般分为两类:全面总结和________。

42. ________最早系统论述了终身教育思想。

43. 心理学的"第二势力"是________。

44. ________是人的心理的主观能动性、积极性的集中体现。

45. ________是指该项题目对不同水平的答题者反应的区分程度和鉴别能力。

46. ________不受时间、空间和设备的限制,感性材料来源更丰富,是教学中大量采用的直观方式。

47. ________是态度与品德建立的开端。

48. 导生制也称________。

49. 教师职业道德的基本原则是________。

50. ________是人们在面临新问题、新事物、新现象时,能迅速理解并做出判断的思维活动。

四、判断说理题(本大题共3小题,其中第51小题10分,第52小题3分,第53小题7分,共20分)

51. 班集体的核心队伍由班干部组成。所以,班主任建立班集体的核心队伍就是要加强班干部的选拔和培养。这种说法是否正确?请运用教育学知识加以说明。

52. 教育目的与教育方针的主要区别在于教育目的强调培养人的质量和规格,而教育方针强调"办什么样的教育,怎样办教育"。这种说法是否正确?请运用教育学知识加以说明。

53. 学生的学习主要受学习动机的支配,学习动机越强,学习效果越好。这种说法是否正确?请运用心理学知识加以说明。

五、材料分析题(本大题共4小题,其中第54小题12分,第55小题16分,第56小题5分,第57小题12分,共45分)

54. 阅读材料,回答问题。

材料一:在一堂道德与法治课上,学生就"教育权与受教育权"的内容展开学习。当讨论到"课堂中,李鹏总是发出巨大的声响,严重影响课堂秩序,张老师让李鹏到教室后面罚站,李鹏仍不改正。于是,下课后,张老师将李鹏叫到办公室继续教育,耽误了上下一节课。李鹏的家长知道后,立即以张老师剥夺了李鹏的受教育权为由投诉到学校,要求处罚张老师"这个材料时,学生众说纷纭。

学生甲:李鹏严重影响了课堂秩序,不剥夺他的受教育权,就侵犯了其他学生的受教育权。

学生乙:要是下一节是我喜欢的美术课或者信息课,我也觉得张老师剥夺了我的受教育权。

学生丙:老师下课后把李鹏叫到办公室教育,其实是一种思想政治教育,李鹏也是在接受教育。

……

材料二:2020年5月,广州某小学一年级学生家长刘某在网络上发帖投诉,声称班主任在明知孩子患有哮喘的情况下,仍对其进行了罚跑操场十圈的体罚,之后孩子大量吐血并留下手抖等后遗症。此前,该班主任还曾索要6万元"照顾费",而家长却投诉无门。此事引起了巨大的舆论关注,随后警方介入调查。

事情的真相究竟如何呢?学校所在区教育局调查称,2019年12月10日,该班主任因学生违反管理纪律,以班规为由,让刘某女儿等5名违纪学生跑10圈,视频监控显示,刘某女儿在32分钟内,跑跑、走走、停停共完成了9圈,其后在课堂上及当日被家长接走时均无异样。

学校已于2019年12月12日暂停该老师的班主任职务,并进行了全校通报批评,同时免去其品德学科组组长的职务。根据警方通报,涉事家长刘某发帖中所述学生遭体罚吐血、凌晨2点被老师威胁殴打、送老师6万元等情节均系编造,有血印的衣服照片也系用化妆品和水伪造。

刘某无法向警方提供其女儿哮喘诊断的有关病历证明,警方在调查过程中更是找到了刘某通过网络平台雇佣水军"运作"这一事件的直接证据。2020年11月20日,广州市白云区人民法院公开开庭审理并当庭宣判,造谣家长刘某以寻衅滋事被判处有期徒刑一年六个月,缓刑二年。此外,警方还一并打掉了非法提供推广营销等服务的营利性代刷平台,并抓获相关犯罪嫌疑人。

问题:

(1)你对材料一中学生的观点有何看法?(6分)

(2)即将成为一名教育工作者的你,可以从材料二中吸取哪些经验和教训?(6分)

55. 阅读材料，回答问题。

宋老师一上课就对同学们讲，“秋季是收获的季节，不少花卉就在秋季盛开，我们后天要到公园郊游，带大家去赏花，但是秋季会有哪些花朵盛开呢？请同学们课后设法了解一下，明天一上课，大家把了解的情况在课堂上讲一讲。”第二天一上课，不少同学都抢着说，秋天有好多种花盛开，比如桂花、菊花、牵牛花、木槿花……并急切想了解郊游的具体地点和活动安排，宋老师微笑着问学生，“你们怎么知道秋天有这些花朵要盛开呢？”有的学生回答，他回家用爸爸的电脑搜索了一下，网页里弹出好多答案；有的说，他看了有关植物和花朵的书籍，里面有详细的介绍；有的说，他的妈妈就是学生物的，很了解花朵的习性；有的说，他是从电视台科教频道上关于花卉的节目中学习到的……大家你一言我一语，课堂气氛很热烈，学生们对不同的信息和获取信息的方法进行着激烈地对比和讨论，宋老师也对学生的答案进行了相应的评价。

宋老师原本可以直接介绍秋季开花的种类，或者对了解花朵习性的渠道进行直接说明。但通过这样简单的课堂教学，学生们不仅可以获取花卉的信息，还了解了获取花朵习性的途径。而这一切都是学生经过自己的体验和探索得到的。

问题：

(1)结合材料分析，宋老师的做法体现了什么样的教学理念？(6分)

(2)你认为在这样的实际教学中，教师应如何体现自己的作用？(10分)

56. 阅读材料，回答问题。

材料一：明亮的教室要干净，神圣的教室要安静。不少教师强调课堂要鸦雀无声，追求课堂秩序井然。

材料二：所谓教师之主导作用，盖在善于引导启迪，使学生自奋其力，非谓教师滔滔讲说，学生默默聆听。

——叶圣陶

问题：

(1)分析材料一，反思课堂上比安静更重要的是什么，你认为在新课程背景下应树立怎样的教育观？(3分)

(2)材料二中叶圣陶先生提出了怎样的教师观？在新课改的教学实践中，我们应该怎样落实这一教师观？(2分)

57. 阅读材料，回答问题。

阳阳上小学时很喜欢英语课，英语成绩一直很好。这是因为英语老师经常在课堂上表扬他发音准、学得快，阳阳认为老师很器重自己，每当上英语课就精神百倍，劲头十足，听课时注意力高度集中，还认真完成课后作业。但升入初中后，由于新的英语老师对阳阳不够了解，不如原来的英语老师对他那样重视，阳阳就失去了原来的学习劲头，英语成绩也开始下滑。

问题：

(1)对阳阳学习产生影响的是何种动机？(2分)

(2)解释该动机并分析其对学生学习的影响。(10分)

福建省教师招聘考试教育综合模拟试卷(三)

(满分150分　时间120分钟)

一、单项选择题(在下列每题四个选项中只有一个是符合题意的,将其选出并把它的标号写在题后的括号内,本大题共25小题,每小题2分,共50分)

1. 小文今年刚取得教师资格证,在本地一所公立学校任教。下列说法正确的是(　　)
A. 由于小文是首次任教,应当有试用期
B. 若小文的教学赢得校领导的一致好评,就不需要规定试用期
C. 小文的试用期应该由校长自行决定
D. 若小文应聘的是中专学校,就不需要规定试用期

2. 根据《中华人民共和国教育法》的规定,下列不属于国家鼓励开展教育对外交流与合作应坚持的原则的是(　　)
A. 独立自主　B. 相互尊重　C. 平等互利　D. 资源共享

3. 一位教育家说:"谁要是自己还没有发展、培养和教育好,他就不能发展、培养和教育别人。"这说明(　　)
A. 教师的教影响学生的学　B. 教师的学影响教师的教
C. 学生的学影响教师的教　D. 学生的学影响教师的学

4. 下列与"不愤不启,不悱不发"所体现的教育思想一致的是(　　)(易混)
A. 博学于文,约之于礼　B. 学而不思则罔,思而不学则殆
C. 君子之教,喻也　D. 建国君民,教学为先

5. 班主任在组织班级教育力量中所起的作用是(　　)
A. 决定作用　B. 领导作用
C. 纽带和桥梁作用　D. 核心作用

6. 道德与法治教师在设计《家乡新变化》这一节的教案时,设计了如下教学目标,其中属于情感态度与价值观目标的是(　　)
A. 通过联系实际、合作探究的方法,了解家乡的变化
B. 了解家乡发生的巨大变化,知道如何为家乡发展做贡献
C. 养成留心观察生活的好习惯,在生活点滴中为家乡发展做贡献
D. 感受家乡的变化,为家乡发生的巨大变化而自豪,激发为家乡做贡献的愿望

7. 在下列选项中,属于说服教育法的是(　　)
A. 操行评定　B. 艺术陶冶
C. 讨论与参观　D. 表扬与奖励

8. 个体的感知成熟先于思维成熟,而思维成熟先于情感成熟,这表明身心发展具有(　　)
A. 阶段性　B. 不平衡性　C. 顺序性　D. 连续性

9. "教师工作是个无底洞,没有明显的时空界限。"这反映了教师劳动的(　　)特点。(易混)
A. 复杂性和创造性　B. 主体性和示范性
C. 广延性和连续性　D. 间接性和长期性

10. 中国近代教育走向制度化、法制化阶段的标志是(　　)
A. 京师同文馆的设立　B. 京师大学堂的设立
C. 癸卯学制的颁布和实行　D. 壬寅学制的颁布

11. 下列属于按教学方法分类的课型是(　　)
A. 新授课　B. 巩固课　C. 演示课　D. 技能课

12. 克鲁普斯卡娅的哪部著作是最早以马克思主义为基础探讨教育学问题的(　　)
A.《论共产主义教育》　B.《教育与权力》
C.《国民教育与民主主义教育》　D.《对于新教育之意见》

13. 小丽经常随地乱扔果皮纸屑,在学习了《小学生守则》后,她决定改正自己的这一行为。可是不久后,这一行为依然频频出现。因此,对小丽的教育应该重点培养其(　　)
A. 品德认知　B. 品德情感　C. 品德意志　D. 品德行为

14. 孟子提出"性善论"的观点,他认为人的本性中就有"恻隐、羞恶、辞让、是非"四端,这也是"仁、义、礼、智"四种基本品性的根源。这种观点是(　　)
A. 外铄论　B. 内发论　C. 多因素论　D. 相互作用论

15. 首次将美育纳入教育方针的文件是(　　)
A.《中华人民共和国教育法》
B.《中国教育改革和发展纲要》
C.《中共中央关于教育体制改革的决定》
D.《中共中央国务院关于深化教育改革,全面推进素质教育的决定》

16. 小王看到平常跟自己学习成绩差不多的小李在某次奥数比赛中获得了一等奖,小王提醒自己下次也得参加,认为自己也必然可以获得一等奖。从班杜拉的影响个体自我效能感的来源来看,小王这是属于(　　)
A. 个体自身行为的成败经验　B. 替代性经验
C. 言语劝说　D. 情绪唤醒

17. 一位语文老师在教"奶"字时,亲切地对学生讲:"看,左边是女字旁,右边像一个驼背的老人,这就是奶字,奶奶的年纪大了,走路时背弯弯的,还需要拄着拐杖。"这位老师在教学中运用了(　　)
A. 直观性原则　B. 发展性原则
C. 理论联系实际原则　D. 循序渐进原则

18. 以下关于记忆的说法错误的是(　　)(常考)
A. 感觉记忆的时间短、容量小
B. 长时记忆的时间长、容量大
C. 短时记忆与长时记忆的有意识成分是不同的
D. 感觉记忆与短时记忆的信息编码方式是不同的

19. 有的学生看到锐角、直角、钝角等图形中都有两条交叉的线，就认为角是由两条交叉的线组成的。这属于(　　)

A. 理性概括　　B. 感性概括　　C. 形象直观　　D. 知识迁移

20. 学生对媒体宣传的一些英模人物产生仰慕之情，主动使自己的态度和行为与英模榜样相一致。此时其态度与品德的形成处于(　　)(常考)

A. 从众阶段　　B. 服从阶段　　C. 认同阶段　　D. 内化阶段

21. 一个人在一个对象上注意较长的时间，就能将其看得更清、听得更明、想得更清楚、记得更牢固。这是(　　)的表现。

A. 注意的指向性　　B. 注意的集中性

C. 注意的分配　　D. 注意的转移

22. 小朱在看完电影《我不是药神》之后，认为电影中的男主角即便是为了病友能够减轻病痛，也不能私自购买盗版药，因为如果人人都去购买盗版药的话，社会就会变得很混乱。根据科尔伯格的道德发展阶段理论，他此时的道德发展处于(　　)

A. 寻求认可取向阶段　　B. 社会契约取向阶段

C. 遵守法规取向阶段　　D. 普遍伦理取向阶段

23. 下列关于问题解决与创造力的说法错误的是(　　)

A. 问题解决能力只能通过创造力的水平来体现

B. 解决问题的能力在一定程度上能体现出一个人创造力水平的高低

C. 一个人创造力水平越高，问题解决的速度越快

D. 问题解决会促进创造力的快速发展

24. 随着知识经验的积累，儿童情感的分化逐渐精细、准确。以笑为例，小学儿童除了会微笑、大笑外，还会羞涩地笑、偷笑、嘲笑、苦笑等。这一表现说明了小学儿童情感的(　　)(易错)

A. 丰富性发展　　B. 深刻性发展　　C. 可控性发展　　D. 稳定性发展

25. 小宇在英语课上学习到很多名词都是通过在词尾上加“S”来表示复数后，就以为所有名词的复数形式都是这样。这种现象被称为(　　)(常考)

A. 功能固着　　B. 思维定势　　C. 思维阻抑　　D. 记忆衰退

二、多项选择题(在下列每题四个选项中有两个及两个以上是符合题意的，将其选出并把它的标号写在题后的括号内，错选、多选、漏选均不得分。本大题共10小题，每小题2分，共20分)

26. “教育万能论”的代表人物有(　　)

A. 洛克　　B. 康德　　C. 华生　　D. 高尔顿

27. 教师的知识素养有(　　)

A. 学科专业知识　　B. 教育科学知识

C. 科学文化知识　　D. 政治理论修养

28. 下列属于分组教学的类型的是(　　)

A. 外部分组　　B. 内部分组　　C. 能力分组　　D. 作业分组

29. 运动技能又被称为动作技能，它包括(　　)

A. 写字技能　　B. 操作仪器技能　　C. 作图技能　　D. 心算技能

30. 人做出这样或那样的行为都有一定的原因，心理学家们一般用动机这一术语对人们的行为原因进行描述。根据动机产生的诱因来源，学习动机可分为(　　)

A. 高尚的动机　　B. 低级的动机　　C. 外部学习动机　　D. 内部学习动机

31. 根据《中华人民共和国义务教育法》关于学生德育工作的要求的规定，下列说法正确的是(　　)

A. 把德育放在首位

B. 寓德育于教育教学之中，开展与学生年龄相适应的社会实践活动

C. 形成学校、家庭、社会相互配合的思想道德教育体系，促进学生养成良好的思想品德和行为习惯

D. 把智育放在首位，以智育带动德育

32. 课程计划是课程文件的重要内容之一，具体规定了(　　)

A. 教学科目的设置　　B. 学科顺序

C. 课时分配　　D. 学年编制

33. 主题班会的主要形式有(　　)

A. 主题报告会　　B. 主题汇报会

C. 主题讨论会　　D. 主题晚会

34. 能否发现问题取决于(　　)(易混)

A. 认知过程　　B. 主体的知识经验

C. 主体活动的积极性　　D. 主体的求知欲望

35. 安德森将知识分为陈述性知识和程序性知识两大类，下列属于陈述性知识的有(　　)

A. 苹果是圆的

B. 本教材共由10章构成

C. 扫帚是用来扫地的

D. 知道长为3米，宽为2米，可以利用公式计算出长方形的面积是6平方米

三、填空题(本大题共15小题，每小题1分，共15分)

36.《中国学生发展核心素养》确立了六大核心素养，其中文化基础的素养包括________和科学精神。

37. ________是指能够激起有机体的定向行为，并能满足某种需要的外部条件或刺激物。

38. ________秉承了柏拉图的理性说，认为追求理性就是追求美德，就是教育的最高目的。

39. ________是素质教育最本质的规定、最根本的要求。(常考)

40. “过程与方法”目标突出的是让学生“________”，使学生获得知识的过程同时成为获得学习方法和能力发展的过程。

41. 班级在长期的活动和交往中形成的共同心理倾向和精神风貌叫________。

42. 环境包括自然环境和社会环境两大部分，教育学中所说的环境一般指________。

43. 按课程资源空间分布的不同，大致可以把课程资源分为________。

44. “一把钥匙开一把锁”反映了德育的________原则。

45. ________也称为“实地研究法”或“参与观察法”。

46. 教师最基本的权利是________。

47. ________是最早采用智力年龄来表示智力水平的智力量表。

48. 处于________的教师关心的是“内容是否充分得当”“如何呈现教学信息”“如何掌握教学时间”等问题。

49. ________的理论为“榜样的力量是无穷的”这一观点提供了重要的理论支持。

50. 一般而言，________的教学效果优于实物直观。但是，这一结论只限于知识的初级学习阶段。

四、判断说理题(本大题共3小题，其中第51小题10分，第52小题3分，第53小题7分，共20分)

51. 俗话说“严师出高徒”“严是爱，松是害，不管不问要变坏”。所以爱学生和严格要求学生总是矛盾的。这种说法是否正确？请运用教育学知识并结合实际加以说明。

52. 消极强化与惩罚的性质一样，都是学生想要回避的教学行为。这种说法是否正确？请运用心理学知识加以说明。

53. 有人认为，信息时代有了便捷的通讯手段，上门家访太浪费时间，可以取消了。这种说法是否正确？请结合相关知识说明理由。

五、材料分析题(本大题共4小题，其中第54小题12分，第55小题16分，第56小题5分，第57小题12分，共45分)

54. 阅读材料，回答问题。

王老师今年刚刚担任五年级(1)班的数学老师，他对提高班里的数学成绩信心十足。在王老师看来，提高数学成绩最好的办法就是让学生多练习、多做题，为此他对学生的学习要求特别严格。每天都要留大量的练习题，中午休息的时候也要在班里巡查，监督学生完成作业，并让家长晚上监督孩子把作业写完。学生的作业中一旦出现错误，都要改正好几遍，再默写好几遍，重要的内容出现错误还要写检查保证自己不会再犯错误。王老师还会时不时地进行班级小测验，在本应讲授新知识时突然考试检查学生的学习效果。起初一段时间，班里的数学成绩在全年级提高得很快，但时间一长王老师发现班里学生的学习精神头很差，上课总是打瞌睡，学生家长对他的教学工作也有埋怨，甚至有个别家长向校长反映，由于数学作业太多，练习强度太大，给孩子们造成了很大的压力，希望更换数学老师。

问题：

(1)请对王老师的做法进行分析。(6分)

(2)如果你是王老师，请结合桑代克的有关学习理论和小学生学习的特点，谈谈你将如何提高学习效果。(6分)

55. 阅读材料，回答问题。

小明是某小学四年级学生，学习不积极，调皮数第一，经常上课说话，传纸条，扰乱课堂教学秩序，学习成绩也不尽如人意。班主任王老师和小明多次谈话，效果都不理想。但王老师也发现，小明很热情，与班里同学相处融洽，另外，他有一定的体育天赋，在各类体育比赛中名列前茅，为班级多次争得了荣耀。为更好地帮助小明转变，王老师去小明家做了家访，这才发现，小明父母忙于工作，陪伴照顾孩子的时间很少，让小明感觉自己被忽视。有一天，王老师把小明叫到办公室促膝长谈，委派他做体育委员，并让他负责管理班级的纪律，小明虽然有些难以置信，但还是高兴地接受了。从那天开始，小明以身作则，班级的秩序有了很大的改观。另外，王老师还发现小明在学习上的积极性也越来越强了，学习成绩也有了起色。

问题：

(1)作为教师，应树立什么样的学生观？(6分)

(2)请结合学生观的相关知识，分析材料中班主任王老师的做法？(10分)

56. 阅读材料，回答问题。

开学不久，周老师发现学生张扬有许多毛病。周老师心想，像张扬这样的学生，缺少的不是批评，而是肯定和鼓励。一次，周老师找他谈话："你有缺点，但你也有不少优点，可能你自己还没有发现。这样吧，我限你在两天内找到自己的优点，不然我可要批评你了。"第三天，张扬很不好意思地找到周老师，满脸通红地说："我心肠好，力气大，毕业后想当兵。"周老师听到后说："这就是了不起的长处。心肠好，乐于助人，到哪里都需要这种人。你力气大，想当兵，保家卫国，是很光荣的事儿，你的理想很实在，不过当兵同样需要学习科学文化知识，需要有真才实学。"听了老师的话，张扬有所顿悟，望着老师殷切的目光，张扬用力地点了点头。

问题：

(1)上述材料中周老师的做法主要遵循了哪一个德育原则？(2分)

(2)结合本材料论述如何才能正确地贯彻该原则？(3分)

57. 阅读材料,回答问题。

材料一:某校初一学生张华平时学习懈怠,课堂自律能力差,经常干扰正常教学秩序,并有多次偷窃行为。班主任屡次教育不见成效,报请学校同意后,通知张华的家长,责令张华自动退学,否则开除其学籍。在学校和班主任的不断施压下,其家长最终选择让张华自动退学。

材料二:这几天,妈妈李兰经常唉声叹气,说孩子的班主任在家长微信群里公布了全班学生的考试成绩,自己的女儿因成绩排名下降太快,被老师点名批评。为此,李兰很焦虑,感觉班主任这样公布女儿的成绩排名,让自己很不舒服,也觉得班主任这样公布学生们的考试成绩排名是不合理的。

问题:

(1)依据相关教育法律法规,对材料一中的学校及班主任的做法进行判断与分析。(10分)

(2)材料二中,班主任公布学生考试成绩排名的做法是否合理?为什么?(2分)

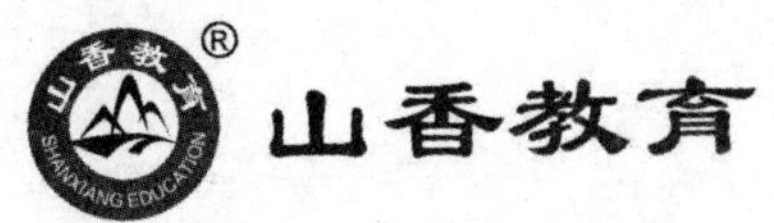

福建省教师招聘考试

高分题库精编

教育综合 下册

参考答案及解析

山香教师招聘考试命题研究中心 主编

目　录

第一部分　心理学

第一章　心理与心理学

基础训练

一、单项选择题

1. C　【解析】额叶，在组织有目的、有方向的活动中，有使活动服从于坚定意图和动机的作用。顶叶，调节机体的触压觉、温度觉、痛觉和内脏感觉等。颞叶，对听觉刺激进行加工。枕叶，是视觉中枢。

方法技巧：解决此类题目重点在各脑区的名称及其功能的对应。考生可根据口诀来进行记忆，“上联：额顶枕颞；下联：动感视听”。

2. D　【解析】本题考查西方主要的心理学流派及其代表人物。斯金纳是行为主义心理学的代表人物，冯特是构造主义心理学的代表人物，杜威、安吉尔是机能主义心理学的代表人物，故D项搭配正确。

3. A　【解析】1879年，德国著名心理学家冯特在德国莱比锡大学创建了世界上第一个心理学实验室，开始对心理现象进行系统的实验研究。在心理学史上，人们把这一事件看作是心理学脱离哲学，走上独立发展道路的标志，也意味着科学心理学的诞生，冯特因此被称为“心理学之父”。

4. C　【解析】额叶在组织有目的、有方向的活动中，有使活动服从于坚定意图和动机的作用；顶叶主要是调节机体的触压觉、温度觉、痛觉和内脏感觉等；枕叶是视觉中枢；颞叶主要对听觉刺激进行加工。所以，答案选C项。

5. A　【解析】构造主义心理学的奠基人是冯特，并由其弟子铁钦纳将其发展成为严密的心理学体系。

6. A　【解析】格式塔心理学兴起于20世纪初的德国，创始人为韦特海默、苛勒和考夫卡。“Gestalt”在德文中意味着“整体”，它代表了这个学派的基本主张和宗旨，所以格式塔心理学又称完形心理学。

7. B　【解析】构造主义主张心理学研究人们的直接经验即意识，并把人的经验分为感觉、意象和激情状态三种元素。

8. A　【解析】草履虫是单细胞动物，没有神经系统，所以不存在反射行为，其趋利避害反应属于应激行为。

9. A　【解析】能力是直接影响人的活动效率，促使活动顺利完成的个性心理特征。能力包含两方面的内容：(1)在某项任务或活动上现有的成就水平，即人们已经学会的知识和技能；(2)个体具有的潜力和可能性。故题干所述体现的是能力。

10. C　【解析】中枢神经系统包括脑和脊髓，高级中枢是指大脑两半球。所以大脑两半球被称为整个神经系统的“最高司令部”。

11. D　【解析】心理现象又叫心理活动，人的心理活动，就其产生方式来说，是客观事物引起人脑反射的活动，所以心理现象的产生方式是反射活动。

12. C　【解析】精神分析学派重视对异常行为的分析和无意识的研究，认为人的一切个体的和社会的行为都根源于心灵深处的某种欲望或动机，特别是性欲的冲动。欲望以无意识的形式支配人，并且表现在人的正常和异常的行为中。人性本善是人本主义心理学派的观点。因此，答案选C项。

13. C　【解析】本题考查大脑两半球的功能。大脑左半球是抽象逻辑思维和言语中枢的优势半球，它主要负责言语、阅读、书写、运算和推理等。大脑右半球是形象思维和高度空间知觉的优势半球，它主要处理的信息是知觉物体的空间关系、情绪情感、欣赏音乐和艺术等。故A、B、D三项属于大脑右半球的功能，C项属于大脑左半球的功能。

14. B　【解析】本题考查条件反射的分类。第一信号系统是用具体事物作为条件刺激而建立的条件反射系统，是人和动物共有的；第二信号系统是用语词作为条件刺激而建立的条件反射系统，这是人类特有的。

A项“一朝被蛇咬，十年怕井绳”，是对井绳这个具体事物产生反应，故属于第一信号系统。A项排除。

B项“谈虎色变”，比喻一提到可怕的事情，情绪就非常紧张。这是借助语词作为条件刺激，故属于第二信号系统。B项符合题意。

C项“望梅止渴”，是指看到梅子流口水从而止渴。这是以具体事物梅子作为条件刺激，故属于第一信号系统。C项排除。

D项“马做算术题”，马作为动物并不理解数字的意思，只是对数字的外部特征产生反应，故属于第一信号系统。D项排除。

易错警示：考生容易对“望梅止渴”是第一信号系统还是第二信号系统产生疑问。需注意“望梅止渴”在不同的参考书中说法不同，考生应根据试题具体问题具体分析。

15. D　【解析】“甲之熊掌，乙之砒霜”字面意思是同一样东西，对甲来说是“熊掌”(指贵重、有价值的东西)，对乙来说却是“砒霜”(指毫无价值，更甚者会拖累自己的东西)，这反映了心理是对客观现实的主观映像。

16. D 【解析】精神分析学派重视对异常行为的分析和无意识的研究。

17. D 【解析】延髓直接关系到人的生命,被称为"生命中枢"。

18. C 【解析】周围神经系统由12对脑神经和31对脊神经组成,其功能是把各感觉器官的神经冲动(信息)传给中枢,再把中枢的神经冲动(信息)传给有关的组织器官。

19. D 【解析】心理过程包括认知过程、情绪情感过程和意志过程三个方面,故答案选D项。

20. B 【解析】行为主义是由美国心理学家华生于1913年创立的。华生认为心理学不应该研究意识,而应该研究可观察、可测量的行为,并以刺激与反应之间的关系为心理学研究的主要内容。

21. B 【解析】行为主义是西方心理学的"第一势力",精神分析心理学是西方心理学的"第二势力",人本主义心理学是西方心理学的"第三势力"。

22. D 【解析】现代认知心理学是以信息加工观点为核心的心理学,又称为信息加工心理学。该学派把人的心理活动看作是信息加工系统,由感官收集信息,经过分析、存储、转换,然后加以利用。因此,题干所述为认知学派的观点。

23. B 【解析】1913年,美国心理学家华生发表了《在行为主义者看来的心理学》,宣告了行为主义的诞生。

24. D 【解析】反射弧是由感受器、传入神经、神经中枢、传出神经、效应器五个部分组成。

25. A 【解析】个性心理特征包括个体的气质、性格、能力等。感知属于心理过程中的认知过程。

26. C 【解析】亚里士多德的《论灵魂》是历史上第一部论述各种心理现象的著作。

27. C 【解析】个性心理倾向性是人进行活动的基本动力,决定着人对现实的态度,决定着人对认识和活动对象的趋向和选择,是个性结构中最活跃的因素。

28. D 【解析】构造主义心理学的代表人物冯特首创了实验内省法。

29. B 【解析】人的心理反映的内容是客观的,但它的表现形式却是主观的。由于人的知识经验、需要、愿望以及个性特征的不同,因而对客观现实的反映也不同。题干所述事例是人的心理具有主观性的典型表现。

30. B 【解析】构造主义心理学主张心理学应该研究人们的直接经验即意识,并把人的经验分为感觉、意象和激情状态三种基本元素。

31. A 【解析】1879年,德国著名心理学家冯特在德国莱比锡大学创建了世界上第一个心理学实验室,人们把这一事件看作是心理学脱离哲学,走上独立发展道路的标志,也意味着科学心理学的诞生。

32. D 【解析】机能主义主张研究意识,他们把意识看成一种持续不断、川流不息的过程。据此他们提出了"意识流"的概念。

33. D 【解析】心理对客观现实的反映具有主观性,因为对客观现实的反映必须通过主体来完成。由于个体在兴趣需要、知识经验、个性特点等方面不同,对客观事物的反映也必然呈现出个体差异。不同的人,对同一客观实在会有不同的反映,正所谓"仁者见仁,智者见智"。题干中两名同学对同一瓶水的反映不同,这体现了心理对客观现实的反映具有主观性。

34. B 【解析】现代心理学的诞生和发展有两个重要的历史渊源:一是受到近代哲学思潮的影响,特别是唯理论和经验论的影响。近代哲学为西方现代心理学的诞生提供了理论基础。二是受到实验生理学的影响,现代心理学的实验方法直接来源于实验生理学。

二、多项选择题

1. AD 【解析】中枢神经系统包括脑和脊髓。

2. ABD 【解析】个性心理倾向性包括需要、动机、信念、理想、价值观、世界观等,能力属于个性心理特征。

3. BCD 【解析】本题考查反射的分类。反射分为无条件反射和条件反射,无条件反射是先天的,即无意识的本能行为,如吮吸反射、觅食反射。条件反射是后天经过学习才能得到的反射。第一信号系统是指用具体事物作为条件刺激而建立的条件反射系统,如望梅生津。第二信号系统是指用语词作为条件刺激而建立的条件反射系统,如成语"谈虎色变"。

A项闻到刺激的气味就咳嗽属于本能行为,是无条件反射;B项被老师批评后见老师就躲,表明其建立了看见老师和躲避行为之间的条件反射;C项听到老师叫自己名字立刻起身,表明其建立了老师叫自己名字和立刻起身之间的条件反射;D项看到美味的饭菜流唾液,表明其建立了美味的饭菜和流唾液之间的条件反射。故答案选B、C、D三项。

4. ABC 【解析】心理是人脑对客观现实的能动的反映,但反映是否正确要视具体情况而定。所以,D项是错误的。

5. ABD 【解析】冯特的历史功绩是与心理学历史上出现的心理科学的独立、实验心理学的创立和心理学专业队伍的建立这三件大事分不开的。

三、判断选择题

1. A 【解析】用语词作为条件刺激而建立的条件反

射系统叫作第二信号系统。故“谈梅生津”属于第二信号系统的条件反射。

2. A 【解析】心理活动是人脑对客观现实的反映,但这种反映是能动的,也就是说人必须通过社会实践活动的作用才能产生心理和发展心理。

3. A 【解析】心理学既研究动物的心理,也研究人的心理。

4. B 【解析】个性心理是在心理过程中形成的,如果没有对主观和客观世界的认识,没有情绪情感的体验,没有积极地与困难做斗争的意志活动,心理的个性差异就无从形成和表现;已经形成的个性心理倾向性和个性心理特征又制约着心理过程的进行。

易错警示:考生易理解不清个性心理与心理过程的关系。可以把个性心理看成是独有的个性,把心理过程看成是人类的共性,也就是说个性是在共性的基础上形成的,反过来个性又可以制约和影响共性。这样不需要死记硬背,也不会发生记忆混淆。

5. B 【解析】心理学不应该研究意识,只应该研究行为,把行为与意识完全对立起来。这是行为主义心理学的观点。

6. A 【解析】本题考查西方主要的心理学流派的地位。西方心理学的“第一势力”是行为主义心理学,西方心理学的“第二势力”是精神分析心理学,西方心理学的“第三势力”是人本主义心理学。

四、填空题

1. 激情状态
2. 冯特
3. 中间(边缘)
4. 心理过程　个性心理
5. 第二信号系统
6. 大脑左半球
7. 反射
8. 兴奋　抑制
9. 奈塞尔
10. 巴甫洛夫

真题精解

一、单项选择题

1. B 【解析】认知过程包括感觉、知觉、记忆、想象、思维等。故答案选B项。

2. B 【解析】“聪明”体现了小明的能力,“勤奋”体现了小明的性格。

3. B 【解析】人的心理既是客观的又是主观的。客观性体现在客观现实决定人的心理。主观性则是指由于人的知识经验、需要、愿望以及个性特征的不同,因而对客观现实的反映也不同。题干的描述强调的是不同的人对同一事物有不同的反映,体现的是心理的主观性。

4. B 【解析】A项:现代认知心理学主张把心理活动看作信息加工系统,由感官收集信息,经过分析、存储、转换,然后加以利用。与题干不符。

B项:格式塔学派主张心理学研究人脑的内部过程,认为人在观察外界事物的时候,所看到的东西并不完全决定于外界,而是在人的头脑中有某种“场”的力量,把刺激组织成一定的完形,从而决定人看到的外界东西是什么样的。格式塔学派反对构造主义只强调分析的方法,而认为人的每一种经验都是一个整体,整体决定其内在的部分,整体大于部分之和,不能简单地用其组成部分来说明。与题干符合。

C项:人本主义心理学着重于人格方面的研究,认为:(1)人的本质是善良的;(2)人有自由意志,有自我实现的需要;(3)西方心理学的“第三势力”。与题干不符。

D项:机能主义心理学的观点为:(1)主张研究意识,但是他们不把意识看成是个别心理元素的集合,而是看成一种持续不断、川流不息的过程,提出了“意识流”。(2)强调对意识作用与功能的研究,不赞成构造主义对心理结构进行分析。与题干不符。

综上所述,答案选B项。

二、判断选择题

B 【解析】心理过程是心理活动的一种动态过程,是人脑对客观现实的反映过程。它包括认知过程、情绪情感过程和意志过程三个方面。人的各种心理活动中,都伴随着注意这种心理状态。所以,注意是一种心理状态,而不是一种独立的心理过程。

易错警示:考生易混淆心理过程和心理状态。注意只是一种伴随的心理状态,并不是一个独立的心理过程。

三、填空题

1. 心理现象
2. 认知
3. 额叶
4. 脑
5. 神经元(神经细胞)
6. 冯特
7. 客观现实

第二章　感觉与知觉

基础训练

一、单项选择题

1. D 【解析】首因效应是指在总体印象形成上,最初获得的信息比后来获得的信息影响更大的现象。题干所述体现了首因效应的影响。

易错警示：考生易混淆首因效应和近因效应。首因效应，强调最初获得的信息更重要，关键词“第一印象”。近因效应强调最近的信息更重要。

2. A 【解析】知觉的整体性是指人根据自己的知识经验把直接作用于感官的客观事物的多种属性整合为统一整体的过程。知觉对象虽然作为一个统一的、整体的复合刺激物来起作用，但是，强度大的组成部分具有重要的意义，它往往决定对知觉对象的整体认识。人的面部特征是我们感知人体外貌的较强的刺激部分。只要认得人的面部特征，不管其发型、服饰等如何变化，只要面部没有变化，就不会认错人。

3. C 【解析】人的感受性不是固定不变的。感受性的发展依赖于人们的生活条件与实践活动。由于社会实践活动的要求和熏陶，人们的某种感觉的感受性会变得特别灵敏，如茶博士的品茶功夫、熟练炼钢工的“火眼金睛”等。A项所述现象为暗适应，B项所述现象为感觉对比，D项所述现象为感觉适应。

4. B 【解析】本题考查感知规律。差异律指对象和背景的差异越大，对象从背景中区分开来越容易。李老师用白纸黑字、黄底红字写上名言挂在教室会因色彩图案差异过大，对比过于强烈而起到反作用，影响学生的学习。因此，本题选B项。A项强度律指作为知识的物质载体的直观对象（实物、模像或言语）必须达到一定强度，才能被学习者清晰地感知。C项活动律指活动的对象比静止的对象容易感知。D项组合律指空间上接近、时间上连续、形状上相同、颜色上一致的事物，易于构成一个整体被人们清晰地感知。

5. A 【解析】社会刻板印象，即对一群人的特征或动机加以概括，把概括得出的群体的特征归属于团体中的每一个人，认为他们每个人都具有这种特征，而无视团体成员中的个体差异。

易错警示：考生易混淆社会刻板印象和晕轮效应。社会刻板印象强调由“群体”推及“个体”；晕轮效应强调由个体的“一个特征”推及“其他特征”，即“一好百好”“一坏百坏”。

6. D 【解析】知觉的整体性是指人根据自己的知识经验把直接作用于感官的客观事物的多种属性整合为统一整体的过程。例如，一首歌曲如果曲调的各成分关系不变，只是个别刺激成分发生变化，或用不同的乐器演奏或不同人来演唱，就不会改变我们对歌曲整体性的知觉。故题干所述体现了知觉的整体性。

7. B 【解析】一种感觉兼有另一种感觉的心理现象叫联觉。看到蓝色产生清凉的感觉属于联觉现象。

8. D 【解析】对象属于影响知觉选择性的客观因素。个人的需要、动机、兴趣、爱好、定势与情绪状态等属于影响知觉选择性的主观因素。

9. B 【解析】教师在培养学生观察力时应给学生提出具体明确的观察目的和任务，不能只提出“好好看”“仔细看”之类的笼统的要求，而要细致具体地引导。

10. A 【解析】刚刚能引起感觉的最小刺激强度叫绝对感觉阈限。根据题干中的关键点“刚刚能够引起人们感觉的最小刺激量”可知，答案选A项。

11. D 【解析】知觉的选择性是指当面对众多的客体时，知觉系统会自动地将刺激分为对象和背景，并把知觉对象优先地从背景中区分出来。因此，题干中学生用荧光笔画出优美的语句利用的就是知觉的选择性。故选D项。

12. A 【解析】知觉恒常性受各种因素的影响，其中视觉线索有重要的作用。所谓视觉线索是指环境中的各种参照物给人们提供的物体距离、方位和照明条件的信息。人们在实际生活中，建立了大小与距离、形状与观察角度、明度与物体表面反射系数的联系。当客观条件改变时，人们利用生活中已经建立的这种联系，能够保持对客观世界较稳定的知觉。

13. B 【解析】知觉的理解性是指人以知识经验为基础对感知的事物加工处理，并用语词加以概括赋予说明的加工过程。教师要求学生联系上下文来猜测词义是让学生以知识经验为基础对生词进行推理加工，这体现了知觉的理解性。

14. C 【解析】感觉对比是同一感受器接受不同的刺激，而使感受性发生变化的现象。感觉对比分为两种：同时对比和继时对比。几个刺激物同时作用于同一感受器会产生同时对比现象。刺激物先后作用于同一感受器会产生继时对比。题干所述现象为同时对比。

15. A 【解析】在刺激作用停止后暂时保留的感觉现象称为感觉后效，即感觉后像。在各种感觉中，视觉的后效很显著，又称视觉后像。正是由于视觉后像的存在，人们才能把一幅幅不连贯的画面，看成连贯的动作、活动的景物。

16. B 【解析】绿花的后像是红花，后像的品质与刺激物相反，因此题干所述现象是负后像。

17. C 【解析】感觉对比是同一感受器接受不同的刺激，而使感受性发生变化的现象。感觉对比分为两种：同时对比和继时对比。刺激物先后作用于同一感受器会产生继时对比。题干所述是继时对比的典型实例。

18. B 【解析】刚刚能引起感觉的最小刺激强度叫绝对感觉阈限。

方法技巧：感觉阈限与感受性的概念经常作为出题点，考生应牢牢把握题干的问法，如果问刺激物强度或者值，则选择感觉阈限，如果问感受适宜刺激的能力，则选感受性。绝对还是差别，就看关键字眼，比较好区分。

19. C 【解析】晕轮效应是指当我们认为某人具有某种特征时，就会对他的其他特征做相似判断，也称光环效应。C项为典型的晕轮效应。

20. B 【解析】感觉对比是同一感受器接受不同的刺激，而使感受性发生变化的现象。感觉对比分为两种：同时对比和继时对比。其中，刺激物先后作用于同一感受器会产生继时对比现象。电影院和明亮的环境先后呈现，使得视觉的感受性发生变化，从而产生继时对比现象。

21. B 【解析】错觉是指在特定条件下对事物必然会产生的某种固有倾向的歪曲知觉，是对客观事物不正确的知觉，是知觉的一种特殊情况。本题中木棒弯曲是由于光的折射现象使人产生了错觉，故答案选B项。

22. B 【解析】时间错觉是在某种情况下对同样长短的时间觉得有快有慢。参加紧张而有趣的活动觉得时间过得快，从事枯燥乏味的活动觉得时间过得很慢。时间错觉主要是由态度、情绪的干扰造成的。"欢娱嫌夜短，寂寞恨更长"是指欢乐的时光总感觉过得很快，而孤独寂寞的时候就觉得夜晚太漫长。因此，这体现了时间错觉现象。

23. D 【解析】刚刚能引起感觉的最小刺激强度叫绝对感觉阈限；而人的感官觉察这一最小刺激强度的能力叫绝对感受性。刚刚能引起差别感觉的刺激物间的最小差异量叫差别阈限，又称最小可觉差；能够感受刺激之间这一最小差异量的能力叫差别感受性。

24. C 【解析】感觉是人脑对直接作用于感觉器官的客观事物的个别属性的反映，是一种最简单的心理现象，是认识的起点，是一切知识和经验的基础，是人正常心理活动的必要条件。人脑对事物整体属性的认识属于知觉。

25. B 【解析】人在刚进入电影院时会发生暗适应现象。暗适应是指照明停止或由亮处转入暗处时视觉感受性提高的过程。在暗适应的最初7～10分钟内，感觉阈限骤降，而感受性骤升。整个暗适应持续大约30～40分钟，之后感受性就不再继续提高了。

26. B 【解析】当两个刺激(如光点、直线、图形等)按一定空间间隔和时距相继呈现时，我们就会看到从一个刺激物向另一个刺激物的连续运动，这就是动景运动。题干所述体现了动景运动的含义。

27. D 【解析】由于刺激对感受器的持续作用而使感受性发生变化的现象叫感觉适应。"入芝兰之室，久而不闻其香；入鲍鱼之肆，久而不闻其臭"是嗅觉的适应。

28. C 【解析】由于个体所具有的某种特性，因而推断他人也有与自己相同特性的心理现象是投射效应。"以小人之心，度君子之腹"是投射效应的典型例子。

29. A 【解析】题干所述为儿童的观察品质缺乏精确性的表现。低年级小学生观察的精确水平很低，他们观察事物不细心、不全面，常常笼统、模糊，容易遗漏对象的特征，对有细微差别的事物常常做出泛化的反应。

30. C 【解析】知觉的选择性是指当面对众多的客体时，知觉系统会自动地将刺激分为对象和背景，并把知觉对象优先地从背景中区分出来。题干中，小军将课文中容易记错的地方用横线标记出来，这易引起个体的注意，故体现了知觉的选择性。

31. A 【解析】不同感觉的相互影响是指任何一种感受器的感受性，都会因同时或继时发生作用的其他感受器的影响而有所变化。对某一感受器的微弱刺激能提高其他感受器的感受性，而强烈刺激则降低其他感受器的感受性。故题干所述属于不同感觉的相互影响。

32. B 【解析】本题考查知觉的特征。知觉的特征有选择性、理解性、整体性和恒常性。知觉的选择性是指当面对众多的客体时，知觉系统会自动地将刺激分为对象和背景，并把知觉对象优先地从背景中区分出来。对象和背景的差别越大，越容易优先选择。题干中张佳用红笔标记重点，体现了选择性。故选B。

33. D 【解析】光环效应(晕轮效应)是指当我们认为某人具有某种特征时，就会对他的其他特征做相似判断。光环效应是一种以偏概全的现象，是在人们没有意识到的情况下发生作用的。

34. C 【解析】本题考查感觉的相互作用的规律。一种感觉兼有另一种感觉的心理现象叫联觉。题干中的小晶听到小刀刮玻璃的声音时，就会觉得很冷，浑身不舒服，这是听觉兼有温度觉的心理现象。故答案选C项。

35. B 【解析】本题考查知觉的概念。知觉是在感觉的基础上产生的，它是人脑对直接作用于感觉器官的客观事物的整体属性的反映。题干中通过感知茉莉花的整体属性得知看到的是茉莉花，这是知觉的心理过程。故答案选B项。

易错警示：考生易混淆感觉与知觉。需注意感觉反映的只是单个特征，如视觉、听觉、嗅觉，只有把这些特征综合起来，才叫作知觉。

36. B 【解析】由于刺激对感受器的持续作用而使感

受性发生变化的现象叫感觉适应。感觉适应可以引起感受性的提高,也可以引起感受性的降低。游泳时,刚刚跳进水中时会觉得水很冷,不久后这种感觉就会消失,这是由于冷水对皮肤的持续刺激,使个体的感受性降低了,故属于感觉适应现象。

37. A 【解析】本题考查感觉的概念。感觉是人脑对直接作用于感觉器官的客观事物的个别属性的反映。闻到猕猴桃的香味属于嗅觉,看到猕猴桃的褐色外观属于视觉,触摸猕猴桃的果皮属于触觉,这些都属于感觉。

38. A 【解析】知觉的整体性是指人根据自己的知识经验把直接作用于感官的客观事物的多种属性整合为统一整体的过程。知觉的整体性既有助于人的知觉能力与速度的提高,也可能妨碍和干扰部分与细节特征的反映。

二、多项选择题

1. ABCD 【解析】小学生观察力的发展特点有:(1)观察的目的性较差;(2)观察缺乏精确性;(3)观察缺乏顺序性;(4)观察缺乏深刻性。
2. BCD 【解析】内部感觉是指感受内部刺激,反映机体内部变化的感觉,主要分为机体觉、平衡觉和运动觉。
3. ABCD 【解析】空间知觉指物体的空间特性在人脑中的反映,包括形状知觉、大小知觉、深度知觉、方位知觉等。
4. AB 【解析】本题考查知觉的理解性。知觉的理解性是指人以知识经验为基础对感知的事物加工处理,并用语词加以概括赋予说明的加工过程。人在知觉的过程中,不是被动地把知觉对象的特点登记下来,而是以过去的知识经验为依据,力求对知觉对象做出某种解释,使它具有一定的意义。故A、B两项体现了知觉的理解性。知觉的选择性是指当面对众多的客体时,知觉系统会自动地将刺激分为对象和背景,并把知觉对象优先地从背景中区分出来。C、D两项体现了知觉的选择性。故答案选A、B两项。
5. ABCD 【解析】知觉的特征包括:知觉的选择性;知觉的整体性;知觉的理解性;知觉的恒常性。
6. AD 【解析】明适应和嗅觉适应可以引起感受性的降低,暗适应可以引起感受性的提高。感觉的补偿是指由于某种器官的感觉丧失或者机能不足,会自动促进和提高其他感觉器官的感受性或感觉机能而起到弥补作用。

三、判断选择题

1. A 【解析】知觉的理解性与人已有的知识经验有密切关系。知识经验越丰富,理解就越深刻,知觉也就越完整、精确。
2. A 【解析】观察是人的一种有目的、有计划、持久的知觉活动,是知觉的高级形式。故题干说法正确。
3. B 【解析】错觉是指在特定条件下对事物必然会产生的某种固有倾向的歪曲知觉,是对客观事物不正确的知觉,是知觉的一种特殊情况。只要具备了错觉产生的条件,错觉就会产生,通过主观努力是无法克服的。
4. A 【解析】知觉的恒常性是指客观事物本身不变,但知觉条件在一定范围内发生变化时,人的知觉映像仍相对不变。知觉恒常性包括颜色恒常性、亮度恒常性、形状恒常性、大小恒常性和声音恒常性。故题干表述正确。
5. B 【解析】根据人脑反映的对象的不同,可以把知觉分为物体知觉和社会知觉。

四、填空题

1. 深刻性
2. 知觉的理解性
3. 整体属性
4. 近因效应
5. 诱导运动

五、判断说理题

1. 盲人失去视觉,通过实践活动使听觉更加敏锐的现象是感觉的补偿。这种说法是否正确?请运用心理学知识加以说明。

   (1)这种说法是正确的。(2)感觉的补偿是指某种感觉系统的机能丧失后而由其他感觉系统的机能来弥补。盲人失去了视觉,会增强其听觉、嗅觉、触觉等感觉的感受性,以发挥其补偿作用。

2. 错觉现象的存在正是说明了人类无法客观地反映世界。这种说法是否正确?请运用心理学知识加以说明。

   (1)这种说法是不正确的。(2)错觉是指在特定条件下对事物必然会产生的某种固有倾向的歪曲知觉,是对客观事物不正确的知觉,是知觉的一种特殊情况。错觉的出现并不是说明人不能准确地认识客观世界。

六、简答题(参考答案)

1. 简述观察的品质。

   (1)观察的目的性;(2)观察的精确性;(3)观察的全面性;(4)观察的深刻性。

2. 简述似动知觉的主要形式。

   (1)动景运动。当两个刺激(如光点、直线、图形等)按一定空间间隔和时距相继呈现时,我们就会看到从一个刺激物向另一个刺激物的连续运动,这就是动景运动。

   (2)诱导运动。由于一个物体的运动使其相邻的静止的物体产生运动的现象叫作诱导运动。

(3)自主运动。人在黑暗背景中注视一个微弱的、静止的光点,片刻后感觉到光点在运动的现象,这就是自主运动。

(4)运动后效。在注视向一个方向运动的物体之后,如果将注视点转向静止的物体,那么会看到静止的物体似乎向相反的方向运动,这就是运动后效。

3. 简述感受性与感觉阈限的关系。

感觉器官对适宜刺激的感觉能力叫感受性。感觉阈限是指刚刚能引起感觉或差别感觉的刺激量。感受性的高低是用感觉阈限的大小来度量的。感受性与感觉阈限在数值上成反比关系,感受性高,则感觉阈限低;反之,感受性低,则感觉阈限高。

七、论述题(参考答案)

在学校教育教学中,如何培养学生的观察能力?

(1)引导学生明确观察的目的与任务,是良好观察的重要条件;(2)充分的准备、周密的计划、提出观察的具体方法,是引导学生完成观察的重要条件;(3)在实际观察中应加强对学生的个别指导,有针对性地培养学生良好的观察习惯;(4)引导学生学会记录整理观察结果,在分析研究的基础上,写出观察报告、日记或作文;(5)引导学生开展讨论、交流并汇报观察成果,不断提高学生的观察能力,培养良好的观察品质。

此外,教师还应努力培养学生的观察兴趣与优良的性格特征,如学习的坚韧性、独立性等。

真题精解

一、单项选择题

1. D 【解析】由于刺激对感受器的持续作用而使感受性发生变化的现象叫感觉适应。题干所述是感觉适应中的听觉适应。
2. A 【解析】一种感觉兼有另一种感觉的心理现象叫联觉。
3. A 【解析】一种感觉兼有另一种感觉的心理现象叫联觉。根据题干可知,作用于视觉器官的红色能引起温暖的感觉,绿色能引起凉爽的感觉,这是一种感觉兼有另一种感觉的典型现象,故属于联觉。
4. D 【解析】知觉的选择性是指当面对众多的客体时,知觉系统会自动地将刺激分为对象和背景,并把知觉对象优先地从背景中区分出来。题干中强调用红色粉笔标注重点内容(知觉对象),以引起学生关注,故体现了知觉的选择性。

   A项,知觉的理解性是指人以知识经验为基础对感知的事物加工处理,并用语词加以概括赋予说明的加工过程。

   B项,知觉的恒常性是指客观事物本身不变,但知觉条件在一定范围内发生变化时,人的知觉映像仍相对不变。

   C项,知觉的整体性是指人根据自己的知识经验把直接作用于感官的客观事物的多种属性整合为统一整体的过程。
5. D 【解析】知觉的恒常性是指客观事物本身不变,但知觉条件在一定范围内发生变化时,人的知觉映像仍相对不变。知觉恒常性包括颜色恒常性、亮度恒常性、形状恒常性、大小恒常性和声音恒常性。其中,大小恒常性是指人对物体大小的知觉并不随着距离的变化而变化。题干中先后看100米和10米处的同一辆汽车时,人们认为其大小不变,这主要体现了知觉的恒常性中的大小恒常性。故答案选D项。

二、多项选择题

ACD 【解析】由于刺激对感受器的持续作用而使感受性发生变化的现象叫感觉适应。其中视觉的适应可分为暗适应和明适应。暗适应是指照明停止或由亮处转入暗处时视觉感受性提高的过程;明适应是指照明开始或由暗处转入亮处时视觉感受性下降的过程。因此在感觉适应中,感受性有下降也有提高,故B项说法错误。答案选A、C、D三项。

三、判断选择题

A 【解析】知觉的恒常性是指客观事物本身不变,但知觉条件在一定范围内发生变化时,人的知觉映像仍相对不变。题干所述是知觉恒常性的典型事例。

四、填空题

1. 个别属性
2. 运动知觉

第三章 记 忆

基础训练

一、单项选择题

1. C 【解析】动作记忆是以做过的运动或动作为内容的记忆,又称运动记忆。
2. D 【解析】最早对遗忘进行实验研究的是德国心理学家艾宾浩斯,他于1879年至1884年对遗忘进行研究,以无意义音节为材料,依据保持效果,提出了著名的"遗忘曲线"。
3. B 【解析】从信息加工的角度来看,记忆过程是对输入信息的编码、储存和提取的过程。
4. C 【解析】遗忘发展的规律表明,识记后遗忘很快就会发生。因此,对于新学习的材料,为了防止遗忘,必须"趁热打铁"及时进行复习。
5. A 【解析】本题考查识记的分类。根据识记有无目的性,可分为无意识记和有意识记。根据识记时对材料是否理解,可以把识记分为机械识记和意义识记。因此,排除C、D两项。机械识记是根据材料

的外在联系，采取多次重复的方式所进行的识记，即平时所说的死记硬背。但机械识记也有一定的必要性，可能进行机械识记的情况有两种：(1)材料本身没有意义或者没有内在联系，如对无意义音节、地名、人名、历史年代等的识记；(2)材料虽然有意义，但识记者对其缺乏应有的理解，只能先机械识记，随着知识经验的积累再逐步加以理解。意义识记是在理解的基础上，依据材料的内在联系，并运用已有的知识经验而进行的识记，有人也称之为理解记忆或逻辑记忆。因此，本题选A项。

6. A 【解析】最早对遗忘进行实验研究的是德国心理学家艾宾浩斯，他于1879年至1884年对遗忘进行研究，以无意义音节为材料，依据保持效果，提出了著名的"遗忘曲线"。

7. D 【解析】有意识记是有明确的识记目的，并运用一定方法的识记，在识记过程中还需要一定的意志努力。

8. A 【解析】陈述性记忆是指对有关事实和事件的记忆，如知识和常识。

9. B 【解析】奥苏伯尔的同化说认为，遗忘是知识的组织和认知结构简化的过程。当人们学到了更高级的概念与规律之后，就可以以此来代替低级的概念，使低级概念简化，从而减轻记忆负担。这是一种积极的遗忘。

方法技巧：遗忘的理论考查频率较高。考生做题时的关键在于把握各个理论的关键点。"消退说"关键在于痕迹消退；"干扰说"认为受到干扰；"压抑说"认为遗忘是由情绪或动机的压抑；"提取失败说"关键在于线索；"同化说"认为是组织和认知结构的简化。

10. B 【解析】无意回忆的特点是没有预定目的，也不需要任何意志努力的回忆。"自由联想""触景生情"都是没有预定目的的一种回忆，因此，属于无意回忆。

11. D 【解析】本题考查记忆的分类。根据信息从输入到提取所经过的时间、信息编码方式和记忆阶段的不同，可将记忆分为瞬时记忆、短时记忆和长时记忆。瞬时记忆又叫感觉记忆是指客观刺激停止作用后，感觉信息会在一个极短的时间内保存下来的记忆，它的信息贮存时间极短，大约为0.25～2秒。短时记忆是指人脑中的信息在1分钟之内加工与编码的记忆。长时记忆是指信息经过充分加工，在头脑中长久保持的记忆。题干中小张将公式从初中记到大学，是长时记忆，选择D项。

12. C 【解析】学习后立即睡觉，没有之后学习的影响，即没有了倒摄抑制的影响，学习保持的效果会更好。

13. A 【解析】本题考查遗忘理论。提取失败说认为遗忘是因为编码不准确，失去了检索线索或线索错误。一旦有了正确的线索，经过搜寻，所需要的信息就能提取出来。明明知道某件事，但就是不能回忆出来的现象称为"舌尖现象"或"话到嘴边现象"。这种现象说明遗忘只是暂时的，就像把物品放错了地方怎么也找不到一样。符合题干描述，本题选择A项。

14. D 【解析】记忆的准备性是记忆的提取和应用特征。它使人能及时、迅速、灵活地从记忆信息的储存库中提取所需要的知识经验，以解决当前的实际问题。

方法技巧：对记忆的四个品质进行区分的重点在各自的关键词。"准确性"在于记得准；"持久性"在于记得久；"敏捷性"在于记得快；"准备性"则是能够能迅速、灵活地提取。

15. D 【解析】记忆过程包括识记、保持、再现(包括再认或回忆)三个环节。

16. D 【解析】形象记忆是指以我们感知过的事物形象为内容的记忆。题干中强调小董对见过的新老师的外貌特征的记忆，故属于形象记忆。

17. C 【解析】再认是指人们对感知过、思考过或体验过的事物，当它再度呈现时，仍能认识的心理过程。开卷考试是要求学生对学过的知识能够再认。

18. D 【解析】回忆是指过去经历过的事物不在面前，人们在头脑中把它重新呈现出来的过程。学生做问答题时的记忆活动主要是回忆。

19. A 【解析】记忆的准备性是记忆的提取和应用特征。它使人能及时、迅速、灵活地从记忆信息的储存库中提取所需要的知识经验，以解决当前的实际问题。

20. A 【解析】情景记忆是以亲身经历的、发生在一定时间和地点的事件(情景)为内容的记忆。

21. C 【解析】本题考查记忆的分类。情景记忆是以亲身经历的、发生在一定时间和地点的事件(情景)为内容的记忆。情景记忆接受和储存的信息和个人生活中的特定时间、地点有关，并以个人的经历为参照。题干中，回忆起很多年前老师在课堂上谆谆教诲的过程，这是以人们亲身经历的、发生在课堂上的情景为内容的记忆。故属于情景记忆。

22. B 【解析】程序性记忆是指对如何做事情的记忆，包括对知觉技能、认知技能和运动技能的记忆。

23. D 【解析】过度学习是指在"记得"和"学会"的基础上，再增加一些学习的时间，以便对学习材料的掌握达到更高的程度，最适合于那些必须能准确回忆却没什么意义的操作性信息，如乘法口诀表、汉字书写和英语单词的拼写。

24. D 【解析】前摄抑制是先学习的材料对识记和回忆后学习材料的干扰作用。后学习的材料对保持和回忆先学习的材料的干扰作用,称为倒摄抑制。故A项应是前摄抑制,B项是倒摄抑制。前摄抑制和倒摄抑制一般是在学习两种不同但又彼此类似的材料时产生的。但是,在学习一种材料的过程中也会出现这两种抑制现象。故C项不正确。实验表明:在学习两种不同材料时,如果后来学习的材料在难度上不同,倒摄抑制的作用也就不同。故D项正确。

易错警示: 考生易混淆前摄抑制与倒摄抑制。前影响后,叫作前摄抑制;后影响前,叫作倒摄抑制。

25. B 【解析】机械识记时可能有两种情况:(1)识记者面对的本身就是没有意义或者没有内在联系的材料,如对无意义音节、地名、人名、历史年代等的识记;(2)面对的材料虽然有可能有意义,而识记者对其缺乏应有的理解,只能先机械识记,随着知识经验的积累再逐步加以理解。所以,也有需要机械识记的时候。故并不是所有文字都可以用意义识记的方法来进行识记。故B项说法错误。

26. C 【解析】情绪记忆是个体以曾经体验过的情绪或情感为内容的记忆。它是个体将过去经历过的情绪情感体验保存在记忆中,并且在一定条件下,这种情绪情感被重新体验到的过程。

方法技巧: 判断记忆种类的关键在于记忆的内容是什么。"事物形象"是形象记忆;亲身经历的、发生在一定时间和地点的事件(情景)是情景记忆;"概念、定理、公式和规则"属于语义记忆;"情绪或情感"是情绪记忆;"运动或动作"属于运动记忆。

27. B 【解析】语义记忆是以词语所概括的事物的关系以及事物本身的意义和性质为内容的记忆。例如,概念、定理、公式和规则等。

28. C 【解析】陈述性记忆是指对有关事实和事件的记忆,如知识和生活常识。它可以通过语言传授而一次性获得,它的提取往往需要意识的参与。故题干所述符合陈述性记忆的内涵。

29. B 【解析】本题考查遗忘的相关知识。有意义的材料比无意义的材料遗忘得慢,即没有重要意义的材料遗忘较快,故①说法正确;一般情况下,学习者对于熟悉的情景材料遗忘较慢,故②说法正确;在学习程度相等的情况下,识记材料越多遗忘越快,故③说法错误;过度学习达到50%,即学习的熟练程度达到150%时,学习的效果最好,故④说法正确。因此,答案选B项。

30. D 【解析】及时复习就是在初期大量遗忘开始之前就进行复习。及时复习不仅可防止遗忘、加深理解、熟练技能,而且还可以诊断、弥补学习上的知识缺陷,完善自己的知识结构,发展我们的记忆能力和思维能力。

31. D 【解析】压抑说(动机说)认为,遗忘是由情绪或动机的压抑作用引起的,如果压抑被解除,记忆就能恢复。弗洛伊德认为,某些经验之所以在正常意识状态下不能被回忆,是因为回忆它们会使病人感到痛苦、不愉快,所以,这些记忆平时被压抑在无意识中。题干所述符合压抑说(动机说)的含义。

32. A 【解析】本题考查影响识记效果的因素。提高有意识记效果的主要方法是明确记忆的目的和任务。明确记忆目的和任务能提高有意识记的效果,故A项正确,D项错误。一般来说,要达到同样的识记水平,材料越多,识记所用的平均时间和次数就越多,呈现出材料数量与识记效率呈负相关的趋势。故B项错误。有意识记是一种需要一定意志努力的过程,故C项错误。

33. A 【解析】内隐记忆是指在不需要意识参与或不需要有意回忆的情况下,个体的已有经验自动对当前任务产生影响而表现出来的记忆。题干所述是内隐记忆的典型现象。

34. A 【解析】干扰说可用前摄抑制和倒摄抑制来说明。前摄抑制是先学习的材料对识记和回忆后学习材料的干扰作用。倒摄抑制是后学习的材料对保持和回忆先学习的材料的干扰作用。回忆高尔基的《海燕》时,头脑中浮现出课文的第一段和结尾部分,中间部分却模糊不清,这是因为课文的开始部分只受倒摄抑制的影响,不受前摄抑制的影响;结尾部分只受前摄抑制的影响,不受倒摄抑制的影响;中间部分则受两种抑制的影响,因而最容易遗忘。

二、多项选择题

1. BD 【解析】情绪记忆是个体以曾经体验过的情绪或情感为内容的记忆。它是个体将过去经历过的情绪情感体验保存在记忆中,并且在一定条件下,这种情绪情感被重新体验到的过程。B、D项属于情绪记忆。A项属于形象记忆,C项属于动作记忆。

2. BD 【解析】本题考查遗忘理论的相关内容。干扰说认为,遗忘是因为在学习和回忆之间受到其他刺激的干扰所致。一旦干扰被排除,记忆就能恢复,而记忆痕迹并未消退。干扰说可用前摄抑制和倒摄抑制来说明。前摄抑制是先学习的材料对识记和回忆后学习材料的干扰作用。后学习的材料对保持和回忆先学习的材料的干扰作用,称为倒摄抑制。故A项瑶瑶在开头和结尾中识记的单词记忆效果好,中间识记的单词效果不好是受到两种抑制的影响,为典型的干扰理论,C项是后看的内容

影响到先前看的内容，属于倒摄抑制，故A、C两项匹配错误。

压抑说认为，遗忘是由于情绪或动机的压抑作用引起的，如果压抑被解除，记忆就能恢复。该理论是弗洛伊德在给病人催眠时发现的。他认为个体之所以无法回忆，是因为该记忆使病人感到痛苦而被人为地压抑到潜意识中。B项小轩将那些令她难过的事情忘记属于压抑理论，故B项匹配正确。

奥苏伯尔认为，遗忘是知识的组织和认知结构简化的过程。当人们学到了更高级的概念与规律之后，就可以以此来代替低级的观念，使低级观念简化，从而减轻记忆负担。这是一种积极的遗忘。D项小红只记得知识结构、公式、原理而忘记例题、习题的现象说明其已对知识的组织和认知结构进行了简化，属于同化理论，故D项匹配正确。

3. ABCD 【解析】过度学习指学习达到恰能背诵之后再继续学习。比如，学习一篇作文，学习10分钟刚好能背诵，在能够背诵之后增加的学习就是过度学习。研究表明，过度学习的次数保持在50%时，记忆效果最好。超过的次数少，达不到效果；超过50%时，费时费力，很可能引起厌倦、疲劳，而效果却不会因此提高。过度学习最适用于那些必须能准确回忆却没有深刻意义的材料，如乘法口诀、汉字书写等内容。

4. BC 【解析】系列位置效应是指接近开头和末尾的记忆材料的记忆效果好于中间部分的记忆效果的趋势，A项错误；一般情况下，对熟练的动作和形象材料遗忘得慢，而无意义材料比有意义材料遗忘要快得多，D项错误。

5. ABC 【解析】学生牢固地掌握知识，需要通过他们的记忆。教师应注意指导学生进行记忆，提高他们的记忆能力。(1)要向学生提出记忆的任务，讲清记忆的重要性，培养记忆的兴趣，以增强学生记忆自觉性和积极性。(2)要指导学生掌握记忆的方法，如善于在理解的基础上记忆，学会把理解记忆与机械记忆结合起来；养成边阅读、边思考、边记忆的习惯；使学生学会正确分配复习时间，不过于集中，也不间隔过长；使学生能够通过联想、推理等办法回忆所学过的知识。

三、判断选择题

1. A 【解析】学过的知识，如果不经过复习，是不可能长久、完全地保持在记忆中的。克服遗忘最好的方法是加强复习。

2. A 【解析】记忆并不是一个被动保持信息的系统，而是一个主动加工的过程。随着年龄的增长，记忆方面最为明显的变化表现在记忆广度的增加。

3. B 【解析】实验证明：过度学习达到50%，即学习的熟练程度达到150%时，学习的效果最好；超过150%时，效果并不递增，很可能引起厌倦、疲劳而成为无效劳动。

四、填空题

1. 记忆
2. 强化
3. 前摄抑制
4. 先快后慢
5. 系列位置效应
6. 提取失败说
7. 15
8. 集中　分散
9. 记忆的准确性
10. 追忆
11. 50%
12. 提取

五、判断说理题

1. 一般来说，刚学过的新知识每次复习的时间可以短些，而间隔的时间可以长些。这种说法是否正确？请运用心理学知识加以说明。

(1)这种说法是不正确的。(2)一般来说，刚学过的新知识应该多复习，每次复习所用的时间应长些，而间隔的时间要短些。随着记忆巩固程度的提高，每次复习的时间可以短些，而间隔的时间可以长些。

2. 遗忘总是不利于学习的。这种说法是否正确？请运用心理学知识加以说明。

(1)这种说法是不正确的。(2)遗忘是与保持相反的心理过程，是指对识记过的材料不能回忆或再认，或者表现为错误的回忆或再认。奥苏伯尔的同化说认为，遗忘是知识的组织和认知结构简化的过程。当人们学到了更高级的概念与规律之后，就可以以此来代替低级的观念，使低级观念简化，从而减轻记忆负担。这是一种积极的遗忘。故遗忘并非总是不利于学习的。

六、简答题(参考答案)

1. 影响遗忘进程的因素有哪些？

(1)学习材料的性质；(2)系列位置效应；(3)识记材料的数量和学习程度；(4)记忆任务的长久性与重要性；(5)识记的方法；(6)时间因素；(7)情绪和动机。

2. 简述影响识记效果的因素。

(1)识记的目的与任务；(2)识记的态度和情绪状态；(3)活动任务的性质；(4)材料的数量和性质；(5)识记的方法。

3. 简述遗忘的原因。

(1)消退说认为，遗忘是记忆痕迹得不到强化而逐渐衰弱，以致最后消退的结果。(2)干扰说认为，遗忘是因为在学习和回忆之间受到其他刺激的干扰

所致。(3)压抑说(动机说)认为,遗忘是由于情绪或动机的压抑作用引起的。(4)提取失败说认为,遗忘是一时难以提取出需要的信息,遗忘之所以发生是因为编码不准确,失去了检索线索或线索错误。(5)同化说(认知结构说)认为,遗忘是知识的组织和认知结构简化的过程。

七、案例分析题(参考答案)

1. (1)记忆品质包括敏捷性、持久性、准确性和准备性。

①记忆的敏捷性是指能够在较短的时间内记住较多的东西,是记忆速度和效率方面的特征。案例中有些同学记忆力非常好,仅读几遍,就能够顺利地背出来,记得很快,这是记忆敏捷性良好的体现。

②记忆的持久性是指能够把知识经验长时间地保留在头脑中,甚至终身不忘,是记忆的保持特征。案例中有些同学不仅背得很流利,声情并茂,而且记忆深刻,是记忆持久性良好的体现。

③记忆的准确性是指对于所识记的材料,在再认和回忆时,没有歪曲、遗漏、增补和臆测,是记忆的正确和精确特征。案例中有些同学能够顺利、正确地背出古诗词,这体现的是记忆的准确性。

④记忆的准备性使人能及时、迅速、灵活地从记忆信息的储存库中提取所需要的知识经验,以解决当前的实际问题。案例中有的同学背得磕磕巴巴,在多次提示后才能勉强背出来是记忆准备性不好的体现。

(2)记忆过程包括识记、保持、再现(再认或回忆)三个环节。从信息加工的角度来看,记忆过程是对输入信息的编码、储存和提取的过程。信息的输入编码是识记过程,信息的储存相当于保持过程,信息的提取是再认或回忆过程。

①识记。识记是记忆过程的第一个基本环节,是个体获得知识经验的过程。它具有选择性的特点。

②保持。保持是指已获得的知识经验在人脑中的巩固过程,是记忆过程的第二个环节。保持并非是原封不动地保存头脑中识记过的材料的静态过程,而是一个富于变化的动态过程。这种变化表现在两个方面:一是保持在数量上的变化。二是保持在质量上的变化。

③再认或回忆。再认是指人们对感知过、思考过或体验过的事物,当它再度呈现时,仍能认识的心理过程。回忆是过去经历过的事物不在面前,人们在头脑中把它重新呈现出来的过程。

(3)教师在教学过程中运用记忆规律应包括以下两方面:第一,依据记忆规律合理安排和组织教学。①合理安排教学;②向学生提出具体的识记任务;③使学生处于良好的情绪和注意状态;④充分利用无意识记的规律组织教学;⑤使学生理解所学内容并把它系统化;⑥培养学生良好的记忆品质,提高其记忆能力。第二,依据记忆规律有效地组织复习。①复习时机要得当;②复习方法要合理;③复习次数要适宜;④重视对记忆品质的培养;⑤注意用脑卫生。

2. (1)小李在学习英语的过程中主要运用了预习和复习。预习课文能为小李在上课时创造有利的学习状态,打好注意定向的基础,把主要注意力集中在主要问题上。复习使小李能够及时消化和巩固知识,并使消化和巩固的知识系统化、条理化。

(2)学习遗忘的进程受学习材料在记忆内容中所处位置的影响,即存在系列位置效应。系列位置效应就是指接近开头和末尾的记忆材料的记忆效果好于中间部分的记忆效果的趋势。开始部分只受倒摄抑制的影响,结尾部分只受前摄抑制的影响,所以记忆效果较好;中间部分则受两种抑制的影响最容易遗忘。小李睡前背诵课文只有前摄抑制而没有倒摄抑制的影响,因而能达到更好的记忆效果。

(3)遗忘发展的规律表明,识记后遗忘很快就会发生。因此,对于新学习的材料,为了防止遗忘,必须"趁热打铁"及时复习。由于遗忘存在着"先快后慢"的趋势,因此,在学习中还必须遵守"间隔复习"的原则。一般来说,刚学过的新知识应该多复习,每次复习所用的时间应长些,而间隔的时间要短些。随着记忆巩固程度的提高,每次复习的时间可以短些,而间隔的时间可以长些。小李每隔几天复习一遍背诵过的课文,就是有效利用间隔复习来克服遗忘。

真题精解

一、单项选择题

1. B 【解析】过度学习达到50%,即学习的熟练程度达到150%时,学习的效果最好。因此,在学习30分钟刚好记住材料时,要想达到最佳的记忆效果,则需要继续学习15分钟。

2. B 【解析】遗忘发展的规律表明,识记后遗忘很快就会发生。因此,对于新学习的材料,为了防止遗忘,必须"趁热打铁"及时进行复习。

3. C 【解析】A项:上下文效应也称背景效应,指周围物体、事件或信息对机体如何反应刺激尤其是在知觉和认知方面的影响作用,如言语的上下文所形成的环境对阅读或听说的影响。与题干不符。

B项:罗森塔尔效应也叫教师期望效应或皮格马利翁效应,即教师的期望或明或暗地传递给学生,会使学生按照教师所期望的方向来塑造自己的行为。与题干不符。

C项:系列位置效应就是指接近开头和末尾的记忆材料的记忆效果好于中间部分的记忆效果的趋势。

题干中学生背诵《望江南》时，首句和末句部分容易记住，而中间部分则容易忘记。其原因是《望江南》的开始部分只受倒摄抑制的影响，不受前摄抑制的影响；结尾部分只受前摄抑制的影响，不受倒摄抑制的影响；中间部分则受两种抑制的影响，因而最容易遗忘。故这种现象属于系列位置效应。

D项：蔡加尼克效应指人们对于未完成任务的记忆比已经完成任务的记忆保持得更好。与题干不符。

综上所述，答案选C项。

二、判断选择题

B 【解析】无意识记是事先没有预定目的，也不需要运用任何有助于识记的方法和意志努力，自然而然地识记。由于无意识记不需要意志努力，因此社会环境中的各种影响往往会通过无意识记而被"潜移默化"地接受。

三、填空题

意义识记

四、判断说理题

1. 根据遗忘的干扰说可知，为了防止遗忘，应及时复习。对此你觉得是否正确，请用心理学知识说明理由。

(1)这种说法是不正确的。(2)艾宾浩斯的遗忘规律表明，识记后遗忘很快就会发生。因此，对于新学习的材料，为了防止遗忘，必须及时复习。在遗忘理论中，干扰说认为，遗忘是因为在学习和回忆之间受到其他刺激的干扰所致，即主要受到了前摄抑制和倒摄抑制的影响。因此，干扰说给我们的启示是：在早上或晚上学习效果较好，因为只受到单一抑制的影响。因此，题干中的说法错误。

2. "一个人只要能做到过目成诵，就说明其记忆力好。"这种说法是否正确？请运用心理学知识加以说明。

(1)这种说法是不正确的。(2)记忆的品质包括记忆的敏捷性、记忆的持久性、记忆的准确性、记忆的准备性。①记忆的敏捷性。这是记忆的速度和效率特征。能够在较短的时间内记住较多的东西，就是记忆敏捷性良好的表现。②记忆的持久性。这是记忆的保持特征。能够把知识经验长时间地保留在头脑中，甚至终身不忘，这就是记忆持久性良好的表现。③记忆的准确性。这是记忆的正确和精确特征。它是指对于所识记的材料，在再认和回忆时，没有歪曲、遗漏、增补和臆测。记忆的这种品质极为重要，如果缺乏记忆的准确性，那么记忆的其他品质也就没有了价值。④记忆的准备性。这是记忆的提取和应用特征。它使人能及时、迅速、灵活地从记忆信息的储存库中提取所需要的知识经验，以解决当前的实际问题。记忆的这一品质是上述三种品质的综合体现，而上述三种品质只有与记忆的准备性结合起来，才有价值。"过目成诵"是记忆的敏捷性的表现，一个人需要具备记忆的四个品质，才能说明其记忆力好。所以题干中的说法是不正确的。

五、案例分析题(参考答案)

1. 影响识记效果的因素有：(1)识记的目的与任务。有无明确的识记目的与任务直接影响识记的效果。案例中老师明确要求学生理解掌握并牢记"三角形的内角和等于180度"这个重要理论，并说明记住这个理论的重要性，这向学生提出了明确的识记目的与任务，会提高学生的识记效果。(2)识记的态度和情绪状态。一般来说，在积极的态度和情绪状态下，人的识记效果好；在消极的态度和情绪状态下，人的识记效率低。案例中老师通过折纸游戏让学生动手实践验证"三角形的内角和是180度"，引发学生的学习兴趣，激起学生的学习动机，提高学生的识记效果。(3)活动任务的性质。当识记的材料成为人活动的直接对象时，识记的效果就好；记忆任务的远近对记忆内容保持的长久性与否也有关系；不同的识记任务和要求会影响人的识记方法、进程和效果。案例中老师让学生亲自动手证明所要牢记的重要理论，使识记对象成为学生活动的直接对象，会提高识记效果；老师说这个理论需要学生牢牢记住，识记的内容要求长久、识记任务要求高，会提高学生的识记效果。(4)材料的数量和性质。一般来说，连贯的、有意义的、有规律的材料更容易被记住。识记直观形象的材料比识记抽象的材料效果要好些。案例中老师通过展示图片，提供直观的形象材料来提高学生的识记效果。(5)识记的方法。采用不同的方法和途径识记材料，效果也是不同的。

2. (1)"早晨起床后和晚上临睡前记忆效果好"的现象体现了系列位置效应。"早晨起床后和晚上临睡前记忆效果好"是因为只受"单一抑制"的影响，即早晨起床后只受倒摄抑制的影响，不受前摄抑制的影响；晚上临睡前只受前摄抑制的影响，不受倒摄抑制的影响。其中，前摄抑制是先学习的材料对识记和回忆后学习材料的干扰作用；倒摄抑制是后学习的材料对保持和回忆先学习的材料的干扰作用。

(2)存在的问题：

①存在不良情绪和学习动机不足。甲同学有偏科现象，对文科存在畏难心理，平时学习也缺乏主动性，他的不良情绪和动机影响记忆效果。

②识记方法不合理。以理解为基础的意义识记比机械识记的效果好得多。甲同学在复习时总以为"文科就靠背"，可以不求甚解。他采用机械识记的方法，从而记忆效果不好。同时，对于形象的知识和抽象的知识采用相同的学习方法，因此难以取得相应的记忆效果。

③复习方法较单一。甲同学在复习时，采用单一的反复识记的方法，这不利于提高记忆效果。
④学习程度不够。甲同学没有进行过度学习，总是刚能背诵就停止学习，因此记忆效果不好。
⑤复习时间不足且复习的内容数量过多。甲同学总是考前"临时抱佛脚"，造成复习时间紧、任务重，因此学习效果欠佳。
改善措施：
①在学习时保持积极的情绪状态和适当的动机水平。在学习时，要端正学习态度，培养学习兴趣，积极寻求帮助，克服畏难心理。
②加强对学习内容的理解并将其系统化。在学习时，不死记硬背知识，对于没有明显意义的学习材料，要尽力找出它们之间的联系，甚至人为地加以联系，以帮助识记。
③采用合理的复习方法。在复习时，采用分散复习与集中复习相结合、运用多种感官参与复习、尝试回忆与反复识记相结合等方法，使复习方法多样化，避免复习方法单一，提高记忆效果。
④把握好复习的时间。在学习后要及时复习，即在初期大量遗忘开始前就进行复习。同时合理安排复习内容和时间，提高复习效率，不"临时抱佛脚"。
⑤把握好复习的数量，并进行适当的过度学习。每次复习时，学习材料的数量不宜过多，同时使学习的熟练程度达到150%，提高记忆效果。

第四章　表象与想象

基础训练

一、单项选择题

1. B 【解析】表象是事物不在面前时，人们在头脑中出现的关于事物的形象。朋友不在眼前，而头脑中浮现他的形象，这就是表象。
2. B 【解析】想象是人脑对已储存的表象进行加工改造，形成新形象的心理过程。
3. A 【解析】无意想象又称不随意想象，是没有预定目的，不由自主产生的想象。看到天上的白云，人们不由自主地将其想象成羊、棉花，这种想象是没有预定目的，不由自主的，故属于无意想象。故选A项。
4. B 【解析】想象的补充功能是指借助想象可以弥补人们认识活动的时空局限，超越个体狭隘的经验范围，获得更多的知识。
5. C 【解析】本题考查想象的种类。幻想是指向未来并与个人愿望相联系的想象。它是创造想象的特殊形式，如各种神话、童话中的形象都属于幻想。因此，题干所述属于幻想。
6. B 【解析】有意想象又称随意想象，是指有预定目的、自觉进行的想象，是意识活动的一种形式。
7. B 【解析】创造想象是按照一定目的、任务，使用自己以往积累的表象，在头脑中独立地创造出新形象的过程。设计蓝图属于创造想象的过程。
8. B 【解析】夸张是指改变客观事物的正常特点，对某些特点加以夸大和强调，使其增大、缩小、数量加多、色彩加浓等。

易错警示：考生易混淆想象的几种加工方式。区分关键要从定义入手。"黏合"强调结合；"夸张"在于夸大某一特点，如千手观音；"拟人化"在于"拟人"，如雷公、电母；"典型化"强调一类事物的典型特征。

9. C 【解析】心理学家通过"心理旋转实验"证明了表象的可操作性。
10. B 【解析】本题考查表象的内涵。表象是事物不在面前时，人们在头脑中出现的关于事物的形象。题干中强调在头脑中再现南京长江大桥的形象，故属于表象。
11. D 【解析】幻想是创造想象的一种特殊形式，与一般的创造想象相比具有以下两个特征：(1)幻想体现了个人愿望，是向往的形象；(2)幻想常是创造性活动的准备阶段。
12. A 【解析】再造想象是依据词语或符号的描述、示意在头脑中形成与之相应的新形象的过程。因此，在阅读鲁迅先生的《孔乙己》时，读者根据书中的描述想象而成的人物形象属于再造想象。

易错警示：考生易混淆创造想象和再造想象的内涵。在做题时考生可以通过题干中的关键词来区分二者。创造想象是独立地创造出新形象的过程，如作者独立地创造出小说中的人物形象；再造想象是根据词语或符号的描述在头脑中形成新形象的过程，如读者脑中孔乙己的形象。

13. D 【解析】在创造想象的过程中，新形象的产生往往带有突然性，这种突然出现新形象的状态，称为灵感。

二、多项选择题

1. BCD 【解析】神话中孙悟空的形象利用了黏合的想象加工方式；千手观音的形象利用了夸张的想象加工方式；"雷公""电母"的形象运用了拟人化的想象加工方式。
2. AD 【解析】再造想象是依据词语或符号的描述、示意在头脑中形成与之相应的新形象的过程。B项是无意想象，C项是创造想象。故答案选A、D两项。
3. BCD 【解析】想象在教学中的作用是显而易见的。想象可以打破时空界限，它不仅能增强教学活动的生动性，而且使学生能更好地、更深刻地理解教材；更牢固地掌握知识技能，大大提高教学质量，

因此在各科教学中都要充分利用儿童的想象。同时,教师在教学中要充分认识和利用创造想象和再造想象的联系,使两者很好地结合起来应用,才能使儿童的学习富有生动性和创造性。

4. AD 【解析】幻想是创造想象的一种特殊形式,是一种与生活愿望相结合并指向于未来的想象。幻想属于有意想象。幻想可分为科学幻想、理想、空想三种形式。A项属于理想;D项属于空想。故A、D项都属于幻想。梦是无意想象的极端表现,B项属于无意想象;C项属于自主运动。

三、判断选择题

1. A 【解析】表象是人们多次知觉的结果,它不表征事物的个别特征,而是表征事物的大体轮廓和主要特征,因此表象具有概括性。题干所述正是表象的概括性特征的含义。

2. A 【解析】本题考查理想的定义。幻想是创造想象的一种特殊形式,可分为科学幻想、理想、空想三种形式。其中,理想是指符合事物发展规律、有实现可能的积极幻想。

3. B 【解析】想起舞蹈动作是运动表象。

4. B 【解析】再造想象也有创造性,只不过创造性成分较低。

四、填空题

1. 视觉表象　听觉表象　运动表象

2. 空想

五、判断说理题

想象与表象没有本质区别。这种说法是否正确?请运用心理学知识加以说明。

(1)这种说法是不正确的。(2)①想象是对已有的表象进行加工改造,创造出新形象的思维过程;表象是过去感知过的事物的形象在头脑中的再现。②表象并没有创造出新的形象,因此它属于记忆的范畴;想象是新形象的创造,所以属于思维的范畴。

六、简答题(参考答案)

简述再造想象产生的条件。

(1)必须具有丰富的表象储备;(2)为再造想象提供的词语及实物标志要准确、鲜明、生动;(3)正确理解词语与实物标志的意义。

真题精解

一、单项选择题

1. D 【解析】想象是人脑对已储存的表象进行加工改造,形成新形象的心理过程。题干所述属于想象的过程。

2. B 【解析】A项:幻想是一种与生活愿望相结合并指向于未来的想象。幻想是创造想象的一种特殊形式。与题干不符。

B项:再造想象是依据词语或符号的描述、示意在头脑中形成与之相应的新形象的过程。题干中的学生通过读"枯藤老树昏鸦",在头脑中形成与之相应的形象,这种现象属于再造想象。故B项正确。

C项:创造想象是按照一定目的、任务,使用自己以往积累的表象,在头脑中独立地创造出新形象的过程。与题干不符。

D项:无意想象又称不随意想象,是没有预定目的,不由自主产生的想象。与题干不符。

二、判断选择题

B 【解析】表象是事物不在面前时,人们在头脑中出现的关于事物的形象。"想起母亲的笑脸"是一种视觉表象。

三、填空题

1. 概括性

2. 表象

四、判断说理题

"幻想是一种不切实际、不能实现的想象,不宜提倡。"这种说法是否正确?结合想象的知识说明理由。

(1)这种说法是不正确的。(2)幻想是一种与生活愿望相结合并指向于未来的想象。它可分为科学幻想、理想、空想三种形式。科学幻想是科学预见的一种形式,是创造想象的准备阶段和发展的推动力,是具有进步意义和有实现可能的积极幻想。理想是符合事物发展规律、有实现可能的积极幻想。空想是与客观现实相违背的消极幻想,根本不可能实现。因此,科学幻想和理想是我们所要提倡的想象,而空想是不可取的。所以题干中的说法是不正确的。

第五章　思　维

基础训练

一、单项选择题

1. A 【解析】直观动作思维是以实际动作为支柱的思维过程。思维活动往往是在实际操作中,借助触摸、摆弄物体而产生和进行的。成人也有动作思维,它是在经验的基础上、在第二信号系统的调节下实现的。例如,技术工人在对一台机器进行维修时,一边检查一边思考故障的原因,直至发现问题排除故障为止,这一过程中动作思维占据主要地位。

2. C 【解析】思维的间接性是指思维能对感官所不能直接把握的或不在眼前的事物,借助于某些媒介物与头脑加工来进行反映。A、B、D三项都属于间接性的内涵。C项属于思维的概括性。

3. C 【解析】思维的间接性是指思维能对感官所不能直接把握的或不在眼前的事物,借助于某些媒介

物与头脑加工来进行反映。通过“地上湿漉漉的”来推知“昨天晚上可能下雨了”,这体现了思维的间接性。

易错警示:考生易混淆思维的间接性和概括性的概念。在考试过程中,考生应注意题干中的关键词。例如:题干中出现推断、推理或不是直接把握的例子,应选间接性;出现谚语、规律或得出概念的,应选概括性。

4. A 【解析】发散思维,也叫求异思维、分散思维、辐射思维,是指人们解决问题时,思路朝着各种可能的方向扩散,从而求得多种答案。

5. A 【解析】抽象是在人脑中提炼各种事物或现象的共同的、本质的特征,舍弃其个别的、非本质的特征的过程。

6. A 【解析】思维的敏捷性是指思维活动迅速正确,能当机立断。思维的灵活性主要强调能从多角度思考问题,随机应变。题干所述体现了思维的敏捷性。

7. A 【解析】流畅性是指在限定时间内产生观念数量的多少。在短时间内产生的观念越多,流畅性越好。根据题干所述,故选A项。

易错警示:考生易混淆思维的流畅性与变通性。流畅性在于数量多(同一类型),变通性在于种类多、方向多、能随机应变、触类旁通(不同类型)。

8. C 【解析】思维的广阔性是指思路开阔,能从各个角度、多个方面揭露事物的联系,全面地思考问题。

9. C 【解析】思维的灵活性是指能灵活地思考问题。它表现为能从不同角度、运用不同方法思考问题;在条件发生变化时,能随机应变,及时地改变原有计划、方案,寻找新的解决问题的途径。

10. B 【解析】思维的批判性是指既善于批判地评价他人的思想和成果,吸取别人的长处、优点和思想的精华,摒弃别人的短处、缺点和思想的糟粕,也善于严格而精细地思考问题,冷静而客观地评价和自觉地控制自己的思维活动,不易受自己的情绪和偏爱的影响。因此,答案选B项。

11. B 【解析】思维的独立性(独创性)是指既能不受他人暗示,不人云亦云,不盲从别人的见解,不依赖现成的方法和结论,又能不武断、不一意孤行、不固执己见、不唯我是从,充分地发挥个人的主观能动性,独立地发现、思考、处理和解决问题。

12. D 【解析】概括是人脑把事物间共同的、本质的特征抽象出来加以综合的过程。例如,人们把那些“有羽毛的动物”统称为鸟类,这就是概括的过程。故答案选D项。

13. D 【解析】本题考查思维的种类。发散思维,也叫求异思维、分散思维、辐射思维,是指人们解决问题时,思路朝着各种可能的方向扩散,从而求得多种答案。题干中的学生列出的曲别针的用途是各种各样的,这体现了同学们具有发散思维。

14. B 【解析】本题考查概念的内涵。概念是人脑对客观事物本质特征的认识。“具有六条相等的边和六个相等的内角”是正六边形的本质特征,因此,学生通过学习形成了对正六边形本质特征的认识,即掌握了其概念。故答案选B项。

15. B 【解析】具体形象思维是以直观形象和表象为支柱的思维过程。在人脑中对各种道路的表象进行思维的过程是具体形象思维过程。

16. C 【解析】分类是思想上按照事物的异同,把它们区分为不同种类的思维过程。

17. C 【解析】本题考查思维的种类。聚合思维,也叫求同思维、集中思维、辐合思维、会聚思维,是指人们解决问题时,思路集中到一个方向,从而形成唯一的、确定的答案。工作、学习、生活中,很多问题都要运用聚合思维来解决。例如,学生考试时选择正确选项、用理论证明某个观点;警察根据搜集到的证据寻找案件真相;医生根据病人的各种症状下诊断;科学家根据多种因素的共同作用发现规律等。

18. A 【解析】本题考查思维的特点。思维的特点为:间接性和概括性。其中,概括性包含两层意思:(1)把同一类事物的共同特征和本质特征抽取出来加以概括。例如,把枣树、苹果树、梨树等依据其根、茎、叶、果的共性称为“果树”等。(2)将多次感知到的事物之间的联系和关系加以概括,得出有关事物之间的内在联系的结论。

19. D 【解析】演绎推理是从一般到特殊或具体的推理过程。题干所述是演绎推理的典型实例。

20. B 【解析】经验思维是以日常经验为依据,判断生产、生活中的问题的思维。“太阳从东边升起,往西边落下”这是人们根据自己的日常经验进行的判断,属于经验思维。

21. A 【解析】聚合思维的过程是人们根据已知的信息和利用熟悉的规则,产生逻辑的结论从而解决问题的过程。

22. C 【解析】分析是指在头脑中把事物或对象分解成各个部分或各个属性。例如,把一棵树分解为根、茎、叶、花等。

23. C 【解析】发散思维,也叫求异思维、分散思维、辐射思维,是指人们解决问题时,思路朝着各种可能的方向扩散,从而求得多种答案。发散思维的过程是从给予的信息中产生多种信息的过程。

24. B 【解析】头脑风暴法由心理学家奥斯本提出。他认为,为产生更多新颖、独创的问题解决方案,可使用脑力激励法(头脑风暴法),即在集体之中群策群力,互相启发,尽可能多地提出解决问题的

方法。头脑风暴法通常以集体讨论的方式进行，鼓励参加者尽可能快地提出各种各样异想天开的设想或观点，相互启迪，激发灵感，从而引发创造性思维的连锁反应，形成解决问题的新思路。

25. A 【解析】经验思维是以日常经验为依据，判断生产、生活中的问题的思维。题干中的谚语就属于一种经验思维。

26. C 【解析】抽象逻辑思维是以词为中介来反映现实的思维过程，也叫词的思维或逻辑思维。抽象逻辑思维是人类思维的典型形式，是人类思维区别于动物思维的最本质特征。题干中小红证明命题和定理时，需要将数字符号和概念组合起来运用，体现的就是抽象逻辑思维。

27. B 【解析】思维的一般过程包括分析与综合、比较与分类、抽象与概括、系统化与具体化。其中，分析与综合是思维的基本过程，其他过程都是由此派生出来的。

28. A 【解析】思维的逻辑性和严谨性是指考虑和解决问题时思路鲜明，条理清楚，严格遵循逻辑规律。也就是：提问明确，推理严密，主次分明，论证充分，有的放矢，有说服力，结论证据确凿。思维的逻辑性和严谨性是思维品质的中心环节，是所有思维品质的集中体现。

29. A 【解析】思维的灵活性是指能灵活地思考问题，它表现为能从不同角度、运用不同方法思考问题；在条件发生变化时，能随机应变，及时地改变原有计划、方案，寻找新的解决问题的途径。题干所述说明该学生的思维具有较大的灵活性。

易错警示：考生易混淆思维的灵活性与敏捷性，区分这两者的时候应当注意：思维的灵活性指从不同角度、运用不同方法、能随机应变，强调“变”；思维的敏捷性则是强调“快、准”。

30. A 【解析】发散思维，也叫求异思维、分散思维、辐射思维，是指人们解决问题时，思路朝着各种可能的方向扩散，从而求得多种答案。因此，题干所述属于发散思维的表现形式。

31. A 【解析】具体化是指人脑把经过抽象概括后的一般特征和规律推广到同类的具体事物中去的过程。因此，学生利用学过的原理来解答作业或解决生活中的问题，这是具体化的思维过程。

32. A 【解析】直觉思维是未经逐步分析就迅速对问题答案做出合理的猜测、设想或突然领悟的思维。直觉思维具有敏捷性、直接性、简缩性、突然性（突发性）、猜测性的特点。故题干中小明的思维属于直觉思维。

二、多项选择题

1. ABCD 【解析】思维是人脑对客观事物的本质属性与内在联系的概括的、间接的反映。它是借助语言实现的，能揭示事物本质特征及内部规律的理性认识过程。

2. ABC 【解析】根据思维的内容凭借物、任务的性质、发展水平以及解决问题的方式，可以分为直观动作思维、具体形象思维和抽象逻辑思维。

3. ABC 【解析】思维的基本形式有：概念、判断和推理。

三、判断选择题

1. B 【解析】抽象逻辑思维是以词为中介来反映现实的思维过程。所以，以言语为工具，所反映的事物的本质属性和内在规律的思维是抽象逻辑思维。

2. B 【解析】所有的思维都是一种基于概念、判断和推理的认知过程，思维不属于认知方式，因此题干表述错误。

3. B 【解析】直觉思维是未经逐步分析就迅速对问题答案做出合理的猜测、设想或突然领悟的思维。直觉思维具有敏捷性、直接性、简缩性、突然性（突发性）、猜测性的特点。故题干所述属于直觉思维。

4. B 【解析】想象是人脑对已储存的表象进行加工改造，形成新形象的心理过程。这是一种高级认知活动。想象是人类思维活动中最神奇的一部分，它与创造性活动有着千丝万缕的联系。因此想象与思维有关，题干中说法错误。

5. B 【解析】一个正常的成年人，在实际工作和生活中，常将直观动作思维、具体形象思维和抽象逻辑思维三种思维方式结合起来解决问题。因此题干中的说法是错误的。

6. B 【解析】个体思维由低到高依次发展的顺序是：直观动作思维—具体形象思维—抽象逻辑思维。

四、填空题

1. 归纳推理
2. 比较与分类　抽象与概括
3. 变通性（灵活性）

五、判断说理题

某儿童用掰手指的方法计算加法题，他运用的是动作思维。这种说法是否正确？请运用心理学知识加以说明。

（1）这种说法是正确的。（2）直观动作思维是以实际动作为支柱的思维过程。题干中的儿童用掰手指的方法计算加法题，这说明他的思维过程是以“掰手指”这一实际动作为支柱的，故属于直观动作思维。

六、案例分析题（参考答案）

（1）①运用启发式方法调动学生思维的积极性、主动性。教师在教学中要激发学生产生疑问，提出问题，充分调动学生的求知欲望和思考问题的积极性。在本案例中，许老师在讲授新课时，通过提出问题，鼓

励学生提出不同的观点,从而激发了学生探究问题的欲望。

②发挥定势的积极作用,抑制定势的消极影响。教师在教学过程中要注重培养学生变更解题方法的意识,培养学生一题多解的能力。在本案例中,许老师通过问题,积极引导学生进行多维思考,探讨问题的多种解决方法,从而打破了学生固有的“平均分”的思维意识。

③加强对学生创造性思维的培养。教师在教学过程中应培养学生将发散思维与集中思维相结合的能力,营造自由、宽松的课堂气氛,鼓励学生大胆猜测。在本案例中,许老师提供问题,鼓励学生重新思考,诱发了学生“不平均分”的创造性思维。

④此外,老师在教学过程中还应加强对学生的言语交流训练,注重培养学生解决实际问题的思维品质。

(2)许老师的做法给我带来的启示有:①遵循学生的认知发展规律进行教学,就必须激活学生的主体意识,最大限度地调动学生参与学习活动的主动性、积极性与创造性。②必须激活学科形态,让学生充分感受与理解知识的发生发展过程。③必须激活学生的思维,不断提高学生的创造性思维能力。

(考生可结合自身实际加以阐述,言之有理即可)

真题精解

一、单项选择题

1. A 【解析】常规性思维,是指人们运用已获得的知识经验,按现成的方案和程序,用惯常的方法、固定的模式来解决问题的思维方式。例如,学生运用已学会的公式解决同一类型的问题。
2. C 【解析】抽象思维是以词为中介来反映现实的思维过程,也叫词的思维或逻辑思维。例如,学生证明某一命题、定理时,要运用数字符号和概念来进行推导和求证。因此,运用数学知识求证某一定理的思维活动属于抽象思维。
3. C 【解析】根据思维的内容凭借物、任务的性质、发展水平以及解决问题的方式,可以分为直观动作思维、具体形象思维和抽象逻辑思维。直观动作思维是以实际动作为支柱的思维过程。例如,幼儿骑着小椅子学开车。从个体思维的发展过程来看,直观动作思维是最先产生的一种思维形式。故答案选C项。

二、多项选择题

ABC 【解析】A项,聚合思维,也叫求同思维、集中思维、辐合思维、会聚思维,是指人们解决问题时,思路集中到一个方向,从而形成唯一的、确定的答案。在解答本题中的问题时,会形成唯一的、确定的答案,因此运用了辐合思维。

B项,抽象逻辑思维是以词为中介来反映现实的思维过程,也叫词的思维或逻辑思维。例如,学生证明某一命题、定理时,要运用数字符号和概念来进行推导和求证。在解答题干中的问题时,会运用字母符号进行推导,故运用了逻辑思维。

C项,分析思维是遵循严密的逻辑程序和规律,逐步推导,然后得出合乎逻辑的正确答案或做出合理结论的思维。在解答题干中的问题时,需要按照逻辑进行逐步推导,故运用了分析思维。

D项,创造性思维是指以新颖、独特的方式来解决问题的思维方式。解答本题中的问题时,由于试题比较简单,运用常用的数学推导方法即可解决,故没有体现创造性思维。

三、判断选择题

A 【解析】变通性是指发散项目的范围或者维度。范围越大、维度越多,变通性越强。

四、填空题

1. 间接
2. 具体化
3. 概括性

五、案例分析题(参考答案)

(1)①思维的深刻性是指能深入地思考问题,善于透过事物的表面现象,抓住事物的实质,揭露事物之间的内在联系。小叶能透过现象看本质体现了思维的深刻性。

②思维的敏捷性是指思维活动迅速正确,能当机立断。思维的敏捷性与轻率迥然不同,它不仅要求思维速度快,而且要求思维的正确性高。思维敏捷性强的学生能迅速准确地认识事物的本质和规律。小叶解决问题当机立断,毫不犹豫,体现了思维的敏捷性。

③思维的灵活性,它表现为能从不同角度、运用不同方法思考问题;在条件发生变化时,能随机应变,及时地改变原有计划、方案,寻找新的解决问题的途径。小叶在数学课上,当问题与条件发生变化时,他总能打破常规,想出新办法体现了其思维的灵活性。

④思维的独立性(独创性)是指既能不受他人暗示,不人云亦云,不盲从别人的见解,不依赖现成的方法和结论,又能不武断、不一意孤行、不固执己见、不唯我是从,充分地发挥个人的主观能动性,独立地发现、思考、处理和解决问题。小叶对问题有独立的见解,这体现了其思维的独立性(独创性)。

(2)教师在教育教学过程中培养学生良好的思维品质可以从以下几个方面着手:①加强科学思维方法的训练。②运用启发式方法调动学生思维的积极性、主动性。③加强言语交流训练。④发挥定势的积极作用。⑤培养学生解决实际问题的思维品质。社会实践活动是思维发展的源泉,实践不仅为思维活动提

出了新问题,还为学生提供了丰富的感性材料和经验,也提供了检验思维正确性的标准。实践有助于学生的理论思维、操作思维及创造性思维品质的发展。梁老师安排在班上开展课前讲故事活动,提高学生的言语表达能力和对数学题意的理解力;在课堂教学中,梁老师设置问题情境,激励学生独立发现问题,提出问题,鼓励学生运用已有知识经验去思考如何解决问题,调动了学生的积极性,培养了学生解决实际问题的能力。

第六章 注 意

基础训练

一、单项选择题

1. D 【解析】人在注意某个对象时,常常伴随特定的生理变化和表情动作。注意时最显著的外部表现有下列几种:(1)适应性运动。人在注意状态下,感觉器官一般是朝向注意对象的。例如:人在观察某个物体时,把视线集中在该物体上,即所谓"举目凝视";注意听一个声音时,把耳朵转向声音的方向,即所谓"侧耳倾听";当沉浸于思考或想象时,眼睛常常是"呆视着",好像看着远方一样,对周围对象的感知就变得模糊起来。(2)无关运动的停止。人在高度集中注意时,无关运动会暂时停止。(3)呼吸运动的变化,即所谓"屏息"现象。

2. B 【解析】本题考查注意的品质。注意的转移是根据新的任务,主动地把注意从一个对象转移到另一个对象或由一种活动转移到另一种活动的现象。题干中,学生自觉收起跳绳拿出书本,是主动地转移注意,符合注意的转移的定义。故选B。

3. C 【解析】注意不仅表现在稳定而持续的活动中,而且也表现在活动的变化上。当需要从一种活动转向另一种活动的时候,注意就表现出重要的调节和监督功能,使人的活动朝向目标,并根据需要适当分配和适时转移,使其对外界事物或自己的行为、思想、情感反映得清晰和准确。另外,人在活动过程中难免会出现偏差,这时就需要注意的监控,及时加以修正。因此,题干中学生在计算时发现并改正错误就体现了注意的调节和监督功能。

4. B 【解析】刺激物显著的对比关系可以引起学生的无意注意,红笔批改可以与学生的作业内容形成鲜明对比,故该教师利用的是刺激物的对比关系。

5. A 【解析】注意的分配是指人在进行两种或多种活动时能把注意指向不同对象的现象。教师让学生用各种感官协同作用,体现了注意的分配现象。注意的稳定性,是指注意保持在某一对象或某一活动上的时间长短特性。注意的广度也称注意的范围,是指在同一时间内,人们能够清楚地知觉出的对象的数目。注意的转移是根据新的任务,主动地把注意从一个对象转移到另一个对象或由一种活动转移到另一种活动的现象。

6. A 【解析】注意不稳定表现为注意的分散,也叫分心。

方法技巧: 区分注意的分散和注意的转移,关键从二者的定义入手。注意的分散,也叫分心,是注意不稳定表现,指主体的注意力被动的离开了。注意的转移,强调主动把注意力从一个任务转移到另一个任务上,是注意品质的体现。

7. A 【解析】本题考查注意的品质。注意的分配是指人在进行两种或多种活动时能把注意指向不同对象的现象。生活中大量的"一心二用"现象,如学生在课堂上边听课边记笔记,就属于注意的分配。老师要求学生一边朗读一边记录,有助于培养学生注意的分配能力,选择A项。

8. A 【解析】本题考查注意的分类。有意注意也称随意注意,是有预定目的、必要时需要意志努力、主动地对一定事物所发生的注意。题干中强调学生针对预习中不懂的问题,有针对性地注意听讲,这属于有意注意。

9. D 【解析】注意的保持功能是指使注意对象的映像或内容维持在意识中,得到清晰、准确的反映。

10. B 【解析】在教学过程中如果过分地要求学生使用有意注意,则容易引起疲劳;而如果只让学生凭借无意注意来学习,则不利于他们克服学习过程中的困难。所以,无论是在整个教学活动过程中,还是在一堂课上,教师都应充分利用两种注意转换的规律来组织教学。所以,A项错误,B项正确。有意注意也称随意注意,是有预先目的、必要时需要意志努力、主动地对一定事物所发生的注意,故D项错误。有意后注意是一种特殊形式的注意,在活动进行中不容易感到疲倦,这对完成长期性和连续性的工作有重要意义,故C项错误。

11. A 【解析】注意始终指向同一对象或者同一活动都说明注意是稳定的。在本题中,学生的注意对象和行动虽然有所变化,但是始终是围绕上课这一活动,从广义上来讲,他的注意是稳定的。

12. A 【解析】注意分配是指人在进行两种或多种活动时能把注意指向不同对象的现象。李娟一边听音乐一边做运动就是在进行两种活动时她能把注意力指向不同对象,这体现的是注意分配。

13. D 【解析】有意后注意也称随意后注意,是注意的一种特殊形式,是指有自觉目的,但不需要意志努力的注意。题干中学生开始凭借兴趣自然地将注意力集中到学习上就是有意后注意。

14. A 【解析】注意的指向性是指心理活动有选择地反映一定的对象,而离开其余的对象。注意的指向性表现出人的心理活动具有选择性。

15. B 【解析】引起无意注意的客观条件有:(1)刺激物的强度,如一道强烈的光线;(2)刺激物之间显著的对比关系,如万绿丛中一点红;(3)刺激物的活动和变化,如活动变化的霓虹灯、演讲者抑扬顿挫的声调;(4)刺激物的新异性,如画廊中新张贴的广告等。本题中教师用红色粉笔书写重点内容就是利用了刺激物的对比,故选B项。

16. D 【解析】注意的稳定性,是指注意保持在某一对象或某一活动上的时间长短特性。持续时间愈长,注意就愈稳定。题干中甲同学一节课内集中注意力的时间比乙同学长,故甲同学注意的稳定性比乙同学好。

17. C 【解析】注意的稳定性,是指注意保持在某一对象或某一活动上的时间长短特性。持续时间愈长,注意就愈稳定。题干所述体现了小易的注意较稳定,小旺的注意不稳定。

18. B 【解析】无意注意也称不随意注意,是没有预定目的、无需意志努力、不由自主地对一定事物所发生的注意。题干中的同学们对小鸟的注意是没有预定目的、无需意志努力、不由自主的,故属于不随意注意。

19. C 【解析】本题考查注意的分类。有意后注意也叫随意后注意,是指有预定目的,但不需要意志努力的注意。它是在有意注意的基础上,经过学习、训练或培养个人对事物的直接兴趣达到的。题干中亮亮开车的技术由很不熟练到非常熟练,是在有意注意的基础上经过训练达到的。因此,这时亮亮的注意属于有意后注意。

二、多项选择题

1. BD 【解析】无意注意可以由刺激物本身的特点引起,刺激物本身的特点既可以成为顺利完成教学任务的因素,又可以成为造成学生学习分心的因素。在安静的教室门口,使劲咳嗽会分散学生的注意力,因此,A项中的做法不正确;用彩色粉笔装饰黑板边缘亦会分散学生的注意力,因此,C项中的做法不正确。

2. ABD 【解析】注意的功能有:选择功能、保持功能、调节和监督功能。

3. AC 【解析】注意的分配是指人在进行两种或多种活动时能把注意指向不同对象的现象。故A、C两项属于注意的分配,而B、D两项属于注意的转移,故答案选A、C两项。

4. ABC 【解析】注意的品质有注意的稳定性、注意的广度、注意的分配和注意的转移。

5. AD 【解析】注意的集中性是指心理活动停留在被选择的对象上的强度或紧张度,它使心理活动离开一切无关的事物,并且抑制多余的活动,以保证注意的对象能得到比较鲜明和清晰的反映。A、D项体现了注意的集中性。B项体现了注意的广度,C项体现了注意的分配。

三、判断选择题

1. B 【解析】注意不稳定表现为注意的分散,也叫分心。注意的分散是指注意离开了当前应当完成的任务而被无关的事物所吸引。题干中小红上课时走神,直到老师点名她才回过神来,属于注意的分散。

2. B 【解析】注意的稳定性,是指注意保持在某一对象或某一活动上的时间长短特性。"眼观六路,耳听八方"既体现了注意的分配,又体现了注意的广度,"一目十行"体现了注意的广度。

3. B 【解析】在课堂上既要注意保持学生的随意注意,也要合理利用学生的不随意注意,让学生在课堂上始终保持随意注意是不可能的。

4. A 【解析】无意注意缺乏目的性,因此不需要意志努力,所以个体在无意注意过程中不易产生疲劳。

5. B 【解析】本题考查注意的品质。注意的品质包括注意的稳定性、广度、分配和转移。其中注意的分配是指人在进行两种或多种活动时能把注意指向不同对象的现象。注意的广度也称注意的范围,是指在同一时间内,人们能够清楚地知觉出的对象的数目。故题干所述符合注意的广度的内涵。

6. B 【解析】无意注意也称不随意注意,是没有预定目的、无需意志努力、不由自主地对一定事物所发生的注意。题干所述属于无意注意。

四、填空题

1. 注意
2. 集中性
3. 有意后注意(随意后注意)
4. 注意的起伏(注意的动摇)

五、判断说理题

注意的转移即注意的分散。这种说法是否正确?请运用心理学知识加以说明。

(1)这种说法是不正确的。(2)注意的转移是根据新的任务,主动地把注意从一个对象转移到另一个对象或由一种活动转移到另一种活动的现象。注意的分散是指注意离开了当前应当完成的任务而被无关的事物所吸引。注意的转移和注意的分散是不同的,虽然都是注意对象的变换。注意的转移是在实际需要时,有目的地把注意转向新的对象,使一种活动合理地被另一种活动所代替。注意的分散是在需要注意稳定时,受无关刺激的干扰,或由单调刺激所引起,使注意离开需要注意的对象。

六、简答题(参考答案)

1. 简述引起无意注意的条件。

(1)客观条件,即刺激物本身的特点。包括:①刺激物的强度,如一道强烈的光线;②刺激物之间显著的对比关系,如万绿丛中一点红;③刺激物的活动和变化,如活动变化的霓虹灯、演讲者抑扬顿挫的声调;④刺激物的新异性,如画廊中新张贴的广告等。

(2)主观条件,即人本身的状态。包括:①当时的需要,如食物易引起饥饿者的注意;②当时的特殊情绪状态;③当时的直接兴趣;④个体的知识经验等。

2. 简述维持有意注意的条件。

(1)加深对目的任务的理解;(2)合理组织活动;(3)对兴趣的依从性;(4)排除内外因素的干扰。

3. 简述影响注意稳定性的条件。

(1)注意对象的特点。维持时间的长短取决于事物的复杂和变化程度。(2)有无坚定目的。注意的集中和稳定性主要取决于人们有无坚定的目的。当人们为达到一定目的而把注意集中于某一对象时,可以保持相当的稳定性。(3)个人的主观状态。一个意志坚强,善于控制自己又能同各种干扰做斗争的人,其注意就比较稳定。

4. 简述影响注意的转移的条件。

(1)原有注意的紧张度;(2)新的注意对象的特点;(3)大脑皮层神经兴奋过程和抑制过程相互转换的灵活性;(4)各项活动的目的性或第二信号系统的调节作用。

七、论述题(参考答案)

1. 如何运用注意规律组织教学?

(1)根据注意的外部表现了解学生的听课状态。

(2)运用无意注意的规律组织教学。①创造良好的教学环境;②注重讲演、板书技巧和教具的使用;③注重教学内容的组织和教学形式的多样化。

(3)运用有意注意的规律组织教学。①明确学习的目的和任务;②培养间接兴趣;③合理组织课堂教学,防止学生分心;④运用多种教学手段。

(4)运用两种注意相互转换的规律组织教学。

2. 在教学过程中如何培养学生良好的注意品质?

(1)要增强注意的稳定性,就要防止注意的分散。一方面,要保证整洁、安静的教学环境,防止外部无关刺激的干扰。另一方面,要注重学生良好学习习惯的形成和意志力的锻炼,克服内部干扰。此外,加强学习目的性教育,端正学习态度,组织内容丰富、形式多样的教学活动,也是提高注意稳定性的重要手段。

(2)要扩大注意的广度,需要学生积累相应的知识经验和一定的素养。教师应该指导学生迅速增加知识储备,勤学多练。此外,使学生了解当前活动的性质和要求,适当安排教学任务,也可以扩大注意范围。注意的广度还受注意对象特点的影响,如果需要学生注意较大范围内的教学对象,就应该使它们在排列组合上集中有序,或能成为相互联系的整体。

(3)注意的分配在教学中有实践意义。为了提高课堂效率,教师需要学生边听课边记笔记,有时需要学生一边动手操作,一边观察教师的演示。根据注意的分配的条件,需要增强学生的听讲、书写、表达等基本学习能力的训练,当它们达到高度熟练的程度时,就可以在课堂上做到“一心二用”。另外,对于一些特殊技能的分配,需要特别的训练,增强技能间的协调性。

(4)注意的转移同人的先天的神经活动类型有关,但也可以通过对外在因素的控制和后天训练加以改善和提高。教学活动中经常需要学生进行注意的转移,在两种活动之间给予一定的信号或言语提示是必要的,在低年级课堂中甚至要给予命令式的要求。另外,活动安排也要力求合理,把能够引起学生浓厚兴趣、易使其过于兴奋的活动安排在前就可能妨碍学生对后继活动的投入。

八、案例分析题(参考答案)

1. (1)无意注意可以由刺激物本身的特点引起,刺激物本身的特点既可以成为顺利完成教学任务的因素,又可以成为造成学生学习分心的因素。因此,在教学过程中,教师要善于利用有关刺激物的特点组织学生的注意。①创造良好的教学环境。为了使学生在学习过程中不受外部无关刺激的干扰,应该创造一个安静、整洁的教学环境。一方面,教师应该注意教室外环境对课堂的干扰。例如,冬天风雪大的时候应关紧门窗,夏天日晒的时候要拉上窗帘,如果有噪音、视觉干扰或不良气体侵入,应该尽快排除。另一方面,还应注意教室内的环境,如地面是否干净、桌椅排列是否整齐、教室的布置和装饰是否简洁朴素等。过于华丽、繁杂的室内布置,有时会成为课堂教学的“污染源”,使学生注意力分散。②注重讲演、板书技巧和教具的使用。客观刺激物的强度、对比、新颖性和活动性是引起无意注意的重要因素,教师要发挥无意注意的积极作用,就应努力在讲演、板书和教具使用中施加这些影响。

一方面,在讲课过程中,教师应该音量适中,语音、语调做到抑扬顿挫,遇到重点、难点还要加强语气,伴以适当的手势和表情。声音太大、语调平淡,容易使学生疲劳;声音过小,学生听不到或听不清,就很容易分心。另一方面,板书是课堂教学的重要辅助手段。板书的目的不仅是帮助学生理清知识的

结构和脉络，解决疑难，也是为吸引学生的注意力，提高课堂学习效率。因此，板书应该做到运用有度、重点突出、清晰醒目，必要时还要用彩色粉笔和图、表格加以强调。③注重教学内容的组织和教学形式的多样化。一方面，个体的知识经验是影响无意注意产生的因素，学生更愿意关注与自己知识经验有联系的事物。这就需要教师找出教学内容与学生知识结构的结合点，提供具体的实例，引起学生的直接兴趣，维持学生的注意。另一方面，教师应该运用多种教学方法和灵活、多样的教学手段，调动学生饱满的情绪状态和学习积极性，如教师在讲解和板书之外，还应穿插使用教具演示、个别提问、角色扮演、集体讨论以及动手操作等教学形式。再者，许多学科的教学还需要借助教具作为辅助手段，尤其在低幼儿童的教学中，合理使用教具可以激发学生的直接兴趣，吸引学生的无意注意。教具应该新颖直观，能够很好地说明问题。在使用教具时教师还要给予言语讲解，引导学生正确观察，避免学生只关注表面现象，忽略实际问题。

(2)由案例分析可知，①林老师穿着漂亮、艳丽的新衣服，用彩色粉笔装饰黑板边缘，这样做会分散学生对学习的注意力，使学生更多地注意这些与学习无关的内容。②先宣布期中考试成绩会让学生关注考试的结果而不是老师上课的内容，也不利于学生将注意力集中在学习上。③上课过程中，她偶然发现有个别同学在开小差，就立即点名批评，制止其不良行为，这一做法会分散学生的注意力，对课堂的连贯性产生消极影响。

2. (1)小学生无意注意的发展先于有意注意，从无意注意向有意注意过渡。低年级小学生的有意注意缺乏自觉性，需要教师或其他成人给定目的；在注意进程中也不会组织自己的注意，需要他人不断提醒和关照。案例中上小学一年级的小豪的注意稳定性差，不会组织自己的注意，这是小豪注意力不集中的主要原因。

(2)有效集中学生注意力的方法有：①明确学习的目的和任务；②培养间接兴趣；③合理组织课堂教学，防止学生分心；④运用多种教学手段。另外，许多学科的教学还需要借助教具作为辅助手段，尤其在低幼儿童的教学中，合理使用教具可以激发学生的直接兴趣，引起学生的无意注意。教具应该新颖直观，能够很好地说明问题。教师用教具时还要给予言语讲解，引导学生正确观察，避免学生只关注表面现象，忽略实际问题。但有时为了避免学生分心，还要采取一些具体的控制措施：①预先控制。对有不良的学习习惯、上课爱做小动作的学生，做有针对性的调查分析，进行说服教育并适当采取防治措施。②信号控制。教师在教学过程中通过言语提示和表情暗示等信号来提醒分心的学生。③提问控制。针对个别分心的学生点名提问，在回答不出问题时要求他集中注意，听其他同学的正确回答。④表扬控制。不失时机地表扬专心听讲、正确回答问题的学生，给分心的学生树立榜样。同时，适当地对分心的学生进行批评，也可起到加强注意的效果。

真题精解

一、单项选择题

1. B 【解析】注意的转移是根据新的任务，主动地把注意从一个对象转移到另一个对象或由一种活动转移到另一种活动的现象。故题干所述体现了注意的转移。

2. A 【解析】注意的分配是指人在进行两种或多种活动时能把注意指向不同对象的现象。教师能够一边讲课，一边观察学生，这是在同时进行两种活动，故属于注意的分配。

二、多项选择题

ACD 【解析】A项：有意注意也称随意注意，是有预定目的、必要时需要意志努力、主动地对一定事物所发生的注意。它受人的意识的调节和控制，是人类所特有的一种注意。学生自习时专心致志，表明其注意是有预定目的、需要意志努力的，是有意注意的表现。故A项说法正确。

B项：注意的广度也称注意的范围，是指在同一时间内，人们能够清楚地知觉出的对象的数目。“一目十行”指的就是注意的范围。阅读时“一目十行”表明注意的广度品质较好。故B项说法错误。

C项：注意的分配是指人在进行两种或多种活动时能把注意指向不同对象的现象。生活中大量的“一心二用”现象，如学生在课堂上边听课边记笔记，就属于注意的分配。开车时眼观六路、耳听八方既体现了注意的分配能力强，又体现了注意的广度品质好。故C项说法正确。

D项：运用无意注意的规律组织教学主要包括以下几个方面：(1)创造良好的教学环境。(2)注重讲演、板书技巧和教具的使用。在讲课过程中，教师应该音量适中，语音、语调做到抑扬顿挫，遇到重点、难点还要加强语气，伴以适当的手势和表情。声音太大、语调平淡，容易使学生疲劳；声音过小，学生听不到或听不清，就很容易分心。另外可以配合使用板书和教具。(3)注重教学内容的组织和教学形式的多样化。故D项说法正确。

综上所述，答案选A、C、D三项。

三、填空题

有意后注意

四、判断说理题

注意的起伏和注意的分散都是稳定性差的表现。这种说法是否正确？请运用心理学知识加以说明。

(1)这种说法是不正确的。(2)注意的稳定性，是指注意保持在某一对象或某一活动上的时间长短特性。持续时间愈长，注意就愈稳定。注意的分散是指注意离开了当前应当完成的任务而被无关的事物所吸引，这是注意不稳定的表现。而注意的起伏是指短时间内注意周期性地不随意跳跃现象，它是由于人的感受性不能长时间地保持固定的状态，而是间歇性地加强和减弱造成的，这是一种正常的心理现象。因此，只有注意的分散是稳定性差的表现，故本题说法错误。

五、案例分析题(参考答案)

(1)预备铃声和课前陈老师的提醒，有助于影响学生注意的转移品质。注意的转移是根据新的任务，主动地把注意从一个对象转移到另一个对象或由一种活动转移到另一种活动的现象。预备铃声和课前陈老师的提醒，有助于学生主动地把注意力转移到课堂活动中去，积极主动地服从教学安排。

(2)①加深对目的任务的理解。目的越明确、越具体，随意注意就越容易保持。在本材料中，陈老师在进行“如何把6颗糖分成3份”的教学时，逐步引导学生得出平均的分法，让学生初步体会平均分的意义，并最终明确学习的目的及任务。陈老师的这些做法有利于加深学生对目的任务的理解，促进随意注意的保持。

②合理组织活动。活动组织得是否合理关系到有意注意的保持，如向学生提出问题，在学生刚开始注意分散时给予提示和批评，使智力活动与实际操作相结合等。在本材料中，陈老师在发现学生做小动作时，悄悄提醒，没有打断课堂环节；在学生出现认真听课的良好行为时，及时强化这一行为。陈老师的这些做法是合理组织教学活动的体现。

③对兴趣的依从性。间接兴趣是一种对活动结果的兴趣。有了这种间接兴趣，尽管活动本身枯燥，但随意注意仍能保持很长时间，使人长久地从事这种活动，直到任务完成。在本材料中，陈老师用评选星级作业的方式，激发了赵同学想要被评为“五星级”作业的间接兴趣，引起和维持了赵同学对作业的随意注意。

④排除内外因素的干扰。外界的刺激物、机体的某些状态(如疾病、疲劳等)、无关的思想和情绪等都可能干扰正在进行的活动，因此要采取措施，排除干扰。在本材料中，陈老师课前提醒个别仍未做好上课准备的同学调整好状态；在发现学生做小动作时悄悄予以提醒。这些行为能够排除无关因素对学生的干扰，增强学生的随意注意。

第七章　情绪与情感

基础训练

一、单项选择题

1. D 【解析】心理学家认为，幽默能使紧张的心理放松，被压抑的情绪得到解脱，是避免刺激和干扰、摆脱窘境、消除不良情绪、保持心理健康的“良药”。当人处于窘迫、尴尬的境地时，最好的办法是以幽默的态度去化解。题干中的张老师所使用的情绪调节法为幽默法。
2. D 【解析】理智感指人认识事物和探求真理的需要是否得到满足而产生的主观体验，例如人们在探求未知的事物时所表现的求知欲、兴趣和好奇心、发现问题的惊奇感等。题干中的小熊对打雷之后会下雨产生的怀疑属于理智感。故选D项。
3. A 【解析】道德感是根据一定的道德标准评价人的思想、意图和言行时所产生的主观体验。它表现在对待国家、集体、工作、事业、学习以及人与人之间的关系等各个方面，如爱国主义情感、集体主义情感、责任感、事业心、荣誉感、自尊心等。
4. D 【解析】激情是一种爆发式的、猛烈而时间短暂的情绪状态。例如，狂喜、暴怒、恐惧、绝望、剧烈的悲痛等，都是激情的表现。因此，根据题干中“喜欲狂”一词可知，杜甫当时的情绪状态属于激情。
5. C 【解析】美感是人们根据一定的审美标准对自然或社会现象及其在艺术上的表现予以评价时所产生的情感体验。
6. C 【解析】情绪和情感这种特殊的心理活动，对其他心理过程而言是一种监测系统，是心理活动的组织者。积极的情绪和情感具有调节和组织作用；消极的情绪和情感则具有干扰、破坏作用。

易错警示：考生易混淆组织功能和动机功能。二者表现形式存在差异。组织功能是指良好的情绪起推动作用，不好的情绪起阻碍作用。动机功能的激励作用则体现在动力方面，从无到有地引发人们的行动。考生要准确理解区分。

7. C 【解析】情绪和情感是人对客观事物的态度体验及相应的行为反应。认知是情绪和情感产生的基础，需要是引发情绪和情感的中介。
8. D 【解析】本题考查情绪的分类。应激是出乎意料的紧迫情况所引起的急速而高度紧张的情绪状态。题干中的新老师第一次上讲台对其而言属于紧迫情况，故其紧张表现属于应激。
9. D 【解析】本题考查情感的分类。美感是人们根据一定的审美标准对自然或社会现象及其在艺术上的表现予以评价时所产生的情感体验。题干中

的张家界天门山属于自然景象，游客游览时产生的情感体验属于美感。

10. B 【解析】本题考查情绪的分类。依据情绪发生的强度、持续性和紧张度的不同，可以把情绪状态划分为激情、心境、应激三种。其中，心境是一种微弱的、持续时间较长的、带有弥漫性的情绪状态。心境一经产生就不只表现在某一特定对象上，而是在相当长的一段时间内，使人的整个心理活动都染上某种情绪色彩，影响人的整个行为表现，成为情绪生活的背景。根据题干描述可知，莉莉在最近一段时间闷闷不乐，故属于心境。

11. C 【解析】小明即将上考场，有点激动和焦虑，这种伴随情绪产生的心跳加速和微微出汗属于内脏器官和内分泌腺的生理变化，因此属于生理唤醒。

易错警示：考生容易混淆主观体验和生理唤醒。主观体验：对不同情绪状态的感受。生理唤醒：内脏器官、内分泌腺或神经系统的生理变化。考生需要牢记，以准确区分。

12. C 【解析】激情是一种爆发式的、猛烈而时间短暂的情绪状态。它往往带有特定的指向性和较明显的外部行为表现。例如，狂喜、暴怒、恐惧、绝望、剧烈的悲痛等，都是激情的表现。

13. B 【解析】人类的情绪和情感可以互相传递和感受，具有感染性。这种易感性，具体体现为“共鸣”和“移情”作用。移情是个人将自己的内心感受赋予他人或物，“忧者见之则忧，喜者见之则喜”正是移情的表现。

14. B 【解析】心境是一种微弱的、持续时间较长的，带有弥漫性的情绪状态。心境一经产生就不只表现在某一特定对象上，而是在相当长的一段时间内，使人的整个心理活动都染上某种情绪色彩，影响人的整个行为表现，成为情绪生活的背景。“人逢喜事精神爽”说的就是心境。

15. D 【解析】人对社会的适应是通过调节情绪来进行的，情绪调控的好坏会直接影响到身心健康。情绪和情感的健康功能表现为积极的情绪有助于身心健康，消极的情绪会引起人的各种疾病。积极而正常的情绪体验是保持心理平衡与身体健康的条件。曾有人说过：“一个小丑进城胜过一打医生。”这就非常形象地说明了情绪对人的身体健康的影响。

16. A 【解析】道德感是根据一定的道德标准评价人的思想、意图和言行时所产生的主观体验。它表现在对待国家、集体、工作、事业、学习以及人与人之间的关系等各个方面，如爱国主义情感、集体主义情感、责任感、事业心、荣誉感、自尊心等。因此，小华在为老人让座后产生的自豪感属于道德感。

17. C 【解析】理智感是人认识事物和探求真理的需要是否得到满足而产生的主观体验。例如，人们在探求未知的事物时所表现出的求知欲、问题解决的喜悦感等。

18. D 【解析】当人受到不良刺激而产生消极情绪时，应让不良情绪充分得以宣泄，通过合理的宣泄来减轻心理负担，恢复心理平静。宣泄可以采用适当的方式，例如：找亲朋好友倾吐不愉快的事；以书信或日记的形式宣泄怒气、消解愁闷；大哭一场或自言自语，以发泄心中的委屈和不满；运用电话心理咨询或向心理医生诉说自己的苦恼等。

19. A 【解析】情绪和情感的外部表现，通常称为表情。它是情绪和情感状态发生时身体各部分的动作量化形式，包括面部表情、姿态表情和语调表情，其中面部表情是鉴别情绪的主要标志。B项属于面部表情，C项属于姿态表情，D项属于语调表情。故B、C、D三项均属于情绪的外部表现。A项属于主观体验。

20. C 【解析】美感是人们根据一定的审美标准对自然或社会现象及其在艺术上的表现予以评价时所产生的情感体验。

二、多项选择题

1. AD 【解析】本题考查情绪的分类。激情是一种爆发式的、猛烈而时间短暂的情绪状态。例如，狂喜、暴怒、恐惧、绝望、剧烈的悲痛等，都是激情的表现。欢呼雀跃、义愤填膺属于激情的表现，故A、D两项符合题意。B、C两项高兴和担忧的持续时间都较长，属于心境的表现，故排除。

2. AC 【解析】小学生情感发展的特点包括：(1)情感体验的内容日益丰富；(2)情感表现的深刻性逐步增加；(3)友谊感逐渐发展；(4)情感的动力特征明显；(5)高级情感得到进一步发展；(6)情绪、情感的稳定性明显增强；(7)情绪、情感的自控力不断增强。题干中梅梅的情感变化过程体现出其情感的内容不断丰富、情感体验日益深刻。

3. BC 【解析】心境是一种微弱的、持续时间较长的，带有弥漫性的情绪状态。激情是一种爆发式的、猛烈而时间短暂的情绪状态。理智感是人认识事物和探求真理的需要是否得到满足而产生的主观体验。题干中诺贝尔在炸药实验成功时，发疯似的高喊，说明其情绪处于激情状态；诺贝尔不顾生命安危研究炸药，说明了其对真理的追求，故体现了其理智感。因此，答案选B、C两项。

4. BC 【解析】应激是出乎意料的紧迫情况所引起的急速而高度紧张的情绪状态。A项属于心境，D项属于激情，只有B、C两项符合应激的定义。

5. BC 【解析】本题考查情感的分类。情感是同人的

社会性需要相联系的态度体验。从情感的社会内容角度来看，人类的情感有道德感、美感和理智感三种形式。其中，道德感是指根据一定的道德标准评价人的思想、意图和言行时所产生的主观体验。道德感包括：爱国主义情感、集体主义情感、责任感、事业心、荣誉感、自尊心等。故本题答案为B、C两项。

6. ABCD 【解析】中学生情感的发展：(1)情感丰富多彩、富有朝气。(2)情感两极性明显。(3)情感不断深刻。(4)情感逐渐稳定。中学生的情感尽管两极性明显，但还是逐渐趋于稳定，主要表现在三个方面：①对情感的自我调节和控制能力逐渐提高；②逐步带有文饰性、内隐性、曲折性；③情感的倾向性正在定型化。(5)情感的外露和表达已趋于理性化。

7. ABD 【解析】情绪和情感的功能有：(1)适应功能；(2)动机功能；(3)组织功能；(4)信号功能；(5)健康功能；(6)感染功能。此外，情绪和情感还具有强化功能、迁移功能、疏导功能和协调功能。故答案选A、B、D三项。

三、判断选择题

1. A 【解析】情感与认识的关系表现为：一方面，情感总是伴随着一定的认识过程而产生。比如，"触景生情"。另一方面，情感不是认识过程的消极产物，它可以反作用于人的认识过程，成为认识过程的动力或者阻力。

2. B 【解析】人的心理既是客观的又是主观的，它是由具体的个体在头脑中进行的。由于人的知识经验、需要、愿望以及个性特征的不同，因而对客观现实的反映也不同。受人的心理主观性的影响，相同的刺激情境可能会有不同的情感体验。

3. B 【解析】道德感是根据一定的道德标准评价人的思想、意图和言行时所产生的主观体验，如爱国主义情感、集体主义情感、责任感、事业心、荣誉感、自尊心等。与人的责任心有关的情感体验最主要的是道德感。理智感是人认识事物和探求真理的需要是否得到满足而产生的主观体验。

4. A 【解析】本题考查情绪的分类。依据情绪发生的强度、持续性和紧张度的不同，可以把情绪状态划分为激情、心境、应激三种。其中，应激是出乎意料的紧迫情况所引起的急速而高度紧张的情绪状态。因此题干说法正确。

5. A 【解析】本题考查情感的分类。道德感是根据一定的道德标准评价人的思想、意图和言行时所产生的主观体验。它表现在对待国家、集体、工作、事业、学习以及人与人之间的关系等各个方面，如爱国主义情感、集体主义情感、责任感、事业心、荣誉感、自尊心等。因此，题干所述属于道德感。

6. B 【解析】应激是出乎意料的紧迫情况所引起的急速而高度紧张的情绪状态。"急中生智"是一种应激现象。

7. B 【解析】情绪和情感是动机的源泉之一，是动机系统的一个基本成分。研究表明，适度的紧张和焦虑能促使人积极地思考和解决问题。所以，消极的情绪对身心并不一定都是有害的。

四、填空题

1. 移情
2. 应激
3. 认知
4. 应激
5. 转移注意法
6. 共鸣　移情
7. 表情

五、判断说理题

1. 学生问老师竹子的竹筒有没有空气，老师没有回答他，而是引导学生自己思考，学生试过摇、敲、破的方法，最后想到将竹筒放进水里，学生看到有水泡冒出来，非常兴奋。从情感的社会角度来看，这种兴奋是一种道德感。这种说法是否正确？请运用心理学知识加以说明。

(1)这种说法是不正确的。(2)理智感是人认识事物和探求真理的需要是否得到满足而产生的主观体验。例如，人们在探求未知的事物时所表现的求知欲、兴趣和好奇心、发现问题的惊奇感、问题解决的喜悦感、为真理献身的自豪感、问题不解的苦闷感等。题干所述为理智感。道德感是根据一定的道德标准评价人的思想、意图和言行时所产生的主观体验。

2. 激情与应激是两种不同的情绪状态。这种说法是否正确？请运用心理学知识加以说明。

(1)这种说法是正确的。(2)依据情绪发生的强度、持续性和紧张度的不同，可以把情绪状态划分为激情、心境和应激三种。激情是一种爆发式的、猛烈而时间短暂的情绪状态。应激是出乎意料的紧迫情况所引起的急速而高度紧张的情绪状态。因此，激情和应激是两种不同的情绪状态。

真题精解

一、单项选择题

1. A 【解析】情绪状态可分为激情、心境、应激三种。心境是一种微弱的、持续时间较长的，带有弥漫性的情绪状态。心境一经产生就不只表现在某一特定对象上，而是在相当长的一段时间内，使人的整个心理活动都染上某种情绪色彩，影响人的整个行为表现，成为情绪生活的背景。题干所述的情绪状

态为心境。激情是一种爆发式的、猛烈而时间短暂的情绪状态。应激是出乎意料的紧迫情况所引起的急速而高度紧张的情绪状态。

2. C 【解析】依据情绪发生的强度、持续性和紧张度的不同,可以把情绪状态划分为激情、心境、应激三种。激情是一种爆发式的、猛烈而时间短暂的情绪状态;心境是一种微弱的、持续时间较长的,带有弥漫性的情绪状态;应激是出乎意料的紧迫情况所引起的急速而高度紧张的情绪状态。从情感的社会内容角度来看,人类的情感有道德感、美感和理智感三种形式。道德感是根据一定的道德标准评价人的思想、意图和言行时所产生的主观体验;美感是人们根据一定的审美标准对自然或社会现象及其在艺术上的表现予以评价时所产生的情感体验;理智感是人认识事物和探求真理的需要是否得到满足而产生的主观体验。因此,"喜者见之则喜"属于心境,故A项表述错误;暴怒时肌肉紧张、面红耳赤属于激情,故B项表述错误;在进行认知活动时有新发现的喜悦感符合理智感的内涵,故C项表述正确;"先天下之忧而忧,后天下之乐而乐"属于道德感,故D项表述错误。

3. B 【解析】理智感是人认识事物和探求真理的需要是否得到满足而产生的主观体验。如发现问题的惊奇感、问题解决的喜悦感、为真理献身的自豪感、问题不解的苦闷感等。故本题答案选B项。

   A项,美感是人们根据一定的审美标准对自然或社会现象及其在艺术上的表现予以评价时所产生的情感体验。

   C项,道德感是根据一定的道德标准评价人的思想、意图和言行时所产生的主观体验。如爱国主义情感、集体主义情感、责任感、事业心、荣誉感、自尊心等。

   D项,自我效能感是指人对自己能否成功从事某一成就行为的主观判断。

4. D 【解析】依据情绪发生的强度、持续性和紧张度的不同,可以把情绪状态划分为激情、心境、应激三种。

   A项:心境是一种微弱的、持续时间较长的,带有弥漫性的情绪状态。

   C项:应激是出乎意料的紧迫情况所引起的急速而高度紧张的情绪状态。

   D项:激情是一种爆发式的、猛烈而时间短暂的情绪状态。例如,狂喜、暴怒、恐惧、绝望、剧烈的悲痛等,都是激情的表现。它往往带有特定的指向性和较明显的外部行为表现,如暴跳如雷、浑身战栗、手舞足蹈等。

   根据题干中的关键词"欣喜若狂、手舞足蹈"可知,该学生的情绪状态属于激情。B项为干扰选项,故不选。因此,答案选D项。

二、多项选择题

ABCD 【解析】情绪和情感的区别有:(1)从需要的角度来看。情绪是原始的、低级的态度体验,与生理需要是否满足相联系,是人和动物共有的;情感是后继的、高级的态度体验,与社会需要是否满足相联系。(2)从发生的角度来看。情绪可以由对事物单纯的感知觉直接引起,具有情境性和易变性;情感则由对事物复杂意义的理解所引起,具有稳定性和持久性。(3)从表现形式来看。情绪体验强度大,往往带有冲动性,并伴随明显的外部表现;情感则比较内隐,较为深沉。情绪和情感的联系有:(1)情绪是情感的基础,情感离不开情绪;(2)对人类而言,情绪离不开情感,是情感的具体表现。

三、判断选择题

B 【解析】情绪的信号功能体现在个体将自己的愿望、要求、观点、态度通过一定的情感表达方式传递给别人并加以影响。这种功能是通过表情实现的。因此,婴儿通过微笑、哭闹获得成人的关注,体现的是情绪的信号功能。情绪的组织功能是指情绪和情感这种特殊的心理活动,对其他心理过程而言是一种监测系统,是心理活动的组织者。积极的情绪和情感具有调节和组织作用;消极的情绪和情感则有干扰、破坏作用。情绪和情感的组织作用表现在促成知觉选择、监视信息的移动、影响工作记忆、影响思维活动和人的行为表现等方面。

四、填空题

美感

第八章 意 志

基础训练

一、单项选择题

1. C 【解析】具有动摇性的人或缺乏坚定的行动目的,对既定目的持怀疑态度,或对实现目的缺乏信心和决心。小唐的行为说明其意志具有明显的动摇性,动摇性与意志的坚韧性品质相反,因此,俞老师应重点培养小唐意志品质的坚韧性。

2. C 【解析】趋避冲突是指对同一目的兼具好恶的矛盾心理。本题中小敏既想提高学习成绩,又害怕吃苦,这种动机冲突属于趋避冲突,故选C项。

方法技巧:考生易混淆动机冲突的种类。在考试时通常可以根据题意,运用关键词组进行区分。

双趋冲突:表述中含有"既想……又想……"但不可兼得"的含义;

双避冲突:表述中含有"既怕……又怕……"的含义;

趋避冲突：表述中含有“既想……又怕……”的含义；
多重趋避冲突：表述中的冲突因素为两个以上。

3. B 【解析】本题考查意志的品质。意志的果断性是一种善于辨明是非、抓住时机、迅速而合理地采取决定并执行决定的意志品质。题干所述体现了意志的果断性。

4. C 【解析】意志的坚韧性是一个人在行动中坚持决定，百折不挠地克服重重困难去达到行动目的的品质。

5. A 【解析】意志的自觉性是指一个人清晰地意识到自己行动的目的和意义，并且能够主动地支配自己的行动，使之符合既定目的的意志品质。与自觉性相反的意志品质是受暗示性(盲从)和独断性。题干所述是意志自觉性的体现。

6. C 【解析】意志的果断性是一种善于辨明是非、抓住时机、迅速而合理地采取决定并执行决定的意志品质。与果断性相反的意志品质是优柔寡断和草率武断。

7. D 【解析】双避冲突是指从希望回避的两种事物中必取其一的心理状态。题干中的学生既不想用功读书又怕考试不及格，这两者对他来说都是一种威胁，都想逃避，但他必须选择其一。

8. D 【解析】意志的自制性是一个人善于控制和支配自己的情绪，约束自己言行的品质。与自制性相反的意志品质是任性和怯懦。前者不能约束自己的行动；后者在行动中畏缩不前，惊慌失措。这都是意志缺乏自制性的表现。

9. C 【解析】趋避冲突是指对同一目的兼具好恶的矛盾心理。题干中的个体在参加比赛时存在矛盾心理，即表述中含有“既想……又怕……”的含义，故属于趋避冲突。

10. A 【解析】与自觉性相反的意志品质是受暗示性(盲从)和独断性。

11. C 【解析】执行决定阶段是意志行动的中心环节，是意志努力的集中表现。

12. C 【解析】趋避冲突是指对同一目的兼具好恶的矛盾心理。

13. B 【解析】在王老师中途接手的班级中，有相当一部分学生在自身承受范围内的集体活动中叫苦叫累，畏难情绪大，这体现出该班学生意志薄弱。因此，王老师应该在全班进行意志品质的培养。

14. A 【解析】双趋冲突是指从自己同时都很喜爱的两个事物中仅择其一的心理状态。

15. A 【解析】本题考查意志的品质。意志的自觉性是指一个人清晰地意识到自己行动的目的和意义，并且能够主动地支配自己的行动，使之符合既定目的的意志品质。题干中，学生在没有人督促的情况下，能够独立地完成课后作业，属于对自己行动的主动支配，因此体现了意志的自觉性。

易错警示：意志的自觉性与自制性是易混淆的知识点，两者的侧重点不同：自觉性指对自己行动的动机和目的非常明确，能主动支配自己的行动(无人看管、自觉自发)。自制性指善于控制、约束自己的言行(抵制诱惑、约束言行)。

16. D 【解析】本题考查动机斗争的分类。动机斗争的类型有：(1)双趋冲突。从自己同时都很喜爱的两个事物中仅择其一的心理状态。(2)双避冲突。从希望回避的两种事物中必取其一的心理状态。(3)趋避冲突。对同一目的兼具好恶的矛盾心理。(4)多重趋避冲突。对含有吸引与排斥两种力量的多种目标予以选择时所发生的冲突。因此，A、B两项为趋避冲突；C项为双趋冲突；D项为多重趋避冲突。因此，答案选D项。

17. D 【解析】意志的坚韧性是一个人在行动中坚持决定，百折不挠地克服重重困难去达到行动目的的品质。与坚韧性相反的意志品质是动摇性和执拗性。具有动摇性的人或缺乏坚定的行动目的，对既定目的持怀疑态度，或对实现目的缺乏信心和决心。

18. B 【解析】多重趋避冲突，即对含有吸引与排斥两种力量的多种目标予以选择时所发生的冲突。大学生择业时多种选择的冲突，是这类冲突的典型实例。

二、多项选择题

1. ABCD 【解析】意志的品质包括：意志的自觉性，意志的果断性，意志的自制性和意志的坚韧性(坚定性)。

2. ABC 【解析】少年期是身心发展的半幼稚、半成熟期，其意志品质有以下几个特点：(1)少年的自觉性品质虽有所提高，但由于认识的局限性，因此自觉性和幼稚性仍处在错综矛盾的状态，还不善于正确鉴别意志品质的良莠优劣。(2)少年的果断性品质有所发展，反应快，行动快，不喜欢把时间花费在怀疑和犹豫不决上。但又常常把不假思索看成果断行为。他们的意志行动中，轻率和优柔寡断都有表现，但轻率比优柔寡断更为突出。(3)少年期的自制能力也有所增强，他们愿意承担艰苦的任务，忍受一定的疼痛和困苦，控制一定的恐慌、惧怕情绪。但是少年的自制能力还有限，抗拒诱惑的能力，控制情绪冲动的能力还有所欠缺，较容易沾染不良习气，行为带有固执的特点。(4)少年期意志品质的坚持性、恒心、毅力还很不成熟，容易虎头蛇尾、见异思迁。故D项说法错误。

3. BCD 【解析】本题考查动机斗争的类型。回避—回避冲突型即双避冲突，是指从希望回避的两种事物中必取其一的心理状态。故B、C、D三项符合题意，A项属于双趋冲突。

4. ABC 【解析】准备阶段包括动机斗争、确定目标、选择行动方法和制订行动计划等环节。执行决定不属于准备阶段。

三、判断选择题

1. B 【解析】意志的自觉性是指一个人清晰地意识到自己行动的目的和意义，并且能够主动地支配自己的行动，使之符合既定目的的意志品质。小学低年级儿童的自觉性是比较差的，他们不善于主动地、独立地调节自己的行为，常常由家长、教师向他们提出行动目的和任务并在成人的督促下完成。因此，题干表述说明小学低年级学生意志的自觉性较弱。意志的自制性是一个人善于控制和支配自己的情绪，约束自己言行的品质。

2. A 【解析】趋避冲突是指对同一目的兼具好恶的矛盾心理。题干所述体现了趋避冲突的含义。

3. B 【解析】本题考查动机斗争的类型。双趋冲突即从自己同时都很喜爱的两个事物中仅择其一的心理状态。李哲既想看足球赛，又想看演唱会，但因为时间冲突，只能选择其一，故他面临的是双趋冲突。

4. A 【解析】意志是指人自觉地确定目的，有意识地根据目的、动机调节支配行动，努力克服困难，实现目标的心理过程。意志是意识的能动作用，只有人才有意志活动。

四、填空题

1. 意志行动
2. 双避冲突
3. 随意动作
4. 动摇性　执拗性

五、判断说理题

1. 小学生意志的坚韧性品质较好，已发展的较为成熟。这种说法是否正确？请运用心理学知识加以说明。

(1)这种说法是不正确的。(2)小学生意志的坚韧性品质是随着年级的升高而迅速发展的。但是与青少年相比，小学生的坚韧性品质还是比较差的，往往表现出一种冲动性和不稳定性。

2. 具有良好的意志品质是指一个人很坚强。这种说法是否正确？请运用心理学知识加以说明。

(1)这种说法是不正确的。(2)良好意志品质的特征包括意志的自觉性、果断性、自制性和坚韧性(坚持性)。一个人很坚强只是良好意志品质的一种表现，但是良好的意志品质并不仅仅是指一个人很坚强。

六、简答题(参考答案)

1. 简述意志行动的基本特征。

(1)意志行动是人特有的自觉确定目的的行动；(2)意志对活动有调节支配作用，使人的行动能按设定好的目的去改造世界；(3)克服内部和外部的困难是意志行动最重要的特征；(4)意志行动以随意动作为基础。

2. 简述教师如何帮助小学生正确地对待挫折。

教师要帮助小学生正确地对待挫折，通常的一些做法是：(1)帮助儿童分析产生挫折的原因，找出避免挫折的方法；(2)面对挫折，鼓励儿童充满信心地战胜挫折，有时候也可以用限制、批评、惩罚的方法来制止那些不良的表现；(3)在教育教学中，注意培养儿童调节和控制自己心理活动的能力，提高小学生的挫折耐受力。

3. 在执行决定的过程中，必然会碰到许多困难。那么，克服这些困难必须依赖哪些心理条件？

(1)坚定的信念和崇高的世界观是动机的基础，是克服困难最基本的条件；(2)行动目的的性质对克服困难也有重要意义；(3)对行动胜利的美好前景的憧憬，对行动失败可能招致严重后果的认识也会激励人们去战胜困难；(4)执行计划的坚定性。

真题精解

一、单项选择题

1. D 【解析】与意志的果断性相反的意志品质是优柔寡断和草率武断。怯懦与意志的自制性品质相反，受暗示性与意志的自觉性品质相反。

2. C 【解析】趋避冲突是指对同一目的兼具好恶的矛盾心理。题干所述是趋避冲突的典型事例。双趋冲突指从自己同时都很喜爱的两个事物中仅择其一的心理状态。双避冲突指从希望回避的两种事物中必取其一的心理状态。多重趋避冲突，对含有吸引与排斥两种力量的多种目标予以选择时所发生的冲突。

3. D 【解析】积极适应挫折的方法和技术有：(1)理智的压抑。(2)升华。升华泛指心理欲望从社会不可接受的方向转向社会可接受的方向的过程。当一个人意识到自己的某种欲望无法为自己接受，且与社会规范、伦理道德相悖时，为求得心理平衡，将其净化、提高，成为一种高尚的追求。(3)补偿。(4)幽默。(5)合理宣泄。(6)认知重组。

二、判断选择题

A 【解析】与坚韧性相反的意志品质是动摇性和执拗性。

三、填空题

意志的自制性

四、判断说理题

人应该立长志,而不应该常立志。这种说法是否正确,结合意志品质的知识说明理由。

(1)这种说法是正确的。(2)意志的坚韧性是一个人在行动中坚持决定,百折不挠地克服重重困难去达到行动目的的品质。坚持是对行动目的的坚持。人应该培养自己意志的坚韧性,克服动摇性和执拗性。

第九章　个性倾向性

基础训练

一、单项选择题

1. B 【解析】间接兴趣是由认识事物的目的和结果引起的兴趣。根据题干所述可知,小辉的兴趣应为间接兴趣。

2. A 【解析】生理需要是人的所有需要中最基本、最原始,也是最强有力的需要,是其他一切需要产生的基础。

3. C 【解析】马斯洛将需要分为生理需要、安全需要、归属与爱的需要、尊重需要、求知需要、审美需要和自我实现的需要。前四种需要被称为缺失性需要,后三种需要是成长性需要。因此,A、B、D三项属于缺失需要,C项属于成长需要。故答案选C项。

4. A 【解析】归属与爱的需要,也称社交需要,是指每个人都有被他人或群体接纳、爱护、关注、鼓励及支持的需要。它是生理和安全需要满足之后的更高一级的需要,包括被人爱与爱他人、希望交友融洽、保持友谊、和谐人际关系、被团体接纳、成为团体一员、有归属感等。故题干中的学生缺乏的需要是归属与爱的需要。

5. D 【解析】本题考查马斯洛的需要层次理论。根据马斯洛的需要层次理论可知,归属与爱的需要,也称社交需要,是指每个人都有被他人或群体接纳、爱护、关注、鼓励及支持的需要。根据题干中的描述可知,乐乐平时不受老师的重视,便在上课时讲话、做小动作,目的是吸引老师的关注。因此,乐乐是为了满足归属与爱的需要。

6. D 【解析】马斯洛把位于需要层次底部的四种需要即生理需要、安全需要、归属与爱的需要、尊重需要称为缺失需要;把后三种需要即求知需要、审美需要、自我实现的需要称为成长需要。

7. B 【解析】兴趣的广度是指兴趣的范围大小,即兴趣广泛与否;兴趣的稳定性(持久性),指对事物具有持续、稳定的兴趣。孩子对许多事物都很感兴趣,说明其兴趣的广泛性强;但常常只有“三分钟热度”,说明其兴趣稳定性差。

8. A 【解析】归属与爱的需要,也称社交需要,是指每个人都有被他人或群体接纳、爱护、关注、鼓励及支持的需要。包括被人爱与爱他人、有归属感等。《九月九日忆山东兄弟》写出了游子的思乡怀亲之情,故主要体现了归属与爱的需要。

9. D 【解析】马斯洛根据需要出现的先后及强弱顺序,把需要分成生理需要、安全需要、归属与爱的需要、尊重需要、求知需要、审美需要和自我实现的需要,前四种需要被称为缺失性需要,后三种需要是成长性需要。考上好大学的需要属于求知需要,求知需要属于成长需要。

10. B 【解析】动机的指向功能是指在动机的作用下,人的行为将指向某一目标。根据题干所述不同的学生学习的目标指向不同,这体现了动机的指向功能。

11. B 【解析】归属与爱的需要,也称社交需要,是指每个人都有被他人或群体接纳、爱护、关注、鼓励及支持的需要。教师和家长要尽可能地给学生关爱,为学生创造一个良好的学习环境。小华父母的离婚使小华的归属与爱的需要未能得到满足,以至于小华的学习成绩开始下降。

12. B 【解析】安全需要是指希求受到保护与免遭威胁从而获得安全感的需要。希望得到稳定的工作,愿意参加保险是安全需要的体现。

13. B 【解析】动机的激活功能体现在动机具有发动行为的作用,能推动个体产生某种活动,使个体由静止状态转向活动状态。故题干所述体现了动机的激活功能。

14. A 【解析】兴趣是人对事物的一种认识倾向,伴随着积极的情绪体验,对个体活动,特别是对个体的认知活动有巨大的推动作用。

15. C 【解析】交往动机是在交往需要的基础上产生的社会性动机。交往需要表现为每个人都有团体归属感,每个人都希望得到别人的关心、支持、友谊、合作与奖赏。这种需要促使人们结交朋友,寻找支持,参加群体活动,因而形成交往动机。

16. D 【解析】马斯洛是美国当代人本主义心理学家。他的需要层次理论是最富有影响力的需要理论。早期,他根据需要出现的先后及强弱顺序,把需要分成了五个层次,即生理需要、安全需要、归属与爱的需要、尊重需要和自我实现需要。

17. C 【解析】精神需要是指人对社会精神生活及其产品的需求,如对知识、文化艺术的需要等。喜欢看动画片属于精神需要。

18. D 【解析】自我实现的需要是最高层次的需要。所谓“自我实现”,即追求自我理想的实现,是充分发挥个人潜能、才能的心理需要,也是一种创造和自我价值得到体现的需要。某学生决心将个人理想与中国梦结合,努力学习,报效祖国。这是一种

充分发挥个人潜能、才能,实现自我理想的心理需要,属于自我实现的需要。

二、多项选择题

1. AB 【解析】根据兴趣所指向的目标,兴趣可以分为直接兴趣和间接兴趣两种。

2. CD 【解析】父母尽最大努力给孩子提供好的生活环境、物质条件,这仅能满足孩子的生理需要和安全需要。

3. BCD 【解析】求知需要、审美需要和自我实现的需要是成长性需要。

4. BCD 【解析】动机具有如下功能:激活功能、指向功能、维持和调节功能(强化功能)。

5. ACD 【解析】需要是有机体感到某种缺乏或不平衡状态而力求获得满足的心理倾向,是有机体自身和外部生活条件的要求在头脑中的反映。需要是活动的原动力,是个体活动积极性的源泉。需要具有对象性、动力性和社会性。

6. ABC 【解析】马斯洛的需要层次由低到高依次为:(1)生理需要;(2)安全需要;(3)归属与爱的需要;(4)尊重需要;(5)求知需要;(6)审美需要;(7)自我实现的需要。其中,前四种需要被称为缺失需要,它们是个体生存所必需的,必须得到一定程度的满足。但是,这些需要一旦满足,由此产生的动机就会趋于消失。后三种需要是成长需要。因此,答案选A、B、C三项。

三、判断选择题

1. B 【解析】自我实现需要的强度不仅不随其满足而降低,相反地会因获得满足而增强,因此个体所追求的成长性目的物是无限的,是永无止境的。

2. A 【解析】在需要的基础上产生动机必须具备两个条件,即需要的强度和诱因。但由需要转化为动机的两个条件并不是绝对的,当其中一项达到满足程度时,另一项即使不具备或不充分,也能引起人们的动机行为。

3. A 【解析】本题考查马斯洛的需要层次理论。马斯洛是美国当代人本主义心理学家,提出了著名的需要层次理论。他根据需要出现的先后及强弱顺序,把需要分成了以下七个层次,即生理需要、安全需要、归属与爱的需要、尊重需要、求知需要、审美需要和自我实现的需要。马斯洛对以上七种需要进行了进一步的区分:位于需要层次底部的四种需要被称为缺失需要,它们是个体生存所必需的,必须得到一定程度的满足。后三种需要是成长需要,它虽不是我们生存所必需的,但对于我们适应社会来说却有重要的积极意义。较低级的需要至少必须部分满足之后才会出现对较高级需要的追求。例如,在一个非常饥饿的孩子面前同时摆上一堆书和一堆食物,让其选择其一,孩子肯定先选食物,吃饱以后再去选书读。因此,题干中教师在自尊水平低的学生中灌输为学习本身的满足而去学的做法是不恰当的。对于自尊水平低的学生,教师应先满足其尊重需要。故题干说法正确。

四、填空题

1. 自我实现的需要

2. 需要

3. 中心兴趣

4. 效能

五、简答题(参考答案)

1. 简述兴趣的品质。

(1)兴趣的广度,是指兴趣的范围大小,即兴趣广泛与否;(2)兴趣的中心(兴趣的倾向性),即兴趣的针对性,指对某个特定领域的事物形成更浓厚、更强烈的兴趣;(3)兴趣的稳定性,指对事物具有持续、稳定的兴趣;(4)兴趣的效能,指兴趣能积极推动人的活动,提高活动的效能,即兴趣对认知的推动作用。

2. 简述马斯洛的需要层次理论。

马斯洛的需要层次理论是最富有影响力的需要理论。早期,他根据需要出现的先后及强弱顺序,把需要分成了五个层次,即生理需要、安全需要、归属与爱的需要、尊重需要和自我实现的需要。后来他又补充了求知需要和审美需要,即需要由五个层次扩充为七个层次。

六、案例分析题(参考答案)

(1)案例中小丽的安全需要、归属与爱的需要、尊重需要、求知需要、自我实现的需要都没有得到满足。

①安全需要是指希求受保护与免遭威胁从而获得安全感的需要。案例中,小丽有时被班上调皮的学生欺负,也因为胆小而不敢告诉老师或家长,这表明其安全需要没有得到满足。

②归属与爱的需要,也称社交需要,是指每个人都有被他人或群体接纳、爱护、关注、鼓励及支持的需要。案例中,小丽性格腼腆,在学校又不爱参加课外活动,所以同学们对她都很疏远,她连一位知心的朋友都没有,这表明其归属与爱的需要没有得到满足。

③尊重需要是在生理、安全、归属与爱的需要得到基本满足后产生的对自己社会价值追求的需要,包括自尊和受到别人的尊重两个方面。案例中,调皮的学生欺负小丽,说明没有尊重小丽的人格,这表明其尊重需要没有得到满足。

④求知需要,又称认知与理解的需要,是指个人对自身和周围世界的探索、理解及解决疑难问题的需要。案例中,小丽的学习成绩一般,学习主动性、积极性都不高,上课爱打瞌睡,课后不交作业。这些都说明小丽学习不够认真努力,没有学习动力,这表明其求知需要没有得到满足。

⑤自我实现的需要是最高层次的需要，是在上述几种需要得到满足后产生的。所谓“自我实现”，即追求自我理想的实现，是充分发挥个人潜能、才能的心理需要，也是一种创造和自我价值得到体现的需要。案例中，小丽的学习成绩一般，学习主动性、积极性都不高等表现，说明她没有对自我理想的追求，也没有发挥自身潜能、价值的欲望。

(2)①高级需要对低级需要具有调节作用，所以周老师应帮助小丽转变心态，让小丽把精力放到学习知识、提高技能上来。②帮助小丽提高其环境适应能力，使其快速融入到学校的教学环境当中，并帮助小丽打开心扉，接纳更多的新朋友。③积极鼓励小丽发展多方面的兴趣爱好，热情待人，建立良好的同学关系，并得到其他同学的认同和赞许。

真题精解

一、单项选择题

1. D 【解析】归属与爱的需要，也称社交需要，是指每个人都有被他人或群体接纳、爱护、关注、鼓励及支持的需要。故题干中希望多交朋友是为了满足归属与爱的需要。

2. B 【解析】兴趣的广度，是指兴趣的范围大小，即兴趣广泛与否。对许多事物和活动都乐于参与、乐于探求，主要体现了兴趣的广泛性。

3. D 【解析】A项默里提出了成就动机的概念；B项勒温主要进行了群体动力的研究并提出相关理论；C项罗杰斯是人本主义的代表人物，主要提出了有意义的自由学习观、以学生为中心的教学观等观点；D项马斯洛提出了需要层次理论。故答案选D项。

4. B 【解析】需要是有机体感到某种缺乏或不平衡状态而力求获得满足的心理倾向，是有机体自身和外部生活条件的要求在头脑中的反映。故答案选B项。

   A项，能力是直接影响人的活动效率，促使活动顺利完成的个性心理特征。

   C项，兴趣是人对事物的一种认识倾向，伴随着积极的情绪体验，对个体活动，特别是对个体的认知活动有巨大的推动作用。

   D项，动机是激发和维持有机体的行动，并使该行动朝向一定目标的心理倾向或内部驱力。

二、判断选择题

A 【解析】直接兴趣是由认识事物本身的需要引起的，如对看电视、小说的兴趣。观众因为看电视节目从而引发对诗词的兴趣，这是一种直接兴趣。

三、填空题

自我实现

四、案例分析题(参考答案)

辛老师分别从归属与爱的需要、尊重需要和自我实现的需要制定教育措施的，具体表现为：

(1)辛老师根据归属与爱的需要制定教育措施。归属与爱的需要，也称社交需要，是指每个人都有被他人或群体接纳、爱护、关注、鼓励及支持的需要。在该案例中，辛老师为小丁组建“学习帮帮团”帮助他学习；开展以“我们是一个友爱和谐的家”为主题的班会课，让同学们接纳小丁。这些措施满足了小丁归属与爱的需要。

(2)辛老师根据尊重需要制定教育措施。尊重需要是在生理、安全、归属与爱的需要得到基本满足后产生的对自己社会价值追求的需要，包括自尊和受到别人的尊重两个方面。具体表现为认可自己的实力与成就、自信、独立、渴望受到赏识与评价、重视威望和名誉等。在该案例中，辛老师让小丁当班级宣传委员，发挥他画画的特长；对小丁取得的进步给予赞赏；针对小丁在课堂上做小动作的行为，没有当众训斥他而是委婉地提示。这些措施满足了小丁的尊重需要。

(3)辛老师根据自我实现的需要制定教育措施。自我实现的需要，是充分发挥个人潜能、才能的心理需要，也是一种创造和自我价值得到体现的需要。在该案例中，辛老师利用课余时间与小丁谈心，以励志的榜样故事鼓舞他树立理想，实现人生价值，最终使小丁树立了自信心。

总之，辛教师是在对小丁充分了解的基础上采取措施，满足其需要，有利于他向更好的方向发展。

第十章　个性心理特征

基础训练

一、单项选择题

1. B 【解析】气质是表现在心理活动的强度、速度、灵活性与指向性等方面的一种稳定的心理特征，即我们平时说的脾气、禀性。气质是与生俱来的。

2. D 【解析】晶体智力是以学得的经验为基础的认知能力。它受后天经验的影响较大，主要表现为运用已有知识和技能去吸收新知识和解决新问题的能力。根据题干所述，答案选D项。

易错警示：考生容易混淆流体智力和晶体智力随年龄变化的特点，可这样想来帮助理解：
流体智力——“河流”，随着下雨，河流的水量会逐渐增多，到达洪峰后，水量会逐渐消退，即流体智力在20岁后达到顶峰，30岁以后会逐渐降低。晶体智力——“结晶”，随着时间的推移，越来越大，即晶体智力会随着年龄的增长而升高。

3. C 【解析】能力类型差异，又称能力结构差异，是

指构成能力的各种因素存在质的差异,如有的人擅长记忆,有的人擅长思维。

4. B 【解析】美国心理学家吉尔福特提出了智力的三维结构论。他认为,智力是一个由不同方式对不同信息进行加工的各种能力的综合系统,是一个包括内容、操作和成果的三维结构。其中,操作代表智力的高低。个人针对引起思考的情境,在行为上表现出思考结果之前所经过的内在操作历程,即代表个人的智力。

5. C 【解析】运动智力,指支配肢体以完成精密作业的能力。如出色的舞蹈家、运动员、外科医生的运动能力特别强。

6. D 【解析】加德纳认为多元智力理论中的几种智力因素是相对独立的。

7. B 【解析】本题考查影响能力形成与发展的因素。影响能力形成与发展的因素有:遗传与营养、早期经验、教育与教学、社会实践和主观努力。题干中,爱迪生认为天才就是1%的灵感加上99%的汗水,是在强调主观努力的作用,本题选择B项。

8. A 【解析】在智力三元理论的智力成分中,元成分起着核心作用,它决定人们解决问题时所使用的策略。

9. C 【解析】黏液质的人稳重,但灵活性不足;踏实,但有些死板;沉着冷静,但缺乏生气。故林冲的气质类型是黏液质。

10. B 【解析】"人心不同,各如其面。"这句俗语为人格的独特性做了最好的诠释。

11. A 【解析】本题考查智力测验的标准。信度是指一个测验量表的可靠程度(或可信程度)。它以反复测验时能否提供相同的结果来说明。题干中,小辉两次测验分数大致相等,说明测验的信度高,本题选择A项。

12. D 【解析】抑郁质的人以敏锐、稳重、体验深刻、外表温柔、怯懦、孤独、行动缓慢为特征。小雨的气质类型是典型的抑郁质。

13. B 【解析】智力不是天生的,教育和教学对智力的发展起着主导作用。

14. A 【解析】美国心理学家卡特尔根据因素分析的结果,按心智能力功能上的差异,将人的智力分为流体智力和晶体智力两种不同的形态。其中,流体智力是一种以生理为基础的认知能力,它受先天遗传因素的影响较大,主要表现为对新奇事物的快速辨认、记忆、理解等。流体智力需要较少的专业知识,包括理解复杂关系和解决问题的能力,如在处理数字系列、空间视觉感和图形矩阵项目时所需的能力。

15. C 【解析】效度是指一个测验工具希望测到某种行为特征的有效性与准确程度。此次数学测验由于试题文字表述过于复杂,没有达到测量学生数学学习状况的目的,因此是低效度的。

易错警示:信度、效度是心理测量学的专业术语,考生易混淆二者。简单来说,信度指测验是否可信,多次测量结果是否一致;效度指测验是否有效,能否测出想要的内容。

16. B 【解析】本题考查能力发展水平的差异。研究表明,人们的智力水平呈正态分布,又称常态分布,大多数人的智力属于中等水平。智商80~89属于中下水平。

17. A 【解析】本题考查性格的结构。性格的结构分为态度特征、意志特征、理智特征、情绪特征。其中,性格的态度特征是指个体对自己、他人、集体、社会以及对工作、劳动、学习的态度特征。例如,诚实或虚伪、谦虚或骄傲、勤劳或懒惰等。性格的意志特征是指个体自觉地确定目标,调节支配行为,从而达到目标的性格特征。例如,勇敢或怯懦、果断或优柔寡断等。故A项符合题意。

18. D 【解析】本题考查加德纳的多元智力理论。美国心理学家加德纳提出了多元智力理论,他认为人的智力结构中存在着七种相对独立的智力。根据该理论可知,①数学运算与逻辑思考的能力属于逻辑—数学智力;②有效地理解别人及其关系以及与人交往的能力属于社交智力;③感知音调、旋律、节奏的能力属于音乐智力;④独处、反思的能力属于内省智力。因此,这四项都属于加德纳提出的多元智力的范围。

19. D 【解析】明尼苏达测验属于典型的人格测验。

20. B 【解析】情绪型的人内心体验深刻,外部表露明显,情绪不稳定。言行举止受情绪的影响,缺乏理智感,处理问题常感情用事。

21. B 【解析】低常儿童是指智力发展明显低于同龄儿童平均水平并有适应性行为障碍的儿童,又称智力落后儿童。IQ低于70为智力落后,他们在人口中大约占2.7%。

22. C 【解析】气质特征是职业选择的依据之一。气质与职业活动的关系表现在两个方面:(1)要使个人的气质特征适应于职业活动的客观要求;(2)在选拔人才和安排工作时应考虑个人的气质特点。

23. A 【解析】区分度是指题目对不同水平的答题者反应的区分程度和鉴别能力。高水平学生得高分,低水平学生得低分说明测验的区分度高。

易错警示:考生易混淆智力测验的标准。在做题时,考生应注意抓住各自的关键词来做题。如信度强调"一致性""可靠性";效度强调"有效性";难度强调"难易程度";区分度强调"鉴别力"。

24. C 【解析】沟通能力和解决纠纷的能力是在社会

交往活动中表现出来的能力,所以属于社交能力。

25. C 【解析】胆汁质的人以精力旺盛、粗枝大叶、表里如一、刚强、易感情用事为特征。整个心理活动笼罩着迅速而突发的色彩,并不容易形成善于克制自己情绪的性格特征。

26. B 【解析】视觉—空间智力,是指认识环境、辨别方向的能力。题干所述体现了学生在视觉—空间智力方面的差异。

27. C 【解析】性格的意志特征是指个体自觉地确定目标,调节支配行为,从而达到目标的性格特征。小江虽然基础不好,但他遇到困难时总能勇往直前,这体现了其性格的意志特征。

易错警示:考生易混淆性格的特征。在做题时,考生可根据题干中的关键词来进行判断,如出现"谦虚或自负""粗心或细心"等词则对应态度特征;出现"顽强拼搏""当机立断"等词则对应意志特征;出现关于情绪的词语则对应情绪特征;出现关于认知的词则对应理智特征。

28. B 【解析】流体智力是一种以生理为基础的认知能力。它受先天遗传因素的影响较大,受教育文化的影响较少。

29. B 【解析】美国心理学家卡特尔根据因素分析的结果,按心智能力功能上的差异,将人的智力分为流体智力和晶体智力两种不同的形态。流体智力的发展与年龄有密切的关系。一般人在20岁以后,流体智力的发展达到顶峰,30岁以后随着年龄的增长而降低。因此,③的说法是错误的。能力具有稳定性和可变性,因此,④说法正确。故答案选B项。

30. D 【解析】本题考查气质的特点。气质是依赖人的生理素质或身体特点的人格特征。气质是一种稳定的心理特征,即我们平时说的脾气、禀性。现代心理学一般认为,气质是不以活动目的和内容为转移的典型的、稳定的心理活动的动力特点。"江山易改,禀性难移"是指人的禀性难以改变,这说明了气质的稳定性。

31. C 【解析】性格的态度特征是指个体对自己、他人、集体、社会以及对工作、劳动、学习的态度特征。性格的态度特征在性格结构中具有核心意义。

32. A 【解析】此题考查离差智商的公式,即IQ=100+15Z,Z=(原始分数-平均分数)/标准差,因此本题中Z=(80-70)/5=2,IQ=100+15×2=130。

33. C 【解析】"笨鸟先飞""勤能补拙"说明了性格对能力的补偿作用。

34. B 【解析】最早的智力测验是由法国心理学家比纳和西蒙于1905年编制的,称为比纳—西蒙智力量表。

35. C 【解析】自知智力(也即内省智力),是指认识自己并选择自己生活方向的能力。

36. A 【解析】意志型的人行动目标明确,积极主动,勇敢、坚定、果断,自制力强,不容易受外界因素干扰,但有的人会表现出固执、任性或轻率、鲁莽。

37. B 【解析】人际智力,是指与人交往且和睦相处的能力。人际智力高者善于处理人际关系,善于与人交往。推销员、教师、心理咨询师、政治家的人际智力很高。

38. B 【解析】IQ=智力年龄(MA)/实际年龄(CA)×100=9/7×100≈128.6。

39. C 【解析】加德纳的多元智力理论指出,人的智力结构中存在着七种相对独立的智力,这七种智力在每个人身上的组合方式是多种多样的,每个人在不同领域的智力发展水平是不同步的。有人可能在某一两个方面是天才,而在其余方面却是蠢材;有人可能每种智力都很一般,但如果他所拥有的各种智力被巧妙地结合在一起,则可能在解决某些问题时会显得很出色。因此,不能仅从一方面衡量、评价学生的好坏。

40. A 【解析】一般能力是指在不同种类的活动中表现出来的能力,是从事一切活动所必备的能力的综合,如观察力、记忆力、注意力、想象力、思维力等。

41. B 【解析】针对学生的气质差异,在教育过程中对不同气质类型的学生采取的方法应尽可能地因人而异,做到"一把钥匙开一把锁"。对抑郁质气质类型的学生,要着重培养其敏感、机智、认真、细致等个性品质,防止其怯懦、多疑、孤独等消极品质的产生。在教育方法方面,要给予更多的同情、关怀和帮助,避免在公开场合指责他们,指导他们多参加集体活动,在交往中消除疑虑。

42. D 【解析】早期经验是弗洛伊德关于儿童发展的主要内容,他认为人长大后的行为活动多可以追溯到他的童年时代。

43. A 【解析】胆汁质的人以精力旺盛、粗枝大叶、表里如一、刚强、易感情用事为特征。整个心理活动笼罩着迅速而突发的色彩。

44. C 【解析】信度是指一个测验量表的可靠程度(或可信程度)。它以反复测验时能否提供相同的结果来说明。题干中一套试卷在两个平行班施测得出基本一致的成绩分布,说明该测验的信度好。

45. C 【解析】模仿能力是指通过观察别人的行动和活动,以相同的方式做出反应的能力。题干描述的是模仿能力的概念。

46. B 【解析】言语智力是说话、阅读、书写的能力。能说会道、妙笔生花是言语智力高的表现。《超级演说家》中选手能通过精彩的语言表达出自己的

情感,且能感染他人,说明他们的言语智力高。

47. D 【解析】"宝剑锋从磨砺出,梅花香自苦寒来",字面意思是宝剑的锐利刀锋是从不断的磨砺中得到的,挨过寒冷冬季的梅花更加的幽香。寓意是要想拥有珍贵品质或美好才华是需要不断的努力、修炼、克服一定的困难的。因此,这说明了性格会受个人努力的影响。

48. C 【解析】本题考查性格的类型。按照心理活动的指向,性格可分为外向型和内向型。其中,内向型的人心理活动指向于内部世界,感情比较深沉,办事小心,谨慎多思,不善交往,适应环境的能力较差,很注重别人对自己的评价。题干中小昭从农村转入城市上学,担心同学会讥笑自己的方言,这说明他比较注重别人对自己的评价。因此,小昭这种行为表现的心理特征是性格。

49. B 【解析】意志型的人行动目标明确,积极主动,勇敢、坚定、果断,自制力强,不容易受外界因素干扰。

二、多项选择题

1. CD 【解析】根据从事活动时创造性程度的高低,可将能力分为模仿能力和创造能力。根据能力的功能不同,可将能力分为认知能力、操作能力和社交能力。

2. ABCD 【解析】评定测验质量优劣的主要技术指标有:信度、效度、标准化。难度和区分度属于标准化的内容。

3. BCD 【解析】视觉—空间智力,是指认识环境、辨别方向的能力。这种智力在画家、雕刻家、建筑师、航海家和飞行员等的身上有比较突出的表现。故答案选B、C、D三项。

4. ABD 【解析】多元智力理论对我国当前教学改革的启示如下:积极乐观的学生观;科学的智力观;因材施教的教学观;多样化的人才观和成才观。加德纳的多元智力理论,指出学生智力的多样性、广泛性和差异性,把培养学生的多种能力放在同等重要的地位。因此智力不是以语言能力和逻辑—数理能力为核心的。故C项错误。

5. ACD 【解析】巴甫洛夫在研究高等动物的条件反射时发现,动物高级神经系统活动的兴奋和抑制有强度、平衡性、灵活性三种特性。根据这三种特性的结合,巴甫洛夫将动物的高级神经活动分为四种类型:强、不平衡(不可遏制型);强、平衡、灵活(活泼型);强、平衡、不灵活(安静型);弱(弱型)。

6. ACD 【解析】气质的稳定性强;人的气质差异是先天形成的,受神经系统活动过程的特性所制约;气质是人的天性,无好坏之分。

三、判断选择题

1. B 【解析】本题考查卡特尔的智力形态论。流体智力是一种以生理为基础的认知能力。它受先天遗传因素的影响较大,主要表现为对新奇事物的快速辨认、记忆、理解等。晶体智力是以学得的经验为基础的认知能力。它受后天经验的影响较大,主要表现为运用已有知识和技能去吸收新知识和解决新问题的能力。显然,晶体智力与教育、文化有关,但在个体差异上与年龄的变化没有密切关系,晶体智力不因年龄增长而降低,有些人甚至因知识经验的累积,晶体智力随着年龄的增长而升高。因此,"老将出马,一个顶俩""姜还是老的辣"都说明了老年人的晶体智力还在发展。

2. B 【解析】性格虽然不会决定学习是否发生,但它会影响学生的学习方式。

3. A 【解析】信度是效度的必要条件,但不是充分条件。一个测量工具要有效度必须有信度,没有信度就没有效度,但是有了信度不一定有效度。信度低,效度不可能高;信度高,效度未必高。效度低,信度很可能高;效度高,信度也必然高。

4. B 【解析】气质不能决定人的社会价值与成就的高低,也不直接具有社会道德评价含义,但气质对人在不同性质的活动中的适应性,甚至活动的效率却有一定的影响。

5. B 【解析】知识、技能的掌握和能力的发展是不同步的。两个具有同等知识水平的人,不一定具有同等水平的能力。知识多了,能力不一定就高。教师在教学中不仅要向学生传授知识,更要注重培养和发展学生的能力。

6. B 【解析】本题考查能力的差异。能力表现的早晚也存在着明显的差异,具体表现在:有的人在儿童时期就显露出非凡的智力或特殊能力,这叫"早慧"或"早熟"。在人的能力发展中,也有不少人的能力表现较晚,这叫"大器晚成"。能力发展水平的差异主要是指智力上的差异(即一般能力的差异),指的是个体之间或个体内部智力水平高低的不同程度。故题干说法错误。

四、填空题

1. 遗传素质
2. 晶体
3. 多元智力
4. 能力
5. 操作
6. 正态分布(常态分布)

五、判断说理题

1. 教育测验中有信度就一定有效度。这种说法是否正确?请运用心理学知识加以说明。

(1)这种说法是不正确的。(2)信度是效度的必要条件,但不是充分条件。一个测量工具要有效度必须

有信度,没有信度就没有效度;但是有了信度不一定有效度。信度低,效度不可能高;信度高,效度未必高。效度低,信度很可能高;效度高,信度也必然高。

2. 男女的智力结构存在差异,各自具有自己的优势领域。这种说法是否正确?请运用心理学知识加以说明。

(1)这种说法是正确的。(2)男女的智力结构存在差异,各自具有自己的优势领域。男女在一般智力因素上没有显著差异,其性别差异主要反映在特殊智力因素中,主要包括数学能力、言语能力和空间能力。

六、简答题(参考答案)

1. 简述影响能力形成与发展的因素。

(1)遗传与营养;(2)早期经验;(3)教育与教学;(4)社会实践;(5)主观努力。

2. 简述影响性格形成与发展的因素。

(1)家庭;(2)学校教育;(3)同伴群体;(4)社会实践;(5)自我教育;(6)社会文化因素。

3. 如何培养学生的非智力因素?

在实际教学中,培养非智力因素可按三个阶段进行:

(1)用个别教育的方法,分别培养每个学生的兴趣、意志、情感等。

(2)采用整体教育的方法,使整个班级甚至全校都形成良好的学习风气,让学生在其中受到熏陶,逐步培养自己良好的个性品质。教师在此阶段要为学生树立身边的、好的学习榜样,使学生从榜样身上汲取力量。

(3)教师要采取个别化教育的方法,有针对性地、逐个纠正学生自身的一些不良习惯,使之在原有的水平上得到不同程度的提高和进步。

七、论述题(参考答案)

1. 根据能力与知识、技能的关系,分析“高分低能”现象。

能力与知识、技能既有区别,又紧密联系。

(1)区别:①能力与知识、技能具有不同的概括水平。知识是人类社会历史经验的概括和总结,技能是对一系列活动方式的概括,而能力是人在从事某种活动时表现出来的多种心理品质的概括。②发展程度不同。在一个人身上,知识和技能的发展是无止境的,它随着学习进程的不断增多而不断丰富;而能力的发展则有一定的限度。③知识、技能的掌握和能力的发展是不同步的。知识多了,能力并不一定就高。

(2)联系:①能力是掌握知识与技能的前提。能力的高低会影响到知识掌握的深浅、难易和技能水平的高低;②能力是在掌握知识和技能的过程中形成和发展的,掌握系统的知识和技能有利于能力的增长和发挥。

(3)“高分低能”的人,他们具有比较多的知识,但在生活实践中不能把知识灵活应用。这主要是因为在发展知识的同时没有注重能力的培养。因此,在教学活动中,教师要注意不仅要传授给学生必要的知识与技能,更重要的是创造有利条件,促进学生掌握的知识与技能向能力迁移,同时让学生多参加社会实践,在实践中使能力得到培养和锻炼。

2. 结合教学实际,谈谈培养学生良好性格的方法与途径。

(1)加强人生观、世界观和价值观教育。让学生学会明辨是非,区分美与丑、善与恶,用合理的信念指导自己的行为,从而塑造良好的性格。

(2)及时强化学生的积极行为。潜移默化地告诉学生什么该做,什么不该做,这对还不能准确明辨是非的学生来说是非常有必要的。

(3)充分利用榜样人物的示范作用。教师应经常给学生讲解优秀人物的事迹,激励学生向他们学习。除此之外,用教师本身良好的性格去影响学生也是非常重要的。

(4)利用集体的教育力量。生活在一个具有良好组织纪律性和凝聚力的集体里,才能让学生产生集体荣誉感和归属感,并在集体活动中锻炼自己坚韧不拔的毅力,通过与他人的合作、交流建立良好的人际关系,逐步完善自己的性格。

(5)提供实际锻炼的机会。教育者在为学生提供实际锻炼机会的同时,要给学生提出明确的锻炼要求与目的,对不同的学生提出的锻炼要求也要有所区别,对学生在具体实践活动中是否达到锻炼要求与目的的情况要有监督、检查,使实践活动真正起到培养学生良好性格的作用。

(6)及时进行个别指导。教师在对学生进行性格培养时,既要考虑学生的共性,也不能忽视个别性。

(7)提高学生的自我教育能力。做任何事情想要成功都要有强烈的自觉能动性,外因只是起一个辅助作用,而内在的主观能动性是决定性的因素。因此,在教学过程中,应注重培养学生的自我教育能力,养成良好的自我教育习惯。

(考生可结合自身实际加以阐述,言之有理即可)

八、案例分析题(参考答案)

(1)加德纳的多元智力理论认为,智力是在某种文化环境的价值标准之下,个体用以解决问题与生产创造所需的能力。加德纳认为,人的智力结构中存在着七种相对独立的智力,这七种智力在人身上的组合方式是多种多样的。因此,学生在不同领域的智力发

展水平是不同步的，存在着智力的强项和弱点。然而他们一旦找到自己智力的最佳点，使自身的潜力得到充分的发挥，便可取得惊人的成绩。这一现象人们称之为“瓦拉赫效应”。

(2)加德纳的多元智力理论对当前教学改革产生了重大的影响：①积极乐观的学生观；②科学的智力观；③因材施教的教学观；④多样化人才观和成才观。

真题精解

一、单项选择题

1. C 【解析】美国心理学家吉尔福特提出了智力的三维结构论。二因素理论由英国心理学家斯皮尔曼提出。群因素理论由美国心理学家瑟斯顿提出。多元智力理论由美国心理学家加德纳提出。

2. D 【解析】能力与知识、技能具有不同的概括水平。知识、技能的掌握和能力的发展是不同步的。因此①②错误。能力是在掌握知识和技能的过程中形成和发展起来的，掌握系统的知识和技能有利于能力的增长和发挥。故③④项正确。

3. A 【解析】信度是指一个测验量表的可靠程度(或可信程度)。效度是指一个测验工具希望测到某种行为特征的有效性与准确程度。难度指题目的难易程度。区分度是指该项题目对不同水平的答题者反应的区分程度和鉴别能力。

4. D 【解析】一般能力测验即智力测验。韦克斯勒智力测验是经典的智力测验。

5. A 【解析】与高级神经活动相对应的气质类型分别为：强、不平衡(不可遏制型)——胆汁质；强、平衡、灵活(活泼型)——多血质；强、平衡、不灵活(安静型)——黏液质；弱(弱型)——抑郁质。

6. A 【解析】胆汁质的人以精力旺盛、粗枝大叶、表里如一、刚强、易感情用事为特征。整个心理活动笼罩着迅速而突发的色彩。题干所述是胆汁质气质类型的特征。多血质的人以反应迅速、有朝气、活泼好动、动作敏捷、情绪不稳定为特征。黏液质的人稳重，但灵活性不足；踏实，但有些死板；沉着冷静，但缺乏生气。抑郁质的人以敏锐、稳重、体验深刻、外表温柔、怯懦、孤独、行动缓慢为特征。

7. B 【解析】英国心理学家斯皮尔曼首先提出了智力的二因素论。他认为，智力包括两种因素：一般因素(即G因素)和特殊因素(即S因素)。故答案选B项。

   A项，阜南认为智力结构由四个层次组成。

   C项，卡特尔按心智能力功能上的差异，将人的智力分为流体智力和晶体智力两种不同的形态。

   D项，吉尔福特的智力三维结构论认为，智力是一个由不同方式对不同信息进行加工的各种能力的综合系统，是一个包括内容、操作和产品(成果)的三维结构。

8. C 【解析】斯坦福—比纳量表用智龄和实际年龄的比率代表的智商，称作比率智商。比率智商公式为：智商(IQ)=智龄(MA)÷实龄(CA)×100。题干中该学生的智龄为13岁(即13×12个月)，实龄为10周岁零10个月(即10×12个月+10个月)，将数据代入公式得：智商(IQ)=[13×12/(10×12+10)]×100=120。故答案选C项。

9. A 【解析】A项：性格的态度特征，是指个体对自己、他人、集体、社会以及对工作、劳动、学习的态度特征，如正直、诚实、认真、细致、自立自强等。

   B项：性格的理智特征，是指个体在感知、记忆、想象、思维等认知过程中表现出来的认知特点和风格，如主动感知或被动感知，习惯于看到细节还是轮廓等。

   C项：性格的情绪特征，是指个体稳定而独特的情绪活动方式，如情绪活动的强度、稳定性、持久性和主导心境等方面的特征。

   D项：性格的意志特征，是指个体自觉地确定目标，调节支配行为，从而达到目标的性格特征，如顽强拼搏、当机立断等。

   因此，题干所述的品质属于性格的态度特征。

二、多项选择题

1. BC 【解析】能力高者，创造力可能高也可能低，故A项表述错误。个性心理特征包括能力、气质、性格等，故B项表述正确。能力是掌握知识与技能的前提。能力的高低会影响到知识掌握的深浅、难易和技能水平的高低。故C项表述正确。流体智力是一种以生理为基础的认知能力，受先天遗传因素的影响较大。一般人在20岁以后，流体智力的发展达到顶峰，30岁以后随着年龄的增长而降低。故D项表述错误。

2. ABCD 【解析】A项，气质受生理影响大，性格受社会影响大。因此，气质是先天的，性格是后天的。故A项说法正确。

   B项，气质无所谓好坏，性格有优劣之分。故B项说法正确。

   C项，不同气质类型的人可以形成相同的性格，相同气质类型的人也可以形成不同的性格。故C项说法正确。

   D项，气质影响性格的形成和发展，以及形成的速度。故D项说法正确。

三、填空题

1. 操作能力
2. 态度

四、判断说理题

某生的血型是AB型，有同学说：“你这种血型属于黏液质。”对此你觉得是否正确，请用心理学知识说明理由。

(1)这种说法是不正确的。(2)气质是表现在心理活动的强度、速度、灵活性与指向性等方面的一种稳定的心理特征，即我们平时说的脾气、禀性。黏液质是一种气质类型，气质是由人的神经系统的某些生物学特点、特别是脑的特点决定的，而与血型无关。故题干中的说法不正确。

五、案例分析题(参考答案)

(1)①小雯聪慧敏锐，思维缜密；被老师批评时对周围环境敏感，感到既难堪又委屈。因此可知，小雯属于抑郁质。

②小刚直率开朗，热情外向；知道小亮的举报行为后，便怒气冲冲地找小亮理论，见到小亮，不由分说，一把将小亮推倒在地。因此可知，小刚属于胆汁质。

(2)针对小刚胆汁质的气质类型，教师应采取直截了当的方式，但不宜轻易激怒，对其严厉批评时要有说服力，培养其自制力与坚持到底的精神和豪放、勇于进取的人格品质。

第十一章　自我意识

基础训练

一、单项选择题

1. B 【解析】自我体验是自我意识在情感上的表现，是伴随自我认识而产生的内心体验。例如，自尊、自爱、自豪、自卑及自暴自弃等都是自我体验的具体内容。
2. B 【解析】自我意识包括三种成分：自我认识、自我体验和自我监控。其中自我体验包括：自尊、自爱、自豪、自卑及自暴自弃等。
3. A 【解析】自我评价是指主体对自己思想、愿望、行为和个性特点的判断和评价。自我评价的能力如何，反映出个体的心理成熟程度，是自我意识发展水平的重要指标。
4. D 【解析】自我体验是自我意识在情感上的表现，是伴随自我认识而产生的内心体验。自尊心、自信心是自我体验的具体内容。题干中的学生因受到表扬而感到开心，这是该学生的自我意识在情感上的表现，故反映的是学生自我意识中的自我体验。
5. B 【解析】本题考查自我体验的内容。自我体验是指自己对自己怀有一种情绪体验，也就是主观的我对客观的我所持有的一种情绪体验。例如，自尊、自信、自卑、内疚等都属于自我体验。其中，自尊是自我体验中最主要的成分。自我体验反映了主体的我的需要与客体的我现实之间的关系，如果客体的我满足了主体的我的需要就会产生肯定的自我体验，为自我满足；否则就会产生否定的自我体验，为自我责备。
6. D 【解析】初中生自我意识发展的特点有：(1)初中生的自我体验随着年龄的增长而不断发展。主要表现在：①出现成人感。②自尊感增强。③出现自卑感。(2)自我开始分化。开始分成“主我”和“客我”或“理想的自我”和“现实的自我”。(3)能够更自觉地评价别人的和自己的个性品质，但评价别人和自己的个性品质的能力与高中生相比，水平还不高，而且也不稳定。D项属于高中生自我意识发展的特点。
7. B 【解析】儿童在3岁以后，自我意识的发展进入社会自我阶段。他们从轻信成人的评价逐渐过渡到自我独立评价。这时，自我评价的独立性、原则性、批判性正在迅速发展，对道德行为的判断能力，也逐渐达到了前所未有的水平，从对具体行为的评价到有一定概括程度的评价。
8. B 【解析】心理自我是在青春期开始发展和形成的。这时，青年开始形成自觉地按照一定的行动目标和社会准则来评价自己的心理品质和能力。他们的自我评价越来越客观、公正和全面，且具有社会道德性，并在此基础上形成自我理想，追求最有意义和最有价值的目标。

二、多项选择题

1. ABC 【解析】自我意识是个体对自己以及自己与周围事物的关系的意识。一般认为，自我意识包括以下三种成分：(1)自我认识；(2)自我体验；(3)自我监控。
2. ACD 【解析】本题考查自我意识的发展。个体自我意识的发展经历了从生理自我到社会自我，再到心理自我的过程。生理自我是自我意识最原始的形态。生理自我在3岁左右基本成熟。儿童在3岁以后，自我意识的发展进入社会自我阶段，到少年期基本成熟。心理自我是从青春期开始发展和形成的。这时，青少年开始形成自觉地按照一定的行动目标和社会准则来评价自己的心理品质和能力。青春期是自我意识发展的第二个飞跃期。在个体进入青春期以前，曾出现过一次自我意识发展的飞跃期，年龄在1~3岁。故A、C、D三项说法正确，B项说法错误。
3. ABCD 【解析】小学生的自我评价能力进一步发展起来，具体表现在：(1)从顺从别人的评价发展到有一定独立见解的评价，评价的独立性随着年级的升高而提高；(2)从比较笼统的评价发展到对自己的某个方面或多个方面的优缺点进行评价；(3)开始具有对内心品质评价的倾向；(4)自我评价的抽

象概括性有了提高;(5)自我评价的稳定性有了一定的发展。

4. BCD 【解析】自我监控,即对自己的意志控制,如自我检查、自我监督、自我调节、自我追求等。自暴自弃属于自我体验。

三、判断选择题

1. B 【解析】儿童在3岁以后,自我意识的发展进入社会自我阶段。社会自我到少年期基本成熟。心理自我是在青春期开始形成和发展的。题干表述错误。

2. A 【解析】一岁前的儿童全然意识不到自己的存在,更不能区分主体和客体。

3. B 【解析】生理自我在3岁左右基本成熟。

4. A 【解析】自我意识是个体对自己以及自己与周围事物的关系的意识。自我意识是人格的重要组成部分,也是使人格各部分整合和统一起来的核心力量。

四、填空题

1. 成人感
2. 少年期

五、判断说理题

一个人在心目中对自己的印象就是自我认识。这种说法是否正确?请运用心理学知识加以说明。

(1)这种说法是不正确的。(2)自我认识,即个体对自己的心理特点、人格特征、能力及自身社会价值的自我了解与自我评价。一个人在心目中对自己的印象是自我概念。自我概念和自我意识是不同的概念。

六、论述题(参考答案)

试述自我意识在教学中的应用。

(1)帮助学生正确认识自己、评价自己。教师的态度和评价对学生自我评价的形成起了主导作用。所以,教师要特别注意对学生的评价要实事求是、恰如其分,要全面而客观,使学生既看到自己的长处又能找到自己的不足,从而在各自的起点上都能得到提高与发展。同时,作为教师,应让学生从道理上懂得自我概念的含义与发展,教会学生从各种途径来认识自己。

(2)善于保护与培养学生的自尊。教师要在自己的教育与教学过程中,特别注意发扬学生各自的优点,通过正面的、积极的引导,激发他们的自尊;通过创设不同的情境,使每个孩子都能看到自己的能力与长处,以增强自尊;通过开展各种活动,特别是“自我竞赛”活动,将今天的“我”与昨天的“我”进行比较,对他们微小的进步及时表扬,来培养学生的自尊和自信。

(3)帮助学生发展自我调控的能力。教师要经常强化学生对自己行为进行调控的愿望和自觉性,使学生充分认识到自我调控对个体心理和行为发展的必要性和重要性;使学生坚信自我调控是可以学会并能养成习惯的,从而使之产生自我调控的迫切意愿。同时,还要多创设能让学生实现自我调控的机会,教会他们进行自我调控的方法,如自我激励、自我暗示、反躬自问等,以保证自我调控的经常性。

(4)训练学生社会视角转换技能。对学生进行社会视角转换技能的培养训练,可采取以下方法:①写命题作文;②结合生活事件进行集体讨论。

真题精解

填空题

1. 自我体验
2. 心理自我

第十二章　教育心理学概述

基础训练

一、单项选择题

1. C 【解析】教育心理学是一门研究教育教学情境中学与教的基本心理规律的科学。

2. D 【解析】学生这一要素主要从两方面影响学与教的过程:(1)群体差异,包括年龄、性别和社会文化差异等;(2)个体差异,包括先前知识基础、学习方式、智力水平、兴趣和需要等差异。

3. D 【解析】本题考查教育心理学的研究内容。教育心理学的具体研究范畴是围绕学与教相互作用的过程展开的。学与教的相互作用过程是一个系统过程,该系统包含学生、教师、教学内容、教学媒体和教学环境五种要素,由学习过程、教学过程和评价/反思过程这三种活动过程交织在一起组成。

4. C 【解析】在初创时期,确立了教育心理学的独立体系;在发展时期,教育心理学尚未成为一门具有独立理论体系的学科;在成熟时期,教育心理学的内容日趋集中,教育心理学学科体系基本形成;在完善时期,教育心理学越来越注重与教学实践相结合,各个理论派别相互吸收,体系愈加完善。故答案选C项。

方法技巧: 考生在做此类试题时,可根据题干中的关键词来判断教育心理学学科体系的发展特点。具体内容如下:初创时期→名称和体系确立(桑代克的《教育心理大纲》);发展时期→尚未独立;成熟时期→基本形成;完善时期→愈加完善。

5. A 【解析】20世纪60年代初,教育心理学的研究由行为主义转向认知范畴。布鲁纳发起的课程改革运动促使美国教育心理学转向对教育过程、学生心理、教材、教法和教学手段改进的探讨。同时,美国教育心理学开始重视研究教学中的社会心理因素。

6. C 【解析】1924年,廖世承编写了我国第一本《教育心理学》教科书。

方法技巧: 考生在做此类试题时,可采用口诀来进行记忆。裴(裴斯泰洛齐)赫(赫尔巴特)首提出,乌申俄奠基,房东岳翻译,廖世承主编。中国第一廖和房,西方第一桑代克,世界第一是卡普捷。

7. C 【解析】1868年,俄国教育家乌申斯基出版了《人是教育的对象》一书,对当时的心理学发展成果进行了总结。

8. C 【解析】教学环境包括物质环境和社会环境两个方面,前者涉及课堂自然条件(如温度和照明)、教学设施(如桌椅、黑板和投影仪)以及空间布置(如座位的排列)等,后者涉及课堂纪律、课堂气氛、师生关系、同学关系、校风以及社会文化背景等。

9. A 【解析】布鲁纳是美国教育心理学家,故B项说法有误;人本主义心理学家罗杰斯提出了"以学生为中心"的主张;维果斯基强调教育与教学在儿童发展中的主导作用,并提出了"文化发展论"和"内化说"。因此答案选A项。

10. C 【解析】乌申斯基被誉为"俄罗斯教育心理学的奠基人"。

11. D 【解析】在完善时期,即20世纪80年代以后,教育心理学越来越注重与教学实践相结合,各个理论派别相互吸收,体系愈加完善。

12. A 【解析】学生这一要素主要从群体差异和个体差异这两方面影响学与教的过程。无论群体差异还是个体差异,学生都是教育心理学研究的主要对象。

13. B 【解析】1903年,美国心理学家桑代克出版了《教育心理学》,这是西方第一本以"教育心理学"命名的著作。1913~1914年,该书又扩充为三卷本的《教育心理大纲》,奠定了教育心理学发展的基础,西方教育心理学的名称和体系由此确立,桑代克也因此被称为"教育心理学之父"。

14. B 【解析】1877年,俄国教育家和心理学家卡普捷列夫发表了《教育心理学》一书,这是最早正式以"教育心理学"命名的著作。

二、多项选择题

1. ABCD 【解析】学与教的相互作用过程由学习过程、教学过程和评价/反思过程这三种活动过程交织在一起组成。

2. AB 【解析】计算机辅助教学出现在成熟时期,合作性研究是完善时期的成果。

3. ABCD 【解析】1994年,美国心理学家布鲁纳总结了教育心理学20世纪80年代以来的成果:(1)主动性研究;(2)反思性研究;(3)合作性研究;(4)社会文化研究。

4. ABC 【解析】教育心理学是一门研究教育教学情境中学与教的基本心理规律的科学。它拥有自身独特的研究课题,即如何学、如何教以及学与教之间的相互作用。

5. BC 【解析】1974年,维特罗克在《美国心理学家》杂志上发表了《作为生成过程的学习》一文,正式提出了他的生成学习理论。教育心理学的发展时期处于20世纪20年代至50年代末,成熟时期处于20世纪60年代至70年代末。因此,维特罗克的生成学习理论处于教育心理学的成熟时期,故A项不选。格式塔学派的完形理论源于德国,故D项不选。

6. AB 【解析】学生这一要素主要从两方面影响学与教的过程:一方面,群体差异,包括年龄、性别和社会文化差异等;另一方面,个体差异,包括先前知识基础、学习方式、智力水平、兴趣和需要等差异。

三、判断选择题

1. B 【解析】狭义的教育心理学专指学校教育心理学。

2. A 【解析】20世纪50年代,程序教学和教学机器的兴起,也相应影响和改变了教育心理学的内容。

3. B 【解析】教育心理学的具体研究范畴是围绕学与教相互作用的过程展开的。学与教的相互作用过程是一个系统过程,该系统包含学生、教师、教学内容、教学媒体和教学环境五种要素,由学习过程、教学过程和评价/反思过程这三种活动过程交织在一起组成。教育心理学不研究具体的学科内容。

四、填空题

1. 教学内容
2. 卡普捷列夫

真题精解

一、单项选择题

1. C 【解析】1903年,美国心理学家桑代克出版了《教育心理学》,这是西方第一本以"教育心理学"命名的著作。1913~1914年,该书又扩充为三卷本的《教育心理大纲》,奠定了教育心理学发展的基础,西方教育心理学的名称和体系由此确立,桑代克也因此被称为"教育心理学之父"。

易错警示: 考生易混淆"教育心理学之父"和"心理学之父"。"教育心理学之父"对应的是桑代克;"心理学之父"对应的是冯特。

2. B 【解析】学习过程是教育心理学研究的核心内容,如学习的实质、条件、动机、迁移以及不同种类学习的特点等。

二、填空题

1. 教学内容
2. 1903

第十三章　学生心理发展与教育

基础训练

一、单项选择题

1. D 【解析】小学阶段的记忆特点为：从具体形象记忆向抽象逻辑记忆的方向发展，抽象逻辑记忆水平逐步提高。但小学生在记忆抽象的材料时，主要还是以事物的具体形象为基础，即形象记忆仍起着重要作用。因此，小学生比较擅长的是具体形象的记忆。

2. B 【解析】题干所述为不可逆运算的表现，不可逆运算是儿童的认知发展处于前运算阶段的特征之一。

3. D 【解析】形式运算阶段，是儿童思维发展趋于成熟的阶段。

4. A 【解析】同化是指在有机体面对一个新的刺激情境时，把刺激整合到已有的图式或认知结构中。题干中的小朱将新见到的"白天鹅"整合到自己已有的图式"鸭子"中，故属于同化的过程，选A项。

易错警示：考生易混淆同化和顺应的概念，在做这类题目时，可根据关键词进行区分。同化：补充、完善认知结构（量变）。顺应：改变认知结构（质变）。

5. C 【解析】个体在青春期（12～18岁）开始思考"我是谁"这一问题，根据埃里克森的心理社会发展理论，此时处于自我同一性对角色混乱阶段。

6. B 【解析】本题考查认知方式的类型。辐合型认知方式是指在解决问题的过程中常表现出辐合思维的特征，表现为搜集或综合信息与知识，运用逻辑规律缩小解答范围，直到找到最合适的唯一正确解答。故选B项。

7. A 【解析】场依存型的学生对客观事物的判断常以外部线索为依据，其态度和自我认知易受周围环境或背景（尤其是权威人士）的影响，往往不易独立地对事物做出判断，而是人云亦云，从他人处获得标准；行为常以社会为定向，社会敏感性强，爱好社交活动。

8. B 【解析】本题考查最近发展区的内涵。维果斯基认为，儿童有两种发展水平：一是儿童的现有水平，即由一定的已经完成的发展系统所形成的儿童心理机能的发展水平；二是可能达到的发展水平（潜在发展水平），是在有指导的情况下可以达到的水平。这两种水平之间的差异，就是最近发展区。故答案选B项。

9. B 【解析】一个人的某种人格特点一旦形成，就相对稳定下来了，要想改变它是比较困难的事情。"三岁看大，七岁看老"体现的就是人格的稳定性。

10. B 【解析】场独立型的人更多地利用来自身体内部的线索；区分冲动型和沉思型的标准是反应时间和精确性；认知风格没有优劣、好坏之分。

11. A 【解析】研究发现，专制型教养方式下的儿童有不太知足、存在不安全感、忧虑、退缩、怀疑、不喜欢与同伴交往的表现。故题干中王强的表现可能是专制型教养方式造成的。

12. B 【解析】根据埃里克森的人格发展阶段理论，4～5岁儿童的主要发展任务是培养主动性，但如果父母对儿童的问题感到不耐烦或嘲笑儿童的活动，儿童就会产生内疚感。

13. A 【解析】在民主型教养方式中，父母与孩子在家庭中处于一种平等和谐的氛围，父母尊重孩子，给孩子一定的自主权，并给予孩子积极正确的指导。因此，答案选A项。

14. C 【解析】首要特质是一个人最典型、最具有概括性的特质，它影响一个人的各方面的行为。小说中重要人物具有的鲜明的特点就是该人物的首要特质。

15. C 【解析】民主型教养方式下的儿童是最成熟的，他们多形成一些积极的性格，如活泼、自立、有能力、独立性强、彬彬有礼、善于控制自己、善于交往、富于合作精神、思想活跃等。

16. D 【解析】形式运算阶段，是儿童思维发展趋于成熟的阶段。本阶段儿童思维的特征如下：(1)命题之间的关系；(2)假设—演绎推理；(3)类比推理；(4)抽象逻辑思维；(5)可逆与补偿；(6)反思能力；(7)思维的灵活性；(8)形式运算思维的逐渐发展。其中，假设—演绎推理这个特征是指，本阶段的儿童不仅能够运用经验—归纳的方式进行逻辑推理，而且能够运用假设—演绎推理的方式来解决问题。故题干中的"这个阶段"是指形式运算阶段。

易错警示：考生易混淆四个认知发展阶段的特征，在做题时，考生应注意：感知运动阶段常考查客体永久性；前运算阶段常考查自我中心性、不可逆运算和泛灵论；具体运算阶段常考查可逆性和守恒；形式运算阶段常考查抽象逻辑思维和假设—演绎推理。

17. C 【解析】奥尔波特将性格特征分为共同特质和个人特质。其中，个人特质是个人所独有的、代表个人行为倾向的特质，它包括首要特质、中心特质和次要特质。首要特质是一个人最典型、最具有概括性的特质；中心特质（重要特质）是构成个体独特性的几个重要特质；次要特质往往只有在特殊的情况下才会表现出来。因此，题干所述属于学生的中心特质（重要特质）。

18. B 【解析】少年期学生开始出现逻辑知觉，这种

知觉是和逻辑思维密切联系的，即在知觉过程中，能够把一般原理、规则和个别事物或问题联系起来。

19. C 【解析】学校教育在学生社会化中的作用主要是通过教师与学生的相互影响来实现的。教师对学生人格的发展具有指导定向的作用。教师的品德修养、知识经验、教育和教学技巧、对学生的态度等，对学生社会化与人格的发展都有举足轻重的意义。

20. D 【解析】皮亚杰用来说明儿童认知发展的重要概念是图式、同化、顺应、平衡。

21. D 【解析】沉思型的学生在解决认知任务时，总是谨慎、全面地检查各种假设，在确认没有问题的情况下才会给出答案。这种类型的学生解答认知问题的速度虽然慢，但错误率很低，在解决高层次问题时占优势。因此，题干中儿童的认知方式属于沉思型。

22. B 【解析】本题考查认知方式的类型。场独立型的学生对客观事物的判断常以自己的内部线索（经验、价值观）为依据，不易受到周围环境因素的影响和干扰，倾向于对事物的独立判断。题干中强调“利用内部的参照，自己对事物作出判断”，这属于场独立型。

23. C 【解析】维果斯基强调社会文化在认知发展中的作用。为此，他提出了“文化—历史”发展理论。

24. A 【解析】同化是指在有机体面对一个新的刺激情境时，把刺激整合到已有的图式或认知结构中。通过这一过程，主体才能对新刺激做出反应，动作也得以加强和丰富。

25. B 【解析】在从以具体形象思维为主逐渐向以抽象逻辑思维为主的过渡中出现“飞跃”或“质变”。一般认为，这个关键年龄出现在小学四年级（约10～11岁）。如果教育条件适当，这个关键年龄可以提前到三年级。

26. D 【解析】本题考查皮亚杰的认知发展阶段理论。皮亚杰认为认知发展是一个构建的过程，是个体在与环境的相互作用中实现的。他提出了认知发展的阶段理论，将个体的认知发展分为感知运动阶段、前运算阶段、具体运算阶段和形式运算阶段四个阶段。其中，处于形式运算阶段的儿童，思维具有灵活性。本阶段的儿童不再刻板地恪守规则，反而常常由于规则与事实的不符而违反规则。在本题中，该学生不再刻板地恪守文明规则，当遇到孕妇和老人时，可以让他们“插队”，这表明其思维具有灵活性，故该学生处于形式运算阶段。

27. B 【解析】前运算阶段儿童的思维具有泛灵论的特点，即将人类的特征赋予无生命的物体。前运算阶段的儿童会认为任何物体都是有生命的。题干中儿童认为洋娃娃是有生命的，需要吃饭，体现了其思维的泛灵论特点。前运算阶段的儿童具有自我中心性，儿童还不能设想他人所处的情境，常以自己的经验为中心，从自己的角度出发来观察和理解世界。“洋娃娃不吃饭就会和自己一样饿”体现了儿童思维的自我中心特点。

28. C 【解析】本题考查维果斯基的最近发展区理论的应用。为促进教学发展，维果斯基认为教师可采用教学支架，进行支架式教学，即在学生试图解决超出当前知识水平的问题时给予支持和指导，帮助其顺利通过最近发展区，使之最终能够独立完成任务。

29. D 【解析】本题考查埃里克森的人格发展阶段理论。美国精神分析学家埃里克森认为，人格发展是一个逐渐形成的过程，必须经历八个顺序不变的阶段。其中，第五个阶段是自我同一性对角色混乱（12～18岁），本阶段的发展任务是培养自我同一性。故本题选D项。

30. C 【解析】本题考查埃里克森的人格发展阶段理论。根据埃里克森的人格发展阶段理论，6～11岁属于学龄期，这一阶段的发展危机是勤奋感对自卑感。如果儿童在这个阶段获得更多勤奋感，更少自卑感，他们就将具有“能力”品质，能够自如地运用技能和智力来完成任务。

31. A 【解析】维果斯基认为学生的发展有两种水平：一种是学生的现有水平，指独立活动时所能达到的解决问题的水平；另一种是学生可能的发展水平，也就是通过教学所获得的潜力。这两种水平之间的差异就是最近发展区。3岁的小军不会穿衣服，在妈妈的指导下，逐渐学会了自己穿衣服。这体现了“最近发展区”理论在实际生活中的运用。

32. A 【解析】共同特质是在同一文化形态下的群体所共同具有的特质，它是在共同的生活方式下形成的。题干的表述体现了共同特质的内涵。

33. B 【解析】“人心不同，各如其面。”这句俗语为人格的独特性做了最好的诠释。一个人的人格是在遗传、成熟、环境、教育等先后天因素的交互作用下形成的。不同的遗传、生存及教育环境，形成了各自独特的心理特点。

34. B 【解析】本题考查顺应的内涵。顺应是指当有机体不能利用原有图式接受和解释新刺激时，其认知结构发生改变来适应刺激的影响。因此，同化引起图式的量变，顺应引起图式的质变。题干中强调将原有算术图式发展为代数图式，这是产生了新的图式，发生的是认知结构的质变。因此，该过程为顺应。

35. C 【解析】根据皮亚杰的认知发展阶段理论，具

体运算阶段儿童的思维具有可逆性的特征。思维的可逆性是守恒观念出现的关键。例如,将一个大杯中的水倒入小杯中时,这一阶段的儿童不仅能够考虑水从大杯倒入小杯,而且还能设想水从小杯倒回大杯,并恢复原状。

二、多项选择题

1. ACD 【解析】儿童常把玩具当作活的伙伴,这体现了儿童认为万物有灵的认知特点;做事只以自己的兴趣和需要为出发点,不会考虑他人,这体现了儿童以自我为中心的认知特点;他们的思维只能前推不能后推,这体现了儿童的认知具有不可逆性的特点。
2. ABCD 【解析】皮亚杰认为,影响认知发展的因素主要有成熟、练习和经验(自然经验)、社会性经验和平衡。
3. ABC 【解析】小学儿童知觉的发展表现为:知觉的有意性、目的性、选择性随年级的增长而显著提高,知觉的分析与综合水平也在逐步提高,形状知觉、空间知觉、时间知觉和运动知觉也得到较快发展。但小学儿童方位知觉的发展具有不平衡的特点:前后、上下知觉发展较早,而左右知觉发展较晚。
4. ACD 【解析】根据埃里克森的人格发展阶段理论,人格发展是一个逐渐形成的过程,必须经历八个顺序不变的阶段,其中前五个阶段属于儿童成长和接受教育的时期。前五个阶段为:(1)基本的信任感对基本的不信任感(0~1.5岁);(2)自主感对羞耻感(2~3岁);(3)主动感对内疚感(4~5岁);(4)勤奋感对自卑感(6~11岁);(5)自我同一性对角色混乱(12~18岁)。
5. AD 【解析】场依存型者对人文、社会学科更感兴趣。
6. AD 【解析】同化是指在有机体面对一个新的刺激情境时,把刺激整合到已有的图式或认知结构中。顺应是指当有机体不能利用原有图式接受和解释新刺激时,其认知结构发生改变来适应刺激的影响。
7. ABCD 【解析】小学生无意注意的发展先于有意注意,从无意注意向有意注意过渡。小学低年级学生的无意注意占主导地位。具体生动、直观形象的事物更容易引起小学生的注意。小学生注意的品质逐渐提高。小学二年级是儿童注意分配能力发展的转折期。
8. ABCD 【解析】本题考查最近发展区理论。
   最近发展区是儿童在有指导的情况下,借助成人的帮助所能达到的解决问题的水平与独自解决问题所达到的水平之间的差异,实际上是两个邻近发展阶段间的过渡状态。故A、C两项说法正确。
   在维果斯基看来,教学的可能性由学生的最近发展区决定,“教学应该走在发展的前面”。这里有两层含义:(1)教学在发展中起主导作用;(2)教学创造着最近发展区。故B项说法正确。
   维果斯基认为,儿童有两种发展水平:一是儿童的现有水平,即由一定的已经完成的发展系统所形成的儿童心理机能的发展水平;二是可能达到的发展水平。这两种水平之间的差异,就是最近发展区。关键期,就是指人的某种身心潜能在人的某一年龄段有一个最好的发展时期。因此,最近发展区和关键期是两个不同的概念。故D项说法正确。

三、判断选择题

1. B 【解析】根据皮亚杰的研究,大多数的初中学生都达到了形式运算阶段。
2. B 【解析】本题考查最近发展区的概念的提出者。“最近发展区”的概念是由维果斯基提出的。他认为,儿童有两种发展水平:一是儿童的现有水平,即由一定的已经完成的发展系统所形成的儿童心理机能的发展水平;二是可能达到的发展水平。这两种水平之间的差异,就是最近发展区。故题干说法错误。
3. B 【解析】认知方式没有优劣、好坏之分,只是表现为学生对信息加工方式的某种偏爱,主要影响学生的学习方式。题干中的描述过于绝对。
4. A 【解析】与同伴群体的交往使儿童能够进行人际关系和交流的探索,并发展人际敏感性,奠定儿童今后社会交往的基础,促进儿童的社会化和人格的发展。一方面,同伴群体是儿童学习社会行为的强化物。另一方面,同伴群体又为儿童的社会化和性格发展提供社会模式或榜样。随着年龄的增长,同伴的影响越来越强,在某种程度上甚至超过父母的影响。
5. B 【解析】注意的稳定性在小学生中具有性别差异,女生的稳定性高于男生。
6. B 【解析】强调人格的独特性并不排除人格的共同性,人格的共同性是指某一群体、某个阶段或某个民族在一定的群体环境、生活环境、自然环境中形成的共同的典型的心理特点。正是人格具有的独特性和共同性才组成了一个人复杂的心理面貌。
7. A 【解析】皮亚杰认为,人的知识来源于动作,动作是感知的源泉和思维的基础。

四、填空题

1. 自主性
2. 支架式教学
3. 具体型
4. 三山实验
5. 平衡
6. 内化说

7. 专制型　放纵型　民主型

8. 人格

9. 认知能力差异　认知方式差异

五、判断说理题

1. 认知方式是指个人所偏爱使用的信息加工方式，认知方式有好坏之分。这种说法是否正确？请运用心理学知识加以说明。

(1)这种说法是不正确的。(2)认知方式，也称认知风格，是指人们在认知活动中所偏爱的信息加工方式。它是一种比较稳定的心理特征，存在着很大的个体差异。认知方式没有优劣、好坏之分，只是表现为学生对信息加工方式的某种偏爱，主要影响学生的学习方式。

2. 人格随环境和教育的变化而变化，因此不稳定性是人格的典型特征。这种说法是否正确？请运用心理学知识加以说明。

(1)这种说法是不正确的。(2)人格是构成一个人思想、情感及行为的特有模式，这个独特模式包含了一个人区别于他人的稳定而统一的心理品质。人格具有稳定性。

六、简答题(参考答案)

1. 简述学生性格差异的教育意义。

(1)性格虽然不会决定学习是否发生，但它却会影响学生的学习方式。性格也可作为动力因素影响学习的速度和质量。性格的个别差异又会影响学生对学习内容的选择，而且还会影响学生的社会性学习和个体社会化。

(2)为了促进学生的全面发展，学校教育应更重视情感因素的作用，使教育内容的选择和组织更好地适应学生的性格差异。

2. 简述影响人格形成与发展的因素。

(1)生物遗传因素。(2)社会因素：①家庭教养方式；②学校教育；③同辈群体。(3)个人主观因素。

七、论述题(参考答案)

1. 试述维果斯基的关于教学与发展的关系。

在维果斯基看来，教学的可能性由学生的最近发展区决定，"教学应该走在发展的前面"，主张教学内容应该略高于儿童现有的水平才能促进发展。这里有两层含义：(1)教学在发展中起主导作用。它决定着儿童的发展，决定着发展的内容、水平、速度及智力活动的特点。(2)教学创造着最近发展区。教学应适应学生的现有水平，但更重要的是要发挥教学对发展的主导作用。它的提出说明了儿童发展的可能性，其意义在于：指导教育者不应只看到儿童今天已达到的发展水平，还应看到仍处于形成的状态，正在发展的过程。所以，维果斯基强调教学不能只适应发展的现有水平，还应适应最近发展区，从而走在发展的前面，最终跨越"最近发展区"而达到新的发展水平。因此，教学的最佳效果产生于"最近发展区"。

2. 试述皮亚杰关于儿童认知发展的阶段理论。

皮亚杰的认知发展阶段理论将个体的认知发展分为四个阶段：感知运动阶段、前运算阶段、具体运算阶段、形式运算阶段。

(1)感知运动阶段的特点：①感觉和动作的分化；②"客体永久性"的形成；③问题解决能力开始得到发展；④延迟模仿的产生。

(2)前运算阶段的特点：①早期的信号功能；②自我中心性(中心化)；③不可逆运算；④不能够推断事实；⑤泛灵论；⑥不合逻辑的推理；⑦不能理顺整体和部分的关系；⑧认知活动具有具体性，还不能进行抽象的思维运算。

(3)具体运算阶段的特点：①去自我中心性(去中心化)；②可逆性；③守恒；④分类；⑤序列化。

(4)形式运算阶段的特点：①命题之间的关系；②假设—演绎推理；③类比推理；④抽象逻辑思维；⑤可逆与补偿；⑥反思能力；⑦思维的灵活性；⑧形式运算思维的逐渐发展。

八、案例分析题(参考答案)

(1)陈明属于场独立型，罗亮属于场依存型。

场独立型的学生对客观事物的判断常以自己的内部线索(经验、价值观)为依据，不易受到周围环境因素的影响和干扰，倾向于对事物的独立判断；场依存型的学生对客观事物的判断常以外部线索为依据，其态度和自我认知易受周围环境或背景(尤其是权威人士)的影响，往往不易独立地对事物做出判断，而是人云亦云，从他人处获得标准；行为常以社会为定向，社会敏感性强，爱好社交活动。案例中，陈明在学习上遇到问题时，常利用个人经验独立地对其进行判断，并且很少受到同学与老师建议的影响，故属于场独立型的认知风格；罗亮更愿意听老师和同学的建议，并以他们的建议作为分析问题的依据，另外还喜欢察言观色，关注社会问题，故属于场依存型的认知风格。

(2)①创设适应学生认知差异的教学组织形式。为了适应学生的智力差异，我们常常采用的教学组织形式包括：分校、分班、班内分组(同质分组)、复式教学、升留级、跳级、开设特长班和课外兴趣班等。②采用适应认知差异的教学方式，努力使教学方式个别化。掌握学习、个别指导教学法和个人化教学系统就是其中的三种教学方式。③运用适应认知差异的教学手段。当前，直接应用于教学的现代技术设备主要有计算机辅助教学、多媒体计算机辅助教学(电视及录像设备、电声设备、光学投影设备、教学机器)等。

真题精解

一、单项选择题

1. B 【解析】处于前运算阶段的儿童,还没有“守恒”能力或没有形成“守恒”的概念,思维缺乏观念的传递性,不能进行可逆运算。题干中的儿童认为掰成两半的饼干变多了,这说明该儿童还没有形成守恒的概念,因此该儿童的认知发展处于前运算阶段。

2. C 【解析】最近发展区是儿童在有指导的情况下,借助成人的帮助所能达到的解决问题的水平与独自解决问题所达到的水平之间的差异,实际上是两个邻近发展阶段间的过渡状态。“跳一跳,摘果子”典型地体现了维果斯基的最近发展区理论。

3. A 【解析】感知运动阶段的婴儿主要有以下几个方面的特点:(1)感觉和动作的分化;(2)“客体永久性”(即知道某人或某物虽然现在看不见但仍然是存在的)的形成;(3)问题解决能力开始得到发展;(4)延迟模仿的产生。所以,获得“客体永久性”的儿童处于感知运动阶段。

4. B 【解析】场独立型者偏向数学、自然科学,因此答案选B项。

5. C 【解析】勤奋感对自卑感(6~11岁)阶段的发展任务是培养勤奋感。在这个时期,多数儿童已进入学校,第一次接受社会赋予他并期望他完成的任务。他们追求任务完成时获得的成就感及由此带来的长辈的认可和赞许。因此,小学儿童人格发展要解决的主要矛盾是勤奋感对自卑感。

   A项,主动感对内疚感(4~5岁)是学前儿童人格发展要解决的主要矛盾。

   B项,自主感对羞耻感(2~3岁)是幼儿人格发展要解决的主要矛盾。

   D项,自我同一性对角色混乱(12~18岁)是青少年人格发展要解决的主要矛盾。

6. D 【解析】一般说来,场依存型学生对人文学科和社会学科更感兴趣,偏好合作学习;而场独立型学生在数学与自然科学方面更擅长,偏向于自主学习。故答案选D项。

二、多项选择题

AC 【解析】根据皮亚杰的认知发展阶段理论可知,具体运算阶段的认知特点有:(1)去自我中心性(去中心化);(2)可逆性;(3)守恒;(4)分类;(5)序列化。故答案选A、C两项。B项,假设推理属于形式运算阶段的认知特点;D项,客体永久性属于感知运动阶段的认知特点。

三、填空题

1. 具体运算阶段
2. 现有的水平
3. 顺应
4. 自我同一性

四、论述题(参考答案)

试述埃里克森的人格发展理论(前五阶段)及其教育启示。

(1)埃里克森的人格发展阶段理论:美国精神分析学家埃里克森认为,人格发展是一个逐渐形成的过程,必须经历八个顺序不变的阶段,其中前五个阶段属于儿童成长和接受教育的时期。每一个阶段都有一个由生物学的成熟与社会文化环境、社会期望之间的冲突和矛盾所决定的发展危机。成功而合理地解决每个阶段的危机或冲突将使个体形成积极的人格特征和健全的人格。①基本的信任感对基本的不信任感(0~1.5岁)。本阶段的发展任务是发展对周围世界,尤其是对社会环境的基本态度,培养信任感。②自主感对羞耻感(2~3岁)。本阶段的发展任务是培养自主性。③主动感对内疚感(4~5岁)。本阶段的发展任务是培养主动性。④勤奋感对自卑感(6~11岁)。本阶段的发展任务是培养勤奋感。在这个时期,多数儿童已进入学校,第一次接受社会赋予他并期望他完成的任务。他们追求任务完成时获得的成就感及由此带来的长辈的认可和赞许。⑤自我同一性对角色混乱(12~18岁)。本阶段的发展任务是培养自我同一性。

(2)教育启示:①小学生人格发展的培养。第一,应该创设良好的学习环境,保证每个学生都能确立适当的目标,并有机会通过努力获得成功。在小学教育中,我们要重视培养学生勤奋刻苦的学习态度,引导他们体验通过认真努力而获得好成绩后的成就感和幸福感。第二,对丧失信心的学生提供适当的支持,帮助他们获得成功的体验。对于学生在学习方面的落后和不足,不能一味地批评,而要多给予鼓励。对于那些在学习上有一定困难的学生,要特别注意培养其自信心,引导他们使用正确的学习方法去努力学习。而当这些学生获得了一定的进步后,一定要及时表扬、鼓励,使其充分体验此时内心所获得的快乐。第三,建立多维度的成功评价体系。让学生充分发挥自己的特长和优点,同时教育学生以自我为参照标准进行纵向比较,淡化横向的社会比较,这有助于不同类型的学生体验成功,获得自信,满足心理发展的需要。第四,小学教师要特别注意自己的一言一行,要平等而公正地对待学生,不要让任何一个学生因为老师对待自己的态度而感到自卑。②中学生人格发展的培养。第一,发挥教师的作用,加强教育,促进自我同一性的发展。教师通常是最合适和最有可能帮助学生获得同一性的人。学生选择某一特殊的专业,往往是受这一专业的教师的人格力量的影响。一个教学卓有成效、热情的教师可以激发学生强烈的学习兴趣,而且这种教师往往能对学生在该专业的成就给予

及时、合理的反馈和强化，进而影响学生对职业的选择和同一性的形成。教师要理解学生需要大量的机会来体验各种职业和社会角色，同时要提供机会让学生了解社会，了解自我，通过讨论的形式使他们解决自身所面临的问题。在这当中，要始终给予学生有关其状况的真实的反馈信息，以便学生能正确认识自己，确定合理的、适当的自我同一性。第二，尊重中学生的独立自主性。中学时期的个体由于开始寻求独立，可能会表现出拒绝接受成年人的建议。要摆脱父母的控制成为一个独立自主的人，这是一个正常而必需的过程。这样，教师角色和父母的相似就意味着拒绝教师的权威，正如拒绝父母的权威一样。中学生一般愿意以类似成人的行为做出反应，这一原理意味着：中学生绝不应该被当作"孩子"看待；绝不应该在其他同伴或其他有关的人面前轻视中学生；给以明确的指示，让学生独立完成任务；注意同伴之间的影响，同样一个管理措施，在小学行得通，在中学就不一定行得通。

五、案例分析题(参考答案)

(1)小李的认知风格属于场依存型，小王的认知风格属于场独立型。

①场依存型的学生对客观事物的判断常以外部线索为依据，其态度和自我认知易受周围环境或背景(尤其是权威人士)的影响，往往不易独立地对事物做出判断，而是人云亦云，从他人处获得标准；行为常以社会为定向，社会敏感性强，爱好社交活动。偏爱人文、社会科学，善于把握整体，喜欢笼统的、整体的知觉方式。故小李的认知风格属于场依存型。

②场独立型的学生对客观事物的判断常以自己的内部线索(经验、价值观)为依据，不易受到周围环境因素的影响和干扰，倾向于对事物的独立判断；行为常是非社会定向的，社会敏感性差，不善于社交，关心抽象的概念和理论，喜欢独处。偏爱理科、自然科学，善于从整体中分析出各个元素，喜欢分析的知觉方式。故小王的认知风格属于场独立型。

(2)彭老师主要从以下三个方面对不同认知风格的学生进行差异化教育：

①采取与学习者认知风格一致的教学策略，即匹配策略。匹配策略是要根据学习者的认知风格设计与之相匹配的教学策略。例如，场依存型学生喜欢讨论学习，对他人的意见和情感比较敏感，因此，教师就可以采用小组讨论的教学方法，并给予他们及时的指导和肯定。而场独立型学生喜欢一个人学习，不易感受他人的情感，因此，教师可以给予他独立的学习任务，充分发挥他的独立性和主动性。另外，场依存型学生更善于完成社会性的任务，场独立型学生更喜欢有难度的、新颖的任务，教师可以针对不同的学生布置不同的任务。材料中，对小李，彭老师布置更多的社交性任务，采用小组讨论的教学方式，并及时给予指导。对小王，彭老师布置有难度的学习任务，发挥其学习的自主性，这体现了对匹配策略的应用。

②采取对学习者缺乏的认知风格进行弥补的教学策略，即失配策略。失配策略是为了弥补学生在认知类型机能上的欠缺。在具体的教学情境中，教师提供的教学内容和教学方式往往只能顾及某种认知类型的学生，这样，有些认知类型的学生就难以学会这些内容，这就造成了学生的学习困难。因此，在教学的时候，教师就要针对不同的认知类型采用不同的失配策略。材料中，彭老师要求小李承担需要应用分析来单独完成的任务，而鼓励小王参加一些需要合作完成的学习活动，这体现了对失配策略的应用。

③教师要根据学生认知风格的发展变化，调整教学方式，组织多样化的教学活动。材料中，彭老师根据学生认知风格的差异性及其发展变化，改变单一的教学风格，采用各种教学方法，组织多样化的教学活动来满足和弥补不同学习者不同层次的需要。

第十四章　教师心理

基础训练

一、单项选择题

1. A 【解析】教学操作能力是教师课堂教学能力的集中体现。
2. C 【解析】教师的职业信念是指教师对成为一个成熟的教育教学专业工作者的向往和追求，它为教师提供了奋斗的目标，是推动教师成长的巨大动力。故题干描述的是教师职业信念的概念。
3. C 【解析】新手型教师在制订课时计划时往往依赖于课程目标，不会随着课堂情境的变化来修改课时计划，并且较注意课堂的细节。专家型教师的课时计划简洁、灵活、以学生为中心，并具有预见性。新手型教师缺乏维持学生注意的有效方法，缺乏或不会运用教学策略。
4. D 【解析】在教师的人格特征中，有两个重要特征对教学效果有显著影响：一是教师的热心和同情心；二是教师富于激励和想象的倾向性。题干中的孙老师关心学生，尽力帮助学生，这些体现了孙老师的热心和同情心。
5. C 【解析】教学认知能力是指教师对所教学科的定理、法则和概念等的概括化程度，以及对所教学生的心理特点和自己所使用的教学策略的理解程度。题干所述体现了教师的教学认知能力。
6. A 【解析】福勒和布朗根据教师的需要和不同时期所关注的焦点问题，把教师的成长划分为关注生存、关注情境和关注学生三个阶段。(1)关注生存阶段。处于关注生存阶段的一般是新教师，他们非常

关注自己的生存适应性,最担心的问题是“学生喜欢我吗”“同事们如何看我”“领导是否觉得我干得不错”等。(2)关注情境阶段。处于关注情境阶段的教师关心的是如何教好每一堂课,以及班级大小、时间压力和备课材料是否充分等与教学情境有关的问题,如“内容是否充分得当”“如何呈现教学信息”“如何掌握教学时间”等。(3)关注学生阶段。当教师顺利地适应了前两个阶段后,成长的下一个目标便是关注学生。教师将考虑学生的个别差异,认识到不同发展水平的学生有不同的需要,根据学生的差异采取适当的教学,促进学生发展。因此,A项属于关注生存阶段,B、C两项属于关注情境阶段,D项属于关注学生阶段,故选A项。

方法技巧:对于教师成长的不同阶段,考生应重点掌握三个词:生存、情境和学生。在关注生存阶段,教师主要关注个人关系、人际处理的相关问题;在关注情境阶段,教师主要关注教学情境的相关问题;在关注学生阶段,教师注重因材施教,关注学生的个体差异。

7. A 【解析】A项,教师期望效应也叫罗森塔尔效应或皮格马利翁效应,即教师的期望或明或暗地传递给学生,会使学生按照教师所期望的方向来塑造自己的行为。

B项,阿伦森效应指人们大都喜欢那些对自己表示肯定、褒奖的态度或行为不断增加的人,而反感对自己表示肯定、褒奖的态度或行为不断减少的人。

C项,酝酿效应指当一个人长期致力于某一问题解决而又百思不得其解的时候,如果他暂时停下对这个问题的思考而去做别的事情,几小时、几天或几周之后,他可能会忽然想到解决的办法。

D项,投射效应指由于个体具有某种特性,因而推断他人也有与自己相同特性的心理现象。

题干中的袁老师有意无意地夸奖晓伟,晓伟会按照老师期望的方向努力学习,这体现了罗森塔尔效应,故选A项。

8. B 【解析】教师期望效应也叫罗森塔尔效应或皮格马利翁效应,即教师的期望或明或暗地传递给学生,会使学生按照教师所期望的方向来塑造自己的行为。

9. C 【解析】本题考查教师成长的阶段。福勒和布朗根据教师的需要和不同时期所关注的焦点问题,把教师的成长划分为关注生存、关注情境和关注学生三个阶段。其中,处于关注学生阶段的教师将考虑学生的个别差异,认识到不同发展水平的学生有不同的需要,根据学生的差异采取适当的教学,促进学生发展。因此,题干表明赵老师处在关注学生阶段。

10. C 【解析】教学效能感分为:一般教学效能感和个人教学效能感。前者指教师对教与学的关系、教育在学生身心发展中的作用等问题的一般看法和判断;后者指教师认为自己能够有效地影响学生,相信自己具有教好学生的能力。

11. B 【解析】教学反思是教师专业发展的重要途径,教师的成长是基于对日常教育教学经验反思进行的,通过教学反思,可以提高教师的专业化水平,促使教师成长为专家型教师。

12. D 【解析】研究表明,工作发展的条件和学校的客观条件对一般教学效能感具有明显影响;工作发展的条件、学校风气和师生关系对教师的个人教学效能感具有明显的影响。所以,A、B项说法错误。教师的教学效能感对学生的学习成绩有很强的预测力。所以,C项说法错误。教师的主观因素是影响教学效能感的关键,其中最重要的是教师的价值观和自我概念。所以,D项说法正确。

13. C 【解析】微格教学是指以少数的学生为对象,在较短的时间内(5~20分钟),尝试做小型的课堂教学,并把这种教学过程摄制成录像,课后再进行分析。

14. D 【解析】教学反思是指教师以自己的教学活动为意识对象,对自己的教育理念、教学行为、决策以及由此所产生的结果进行认真的自我审视、评价、反馈、控制、调节、分析的过程。故题干中孙老师对自己的讲课过程进行分析、归纳、总结,属于教学反思。

15. D 【解析】在关注情境阶段,随着基本的生存知识、技能的掌握,教师的自信心增强了,开始越来越关注教学情境,关注学生的成绩,把精力放在了如何教好每一堂课上,考虑诸如该如何掌握教学的时间、如何呈现教学的信息、该准备哪些教学材料等与教学情境有关的问题。题干中某教师将焦点投向学生学习成绩的提高,说明该教师处于关注情境阶段。故答案选D项。

16. A 【解析】美国教育心理学家波斯纳提出了教师成长公式:经验+反思=成长。

17. C 【解析】在教师成长的关注学生阶段,教师将考虑学生的个别差异,认识到不同发展水平的学生有不同的需要,根据学生的差异采取适当的教学,促进学生发展。因此,根据题干所述可知陈老师处于关注学生阶段。

18. B 【解析】福勒和布朗根据教师的需要和不同时期所关注的焦点问题,把教师的成长划分为关注生存、关注情境和关注学生三个阶段。“站好讲台”的教师属于专家型教师,“站好讲台”对应的教师成长阶段是关注学生阶段。

19. D 【解析】教学监控能力是指教师为了保证教学达到预期的目的而在教学的全过程中,将教学活

动本身作为意识对象,不断地对其进行积极主动的计划、检查、评价、反馈、控制和调节的能力。教师在教学过程的不同教学阶段,其教学监控能力有多种表现形式,包括课前计划与准备、课堂反馈与调节、课后反思与评价。

20. D 【解析】教学效能感一般指教师对自己影响学生行为和学习结果的能力的一种主观判断。这种判断会影响教师对学生的期待和指导,从而影响教师的工作效率。题干中的杨老师对自己胜任教学的能力产生怀疑,说明其缺乏教学效能感。

21. A 【解析】皮格马利翁效应也叫教师期望效应,是指教师的期望或明或暗地传递给学生,会使学生按照教师所期望的方向来塑造自己的行为。教师期望效应对学生的影响表现在:教师对学生积极的期望,会使学生更加自尊、自信、自爱、自强,诱发出一种积极向上的激情;教师对学生消极的期望,会让学生像教师所期待的那样一天天变差。因此,题干描述的就是教师期望效应的影响。

22. A 【解析】布鲁巴奇等人认为教学反思的方法主要有:(1)反思日记;(2)详细描述;(3)交流讨论(职业发展);(4)行动研究。

方法技巧:关于教学反思的方法,可采用以下口诀帮助记忆:反思描述,交流研究。

二、多项选择题

1. ACD 【解析】福勒和布朗根据教师的需要和不同时期所关注的焦点问题,把教师的成长划分为关注生存、关注情境和关注学生三个阶段。

2. ABCD 【解析】促进教师成长有以下几种方法:(1)观摩和分析优秀教师的教学活动;(2)开展微格教学;(3)进行专门训练;(4)进行教学反思。

3. AC 【解析】在教师的人格特征中,有两个重要特征对教学效果有显著影响:一是教师的热心和同情心;二是教师富于激励和想象的倾向性。

4. ABCD 【解析】专家型教师在教学方面体现的优势主要有:丰富的教学策略,善于吸引学生的注意,教学预见性强,教学方法多样化等。

5. ABC 【解析】教师的职业心理特征主要有认知特征、人格特征和行为特征。

6. ABCD 【解析】提高教师的教学效能感需要从教师自身和外部环境两方面入手。从教师的自身方面来说:(1)要形成科学的教育观,这需要教师不断地学习和掌握教育学与心理学的知识,在教育实践中运用这些知识,通过自身的教育实践验证并发展这些知识;(2)向他人学习,如观摩优秀教师教学、学习其他教师好的经验等,增强教师的自信心;(3)教师要注意对自己的教学进行总结和反思,不断改进自己的教学。从教师所处的外部环境来说:(1)在社会上,必须树立尊师重教的良好风气;(2)在学校内,必须建立一套完整、合理的管理制度和规则并严格加以执行,以及努力创造进修、培训等有利于教师发展和实现其自身价值的条件;(3)良好的校风建设、提高福利待遇等措施也会对教师的教学效能感产生积极的影响。

三、填空题

1. 正相关
2. 注意分配
3. 教师的陈述
4. 教师成长档案袋

四、论述题(参考答案)

1. 试述如何提高教师的教学效能感。

提高教师的教学效能感需要从教师自身和外部环境两方面入手。

(1)从教师的自身方面来说:①要形成科学的教育观,这需要教师不断地学习和掌握教育学与心理学的知识,在教育实践中运用这些知识,通过自身的教育实践验证并发展这些知识;②向他人学习,如观摩优秀教师教学、学习其他教师好的经验等,增强教师的自信心;③教师要注意对自己的教学进行总结和反思,不断改进自己的教学。

(2)从教师所处的外部环境来说:①在社会上,必须树立尊师重教的良好风气;②在学校内,必须建立一套完整、合理的管理制度和规则并严格加以执行,以及努力创造进修、培训等有利于教师发展和实现其自身价值的条件;③良好的校风建设、提高福利待遇等措施也会对教师的教学效能感产生积极的影响。

2. 试述专家型教师与新手型教师在课堂教学过程中的差异。

(1)在课堂规则的制定与执行上,专家型教师制定的课堂规则明确,并能坚持执行;而新手型教师制定的课堂规则较为含糊,难以坚持执行。

(2)在维持学生注意上,专家型教师有一套完善的维持学生的注意的方法;新手型教师则相对缺乏。

(3)在教材内容的呈现上,专家型教师注重回顾先前的知识,并能根据教学内容选择适当的教学方法;新手型教师则不能很好地呈现教材内容。

(4)在课堂练习方面,专家型教师将练习看作检查学生学习的手段;新教师仅仅把它当作必经的步骤。

(5)在家庭作业的检查上,专家型教师具有一套检查学生家庭作业的规范化、自动化的常规程序;而新教师往往缺乏相应的规范。

(6)在教学策略的运用上,专家型教师具有丰富的教学策略,并能灵活运用;新手型教师则缺乏或不会运用教学策略。

五、案例分析题(参考答案)

从案例中可以看出杨老师的教学效能感高，而陈老师的教学效能感低。教学效能感一般指教师对自己影响学生行为和学习结果的能力的一种主观判断。这种判断会影响教师对学生的期待和指导，从而影响教师的工作效率。杨老师有较高的教学效能感，使得他对学生有较好的期待，并且能积极投入教学工作中，提高工作效率，即使在教学中遇到问题，也能积极应对；而陈老师的低教学效能感使得他对学生的期待较低，不认为自己能较好地影响学生的学习行为和学习结果，在教学中遇到挫折时倾向归因于学生的能力、教学条件等因素，比较倾向于采取职业逃避策略，做出听之任之或者怨天尤人的消极反应，降低了工作效率。

如果教师想达到高的教学效能感需要从教师自身和外部环境两方面入手。从教师的自身方面来说：(1)要形成科学的教育观，这需要教师不断地学习和掌握教育学与心理学的知识，在教育实践中运用这些知识，通过自身的教育实践验证并发展这些知识；(2)向他人学习，如观摩优秀教师教学、学习其他教师好的经验等，增强教师的自信心；(3)教师要注意对自己的教学进行总结和反思，不断改进自己的教学。

从教师所处的外部环境来说：(1)在社会上，必须树立尊师重教的良好风气；(2)在学校内，必须建立一套完整、合理的管理制度和规则并严格加以执行，以及努力创造进修、培训等有利于教师发展和实现其自身价值的条件；(3)良好的校风建设、提高福利待遇等措施也会对教师的教学效能感产生积极的影响。

真题精解

一、单项选择题

1. C 【解析】教学监控能力是指教师为了保证教学达到预期的目的而在教学的全过程中，将教学活动本身作为意识对象，不断对其进行积极主动的计划、检查、评价、反馈、控制和调节的能力。故题干所述体现了教学监控能力的内涵。
2. D 【解析】教师期望效应也叫罗森塔尔效应或皮格马利翁效应，即教师的期望或明或暗地传送给学生，会使学生按照教师所期望的方向来塑造自己的行为。
3. C 【解析】福勒和布朗根据教师的需要和不同时期所关注的焦点问题，把教师的成长划分为关注生存、关注情境和关注学生三个阶段。能否自觉关注学生是衡量一个教师是否成熟的重要标志之一。
4. C 【解析】处于关注情境阶段的教师关心的是如何教好每一堂课，以及班级大小、时间压力和备课材料是否充分等与教学情境有关的问题，如“内容是否充分得当”“如何呈现教学信息”“如何掌握教学时间”等。

二、案例分析题(参考答案)

根据新教师和老教师的教学数据分析可知，两位教师教学过程的差异体现在以下方面：

(1)维持学生注意的差异。在维持学生注意上，专家型教师有一套完善的维持学生注意的方法；新手型教师则相对缺乏。材料中，在学生课堂注意的时间比例上，老教师能使学生的注意在课堂教学时间的95%左右都维持在课堂上，而新教师只能使学生的注意维持在课堂教学时间的70%左右，这说明专家型教师更善于在课堂中维持学生的注意力。

(2)课堂练习的差异。在课堂练习方面，专家型教师针对全体学生，且学生的课堂作业效果较好；而新手型教师只关注自己关心的学生，不顾其他学生，且学生的课堂作业效果一般。材料中，老教师的课堂练习作业“好”的比例为75%，且练习针对全体学生；而新教师的课堂练习作业“好”的比例仅为44%，且练习主要针对中等生。这说明专家型教师的课堂练习更具针对性，且效果较好。

(3)课堂规则的制定与执行的差异。专家型教师制定的课堂规则比较明确，并能坚持执行；新手型教师的课堂规则较为含糊，不能坚持执行下去。材料中，老教师的课堂中学生执行课堂规则的情况为“优”，而新教师的课堂中学生执行课堂规则的情况为“中”。这说明了二者在课堂规则的制定与执行上的差异。

(4)教学策略的运用存在差异。专家型教师具有丰富的教学策略，并能灵活运用；新手型教师缺乏或不会运用教学策略。在提问策略与反馈策略上，专家型教师比新手型教师更善于提问和追问，从而让更多的学生获得反馈。材料中，老教师对于学生的回答的反馈忽略较少，仅为5%，同时善于鼓励和追问学生；而新教师的反馈策略则较差，容易忽视对学生的回答的反馈。这说明专家型教师具有丰富的教学策略。

第十五章　学习的基本理论

基础训练

一、单项选择题

1. B 【解析】先行组织者是先于某个学习任务本身呈现的引导性学习材料。先行组织者的抽象、概括和综合水平高于学习任务，并与认知结构中的原有观念及新的学习任务相关联。先行组织者的精神实质是强调新旧知识的相互联系。
2. A 【解析】奥苏伯尔从学习内容与学习者认知结构的关系上，将学习分为有意义学习和机械学习。
3. C 【解析】先行组织者策略的主要功能是在学生

能够有意义地接受学习新内容之前,在新旧知识之间架设起“桥梁”,即使新知识与原有知识清晰地联系起来,为有意义地接受学习新知识提供认知框架或固着点。

4. D 【解析】普雷马克原理是指用高频活动作为低频活动的有效强化物。但是运用此原理时要注意行为和强化的关系不能颠倒,必须先有行为,再有强化。所以要想用看电视这一强化物强化儿童认真完成作业的行为,一定要儿童完成作业后才能看电视。

5. A 【解析】本题考查操作性条件作用的基本规律。正强化也称积极强化,是通过呈现想要的愉快刺激来增强反应频率。题干中,学生违纪在某种程度上是为了获得关注,齐老师对他们喊叫使其行为受到了强化,因此,学生的不良行为增加。故题干所述可用正强化来说明。

6. D 【解析】班杜拉的社会学习理论认为,学习的实质是观察学习,即学习是个体通过对他人的行为及其强化结果的观察,从而获得某些新的行为反应或已有的行为反应得到修正的过程。观察者因看到榜样的行为被强化而受到强化,这就是替代强化,对于年幼的学生来说,替代强化效果更佳。D项中的做法运用了替代强化的原理。

7. D 【解析】加涅提出了他的学习过程的八个阶段:(1)动机阶段;(2)了解(领会)阶段;(3)获得阶段;(4)保持阶段;(5)回忆阶段;(6)概括阶段;(7)操作阶段;(8)反馈阶段。其中,动机阶段是学习的最初阶段。

8. B 【解析】罗杰斯认为,有意义学习是一种涉及学习者是完整的人,使个体的行为、态度、个性以及在未来选择行动方针时发生重大变化的学习,是一种与学习者各种经验融合在一起的、使个体全身心地投入其中的学习。因此,强调知识与个人经验、兴趣的关系。奥苏伯尔认为,有意义学习的本质就是以符号为代表的新观念与学习者认知结构中原有的适当观念建立起非人为的和实质性的联系的过程,是原有观念对新观念加以同化的过程。强调新旧知识之间存在的联系。因此,答案选B项。

9. B 【解析】负强化也称消极强化,是通过消除或中止厌恶、不愉快刺激来增强反应频率。题干中老师通过消除不愉快刺激(留在教室完成作业)来增加学生按时完成作业的次数,这属于负强化。

10. C 【解析】本题考查巴甫洛夫的经典性条件作用理论的主要规律。机体对与条件刺激相似的刺激做出条件反应,属于刺激的泛化。题干中的小孩因曾经看牙时的痛苦体验,而对看牙时所坐的椅子、相关的器械以及牙医的白外套也会产生恐惧,这属于刺激的泛化。

易错警示:考生易混淆泛化与分化。在做题时,考生可以抓住关键词来对二者进行区分。泛化:对事物相似性的反应(分不清);分化:对事物差异性的反应(分得清)。

11. D 【解析】规则学习(原理学习)是指学习两个或两个以上概念之间的关系。故题干所述属于规则学习。

易错警示:考生易混淆概念学习和规则学习。在处理这类问题时,考生可根据涉及的概念的数量进行判断。

12. D 【解析】本题考查普雷马克原理。普雷马克原理,又称为“祖母法则”,即用高频活动作为低频活动的有效强化物。题干中老师用“和伙伴打篮球”这一高频活动作为“考进班级前十名”这一低频活动的有效强化物,故老师运用的是普雷马克原理。

13. A 【解析】本题考查加涅的学习结果分类。根据学习结果的不同,心理学家加涅将学习分为五种类型:智慧技能、认知策略、言语信息、动作技能和态度。其中,言语信息指有关事物的名称、时间、地点、定义以及特征等方面的事实性信息。题干中学习定义,属于言语信息的学习。故选A项。

14. C 【解析】智慧技能指运用符号或概念与环境交互作用的能力的学习。

15. C 【解析】班杜拉的社会学习理论认为,学习的实质是观察学习,是个体通过对他人的行为及其强化结果的观察,从而获得某些新的行为反应或已有的行为反应得到修正的过程。“其身正,不令而行;其身不正,虽令不从。”的意思是,“自我品行端正了,即使不发布命令,老百姓也会去实行;若自身不端正,即使发布命令,老百姓也不会服从。”这体现的就是对他人行为的观察学习。

16. D 【解析】人本主义心理学的学习观认为,学习就是学习者发挥潜能和自我实现的过程。

17. B 【解析】学习是个体在特定情境下由于练习或反复经验而产生的行为或行为潜能的相对持久的变化。然而值得注意的是,并非所有的行为变化都是由学习产生的,如生理成熟、疲劳、药物等因素亦可引起行为的变化。根据选项描述可知,A项属于感觉适应,C项属于生理成熟,D项属于药物的作用,因此这三项都不属于学习。故答案选B项。

方法技巧:在做此类试题时,考生在判断一项活动是不是学习时可以从两方面出发:一是根据学习的定义直接选出正确选项;二是利用学习的“五非原则”,即非本能、非成熟、非疲劳、非药物、非病,排除错误选项。

18. B 【解析】本题考查桑代克的学习规律。练习律是指刺激与反应之间的联结会由于重复或练习而

加强,若不重复或练习,联结的力量就会减弱。题干中李老师要求学生完成课后作业,强调练习的重要性,符合桑代克的练习律。故选B项。

19. A 【解析】信号学习是指学习对某种信号做出某种反应,其过程为:刺激—强化—反应,如巴甫洛夫的经典性条件作用。

20. B 【解析】操作性条件作用是指行为发生在刺激之前,并且行为后果影响随后的行为。题干中孩子捡到钱交给老师后受到老师的表扬,进而以后每次捡到东西都主动交还失主或交给老师,这体现的是操作性条件作用原理。

21. A 【解析】学习是个体在特定情境下由于练习或反复经验而产生的行为或行为潜能的相对持久的变化。B项属于无条件反射,C项属于感觉适应,D项属于由于药物引起的行为改变。

22. D 【解析】强化原则指的是,教学规定适合的强化时间和步调是学习成功的重要一环。知道结果应恰好在学生评估自己作业的那个时刻。题干所述属于强化原则的内涵。

23. D 【解析】本题考查布鲁纳的教学原则。布鲁纳提出四条基本教学原则:动机原则、结构原则、程序原则、强化原则。强化原则中,布鲁纳认为,为掌握某个课题,学生必须获得反馈,知道效果如何。题干中的小张老师不布置作业,也不对学生完成的知识内容做评价,是没有反馈的体现,说明其没有遵循强化原则,本题选择D项。

24. B 【解析】建构主义在学习观上强调学习的主动建构性、社会互动性和情境性三方面。

25. C 【解析】机体对与条件刺激相似的刺激做出条件反应,属于刺激的泛化。"一朝被蛇咬,十年怕井绳"属于刺激的泛化。

26. D 【解析】正强化也称积极强化,是通过呈现想要的愉快刺激来增强反应频率;A、B、C三项属于正强化,D项属于惩罚。

27. C 【解析】正强化也称积极强化,是通过呈现想要的愉快刺激来增强反应频率。负强化也称消极强化,是通过消除或中止厌恶、不愉快刺激来增强反应频率。惩罚是指当有机体做出某种反应以后,呈现一个厌恶刺激,以消除或抑制此反应的过程。依据刺激是呈现还是移除,惩罚也可以分为呈现性惩罚和移除性惩罚。正惩罚(呈现性惩罚)即呈现厌恶刺激以降低某一行为的反应频率。负惩罚(移除性惩罚)即取消愉快刺激以降低某一行为的反应频率。题干中,小彤的妈妈通过呈现贴着墙站立半个小时这一厌恶刺激来降低小彤出现驼背这一行为的频率,这是正惩罚的应用。故选C项。

28. C 【解析】操作性条件反射的行为发生在刺激之前,行为后果影响随后的行为;在经典性条件作用中,行为发生在刺激之后,中性刺激与无条件刺激相匹配。题干中,小杰出现主动回答问题的行为后,受到了老师的表扬,此后该行为频率增加,这体现了操作性条件反射的原理。

29. A 【解析】发现学习是指给学生提供有关的学习材料,让学生通过探索、操作和思考,自行发现知识、理解概念和原理的教学方法。布鲁纳提倡的是发现学习。

30. C 【解析】格式塔学派认为,从学习的结果来看,学习并不是形成刺激—反应的联结,而是形成了新的完形。学习的实质是形成了新的完形,学习的过程是顿悟的过程。

31. B 【解析】建构主义学习理论强调知识的动态性,认为教师应该引导学生从原有的知识经验中"生长"出新的知识经验。

32. B 【解析】班杜拉认为学习的实质是观察学习,是个体通过对他人的行为及其强化结果的观察,从而获得某些新的行为反应或已有的行为反应得到修正的过程。小明看到欺负弱小的同学被老师批评,爱护弱小的同学被大家喜爱,久而久之,自己也变成乐于助人、不欺负弱小的学生,这就是通过对他人行为的观察,自己获得某种行为或已有的行为反应得到修正的过程。

33. D 【解析】布鲁纳认为任何知识结构都可以用动作、图像和符号三种表象形式来呈现。

34. D 【解析】消退是一种无强化过程,其作用在于降低某种反应在将来发生的概率,以达到消除某种行为的目的。例如,孩子哭闹要买玩具,母亲对其不予理睬,那么孩子的此类行为就会逐渐减少。因此,消退是减少不良行为、消除坏习惯的有效方法。

35. C 【解析】逃避条件作用是指当厌恶刺激出现时,有机体做出某种反应,从而逃避了厌恶刺激,则该反应在以后的类似情境中发生的概率便增加的一类条件作用。回避条件作用是指当预示厌恶刺激即将出现的刺激信号呈现时,有机体也可以自发地做出某种反应,从而避免了厌恶刺激的出现,则该反应在以后的类似情境中发生的概率便增加的一类条件作用。故题干描述的是逃避条件作用。

36. B 【解析】本题考查加涅对学习的分类。根据学习情境由简单到复杂、学习水平由低到高的顺序,加涅把学习分为信号学习、刺激—反应学习、连锁学习、言语联结学习、辨别学习、概念学习、规则或原理学习和解决问题的学习八类。其中规则或原理学习是指学习两个或两个以上概念之间的关系,例如各种规律、定理的学习。故B项属于规则

学习。而A项属于概念学习,C项属于辨别学习,D项属于解决的问题学习。

37. D 【解析】本题考查班杜拉对强化的分类。替代强化是指观察者因看到榜样的行为被强化而受到强化。题干中的小梁看到同桌小左因为学习成绩有进步受到老师的点名表扬后,也开始努力学习,说明小梁受到了替代强化。因此,答案选D项。

38. B 【解析】刺激—反应学习是指学会对某一情境中的刺激做出某种反应,以获得某种结果。例如,桑代克和斯金纳的操作性条件反射,其过程是:情境—反应—强化,即先有情境,做出反应动作,然后得到强化。

39. A 【解析】B项是将本来没有联系的事物连接起来,这属于机械学习;C、D两项均属于发现学习。

40. C 【解析】桑代克提出的学习理论是联结—试误学习理论;斯金纳提出的学习理论是操作性条件作用理论;苛勒提出的学习理论是完形—顿悟学习理论;奥苏伯尔提出的学习理论是有意义言语学习理论。故C项搭配正确。

41. D 【解析】智慧技能指运用符号或概念与环境交互作用的能力的学习。智慧技能又可分为五个小类:辨别学习、具体概念学习、定义性概念学习、规则学习和高级规则学习。

42. A 【解析】狗吃到食物时,会分泌唾液,这种反应叫无条件反射,引起这种反应的刺激是食物,称为无条件刺激。

43. B 【解析】布鲁纳认为,发现是教育儿童的主要手段,学生掌握学科的基本结构的最好方法是发现学习。

44. D 【解析】按学习结果,心理学家加涅将学习分为五种类型:(1)言语信息;(2)智慧技能;(3)认知策略;(4)态度;(5)动作技能。这五项内容分属于三个领域:前三项内容属于认知领域;第四项内容属于情感领域;第五项内容属于动作技能领域。

方法技巧:考生在做此类试题时,可采用口诀进行记忆。"知情动,三领域。认知领域有三宝,言语智慧有策略;情态动作皆结果"与加涅的三种领域和五种类型一一对应。

45. D 【解析】本题考查先行组织者策略的运用。奥苏伯尔提出了"先行组织者"的概念,即先于某个学习任务本身呈现的引导性学习材料。先行组织者的抽象、概括和综合水平高于学习任务,并与认知结构中的原有观念及新的学习任务相关联。题干中"三角形"的概念等级高于"等腰三角形",并且二者存在一定的关联。因此,题干中的做法符合先行组织者策略。

二、多项选择题

1. ABC 【解析】布鲁纳认为学习包括三种几乎同时发生的过程,这三种过程是:新知识的获得、知识的转化、知识的评价。

2. BC 【解析】学习是个体在特定情境下由于练习或反复经验而产生的行为或行为潜能的相对持久的变化。学习的内涵可以从以下几个方面去理解:(1)学习实质上是一种适应活动。(2)学习是人和动物共有的普遍现象。(3)学习是由反复经验引起的,故C项说法正确。(4)学习是有机体后天习得经验的过程,故D项说法错误。(5)学习的过程可以是有意的,也可以是无意的。(6)学习引起的是相对持久的行为或行为潜能的变化,故A项说法错误,B项说法正确。

3. BC 【解析】消退是一种无强化过程,其作用在于降低某种反应在将来发生的概率,以达到消除某种行为的目的。例如,如果学生上课扮鬼脸是为了得到老师或同学的关注(强化),老师与同学可以不予理睬,不给予其希望得到的强化,那么此类行为就会逐渐减少。因此,题干中老师的做法运用了消退。惩罚是指当有机体做出某种反应以后,呈现一个厌恶刺激,以消除或抑制此反应的过程。因此,题干中母亲的做法运用了惩罚。

4. ABC 【解析】桑代克认为,学习要遵循三条重要的规律:准备律、练习律、效果律。

5. AD 【解析】本题考查有意义学习的内涵。有意义学习的本质就是以符号为代表的新观念与学习者认知结构中原有的适当观念建立起非人为的和实质性的联系的过程,是原有观念对新观念加以同化的过程。所谓非人为的联系,是指有内在联系而不是任意的联想或联系,指新知识与原有认知结构中有关的观念建立在某种合理的逻辑基础上的联系。所谓实质性的联系,是指表达的语词虽然不同,但却是等值的,也就是说这种联系是非字面的联系。B项属于机械学习,C项建立了人为的联系。故答案选A、D两项。

6. ABD 【解析】建构主义在学习观上强调学习的主动建构性、社会互动性和情境性三方面。故答案选A、B、D三项。

7. ABC 【解析】按学习内容,我国学者一般把学习分为知识的学习、技能的学习和行为规范的学习。D项是加涅对学习水平的分类。

8. BCD 【解析】奥苏伯尔提出了组织学习的原则和策略,分别是逐渐分化原则、整合协调原则和先行组织者。A项是由维果斯基提出来的。

9. AD 【解析】概念学习是指对刺激进行分类时,学会对一类刺激做出同样的反应,也就是对事物的抽象特征的反应。B项属于解决问题学习,C项属于言语信息学习。

10. BC 【解析】本题考查负强化的应用。负强化也

称消极强化，是通过消除或中止厌恶、不愉快刺激来增强反应频率。B、C两项属于负强化，A、D两项属于惩罚。故答案选B、C两项。

11. AB 【解析】发现学习是教师启发学生独立发现事物意义的学习。发现学习的时间较长，模式不固定。

12. ABD 【解析】A项中加涅不是人本主义心理学的代表人物；B项中人本主义强调以学生为本，教师只是"学习的促进者"；D项中人本主义认为学习的本质在于有意义的学习。

三、判断选择题

1. B 【解析】学习是个体在特定的情境下由于练习和反复经验而产生的行为或行为潜能的相对持久的变化。鸭子凫水、新生儿的哭喊是本能行为，不是学习行为。

2. A 【解析】班杜拉认为，观察学习是人的学习最重要的形式。班杜拉认为，学习是个体通过对他人的行为及其强化结果的观察，从而获得某些新的行为反应或已有的行为反应得到修正的过程。"上行下效""耳濡目染"是观察学习的具体体现。

3. B 【解析】"小鸡啄米"实验是苛勒证明关系转换说的经典实验；桑代克用动物学习实验证明了学习的过程是一种渐进的、盲目的、尝试错误的过程。

4. B 【解析】经典性条件反射和操作性条件反射的建立过程不同。在经典性条件反射的建立过程中，无条件刺激(如食物)有时又称为强化刺激，往往需伴随着条件刺激(如铃声)而出现，或与其同时出现；在操作性条件反射的建立过程中，强化刺激(如食物)紧随反应之后。

5. A 【解析】本题考查消退的应用。消退是指条件刺激形成以后，如果得不到强化，条件反应会逐渐减弱，直至消失的现象。消退是减少不良行为、消除坏习惯的有效方法。故题干表述正确。

6. B 【解析】无论正强化还是负强化，都能增加行为出现的概率。

7. A 【解析】人本主义倡导以学生为中心的教学观，认为教育的目标、学习的结果应该是使学生成为具有高度适应性和内在自由性的人。教师的任务是要为学生提供学习的手段和条件，促进个体自由地成长。建构主义理论强调学生的主体作用，认为教师只是学生学习的帮助者、促进者和合作者。因此这两种学习理论都强调教学应该以学生为主。

8. A 【解析】机体对与条件刺激相似的刺激做出条件反应，属于刺激的泛化。如果只对条件刺激做出条件反应，而对其他相似刺激不做反应，则出现了刺激的分化。题干描述的是刺激的分化。

9. B 【解析】学习引起的是相对持久的行为或行为潜能的变化，仅表现出一次正确的行为并不表示该学生已学到了这种行为。

10. A 【解析】机体对与条件刺激相似的刺激做出条件反应，属于刺激的泛化。如果只对条件刺激做出条件反应，而对其他相似刺激不做反应，则出现了刺激的分化。刺激泛化和刺激分化是互补的过程。泛化是对事物的相似性的反应，分化则是对事物的差异的反应。

四、填空题

1. 学生与环境
2. 行为　行为潜能
3. 好奇内驱力
4. S-R
5. 应答性行为
6. 无意义学习　有意义学习
7. 泛化
8. 加涅

五、判断说理题

1. 一般来说，发现学习就是有意义学习，接受学习就是机械学习。这种说法是否正确？请运用心理学知识加以说明。

(1)这种说法是不正确的。(2)奥苏伯尔强调，必须消除对接受学习的误解。接受学习未必都是机械学习，它可以而且也应该是有意义的学习。同样，发现学习未必都是有意义的学习，它也可能是机械学习。

2. 行为主义心理学认为，负强化就是惩罚。这种说法是否正确？请运用心理学知识加以说明。

(1)这种说法是不正确的。(2)行为主义心理学认为，惩罚与负强化有所不同，负强化是通过厌恶刺激的排除来增加反应在将来发生的概率，而惩罚则是通过厌恶刺激的呈现来降低反应在将来发生的概率。所以，不能说负强化就是惩罚，题干表述错误。

六、简答题(参考答案)

1. 如何理解学习的内涵？

(1)学习是个体在特定情境下由于练习或反复经验而产生的行为或行为潜能的相对持久的变化。

(2)学习的内涵可以从以下几方面去理解：①学习实质上是一种适应活动；②学习是人和动物共有的普遍现象；③学习是由反复经验引起的；④学习是有机体后天习得经验的过程；⑤学习的过程可以是有意的，也可以是无意的；⑥学习引起的是相对持久的行为或行为潜能的变化。

2. 简述程序教学的原则。

(1)小步子原则；(2)积极反应原则；(3)自定步调原则；(4)及时反馈原则；(5)低错误率原则。

3. 简述观察学习的特点。

(1)观察学习并不依赖于直接强化；(2)观察学习不

一定具有外显的行为反应,人们可以通过观察他人的示范行为,在自己尚未表现行为时就已经学到了如何去做,这样就可以避免许多不必要的错误和危险的结果;(3)观察学习具有认知性。

4. 建构主义学习理论的基本观点有哪些?

(1)建构主义知识观:建构主义在一定程度上对知识的客观性和确定性提出质疑,强调知识的动态性。

(2)建构主义学习观:建构主义在学习观上强调学习的主动建构性、社会互动性和情境性三方面。

(3)建构主义学生观:建构主义非常强调学习者本身已有的经验结构,认为学习者在学习新信息、解决新问题时往往可以基于相关的经验,依靠其认知能力形成对问题的解释。

(4)建构主义教师观:建构主义把教师看成是学生学习的帮助者、合作者。建构主义认为教学不是由教师到学生的简单的转移和传递,而是在师生的共同活动中,教师通过提供帮助和支持,引导学生从原有的知识经验中“生长”出新的知识经验。

七、论述题(参考答案)

1. 试述桑代克的联结—试误学习理论的教育意义。

桑代克的联结—试误理论虽然是从动物实验中推导出来的,但对于人类学习和学生学习仍有很大的借鉴意义。根据学生的学习特点,这一理论特别强调“从做中学”,即在实际的操作过程中学习有关的概念、原理、技能和策略等。具体而言,对教育有以下指导意义:

(1)在这一过程中,教师应该允许学生犯错误,并鼓励学生多尝试,从错误中学习,这样获得的知识才会更牢固。

(2)任何学习都应该在学生有准备的状态下进行,不能经常搞“突然袭击”。(准备律)

(3)在学习过程中,应加强合理的练习,并注意学习结束后不时地进行练习。(练习律)

(4)在实际教育过程中,教师应努力使学生的学习能得到自我满足的积极结果,防止一无所获得到消极的后果。(效果律)

2. 试述布鲁纳的认知结构学习理论。

(1)学习观。①学习的实质在于主动形成认知结构。②学习包括三个过程:获得、转化和评价。

(2)教学观。①教学的目的在于理解学科的基本结构。学科的基本结构就是指学科的基本概念、基本原理及其基本态度和方法。②掌握学科基本结构的教学原则:动机原则、结构原则、程序原则、强化原则。

(3)发现学习。布鲁纳认为学生掌握学科的基本结构的最好方法是发现学习。

3. 有人建议,在教育实践中,“要多使用奖励,而尽量少用惩罚”。请简要阐述你对这种建议的看法。

我认为奖比罚好,原因如下:(1)惩罚并不能使行为发生永久性的改变,它只能暂时抑制行为,而不能根除行为。惩罚的运用必须慎重,惩罚一种不良行为应与强化一种良好行为结合起来,方能取得预期的效果。一般来说,要尽可能地少用惩罚,在必要的时候才使用。一个经常惩罚孩子的家长或教师,本身就给孩子树立了一个不好的榜样。惩罚的目的可能没有达到,反而使孩子学会了粗暴的不顾别人自尊的处事方式。惩罚的运用应该及时,即在学生做出某种行为之后,立即给予惩罚。惩罚紧跟在错误行为之后,与错误的行为之间建立联结。在惩罚时,最好选择一样替代反应进行强化,即指出正确的行为方式,在孩子做出正确的行为后给予强化。(2)但是奖励也不是越多越好,教师在使用奖励的时候应该注意,在对学生的行为进行奖励时,应注意避免外部奖励对内部兴趣的破坏。在很多情况下,维持行为的强化物是活动本身带来的快乐,这时再给予外部的奖励,就会使学生活动的目的逐渐变为获得外部奖励。因此,当学生已经自行从事某种活动时,教师应谨慎考虑奖励是否必要,避免给予不必要的奖励。奖励虽然是塑造行为的有效手段,但是奖励的运用必须得当,否则便会强化不良行为。例如,小孩的许多无理取闹的行为实际上是学习的结果,因为他们通过哭闹能得到诸如玩具、冷饮等强化物。

真题精解

一、单项选择题

1. A 【解析】态度指影响个人对人、事、物采取行动的内部状态。某生因为观看了电影《战狼》,对军人产生敬佩的态度,立志成为一名中国人民解放军,根据加涅的学习结果分类,这是发生了态度的学习。

2. C 【解析】学习是个体在特定情境下由于练习或反复经验而产生的行为或行为潜能的相对持久的变化。②③属于生理现象。

3. D 【解析】效果律是指刺激和反应之间的联结可因导致满意的结果而加强,也可因导致烦恼的结果而减弱。故题干所述符合效果律。

4. B 【解析】正强化也称积极强化,是通过呈现想要的愉快刺激来增强反应频率。题干所述为正强化的典型运用。

5. C 【解析】替代强化是指观察者因看到榜样的行为被强化而受到强化。题干所述是替代强化的典型事例。

6. D 【解析】根据班杜拉的社会学习理论,个体可以

通过替代强化,即观察榜样的行为被强化而受到强化。即老师可用的最好的方法是在班级中树立榜样,让同学们都学习榜样的积极行为。

7. D 【解析】学习是个体在特定情境下由于练习或反复经验而产生的行为或行为潜能的相对持久的变化。但值得注意的是,并非所有的行为变化都是由于学习产生的,如生理成熟、疲劳、药物等因素亦可引起行为的变化。青春期学生的变声是生理成熟因素引起的行为变化,故不属于学习。

8. B 【解析】认知学派的代表人物苛勒认为,学习的实质在于形成新的完形;美国著名的认知教育心理学家布鲁纳认为,学习的实质在于主动形成认知结构;建构主义者认为,学习的过程就是建构自己知识的过程;行为主义学派的代表人物桑代克认为,学习的实质在于形成刺激与反应之间的联结。因此,本题答案选B项。

二、判断选择题

1. B 【解析】概念学习是指对刺激进行分类时,学会对一类刺激做出同样的反应,也就是对事物的抽象特征的反应。辨别学习是指学会识别多种刺激的异同并对之做出不同的反应。因此,学习识别交通标志属于一种辨别学习。

2. B 【解析】负强化也称消极强化,是通过消除或中止厌恶、不愉快刺激来增强反应频率。

3. A 【解析】班杜拉将强化分为自我强化、直接强化和替代强化三种。

三、填空题

1. 先行组织者

2. 接受

第十六章　学习动机

基础训练

一、单项选择题

1. B 【解析】本题考查奥苏伯尔关于动机的分类。根据学校情境中的学业成就动机的不同,奥苏伯尔等人把动机分为认知内驱力、自我提高内驱力和附属内驱力三个方面。其中,认知内驱力是指要求了解、理解和掌握知识以及解决问题的需要。认知内驱力以求知作为目标。因此,A项正确。一般来说,这种内驱力大多是从好奇倾向中派生出来的。在有意义学习中,认知内驱力是最重要而且稳定的动机。因此,D项正确。这种动机指向学习任务本身(为了获得知识),满足这种动机的奖励(知识的实际获得)是由学习本身提供的,属于内部动机。因此,C项正确,B项错误。

2. D 【解析】效能期待是指人对自己能够进行某一行为的能力的推测或判断,它意味着人是否确信自己能够成功地进行带来某一结果的行为。题干所述学生认为自己难以完成每天坚持锻炼的计划,说明他对计划的效能期待低。

3. C 【解析】力求成功者的目的是获取成就,即通过各种活动努力提高自尊心和获得心理上的满足。

4. B 【解析】内部学习动机是指诱因来自学习者本身的内在因素,即学生因对活动本身发生兴趣而产生的动机。具有内部动机的学生,活动本身就能使其得到满足,无需外力的作用,如报酬和奖赏,也能产生荣誉感。王明因喜欢玩电脑游戏而学习,属于内部学习动机。

5. C 【解析】认知内驱力是指要求了解、理解和掌握知识以及解决问题的需要。一般来说,这种内驱力大多是从好奇倾向中派生出来的。本题中小明因喜欢中国历史而认真上历史课,故其学习动机属于认知内驱力。

6. C 【解析】本题考查韦纳的成败归因理论。韦纳把人经历过的事情的成败归结为六种原因,即能力、努力程度、工作难度、运气、身心状况、外界环境。根据韦纳的归因理论,运气好坏属于不稳定的、外在的、不可控的因素。故选C项。

方法技巧:关于韦纳的成败归因理论中的六种归因方式,考生可用以下口诀帮助记忆:浑(环境)身(身心)力(努力)气(运气)不稳,内在两力(能力+努力)与身心,只有努力是可控。

7. C 【解析】行为主义心理学家不仅用强化来解释学习的发生,而且也用强化来解释动机的产生。人的某种学习行为倾向完全取决于先前的这种学习行为与刺激因强化而建立起来的稳固联系,而不断强化则可以使这种联结得到加强和巩固。题干中给学生提供及时的反馈就是运用了强化的理论。

8. A 【解析】"耶克斯—多德森定律"表明,动机不足或过分强烈都会影响学习效果。动机的最佳水平随任务性质的不同而不同。在比较容易的任务中,行为效果(工作效率)随动机的提高而上升;随着任务难度的增加,动机的最佳水平有逐渐下降的趋势。一般来讲,最佳水平为中等强度的动机。因此,在解决难度大的问题和完成复杂任务时,最有利的动机水平是中等偏下水平。

9. C 【解析】根据韦纳的归因理论,工作难度的归因属于外部、稳定、不可控的因素。

10. C 【解析】认知内驱力是指要求了解、理解和掌握知识以及解决问题的需要。一般来说,这种内驱力大多是从好奇倾向中派生出来的。根据题干描述可知,在小童的学习动机中占主导地位的是认知内驱力。

11. D 【解析】王雷推测自己上课认真听讲、课后做好作业的行为能使自己取得好成绩,也就是人对

自己的某一行为会导致某一结果的推测，故属于结果期待。

12. A 【解析】要想创设问题情境，首先要求教师熟悉教材，掌握教材的结构，了解新旧知识之间的内在联系；此外要求教师充分了解学生已有的认知结构状态，使新的学习内容与学生已有水平构成一个适当的跨度。

13. A 【解析】内部学习动机是指诱因来自学习者本身的内在因素，即学生因对活动本身发生兴趣而产生的动机。"知之者不如好知者，好知者不如乐之者"强调学习兴趣的重要性，故其强调的动机类型是内部学习动机。

14. B 【解析】认知内驱力、自我提高内驱力和附属内驱力在动机结构中所占的比重并非一成不变。在儿童早期，附属内驱力最为突出。

15. A 【解析】本题考查习得性无助的内涵。习得性无助指由于连续的失败体验而导致个体产生的对行为结果感到无力控制、无能为力的心理状态。题干中的描述符合习得性无助的内涵，本题选择A项。

16. C 【解析】美国心理学家韦纳把人经历过事情的成败归结为六种原因，即能力、努力程度、工作难度、运气、身心状况、外界环境。学习能力属于稳定、内部、不可控的因素。

17. D 【解析】本题考查奥苏伯尔的学习动机理论。奥苏伯尔认为学校情境中的成就动机主要由三个方面组成，即认知内驱力、自我提高内驱力和附属内驱力。他认为，认知内驱力、自我提高内驱力和附属内驱力在动机结构中所占的比重并不是一成不变的，通常是随着年龄、性别、个性特征、社会地位和文化背景等因素的变化而变化。故提出该观点的心理学家是奥苏伯尔。A项，布鲁纳提出了认知—发现学习理论；B项，斯金纳提出了操作性条件作用理论；C项，苛勒提出了学习的完形—顿悟说。

18. A 【解析】远景的间接性学习动机是指由于了解活动的社会意义、活动结果的社会价值而引起的对某种活动的动机，它是与学习的社会意义和个人的前途相连的。因此，题干所述体现了远景的间接性学习动机。

19. B 【解析】创设问题情境的要求包括：(1)熟悉教材。熟悉教材是创设问题情境的重要前提。(2)了解学生。了解学生是创设问题情境的核心。(3)贯彻始终。创设问题情境的方式多种多样，并在教学过程中贯彻始终。因此，答案选B项。

20. C 【解析】本题考查习得性无助感与成败归因的关系。一个总是失败并把失败归因于内部的、稳定的和不可控的因素(即能力低)的学生会形成一种习得性无助的自我感觉。

21. A 【解析】在韦纳的成败归因理论中，稳定因素包括个人的能力和工作难度。

22. B 【解析】成功的教学应不断创设问题情境，让学生产生疑惑、矛盾、惊讶的心理状态，以激发学生的好奇心、求知欲，激发学生的内部学习动机。题干中的教师是通过在教学结束时创设问题情境，来激发学生的学习动机。

23. B 【解析】学习需要和学习期待二者密切相关。学习需要是个体从事学习活动的最根本动力，如果没有这种自身产生的动力，个体的学习活动就不可能发生。所以说，学习需要在学习动机结构中占主导地位。A项正确，B项错误。另外，学习需要是产生学习期待的前提之一，因为正是那些能够满足个体的学习需要与那些使个体感到可以达到的目标的相互作用形成了学习期待。学习期待则指向学习需要的满足，促使主体去达到学习目标。因此，学习期待也是学习动机结构的必不可少的成分。C、D项说法正确。

24. D 【解析】本题考查韦纳的成败归因理论。根据成败归因理论可知，所有可控制因素都是内在因素，如努力程度。故D项说法正确。稳定性因素并不都是内在因素，如工作难度属于外在因素。故A项说法错误。内在因素并不都是稳定性因素，如努力程度和身心状况属于不稳定性因素。故B项说法错误。内在因素并不都是可控因素，如能力和身心状况属于不可控因素。

25. A 【解析】习得性无力感简称无力感，指由于连续的失败体验而导致个体产生的对行为结果感到无力控制、无能为力的心理状态。题干中的学生屡次遭受学习失败的打击从而放弃学习，这是一种典型的习得性无力感现象。

26. C 【解析】自我效能感的影响因素有：(1)个人自身行为的成败经验；(2)替代经验；(3)言语暗示；(4)情绪唤醒。一个非常困难任务的失败可能对小王的自我效能感没有影响，因为他本来就对困难任务完成的预期很低。

27. D 【解析】内部学习动机是指诱因来自学习者本身的内在因素，即学生因对活动本身发生兴趣而产生的动机。

28. B 【解析】"耶克斯—多德森定律"表明，动机不足或过分强烈都会影响学习效果，一般来讲，最佳水平为中等强度的动机。因此，选项B错误。

29. D 【解析】韦纳把人经历过事情的成败归结为六种原因：能力、努力程度、工作难度、运气、身心状况、外界环境。又把上述六项因素按各自的性质，分别归入三个维度：内部归因和外部归因、稳定性归因和非稳定性归因、可控制归因和不可控制归

因。其中,工作难度属于外部、稳定、不可控因素。学生小东将考试取得好成绩归因于试卷简单,即归因于难度因素。故选D项。

30. D 【解析】"耶克斯—多德森定律"表明,动机的最佳水平随着任务性质的不同而不同。在比较容易的任务中,行为效果(工作效率)随着动机的提高而上升;随着任务难度的增加,动机的最佳水平有逐渐下降的趋势。所以,当学生遇到困难或出现问题时,教师应使其心理紧张程度控制在较低水平。

31. D 【解析】自我提高内驱力是指个体因自己的胜任或工作能力而赢得相应地位的需要。题干中小明努力学习的动机是成为大学教授,这是为了赢得相应的社会地位。因此,小明的学习动机是自我提高内驱力。

32. D 【解析】根据学校情境中的学业成就动机的不同,奥苏伯尔等人把动机分为认知内驱力、自我提高内驱力和附属内驱力三个方面。

33. B 【解析】自我提高内驱力并非直接指向学习任务本身,而是把成就看作赢得地位与自尊心的根源,属于外部动机。附属内驱力是一种间接的学习需要,也属于外部动机。

34. D 【解析】小华中考失利后觉得自己能力不行,考不上大学,这体现了个人自身行为的成败经验对自我效能感的影响。

35. B 【解析】替代经验是指个体的许多效能期望来源于对他人的观察,如果看到一个与自己一样或不如自己的人成功,自己的效能感就会提高。

36. A 【解析】如果学生将成功归因于内部、不稳定、可控的因素(努力程度),就会产生自豪感。

37. D 【解析】远景的间接性学习动机是指由于了解活动的社会意义、活动结果的社会价值而引起的对某种活动的动机。这种学习动机既具有一定的社会性和理想色彩,又与个人的志向、世界观相联系,具有较强的稳定性和持久性,能在相当长的时间内起作用。

38. D 【解析】自我效能感由班杜拉首次提出,是指人对自己能否成功从事某一成就行为的主观判断。"艺高人胆大"是说当有了顶尖的技艺,可以凭借高超的技艺在江湖上行走,就可以无往而不胜了,这体现的是对自己能力的肯定。因此,"艺高人胆大"体现了个体具有较高的自我效能感。

39. A 【解析】附属内驱力是指个体为了获得长者们(如家长、教师)的赞许或认可而表现出把工作、学习做好的一种需要。它既不直接指向学习任务本身,也不把学业成就看作赢得地位的手段,而是为了从长者那里获得赞许和接纳。若一位学生努力学习是为了获得任课教师的赞许,则他的学习动机属于附属内驱力。

40. D 【解析】自我提高内驱力是指个体因自己的胜任或工作能力而赢得相应地位的需要。自我提高内驱力并非直接指向学习任务本身,而是把成就看作赢得地位与自尊心的根源,属于外部动机。题干中的学生通过努力学习考取班级第一名,这涉及地位的变化,故属于自我提高内驱力。

41. C 【解析】影响学习动机形成的主观因素包括需要与目标结构、成熟与年龄特点、性格特征与个别差异、志向水平与价值观、焦虑程度等。其中,学生的志向水平和价值观对学习动机的影响主要体现为学习动机与学生的理想、志向紧密相连。学生的人生观、世界观、价值观直接反映的理想情况或志向水平,都影响着学习动机和目标结构的形成。一般来说,理想、志向水平越高,学习动机就越强,且越具有持久性。

42. C 【解析】个体的许多效能期望来源于对他人的观察,如果看到一个与自己一样或不如自己的人成功,自己的效能感就会提高。"热血"视频对于学生来说属于替代经验,学生看到成绩不好的学生通过努力学习考上了理想的大学有利于培养其自我效能感。

二、多项选择题

1. CD 【解析】到了青年期,认知内驱力和自我提高内驱力成为学生学习的主要动机,学生学习的目的在于满足自己的求知需要,并从中获得相应的地位和威望。

2. AD 【解析】学习动机的两个基本成分是学习需要与学习期待,学习期待就其作用来说就是学习的诱因。故选A、D两项。

3. ABC 【解析】"耶克斯—多德森定律"表明,动机不足或过分强烈都会影响学习效果。(1)动机的最佳水平随任务性质的不同而不同。在比较容易的任务中,行为效果(工作效率)随动机的提高而上升;随着任务难度的增加,动机的最佳水平有逐渐下降的趋势。(2)一般来讲,最佳水平为中等强度的动机。(3)动机水平与行为效果呈倒U型曲线。

4. AD 【解析】本题考查内部学习动机的内涵。按学习动机产生的诱因来源,可分为内部学习动机和外部学习动机。内部学习动机是指诱因来自学习者本身的内在因素,即学生因对活动本身发生兴趣而产生的动机。具有内部动机的学生,活动本身就能使其得到满足,无需外力的作用(如报酬和奖赏),也能产生荣誉感。外部学习动机是指诱因来自学习者外部的某种因素,即在学习活动以外由外部的诱因激发出来的学习动机。A、D两项属于内部学习动机,B、C两项属于外部学习动机,故答案选A、D两项。

5. ABCD 【解析】(1)按学习动机产生的诱因来源，可分为内部学习动机和外部学习动机；(2)按学习动机的社会意义，可分为高尚的学习动机和低级的学习动机；(3)按学习动机的作用与学习活动的关系，可分为近景的直接性学习动机和远景的间接性学习动机；(4)按学习动机在活动中所起作用的大小，可分为主导性学习动机和辅助性学习动机；(5)根据学校情境中的学业成就动机的不同，奥苏伯尔等人把动机分为认知内驱力、自我提高内驱力和附属内驱力三个方面。

6. AB 【解析】美国心理学家韦纳对成败归因进行了系统的研究。他把人经历过事情的成败归结为六种原因，即能力、努力程度、工作难度、运气、身心状况、外界环境。从因素来源看，能力、努力程度、身心状况属于内在因素，工作难度、运气、外界环境属于外在因素。

7. AC 【解析】近景的直接性学习动机是指由活动的直接结果引起的对某种活动的动机。它是与学习活动直接相连的，来源于对学习内容或学习结果的兴趣。例如，学生的求知欲、成功的愿望、对某门学科的浓厚兴趣等。故本题选A、C两项。

8. ACD 【解析】本题考查奥苏伯尔的学习动机分类。根据学校情境中的学业成就动机的不同，奥苏伯尔等人把动机分为认知内驱力、自我提高内驱力和附属内驱力三个方面。

认知内驱力是指要求了解、理解和掌握知识以及解决问题的需要，一般来说，这种内驱力大多是从好奇倾向中派生出来的。故D项表述符合题意。

自我提高内驱力是指个体因自己的胜任或工作能力而赢得相应地位的需要。自我提高内驱力并非直接指向学习任务本身，而是把成就看作赢得地位与自尊心的根源。故C项表述符合题意。

附属内驱力是指个体为了获得长者们(如家长、教师)的赞许或认可而表现出把工作、学习做好的一种需要，是一种间接的学习需要。故A项表述符合题意。

外部学习动机是指诱因来自学习者外部的某种因素，即在学习活动以外由外部的诱因激发出来的学习动机。故B项属于外部学习动机，不属于奥苏伯尔的学习动机分类。

方法技巧：在做此类题目时，考生应注意把握题干中的关键词，如追求知识乐趣的为认知内驱力，追求他人赞许的为附属内驱力，追求地位的为自我提高内驱力。

9. ACD 【解析】学习动机的主要理论可分为：(1)学习动机的强化理论；(2)学习动机的人本理论；(3)学习动机的社会认知理论。其中，学习动机的社会认知理论包括成就动机理论、归因理论、自我效能感理论、自我价值理论、成就目标理论、自我决定理论。B项需要层次理论属于学习动机的人本理论。

10. ACD 【解析】本题考查自我效能感的作用。班杜拉等人经研究指出，自我效能感具有以下作用：(1)决定人们对活动的选择，以及对活动的坚持性；(2)影响人们在困难面前的态度；(3)影响新行为的获得和习得行为的表现；(4)影响活动时的情绪。故答案选A、C、D三项。

三、判断选择题

1. B 【解析】本题考查附属内驱力的发展趋势。儿童早期，附属内驱力最为突出，他们努力获得学业成就，主要是为了实现家长的期待，并得到家长的赞许。儿童后期和少年期，附属内驱力的强度有所减弱，来自同伴、集体的赞许和认可逐渐替代了对长者的依附。因此，题干说法错误。

2. B 【解析】"耶克斯—多德森定律"表明，动机不足或过分强烈都会影响学习效果。动机的最佳水平随着任务性质的不同而不同。在比较容易的任务中，行为效果(工作效率)随着动机的提高而上升；随着任务难度的增加，动机的最佳水平有逐渐下降的趋势。在难度较大的任务中，要保证较高的效率水平，动机的最佳激起水平应较低。

3. A 【解析】本题考查耶克斯—多德森定律。"耶克斯—多德森定律"表明，动机不足或过分强烈都会影响学习效果。动机的最佳水平随着任务性质的不同而不同。在比较容易的任务中，行为效果(工作效率)随着动机的提高而上升；随着任务难度的增加，动机的最佳水平有逐渐下降的趋势。故题干说法正确。

4. B 【解析】虽然表扬和奖励对学习具有推进作用，但使用过多或者使用不当，也会产生消极作用。有许多研究表明，如果滥用外部奖励，不仅不能促进学习，而且可能破坏学生的内部动机。只有当内部动机缺乏时，物质奖励才能起到很好的激励作用。

5. B 【解析】成败经验对效能期待的影响取决于个体对成败的归因方式。如果把成功归于外部、不可控的因素就不会增强自我效能感；把失败归于外部、不可控的因素也不一定就降低自我效能感。正确的归因方式应该是努力归因与现实归因相结合，这样才有利于提高自我效能感。

6. B 【解析】根据归因理论，学生将成败归因于努力比归因于能力会产生更强烈的情绪体验。

四、填空题

1. 阿特金森
2. 认知内驱力

3. 努力归因
4. 结果期待　效能期待
5. 50%

五、判断说理题

1. 学习竞赛可以激发学生的学习动机。所以，经常开展学习竞赛是有百利而无一害的。这种说法是否正确？请运用心理学知识加以说明。

(1)这种说法是不正确的。(2)竞争是激发学习动机的重要手段。因为竞争可以极大地激发学生的好胜心和求成需要，增强学生的学习兴趣和克服困难的毅力，所以多数人在竞争情况下学习和工作的效率会有很大的提高。而且，通过竞争还可获得对自己能力比较实际的估计，较好地发现自己的不足和尚未显示出来的潜力，这也可以起到促进动机、提高成绩的作用。然而，竞争也有消极作用。过多的竞争不仅会失去激励作用，还会造成紧张气氛，加重学生负担，有损学生身心健康。有些人在竞争情况下反而学得更差，这或是因为他们被刺激过度而超出了自己的承受力，或是因为失败而丧失信心和兴趣。

2. 学习动机是学生学习的重要条件，当学生尚未表现出对学习有适当的兴趣或动机时，教师必须推迟教学活动。这种说法是否正确？请运用心理学知识加以说明。

(1)这种说法是不正确的。(2)对于那些尚无学习动机或者学习动机不高的学生，尤其是年龄较小的学生，教师没有必要推迟学习活动。教学的最好办法是，把重点放在学习的认知方面而不是动机方面，致力于有效地教他们掌握有关知识，让他们获得成功的体验。学生尝到了学习的乐趣，就有可能产生或者增强其学习的动机。

六、简答题(参考答案)

1. 简述培养学习动机的策略。

(1)了解和满足学生的需要，促进学习动机的产生；(2)重视立志教育，对学生进行成就动机训练；(3)帮助学生确立正确的自我概念，获得自我效能感；(4)培养学生努力导致成功的归因观；(5)培养对学习的兴趣；(6)利用原有动机的迁移，使学生产生学习的需要。

2. 简述学习动机的强化理论。

(1)动机是由外部刺激引起的一种对行为的冲动力量，强化是引起动机的重要因素。人的学习行为倾向完全取决于某种行为与刺激因强化而建立的稳固联系，受到强化的行为比没受到强化的行为更倾向于再次出现。(2)行为主义的学习动机理论对学校教育的实际活动有着广泛的影响，主要表现为采用强化原则，通过奖励与惩罚的措施来维持学生的学习动机。在教育上广为流行的程序教学与计算机辅助教学的心理基础，就是通过强化原则来维持学生的学习动机。但是，强化理论只讨论外部因素或环境刺激对行为的影响，忽略人的内在因素和主观能动性对环境的反作用。

3. 如何培养和激发内部学习动机？

(1)激发兴趣，维持好奇心；(2)设置合适的目标；(3)培养恰当的自我效能感；(4)训练归因。

4. 简述自我效能感的影响因素。

(1)个人自身行为的成败经验；(2)替代经验；(3)言语暗示；(4)情绪唤醒。

七、论述题(参考答案)

试述韦纳的成败归因理论在教育上的意义。

(1)教师根据学生的自我归因可预测其此后的学习动机。(2)长期消极的归因不利于学生的人格成长，这就需要教师利用反馈的作用，并在反馈中给予鼓励和支持，帮助学生正确归因，重塑自信。韦纳发现，在师生交互作用的教学过程中，学生对自己成败的归因，并非完全以其考试分数的高低为基础，而是受到教师对他的成绩表现所做反馈的影响。(3)通过归因训练改变学生消极的自我认识，提高学习动机。根据归因理论，学生将成败归因于努力比归因于能力会产生更强烈的情绪体验。努力而成功，体验到愉快；不努力而失败，体验到羞愧；努力而失败，也应受到鼓励。因此，教师在给予奖励时，不仅要考虑学生的学习结果，而且要联系学生学习进步与努力程度的状况来看，强调内部、不稳定和可控制的因素。在学生付出同样努力时，对能力低的学生应给予更多的奖励；对能力低而努力的人给予最高评价；对能力高而不努力的人则给予最低评价，以此引导学生进行正确归因。

八、案例分析题(参考答案)

1. 张亮丧失信心的原因：

(1)兴趣和好奇心未得到正确地激发。案例中的张亮本来对数学学科很感兴趣，教师和家长应利用其兴趣和好奇心将其转变为稳定的内部学习动机，而不是注重成绩，以一次成绩论成败。

(2)学生错误的归因方式。正确的归因方式有助于激发学生的学习动机和自信心，错误的归因方式会阻碍学生的学习。案例中的张亮对自己的成绩不佳进行了错误的归因，想要取得好成绩但又认为自己做不到，久而久之形成了习得性无助的自我感觉，最终对学习丧失了信心。

(3)父母错误的教育方式，是张亮丧失信心的重要原因。案例中在张亮考试失败时，父母不仅没有耐心地询问其考试失败的原因，反而对其进行了责骂。这一不良的家庭教育方式加剧了张亮的挫败感，降低了他学习的主动性和积极性。

(4)老师消极的言语暗示。案例中在张亮考试失败

时,老师不仅没有积极地开导张亮,分析其考试失败的原因,并教授其应对方法,反而对张亮进行了消极的言语暗示。这一做法,打击了张亮的自信心。

2. (1)学习动机培养的措施有:①了解和满足学生的需要,促进学习动机的产生;②重视立志教育,对学生进行成就动机训练;③帮助学生确立正确的自我概念,获得自我效能感;④培养学生努力导致成功的归因观;⑤培养对学习的兴趣;⑥利用原有动机的迁移,使学生产生学习的需要。

(2)①针对真心喜欢学习的学生,教师在对学生的行为进行奖励时,应注意避免外部奖励对其内部兴趣的破坏;②针对不喜欢学习,但又硬着头皮学习的学生,可以从树立远大理想、激发学习兴趣、利用原有动机的迁移等方面着手培养他们的学习动机;③针对不喜欢学习、经常逃避学习的学生,教师应了解和满足学生的需要,从而促进其学习动机的产生,也可以利用原有动机的迁移,使学生产生学习的需要和兴趣等;④针对因多次考试失败而丧失考试信心的学生,教师应着重培养学生努力导致成功的归因观,帮助学生树立正确的自我概念,增强他们的自我效能感等。

3. (1)表扬在课堂教学中的作用主要是通过鼓励学生表现出期望行为并对其适当的行为进行强化。教师对学生的肯定性评价具有积极的强化作用,能鼓励学生产生再接再厉、积极向上的心态,赞扬、奖励一般比批评、惩罚更具激励作用。①表扬的方式比表扬的次数更重要。当表扬是针对某一行为结果,并且具体可行时,表扬就是一种有效的激励因素。②表扬应该是针对优于常规水平的行为,也就是说,如果学生平常就做得比较好,那么就不宜对他达到常规水平的行为进行表扬。而对那些平时表现不佳,但是有所进步的学生,教师就应该给予表扬。③表扬和奖励对学习具有推动作用,但使用过多或者使用不当,也会产生消极影响。案例中的老师该表扬的大力表扬,不该表扬的也表扬,该批评的一句话也不说,导致表扬失去了有效性,不仅不能起到激励作用,反而会有消极影响。

(2)在教学中要根据学生的具体情况进行适当的奖励,当然,对于某些学生而言,适度而善意的批评有时也能促进学习。表扬的有效性取决于它的具体性、可靠性以及行为结果的依随性,教师在运用表扬与批评时,要根据学生的年龄特征与个别差异,做到客观、公正、全面、恰到好处,既要赏罚分明,又要以理服人,这样才能收到预期的教学效果。

4. (1)"耶克斯—多德森定律"表明,动机不足或过分强烈都会影响学习效果。

①动机的最佳水平随任务性质的不同而不同。在比较容易的任务中,行为效果(工作效率)随动机的提高而上升;随着任务难度的增加,动机的最佳水平有逐渐下降的趋势。案例中,小华认为老师每天讲的知识点不多,他感觉自己什么都懂,即任务难度低,就没有进行必要的预习和巩固练习,所以几次测验他的各门功课都是刚刚及格,即学习效果不好,因此,小华应该提高学习动机才会收到一个良好的效果。

②一般来讲,最佳水平为中等强度的动机。案例中,当任课老师与小华交流之后,小华提高了自己的学习动机,但是因为他的学习动机过高,成绩仍然不理想。因此,小华只有保持中等程度的动机水平,才会取得良好的学习效果。

③动机水平与行为效果呈倒U型曲线。

(2)作为教师,可以从以下几个方面激发学生的学习动机:

①创设问题情境,激发兴趣,维持好奇心。

②设置合适的目标。

③根据作业难度,恰当控制动机水平。

④表达明确的期望。

⑤提供明确的、及时的、经常性的反馈。

⑥合理运用外部奖赏。

⑦有效地运用表扬。

⑧对学生进行竞争教育,适当开展学习竞争。

真题精解

一、单项选择题

1. B 【解析】认知内驱力指向学习任务本身(为了获得知识),满足这种动机的奖励(知识的实际获得)是由学习本身提供的。因此题干所述的学习动机为认知内驱力。

2. C 【解析】根据韦纳的成败归因理论,努力程度属于内部、不稳定、可控的因素。

二、多项选择题

CD 【解析】阿特金森把个体的成就动机分为两类:力求(追求)成功的动机和避免失败的动机。力求(追求)成功者的目的是获取成就,即通过各种活动努力提高自尊心和获得心理上的满足,成功概率为50%的任务是他们最有可能选择的。避免失败者则往往通过各种活动防止自尊心受伤害和产生心理烦恼,倾向于选择非常容易或非常困难的任务。美国人本主义心理学家马斯洛将人的动机分为匮乏动机和成长动机,交往动机属于社会性动机,故排除A、B两项。因此,答案选C、D两项。

三、判断选择题

A 【解析】内部学习动机是指诱因来自学习者本身的内在因素,外部学习动机是指诱因来自学习者外部的某种因素。相对于内部动机,外部动机的效应

微弱而短暂,不可能使学习者的学习活动持之以恒。

四、填空题

1. 倒U型

2. 成败经验

五、判断说理题

1. 表扬对学习具有推进作用,批评则会伤害学生的自尊自信,所以,教育中只能表扬,不能批评。这种说法是否正确,结合心理学的知识说明理由。

(1)这种说法是不正确的。(2)表扬在课堂教学中的作用主要是通过鼓励学生表现出期望行为并对其适当的行为进行强化。教师对学生的肯定性评价具有积极的强化作用,能鼓励学生产生再接再厉、积极向上的心态,赞扬、奖励一般比批评、惩罚更具激励作用。当然,对于某些学生而言,适度而善意的批评有时也能促进学习。教师在运用表扬与批评时,要根据学生的年龄特征与个别差异,做到客观、公正、全面、恰到好处,既要赏罚分明,又要以理服人,这样才能收到预期的教学效果。

2. 动机强度与学习效率之间构成线性关系,且与学习任务的难易无关。这种说法是否正确?请运用心理学知识加以说明。

(1)这种说法是不正确的。(2)根据"耶克斯—多德森定律"可知,动机水平和行为效果的关系表现为:①动机的最佳水平随任务性质的不同而不同。在比较容易的任务中,行为效果(工作效率)随动机的提高而上升;随着任务难度的增加,动机的最佳水平有逐渐下降的趋势。②一般来讲,最佳水平为中等强度的动机。③动机水平与行为效果呈倒U型曲线。因此,本题说法错误。

六、论述题(参考答案)

阿特金森认为,在面对成功概率为50%的任务时,人们存在两种相反的选择倾向。阐述该理论的主要观点及其教育启示。

(1)主要观点:成就动机理论的主要代表人物是阿特金森。成就动机是指个体努力克服障碍,施展才能,力求又快又好地解决某一问题的愿望或趋势。阿特金森把个体的成就动机分为两类:力求成功的动机和避免失败的动机。力求成功者的目的是获取成就,即通过各种活动努力提高自尊心和获得心理上的满足,成功概率为50%的任务是他们最有可能选择的。避免失败者则往往通过各种活动防止自尊心受伤害和产生心理烦恼,倾向于选择非常容易或非常困难的任务。如果成功的概率大约是50%时,他们会回避这项任务。

(2)教育启示:①在教育实践中对力求成功者,应通过给予新颖且有一定难度的任务,安排竞争的情境,严格评定分数等方式来激发其学习动机;②对于避免失败者,则要安排少竞争或竞争性不强的情境,如果取得成功则要及时表扬,给予强化,评定分数时要求稍稍放宽些,并尽量避免在公共场合下指责其错误;③由于力求成功者的动机比避免失败者的动机具有更大的主动性,因此,对学生还应增加他们力求成功的成分,使他们不以避免失败为满足,而以获取成功为快乐,这样才能真正调动一个人的积极性。

七、案例分析题(参考答案)

(1)美国心理学家韦纳把人经历过事情的成败归结为六种原因,即能力、努力程度、工作难度、运气、身心状况和外界环境。又把上述六项因素按各自的性质,分别归入三个维度:内部归因和外部归因、稳定性归因和非稳定性归因、可控制归因和不可控制归因。案例中甲同学将自己的成败归因为努力,这一因素是内部的、不稳定的和可控的;乙同学将自己的成败归因为运气,这一因素是外部的、不稳定的和不可控的;丙同学将自己的成败归因为能力,这一因素是内部的、稳定的和不可控的。

(2)甲同学将成败归因为努力,是正确的归因,也是唯一可控的归因,可以提高学生的学习积极性,激励学生学习;乙同学将自己的成败归因为运气,这样的归因方式会降低他的学习动机,导致他对自己的行为不用负责;丙同学将自己的成败归因为能力,一个总是失败并把失败归因于内部的、稳定的和不可控的因素(即能力低)的学生会形成一种习得性无助的自我感觉。这样的归因会让他丧失学习的动力,认为自己没有改变现状的能力,长此以往,会让他对学习失去信心。

第十七章　知识的学习

基础训练

一、单项选择题

1. A 【解析】下位学习,又称类属学习,是一种把新的观念归属于认知结构中原有观念的某一部分,并使之相互联系的过程。原有观念在包容和概括水平上高于新学习的知识。

2. B 【解析】短时记忆(工作记忆)是指人脑中的信息在1分钟之内加工与编码的记忆,是信息从感觉记忆到长时记忆的过渡阶段。短时记忆的容量为7±2个组块,即5~9个项目。根据题干对电话号码的记忆可知,该记忆为短时记忆。

3. C 【解析】策略性知识是关于如何学习和如何思维的知识,即个体运用陈述性知识和程序性知识去学习、记忆、解决问题的一般方法和技巧。例如,学习中如何有效记忆,写作时如何拟定提纲,解决问题时如何明确思维方向等。

4. C 【解析】事实性知识的学习,即学习一组符号(语言或非语言)所表示的某一具体事实。例如,历

史课中历史事件和历史人物的学习，地理课中地形地貌和地理位置的学习，均属于事实性知识的学习。C项属于词汇学习。

5. B 【解析】本题考查变式的相关知识。变式指在教学中应经常变换所用具体材料的样式。变式对学生领会概念及事物的因果联系等都具有极其重要的意义，它可以使学生更好地区分事物的各种因素，并确定哪些是主要的、本质的，哪些是次要的、非本质的。根据题干所述，本题答案选B项。

6. D 【解析】短时记忆的编码方式有听觉编码和视觉编码两种，主要是听觉编码。

7. C 【解析】本题考查知识直观的类型。模像直观指观察与教材相关的模型与图像(如图片、图表、幻灯片、电影、录像、电视等)，形成感知表象。模像直观具有一定的优势，首先，它能通过人为的手段消除或减弱实物的非本质因素对本质因素的掩蔽作用。其次，它可以突破时间和空间的限制，来扩大感性材料的来源。故题干中使用的教学直观方式为模像直观。

易错警示：考生在做此类试题时，可根据三种知识直观方式的关键词进行判断，实物直观：标本、实验、现场参观；模像直观：模型、图像；言语直观：言语描述。

8. B 【解析】本题考查知识学习的类型。下位学习又称类属学习，是一种把新的观念归属于认知结构中原有观念的某一部分，并使之相互联系的过程。根据题干描述可知，穿山甲属于哺乳动物，因此学习完哺乳动物再学习穿山甲，这属于下位学习。

方法技巧：奥苏伯尔对知识学习的分类是常考点，考生可结合具体实例来进行区分。下位学习：掌握了水果的概念后，学习苹果的概念。上位学习：知道了苹果的概念后，学习水果的概念。并列结合学习：学习苹果与梨的概念。

9. B 【解析】瞬时记忆的特点有：(1)时间极短；(2)容量较大；(3)形象鲜明；(4)信息原始，记忆痕迹容易衰退。B项属于短时记忆的特点。

10. C 【解析】命题学习是指获得由几个概念构成的命题的复合意义，实际上是学习表示若干概念之间关系的判断。题干所述为命题学习的典型事例。

11. A 【解析】本题考查知识的分类。陈述性知识也叫描述性知识，是个人能用言语进行直接陈述的知识，主要用于区别和辨别事物。是关于事物及其关系的知识，或者说是关于“是什么”的知识，它包括事实、规则、发生的事件、个人的态度等。故本题选A项。

12. B 【解析】本题考查知识学习的类型。下位学习又称类属学习，是一种把新的观念归属于认知结构中原有观念的某一部分，并使之相互联系的过程。上位学习又称总括学习，是在学生掌握一个比认知结构中原有概念的概括和包容程度更高的概念或命题时产生的。题干中，后学习的“蔬菜”的概念比先知道的“青椒”“白菜”和“胡萝卜”等概念的概括程度高。因此，这种学习属于上位学习，本题选择B项。

13. B 【解析】下位学习是把新的观念归属于认知结构中原有观念的某一部分，并使之相互联系的过程。知道了杠杆的力臂原理，把后学的定滑轮归属于原有的杠杆力臂原理中，这是一种下位学习。

14. C 【解析】上位学习又称总括学习，是在学生掌握一个比认知结构中原有概念的概括和包容程度更高的概念或命题时产生的。先学习“椅子”“书桌”等概念，再学习一个包容程度更高的“家具”的概念，这种学习方式属于上位学习。

15. B 【解析】本题考查知识的分类。陈述性知识也叫描述性知识，是个人能用言语进行直接陈述的知识，主要用于区别和辨别事物。数学规则符合该定义，是陈述性知识，排除C、D两项。程序性知识即操作性知识，是一种经过学习后自动化了的关于行为步骤的知识，表现为在信息转换活动中进行具体操作。解答方程的过程符合该定义，排除A项，选择B项。

16. A 【解析】符号学习又称表征学习，是指学习单个符号或一组符号的意义。符号学习的心理机制是符号和它们所代表的事物或观念在学习者认知结构中建立相应的等值关系。符号学习包含的内容有：(1)词汇学习；(2)非语言符号(如实物、图像、图表、图形等)的学习；(3)事实性知识的学习，即学习一组符号(语言或非语言)所表示的某一具体事实。例如，历史课中历史事件和历史人物的学习，地理课中地形地貌和地理位置的学习，均属于事实性知识的学习。

17. B 【解析】上位学习又称总括学习，是在学生掌握一个比认知结构中原有概念的概括和包容程度更高的概念或命题时产生的。上位学习遵循从具体到一般的归纳概括过程。

18. C 【解析】符号学习又称表征学习，是指学习单个符号或一组符号的意义。符号学习的心理机制是符号和它们所代表的事物或观念在学习者认知结构中建立相应的等值关系。题干所述是表征学习的典型事例。

19. B 【解析】当代认知心理学认为，陈述性知识学习的过程包括获得、保持和提取三个阶段。

20. B 【解析】模像直观指观察与教材相关的模型与图像(如图片、图表、幻灯片、电影、录像、电视等)，形成感知表象。

21. C 【解析】正例又称肯定例证，指包含着概念或规则的本质特征和内在联系的例证。燕子和麻雀具备“鸟”的概念的本质特征，因此是运用了正例。

22. D 【解析】本题考查知识学习的类型。并列结合学习又称组合学习，是在新命题与认知结构中原有的命题既非下位关系又非上位关系，而是一种并列的关系时产生的。题干中鲨鱼和鲸鱼是没有类属关系的，属于并列结合学习，本题选择D项。

23. A 【解析】瞬时记忆的记忆容量由感受器的解剖生理特点决定，几乎进入感官的所有信息都会被登记，然而，瞬时记忆中只有能够引起个体注意并被及时识别的信息，才有机会被转入短时记忆。因此，在感觉记忆阶段帮助学生更有效的学习的方法是吸引学生的注意。

24. C 【解析】组块是指将若干小单位联合成大单位的信息加工。组块可以把时空上接近的单个项目组合成一个较大的块，也可以利用已有的知识经验把彼此无关的单个项目组成有意义的块，这样就能大大提高短时记忆的容量。

25. D 【解析】在实际的教学过程中，主要有三种直观方式，即实物直观、模像直观和言语直观。

26. C 【解析】陈述性知识主要以命题和命题网络的形式进行表征，表象和图式也是其重要形式。

27. D 【解析】在实际的教学过程中，主要有三种直观方式，即实物直观、模像直观和言语直观。其中，实物直观指在感知实际事物的基础上提供感性材料的直观教学方式。因此，上历史课时，教师将学生带到博物馆观看文物，运用的就是实物直观。

28. C 【解析】并列结合学习，又称组合学习，是在新命题与认知结构中原有的命题既非下位关系又非上位关系，而是一种并列的关系时产生的。学习质量与能量、遗传与变异、需求与价格等概念之间的关系就属于并列结合学习。

29. C 【解析】陈述性知识也叫描述性知识，是个人能用言语进行直接陈述的知识，主要用于区别和辨别事物。陈述性知识是回答事物“是什么”“为什么”等问题的言语信息方面的知识。

30. A 【解析】本题考查知识学习的类型。根据知识本身的存在形式和复杂程度，奥苏伯尔将知识学习分为符号学习、概念学习和命题学习。其中，符号学习又称表征学习，是指学习单个符号或一组符号的意义。符号学习的心理机制是符号和它们所代表的事物或观念在学习者认知结构中建立相应的等值关系。符号学习包括：(1)词汇学习(主要内容)。例如，汉字、英语单词的学习，就属于词汇学习。(2)非语言符号的学习(如实物、图像、图表、图形等)。(3)事实性知识的学习，即学习一组符号(语言或非语言)所表示的某一具体事实。因此，题干中对英语单词“pen”的学习属于符号学习。

31. B 【解析】本题考查变式的内涵。所谓变式，就是变换使用不同形式的直观材料或事例说明事物的属性，使本质属性保持不变而非本质属性或有或无，以便突出其本质属性。题干中的教师通过不断变换三角形的“高”所呈现的形式，以便突出其本质属性，这是运用了变式。

32. B 【解析】所谓变式，就是变换使用不同形式的直观材料或事例说明事物的属性，使本质属性保持不变而非本质属性或有或无，以便突出本质属性。B项中，“沙子”属于“固体”，而不是“液体”，属于运用反例的策略。

易错警示：考生容易错误区分变式的例子，考生需注意所列举的变式与原事物属于同一类，即本质属性相同，非本质属性不同，如题干中的哺乳动物与蝙蝠。

33. C 【解析】根据题干描述“负数”的概念让“数”的概念被扩展、深化，让“数”的概念得到本质属性的改变，因此属于相关类属学习。

34. B 【解析】下位学习又称类属学习，是一种把新的观念归属于认知结构中原有观念的某一部分，并使之相互联系的过程。原有观念在包容和概括水平上高于新学习的知识。根据“正方形是长方形的一个特例”可以推知，题干所述学习属于下位学习。

35. C 【解析】言语直观指在生动形象的言语作用下唤起学生头脑中的表象，以提供感性材料的直观方式。题干中，老师通过向学生描述“毛驴拉碾子”的形象来帮助学生理解“圆形”这一抽象概念，主要强调的是语言描述，故该老师所使用的直观手段属于言语直观。

二、多项选择题

1. ABCD 【解析】A项运用了良好的复习方法，这有利于知识的保持；而B、C、D三项均属于促进知识保持的方法。故本题答案全选。

2. ABD 【解析】根据上位学习的定义判断，A项直角属于角的一种，因此先学习直角后学习角属于上位学习。B项酸包含盐酸，因此也属于上位学习。C项正方形是特殊的长方形，故不属于上位学习，属于下位学习。D项鲸属于哺乳动物，故也属于上位学习。

3. ACD 【解析】根据知识本身的存在形式和复杂程度，知识学习可分为符号学习(又称表征学习)、概念学习和命题学习。

4. BCD 【解析】感性知识分为感知和表象两种水平，理性知识包括概念和命题两种形式，命题即常说的规则、原理、原则。

5. BD 【解析】程序性知识主要以产生式和产生式系统进行表征。

6. ACD 【解析】模像直观指观察与教材相关的模型与图像（如图片、图表、幻灯片、电影、录像、电视等），形成感知表象。

7. CD 【解析】长时记忆以意义编码为主，意义编码包括语义编码和表象编码两种形式。

8. ABC 【解析】实物直观指在感知实际事物的基础上提供感性材料的直观教学方式。语文老师带同学们参观植物园，这属于实物直观。模像直观指观察与教材相关的模型与图像（如图片、图表、幻灯片、电影、录像、电视等），形成感知表象。回到教室后，语文老师将照片呈现在学生面前，这属于模像直观。言语直观指在生动形象的言语作用下唤起学生头脑中的表象，以提供感性材料的直观方式。语文老师请几位同学用语言描述了看到植物和照片的感受，这属于言语直观。

9. BC 【解析】陈述性知识也叫描述性知识，是个人能用言语进行直接陈述的知识，主要用于区别和辨别事物。用来回答"是什么"和"为什么"的问题。

10. ABC 【解析】长时记忆是指保持时间在一分钟以上乃至数十年的记忆。故A项说法正确。长时记忆中的信息是有组织的知识系统，这种有组织的知识系统对人的学习和决策有重要意义，它使人能够有效地对新信息进行编码，以便更好地识记；也能使人迅速有效地从头脑中提取有用的信息，解决当前的问题。故B项说法正确。长时记忆中的信息的来源大部分是对短时记忆内容的加工，也有由于印象深刻一次获得的。故C项说法正确。长时记忆保持的时间长，容量几乎没有限度。故D项说法错误。

11. ABC 【解析】安德森根据知识的不同表征形式，将知识分为陈述性知识和程序性知识。陈述性知识也叫描述性知识，是个人能用言语进行直接陈述的知识，主要用于区别和辨别事物。陈述性知识是关于事物及其关系的知识，或者说是关于"是什么"的知识，它包括事实、规则、发生的事件、个人的态度等。故A、B、C三项属于陈述性知识。程序性知识即操作性知识，是一种经过学习后自动化了的关于行为步骤的知识，表现为在信息转换活动中进行具体操作。故D项属于程序性知识。

三、判断选择题

1. A 【解析】复述是短时记忆的信息进入长时记忆的必要条件。

2. A 【解析】下位学习又称类属学习，是一种把新的观念归属于认知结构中原有观念的某一部分，并使之相互联系的过程。原有观念在包容和概括水平上高于新学习的知识。

3. B 【解析】并列结合学习又称组合学习，是在新命题与认知结构中原有的命题既非下位关系又非上位关系，而是一种并列的关系时产生的。在并列结合学习中，新学习的关系虽不能类属于原有的关系之中，也不能概括原有的关系，但它们之间仍然具有某些共同的关键特征。根据这种共同特征，新关系与已知关系并列结合，新关系便获得了意义。学习中的"举一反三""触类旁通"就是并列结合学习的原理。

4. B 【解析】智慧技能是对外办事的程序性知识，认知策略是对内调控的程序性知识。

5. B 【解析】要使"陈述性知识"的学习变成"程序性知识"的学习，直接经验的参与是必要条件。

6. A 【解析】认知心理学家认为，陈述性知识获得的心理机制是同化。

7. A 【解析】命题也就是通常所说的规则、原理、原则，它表示的是概念之间的关系，反映的是不同对象之间的本质联系和内在规律。因此，题干描述的是命题的含义。

四、填空题

1. 感性概括
2. 短时记忆
3. 命题
4. 米勒
5. 概念学习
6. 派生类属学习
7. 操作性知识
8. 模像直观

五、判断说理题

1. 知识的获得是知识学习的最终阶段。这种说法是否正确？请运用心理学知识加以说明。

(1)这种说法是不正确的。(2)知识的应用是知识掌握的最后一个环节，它与知识的获得、知识的保持紧密相连，共同构成知识学习过程。它既以前两者为前提，又是检验知识掌握与否以及掌握程度的手段。知识的获得是知识学习的第一个阶段。

2. 短时记忆的信息都来自瞬时记忆。这种说法是否正确？请运用心理学知识加以说明。

(1)这种说法是不正确的。(2)根据三级记忆模型，感觉记忆中的信息经过注意进入短时记忆，短时记忆是感觉记忆到长时记忆的过渡阶段。而长时记忆中的信息经过提取可以转入短时记忆。由此可

知短时记忆中的信息既来源于感觉记忆,也来源于长时记忆。

六、简答题(参考答案)

1. 简述如何提高知识直观的效果。

(1)灵活选用实物直观和模像直观;(2)加强词和形象的配合;(3)运用感知规律,突出直观对象的特点;(4)培养学生的观察能力;(5)让学生充分参与直观过程。

2. 简述程序性知识学习的一般过程。

程序性知识学习的一般过程是从陈述性知识转化为自动化的技能的过程,它主要由以下三个阶段构成:(1)陈述性阶段;(2)程序化阶段;(3)自动化阶段。

3. 如何有效地进行知识概括?

(1)配合运用正例和反例;(2)正确运用变式;(3)科学地进行比较;(4)启发学生进行自觉概括。

七、案例分析题(参考答案)

(1)①林老师为了上好"两栖动物的生殖与发育"一课,分别采用了实物直观、模像直观的教学手段,但是他没有能够合理安排和有效利用这些教学手段,使得教学效果不但没有达到预期效果,反而适得其反。

②案例中林老师不断翻着PPT,却没有适时地做出讲解,即缺少了言语直观。只有实物直观、模像直观、言语直观三种直观方式相结合,才能达到更好的效果。

③本案例中,林老师只使用了实物直观和模像直观,没有适时地做出讲解,没有与言语直观相结合,没有利用词与形象的配合。另外,林老师准备的PPT背景上的浅色字很模糊,不符合感知规律中的强度律,没有突出所讲内容的特点,导致知识直观效果不好。更重要的是,林老师没有让学生充分参与直观过程,只是自己单独呈现各种直观方式,没有及时跟学生进行沟通,了解学生的想法和建议。

(2)教师可通过以下方法来提高知识直观的效果:①灵活选用实物直观和模像直观;②加强词和形象的配合;③运用感知规律,突出直观对象的特点;④培养学生的观察能力;⑤让学生充分参与直观过程。

真题精解

一、单项选择题

D 【解析】程序性知识即操作性知识,是一种经过学习后自动化了的关于行为步骤的知识,表现为在信息转换活动中进行具体操作。因此,D项中"根据已知条件,求∠C的度数"属于程序性知识。陈述性知识也叫描述性知识,是个人能用言语进行直接陈述的知识,主要用于区别和辨别事物,是回答"是什么"和"为什么"的知识,故A、B、C三项属于陈述性知识。

二、判断选择题

B 【解析】一般而言,并列结合学习比较困难,必须认真比较新旧知识之间的联系与区别才能掌握。

三、填空题

1. 程序性知识
2. 短时记忆(工作记忆)
3. 7±2
4. 言语

四、案例分析题(参考答案)

(1)配合运用正例和反例。正例又称肯定例证,指包含着概念或规则的本质特征和内在联系的例证;反例又称否定例证,指不包含或只包含了一小部分概念或规则的主要属性和关键特征的例证。一般而言,概念或规则的正例传递了最有利于概括的信息,反例则传递了最有利于辨别的信息。在该案例中,蔡老师通过探究问题,让学生积极思考能被磁铁吸引和不能被磁铁吸引的物品,及时引导学生得出结论。

(2)正确运用变式。变式,就是变换使用不同形式的直观材料或事例说明事物的属性,使本质属性保持不变而非本质属性或有或无,以便突出本质属性。在该案例中,学生在发现磁铁可以隔固体吸铁后,又被蔡老师引导思考磁铁能不能隔液体吸铁,蔡老师充分使用不同形式的变式,使学生进一步得出磁铁可以隔物吸铁的结论。

(3)科学地进行比较。比较主要有两种方式:同类比较和异类比较。同类比较是关于同类事物之间的比较。异类比较即不同类但相似、相近、相关的事物之间的比较。在第二个实验中,学生通过观察比较发现,硬币有着能被磁铁吸引和不能被磁铁吸引的差别,最终得出"能被磁铁吸引的为铁质硬币"的结论。

(4)启发学生进行自觉概括。在概括过程中,教师应充分调动学生的思维,让学生自己去归纳和总结,从根本上改变"教师做总结,学生背总结"的被动方式。在该案例中,蔡老师对学生积极引导,引发学生进行探究,最终得出磁铁吸铁、磁铁可以隔物吸铁等实验结论。

第十八章 技能的学习

基础训练

一、单项选择题

1. B 【解析】操作模仿阶段在动作控制方面主要靠视觉控制,动觉控制水平较低,不能主动发现错误与纠正错误。

易错警示:考生易混淆不同操作阶段的动作控制特点,考生在做题时,可牢记不同阶段的关键词以

降低错误率,即"模仿看视觉,整合让动觉,熟练主动觉"。

2. D 【解析】一般来说,随着练习次数的增多,动作的精确性、速度、协调性等会逐步提高。从练习曲线中可以看出技能随着练习量的增加而提高的一般趋势。

3. A 【解析】原型定向就是了解原型的活动结构,从而使主体明确活动的方向,知道该做哪些动作和怎样去完成这些动作。教师演算例题正是为了给学生提供解题思路,使学生明白该做什么和怎么去做,故答案选A项。

4. C 【解析】通常把学生在学习过程中出现一段时间的学习成绩和学习效率停滞不前,甚至学过的知识感觉模糊的现象,称为"高原现象"。

5. D 【解析】示范、讲解在动作技能的形成过程中是不可缺少的,准确的示范与讲解有利于学习者不断地调整头脑中的动作表象,形成准确的定向映像,进而在实际操作活动中可以调节动作的执行。

6. A 【解析】操作技能又叫运动技能、动作技能,日常生活中的写字、打字、绘画;音乐方面的吹、拉、弹、唱;体育方面的田径、球类、体操;生产劳动方面的车、刨、磨等活动方式,都属于操作技能的范畴。

7. C 【解析】操作整合过程中视觉控制不起主导作用,逐步让位于动觉控制,肌肉运动的感觉变得较清晰、准确,并成为动作执行的主要调节器。

8. C 【解析】操作定向就是了解操作活动的结构与要求,在头脑中建立起操作活动的定向映像的过程。因此,观看乒乓球教练打球,掌握打球的基本要领和动作属于动作技能形成中的操作定向阶段。

9. A 【解析】认知阶段是操作技能形成的开始阶段。从传授者角度看,主要是讲解与示范;从学习者的角度看,主要是理解学习任务、形成目标表象和目标期望。

10. A 【解析】本题考查操作技能中的关键环节。"见"指观察别人执行动作技能,相当于示范;"学"则指观察后的模仿和练习。"学者难"强调的是"学",即练习的重要性。

11. D 【解析】在操作熟练阶段,动作控制方面的特点是:动觉控制增强,不需要视觉的专门控制和有意识的活动,视觉注意范围扩大,能准确地觉察到外界环境的变化并调整动作方式。

12. D 【解析】原型内化,即智力活动的实践模式(原型)向头脑内部转化,由物质的、外显的、展开的形式变成观念的、内潜的、简缩的形式的过程。原型内化是心智技能学习的高级阶段。

13. D 【解析】在动作技能的自动化阶段,一长串的动作系列联合成为一个有机的整体并巩固下来。此阶段,各个动作相互协调似乎是自动流出来的,无需特殊的注意和纠正。因此,题干中熟练的杂技演员可以同时骑车和做优美、复杂的动作,这说明其动作技能已处于自动化阶段。

14. A 【解析】通常把学生在学习过程中出现一段时间的学习成绩和学习效率停滞不前,甚至学过的知识感觉模糊的现象,称为"高原现象"。

15. D 【解析】外部反馈,即操作者自身以外的人和事给予的反馈,有时也称结果知识。这是教师、教练、示范者、录像、计算机等外部信息源对学习者的操作结果及其操作过程的反馈。

16. D 【解析】在操作熟练阶段,动作的执行达到自动化并非无意识,而是指它的执行过程不需要意识的高度控制,可以将注意力分配给其他活动。

17. A 【解析】原型操作是依据智力技能的实践模式,把学生在头脑中已建立起来的活动程序计划以外显的操作方式付诸实施,获得完备的动觉映像的过程。

18. A 【解析】操作技能的特点有:(1)动作的对象是物质性客体或肌肉,具有客观性;(2)动作的进行具有外显性;(3)动作的结构具有展开性。

19. D 【解析】反馈在操作技能学习过程中的作用是非常关键的,其中结果反馈的作用尤其明显。准确的结果反馈可以引导学生矫正错误的动作,强化正确动作,并鼓励学生努力改善其操作。

20. C 【解析】本题考查练习成绩的起伏现象。动作技能的形成不是一帆风顺、直线上升的。在其形成过程中,练习的成绩时而上升,时而下降,有峰有谷,呈现明显的波浪式,这就是练习成绩的起伏现象。故选C项。A项,高原现象是指学生在学习过程中出现一段时间的学习成绩和学习效率停滞不前,甚至学过的知识感觉模糊的现象。B项,反馈指在学习与练习过程中信息的返回传递。D项为干扰项。

21. C 【解析】原型内化,即智力活动的实践模式(原型)向头脑内部转化,由物质的、外显的、展开的形式变成观念的、内潜的、简缩的形式的过程。

22. A 【解析】模仿是形成操作技能的重要环节,这表现在两个方面:一是模仿可以检验已形成的动作定向映像,使之更完善、巩固、充实,有助于定向映像在技能形成过程中发挥更有效的作用;二是可以加强个体的动觉感受。

23. B 【解析】本题考查操作技能的形成阶段。操作模仿阶段在动作结构上具有以下特点:各个动作要素之间的协调性较差,互相干扰,常有多余动作产生。故本题选B项。

24. C 【解析】操作熟练是操作技能形成的高级阶段,是技能形成的一个重要阶段,也是操作技能转

化为能力的关键环节。

25. C 【解析】在出声的外部言语活动阶段，智慧活动已摆脱了实物或实物的替代物，代之以外部言语为支持物。本阶段是外部的物质活动向智慧活动转化的开始，是智慧活动在形式上发生质变的重要阶段。

26. C 【解析】对于培养学生智力技能最具有现实意义的途径是结合教材知识教学，训练学生掌握智力活动规则和课题解答程序。

27. D 【解析】技能按其本身的性质和特点，可分为操作技能(动作技能)和心智技能(认知技能)。

28. C 【解析】根据高原现象的内涵可知，A、B、D三项属于典型的高原现象。而C项属于习得性无助感现象。

易错警示：理解高原现象的例子时，考生应重点抓住高原现象概念中的关键词，即一段时间后的成绩暂时停顿现象。以该题为例，A、B、D三项中都出现了“一定程度”“一段时间”“一过了期中考试”，这符合高原现象的内涵；而C项中的关键词是“成绩一直无法提高”“失去了进取的决心”，故排除。

29. A 【解析】本题考查操作技能的形成阶段。操作定向就是了解操作活动的结构与要求，在头脑中建立起操作活动的定向映像的过程。题干中小学生学写新字时，先听教师的讲解，再观察教师的书写示范，这是在头脑中建立起操作活动的定向映像的过程。所以，这时的技能学习阶段处于操作定向阶段。

30. A 【解析】在操作技能形成初期，各种动作都受意识支配调节，否则，就会出现停顿或错误。通过反复练习，一旦动作达到熟练程度，能够准确无误地完成时，意识调控会被自动化所取代，这时动作往往是自动进行的。例如，熟练的电脑操作员，可以不看键盘迅速地打字。

二、多项选择题

1. ABC 【解析】智力技能与操作技能相比，具有以下三个特点：(1)动作对象的观念性；(2)动作执行的内潜性；(3)动作结构的简缩性。

2. ACD 【解析】高原现象产生的原因有：(1)学习方法的固定化；(2)学习任务的复杂化；(3)学习动机减弱；(4)兴趣降低；(5)心理和生理上的疲劳；(6)意志不够顽强。

3. BCD 【解析】虽然不同的学习者的练习曲线存在差异，但也具有共同点，表现在：(1)开始进步快；(2)中间有一个明显的、暂时的停顿期，即高原期；(3)后期进步较慢；(4)总趋势是进步的，但有时出现暂时的退步。

4. ABC 【解析】影响反馈效果的因素有：(1)反馈的内容；(2)反馈的频率；(3)反馈的方式。

5. ACD 【解析】心智技能也称为智力技能、认知技能，是通过学习而形成的合乎法则的心智活动方式。所以，B项说法错误，C、D项说法正确。智力技能是一种活动方式，属于动作经验。所以，A项说法正确。

6. BC 【解析】本题考查操作技能和心智技能的含义。操作技能又叫运动技能、动作技能，是通过学习而形成的合乎法则的操作活动方式。心智技能也称为智力技能、认知技能，是通过学习而形成的合乎法则的心智活动方式。阅读技能、写作技能、运算技能、解题技能等都是常见的心智技能。所以，B、C两项属于心智技能；A、D两项属于操作技能。

7. AC 【解析】操作技能又叫运动技能、动作技能，是通过学习而形成的合乎法则的操作活动方式。日常生活中的写字、打字、绘画，音乐方面的吹、拉、弹、唱，体育方面的田径、球类、体操，生产劳动方面的车、刨、磨等活动方式，都属于操作技能的范畴。因此，弹琴、游泳属于动作技能。

8. ABC 【解析】顺利完成原型操作，教师必须：(1)让心智活动的所有动作以展开的方式呈现；(2)注意变更活动的对象；(3)注意活动的掌握程度，并适时向下一阶段转化；(4)动作的执行应注意与言语相结合。

9. ABCD 【解析】操作技能的培训要求有：(1)准确的示范与讲解。(2)必要而适当的练习。要注意克服练习中的高原现象。(3)充分而有效的反馈。(4)建立稳定清晰的动觉。

10. ACD 【解析】在操作模仿阶段，学习者动作的稳定性、准确性、灵活性较差；各动作要素之间的协调性较差，并且会互相干扰；个体动作主要依靠视觉控制，动觉控制水平较低；完成一个动作往往比标准速度要慢。因此，A、C、D三项属于操作模仿阶段的动作特点。

方法技巧：在做题时，考生可通过不同阶段的关键词判断该特点属于哪一阶段，如“较差”“较低”“较慢”等属于操作模仿阶段，“有所降低”“有所减少”等属于操作整合阶段，“高度”“较好”“消失”等属于操作熟练阶段。

11. BD 【解析】技能是指经过练习而获得的合乎法则的认知活动或身体活动的动作方式。它具有如下几个基本特点：(1)技能是通过学习或练习而形成的，不同于本能行为。故A项错误，B项正确。(2)技能是一种活动方式，是由一系列动作及其执行方式构成的，属于动作经验，不同属于认知经验的知识。故C项错误。(3)技能中的各动作要素及其执行顺序要体现活动本身的客观法则的要求，

不是一般的习惯动作。故D项正确。

12. ABCD 【解析】本题考查心智技能的培养要求。心智技能的培养要求有:(1)确立合理的智力活动原型。(2)教师利用示范和讲解,并有效进行分阶段练习。为提高分阶段练习的成效,在培养工作方面,必须充分依据心智技能的形成规律,采取有效的措施,包括:①激发学习的积极性和主动性;②注意原型的完备性、独立性和概括性;③适应培养阶段的特征,正确使用言语;④注意学生的个别差异;⑤科学地进行练习。(3)知识影响技能的形成。(4)注重培养学生认真思考的习惯和独立思考的能力。

三、判断选择题

1. B 【解析】高原现象处于练习的中期。
2. A 【解析】技能有高级、低级之分,但没有好坏之别。习惯则不同,它根据对个人和社会的意义有好坏之分。
3. A 【解析】操作技能又叫运动技能、动作技能,是通过学习而形成的合乎法则的操作活动方式。它所形成的操作活动方式一经掌握就很难遗忘。
4. A 【解析】在动作技能形成过程中的动作的认知和定向阶段,初学者动作尚忙乱紧张,呆板而不协调,并出现多余动作,也难以觉察自己动作的全部情况,因此自己不易发现错误。因此,作为一名初学者在学习新的动作时,分解能力较差,动作掌握较慢。
5. B 【解析】技能是个体在获得知识的基础上,运用某种活动方式(如动作方式或智力活动方式),感知、记忆、思维活动和肌肉运动等构成技能形成与发展的必要环节,所以,技能是心理活动方式的范畴。
6. B 【解析】练习是形成各种动作技能不可缺少的关键环节。但是在形成动作技能的过程中,并不是过度练习的次数越多越好,究竟过度练习达到何种程度最佳,不同的研究所得到的结论并不一致,有人主张最保险的次数为基本练习次数的100%。

四、填空题

1. 合乎法则
2. 操作熟练
3. 内部反馈　外部反馈
4. 集中练习　部分练习

五、简答题(参考答案)

1. 简述技能的特点。

(1)技能是学习得来的,不是本能行为;(2)技能是一种活动方式,不同于知识;(3)技能是合乎法则的活动方式,不同于一般的随意活动。

2. 心智技能的形成有哪几个阶段?

(1)原型定向;(2)原型操作;(3)原型内化。

3. 为提高分阶段练习的成效,应采取的有效措施包括哪些?

(1)激发学习的积极性和主动性;(2)注意原型的完备性、独立性和概括性;(3)适应培养阶段的特征,正确使用言语;(4)注意学生的个别差异;(5)科学地进行练习。

六、论述题(参考答案)

试述技能和习惯的区别。

(1)技能是越来越向一定的标准动作体系提高,而习惯则越来越保持原来的动作组织情况。习惯是保守的,技能则不断向一个标准趋近。

(2)技能有高级、低级之分,但没有好坏之别。习惯则不同,它根据对个人和社会的意义有好坏之分。

(3)技能和一定的情境、任务都有联系,而习惯只和一定的情境相联系。

(4)技能是主动的,需要时出现,不需要时就不出现,习惯则是被动的。

(5)技能要与一定的客观标准作对照,而与习惯作对照的,则只是上一次的动作。这就是说,技能形成中除了自己的动觉反馈外,还需要别的反馈,如外部感觉等。

七、案例分析题(参考答案)

(1)反馈指在学习与练习过程中信息的返回传递。一般来讲,反馈来自两个方面,即内部反馈和外部反馈。内部反馈即操作者自身的感觉系统提供的感觉反馈。外部反馈即操作者自身以外的人和事给予的反馈,有时也称结果知识。在学习过程中,只有通过反馈,学习者才知道自己的动作是否合乎要求。其中准确的结果反馈可以引导学生矫正错误动作、强化正确动作,并鼓励学生努力改善其操作,作用尤为明显。影响反馈效果的因素有:①反馈的内容;②反馈的频率;③反馈的方式。

(2)在本案例中,前八周,第一组、第二组和第三组不同的是反馈的频率不同,第一组的成绩好于第二组,第一、二组都好于不做学习反馈的第三组,说明及时反馈对学生学习是非常重要的;后八周,第一组不给反馈,第三组每天给予学习反馈,第二组维持原有反馈,结果第一组成绩直线下降,第三组成绩直线上升,而第二组成绩不变。再次证明准确及时的反馈在学习中的重要性,它可以引导学生矫正错误,并不断改善其学习,学习效果明显提高。

真题精解

一、单项选择题

C 【解析】练习是形成各种操作技能所不可缺少的关键环节,通过应用不同形式的练习,可以使个体掌握某种技能。题干的描述,体现的正是练习对于技能形成的重要性。

二、多项选择题

ACD 【解析】操作技能熟练阶段的动作具有以下特点:(1)动作品质方面,动作具有高度的灵活性、稳定性和准确性,在各种变化的条件下都能顺利完成动作;(2)动作结构方面,各个动作之间的干扰消失,衔接连贯、流畅,高度协调,多余动作消失;(3)动作控制方面,动觉控制增强,不需要视觉的专门控制和有意识的活动,视觉注意范围扩大,能准确地觉察到外界环境的变化并调整动作方式;(4)动作效能方面,心理消耗和体力消耗降至最低,表现为紧张感、疲劳感减少,动作具有轻快感。因此,答案选A、C、D三项。

三、判断选择题

A 【解析】操作技能具有以下三个特点:(1)动作对象的客观性;(2)动作执行的外显性;(3)动作结构的展开性。心智技能具有以下三个特点:(1)动作对象的观念性;(2)动作执行的内潜性;(3)动作结构的简缩性。

四、填空题

1. 心智(智力或者认知)
2. 定向
3. 原型内化

五、案例分析题(参考答案)

心智技能也称为智力技能、认知技能,是通过学习而形成的合乎法则的心智活动方式。我国教育心理学家冯忠良通过教学实验,提出了心智技能的形成理论,具体阶段为:

(1)原型定向。原型定向就是了解原型的活动结构,从而使主体明确活动的方向,知道该做哪些动作和怎样去完成这些动作。材料中,教师运用运算规律进行算式的变形,帮助学生明确计算的方向,即教师引导学生进行了原型定向的过程。

(2)原型操作。原型操作是依据智力技能的实践模式,把学生在头脑中已建立起来的活动程序计划以外显的操作方式付诸实施,获得完备的动觉映像的过程。材料中,教师通过出一些类似的题目引导学生进行纸笔操作练习,这是进行原型操作的过程。

(3)原型内化。原型内化,即智力活动的实践模式(原型)向头脑内部转化,由物质的、外显的、展开的形式变成观念的、内潜的、简缩的形式的过程。材料中,学生通过纸笔操作练习,从而产生言语表征,形成熟练的心算技能,这是进行原型内化的过程。

第十九章　问题解决与创造性

基础训练

一、单项选择题

1. C 【解析】本题考查问题解决的策略。算法策略是将所有可能的针对问题解决的方法都一一列举出来并进行尝试,直到最终从根本上解决问题。题干中小红把各种解法逐一列出并加以尝试,最终找到一个最佳解法,这种解题的方法就属于算法式。
2. D 【解析】原型启发是指从其他事物上发现解决问题的途径和方法。人们发明出电子嗅觉器正是受到狗鼻子这一原型的启发。
3. A 【解析】原型启发是指从其他事物上发现解决问题的途径和方法。任何一个人对某一项目的发明创造或革新,都不是凭空想象出来的,在开始时总要受到某种类似的事物或模型的启发。A项属于学习。B、C、D项属于原型启发。
4. B 【解析】功能固着指一个人熟悉了一种物体的某种惯常的功能后,很难看出该物体的其他功能的心理特点。学生可以把老虎钳当作锤子用,用缝制衣服的棉线去裁纸,说明学生不仅看到了物体的某种惯常的功能,还看到了该物体的其他功能,克服了功能固着的限制。
5. D 【解析】本题考查问题解决的过程。理解问题即明确问题,就是把握问题的性质和关键信息,摒弃无关因素,并在头脑中形成有关问题的初步印象,即形成问题的表征。题干中数学老师让学生看清题目、画示意图,这就是理解问题的过程,因此数学老师的目的是帮助学生很好地完成对问题的心理表征。
6. B 【解析】问题解决的过程一般可分为发现问题、理解问题、提出假设和检验假设四个阶段。其中,理解问题即明确问题,就是把握问题的性质和关键信息,摒弃无关因素,并在头脑中形成有关问题的初步印象,即形成问题的表征。故题干所述属于问题解决的明确问题阶段。
7. B 【解析】按照问题的组织程度,把问题分为结构良好问题和结构不良问题。结构良好问题是指其初始状态和目标状态,以及问题解决的方法都是明确的。结构不良问题并不是指这个问题本身有什么错误或是不恰当,而是指它没有明确的结构或解决途径。故题干所述问题为结构良好问题。
8. A 【解析】本题考查影响问题解决的因素。人们把某种功能赋予某物体的倾向称为功能固着。在功能固着的影响下,人们不易摆脱事物用途的固有观念,从而直接影响问题解决的灵活性。题干中荒野求生的人只想到火把可以取暖、照明,想不到火把还能驱赶野兽。因此,这种情况属于功能固着。
9. B 【解析】在测验中,把发散思维的流畅性、变通性和独特性看作衡量创造性高低的指标。流畅性是指单位时间内发散项目的数量;变通性是指发散项目的范围或维度,范围越大、维度越多,变通性越强;独特性是指对问题能提出超乎寻常的、独特新颖的见解。题干中学生在单位时间内列举出很多

例证,说明其思维的流畅性好。但都在建筑材料范围之内,说明其变通性差。

易错警示:考生易混淆发散思维的三种特征,各个特征考查的关键词在于:流畅性强调数量多;灵活性强调范围广;独创性强调观念新。

10. B 【解析】B项其初始状态、目标状态、甚至问题解决的方案都不明确,因此属于结构不良问题。

11. C 【解析】问题解决是指为了从问题的初始状态到达目标状态,而采取一系列具有目标指向性的认知操作的过程。没有明确目的指向的心理活动,如漫无目的的幻想等,则不能称为问题解决。故B项排除。荡秋千基本上没有重要的认知成分参与,因而不属于问题解决的范畴。故D项排除。简单的记忆操作不能称之为问题解决,如记住某人的名字等。故A项排除。因此,本题答案选C项。

12. B 【解析】算法策略是将所有可能的针对问题解决的方法都一一列举出来并进行尝试,直到最终从根本上解决问题。

13. D 【解析】定势(即心向)是指重复先前的操作所引起的一种心理准备状态。在定势的影响下,人们会以某种习惯的方式对刺激情境做出反应。题干所述体现了心理定势的含义。

14. B 【解析】从完整的问题解决过程来看,发现问题是其首要环节。

15. C 【解析】对问题解决起启发作用的事物叫原型。原型启发是指从其他事物上发现解决问题的途径和方法。

16. B 【解析】人们把某种功能赋予某物体的倾向称为功能固着。

17. A 【解析】人们把某种功能赋予某物体的倾向称为功能固着。在功能固着的影响下,人们不易摆脱事物用途的固有观念,从而直接影响问题解决的灵活性。小明正是在口香糖只能吃这一功能固着的影响下想不起用口香糖把纸币粘出来。

18. B 【解析】理解问题就是把握问题的性质和关键信息,摒弃无关因素,并在头脑中形成有关问题的初步印象,即形成问题的表征。

19. A 【解析】本题考查问题解决的策略。所谓手段—目的分析法,就是将需要达到的问题的目标状态分成若干个子目标,通过实现一系列的子目标而最终达到总目标。例如,完成一篇20页的论文,对某些学生来说是个难题。采用手段—目的分析策略,把任务分解成几个子任务,如选题、查找资料、阅读资料、组织材料、制定大纲、完成初稿、修改定稿等,问题就容易解决。故本题选A项。

20. B 【解析】本题考查问题解决的过程。问题解决的过程一般可分为发现问题、理解问题、提出假设和检验假设四个阶段。其中,提出假设是问题解决的关键阶段。

21. B 【解析】创造性思维具有流畅性、灵活性(变通性)和独创性(独特性)的特点。

22. A 【解析】创造性思维既是发散思维和聚合思维的统一,也是形象思维和抽象思维的统一,但更多地表现在发散思维上。创造性思维以发散思维为核心。

23. D 【解析】本题考查问题解决的策略。在寻求解答时,可能存在这样两种途径:算法式和启发式。其中常用的启发式方法有:(1)手段—目的分析法。将目标划分成许多子目标,将问题划分成许多子问题后,寻找解决每一个子问题的手段。(2)逆向反推法。应用反推法,从目标开始,退回到未解决的最初的问题,这种方法对解决几何证明题有时非常有效。(3)爬山法。基本思想是设立一个目标,然后选取与起始点邻近的未被访问的任一节点,向目标方向运动,逐步逼近目标。(4)类比思维。当面对某种问题情境时,个体可以运用类比思维,先寻求与此有些相似的情境的解答。当人们第一次发明潜艇后,工程师们要思考如何让战舰确定潜艇隐藏在海下的方位。于是,通过研究蝙蝠导航机制发明了声呐,将其运用于潜艇的定位。故答案选D项。(具体参看王春阳、杨彬、张婕著的《教育心理学》)

24. B 【解析】算法策略是将所有可能的针对问题解决的方法都一一列举出来并进行尝试,直到最终从根本上解决问题。题干中对密码的逐一尝试,说明其采用的解决问题策略是算法式。

25. B 【解析】从个性入手来培养创造性的方法有:(1)保护好奇心。(2)解除个体对答错问题的恐惧心理。对学生所提的问题,无论是否合理,均以肯定态度接纳他所提出的问题。对出现的错误不应全盘否定,更不应指责,应鼓励学生正视并反思错误,引导学生尝试新的探索,而不循规蹈矩。(3)鼓励独立性和创新精神。(4)重视非逻辑思维能力。(5)给学生提供具有创造性的榜样。

二、多项选择题

1. ACD 【解析】问题解决具有三个特征:(1)目的性;(2)认知性;(3)序列性。

2. BD 【解析】在功能固着的影响下,人们不易摆脱事物用途的固有观念,从而直接影响问题解决的灵活性。因此,功能固着会阻碍问题的解决。动机的强度不同,影响的大小也不一样。动机与问题解决的关系遵循“耶克斯—多德森定律”,过强的动机也会阻碍问题解决。故答案选B、D两项。

3. ACD 【解析】常用的启发式策略有:(1)手段—目的分析法;(2)爬山法;(3)逆推法。

4. ACD 【解析】手段—目的分析法的基本步骤是:(1)比较初始状态和目标状态,提出第一个子目标;(2)找出完成第一个子目标的方法或操作,实现子目标;(3)提出新的子目标,如此循环往复,直至问题解决。

5. ABCD 【解析】本题考查创造性个性的塑造。由于创造性与个性之间具有互为因果的关系,因此,从个性入手来培养创造性,这也是促进创造性产生的一条有效途径。研究者提出的各种建议,可概括如下:(1)保护好奇心;(2)解除个体对答错问题的恐惧心理;(3)鼓励独立性和创新精神;(4)重视非逻辑思维能力;(5)给学生提供具有创造性的榜样。

6. AC 【解析】创造性的研究表明,创造性与智力并非成简单的线性关系,二者既有独立性,又在某种条件下具有相关性。其关系表现为:(1)低智力不可能具有高创造性;(2)高智力可能有高创造性,也可能有低创造性;(3)低创造性者的智力水平可能高,也可能低;(4)高创造性者必须有高于一般水平的智力。

7. ABD 【解析】结构不良问题并不是指这个问题本身有什么错误或是不恰当,而是指它没有明确的结构或解决途径。结构良好的问题是指问题初始状态、目标状态和操作都是具体明确的。根据定义可以判断,A、B、D三项属于结构不良的问题,C项属于结构良好的问题。

8. AB 【解析】算法策略是将所有可能的针对问题解决的方法都一一列举出来并进行尝试,直到最终从根本上解决问题。很明显,算法策略需要在解决问题时进行大量的准备工作,需要花费较大的精力和较多的时间,但是优点就是能够确保找到问题解决的途径。A项说法正确。启发法是基于一定的经验,根据现有问题状态与目标状态之间的内在联系,采用较少搜索而找到解决问题途径的一种策略。启发法不需要像算法策略那样费时费力,往往是一种比较快捷的方法,但却并不能保证一定可以成功地解决问题。B项说法正确。算法策略和启发法策略各有优势,不能说算法策略通常优于启发式策略,C项说法错误。启发法策略包括手段—目的分析法、爬山法、逆推法等,D项说法错误。

9. ABCD 【解析】问题解决的过程一般可分为发现问题、理解问题、提出假设和检验假设四个阶段。其中,理解问题即明确问题。

方法技巧:关于问题解决的过程,可采用以下口诀帮助记忆:现解问题,体验假设。此外,关于不同阶段的地位可记忆为:发现问题是首要,提出假设是关键。

三、判断选择题

1. B 【解析】当新问题与原有问题的条件和解题要求基本相同时,思维定势能使人应用已掌握的方法迅速解决问题,减少探索过程,有利于问题的解决。当新问题与原有问题的条件和解题要求不相同时,思维定势使人习惯性地采取原先的方法去解决新问题,而不进行别的尝试,会阻碍问题的解决。

2. B 【解析】结构良好问题是问题的初始状态和目标状态,以及问题解决的方法都是明确的。结构不良问题是指问题没有明确的结构或解决途径。"了解全球水资源短缺"这一问题没有明确的结构或解决途径,故属于结构不良问题。

3. B 【解析】智力是影响问题解决的极重要因素,但不起决定作用。

4. B 【解析】问题解决具有以下三个特征:(1)目的性;(2)认知性;(3)序列性。其中认知性是指问题解决活动是通过内在的心理加工实现的,整个活动的过程依赖于一系列认知操作的进行。回答"3+2=5"对于中学生来说不需要重要的认知成分参与,因此不属于问题解决。

四、填空题

1. 个性
2. 给定信息
3. 问题情境
4. 结构不良问题

五、判断说理题

1. 心理定势对问题解决只有消极影响。这种说法是否正确?请运用心理学知识加以说明。

(1)这种说法是不正确的。(2)心理定势是指重复先前的操作所引起的一种心理准备状态。在环境不变的条件下,定势使人能够应用已掌握的方法迅速解决问题,这时心理定势对问题解决产生积极影响。而在情境发生变化时,它则会妨碍人采用新的方法,此时定势对问题解决产生消极影响。即心理定势对问题解决既有消极作用也有积极作用。

2. 在问题解决者的思维活动处于积极且紧张的状态时,才最容易产生原型启发。这种说法是否正确?请运用心理学知识加以说明。

(1)这种说法是不正确的。(2)原型启发在创造性解决问题时的作用十分明显。通过联想,人们可以从原型中找到解决问题的新方法。某事物能否起启发作用,不仅取决于该事物的特点,还取决于问题解决者的心理状态。在问题解决者的思维活动处于积极但又不过于紧张的状态时,才最容易产生原型启发。

六、论述题(参考答案)

如何培养学生的问题解决能力?

(1)提高学生知识储备的数量和质量。①帮助学

生牢固地记忆知识;②提供多种变式,促进知识的概括;③重视知识间的联系,建立网络化结构。

(2)教授与训练解决问题的方法和策略。①结合具体学科,教授思维方法;②外化思路,进行显性教学。

(3)提供多种练习机会。应避免低水平的、简单的提问或重复的机械练习,防止学生埋没于题海之中,应考虑练习的质量,根据不同的教学目的、教学内容、教学手段等来精选、设计例题与习题,充分考虑练什么、什么时候练、以什么方式练、练到什么程度、如何检验练的效果等。还要注意练习形式的多样化,以调动学生主动参与学习的积极性,提高学生知识应用的变通性、灵活性和广泛性。

(4)培养思考问题的习惯。①鼓励学生主动发现问题;②鼓励学生从多角度提出假设;③鼓励自我评价和反思。

(5)训练逻辑思维能力,提高思维水平。提高思维水平主要靠进行思维训练,训练学生的思维主要有两种形式:①直接上思维训练课;②在学科教学中穿插思维训练的内容。

七、案例分析题(参考答案)

1. (1)案例反映了定势效应。定势(即心向)是指重复先前的操作所引起的一种心理准备状态。在定势的影响下,人们会以某种习惯的方式对刺激情境做出反应。案例中,阿西莫夫的回答受到汽车修理工所给情境的影响,产生了思维定势,认为盲人买剪刀也需要做手势,但实际上盲人可以开口说话,这是在定势的影响下,以同样的思维习惯对刺激情境做出反应,所以该案例反映了定势的心理效应。

   (2)定势对学生的学习既有积极作用,也有消极作用。积极作用:在同样的思维范式下,学生举一反三,可以快速地解决问题,提高学习效率;消极作用:总是采用惯用的方式学习,可能会导致错误地理解问题情境,从而出现错误。

2. (1)尽管不同的研究及其相关测验强调创造性的不同特征,但目前比较公认的是以发散思维的基本特征来代表创造性的特征。

   ①流畅性。流畅性是指在限定时间内产生观念数量的多少。在短时间内产生的观念越多,流畅性越大。该特征能反映个体的心智灵活、思路通达的程度。

   ②灵活性(变通性)。灵活性是指摒弃以往的习惯思维方法而开创不同方向的能力。

   ③独创性(独特性)。独创性是指产生不同寻常的反应和不落常规的能力,以及重新定义或按新的方式对所见所闻加以组织的能力。

   (2)创造性是由人的认知能力、个性倾向和社会环境相互作用产生的行为结果。因此,可以从以下四个方面来探索创造性的培养途径:

   ①培养创造性认知能力。包括:培养创造性的知识基础;培养创造性思维。②注重创造性个性的塑造。具体包括保护好奇心;解除个体对答错问题的恐惧心理;鼓励独立性和创新精神;重视非逻辑思维能力;给学生提供具有创造性的榜样。③创设有利的社会环境。包括:创设宽松的心理环境;给学生留有充分选择的余地;改革考试制度与考试内容。④培养创造型的教师队伍。要培养学生的创造性,必须对教师进行有关创造性的相应培训和专门指导。具体表现在:第一,要转变教师的教育教学观念,使教师形成理解并鼓励学生的创造,把培养创造性作为一种教学目标的现代教育理念;第二,要教给教师必要的创造技法和思维策略,提高他们自身的创造意识和创造能力;第三,要为教师提供比较明晰的具有实际应用价值的关于创造性的操作定义、相应的评价标准和程序、有效的教学策略和技能。

真题精解

一、单项选择题

C 【解析】人们把某种功能赋予某物体的倾向称为功能固着。在功能固着的影响下,人们不易摆脱事物用途的固有观念,从而直接影响问题解决的灵活性。题干所述体现了功能固着的内涵。

二、多项选择题

ABCD 【解析】影响问题解决的因素有问题的特征、定势与功能固着、原型启发、已有知识经验、情绪与动机等。

三、填空题

启发法

四、材料分析题(参考答案)

(1)材料中影响问题解决的因素是问题情境与知识表征方式。问题情境是指问题呈现的知觉方式,知识表征是指信息在人脑中的存储和呈现方式,二者都能影响问题解决。

(2)问题情境与知识表征方式对问题解决的影响有以下几点:①问题情境中问题元素的空间集合方式不同,影响问题解决的难易。②问题情境中提供的条件刺激太多或太少都不利于问题解决,太少可能遗漏信息,太多则会产生干扰。③问题表征的方式与主体的认知结构之间的关系影响问题解决。一般而言,问题表征的方式与主体的认知结构越接近,越利于问题解决;反之,则越难。

材料中第一组的问题描述过于复杂,提供信息过多,对问题解决产生了干扰作用。同时,第二组的问题描述与个人的认知结构更相近。因此,第二组解答问题的正确率和速度均明显优于第一组。

第二十章　学习的迁移

基础训练

一、单项选择题

1. C 【解析】逆向迁移是指后继学习对先前学习产生的影响;正迁移也叫"助长性迁移",是指一种学习对另一种学习的促进作用。题干所述是后继学习对先前学习的促进作用,故属于逆向正迁移。

2. A 【解析】负迁移也叫"抑制性迁移",是指一种学习对另一种学习产生阻碍作用。题干中学习汉语拼音对初学英语有干扰作用,属于负迁移,故选A项。

3. A 【解析】情境性理论认为,迁移问题主要是说明在一种情境中学习去参与某种活动,将如何影响在不同情境中参与另一种活动的能力。

4. C 【解析】A项"黑猩猩取香蕉"实验是苛勒等人说明学习的实质及原因的经典实验;B项"小白鼠取食"实验是托尔曼关于研究学习问题的经典实验;C项"小鸡觅食"实验是苛勒所做的支持关系转换说的经典实验;D项"鸽子转圈"实验属于斯金纳关于操作性条件反射的实验。故答案选C项。

方法技巧:关于学习迁移理论的经典实验,考生可采用以下口诀帮助记忆:贾德击靶抢经验(概括),苛勒小鸡找关系。

5. D 【解析】本题考查学习迁移的概念。学习迁移也称训练迁移,是指一种学习对另一种学习的影响,或习得的经验对完成其他活动的影响。迁移是学习的一种普遍现象,广泛存在于各种知识、技能、行为规范与态度的学习中,平时所说的"举一反三""触类旁通"等都属于典型的迁移形式。通过迁移,各种经验得以沟通,经验结构得以整合。故答案选D项。

6. D 【解析】垂直迁移也称纵向迁移,是指先行学习内容与后续学习内容是不同水平的学习活动之间产生的影响。例如,"角"这一概念的掌握对"直角""锐角"等概念的学习有一定影响。

7. B 【解析】桑代克等人认为,迁移是非常具体的、有条件的,需要有共同的要素。只有当两个机能的因素中有相同要素时,一个机能的变化才会改变另一个机能的习得。题干所述的观点属于相同要素说。

8. B 【解析】正迁移也叫"助长性迁移",是指一种学习对另一种学习的促进作用,正迁移只是迁移的一种,故A项说法错误。学习迁移也称训练迁移,是指一种学习对另一种学习的影响,或习得的经验对完成其他活动的影响。因此,必须有两种或两种以上的学习,才能产生迁移,故B项说法正确。顺向迁移是指先前学习对后继学习产生的影响,故C项说法错误。自迁移是指个体所学的经验影响着相同情境中任务的操作,故D项说法错误。

9. C 【解析】本题考查学习迁移的种类。
正迁移也叫"助长性迁移",是指一种学习对另一种学习的促进作用。故A项不符合题意。
顺向迁移是指先前学习对后继学习产生的影响。故B项不符合题意。
近迁移即把所学的经验迁移到与原初的学习情境比较相似的情境中,如校内某些学科之间的迁移,或同一学科内的学习之间的迁移。故C项符合题意。
水平迁移也叫横向迁移,是指先行学习内容与后继学习内容在难度、复杂程度和概括层次上属于同一水平的学习活动之间产生的影响。故D项不符合题意。

10. B 【解析】本题考查学习迁移理论。根据共同要素说,如果两种学习活动含有共同成分,无论学习者是否意识到这种成分的共同性,都会有迁移现象的产生。题干中"going"与其他带有"ing"的词都拥有共同的词缀,因此,学生拼读时变得更加熟练,这可以用共同要素说来解释。故本题选B项。

11. C 【解析】学习迁移也称训练迁移,是指一种学习对另一种学习的影响,或习得的经验对完成其他活动的影响。C项中都是对画画能力的运用,故没有发生学习迁移现象。

12. B 【解析】同化性迁移是指不改变原有的认知结构,直接将原有的认知经验应用到本质特征相同的一类事物中去。原有认知结构在迁移过程中不发生实质性的改变,只是得到某种充实。题干所述体现了同化性迁移的内涵。

13. D 【解析】本题考查学习迁移的种类。具体迁移也称特殊迁移,是指学习迁移发生时,学习者原有的经验组成要素及其结构没有变化,只是将一种学习中习得的经验要素重新组合并移用到另一种学习之中。例如:学习了"日""月"对学习"明"的影响;掌握了加减法对做四则运算题的影响等。因此,题干所述属于具体迁移,故本题选D项。A项,逆向迁移是指后继学习对先前学习产生的影响。B项,一般迁移也称非特殊迁移、普遍迁移,是指一种学习中所习得的一般原理、原则和态度对另一种具体内容学习的影响,即原理、原则和态度的具体应用。C项,负迁移也叫"抑制性迁移",是指一种学习对另一种学习产生阻碍作用。

14. B 【解析】顺应性迁移指将原有认知经验应用于新情境中时,需调整原有的经验或对新旧经验加

以概括，形成一种能包容新旧经验的更高一级的认知结构，以适应外界的变化。

15. C 【解析】学习对象之间的共同要素是迁移产生的客观必要条件，但不是唯一的条件。

16. B 【解析】学生因“凹透镜”知识掌握不好而影响了“凸透镜”知识的学习，这属于同一概括水平的经验之间的相互影响，所以属于横向迁移，又称为水平迁移。

17. B 【解析】概括化理论也称经验类化说，由美国心理学家贾德提出。他认为先前的学习之所以能迁移到后来的学习中，是因为在先前学习中获得了一般原理，这种一般原理可以部分或全部地运用于后续的学习中。

18. D 【解析】奥苏伯尔认为，学生的认知结构是从教材的知识结构转化而来的，好的教材结构能够简化知识，促进知识的良好组织，促进更好的迁移。

19. A 【解析】一般迁移也称非特殊迁移、普遍迁移，是指一种学习中所习得的一般原理、原则和态度对另一种具体内容学习的影响，即原理、原则和态度的具体应用。例如，数学上的认真审题的态度和方法会影响到化学、物理等学科中的审题。

20. C 【解析】负迁移也叫“抑制性迁移”，是指一种学习对另一种学习产生阻碍作用；顺向迁移是指先前学习对后继学习产生的影响。所以，先前学习的整数知识对现在学习的分数知识的错误影响属于顺向负迁移。

21. A 【解析】产生式迁移理论是针对认知技能的迁移提出的。

22. D 【解析】奥苏伯尔认为，一切有意义的学习必然包括迁移，迁移是以认知结构为中介进行的，先前学习所获得的新经验，通过影响原有认知结构的有关特征影响新学习。

23. B 【解析】顺向正迁移是已掌握的知识、技能对新学习的知识、技能的积极影响。顺向负迁移是已掌握的知识、技能对新学习的知识、技能的消极影响。逆向正迁移是新学习的知识、技能对已掌握的知识、技能的积极影响。逆向负迁移是新学习的知识、技能对已掌握的知识、技能的消极影响。先学习的汉语拼音对后学习的英语字母产生了消极影响，故属于顺向负迁移，答案选B项。

易错警示：考生容易混淆顺向迁移与逆向迁移、正迁移与负迁移的应用。考生在做题时应注意：顺向迁移是前对后的影响，逆向迁移是后对前的影响；正迁移强调促进作用，负迁移强调阻碍作用。它们是不同的迁移种类。

24. A 【解析】水平迁移也叫横向迁移，是指先行学习内容与后继学习内容在难度、复杂程度和概括层次上属于同一水平的学习活动之间产生的影响。题干所述是水平迁移的典型事例。

25. C 【解析】安德森提出的产生式迁移理论认为，产生式法则是认知的基本成分。其基本思想是：前后两项学习任务之间产生迁移的原因是两项任务之间产生式的重叠，重叠越多，迁移量越大。两项任务之间的迁移，是随其共有的产生式的多少而变化的。产生式是决定迁移的一种相同要素。相同要素说是以桑代克为代表的学者提出的，他们认为迁移是非常具体的、有条件的，需要有相同的要素。这两个理论都强调迁移需要有相同要素，但产生式迁移理论的相同要素更偏向于认知成分。因此，安德森的产生式迁移理论是相同要素说的现代翻版。

26. C 【解析】顺向迁移是指先前学习对后继学习产生的影响。李红学会骑自行车以后，再学习骑摩托车就更容易了，是先前学习对后继学习产生的影响，属于顺向迁移。

27. C 【解析】本题考查学习迁移的分类。根据迁移的性质和结果，可分为正迁移、负迁移和零迁移。其中，正迁移强调促进作用，负迁移强调阻碍作用。题干中只强调“产生影响”，并没有明确指出是促进作用还是阻碍作用，故排除A、B两项。根据迁移发生的方向，可分为顺向迁移和逆向迁移。顺向迁移是指先前学习对后继学习产生的影响；逆向迁移是指后继学习对先前学习产生的影响。题干中强调先学习的概念对以后学习的影响，故属于顺向迁移。因此，答案选C项。

28. A 【解析】形式训练说认为，心理官能只有通过训练才能得以发展，迁移就是心理官能得到训练而发展的结果，迁移是无条件的、自发的。这种理论运用到教育上造成的直接后果就是题海战术，偏重所学内容的难度和训练价值。题干所述体现的迁移理论是形式训练说。

29. C 【解析】重组性迁移指重新组合原有认知系统中某些构成要素或成分，调整各成分间的关系或建立新的联系，从而应用于新情境。在重组过程中，基本经验成分不变，但各成分间的结合关系发生了变化，即进行了调整或重新组合。题干中通过对几个字的重新组合，形成不同意思的句子，符合重组性迁移的定义。

易错警示：考生易混淆同化性迁移、顺应性迁移和重组性迁移的内涵，考生需注意：同化性迁移强调原有经验的直接运用，顺应性迁移调整原有经验形成更高的认知结构，重组性迁移强调原有经验中的成分间的组合关系发生变化。

30. D 【解析】格式塔心理学家提出关系转换说，认为迁移是学习者突然发现两个学习经验之间关系的结果，是对情境中各种关系的理解和顿悟，而非由于具有共同成分或原理自动产生。因此，关系转换说强调对情境关系的理解。

31. D 【解析】(1)影响学习迁移的个人因素：①智力；②年龄；③认知结构；④学生对学习和学校的态度；⑤学习心向和定势。(2)影响学习迁移的情境因素：①学习材料的特性；②教师的指导；③学习情境的相似性；④迁移的媒体。故答案选D项。

方法技巧：在做此类题目时，考生可运用下列记忆口诀帮助做题：认(认知结构)智力，年(年龄)心(心向)态(态度)；学(学习材料的特性)教师，请(学习情境的相似性)媒体。

二、多项选择题

1. ACD 【解析】根据迁移过程中所需的内在心理机制的不同，迁移可分为同化性迁移、顺应性迁移和重组性迁移。

2. BC 【解析】垂直迁移也称纵向迁移，是指先行学习内容与后续学习内容是不同水平的学习活动之间产生的影响。垂直迁移包括自上而下的迁移和自下而上的迁移。在本题中，B、C两项属于自上而下的迁移，A项属于具体迁移，D项属于负迁移和水平迁移。

3. ACD 【解析】教材内容要保持结构化、一体化与网络化的统一，才能更好地促进迁移的发生。

4. CD 【解析】顺向迁移是指先前学习对后继学习产生的影响。水平迁移也叫横向迁移，是指先前学习内容与后继学习内容在难度、复杂程度和概括层次上属于同一水平的学习活动之间产生的影响。学生学会课本上的例题后，能够迅速完成课后的习题，既是顺向迁移又是横向迁移。

5. ABC 【解析】学习材料之间的相似性，原有认知结构的概括水平，学习场所的相似性都会影响到学习迁移。

6. ABCD 【解析】影响学习迁移的因素有学习材料的特点、原有的认知结构、对学习情境的理解、学习的心理准备状态(心向)、学习策略的水平、智力与能力、教师的指导等。

7. ABCD 【解析】学习迁移的基本理论有两类：(1)传统的迁移理论，包括形式训练说、相同要素说、概括化理论和关系转换说；(2)当代的迁移理论，包括情境性理论、认知结构迁移理论、产生式理论等。

8. BCD 【解析】奥苏伯尔认为，可利用性、可辨别性和稳定性是决定良好认知结构的三个重要认知结构变量。

9. ABCD 【解析】学习迁移也称训练迁移，是指一种学习对另一种学习的影响，或习得的经验对完成其他活动的影响。迁移有不同的分类。A项和D项体现了一种学习对另一种学习的促进作用，属于正迁移。B项后面学习对前面学习的影响，属于逆向迁移。C项体现了一种学习对另一种学习的阻碍作用，属于负迁移。故答案全选。

10. AB 【解析】一般迁移也称非特殊迁移、普遍迁移，是指一种学习中所习得的一般原理、原则和态度对另一种具体内容学习的影响，即原理、原则和态度的具体应用。因此，A、B项属于一般迁移。具体迁移也称特殊迁移，是指学习迁移发生时，学习者原有的经验组成要素及其结构没有变化，只是将一种学习中习得的经验要素重新组合并移用到另一种学习之中。因此，C、D项属于具体迁移。

方法技巧：在做此类题目时，注意记住以下关键词：强调基本技能、态度、原理、方法等的具体运用，就属于一般迁移。

三、判断选择题

1. A 【解析】原有的认知结构的概括水平对迁移起到至关重要的作用。一般而言，经验的概括水平越高，迁移的可能性越大，效果越好；经验的概括水平越低，迁移的范围越小，效果也越差。

2. A 【解析】真正有效的教学必须依据迁移规律。教学中应该充分考虑影响迁移的各种因素，利用或创设某些条件，以促进迁移的产生。

3. B 【解析】概括化理论也称经验类化说，是由美国心理学家贾德提出的。

4. A 【解析】迁移理论中的经验整合说是我国心理学家冯忠良教授在吸收前人研究成果的基础上，创造性地提出的一种学习迁移理论。他认为，学习迁移的实质就是新旧经验的整合。整合是通过概括，使新旧经验相互作用，从而形成在结构上一体化、系统化，在功能上能稳定调节活动的一个完整的心理系统。整合通过同化、顺应和重组三种基本途径实现。

5. B 【解析】具体迁移也称特殊迁移，是指学习迁移发生时，学习者原有的经验组成要素及其结构没有变化，只是将一种学习中习得的经验要素重新组合并移用到另一种学习之中。题干所述为具体迁移的典例。

6. B 【解析】根据迁移发生的方向，学习迁移可分为顺向迁移和逆向迁移。根据迁移的性质和结果，学习迁移可分为正迁移、负迁移和零迁移。

7. B 【解析】加涅根据原有知识在新情境中应用的难度和结果，区分为侧向迁移和纵向迁移。侧向迁

移是指已习得的概念和原理在新的、不需要产生新概念或新原理的情境中的运用,“举一反三”“触类旁通”所说的是侧向迁移。

8. B 【解析】顺向迁移是指先前学习对后继学习产生的影响;正迁移也叫“助长性迁移”,是指一种学习对另一种学习的促进作用。

四、填空题

1. 自下而上的迁移　自上而下的迁移
2. 官能心理学
3. 形式训练说
4. 相同要素

五、判断说理题

1. 前摄抑制是一种顺向迁移,倒摄抑制是一种逆向迁移。这种说法是否正确?请运用心理学知识加以说明。

(1)这种说法是正确的。(2)前摄抑制是指先学习的材料对识记和回忆后学习的材料的干扰作用。倒摄抑制是指后学习的材料对保持和回忆先学习的材料的干扰作用。根据迁移发生的方向,可将迁移分为顺向迁移与逆向迁移。先前学习对后继学习产生的影响称为顺向迁移;后继学习对先前学习产生的影响称为逆向迁移。故前摄抑制属于顺向迁移,倒摄抑制属于逆向迁移。

2. 学习中的负迁移就是逆向迁移。这种说法是否正确?请运用心理学知识加以说明。

(1)这种说法是不正确的。(2)负迁移也叫“抑制性迁移”,是指一种学习对另一种学习产生阻碍作用。逆向迁移是指后继学习对先前学习产生的影响。因此,负迁移和逆向迁移是不同的。逆向迁移有可能是负迁移也有可能是正迁移。

六、简答题(参考答案)

1. 简述情境性理论的基本观点。

格林诺等人提出了迁移的情境性理论。他们认为迁移问题主要是说明在一种情境中学习参与某种活动,将如何影响在不同情境中参与另一种活动的能力。学习是个体与环境中的事件的相互作用,是对情境中所具有的特征的一种适应。通过相互作用而形成的是动作图式,该图式是活动的组织原则,而不是符号性的认知表征。迁移就在于如何以不变的活动结构或动作图式来适应不同的情境。这种活动结构的建立既取决于最初的学习情境,又取决于后来的迁移情境。

2. 简述影响学习迁移的因素。

(1)学习材料的特点;(2)原有的认知结构;(3)对学习情境的理解;(4)学习的心理准备状态(心向);(5)学习策略的水平;(6)智力与能力;(7)教师的指导。

真题精解

一、单项选择题

1. A 【解析】学习迁移也称训练迁移,是指一种学习对另一种学习的影响,或习得的经验对完成其他活动的影响。平时所说的“举一反三”“触类旁通”等都是典型的迁移形式。
2. A 【解析】正迁移也叫“助长性迁移”,是指一种学习对另一种学习的促进作用。顺向迁移是指先前学习对后继学习产生的影响。故题干所述为顺向正迁移。
3. A 【解析】学习迁移的基本理论有两类。(1)早期的迁移理论包括形式训练说、相同要素说、概括化理论和关系理论。(2)当代的迁移理论包括情境性理论、认知结构迁移理论和产生式理论等。所以,答案选A项。
4. D 【解析】贾德在1908年所做的“水下击靶”实验,是概括化理论的经典实验。概括化理论也称经验类化说,故答案选D项。
5. C 【解析】顺向迁移是指先前学习对后继学习产生的影响;逆向迁移是指后继学习对先前学习产生的影响。题干中强调后阅读的小说对已学词句的影响,故属于逆向迁移。正迁移也叫“助长性迁移”,是指一种学习对另一种学习的促进作用;负迁移也叫“抑制性迁移”,是指一种学习对另一种学习产生阻碍作用。题干中强调“加深理解”,故属于正迁移。综上所述,本题答案选C项。

二、填空题

垂直迁移(纵向迁移)

第二十一章　学习策略

基础训练

一、单项选择题

1. A 【解析】组织策略是指将经过精加工提炼出来的知识点加以构造,形成更高水平的知识结构的信息加工策略。B、D项属于精加工策略;C项属于复述策略。
2. C 【解析】特定性原则是指学习策略一定要适合学习目标和学生的类型。同样的策略,不同的学生使用起来的效果是不一样的。教师要针对学生的年龄、已有的知识水平以及学习动机类型,帮助学生选择学习策略或改善对其学习不利的学习策略。
3. D 【解析】本题考查学习策略的种类。精加工策略是指把新信息与头脑中的旧信息联系起来从而增加新信息意义的深层加工策略。它常被描述成一种理解记忆的策略,其要旨在于建立信息间的联

系。题干所述运用了记忆术来记忆政治知识，这种学习策略属于精加工策略，故本题选择D项。

4. B 【解析】复述策略是指在工作记忆中为了保持信息，运用内部语言在大脑中重现学习材料或刺激，以便将注意力维持在学习材料上的方法。教师通过多次考勤点名，进行多次复述，实现过度学习，记住了所有学生的姓名，这属于复述策略。

5. B 【解析】本题考查学习策略的种类。调节策略是指在学习过程中根据对认知活动监视的结果，找出认知偏差，及时调整策略或修正目标。在学习活动结束时，评价认知结果，采取相应的补救措施，修正错误，总结经验教训等。例如，当学习者意识到他不理解课文的某一部分时，他就会退回去读困难的段落；在阅读困难或不熟的材料时放慢速度；复习他不懂的课程材料；测验时跳过某个难题先做简单的题目等。调节策略属于元认知策略的一种，故答案选B项。

6. D 【解析】归类策略，也即组块。组块的方法有很多，有相似归类、对比归类、从属归类、递进归类等。归类，也叫群集，是把材料分成小单元，再把这些单元归到适当的类别里。归类策略的应用能使人理清头绪，各知识点与概念之间不致混淆，方便知识的理解、记忆以及提取。把34个省级行政单位按地区划分为七大区域来记就属于归类策略。

7. A 【解析】学习策略是指学习者为了提高学习的效果和效率，有目的、有意识地制定有关学习过程的复杂的方案。题干所述体现了学习策略的内涵。

8. C 【解析】组织策略指整合新知识之间、新旧知识之间的内在联系，形成新知识结构的策略，如列提纲、画表格、做示意图等。根据定义可以判断，“列结构提纲、画网络图的方法”属于组织策略。

9. B 【解析】对于复杂的知识，教师可以指导学生做笔记。做笔记不仅可以有效地控制自己的认知加工过程，还有助于概括新的知识和建立新旧知识之间的联系。

10. C 【解析】监控策略是指在认知过程中，根据认知目标及时监测认知过程，寻找两者之间差异，并对学习过程及时进行调整，使其顺利实现有效学习的策略。所以，对认知过程进行有效监视和控制的策略称为监视策略。

11. C 【解析】本题考查学习策略的种类。精加工策略是指把新信息与头脑中的旧信息联系起来从而增加新信息意义的深层加工策略。精加工越深入、越细致，回忆就越容易。对于比较复杂的课文学习，精加工策略有说出大意、总结、建立类比、用自己的话做笔记、解释、提问以及回答问题等。精加工策略主要包括：(1)记忆术；(2)做笔记；(3)提问；(4)生成性学习；(5)运用背景知识，联系客观实际。因此，记笔记和做笔记属于精加工策略。

12. C 【解析】本题考查学习策略的种类。复述策略是指在工作记忆中为了保持信息，运用内部语言在大脑中重现学习材料或刺激，以便将注意力维持在学习材料上的方法。题干中的刘思同学反复地大声朗读外语文章，运用的正是复述策略。

方法技巧：考生注意理解复述策略的内涵，在做此类题目时，应注意确定关键词，如多次重复、多次背诵、画线等。

13. C 【解析】元认知策略分为：计划策略、监控策略和调节策略。调节策略是指在学习过程中根据对认知活动监视的结果，找出认知偏差，及时调整策略或修正目标。例如：当学习者意识到他不理解课文的某一部分时，他就会退回去读困难的段落；在阅读困难或不熟的材料时放慢速度。根据题干所述，本题选C项。

14. D 【解析】常用的复述策略有：(1)在复述的时间上，采用及时复习、分散复习；(2)在复述的次数上，强调过度学习；(3)在复述的方法上，包括运用有意识记和无意识记、排除相互干扰、运用多种感官协同记忆、复习形式多样化、画线等。

15. D 【解析】元认知是对认知的认知，即个体对认知活动的自我意识与自我控制。

16. B 【解析】精加工策略也就是把新信息与头脑中的旧信息联系起来从而增加新信息意义的深层加工策略，因此它的实质就是建立新旧信息之间的联系。

17. C 【解析】对于比较复杂的课文学习，精加工策略有说出大意、总结、建立类比、用自己的话做笔记、解释、提问以及回答问题等。因此，学习课文时分段、总结段意属于精加工策略。

18. B 【解析】本题考查学习策略的种类。精加工策略是指把新信息与头脑中的旧信息联系起来从而增加新信息意义的深层加工策略。常用的精加工策略有：(1)记忆术；(2)做笔记；(3)提问；(4)生成性学习；(5)运用背景知识，联系客观实际。因此，王明利用的记忆术属于典型的精加工策略。

19. D 【解析】题干所述是记忆术中的形象联想法，属于精加工策略。

20. D 【解析】复述策略是指在工作记忆中为了保持信息，运用内部语言在大脑中重现学习材料或刺激，以便将注意力维持在学习材料上的方法。在复述的方法上，包括运用有意识记和无意识记、排除相互干扰、运用多种感官协同记忆、整体识记与部分识记相结合、复习形式多样化、画线等。

21. D 【解析】本题考查组织策略的分类。组织策略

是指将经过精加工提炼出来的知识点加以构造，形成更高水平的知识结构的信息加工策略。组织策略主要分为归类策略和纲要策略。其中，纲要策略主要有：主题纲要法、符号纲要法。符号纲要法包括系统结构图、流程图、模式或模型图、网络关系图。因此，题干中的老师采用逻辑关系图对课本知识进行总结，属于组织策略中的纲要策略。A、B两项属于精加工策略。

22. B 【解析】本题考查学习策略的种类。位置记忆法是一种传统的记忆术。使用位置记忆法，就是学习者在头脑中创建一幅熟悉的场景，在这个场景中确定一条明确的路线，在这条路线上确定一些特定的点，然后将所要记的项目全都视觉化，并按顺序把这条路线上的各个点联系起来，回忆时，按这条路线上的各个点提取所记的项目。位置记忆法属于精加工策略中的记忆术。

23. B 【解析】个人效能感原则，是指学生在执行某一任务时对自己胜任能力的判断和自信程度。题干所述与此相符，因此答案选B项。

24. C 【解析】本题考查精加工策略的种类。视觉联想（视觉想象）就是要通过心理想象来帮助人们对联系的记忆。联想时，想象越奇特且合理，记忆就越牢固。题干中的语文老师联系老鼠的形象来学习“鼠”字，这属于视觉想象法。故本题选C项。A项，首字连词法是利用每个词语的第一个字形成缩写，或者用一系列词描述某个过程的每个步骤，然后将这一系列词提取首字作为记忆的支撑点。B项，谐音联想法是通过谐音线索，运用视觉表象，假借意义进行人为联想。D项，位置记忆法是通过与熟悉的地点顺序相联系来记忆一些名称或者客体顺序的方法。

25. B 【解析】学习方法是学习策略的知识和技能基础，是学习策略的一个重要组成部分，而不是学习策略的全部。因此，不能把二者完全等同。所以，B项说法错误。

26. C 【解析】指导教学模式的基本思想是学生在教师的引领下学习有关的学习策略，由激发、讲演、练习、反馈和迁移等环节构成。程序化训练就是将活动的基本技能分解成若干有条理的小步骤，在其适宜的范围内作为固定程序。完形训练就是在直接讲解策略之后，提供不同程度的完整性材料促使学生练习策略的某一个成分或步骤，然后逐步降低完整性程度，直至完全由学生自己完成所有成分或步骤。交互式教学模式，是由教师和一组学生（大约6人）一起进行的，主要是为了把擅长阅读的人的心智模型，通过策略外化成不擅长阅读的学生能操作的程序，以帮助成绩差的学生阅读领会。故题干所述的学习策略训练为完形训练模式。

27. C 【解析】本题考查学习策略的种类。调节策略是指在学习过程中根据对认知活动监视的结果，找出认知偏差，及时调整策略或修正目标。例如，测验时跳过某个难题先做简单的题目。根据题干描述可知，这属于调节策略。故本题选C项。A项，计划策略是指根据认知活动的特定目标，在认知活动开始之前计划完成任务所涉及的各种活动、预计结果、选择策略，设想解决问题的方法，并预估其有效性等。B项，组织策略是指将经过精加工提炼出来的知识点加以构造，形成更高水平的知识结构的信息加工策略。D项，精加工策略是指把新信息与头脑中的旧信息联系起来从而增加新信息意义的深层加工策略。

28. D 【解析】复述策略是指在工作记忆中为了保持信息，运用内部语言在大脑中重现学习材料或刺激，以便将注意力维持在学习材料上的方法。它是短时记忆的信息进入长时记忆的关键。对于小美每次背下的单词总会很快忘记的情况，建议她采用复述策略。

29. B 【解析】形象联想法是通过人为联想，使无意义的、难记的材料和头脑中的鲜明奇特的形象相结合，从而提高记忆效果。题干所述是形象联想法的典型事例。

30. D 【解析】精加工策略是指把新信息与头脑中的旧信息联系起来从而增加新信息意义的深层加工策略。包括记忆术、做笔记、生成性学习等。学生通过“大鱼取两边，小鱼取中间”的口诀进行记忆的方法属于记忆术中的编歌诀。因此，这种学习策略属于精加工策略。

31. A 【解析】根据加涅的学习层次理论，程序化训练就是将活动的基本技能分解成若干有条理的小步骤，在其适宜的范围内作为固定程序。学习者要按程序进行活动，经过反复练习使之达到自动化程度。

32. C 【解析】元认知策略是指个体为实现最佳的认知效果而对自己的认知活动所进行的调节和控制。元认知活动的内容是对认知活动进行调节和监控，如阅读中的元认知活动有明确阅读目的、集中注意力、对阅读活动的调节、自我提问以检查阅读效果、采取修正策略等。故青青使用的策略属于元认知策略。

33. C 【解析】努力管理策略是指为了使学生维持自己的意志努力，需要不断鼓励学生进行自我激励。这包括：(1)激发内在的动机；(2)树立正确的学习信念；(3)选择有挑战性的任务；(4)调节成败的标

准;(5)正确归因;(6)自我奖励;等等。题干所述反映了学生的努力管理策略。

二、多项选择题

1. ACD 【解析】元认知计划策略包括设置学习目标、浏览阅读材料、产生待回答的问题以及分析如何完成学习任务等。阅读时对注意加以跟踪属于监控策略。

2. ACD 【解析】学习策略的训练原则有:(1)主体性原则;(2)内化性原则;(3)特定性原则;(4)生成性原则;(5)有效监控原则;(6)个人效能感原则。

方法技巧:关于学习策略的训练原则,可用以下口诀帮助记忆:主化生特有效(煮花生特有效)。

3. ABC 【解析】元认知是对认知的认知,即个体对认知活动的自我意识与调节,主要包括元认知知识、元认知体验和元认知监控。

4. ABD 【解析】在学习时间管理上,学习者要注意以下几点:(1)统筹安排大块时间;(2)灵活利用零碎时间;(3)高效利用最佳时间。

5. AD 【解析】本题考查学习策略的种类。记忆术属于精加工策略,而谐音联想法又是常见记忆术的一种。谐音联想法是通过谐音线索,运用视觉表象,假借意义进行人为联想。例如,把圆周率"3.1415926535……"编成顺口溜"山巅一寺一壶酒,尔乐苦煞吾……"等。因此,题干中的小强将单词"house"用中文"耗子"标记起来帮助记忆,运用的是精加工策略中的谐音联想法。故答案选A、D两项。

6. ABC 【解析】学习策略的特点有:(1)主动性;(2)有效性;(3)过程性;(4)程序性。

7. ABCD 【解析】资源管理策略包括:时间管理策略、环境管理策略、努力管理策略和学业求助策略。

8. BCD 【解析】本题考查学习策略的相关知识。常用的复述策略多种多样,如及时复习、分散复习、过度学习、运用有意识记和无意识记、排除相互干扰等,因此复述策略不等于死记硬背。故A项表述错误。

认知策略可分为集中注意策略、获取与编码策略、储存与组织策略、再认和回忆。勾画、眉批和做笔记属于集中注意策略,因此也属于认知策略。故B项表述正确。

由于不同学科的性质不同,因此其要求的学习策略可能会有所不同。故C项表述正确。

学习策略是一种教会学生应该如何学习的程序性知识,它不是一般意义上的"教"就能教会的。故D项表述正确。

因此,答案选B、C、D三项。

9. ABCD 【解析】常用的复述策略有:(1)在复述的时间上,采用及时复习、分散复习;(2)在复述的次数上,强调过度学习;(3)在复述的方法上,包括运用有意识记和无意识记、排除相互干扰、运用多种感官协同记忆、集中复习与分散复习相结合、复习形式多样化、反复阅读与尝试背诵相结合、画线等。

三、判断选择题

1. A 【解析】学习的元认知策略是对自己的认知活动所进行的调节和控制。题干所述为元认知策略的典例。

2. B 【解析】学习策略有认知策略、元认知策略和资源管理策略三种类型,认知策略又包括复述策略、精加工策略、组织策略。所以,题干表述错误。

3. A 【解析】研究认为,学习策略知识不是孤立的,不能脱离专门知识。专门领域的基础知识是有效利用策略的前提条件,脱离知识内容的单纯训练容易导致形式化倾向,难以保证学生提高学习策略水平。

4. B 【解析】组织策略是指将经过精加工提炼出来的知识点加以构造,形成更高水平的知识结构的信息加工策略。

5. B 【解析】精加工过程是对所呈现的信息进行添加、补充的活动。精加工的结果是生成了新知识中没有明确呈现出来的内容,学生阅读课文时能读出"言外之意",说明他在运用精加工策略。

易错警示:考生易错误理解精加工策略和组织策略的内涵。考生在做题时需要注意题干的关键词,如出现"言外之意""增加意义""深层加工"等则体现了精加工策略;出现"高级的知识结构""信息加工策略"等则体现了组织策略。

四、填空题

1. 领会监控　策略监控　注意监控
2. 精加工
3. 译意法
4. 认知策略

五、判断说理题

学业求助策略是指学生学习能力不足时需要帮助。这种说法是否正确?请运用心理学知识加以说明。

(1)这种说法是不正确的。(2)学业求助策略是指当学生在学习上遇到困难时,向他人请求帮助的行为。学业求助不是自身能力缺乏的标志,而是获取知识、增长能力的一种途径,是一种重要的学习策略。

六、简答题(参考答案)

1. 简述学业求助策略包括哪些方面。

(1)学习工具的利用,如善于利用参考资料、工具书、图书馆、电脑等;(2)社会性人力资源的利用,如善于利用老师的帮助以及同学间的合作与讨论来加深对学习内容的理解。

2. 如何合理地对时间进行管理？

(1)统筹安排学习时间。(2)高效利用最佳时间。①要根据自己的生物钟安排学习活动。②要根据一周内学习效率的变化安排学习活动。③要根据一天内学习效率的变化安排学习活动。此外，要根据自己的工作曲线安排学习活动。(3)灵活利用零碎时间。

七、论述题(参考答案)

试述训练学习策略的教学模式。

(1)指导教学模式。指导教学模式的基本思想是学生在教师的引领下学习有关的学习策略，由激发、讲演、练习、反馈和迁移等环节构成。

(2)程序化训练模式。根据加涅的学习层次理论，程序化训练就是将活动的基本技能分解成若干有条理的小步骤，在其适宜的范围内作为固定程序。

(3)完形训练模式。完形训练就是在直接讲解策略之后，提供不同程度的完整性材料促使学生练习策略的某一个成分或步骤，然后逐步降低完整性程度，直至完全由学生自己完成所有成分或步骤。

(4)交互式教学模式。交互式教学模式，是由教师和一组学生(大约6人)一起进行的，主要是为了把擅长阅读的人的心智模型，通过策略外化成不擅长阅读的学生能操作的程序，以帮助成绩差的学生阅读领会。

(5)合作学习模式。在这种学习活动中，两个学生一组，一节一节地彼此轮流向对方总结材料，当一个学生主讲时，另一个学生听着，纠正错误和遗漏。然后，两个学生彼此变换角色，直到学完所有材料为止。

真题精解

一、单项选择题

1. C 【解析】元认知策略是指个体为实现最佳的认知效果而对自己的认知活动所进行的调节和控制。根据题干描述可知，学生采用的学习策略是元认知策略。

2. D 【解析】关键词法就是将新词或概念和与之相似的声音线索词，通过视觉表象联系起来。它是记忆术的一种，属于精加工策略。

3. C 【解析】做笔记属于精加工策略，列提纲属于组织策略，设置学习目标属于元认知策略中的计划策略，统筹安排学习时间属于资源管理策略。故答案选C项。

二、多项选择题

1. ABD 【解析】认知策略包括复述策略、精加工策略和组织策略，C项计划策略属于元认知策略。

2. AD 【解析】精加工策略是指把新信息与头脑中的旧信息联系起来从而增加新信息意义的深层加工策略。主要有记忆术、做笔记、提问、生成性学习、运用背景知识、联系客观实际等策略。其中，编歌诀法是利用编制歌谣口诀的方式来帮助记忆的方法，属于精加工策略中的记忆术。故A、D两项均属于精加工策略。B项，用表格罗列主要观点属于组织策略；C项，统筹安排学习时间属于资源管理策略中的时间管理策略。

三、填空题

认知策略

四、案例分析题(参考答案)

迈克卡等人认为，学习策略可分为认知策略、元认知策略和资源管理策略三种。认知策略包括复述策略、精加工策略和组织策略。

(1)学生一属于认知策略中的复述策略。复述策略是指在工作记忆中为了保持信息，运用内部语言在大脑中重现学习材料或刺激，以便将注意力维持在学习材料上的方法。常用的复述策略有：①在复述的时间上，采用及时复习、分散复习；②在复述的次数上，强调过度学习；③在复述的方法上，包括运用有意识记和无意识记、排除相互干扰、运用多种感官协同记忆、整体识记与部分识记相结合、复习形式多样化、画线等。材料中，学生一采用画线的方式来提高记忆效果，因此属于认知策略中的复述策略。

(2)学生二属于认知策略中的精加工策略。精加工策略是指把新信息与头脑中的旧信息联系起来从而增加新信息意义的深层加工策略。常用的精加工策略有：①记忆术。其中，编歌诀法就是利用编制歌谣口诀的方式来帮助记忆的方法。②做笔记。③提问。④生成性学习。⑤运用背景知识，联系客观实际。材料中，学生二通过编歌谣促进记忆属于典型的编歌诀法，是记忆术的一种，记忆术属于典型的精加工策略。

(3)学生三属于认知策略中的组织策略。组织策略是指将经过精加工提炼出来的知识点加以构造，形成更高水平的知识结构的信息加工策略。组织策略主要有两种：一种是归类策略，另一种是纲要策略。其中，纲要策略主要包括以下两种：①主题纲要法。主题通常是学习材料的各级标题，有时也需要自己进行提炼。②符号纲要法。符号纲要法是采用图解的方式体现知识的结构，即作关系图。它比主题纲要法更直观形象，但要求学习者对符号相当熟悉。在作关系图时，应先识别主要知识点，然后识别这些知识点之间的关系，再用适当的图解来标明这些知识点之间的内在联系。符号纲要法主要包括系统结构图、流程图、模式或模型图和网络关系图。材料中，学生三采用思维导图的方式进行复习，就是通过图解来标明知

识点之间的联系，构建知识框架。因此，属于认知策略中的组织策略。

(4)学生四属于元认知策略中的计划策略。学习的元认知策略是指个体为实现最佳的认知效果而对自己的认知活动所进行的调节和控制。元认知策略主要包括计划策略、监控策略和调节策略。其中，计划策略指根据认知活动的特定目标，在认知活动开始之前计划完成任务所涉及的各种活动、预计结果、选择策略，设想解决问题的方法，并预估其有效性等。如设置学习目标、浏览阅读材料、设置思考题以及分析如何完成学习任务等。材料中，学生四在学习时制订学习目标、通过浏览阅读材料以及分析该如何完成学习任务的策略属于典型的计划策略。

(5)学生五属于资源管理策略中的学业求助策略。资源管理策略主要包括：时间管理策略、环境管理策略、努力管理策略和学业求助策略。其中，学业求助策略指当学生在学习上遇到困难时，向他人请求帮助的行为。学业求助包括两个方面：①学习工具的利用，如善于利用参考资料、工具书、图书馆、电脑等；②社会性人力资源的利用，如善于利用老师的帮助以及同学间的合作与讨论来加深对学习内容的理解。材料中，学生五在遇到学习困难时，善于向老师和同学请教，属于社会性人力资源的利用，即学业求助策略的一种，因此，属于资源管理策略中的学业求助策略。

第二十二章　品德的形成

基础训练

一、单项选择题

1. C 【解析】群体约定，即教师可以利用集体讨论后做出的集体约定，来改变学生的态度。题干所述属于使用了群体约定这一品德培养的方法。
2. D 【解析】本题考查品德的心理结构。道德行为是道德形成的最终环节，是指个体在一定的道德意识支配下表现出来的对他人和社会的有道德意义的活动。它是个体道德认知的外在表现，是实现道德动机的手段。道德行为是衡量道德品质的重要标志。
3. C 【解析】可逆性阶段也称自律或合作道德阶段，这一阶段的儿童已不把准则看成是不可改变的，而把它看作是同伴间共同约定的。
4. C 【解析】在内化阶段，个体的行为具有高度的自觉性和主动性，并具有坚定性，表现为“富贵不能淫，贫贱不能移，威武不能屈”。此时，稳定的态度和品德即形成了。
5. B 【解析】根据科尔伯格的道德发展阶段理论可知，遵守法规取向阶段的道德价值是以服从权威为导向，包括服从社会规范，遵守公共秩序，尊重法律的权威，以法制观念判断是非、知法守法。处于这一阶段的儿童会认为，海因茨不应该去偷药，因为如果人人都违法去偷东西的话，社会就会变得很混乱。
6. D 【解析】本题考查皮亚杰的道德发展阶段理论。皮亚杰把儿童的品德发展划分为以下四个阶段：(1)自我中心阶段；(2)权威阶段(他律道德阶段或道德实在论阶段)；(3)可逆性阶段(自律或合作道德阶段)；(4)公正阶段。其中，公正阶段的公正观念是从可逆的道德认知中脱胎而来的。儿童开始倾向于主持公正、公平等。公正的奖惩不能是千篇一律的，应根据个人的具体情况进行。也就是说，儿童不再刻板地按固定的规则去判断，在依据规则判断时应该考虑到同伴的一些具体情况，从关心和同情的角度出发去判断。因此，题干所述表明个体的道德发展到了公正阶段。
7. A 【解析】道德认知是个体道德的基础，是道德情感、道德意志产生的依据，对道德行为具有定向的意义，是行为的调节机制。道德观念、道德信念的形成有赖于道德认知。
8. C 【解析】本题考查态度与品德学习的一般过程。态度与品德的形成大致经历三个阶段：(1)依从(社会规范的依从)；(2)认同(社会规范的认同)；(3)内化(社会规范的信奉)。其中，依从，即表面上接受规范，按照规范的要求来行动，但对规范的必要性或根据缺乏认识，甚至有抵触情绪。题干中阳阳因冯老师的注视而将废纸捡起来丢进垃圾桶，这属于社会规范的依从阶段。
9. A 【解析】与依从相比，认同更深入一层，它不受外界压力的控制，行为具有一定的自觉性、主动性和稳定性等特点。
10. D 【解析】本题考查科尔伯格的道德发展阶段理论。科尔伯格将道德判断分为三个水平，每一水平包含两个阶段，六个阶段依照由低到高的层次发展。其中，习俗水平的第二个阶段是维护权威或秩序的道德定向阶段。这一阶段的道德价值是以服从权威为导向，包括服从社会规范，遵守公共秩序，尊重法律的权威，以法制观念判断是非、知法守法。题干中强调小林以法制观念判断是非，故其道德判断发展到习俗水平。因此，本题选D项。
11. C 【解析】给予奖励时应强调内部奖励。外部的物质奖励只是权宜之计，不可过多使用，应引导学生进行自我强化，让学生亲身体验做出道德行为后的愉快感、自豪感、欣慰感，以此转化为产生道

德行为的持久的内部动力。

12. D 【解析】本题考查品德的心理结构。品德的心理结构包括四种相辅相成的基本心理成分：道德认知、道德情感、道德意志和道德行为，简称知、情、意、行。其中，道德意志是个体自觉地调节道德行为，克服困难，以实现预定道德目标的心理过程。道德意志实际上是道德观念的能动作用，是个体通过自己理智的权衡作用去解决道德生活中内心矛盾与支配行为的力量，这种力量表现为能够排除内部障碍和外部困难，坚决执行道德动机所引起的行为决定。题干中的小恒想改掉坏习惯，但总是坚持不了，无法坚决执行预定目标，这说明对小恒的教育应从道德意志入手。故本题答案选D项。

13. B 【解析】在服从与惩罚的道德定向阶段中，儿童的道德价值来自对外力的屈从或对惩罚的逃避。根据题干所述，小蔡的道德发展处于服从与惩罚的道德定向阶段。

14. D 【解析】本题考查皮亚杰的道德发展阶段理论。自我中心阶段是一种无道德规则阶段，道德规则对儿童没有任何约束力。因为这一年龄阶段的儿童正处于前运算阶段，并不能真正地理解规则，儿童对问题的考虑都还是以自我为中心的。儿童在游戏中不顾及规则，按照自己的想象去制定规则。题干中强调云丰凡事以自我为中心，这说明云丰最可能处于道德发展的自我中心阶段。故本题选D项。

15. A 【解析】“朝闻道，夕死可矣”，形容对真理或某种信仰追求的迫切，强调的是道德认知。

16. D 【解析】学生的不良行为可分为过错行为与不良品德行为两种。学生的过错行为是指那些不符合道德要求的问题行为。调皮捣蛋、恶作剧、起哄、无理取闹、作业和考试作弊等都属于过错行为。学生的不良品德行为则是指那些由错误道德意识支配的，经常违反道德准则，损害他人或集体利益的问题行为，如未经允许拿他人东西。

17. D 【解析】依从，即表面上接受规范，按照规范的要求来行动，但对规范的必要性或根据缺乏认识，甚至有抵触情绪。缺乏遵守纪律习惯的学生，在严格的老师面前也能遵守班级纪律，既是表面上接受规范，但对规范的必要性或根据缺乏认识，甚至有抵触情绪。题干描述体现的是对社会规范的依从。

18. B 【解析】问题行为可分为四种基本类型：过失型、品德不良型、攻击型、压抑型。由错误意识倾向或个性特点所产生的违反道德规范、损害他人和集体利益的不良行为是品德不良型。

19. D 【解析】本题考查态度与品德的形成阶段。态度与品德的形成大致经历三个阶段：依从、认同、内化。其中，认同指在思想、情感、态度和行为上主动接受规范，从而试图与之保持一致。认同实质上就是对榜样的模仿，其出发点就是试图与榜样一致。“狐假虎威”属于假借榜样的威风，“东施效颦”是试图与榜样保持一致，对榜样进行模仿。因此，题干所述属于态度与品德的形成过程中的认同。

20. A 【解析】学生不良行为的矫正要经历醒悟阶段、转变阶段和自新阶段三个过程。

21. B 【解析】本题考查道德情感的种类。道德情感从表现形式上看，主要包括三种：直觉的道德情感、想象的道德情感、伦理的道德情感。其中，想象的道德情感，即通过对某种道德形象的想象而发生的情感体验。题干中通过对岳飞、文天祥、刘胡兰等英雄人物的想象而发生的钦慕之情，属于想象的道德情感。

22. A 【解析】本题考查科尔伯格的道德发展阶段理论。科尔伯格将道德判断分为三个水平，每一水平包含两个阶段，六个阶段依照由低到高的层次发展。故答案选A项。

23. B 【解析】习俗水平包括两个阶段：(1)好孩子的道德定向阶段。(2)维护权威或秩序的道德定向阶段（遵守法规取向阶段或秩序和法规定向或权威和社会权利控制的定向）。这一阶段的道德价值是以服从权威为导向。包括服从社会规范，遵守公共秩序，尊重法律的权威，以法制观念判断是非、知法守法。

24. C 【解析】本题考查皮亚杰的道德发展阶段理论。皮亚杰把儿童品德的发展划分为自我中心阶段、权威阶段（他律道德阶段）、可逆性阶段（自律阶段）和公正阶段这四个阶段。他律是指早期儿童的道德判断只注意行为的客观效果，不关心主观动机，是受自身以外的价值标准所支配的道德判断，具有客体性；自律则是指儿童自己的主观价值、主观标准所支配的道德判断，具有主体性。小丽在面对该不该砸碎车窗救出婴儿的问题时，选择砸碎车窗，认为为了救人砸坏车窗没有错。这说明她处于自律阶段，对事情的判断依靠自己的内在标准。

25. B 【解析】根据科尔伯格的道德发展阶段理论可知，在好孩子的道德定向阶段中，儿童的价值是以人际关系的和谐为导向的，顺从传统的要求，符合大众的意见，谋求大家的称赞。在进行道德评价时，总是考虑到社会对一个“好孩子”的期望和要求，并总是按照这种要求去展开思维。林浩为了

得到父母的表扬而积极主动地帮助他人,由此可知他正处于习俗水平中的好孩子的道德定向阶段。C、D两项属于皮亚杰的道德发展阶段理论的划分,故排除。

26. A 【解析】伦理的道德情感是以清楚地意识到道德概念、原理和原则为中介的情感体验。爱国主义情感和集体主义情感属于伦理的道德情感。

易错警示: 考生易混淆不同的道德情感的类型。在做题时应根据关键词进行判断,如爱国感、道德感等属于伦理的道德情感,出现直接感知的情境属于直觉的道德情感,看电影、学事迹后产生的想象情感属于想象的道德情感。

27. C 【解析】道德意志是道德观念的能动作用,是个体通过自己理智的权衡作用去解决道德生活中内心矛盾与支配行为的力量,这种力量表现为能够排除内部障碍和外部困难,坚决执行道德动机所引起的行为决定。题干所述体现了道德意志的重要作用。

28. C 【解析】认同,即在思想、情感、态度和行为上主动接受规范,从而试图与之保持一致。

29. A 【解析】初中二年级是品德发展的关键期。

30. A 【解析】皮亚杰认为,10岁是儿童从他律道德向自律道德转化的分水岭,10岁前儿童对道德行为的思维判断主要依据他人设定的外在标准,也就是他律道德;10岁以后儿童对道德行为的思维判断大多依据自己的内在标准,也就是自律道德。

31. A 【解析】他律是指早期儿童的道德判断只注意行为的客观效果,不关心主观动机,是受自身以外的价值标准所支配的道德判断,具有客体性。

32. C 【解析】道德行为是道德形成的最终环节,是指个体在一定的道德意识支配下表现出来的对他人和社会的有道德意义的活动。C项既对他人(营业员)有意义,又对社会(文明)具有道德意义。

33. B 【解析】小学阶段是品德发展的奠基阶段,是良好行为习惯养成的最佳时期。

34. C 【解析】处于后习俗水平的个体不只是自觉遵守某些行为规则,还认识到法律的人为性,并在考虑全人类的正义和个人尊严的基础上形成某些超越法律的普遍原则。

35. B 【解析】习俗水平包括两个阶段:(1)好孩子的道德定向阶段(寻求认可取向阶段或社会习俗的定向或人际关系与补同的定向);(2)维护权威或秩序的道德定向阶段(遵守法规取向阶段或秩序和法规定向或权威和社会权利控制的定向)。

36. D 【解析】品德又称道德品质,是个体依据一定的社会道德准则规范自己行动时所表现出来的稳定的心理倾向和特征。

37. B 【解析】认同是在思想、情感、态度和行为上主动接受他人的影响,把别人或某个群体的态度作为自己的态度,使自己的态度和行为与他人相接近。认同比依从深了一层,是学习者在思想、情感、态度和行为上主动接受规范,从而试图与之保持一致。因此,题干所述体现了其他同学的态度与品德的形成处于认同阶段。

38. D 【解析】道德意志是个体自觉地调节道德行为,克服困难,以实现预定道德目标的心理过程。道德意志强的人表现为能够排除内部障碍和外部困难,坚决执行道德动机引起的行为决定。题干表述中那些孩子不能抵挡诱惑,正是道德意志弱的表现,因此应加强对其道德意志的培养。

39. B 【解析】皮亚杰认为道德水平处于他律阶段的儿童服从外部规则,接受权威指定的规范,把人们规定的准则看作是固定的、不可变更的,而且只根据行为后果来判断对错。小红认为,小强做得比小刚更好,因为他只打破了一个碗,她只从行为后果来进行判断,这表明其道德水平处于他律阶段。

40. A 【解析】好孩子的道德定向阶段的儿童的价值是以人际关系的和谐为导向,顺从传统的要求,符合大众的意见,谋求大家的称赞。他们会认为,海因茨应该去偷药,因为做一个好丈夫就应该照顾好自己的妻子。如果他不这样做,结果妻子死了,别人都会骂他见死不救,没有良心。因此A项符合题意。

41. B 【解析】本题考查影响态度与品德学习的一般条件。影响态度与品德学习的一般条件包括(1)外部条件。①家庭教养方式;②社会风气;③同伴群体。(2)内部条件。①认知失调;②态度定势;③道德认知。其中,态度定势是指个体由于过去的经验,对所面临的人或事可能会具有某种肯定或否定、趋向或回避、喜好或厌恶等内心倾向性,这种事先的心理准备或态度定势常常支配着人对事物的预料与评价,进而影响着是否接受有关的信息和接受的量。

二、多项选择题

1. ABC 【解析】根据皮亚杰的道德认知发展理论,5~8岁的儿童处在权威阶段,这一阶段儿童的道德认知具有以下几个特点:(1)儿童认为规则是不变的,不理解规则是由人创造的;(2)评定是非时,总是抱极端的态度,非好即坏,非善即恶;(3)判断行为好坏的根据是后果的严重性,而不看主观动机;(4)把惩罚看作是天意和报应,而不是把惩罚看作是改变人的行为的一种手段。因此排除D项。

2. ABC 【解析】道德判断与评价发展的特点有:

(1)从他律到自律；(2)从效果到动机；(3)从律他到律己；(4)从片面到全面；(5)从笼统到具体。

3. ABC 【解析】道德情感从表现形式上看，主要包括直觉的道德情感、想象的道德情感和伦理的道德情感三种。

4. ABC 【解析】主观方面，学生的不良行为主要受这些因素的影响：(1)缺乏正确的道德观念和道德信念；(2)消极的情绪体验；(3)道德意志薄弱；(4)不良行为习惯的支配；(5)性格上的缺陷等。

5. ABD 【解析】态度与品德的形成是一个从外到内的转化过程，是社会规范的接受和内化过程，大致经历三个阶段：依从、认同、内化。

6. AD 【解析】品德主要是由道德认识、道德情感、道德意志和道德行为四种心理成分构成。道德认识、道德情感、道德意志和道德行为的关系表现为：(1)道德认识是道德情感与道德行为的基础，调节和支配着道德情感和道德行为。所以，A项说法正确。(2)道德行为是衡量一个人道德好坏的客观标准。道德行为是道德认识、道德情感、道德意志的归宿。所以，D项说法正确。(3)道德情感是道德认识转化为道德行为的催化剂。道德情感转化为道德行为有赖于道德意志。所以，B项说法错误。(4)道德意志对道德行为起着维持作用。所以，C项说法错误。

7. ABD 【解析】科尔伯格提出的道德认知发展水平包括：前习俗水平、习俗水平、后习俗水平。

8. ACD 【解析】有效的说服方式包括：(1)有效地利用正反论据；(2)以理服人，以情动人；(3)考虑原有态度的特点，逐步提高要求。

9. ACD 【解析】影响态度与品德学习的内部条件包括：(1)认知失调；(2)态度定势；(3)道德认知。价值辨析是培养学生态度与品德的一种方法，故不选。

方法技巧：关于影响态度与品德学习的条件，考生可采用以下口诀帮助记忆：外家社群，内认定德。

10. ABCD 【解析】皮亚杰认为，10岁是儿童从他律道德向自律道德转化的分水岭，10岁前儿童对道德行为的思维判断主要依据他人设定的外在标准，也就是他律道德。A项说法正确。10岁以后儿童对道德行为的思维判断大多依据自己的内在标准，也就是自律道德。C项说法正确。他律阶段的儿童服从外部规则，接受权威指定的规范，把人们规定的准则看作是固定的、不可变更的，而且只根据行为后果来判断对错。B项说法正确。自律阶段的儿童开始以动机作为道德判断的依据，认为公平的行为都是好的。D项说法正确。

11. ABCD 【解析】教师可以综合应用一些方法来帮助学生形成或改变态度与品德。常用的方法有言语说服、榜样示范、群体约定、价值辨析、奖惩等。

方法技巧：关于培养态度与品德的方法，可采用以下口诀帮助记忆：嫁(价值辨析)给(给予奖励和惩罚)有(有效的说服)理(利用群体约定)数(树立榜样)。

12. BCD 【解析】本题考查影响态度与品德形成的条件。研究表明，学生的态度和品德特征与家庭的教养方式有密切关系。民主、信任、宽容的家庭教养方式有助于儿童优良态度和品德的形成与发展。若家长对待子女过分严格或放任，则孩子更容易产生不良的、敌对的行为。因此，答案选B、C、D三项。

三、判断选择题

1. A 【解析】道德认知是个体道德的基础，是道德情感、道德意志产生的依据，对道德行为具有定向的意义，是行为的调节机制。品德的核心是道德认知。

2. B 【解析】本题考查皮亚杰的道德发展阶段理论。皮亚杰认为，10岁是儿童从他律道德向自律道德转化的分水岭，10岁前儿童对道德行为的思维判断主要依据他人设定的外在标准，也就是他律道德；10岁以后儿童对道德行为的思维判断大多依据自己的内在标准，也就是自律道德。故题干表述错误。

3. B 【解析】学生的品德是在其品德内部矛盾斗争中形成发展的，它是长期积累和发展的结果，是在它的结构的相对稳定性和不断的变动性的矛盾运动中形成发展的。随着人的发展，社会对他的要求也就不断提高，社会本身也在不断发展变化，原有的与社会要求相适应的品德在新的社会历史条件下又有进一步发展提高的必要。

四、填空题

1. 可逆性阶段(自律或合作道德阶段)
2. 对偶故事
3. 价值辨析
4. 内化

五、判断说理题

1. 个体的道德认识与道德行为是一致的。这种说法是否正确？请运用心理学知识加以说明。

(1)这种说法是不正确的。(2)道德认识与道德行为可能是一致的，也可能是不一致的。比如，小学生由于道德意志薄弱，可能会出现“明知故犯”的现象，这就是道德认识与道德行为不一致的现象。

2. 认知失调是态度改变的先决条件。这种说法是否正确？请运用心理学知识加以说明。

(1)这种说法是正确的。(2)人类具有一种维持平衡

和一致性的需要，即力求维持自己的观点、信念的一致，以保持心理平衡。当认知不平衡或不协调时，如新出现的事物与自己原有的经验不一致，或者自己的观点与他人的、社会的观点或风气不一致等，这时内心就会有不愉快或紧张的感受，个体就试图通过改变自己的观点或信念，以达到新的平衡。可以说，认知失调是态度改变的先决条件。

六、简答题(参考答案)

1. 简述学生不良行为产生的原因。

(1)客观方面，学生不良行为产生的原因来自家庭、学校和社会环境三个方面：①家庭教育失误；②学校教育不当；③社会文化的不良影响。

(2)主观方面，学生的不良行为主要受这些因素的影响：①缺乏正确的道德观念和道德信念；②消极的情绪体验；③道德意志薄弱；④不良行为习惯的支配；⑤性格上的缺陷；等等。

2. 简述影响态度与品德学习的一般条件。

(1)外部条件：①家庭教养方式；②社会风气；③同伴群体。

(2)内部条件：①认知失调；②态度定势；③道德认知。

此外，个体的智力水平、受教育程度、年龄等因素也对态度与品德的形成与改变有不同程度的影响。

七、论述题(参考答案)

论述皮亚杰的道德发展阶段理论。

皮亚杰把儿童的品德发展划分为以下四个阶段：

(1)自我中心阶段(2~5岁)。自我中心阶段是从儿童能够接受外界的准则开始的。例如，儿童在打弹弓游戏中总是自己玩自己的，按照自己的想象去执行规则。这是因为儿童还不能把自己同外在环境区别开来，而把外在环境看作是他自身的延伸。规则对于他来说，还不具有约束力。

(2)权威阶段(他律道德阶段或道德实在论阶段)(6~8岁)。该时期的儿童服从外部规则，接受权威指定的规范，把人们规定的准则看作是固定的、不可变更的，而且只根据行为后果来判断对错。看待行为有绝对化的倾向；赞成严厉的惩罚，并认为受惩罚的行为本身就说明是坏的，还把道德法则与自然规律相混淆，认为不端的行为会受到自然力量的惩罚。

(3)可逆性阶段(自律或合作道德阶段)(9~10岁)。这一阶段的儿童已不把准则看成是不可改变的，而把它看作是同伴间共同约定的。该阶段的特征是：儿童一般都形成了这样的观念，如果所有的人都同意的话，规则是可以改变的。儿童已经意识到一种同伴间的社会关系，即应相互尊重。准则对他们来说已具有一种保证他们相互行动、互惠的可逆特征。

(4)公正阶段(11~12岁)。这一阶段的公正观念是从可逆的道德认知中脱胎而来的。他们开始倾向于主持公正、公平等。公正的奖惩不能是千篇一律的，应根据个人的具体情况进行。也就是说，儿童不再刻板地按固定的规则去判断，在依据规则判断时应该考虑到同伴的一些具体情况，从关心和同情的角度出发去判断。

八、案例分析题(参考答案)

上述四种观点均可行。理由如下：

培养态度与品德的常用方法有言语说服、榜样示范、群体约定、价值辨析、奖惩等。

(1)有效的说服。这是提高道德认知的途径。因此，观点一中运用言语来说服同学改变不良态度的方法可行。同时在进行说服时应注意运用以下技巧：①有效地利用正反论据；②发挥情感的作用，不仅要以理服人更要以情动人；③考虑原有态度的特点。

(2)树立良好的榜样。这是加强道德行为的途径。根据班杜拉的社会学习理论，对榜样的观察可以改变学生的行为。因此，观点二中选举道德模范，通过观察、模仿榜样的行为而习得良好态度的方法可行。

(3)给予适当的奖励和惩罚。奖励和惩罚作为外部调控手段，不仅影响着认知、技能和策略的学习，而且对个体道德的形成也起到一定的作用。因此，观点三中对有不良行为的学生给予适当的惩罚，对保持良好行为规范的学生给予适当奖励的方法可行。

(4)利用群体约定。教师可以利用集体讨论后做出的集体约定，来改变学生的态度。因此，观点四中学生一起制定规则，利用群体约定，规范大家的行为的方法可行。

除了上述四种方法外，还可以通过价值辨析的方式来培养学生良好的态度与品德。价值辨析是指引导个体利用理性思维和情绪体验来检查自己的行为模式，努力去发现自身的价值观并指导自己的道德行为。

真题精解

一、单项选择题

1. D 【**解析**】“君子欲讷于言而敏于行”就是说君子要少说虚话，多干实事，强调的品德因素是道德行为。

2. D 【**解析**】科尔伯格采用“两难故事法”对儿童的道德发展进行研究。

二、判断选择题

B 【**解析**】好孩子的道德定向阶段又称寻求认可取向阶段，属于习俗水平。

三、填空题

意志

第二十三章　心理健康教育

基础训练

一、单项选择题

1. C 【解析】本题考查中小学生常见的心理问题。焦虑症是以与客观威胁不相适应的焦虑反应为特征的神经症。学生中常见的焦虑反应是考试焦虑。其表现是:随着考试临近,心情极度紧张;考试时注意力不集中,知觉范围变窄,思维刻板,表现慌乱,无法发挥正常水平。根据题干描述可知,小李的表现属于焦虑症。
强迫症主要表现为强迫观念和强迫行为;抑郁症强调持久的心境低落;恐怖症强调对事物非理性的惧怕。均不符合题意,排除。

2. D 【解析】强化法可以用来培养新的适应行为。根据学习原理,一个行为发生后,如果紧跟着一个强化刺激,这个行为就可能再一次发生。例如,一个学生不敢同老师说话,学习上有了疑问也没有勇气求教,一旦在一次主动请教后得到了老师的耐心解答和表扬,那么他的胆怯心理就会得到很大改善。故题干所述为强化法的典型运用。

3. A 【解析】评估性会谈是心理咨询与辅导的基本方法。

4. A 【解析】学校恐惧症是指学生一进入学校就不由自主地产生一种严重的焦虑和恐惧感。

5. D 【解析】儿童厌学症的主要表现是对学习不感兴趣,讨厌学习。厌学的儿童对学习有一种说不出的苦闷感,一提到学习就心烦意乱,焦躁不安。他们对教师或家长有抵触情绪,学习成绩不好,有的还兼有品德问题。

6. D 【解析】合理情绪疗法是通过改变不合理信念调整自己的认知,是维护心理健康的重要途径。根据题干描述可知,小青存在不合理的信念,老师通过矫正其认知偏差来帮助其改善情绪,这典型地运用了合理情绪疗法。故答案选D项。

7. A 【解析】系统脱敏是指当某些人对某事物、某环境产生敏感反应(害怕、焦虑、不安)时,我们可以在当事人身上发展起一种不相容的反应,使其对本来可引起敏感反应的事物,不再发生敏感反应。题干所述改变学生行为的方法是系统脱敏法。

8. B 【解析】本题考查艾利斯的ABC理论。艾利斯认为,人们持有的不合理信念总结起来有三个特征:(1)绝对化要求,是指个体以自己的意愿为出发点,以极端的要求衡量一切事物。例如,学生要求"我必须每次都考第一名""他们都应该对我好"等。(2)概括化要求,这是一种以偏概全的不合理的思维方式,它包括对自己和对他人的不合理评价。例如:一次考试成绩不理想便认为自己不行,从而导致自卑、指责、情绪消沉;别人一次约会迟到,就认为这人不守时,不值得信任,导致责备他人甚至愤怒等情绪。(3)糟糕至极,表现为一旦遇到什么挫折,就产生一种非常糟糕、甚至是灾难性的预期的非理性信念,从而陷入悲观、抑郁的情绪中而不能自拔。故B项属于"绝对化要求",答案选B项。

9. A 【解析】肯定性训练是通过角色扮演以增强自信心,然后再将学得的应对方式应用到实际生活情境中。

10. C 【解析】焦虑症是以与客观威胁不相适应的焦虑反应为特征的神经症。焦虑对人的心理健康具有两面性,适当的焦虑可以促进人的心理健康。故A项说法错误。心理健康是人类生存、发展的基础,是一个随着时代的推移,在社会和文化因素影响下不断演变的概念。即使在今天,对于心理健康还很难做出明确的界定。故B项说法错误。心理健康的状态不是固定不变的,而是动态变化的过程。随着人的成长、经验的积累、环境的改变,心理健康状况也会有所改变。故D项说法错误。

11. D 【解析】心理健康的个体能够充分发挥自己的最大潜能,妥善处理和适应人与人之间、人与社会环境之间的相互关系。它至少包括两层含义:一是无心理疾病;二是有一种积极发展的心理状态。

12. C 【解析】世界卫生组织认为,心理健康是一种良好的、持续的心理状态与过程,表现为个体具有生命的活力,积极的内心体验,良好的社会适应能力,能够有效地发挥个人的身心潜力以及作为社会一员的积极的社会功能。

13. C 【解析】强迫洗手、强迫计数、反复检查(门是否上锁)、强迫性仪式动作是生活中常见的强迫症状。故答案选C项。

14. C 【解析】儿童多动综合征(简称多动症)是小学生中最为常见的一种以注意力缺陷和活动过度为主要特征的行为障碍综合征。高峰发病年龄为8~10岁。

15. C 【解析】学校心理辅导的一般目标可归纳为两个方面:学会调适和寻求发展。

16. D 【解析】学生中社交恐惧较为常见,主要表现为:害怕在社交场合讲话,担心自己因双手发抖、脸红、声音颤抖、口吃而暴露自己的焦虑,觉得自己说话不自然,因而不敢抬头,不敢正视对方的眼睛。

17. D 【解析】抑郁症是以持久的心境低落为特征的神经症,表现为情绪消极、动机缺乏、消极的认知

倾向、对未来没有期望等。根据题干所述，小雪的问题可能是抑郁症。

18. D 【解析】本题考查行为改变的基本方法。代币奖励法中的代币是一种象征性强化物，筹码、小红星、盖章的卡片、特制的塑料币等都可作为代币。当学生做出教师所期待的良好行为后，就发给他们数量相当的代币作为强化物。根据题干所述，这种行为改变的方法符合代币奖励法的定义。

19. C 【解析】焦虑是由紧张、不安、焦急、忧虑、恐惧交织而成的一种情绪状态。焦虑症是以与客观威胁不相适应的焦虑反应为特征的神经症。小元无故感到紧张不安，对小问题过分担忧或烦恼，这种紧张与客观威胁不相适应。因此，小元最可能患有神经症中的焦虑症。

20. C 【解析】考试焦虑是一种复杂的情绪现象，是在一定的应试情境下，受个体认知评价能力、人格倾向与其他身心因素制约，以担忧为基本特征，以防御或逃避为行为方式，通过一定程度的情绪反应所表现出来的心理状态。其表现是：随着考试临近，心情极度紧张；考试时注意力不集中，知觉范围变窄，思维刻板，表现慌乱，无法发挥正常水平。

21. A 【解析】本题考查强迫症的表现。强迫观念指当事人身不由己地思考他不想考虑的事情。强迫行为指当事人反复去做他不希望执行的动作，如果不这样想、不这样做，他就会感到极端焦虑。强迫洗手、强迫计数、反复检查(门是否上锁)、强迫性仪式动作是生活中常见的强迫症状。因此，题干中的小明反复检查书包的行为属于强迫行为。

22. A 【解析】学困生在记忆广度、记忆速度、记忆精准度、短时记忆、长时记忆等方面都低于学优生，短时记忆差是学困生的一大特点。

23. B 【解析】本题考查影响中小学生行为改变的方法。行为塑造是指通过不断强化逐渐趋近目标的反应，来形成某种较复杂的行为。有时候教师所期望的行为在某学生身上很少出现或很少完整地出现，此时，教师可以依次强化那些渐趋目标的行为，直到合意行为的出现。题干中的张老师通过不断强化小莉表现出的趋近目标的行为，促使她形成良好的学习习惯，这说明张老师采用了行为塑造法。

24. D 【解析】本题考查行为改变的基本方法。强化法用来培养新的适应行为。根据学习原理，一个行为发生后，如果紧跟着一个强化刺激，这个行为就会再一次发生。根据题干所述，学生出现主动举手回答问题的行为后，教师就给予表扬、鼓励，此时教师的表扬和鼓励是一个强化刺激，促进了学生行为的再一次发生，因此学生逐渐养成了勇于举手回答问题的行为方式。故题干中教师采用的方法是强化法。

二、多项选择题

1. BCD 【解析】学校面向全体学生制订心理健康教育计划，体现了心理健康教育的全体性原则。学校的心理健康教育工作调动了学生的积极性和主动性，并且学生对此工作评价很高，这体现了心理健康教育的主体性原则。心理健康教育中将心理教育工作与德智体美劳相结合，这体现了心理健康教育的整合性原则。

2. BD 【解析】行为改变的基本方法主要有强化法、代币奖励法、行为塑造法、示范法、处罚法(惩罚法)、自我控制法等。系统脱敏法属于行为演练的基本方法，而认知调节法是改善认知的方法。

3. BCD 【解析】针对有心理障碍的学生而言，心理健康教育的任务是排除学生的心理障碍，预防心理疾病的发生，提高学生的心理健康水平。

4. ABCD 【解析】正确理解心理健康的标准包括以下几个方面：(1)判断一个人的心理健康状况时，应兼顾个体内部协调与对外良好适应两个方面；(2)心理健康概念具有相对性，即心理健康有高低层次之分；(3)心理不健康与有不健康的心理和行为不能等同；(4)心理健康与不健康不是泾渭分明的对立面，而是一种连续状态；(5)心理健康的状态不是固定不变的，而是动态变化的过程；(6)心理健康标准是一种理想尺度，它不仅为我们提供了衡量是否健康的标准，而且为我们指明了提高心理健康水平的努力方向；(7)心理健康与否，在相当程度上可以说是一个社会评价问题。

5. ABC 【解析】(1)学困生在记忆类型方面的不良表现是：①逻辑型记忆发展较差，非逻辑记忆较显著；②偏向于运动动作记忆；③具体形象记忆作用较突出，抽象逻辑记忆发展较差；④情绪记忆比较突出，且常有亢进表现，差生常因情绪焦虑、激动而产生深刻的情绪记忆。(2)学困生在记忆品质方面的不良表现是：学困生在记忆广度、记忆速度、记忆精准度、短时记忆、长时记忆等方面都低于学优生，短时记忆差是学困生的一大特点。(3)学困生在记忆过程方面的不良表现是：①学困生的回忆能力比再认能力差；②学困生的复述频率低于其他学生，复述策略水平较低；③学困生短时记忆向长时记忆转化的过程中编码困难，尤其是语义编码困难。

6. ABC 【解析】在学校开展心理健康教育有以下几种途径：(1)开设心理健康教育的有关课程和心理辅导的活动课；(2)在学科教学中渗透心理健康教

育的内容;(3)结合班级、团队活动开展心理健康教育;(4)个别心理辅导或咨询;(5)小组辅导;等等。

7. ABCD 【解析】心理健康教育的总目标是:提高全体学生的心理素质,充分开发他们的潜能,培养学生乐观、向上的心理品质,促进学生人格的健全发展。

8. ABCD 【解析】学校心理健康教育应遵循的原则有:(1)尊重与理解原则;(2)学生主体性原则;(3)个别对待原则;(4)面向全体原则;(5)思想教育与心理咨询相结合的原则;(6)预防与发展相结合的原则。

三、判断选择题

1. A 【解析】心理评估,指依据用心理学方法和技术搜集得来的资料,对学生的心理特征与行为表现进行评鉴,以确定其性质和水平并进行分类诊断的过程。心理评估是有针对性地进行心理健康教育的依据,是检验心理健康教育效果的手段,也是增强学生自我认识的途径。

2. B 【解析】心理健康教育是根据学生生理、心理发展的规律和特点,运用心理学的教育方法和手段,培养学生良好的心理素质,促进学生整体素质全面提高的教育。心理健康教育的主要内容是:(1)学生心理健康维护。这是以面向全体学生为主,通过常规的教育训练来培养学生心理品质提高学生基本素质的教育内容。(2)学生心理行为问题矫正。这是面向少数具有心理、行为问题的学生开展心理咨询、行为矫正训练的教育内容,多属矫治范畴。故题干所述错误。

3. B 【解析】心理健康至少包括两层含义:一是无心理疾病;二是有一种积极发展的心理状态。题干中的说法不全面。

4. B 【解析】学习困难的学生在个体发展上是健康的,只是缺乏学习技能,在知识的获取、巩固和应用的过程中缺乏策略和技巧,其智力正常或接近正常。

5. A 【解析】心理健康概念具有相对性,即心理健康有高低层次之分。高层次(积极)的心理健康不仅是没有心理疾病,而且能充分发挥个人潜能,发展建设性人际关系,从事具有社会价值的活动,追求高层次需要的满足,追求生活的意义。而低层次的心理健康主要指没有心理疾病。

6. B 【解析】心理健康的人情绪乐观稳定,热爱生活,积极向上,对未来充满希望,有烦恼能自行解脱。因此,心理健康的人并不是不会产生消极情绪,而是在产生消极情绪时能够积极处理,自行解脱。

四、填空题

1. 网络成瘾(网络成瘾综合征)
2. 内部协调与对外良好适应
3. 学校
4. 人格的健全发展
5. 全身松弛法(全身松弛训练)
6. 肯定性训练(自信训练或果敢训练)
7. 厌学症
8. 恐怖症

五、判断说理题

1. 学校开设心理健康教育课程只会增加学生的课业负担。这种说法是否正确?请运用心理学知识加以说明。

(1)这种说法是不正确的。(2)随着中小学生心理问题的日益严重,心理健康教育越发显得迫切而重要,学校心理辅导也日益成为学校实施心理健康教育的主要渠道。从某种意义上说,学校心理健康教育拓宽和加深了学校、班级的活动领域,提高了活动的科学性和有效性。因此,学校开设心理健康教育课程不会增加学生的课业负担。

2. 心理不健康就是有不健康的心理和行为。这种说法是否正确?请运用心理学知识加以说明。

(1)这种说法是不正确的。(2)心理不健康与有不健康的心理和行为不能等同。心理不健康是指一种持续的不良状态。偶尔出现一些不健康的心理和行为并不等于心理不健康,更不等于已患心理疾病。因此,不能仅从一时一事而简单地给自己或他人下心理不健康的结论。

六、简答题(参考答案)

简要说明合理情绪疗法。

理性—情绪疗法(RET),又称合理情绪疗法,是20世纪50年代由艾利斯在美国创立,它是认知疗法的一种,因其采用了行为治疗的一些方法,故又被称为认知—行为疗法。艾利斯认为,人的情绪是由他的思想决定的,合理的观念导致健康的情绪,不合理的观念导致负向的、不稳定的情绪。他提出了一个解释人的行为的ABC理论。

A:个体遇到的主要事实、行为、事件。B:个体对A的信念、观点。C:事件造成的情绪结果。

我们的情绪反应C是由B(我们的信念)直接决定的。可是许多人只注意A与C的关系,而忽略了C是由B造成的。B如果是一个非理性的观念,就会造成负向情绪。若要改善情绪状态,必须驳斥(D)非理性信念B,建立新观念并获得正向的情绪效果(E)。这就是艾利斯理性情绪治疗的ABCDE步骤。

七、论述题(参考答案)

试述考试焦虑症的含义及治疗方法。

学生中常见的焦虑反应是考试焦虑。考试焦虑

是一种复杂的情绪现象,是在一定的应试情境下,受个体认知评价能力、人格倾向与其他身心因素制约,以担忧为基本特征,以防御或逃避为行为方式,通过一定程度的情绪反应所表现出来的心理状态。其表现是:随着考试临近,心情极度紧张;考试时注意力不集中,知觉范围变窄,思维刻板,表现慌乱,无法发挥正常水平。

焦虑症的治疗方法有:(1)采用肌肉放松、系统脱敏等方法;(2)采用认知矫正程序,指导学生在考试中使用正向的自我对话,如"我能应付这个考试";(3)锻炼学生的性格,提高挫折应对能力;(4)往最好处做,不要计较最后结果;(5)考前要注意调节情绪。

真题精解

单项选择题

C 【解析】心理健康教育课程又称心理辅导活动课程,是我国学校的心理健康教育工作者在实践中创造出来的一种发展性辅导形式。心理健康教育课程是学校心理健康教育工作最主要的途径,它以课程的形式传递心理健康知识、训练心理素质、培养心理品质,以达到全面提高学生心理健康水平的目的。故答案选C项。

第二十四章 课堂管理

基础训练

一、单项选择题

1. C 【解析】教师的领导风格对课堂管理有直接的影响。
2. C 【解析】发展功能是指课堂管理本身可以教给学生一些行为准则,促进学生从他律走向自律,帮助学生获得自我管理能力,使学生逐步走向成熟。
3. D 【解析】分配学生座位时,最值得教师关注的应该是对人际关系的影响。
4. A 【解析】课堂管理就是指教师通过协调课堂内的各种人际关系而有效地实现预定教学目标的过程。
5. B 【解析】本题考查课堂纪律的种类。根据形成途径,课堂纪律一般可分为以下四类:(1)教师促成的纪律。即在教师的指导帮助下形成的班级行为规范。(2)集体促成的纪律。即在集体舆论和集体压力的作用下形成的群体行为规范。从儿童入学开始,同辈人的集体在促进儿童社会化方面就开始发挥重要的作用。班集体的纪律、少先队的纪律、兴趣小组的纪律等,都属于这类纪律的范畴。(3)自我促成的纪律。简单来说就是自律,即在个体自觉努力下由外部纪律内化而成的个体内部约束力。(4)任务促成的纪律。即某一具体任务对学生行为提出的具体要求。
6. B 【解析】根据形成途径,课堂纪律一般可分为四类:(1)教师促成的纪律。教师促成的纪律即在教师的指导帮助下形成的班级行为规范。(2)集体促成的纪律。集体促成的纪律即在集体舆论和集体压力的作用下形成的群体行为规范。(3)任务促成的纪律。任务促成的纪律即某一具体任务对学生行为提出的具体要求。(4)自我促成的纪律。自我促成的纪律简单来说就是自律,它是在个体自觉努力下由外部纪律内化而成的个体内部约束力。小敏因受到集体压力(上课前大家都在翻看课本)的影响而认为自己也需要提前翻看课本,这属于集体促成的纪律,故选B项。

易错警示:考生易混淆课堂纪律的种类,在做题时考生应注意根据题干关键词进行判断。教师促成的纪律强调教师主导形成的纪律,如教师主动要求大家静一静;集体促成的纪律强调群体压力促成的纪律,如大家都在学习,小明也不说话了;自我促成的纪律强调个体自己约束自己;任务促成的纪律强调具体任务形成的纪律,如课堂讨论、当堂测验等。

7. D 【解析】自我促成的纪律,简单说就是自律,即在个体自觉努力下由外部纪律内化而成的个体内部约束力。形成自我促成的纪律是课堂纪律管理的最终目标,同时也标志着学生的成熟水平大大提高了一步。
8. C 【解析】班级的大小是影响课堂管理的一个重要因素。这主要基于以下几个原因:(1)班级的大小会影响成员间的情感联系;(2)班内的学生越多,学生间的个别差异就越大;(3)班级的大小也会影响交往模式;(4)班级越大,内部越容易形成各种非正式小群体。
9. B 【解析】任务促成的纪律即某一具体任务对学生行为提出的具体要求。
10. D 【解析】教师使用非言语线索能消除许多课堂上的不良行为,而且不必中断上课。这些非言语线索包括目光接触、手势、身体靠近和触摸等。
11. D 【解析】本题考查课堂气氛的概念。课堂气氛是指在课堂上占优势地位的态度和情感的综合状态。故题干所述符合课堂气氛的概念。
12. D 【解析】当非言语线索不能制止学生的问题行为时,教师采用适当的言语提示也有助于让学生回到学习活动中来。在使用言语提示时,教师要注意不要去追究学生的问题行为,而是要告诉学生他应该怎么做。课堂上教师多次通过眼神暗示提醒窃窃私语的同学,但他们依然没有改正,这时

候就要用适当的言语提示帮助学生重新回到学习上来。

13. C 【解析】在小学高年级和初中阶段，友谊以及在伙伴团体中的地位对学生来说更重要，他们不再取悦老师而是取悦伙伴，有些学生甚至开始检验和否定权威。

14. C 【解析】本题考查课堂气氛的类型。对抗的课堂气氛的特征是：课堂纪律问题严重，师生关系紧张；学生随心所欲，各行其是；注意力指向无关对象；教师无法正常上课，时常被学生打断或不得不停下来维持课堂纪律，基本上是一种失控的课堂状态。故题干所述符合对抗的课堂气氛的特征。因此，答案选C项。

15. A 【解析】以家庭为背景的强化方法常常被用来改善个别在课堂上捣乱的学生的行为，也可用于整个捣乱的班级。

16. B 【解析】所谓课堂管理是指教师通过协调课堂内外的各种人际关系而有效地实现预定教学目标的过程。课堂管理始终制约着教学和评价的有效进行，具有促进和维持的功能。

17. A 【解析】本题考查预防不良行为的措施。科宁总结了可以很好地预防问题的四个方面：明察秋毫、一心多用、关注整体和转换管理。其中，明察秋毫是指教师要让学生知道，他注意到了课堂里发生的每一件事，甚至没漏下任何一件。"明察"的教师会尽量避免被少数几个学生吸引或只与他们交流，他们老是扫视教室，与学生保持目光接触，有些老师甚至在黑板上做板书时都知道谁在搞小动作，脑后仿佛长有一双眼睛似的。因此，答案选A项。

18. C 【解析】对抗型课堂气氛的特征是：课堂纪律问题严重，师生关系紧张；学生随心所欲，各行其是；注意力指向无关对象；教师无法正常上课，时常被学生打断或不得不停下来维持课堂纪律，基本上是一种失控的课堂状态。因此，题干所述为对抗型课堂气氛。

二、多项选择题

1. AB 【解析】课堂结构包括课堂情境结构和课堂教学结构。课堂情境结构包括班级规模的控制、课堂常规的建立、学生座位的分配；课堂教学结构包括教学时间的合理利用、课程表的编制、教学过程的规划。

2. BCD 【解析】课堂管理具有维持功能、促进功能和发展功能。

3. ABC 【解析】影响课堂管理的因素有：(1)教师的领导风格；(2)班级规模；(3)班级的性质；(4)对教师的期望。

4. ABC 【解析】学生、学习过程和学习情境是课堂的三大要素。

5. AB 【解析】实用行为分析程序包括以家庭为基础的强化、个人日志卡、整班代币强化和集体绩效系统等。一般前两者适用于个体学生，后两者适用于整班。

6. ABCD 【解析】科宁总结了可以很好地预防问题的四个方面：明察秋毫、一心多用、关注整体和转换管理。

7. AB 【解析】本题考查任务促成的纪律。任务促成的纪律主要指某一具体任务对学生行为提出的具体要求。在日常学习过程中，每项学习任务都有它特定的要求，或者说特定的纪律。例如，课堂讨论、野外观察、制作标本等。因此，答案选择A、B两项。

三、判断选择题

1. A 【解析】课堂管理是指教师创建和维持一个有序的学习环境的策略。从促进学生的学习的意义上来说，有效的课堂管理应该是提高学生的参与度，减少破坏性行为，增加有效教学时间，并最终提高学生学业成就。

2. A 【解析】学生座位的分配，要考虑：(1)课堂行为的有效控制，预防纪律问题的发生；(2)促进学生间的正常交往，形成和谐的师生关系，并有助于学生形成良好的人格特征。

四、填空题

1. 确定后果
2. 团体警觉
3. 负相关
4. 维持
5. 获得老师或同伴的注意

五、判断说理题

1. 班级越大，成员间相互交往的频率就越低，对课堂管理技能的要求也就越高。这种说法是否正确？请运用心理学知识加以说明。

(1)这种说法是正确的。(2)班级的大小是影响课堂管理的一个重要因素。首先，班级的大小会影响成员间的情感联系。班级越大，情感联系的纽带就越弱。其次，班内的学生越多，学生间的个体差异就越大，课堂管理所带来的阻力就越大。再次，班级的大小也会影响交往模式。班级越大，成员间相互交往的频率就越低，对课堂管理的技能的要求也就越高。最后，班级越大，内部越容易形成各种非正式小群体，而这些小群体又会影响课堂教学目标的实现。

2. 有效的课堂规则是由教师建立的。这种说法是否正确？请运用心理学知识加以说明。

(1)这种说法是不正确的。(2)课堂规则是课堂成员

应遵守的课堂基本行为规范和要求。积极、有效的课堂规则需要由教师和学生充分讨论,共同制定。

六、简答题(参考答案)

1. 简述维持课堂纪律的策略。

(1)建立有效的课堂规则;(2)合理组织课堂教学;(3)做好课堂监控;(4)培养学生的自律品质。

2. 简述课堂中常用的处理典型纪律问题的策略。

(1)非言语线索;(2)表扬学生与不良行为相反的行为;(3)表扬其他做出良好行为的学生;(4)言语提示;(5)反复提示;(6)应用后果。

真题精解

单项选择题

B 【解析】课堂管理的目标是:(1)争取更多的时间用于学习;(2)争取更多的学生投入学习;(3)帮助学生形成自我管理的能力。所以,答案选B项。

第二部分 模拟试卷

福建省教师招聘考试教育综合模拟试卷(一)

一、单项选择题

1. A 【解析】根据《中华人民共和国教师法》第十条规定,国家实行教师资格制度。中国公民凡遵守宪法和法律,热爱教育事业,具有良好的思想品德,具备本法规定的学历或者经国家教师资格考试合格,有教育教学能力,经认定合格的,可以取得教师资格。

2. D 【解析】根据《中华人民共和国义务教育法》第十二条规定,适龄儿童、少年免试入学。地方各级人民政府应当保障适龄儿童、少年在户籍所在地学校就近入学。

3. A 【解析】本题考查杜威的教育思想。"从做中学"是杜威提出的教学方法,这是一种经验的方法、思维的方法和探究的方法。这种探究的五个步骤即思维五步说或五步探究教学法,即创设疑难情境、确定疑难所在、提出解决问题的种种假设、推断哪个假设能解决这个困难、验证这个假设。所以,创设疑难情境是第一步。

4. B 【解析】教育能够传播、交流和融合文化,来自不同种族与家庭的学生通过接受学校教育,促进了文化的交流与融合,从而形成了独特的阶层文化。这体现了教育的文化功能。

5. B 【解析】本题考查墨子的教育思想。"染于苍则苍,染于黄则黄"出自《墨子·所染》,意思是将丝放入青色的染料中,它就会变成青色,将丝放入黄色的染料中,它就会变成黄色。故选B项。

6. C 【解析】教育的社会属性主要包括永恒性、相对独立性和时代性。其中,教育的永恒性是指,教育是人类所特有的社会现象,它是一个永恒的范畴,与人类社会共始终。故选C项。

7. A 【解析】品德评价法是通过对学生品德进行肯定或否定的评价而予以激励或抑制,促使其品德健康形成和发展的德育方法。老师采取画小星星、贴笑脸等方式鼓励学生是对品德评价法的运用。

8. B 【解析】增强学生体质是学校体育的根本任务。学校体育的基本组织形式是体育课。

易错警示: 考生易混淆体育与体育课。体育≠体育课,体育课只是学校体育的基本组织形式。除此以外,课外体育活动、课余体育运动训练和课余体育竞赛等都是体育的组织形式。

9. A 【解析】本题考查遗传素质对人身心发展的影响。遗传素质是人的身心发展的前提,为人的发展提供了可能性。人的身心发展必须以正常的遗传素质为基础,发展才有可能。没有这个前提,任何发展都不可能。或者某些遗传素质有缺陷,某种发展可能就永远不能实现。例如,一个生而失聪的儿童,就不可能发展其听觉能力而成为音乐家。故选A项。

10. B 【解析】班级常规管理是指通过制定和执行规章制度来管理班级的经常性活动。题干中的王老师通过制定和执行班规来管理班级活动的做法体现了常规管理。

11. A 【解析】根据科尔伯格的道德发展阶段理论可知,道德发展处于服从与惩罚的道德定向阶段的儿童,其道德价值来自对外力的屈从或对惩罚的逃避。小明因为对挨打这一惩罚的逃避而认为偷东西是不对的,表明其处于服从与惩罚的道德定向阶段,这一阶段属于前习俗水平。

12. A 【解析】情绪与生理需要是否满足相联系,是人和动物共有的。情感与社会需要是否满足相联系。故A项说法错误。

方法技巧: 做题时,考生需要对情绪情感进行区分:情绪是低级的,与生理需要是否满足相联系;情感是后继的、高级的,与社会需要是否满足相联系。情绪具有情境性和易变性;情感具有稳定性和持久性。情绪带有冲动性,伴随明显的外部表现;情感比较内隐,较为深沉。

13. A 【解析】教师怎样对待学生,取决于教师怎样

看待学生，尤其是教师怎样理解学生与教师的关系，这就是教师的学生观问题。

14. C 【解析】本题考查德育原则。题干引文是1957年毛泽东在《关于正确处理人民内部矛盾的问题》中谈到加强知识分子和青年学生的思想政治工作时指出的，揭示了思想政治工作的广泛性，强调思想政治工作各个部门都要负责任。这说明在德育工作中，教育者应主动协调多方面的教育力量，统一认识和步调，有计划、有系统、前后连贯地教育学生，发挥教育的整体功能，培养学生正确的思想品德。即遵循教育影响的一致性和连贯性德育原则。

15. B 【解析】社会环境是人发展的外部条件，但是个体受环境的影响不是消极被动的，而是积极能动的实践过程。

16. D 【解析】本题考查情感的分类。从情感的社会内容角度来看，人类的情感有道德感、美感和理智感三种形式。其中，道德感是根据一定的道德标准评价人的思想、意图和言行时所产生的主观体验。它表现在对待国家、集体、工作、事业、学习以及人与人之间的关系等各个方面，如爱国主义情感、集体主义情感、责任感、事业心、荣誉感、自尊心等。题干中的可可因为帮助别人而感到开心，这属于道德感。故答案选D项。

17. A 【解析】观察研究法是指人们有目的、有计划地通过感官和辅助仪器，对处于自然状态下的客观事物进行系统考察，从而获取经验事实的一种科学研究方法。

18. D 【解析】本题考查成败归因理论。一般来说，如果把学习成败归因于努力程度，对学习动机的激励作用最大，把学习成功归因于能力则可加强自信心。

19. C 【解析】缺失性需要是个体生存所必需的，必须得到一定程度的满足，它包括生理需要、安全需要、归属与爱的需要、尊重需要。在某种程度上学生缺乏学习动机，可能是由于某种缺失性需要没有得到充分满足，所以无法专心学习。

20. A 【解析】与自觉性相反的意志品质是受暗示性（盲从）和独断性。盲从的人不了解自己行动的意义，极易在别人的怂恿下从事不符合个人意愿或社会需要的行动。

21. A 【解析】埃里克森强调社会文化背景的作用，认为人格发展受社会文化背景的影响和制约。A项说法错误。霍尔认为个体心理发展是人类进化过程的简单重复，个体心理发展由种系发展决定。B项说法正确。教育是个体在心理发展过程中所接受的来自环境的最主要的影响，也是个体心理发展过程中起主导作用的因素。C项说法正确。皮亚杰认为心理发展就是个体通过同化和顺应日益复杂的环境而达到平衡的过程，个体也正是在平衡与不平衡的交替过程中不断建构和完善其认知结构，从而实现认知发展的。D项说法正确。

22. A 【解析】本题考查知识学习的类型。符号学习又称表征学习，是指学习单个符号或一组符号的意义。符号学习的心理机制是符号和它们所代表的事物或观念在学习者认知结构中建立相应的等值关系。题干中强调儿童用“香蕉”或“banana”等符号来代表他所看到的具体的香蕉，故这种学习属于符号学习。

23. B 【解析】前运算阶段儿童的思维具有泛灵论的特点，即将人类的特征赋予无生命的物体。前运算阶段的儿童会认为任何物体都是有生命的。

24. C 【解析】建构主义在学习观上强调主动建构性、社会互动性和情境性。孙老师带领学生在具体的情境中观察学习，并让同学们组成学习小组分享自己的观察结果。这体现的是建构主义的观点。

25. D 【解析】在效度与信度的关系中，效度低，信度很可能高；效度高，信度也必然高。因此，一个有高效度的测验，一定是有信度的测验。故D项说法有误。

二、多项选择题

26. BC 【解析】本题考查教育对人的发展的影响。在影响人的发展的因素中，教育对人的发展特别是对年青一代的发展起着主导作用和促进作用。BC两项都强调了教育对人的发展的影响，能够体现教育的主导作用。A项的意思是不经过常人难以忍受的磨难与挫折，怎么能取得令人羡慕的成功，常用来勉励人克服困难、立志成就事业，更能体现人的主观能动性的影响。D项体现的是教育对社会的作用，而不是教育对人的作用，所以不选。

27. CD 【解析】本题考查教师的能力素养。教师的能力素养包括语言表达能力、组织管理能力、组织教育和教学的能力、自我调控和自我反思能力。“要使学生获得一点知识的亮光，教师应吸进整个光的海洋”是指教师需要具备广博的文化知识，属于教师的知识素养，故A项不选。B项，教师应“既知教之所由兴，又知教之所由废”是指教师既要懂得教育成功的因素，又要知道教育失败的原因，这体现了教师知识素养中的教育科学知识，故B项不选。C项，教师语言表达要做到“生动、形象、具有启发性”属于教师能力素养中的语言表达

能力。D项,教师应注意课堂教学中的自我监控与课后的自我反思属于教师能力素养中的自我调控和自我反思能力。综上所述,本题选C、D两项。

28. AD 【解析】理论联系实际原则是指教师在教学中,应使学生从理论与实际的结合中来理解和掌握知识,并引导他们运用新获得的知识去解决各种实际问题,培养他们分析问题和解决问题的能力。面对学生的提问,地理老师未能将理论知识与实际天气情况结合起来,违背了理论联系实际原则。因材施教原则是指教师在教学中,要从课程计划、学科课程标准的统一要求出发,面向全体学生,同时又要根据学生的个别差异,有的放矢地进行有差别的教学,使每个学生都能扬长避短,获得最佳的发展。这位老师回避学生的问题,未能做到因材施教。B、C两项题干未涉及,故本题选A、D两项。

29. ABD 【解析】"知识与技能"重在智能的提升,强调基础知识和基本技能的获得,相当于传统的"双基"教学。ABD三项都在强调学生技能的获得,均属于能力目标。C项属于情感目标。

30. BD 【解析】本题考查中等生的特点。中等生,也叫"一般生"或"中间生",是指那些在班级中各方面都表现平平的学生。中等生的特点包括:(1)信心不足;(2)表现欲不强。A项属于先进生的心理特征;C项属于后进生的心理特征。故本题选B、D两项。

31. AC 【解析】本题考查未成年人具有的特点。预防未成年人犯罪法针对未成年人好模仿、可塑性强等特点,把净化社会环境、减少不良因素侵蚀作为预防未成年人犯罪的重要任务,重点规定了对治安环境和文化环境的综合治理。为未成年人身心健康发展创造良好的社会环境。故本题选A、C两项。

32. AC 【解析】本题考查耶克斯—多德森定律。心理学家耶克斯和多德森的研究表明,动机强度与学习效率的关系并不是线性的关系,而是成倒"U"型曲线关系。换言之,学习动机的强度有一个最佳水平,即动机水平适中,此时的学习效率最高。超过或低于这个最佳水平,即学习动机过强或过弱都会对学习效率产生一定的影响。另外,学习动机强度的最佳水平不是固定不变的,而是根据任务性质的不同而不同。学习任务比较简单时,学习动机强度较高可达到最佳水平;学习任务比较困难时,学习动机强度较低可达到最佳水平。综上所述可知,A、C两项说法错误,B、D两项说法正确。因此,答案选A、C两项。

33. BD 【解析】本题考查成败归因理论。韦纳把人经历过事情的成败归结为六种原因,即能力、努力程度、工作难度、运气、身心状况、外界环境。又把上述六项因素按各自的性质,分别归入三个维度:内部归因和外部归因、稳定性归因和非稳定性归因、可控制归因和不可控制归因。其中,运气属于外部、不可控、不稳定的因素。题干中强调王雪将答对问题归因于运气,故王雪的归因属于外归因、不稳定性归因。

34. ABCD 【解析】本题考查课堂纪律的分类。课堂纪律的类型包括:(1)教师促成的纪律;(2)集体促成的纪律;(3)任务促成的纪律;(4)自我促成的纪律。故本题答案选A、B、C、D四项。

35. AB 【解析】本题考查学生的认知方式差异。根据学生对问题做出反应的速度,可以把学生区分为冲动型和沉思型。两种认知风格各有优缺点,并无好坏高下之分。具有冲动型风格的人解决问题速度快,但容易出现错误。而沉思型者相反,速度慢,但错误少。冲动型学生在运用低层次事实性信息的问题解决中占据优势,而沉思型学生在解决高层次问题中成绩更好。因此,答案选A、B两项。

三、填空题

36. 勤俭节约
37. 国务院教育行政部门
38. 创新教育
39. 下降
40. 主观能动性
41. 有仁爱之心
42. 培根
43. 德育组织形式
44. 平等
45. 不得歧视
46. 无意识记
47. 注意的稳定性
48. 阅读课外书籍
49. 练习
50. 算法策略

四、判断说理题

51. 讲授法很难关注学生的个别差异,不利于学生主动探究能力的培养,是一种注入式、灌输式教学。这种说法是否正确?请运用教育学知识并结合实际加以说明。

(1)这种说法是不正确的。[2分](2)讲授法是教师运用口头语言系统连贯地向学生传授知识、技能,发展学生智力的教学方法。[1分]讲授法一直是我国班级授课制的主要教学方法。由于它很难关注学生的个别差异、不利于学生主动探究能力的培

养,有些人认为讲授法是一种注入式教学而对其加以否定和排斥,这给教学实践带来了危害。但其实讲授法是一种有效的教学方法,它具有节省时间、便于表达抽象概念、重视知识的逻辑和分析思维等优势。[1分]判断讲授法是否具有启发性,关键是看教师能否促进学生积极主动地去学习,而不是单从形式上去加以判断。题干说法错误。[1分]

52. 长时记忆的保持量只会减少,不会增加。这种说法是否正确?请运用心理学知识加以说明。

(1)这种说法是不正确的。[2分](2)记忆的保持并不是原封不动地保存头脑中识记过的材料的静态过程,而是一个富于变化的动态过程。这种变化表现在量和质两个方面。①保持在数量上的变化,一般表现为识记的内容随着时间的进程呈减少的趋势,最后甚至遗忘。保持在数量上的变化还表现为记忆恢复。记忆恢复(记忆回涨)是指识记某种材料,经过一段时间后测得的保持量大于识记后即时测得的保持量。②保持在质量上的变化。故题干所述不正确。[3分]

53. 简要地说,智力就是指学生的聪明程度。这种说法是否正确?请运用心理学知识加以说明。

(1)这种说法是不正确的。[2分](2)智力即智能,是使人能顺利完成某种活动所必需的各种认知能力的有机结合,它包括观察力、记忆力、注意力、想象力和思维力等成分,并以思维力为核心。所以,将智力等同于学生的聪明程度是错误的。[3分]

五、材料分析题(参考答案)

54. (1)爱岗敬业的教师职业道德规范要求教师对工作高度负责,认真备课、上课,认真批改作业,认真辅导学生,不得敷衍塞责。材料中的张老师从教30年来,一直兢兢业业,认真讲课,每天都要给4、5个班上课等符合爱岗敬业的教师职业道德规范要求。[2分]

(2)为人师表的教师职业道德规范要求教师坚守高尚情操,知荣明耻;严于律己,以身作则;衣着得体,语言规范,举止文明;关心集体,团结协作,尊重同事,尊重家长;作风正派,廉洁奉公;自觉抵制有偿家教,不利用职务之便谋取私利。材料中的张老师深受学生们的爱戴,被同事们评价为一位勤勤恳恳的老实人,给学生做了很好的榜样作用,符合为人师表的教师职业道德规范要求。[2分]

(3)关爱学生的教师职业道德规范要求教师关心爱护全体学生,尊重学生人格,平等公正对待学生;对学生严慈相济,做学生的良师益友;保护学生安全,关心学生健康,维护学生权益;不讽刺、挖苦、歧视学生,不体罚或变相体罚学生。材料中的张老师发现学生身体不舒服后,同意她独自回宿舍休息,说明张老师忽视了学生在回宿舍途中的安全,而且在课后没有跟任何人提起此事,说明张老师没有进一步关心学生的健康,这违背了关爱学生的职业道德规范的要求。[3分]

55. (1)这部法律是《中华人民共和国未成年人保护法》。[2分]王老师在得知小刚因个子矮小、学习成绩不理想而经常被同学嘲笑后,召开班会,号召同学之间要团结友爱,互相关心,互相帮助,并找小刚的父母一起和小刚谈心。这符合《中华人民共和国未成年人保护法》第二十九条的规定,学校应当关心、爱护未成年学生,不得因家庭、身体、心理、学习能力等情况歧视学生。对家庭困难、身心有障碍的学生,应当提供关爱;对行为异常、学习有困难的学生,应当耐心帮助。[2分]

王老师在得知小刚沉迷网络后,找到小刚的父母一起和他谈心,劝说他走出网络。这符合《中华人民共和国未成年人保护法》第七十条的规定,学校发现未成年学生沉迷网络的,应当及时告知其父母或者其他监护人,共同对未成年学生进行教育和引导,帮助其恢复正常的学习生活。[1分]

(2)学生李某是初中二年级的学生,正处于义务教育阶段,根据《中华人民共和国义务教育法》第二十七条规定,对违反学校管理制度的学生,学校应当予以批评教育,不得开除。因此,王老师建议开除学生李某的做法是错误的,而学校没有同意王老师的做法是正确的。[2分]根据《中华人民共和国未成年人保护法》第五十八条规定,学校、幼儿园周边不得设置营业性娱乐场所、酒吧、互联网上网服务营业场所等不适宜未成年人活动的场所。所以,与学校一巷之隔的网吧是不合法的。然而,学校与网吧只有一巷之隔,学校没有及时向行政主管部门反映情况,应承担一定责任。[2分]根据《中小学幼儿园安全管理办法》第十七条规定,学校门卫应当由专职保安或者其他能够切实履行职责的人员担任。因此,学校聘用年老体弱的门卫,并不能在上课期间没有起到监管和保护学生的作用,也应承担过失责任。[1分]

56. (1)这位教师遵循了因材施教原则、量力性原则和启发性教学原则。[3分]

(2)①因材施教原则是指教师在教学中,要从课程计划、学科课程标准的统一要求出发,面向全体学生,同时又要根据学生的个别差异,有的放矢地进行有差别的教学,使每个学生都能扬长避短,获得最佳的发展。材料中的教师根据学生之间的差异,对成绩好的学生提出不同的要求,允许他们自学。这体现了因材施教原则。[3分]

②量力性原则是指教学的内容、方法、分量和进度要适合学生的身心发展，使他们能够接受，但又要有一定的难度，需要他们经过努力才能掌握，以促进学生的身心发展。材料中的教师将学生编制的习题按程度介绍给班里的其他学生，推进了全班同学的学习进度，使全班同学提前五课时完成了教学任务。这说明该教师关注不同水平学生接受能力的差异，遵循了在最近发展区内进行教学的要求，体现了量力性教学原则。[3分]

③启发性教学原则是指在教学活动中，教师要调动学生的主动性和积极性，引导他们通过独立思考、积极探索，生动活泼地学习，自觉地掌握科学知识，提高分析问题和解决问题的能力。材料中，教师在教学过程中调动了学生的自觉主动性，不仅让成绩好的学生自学解决问题，还选择合适的题让班里的其他同学练习和讨论，这体现了启发性教学原则。[3分]

57. 福勒和布朗根据教师的需要和不同时期所关注的焦点问题，把教师的成长划分为关注生存、关注情境和关注学生三个阶段。(1)处于关注生存阶段的教师会把大量的时间花在如何与学生搞好个人关系上，想方设法控制学生，而不是更多地考虑如何让学生获得学习上的进步。[2分]材料中的李老师在刚入职时把大量时间花在如何与学生搞好关系上，此时他处于关注生存阶段。[1分](2)处于关注情境阶段的教师关心的是如何教好每一堂课，以及班级大小、时间压力和备课材料是否充分等与教学情境有关的问题。[2分]后来李老师为了上好每一堂课而认真备课、向优秀教师请教以及观摩优秀教师的教学等，此时他处于关注情境阶段。[1分](3)处于关注学生阶段的教师将考虑学生的个别差异，认识到不同发展水平的学生有不同的需要，根据学生的差异采取适当的教学，促进学生发展。[2分]最后李老师能考虑学生的个别差异，对其进行因材施教，此时他处于关注学生阶段。[1分]因此，李老师的专业发展经历了从关注生存到关注情境再到关注学生三个阶段。[1分]

58. (1)①小赵是多血质。[1分]多血质的人反应迅速、有朝气、活泼好动、动作敏捷、情绪不稳定。材料中小赵积极承认错误，答应一定改，可还是犯同样的错误，体现了多血质的特征。[1分]②小钱是胆汁质。[1分]胆汁质的人精力旺盛、粗枝大叶、表里如一、刚强、易感情用事，整个心理活动笼罩着迅速而突发的色彩。材料中小钱没等老师说就气急败坏，愤怒暴躁，体现了胆汁质的特征。[1分]③小孙是黏液质。[1分]黏液质的人稳重，但灵活性不足；踏实，但有些死板；沉着冷静，但缺乏生气。材料中小孙犯错后到老师办公室，一句话也不说，然后默默地走了，体现了黏液质的气质特征。[1分]④小李是抑郁质。[1分]抑郁质的人敏锐、稳重、体验深刻、外表温柔、怯懦、孤独、行动缓慢。材料中小李犯错后到老师办公室，满脸忧郁，感觉天都要塌了，体现了抑郁质的气质特征。[2分]

(2)针对小李的气质类型，对他进行教育时应采取委婉暗示的方式，对其多关心、爱护，不宜在公开场合下指责，不宜过于严厉地批评，培养他们亲切、友好、善于交往、富有自信的精神，培养其敏感、机智、认真、细致、高自尊的优点。[2分]

福建省教师招聘考试教育综合模拟试卷(二)

一、单项选择题

1. C 【解析】隐私包括个人私生活、个人日记、照片、储蓄及财产状况、生活习惯及通讯秘密等。隐私权是指公民生活中不愿为他人公开或知悉的个人秘密的不可侵犯的人身权利。所以，题干中小红父亲的做法不合法，这侵犯了小红的个人隐私权。

2. A 【解析】根据《中华人民共和国教师法》第三十五条规定，侮辱、殴打教师的，根据不同情况，分别给予行政处分或者行政处罚；造成损害的，责令赔偿损失；情节严重，构成犯罪的，依法追究刑事责任。

3. B 【解析】题干引文的意思是：人不用学习就能做的，是天生的本能；不用思考就知道的，是天赋的道德观念。内发论强调内在因素，如“需要”“成熟”，强调人的身心发展的力量主要源于人自身的内在需要，身心发展的顺序也是由身心成熟机制决定的。即在人的身心发展过程中起决定作用的是遗传素质。故题干观点符合内发论的观点。

4. A 【解析】古今中外，通过学校制造舆论影响政治的不乏其例，如我国现代的“五四”运动和“一二·九”运动，便发端于学校，扩展到社会，进而形成全国性的政治运动。

5. D 【解析】从活动水平的角度看，个体主观能动性由三个层次构成：第一层次是人作为生命体进行的生理活动，第二层次是个体的心理活动，最高层次是社会实践活动。

6. A 【解析】本题考查古代印度的教育。古代印度宗教的权威至高无上，教育都控制在婆罗门教和佛教手中。婆罗门教的《吠陀经》是主要的教育内容，僧侣是唯一的教师，背诵经典和钻研经义是主要的教育活动。

7. D 【解析】“心不及墨”是指大脑容易忘记，不如用笔记下可靠。俗语说：好记性不如烂笔头，心不及墨。这都强调了记笔记的重要性，故答案选D项。

8. D 【解析】本题考查遗传素质对个体发展的影响。题干中马克思的观点表明不同的人的遗传素质是有差异的，但就一般人而言相差并不是很大。遗传素质为人的发展提供了巨大的可能性，但这种可能性能否变成现实取决于后天的影响。这说明遗传素质仅为人的发展提供物质前提，而不能决定人的发展。

9. D 【解析】“行教”是指用教师的实际行动教育影响学生。

10. B 【解析】教师的劳动具有长期性。其劳动的成效并不是一时就可以检验出来的，而是需要教师付出长期的大量的劳动才能看到结果、得到验证，教师的某些影响对学生终身都会发生作用。题干所述反映了教师劳动具有长期性。

11. A 【解析】本题考查美育的基本形态。美育的基本形态是艺术美和现实美。现实美又包括自然美、社会美和教育美。其中，自然美是指自然物本身所呈现出来的美的形态。故桂林山水的美属于自然美，选A项。社会美也叫生活美，是社会生活中存在的美的形态。艺术美是一种以现实美为基础，但是又经过艺术加工，因而高于现实美的美的形态。

12. C 【解析】负迁移也叫“抑制性迁移”，是指一种学习对另一种学习产生阻碍作用。题干中强调学习了分数乘法后对分数加减法计算的干扰作用。故答案选C项。

13. A 【解析】题干中，路老师给大家讲解知识是学生获取间接经验的体现，同时，路老师带大家到植物园观察和操作，是学生自主探索，获得直接经验的过程。因此，题干所述体现了路老师遵循了教育过程的直接经验与间接经验相统一的规律。

14. B 【解析】本题考查班集体的形成与培养。班集体舆论是班集体生活与成员意愿的反映。正确的班集体舆论是一种巨大的教育力量，对班集体每个成员都有约束、激励的作用，是教育集体成员的重要手段。良好的班风是班集体大多数成员精神状态的共同倾向与表现。题干中学生们在收集、交换玩具盲盒的过程中，形成了互相攀比、排挤同学的不良风气，属于不良的班级舆论和班风，章老师应通过培养正确舆论和良好班风的方法进行集体培养。B项正确。

15. D 【解析】“学生的学习热情高涨，成绩明显提高”体现的是教育的正向显性功能，“学生之间相互猜忌、隐瞒学习资料”体现的是教育的负向隐性功能。

16. B 【解析】对英语单词的记忆运用的是工作记忆，即短时记忆。此外，短时记忆具有信息保存时间很短(不超过1分钟)、易受干扰等特点，也符合题干中“不久就忘得一干二净”的描述。因此，题干中对单词的记忆处于短时记忆阶段。

17. B 【解析】题干的意思是：一个齐国人教他(齐国话)，众多楚国人在旁喧哗，即使天天鞭挞并强逼他说齐国话，也是做不到的。要是把他送到齐国的街上去住几年，即使天天鞭挞并强逼他说楚国话，也是做不到啊。这说明了外部环境对个体发展的影响。

18. D 【解析】班级授课制的特点可用班、课、时三个字来概括，具体表现为：(1)以班为单位集体授课，学生人数固定。(2)按课教学。“课”是教学活动的基本单元，一般分为单一课和综合课。(3)按时授课。把每一“课”规定在固定的单位时间内进行，这个单位时间称为“课时”。

19. A 【解析】陶行知被毛泽东称为“伟大的人民教育家”，被宋庆龄赞誉为“万世师表”。

20. B 【解析】在影响儿童心理发展的因素问题上，不同的心理学家有不同的观点：(1)高尔顿强调否定教育和环境的“遗传决定论”。(2)行为主义的代表人物华生支持片面强调环境和教育的“环境决定论”。(3)美国心理学家吴伟士主张遗传和环境两种因素共同决定儿童心理发展的折中观点。(4)瑞士的皮亚杰和法国的瓦龙等人坚持相互作用论，他们认为遗传和环境相互作用影响儿童的心理发展。题干中强调遗传和环境的相互作用，故属于皮亚杰的理论观点。

易错警示：考生易混淆不同心理学派的观点和代表人物。在做题时，考生要根据题干中的关键词判断对应的观点与代表人物，“否定先天遗传”对应的是华生的“环境决定论”；“否定后天教育”对应的是霍尔和高尔顿的“遗传决定论”；强调“遗传与环境共同决定”对应的是吴伟士的折中观点；强调“遗传和环境的相互作用”对应的是皮亚杰的“相互作用论”。即可记为环境华，遗传霍和高，共决吴和相互皮。

21. A 【解析】小明通过李老师的讲授学习到全等三角形的知识，故小明的学习属于接受学习；小明能记住全等三角形的概念，但在做课后练习时不会应用，可知小明的学习属于机械学习。因此，小明的学习属于机械的接受学习。

22. C 【解析】陈述性知识也叫描述性知识，是个人能用言语进行直接陈述的知识，主要用于区别和

辨别事物。例如,“五星红旗是中国的国旗”“北京是中国的首都”等都属于陈述性知识。

23. C 【解析】处于具体运算阶段的儿童具备了初步的逻辑思维能力,但必须依赖于实物和直观形象的支持才能进行逻辑推理和运用逻辑思维解决问题,不能够进行纯符号运算。

易错警示:考生易混淆逻辑思维的掌握阶段。在做题时,可根据题干描述的意思或者关键词进行做题。具体运算阶段是初步掌握逻辑思维能力;形式运算思维阶段是掌握了抽象逻辑思维。

24. D 【解析】按照学生对知识的概括抽象程度不同,将知识概括分为感性概括和理性概括。A项说法正确。概括是指主体通过对感性材料的分析、综合、比较、抽象、概括等深度加工改造,从而获得对一类事物的本质特征与内在联系的抽象的、一般的、理性的认识的活动过程。B项说法正确。有效地进行知识概括的方法包括:(1)配合运用正例和反例;(2)正确运用变式;(3)科学地进行比较;(4)启发学生进行自觉概括。C项说法正确。图片、图表、幻灯片的使用属于模像直观,教师应根据实际情况灵活选用实物直观、模像直观和言语直观。D项说法错误。

25. C 【解析】活动律指活动的对象较之静止的对象容易感知。教师的走动和手势正是运用活动律来增强学生的感知效果。

二、多项选择题

26. BC 【解析】本题考查对循序渐进教学原则的理解。“闻斯行诸”的故事是指子路和冉有同样问“闻斯行诸”,孔子却作了不同的回答。由于子路做事有时不免轻率,所以孔子要他在听到一件该做的事时最好向父兄请教后才去做。而冉有则由于个性谦退,遇事往往畏缩,因此孔子要他在听到一件该做的事后立刻去做。这体现了因材施教的教学原则,故A项不符合题意。“盈科而进”意思是要想进步、提高,必须打好坚实的基础。这体现了循序渐进的教学原则,故B项当选。“杂施而不孙,则坏乱而不修”指教学如果不按一定的顺序,杂乱无章地进行,学生就会陷入紊乱而没有收获。它符合循序渐进的教学原则。故C项当选。苏格拉底的“产婆术”是指在与学生谈话的过程中,并不直截了当地把学生所应知道的知识告诉他,而是通过讨论、问答甚至辩论方式来揭露对方认识中的矛盾,逐步引导学生自己最后得出正确答案的方法。这体现了启发性教学原则,故D项不符合题意。

27. ABCD 【解析】奴隶社会的教育的主要特征是:(1)学校教育成为奴隶主阶级手中的工具,具有鲜明的阶级性;(2)学校教育与生产劳动相脱离和相对立;(3)学校教育趋于分化和知识化;(4)学校教育制度尚不健全。

28. ACD 【解析】AD两项体现了生理机能之间的互补,C项体现了心理机能与生理机能之间的互补。

29. ABD 【解析】讲授法是教师运用口头语言系统连贯地向学生传授知识、技能,发展学生智力的教学方法。“张老师首先向同学们讲述了花的基本结构”运用的是讲授法。演示法是指教师通过展示实物、教具和示范性的实验来说明、印证某一事物和现象,使学生掌握新知识的一种教学方法。张老师“向同学们展示了花的解剖标本,放映了花的结构图片”运用的是演示法。实验法是指教师引导学生使用一定的仪器和设备,进行独立操作,引起某些事物和现象产生变化,从而使学生获得直接经验,培养学生技能和技巧的教学方法。“张老师帮助同学们修订实验计划,指导同学们用镊子、刀片解剖一朵真正的百合花”运用的是实验法。

30. ABCD 【解析】本题考查新课程倡导的学习方式。新课程提倡自主、探究、合作的学习方式。其中,自主学习关注学习者的主体性和能动性,是学生自主而不受他人支配的学习方式;探究学习是一种以问题为依托的学习,是学生通过主动探究解决问题的过程;合作学习是指学生以小组为单位进行学习的方式。A项关注的是学生的情绪和情感体验(激发学习兴趣,主动探究),体现了自主、探究式学习;B、D项均提倡合作学习;C项体现的是探究式学习。所以,选项均体现了新课程倡导的学习方式。

31. ABCD 【解析】本题考查《中小学幼儿园安全管理办法》。根据《中小学幼儿园安全管理办法》第三条规定,学校安全管理遵循积极预防、依法管理、社会参与、各负其责的方针。

32. AB 【解析】本题考查知觉的恒常性的内涵。知觉的恒常性是指客观事物本身不变,但知觉条件在一定范围内发生变化时,人的知觉映像仍相对不变。根据定义可知,A、B两项属于知觉的恒常性;C项属于知觉的选择性;D项属于知觉的整体性。

33. BCD 【解析】本题考查自我调控策略的内容。自我调控策略是指学习者在学习过程中,如何有意识地、系统地监测、评估、调节自己的思维、感知、情绪、动机与行为,以达成其目标的一种心理活动。一般自我调控策略有三个要素:(1)自定目标与计划,是指学生分析学习任务,设置具体的学习目标以及规划,或者改善为达到目标所选用的策略;(2)自我监测、自我评价,是学生根据对先前表现和结果的观察与记录,判断自己学习的效能,

即评价个体在某一学习任务上的现有能力水平；(3)自我激励、自我调整，是指学生把注意力集中于学习结果和策略过程两者之间的关系上，以确定某种策略的有效性。因此，答案选B、C、D三项。(具体参看吴增强编著的《学习心理辅导》)

34. ABD 【解析】本题考查外部学习动机的内涵。按学习动机产生的诱因来源，可分为内部学习动机和外部学习动机。内部学习动机是指诱因来自学习者本身的内在因素，即学生因对活动本身发生兴趣而产生的动机。具有内部动机的学生，活动本身就能使其得到满足，无需外力的作用(如报酬和奖赏)，也能产生荣誉感。外部学习动机是指诱因来自学习者外部的某种因素，即在学习活动以外由外部的诱因激发出来的学习动机。A、B、D三项均是由外部的诱因激发出来的学习动机，故属于外部学习动机；C项张涛是自己主动去请教老师课堂上不明白的知识点，属于内部学习动机。故答案选A、B、D三项。

35. AB 【解析】本题考查言语说服的技巧。有效的说服是提高道德认知的途径。用言语说服学生需要一些技巧。首先，言语说服要以理服人、以情动人。向学生说明某种道理时，教师需要以理服人，用严密和有条理的论证来说明。在此基础上，教师还需要动之以情，在说明道理的时候辅之以强烈的情感色彩，用情感来感染和打动学生。对于低年级的学生来说，富有感情色彩、生动感人的说服内容更容易发生影响，而对于高年级学生来说，充分说理、富有逻辑的说服内容更为有效。其次，在言语说服的过程中，是只提供正面的论点论据效果卓著，还是同时提供正反两方面的论点论据效果好呢？社会心理学家霍夫兰德发现，对于受教育程度高的人来说，提供正反两方面的论据论点更易于使他们信服，而对于受教育程度低的人来说，只提供正面论据更好些。故答案选A、B两项。

三、填空题

36. 关心爱护学生
37. 现实美
38. 生物
39. 德育原则
40. 教育机智
41. 专题总结
42. 保罗·朗格朗
43. 精神分析心理学
44. 意志
45. 区分度
46. 言语直观
47. 依从(社会规范的依从)
48. 贝尔—兰喀斯特制
49. 忠于人民教育事业
50. 直觉思维

四、判断说理题

51. 班集体的核心队伍由班干部组成。所以，班主任建立班集体的核心队伍就是要加强班干部的选拔和培养。这种说法是否正确？请运用教育学知识加以说明。

(1)这种说法是不正确的。[2分](2)班集体中的核心队伍是由积极分子与班干部组成的。[2分]建立班集体的核心队伍，首先，教师要善于发现和培养积极分子。这就需要教师在了解学生的基础上，及时发现并选拔出热心为集体服务，团结同学且具有一定管理能力的学生干部。[3分]其次，教师应把对积极分子的使用与培养结合起来。由此可见，题干说法过于片面。[3分]

52. 教育目的与教育方针的主要区别在于教育目的强调培养人的质量和规格，而教育方针强调“办什么样的教育，怎样办教育”。这种说法是否正确？请运用教育学知识加以说明。

(1)这种说法是正确的。[1分](2)从教育目的与教育方针的区别来看，一方面教育方针所含的内容比教育目的更多些。教育目的一般只包括“为谁培养人”“培养什么样的人”的问题；而教育方针除此之外，还含有“怎样培养人”的问题和教育事业发展的基本原则。[1分]另一方面教育目的在对人培养的质量规格方面要求较为明确，而教育方针则在“办什么样的教育”“怎样办教育”方面更为突出。题干说法正确。[1分]

53. 学生的学习主要受学习动机的支配，学习动机越强，学习效果越好。这种说法是否正确？请运用心理学知识加以说明。

(1)这种说法是不正确的。[2分](2)①总体而言，在一般情况下，学习动机与学习效果的关系是一致的。学习动机越强，有机体对学习活动的积极性就越高，学习效果就越佳，表现为学习动机可以促进学习，提高成绩。[2分]②对一项具体的学习活动而言，学习动机与学习效果的关系并不是那么简单。只有当学习动机的强度处于最佳水平时，才能产生最好的学习效果。学习动机与学习效果之间的关系遵循“耶克斯—多德森定律”。“耶克斯—多德森定律”表明，动机不足或过分强烈都会影响学习效果。第一，动机的最佳水平随着任务性质的不同而不同。在比较容易的任务中，行为效果(工作效率)随着动机的提高而上升；随着任务难度的增加，动机的最佳水平有逐渐下降的趋势。第二，一般来讲，最佳水平为中等强度的动

机。第三,动机水平与行为效果呈倒U型曲线。因此,本题说法过于片面。[3分]

五、材料分析题(参考答案)

54. (1)材料一中甲、乙、丙三位学生的观点是不全面的。[2分]

根据《中小学教育惩戒规则(试行)》(以下简称《规则》)第八条规定,教师在课堂教学、日常管理中,对违规违纪情节较为轻微的学生,可以当场实施以下教育惩戒:①点名批评;②责令赔礼道歉、做口头或者书面检讨;③适当增加额外的教学或者班级公益服务任务;④一节课堂教学时间内的教室内站立;⑤课后教导;⑥学校校规校纪或者班规、班级公约规定的其他适当措施。因此,材料一中的张老师对李鹏进行一节课堂教学时间内的教室内站立的教育惩戒是合理、合法的,并没有侵犯李鹏的受教育权。[2分]

根据《规则》第十一条规定,学生扰乱课堂或者教育教学秩序,影响他人或者可能对自己及他人造成伤害的,教师可以采取必要措施,将学生带离教室或者教学现场,并予以教育管理。材料一中,李鹏严重影响课堂秩序后,张老师对其予以教育惩戒,但其仍不改正。于是,张老师将李鹏叫到办公室继续进行教育管理。因此,张老师的做法是合理的,并没有剥夺李鹏的受教育权。[2分]

(2)①把握好教育惩戒的教育属性。《规则》第二条明确规定,教育惩戒是指"学校、教师基于教育目的,对违规违纪学生进行管理、训导或者以规定方式予以矫治,促使学生引以为戒、认识和改正错误的教育行为"。因此,实施教育惩戒要基于关爱学生的宗旨,注重人文关怀,使学生认识和改正错误,达到教育学生遵守规则、增强自律、改过向上的目的,决不能为了惩戒而惩戒。在本材料中,该小学生(刘某女儿)属于《规则》的调整范畴,如其确有违规违纪行为,可以按照《规则》予以教育惩戒。但是根据《规则》,对低年级(小学一二年级)学生只能实施第八条、第九条及与之相当的教育惩戒措施。[1分]

②实施教育惩戒措施要适当。《规则》强调,实施教育惩戒应当选择适当措施,与学生过错程度相适应。在本材料中,班主任是根据班规,对刘某女儿等5名违反管理纪律的学生进行了罚跑10圈的处理。根据《规则》第八条规定可知,《规则》允许通过适当增加运动要求的方式实施教育惩戒,但对刚满6岁的一年级学生罚跑10圈,已经超出了这个年龄段学生正常的体育活动量,可以认定为超出了正常教育惩戒的范围。为此,该班主任也在事后受到了学校的处分。这就提醒广大教师,实施教育惩戒一定要结合学生年龄、性格等特点,综合考虑学生的一贯表现、主观认识、悔过态度以及家庭环境等因素,以求达到最佳育人效果。[1分]

③学校应当为教师依法实施教育惩戒提供保障。学校应完善相关制度,加强对教师的培训,规范教师的教育教学管理行为,对于因教师管理行为发生的纠纷,学校应当及时予以处理,切实保障教师权益。[1分]

④要建立家校合作机制。《规则》第五条明确规定,"学校制定校规校纪,应当广泛征求教职工、学生和学生父母或者其他监护人(以下称家长)的意见;有条件的,可以组织有学生、家长及有关方面代表参加的听证。校规校纪应当提交家长委员会、教职工代表大会讨论,经校长办公会议审议通过后施行,并报主管教育部门备案。教师可以组织学生、家长以民主讨论形式共同制定班规或者班级公约,报学校备案后施行"。在本材料中,学生家长刘某在"罚跑"事件发生后,坚持认为其女儿在学校受到体罚,但班主任又声称是根据班规才对学生进行了罚跑。由此可见,制定班规一定要充分征求家长意见,得到家长认可,或者至少让家长能了解班规。[1分]

⑤要积极维护教师的合法权益。《规则》第十六条明确规定,"家长威胁、侮辱、伤害教师的,学校、教育行政部门应当依法保护教师人身安全、维护教师合法权益;情形严重的,应当及时向公安机关报告并配合公安机关、司法机关追究责任"。因此,学校在遇到类似事件时,应当积极主动维护教师权益,尤其是像侮辱、诽谤罪等不告不立的,还应当积极协助教师向有关机关提起刑事自诉等。[2分]

55. (1)①宋老师的做法体现了间接经验与直接经验相结合的教学规律。教学活动是学生认识客观世界的过程,要以间接经验为主、直接经验为辅,将二者有机结合起来。材料中,宋老师在教学中没有直接给学生介绍有关花卉的知识,而是鼓励学生自主探索,使学生不仅获得了花卉的信息,还了解了获取信息的途径。这体现了间接经验与直接经验相结合的规律。[2分]

②宋老师的做法体现了启发性、理论联系实际和直观性教学原则。材料中,宋老师调动了学生的主动性和积极性,引导学生通过积极探索,获得相关知识,即体现了启发性教学原则的运用;宋老师在带学生去公园赏花前,先鼓励学生主动了解有关花卉的知识,即体现了对理论联系实际和直观性教学原则的运用。[2分]

③宋老师的做法充分发挥了学生的主体性。充分

发挥学生的主体性,这是上好课最根本的要求。材料中,宋老师运用讨论法,组织学生讨论各自获得的信息,使课堂气氛热烈,充分发挥了学生的主体性。[2分]

(2)①教师要营造轻松愉快的教学氛围。从教师与学生的关系看,新课程倡导的教师是学生学习的促进者。教师要发挥主导作用,首先要转变观念,改变以往的"权威者"的身份,给学生创设一个愉悦、和谐、民主的环境;其次,教师应为学生提供有利于创造的学习环境和勇于表现的机会,让学生大胆地探索创新。[4分]

②引导探索,适时点拨。在教学过程中,教师要指导学生积极主动地学习,并通过创设问题情境、设置悬念、引导学生质疑等活动使学生得到发展。[3分]

③做好评价,激励奋进。学生提出的问题或解决问题的方法只要有合理之处,教师就应给予肯定,即使有缺点甚至是错误的,也不要全盘否定,而是要在肯定的基础上鼓励、引导学生修改或完善。另外,教师要坚持发展性评价和激励性评价,关注学生的个体差异,发挥学生的积极性和主动性,促进学生不断进步。[3分]

56. (1)①充分发挥学生的主体性是上好课的最根本的要求,教师要善于启发、调动学生学习的积极性,在鸦雀无声的课堂中,学生"口不能言",只能被动地接受学习,这样,势必会导致学生学习的主动性和积极性缺失。[1分]

②课堂管理过程的实质就是师生在课堂中相互作用的过程。课堂管理的目的是建立一个积极的、有建设性的课堂环境,而不是让学生安静、驯服地遵守课堂纪律。科学有效的课堂管理,不仅能维持课堂秩序,而且能增进教学效果;不仅能提高课堂教学质量,而且能促进学生健康地发展。[1分]

③应该树立以人为本的教育观。新课程强调以人为本,关注人是新课程的核心理念。让学生喜欢学习、学习得更好比让学生安静更重要。[1分]

(2)叶圣陶先生一语道破了教师主导的教师观。教师是教学活动的领导者、组织者,是学生学习的指导者和学习质量的检查者,他能够引导学生沿着社会所期望的方向发展,使学生成为社会所需要的人才。[1分]落实教师主导的教师观,在新课改的教学实践中需要做到以下四个方面:①启迪学生做人;②引导学生学会学习;③激励学生学会思考;④指导学生开展实践。[1分]

57. (1)对阳阳的学习产生影响的是附属内驱力,属于外部学习动机。[2分]

(2)附属内驱力是指个体为了获得长者们(如家长、教师)的赞许或认可而表现出把工作、学习做好的一种需要。它既不直接指向学习任务本身,也不把学业成就看作赢得地位的手段,而是为了从长者或同伴那里获得赞许和接纳。附属内驱力是一种间接的学习需要,属于外部学习动机。[2分]材料中阳阳喜欢英语课的原因是英语老师经常在课堂上表扬他,让他认为老师很器重自己,这说明其学习动机属于附属内驱力。[2分]

附属内驱力这种外部学习动机具有诱发性、被动性,一旦自身的需要没有得到满足,就会丧失学习动机。[2分]材料中阳阳在升入初中更换新的英语老师后,由于新的英语老师不如原来的英语老师对他那样重视,他很快就失去了原来的学习劲头,英语成绩也开始下滑,这正说明了这一点。[2分]因此,附属内驱力这种外部动机对学生学习的影响体现在:

①决定着学生学习的方向;②决定着学生学习的态度;③对学生的学习成绩有很大影响。[2分]

福建省教师招聘考试教育综合模拟试卷(三)

一、单项选择题

1. A 【解析】根据《中华人民共和国教师法》第十三条规定,取得教师资格的人员首次任教时,应当有试用期。

2. D 【解析】《中华人民共和国教育法》第六十七条规定,国家鼓励开展教育对外交流与合作,支持学校及其他教育机构引进优质教育资源,依法开展中外合作办学,发展国际教育服务,培养国际化人才。教育对外交流与合作坚持独立自主、平等互利、相互尊重的原则,不得违反中国法律,不得损害国家主权、安全和社会公共利益。

3. B 【解析】第斯多惠要求教师必须具有高度的知识水平,他说:正如没有人能把自己所没有的东西给予别人一样,谁要是自己还没有发展、培养和教育好,他就不能发展、培养和教育别人。所以,教师应有顽强的学习精神,热爱自己的专业,不断充实和提高自己。"谁要是自己还没有发展、培养和教育好"体现的是教师的学。"他就不能发展、培养和教育别人"体现的是教师的教。故题干所述说明教师的学影响教师的教。

4. C 【解析】"不愤不启,不悱不发"体现了启发诱导的教育思想。"君子之教,喻也"的意思是教师对人施教,就是启发诱导,与题干体现的教育思想一致。

5. C 【解析】班主任是联系各科任课教师的纽带,是学校班级间互相联系的纽带,同时也是沟通学校与家庭、社会各方面教育力量的桥梁。

6. D 【解析】情感态度与价值观目标强调教学过程中激发学生的情感共鸣，引起积极的态度体验，形成正确的价值观。由D项中的“自豪”“激发为家乡做贡献的愿望”可知，D项属于情感态度与价值观目标。

7. C 【解析】说服教育法是通过摆事实、讲道理，使学生提高认识，形成正确观点的方法。这是一种坚持正面理论教育和正面思想引导，增强辨别是非能力，促进道德发展的重要方法。说服教育法的方式包括两类：第一类是运用语言文字进行说服的方式，如讲解、报告、谈话、讨论、辩论、读书指导等；第二类是运用事实进行说服教育的方式，主要包括参观、访问和调查。

8. B 【解析】个体不同方面的发展具有不平衡性，有的方面在较早的年龄阶段就已达到较高的发展水平，有的则要到较晚的年龄阶段才能达到成熟的水平。例如，在心理方面，感知成熟在先，思维成熟在后，情感成熟更后。

易错警示：考生易混淆个体身心发展的阶段性和不平衡性。理解阶段性的关键是“不同年龄阶段表现出不同的总体特征”；理解不平衡性的关键是“同一方面在不同年龄阶段的发展速度和不同方面的发展水平都是不平衡的”。

9. C 【解析】教师劳动的连续性是指时间的连续性，教师的劳动没有严格的交接班时间界限；教师劳动的广延性是指空间的广延性，教师没有严格界定的劳动场所，课堂内外、学校内外都可能成为教师劳动的空间。题干中的“没有明显的时空界限”体现了教师劳动的连续性和广延性。

10. C 【解析】“癸卯学制”主要承袭了日本的学制，是中国近代教育史上第一部由国家颁布的并在全国实行的学制系统，成为中国近代教育走向制度化、法制化阶段的标志。

11. C 【解析】根据使用的主要教学方法，可将课分为讲授课、演示课（演示实验或放幻灯片、录像）、练习课、实验课和复习课。

12. C 【解析】本题考查马克思主义教育学的代表著作。克鲁普斯卡娅的《国民教育与民主主义教育》是最早以马克思主义为基础探讨教育学问题的著作。

13. C 【解析】品德意志是人们为实现一定的品德行为目的所做出的努力的过程，它是调节学生品德行为的精神力量。由题干中“她决定改正自己的这一行为。可是不久后，这一行为依然频频出现”可知，小丽缺乏坚定的品德意志，故对小丽的教育应重点培养其品德意志。

14. B 【解析】本题考查内发论的观点。内发论强调内在因素，如“需要”“成熟”，强调人的身心发展的力量主要源于人自身的内在需要，身心发展的顺序也是由身心成熟机制决定的。孟子是内发论的代表人物之一，他认为人的本性是善的，万物皆备于我，人的本性中就有“恻隐、羞恶、辞让、是非”之心，这是“仁、义、礼、智”四种基本品性的根源，人只要善于修身养性，向内寻求，这些品性就能得到发展。故本题选B项。

15. D 【解析】本题考查新中国成立以来教育目的的各种表述。

A项。1995年，第八届全国人民代表大会第三次会议通过了《中华人民共和国教育法》，规定：“教育必须为社会主义现代化建设服务，必须与生产劳动相结合，培养德、智、体等方面全面发展的社会主义事业的建设者和接班人。”2015年，第十二届全国人民代表大会常务委员会第十八次会议决定将《中华人民共和国教育法》第五条修改为：“教育必须为社会主义现代化建设服务、为人民服务，必须与生产劳动和社会实践相结合，培养德、智、体、美等方面全面发展的社会主义建设者和接班人。”2021年，第十三届全国人民代表大会常务委员会第二十八次会议决定将《中华人民共和国教育法》第五条修改为：“教育必须为社会主义现代化建设服务、为人民服务，必须与生产劳动和社会实践相结合，培养德智体美劳全面发展的社会主义建设者和接班人。”

B项。1993年，中共中央、国务院印发《中国教育改革和发展纲要》，提出：“教育改革和发展的根本目的是提高民族素质，多出人才，出好人才。各级各类学校要认真贯彻‘教育必须为社会主义现代化建设服务，必须与生产劳动相结合，培养德、智、体全面发展的建设者和接班人’的方针，努力使教育质量在90年代上一个新台阶。”

C项。1985年，《中共中央关于教育体制改革的决定》指出：“教育体制改革的根本目的是提高民族素质，多出人才、出好人才。”

D项。1999年，《中共中央国务院关于深化教育改革，全面推进素质教育的决定》提出：“实施素质教育，就是全面贯彻党的教育方针，以提高国民素质为根本宗旨，以培养学生的创新精神和实践能力为重点，造就‘有理想、有道德、有文化、有纪律’的、德智体美等全面发展的社会主义事业建设者和接班人。”

综上所述，1999年发布的《中共中央国务院关于深化教育改革，全面推进素质教育的决定》是首次将美育纳入教育方针的文件。故本题选D项。

16. B 【解析】在影响自我效能感的因素中，替代性

经验是指个体的许多效能期望是来源于对他人的观察,如果看到一个与自己一样或不如自己的人成功,自己的效能感就会提高。根据题干中的描述可知,小王因为小李在奥数比赛中获奖,而认为自己参加也一定能获奖,这正是体现了替代性经验对自我效能感的影响。

17. A 【解析】直观性原则是指在教学活动中,教师应尽量利用学生的多种感官和已有的经验,通过各种形式的感知,使学生获得生动的表象,从而比较全面、深刻地掌握知识。题干中的语文老师通过言语直观来生动地解释"奶"这个字,体现了对直观性原则的运用。

18. A 【解析】感觉记忆的特点是容量大,保持时间很短;短时记忆的容量是有限的(一般是7±2个组块,即5~9个项目),保持时间短;相对而言,长时记忆的容量无限、信息保持时间长久。所以,A项说法错误,B项说法正确。感觉记忆和长时记忆中的信息是我们意识不到的,这两种记忆中的信息只有被传送到短时记忆中才能被执行、控制和加工,短时记忆是唯一对信息进行有意识加工的记忆阶段。所以,C项说法正确。瞬时记忆(感觉记忆)的编码方式有图像记忆和声像记忆两种;短时记忆的编码方式有听觉编码和视觉编码两种,也存在语义编码,主要是听觉编码。所以,D项说法是正确的。因此,答案选A项。

19. B 【解析】感性概括即直觉概括,它是在直观的基础上自发进行的一种低级的概括形式。题干所述属于感性概括。

20. C 【解析】认同是学习者在思想、情感、态度和行为上主动接受规范,从而试图与之保持一致。

21. B 【解析】注意的集中性是指心理活动停留在被选择的对象上的强度或紧张度,它使心理活动离开一切无关的事物,并且抑制多余的活动,以保证注意的对象能得到比较鲜明和清晰的反映。注意越集中,对事物的反映越清晰,对其他未被注意的事物的反映越模糊。题干所述是注意集中性的表现。

22. C 【解析】遵守法规取向阶段的道德价值是以服从权威为导向,包括服从社会规范,遵守公共秩序,尊重法律的权威,以法制观念判断是非、知法守法。在经典的道德两难故事中,此阶段的儿童会认为,海因茨不应该去偷药,因为如果人人都违法去偷东西的话,社会就会变得很混乱。因此,题干中小朱的道德发展处于遵守法规取向阶段。

23. A 【解析】问题解决与创造力是相互制约,相互联系的。(1)创造力的水平高低必须通过问题解决来体现。问题越是复杂,解决起来越困难,就越能体现一个人创造力水平的高低。(2)创造力的大小对问题解决有直接的影响。一个人创造力水平越高,问题解决的速度越快。(3)问题解决会促进创造力的发展。解决问题的过程有助于激发和培养人的创造力。

24. A 【解析】小学儿童的情感内容不断丰富。主要表现在:(1)多样化的活动丰富了小学儿童的情绪、情感。(2)小学儿童的情感进一步分化。由于知识经验的积累,小学儿童的情感分化逐渐精细。以笑为例,小学儿童除了会微笑、大笑外,还会羞涩地笑、嘲笑、冷笑、苦笑、狂笑等。

25. B 【解析】定势就是指由先前影响所形成的往往不被意识到的心理准备状态,它将支配人以同样的方式去对待同类后继活动。故题干所述现象为定势。

二、多项选择题

26. ABC 【解析】"教育万能论"的代表人物有英国的洛克、德国的康德、美国的华生、法国的爱尔维修等。高尔顿是教育无用论的代表人物。

27. ABCD 【解析】教师的知识素养包括政治理论修养、精深的学科专业知识(本体性知识)、广博的科学文化知识、必备的教育科学知识(条件性知识)、丰富的实践知识。

28. ABCD 【解析】分组教学有外部分组和内部分组、能力分组和作业分组等。

29. ABC 【解析】本题考查技能的种类。操作技能又叫运动技能、动作技能,是通过学习而形成的合乎法则的操作活动方式。日常生活中的写字、打字、绘画,音乐方面的吹、拉、弹、唱,体育方面的田径、球类、体操,生产劳动方面的车、刨、磨等活动方式,都属于操作技能的范畴。故A、B、C三项正确。心算技能属于心智技能,故排除。

30. CD 【解析】本题考查学习动机的种类。根据动机产生的诱因来源,可将学习动机分为内部学习动机与外部学习动机。故C、D两项正确。按学习动机的社会意义,可分为高尚的学习动机和低级的学习动机,故排除A、B两项。因此,答案选C、D两项。

31. ABC 【解析】根据《中华人民共和国义务教育法》第三十六条规定,学校应当把德育放在首位,寓德育于教育教学之中,开展与学生年龄相适应的社会实践活动,形成学校、家庭、社会相互配合的思想道德教育体系,促进学生养成良好的思想品德和行为习惯。

32. ABCD 【解析】在基本内容上,课程计划主要是指教学科目的设置(课程设置)、学科顺序(课程开

设顺序)、课时分配(教学时数)、学年编制和学周安排。

33. ABCD 【解析】主题班会的形式有:(1)主题报告会;(2)主题汇报会;(3)主题讨论会;(4)科技小制作成果展评会;(5)主题竞赛;(6)主题晚会。

34. BCD 【解析】能否发现问题取决于三个因素:主体活动的积极性、主体的知识经验和主体的求知欲望。

35. ABC 【解析】陈述性知识是关于"是什么"的知识,是对事实、定义、规则和原理等的描述。故A、B、C三项属于陈述性知识。程序性知识即操作性知识,是一种经过学习后自动化了的关于行为步骤的知识,表现为在信息转换活动中进行具体操作。故D项属于程序性知识。

三、填空题

36. 人文底蕴
37. 诱因
38. 亚里士多德
39. 全体性
40. 学会学习
41. 班风
42. 社会环境
43. 校内课程资源和校外课程资源
44. 因材施教
45. 质性研究
46. 教育教学权
47. 比纳—西蒙智力量表
48. 关注情境阶段
49. 班杜拉
50. 模像直观

四、判断说理题

51. 俗话说"严师出高徒""严是爱,松是害,不管不问要变坏"。所以爱学生和严格要求学生总是矛盾的。这种说法是否正确?请运用教育学知识并结合实际加以说明。

(1)这种说法是不正确的。[2分](2)尊重信任学生与严格要求学生相结合的原则是指在德育过程中,教育者既要尊重信任学生,又要对学生提出严格的要求,把严和爱有机地结合起来,使教育者的合理要求转化为学生的自觉行动。[4分]爱是严的基础,严是爱的体现,只有把两者紧密结合在一起,才能取得最佳教育效果。故题干说法错误。[4分]

52. 消极强化与惩罚的性质一样,都是学生想要回避的教学行为。这种说法是否正确?请运用心理学知识加以说明。

(1)这种说法是不正确的。[1分](2)消极强化是通过消除或中止厌恶、不愉快刺激来增强反应频率。惩罚是指当有机体做出某种反应以后,呈现一个厌恶刺激,以消除或抑制此反应的过程。这二者的性质不一样。[2分]

53. 有人认为,信息时代有了便捷的通讯手段,上门家访太浪费时间,可以取消了。这种说法是否正确?请结合相关知识说明理由。

(1)这种说法是不正确的。[2分](2)家访作为学校工作的一项重要内容,它是连接学校和家庭的重要纽带,是增进家校关系、师生关系的重要桥梁,是提高学校教育和家庭教育水平的重要途径,家访的成败,关系到教育对象能否健康地成长,关系到教育目标能否顺利实现。[3分](3)家访的特点在于,班主任面对单一的家庭进行教育协调。其优点是:可以深入地掌握每一个学生的家庭教育情况,班主任与家长的交流是个别化的、有针对性的。而电话等联系方式不能深入地了解到学生的家庭状况。[2分]

五、材料分析题(参考答案)

54. (1)材料中王老师的做法不符合素质教育的理念:①采用题海战术,忽视对学生能力的培养,加重了学生的学习负担,不利于小学生的身心健康发展;[2分]②他与学生之间的关系为专制型师生关系,教师虽然教学责任心强,但不讲究方式方法,扼杀了学生的学习积极性和主动性;[2分]③违背了桑代克的尝试—错误学习理论;④没有做好与家长的有效沟通。[2分]

(2)①正确对待学生在学习过程中所犯的错误,根据桑代克的学习定律,学习的过程就是尝试—错误并不断减少错误的过程;[2分]②不搞"突然袭击",即便要进行必要的测验,也应该让学生提前有所准备;[2分]③适当、适度的练习,练习律和效果律相互结合,每次练习结束后及时告知学习效果;④丰富教学方法和教学手段,充分激发小学生的学习兴趣,增强学生学习的积极性、主动性。[2分]

55. (1)学生观就是教师对学生的基本看法,它影响教师对学生的认识及其态度与行为,进而影响学生的发展。作为教师,应树立现代学生观:①学生是发展中的人,要用发展的观点认识学生;[2分]②学生是独特的人;[2分]③学生是具有独立意义的人。[2分]

(2)班主任王老师的做法体现了新课程倡导的学生观,是正确的。[1分]

①班主任王老师把学生看成是发展中的人,用发展的观点认识学生。王老师在教育小明时,没有直接根据小明的现实表现推断小明没有出息、没

有潜力，而是理解小明身上存在的不足，帮助小明改正错误，促进小明的发展与进步。[3分]

②班主任王老师把学生看成是独特的人。王老师针对小明出现的问题，耐心调查，主动家访，并针对小明的情况进行因材施教。[3分]

③班主任王老师把学生看成是具有独立意义的人。王老师让小明做体育委员，管理班级纪律的做法，尊重了小明的主观能动性，提高了小明的积极性，促进了小明的成长与进步。[3分]

56. (1)周老师通过表扬学生张扬的优点来帮助他改正缺点的做法，遵循了依靠积极因素，克服消极因素的原则(长善救失原则)。[2分]

(2)①教育者要用一分为二的观点，全面分析，客观地评价学生的优点和不足。周老师发现学生张扬有许多毛病，又让学生找到自己的优点，有利于全面、客观地评价学生。[1分]

②教育者要有意识地创造条件，将学生思想中的消极因素转化为积极因素。[1分]

③教育者要提高学生的自我认识、自我评价能力，启发他们自觉思考，克服缺点，发扬优点。周老师先让学生找到自己的优点，又通过说服教育使学生顿悟，提高了学生的自我认识、自我评价能力，有利于学生自觉地克服缺点、发扬优点。[1分]

57. (1)材料一中班主任和学校的做法是不正确的。[2分]根据《中华人民共和国义务教育法》第四条规定，凡具有中华人民共和国国籍的适龄儿童、少年，不分性别、民族、种族、家庭财产状况、宗教信仰等，依法享有平等接受义务教育的权利，并履行接受义务教育的义务。[2分]根据《中华人民共和国义务教育法》第二十七条规定，对违反学校管理制度的学生，学校应当予以批评教育，不得开除。[2分]初中生张华属于义务教育阶段的学生，学校应当依法保护其接受义务教育的权利，不得以任何理由和借口，包括以“劝退”的方式，来侵犯其接受义务教育的权利。[4分]

(2)不合理，原因有：

①学生的考试成绩属于学生的个人隐私，班主任在家长微信群里公布学生考试成绩的做法侵犯了学生的隐私权。[1分]

②老师公布学生的考试成绩排名，可能会令一些没考好、心理脆弱的学生产生额外的心理压力和负担，不利于学生学习成绩的提高和心理的健康成长。[1分]

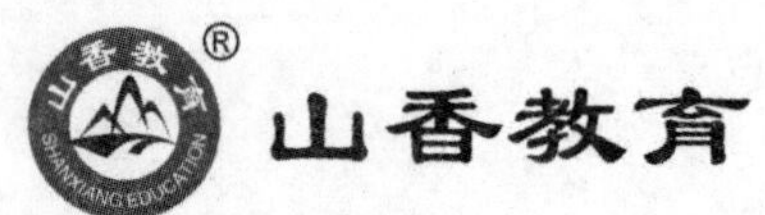

福建省教师招聘考试

高分题库精编

教育综合 上册

山香教师招聘考试命题研究中心 主编

图书在版编目(CIP)数据

福建省教师招聘考试教育综合高分题库精编:全2册 / 山香教师招聘考试命题研究中心主编. —北京:首都师范大学出版社, 2012.7(2022.5重印)

ISBN 978-7-5656-0895-7

Ⅰ.①福… Ⅱ.①山… Ⅲ.①教师—聘用—资格考试—习题集 Ⅳ.①G451.1-44

中国版本图书馆CIP数据核字(2012)第173931号

福建省教师招聘考试
JIAOYU ZONGHE GAOFEN TIKU JINGBIAN SHANGCE
教育综合高分题库精编·上册
山香教师招聘考试命题研究中心 主编

策划编辑 张文强
责任编辑 曹亮亮 王慕飞 封面设计 山香教育
首都师范大学出版社出版发行
地 址 北京市西三环北路105号
邮 编 100048
电 话 010-68418523(总编室) 010-68982468(发行部)
网 址 http://cnupn.cnu.edu.cn
印 刷 河南黎阳印务有限公司
经 销 全国新华书店
版 次 2012年7月第1版
印 次 2022年5月第15次印刷
开 本 787mm×1092mm 1/8
印 张 36
字 数 800千
定 价 70.00元

前　言

近年来，国家扩大和补充教师队伍的政策力度不断加大，教育部《关于进一步做好中小学教师补充工作的通知》中指出：深化教师队伍补充机制改革，确保教师聘用质量。全面推行新任教师公开招聘制度，形成长效机制。这意味着教师招聘考试各方面将日益规范和深入。这对每一位立志成为人民教师的考生来说，既是新的契机，也将是巨大的挑战。教师招聘考试(教师入编考试，简称招教)是我国公开招聘教师的选拔性考试，其目的是为教育行政部门录用优秀教师提供参考。各地依据考生笔试成绩，结合面试情况，按已确定的招聘计划择优录取。

一、福建省中小学教师公开招聘考试笔试结构

2022年福建省不再统一组织安排全省中小学幼儿园教师公开招聘工作，由市、县(区)教育部门会同有关部门组织实施。省教育厅委托福建省教育考试院提供一次教师招聘笔试服务，各市、县(区)和省直有关单位根据需要确定是否参加本次笔试。第一轮公开招聘结束后，各市、县(区)和省直有关单位(学校)可与福建省教育考试院对接，针对未完成招聘的空缺岗位开展第二轮补充招聘。

1. 笔试科目：笔试科目有“教育综合知识”和“专业知识”。“教育综合知识”考试时间120分钟，卷面总分为150分；“专业知识”考试时间120分钟，卷面总分为150分。“教育综合知识”是每位应聘者必考科目；“专业知识”由应聘者根据所学专业选择其中一个科目参加考试。

2. 笔试内容：教育综合知识考试的主要内容为时事政治、师德和教育法律法规与政策、教育学和心理学；专业知识考试的主要内容为相应学科的专业基础主干知识、相应学科的课程与教学论知识等。

二、福建省教师招聘考试教育综合知识备考策略

1. 了解教育综合知识考查的内容

福建省教育综合知识包括时事政治、师德和教育法律法规与政策、教育学和心理学，考生需要重点掌握后三部分知识，并对时事政治有所了解。

2. 在理解和掌握教材内容的基础上加强知识点之间的联系

该题库是依据教材相应章节的内容编订的，因此，考生可在整体理解教材的基础上利用该题库巩固所学知识。考生在做题的时候，应注意把握知识点之间的关联，这样才能熟练掌握相关知识并融会贯通。例如，在复习“最近发展区”的时候，考生不仅要想到教育学中个体身心发展规律的相关知识，而且要想到心理学中维果斯基的其他相关主张。

限于时间及水平，本套题库难免会有疏漏之处，衷心希望各位专家、学者及读者朋友们批评指正。

编　者

目　录

参考答案及解析单独成册

第一部分　师德和教育法律法规与政策

命题分析

【考查要点】

1. 识记《中华人民共和国教育法》(2021年修正)《中华人民共和国义务教育法》(2018年修正)《中华人民共和国教师法》(2009年修正)《中华人民共和国未成年人保护法》(2020年修正)等教育法律法规条文。

2. 识记《新时代中小学教师职业行为十项准则》《中国学生发展核心素养》《关于进一步减轻义务教育阶段学生作业负担和校外培训负担的意见》《中学教师专业标准(试行)》与《小学教师专业标准(试行)》等师德和教育规章与政策。

【考查题型】

以选择、判断、填空等客观题和判断说理、案例分析等主观题为主。

基础训练

一、单项选择题

1. 某小学建校50周年时制作了一批纪念品,并强制要求学生购买。依据我国《义务教育法》的规定,应该由县教育局对学校做出(　　)的处罚。

A. 责令退还所收费用　　B. 责令限期改正

C. 给予通报批评,没收违法所得　　D. 给予通报批评,责令限期改正

2. "双减"的指导思想是坚持以习近平新时代中国特色社会主义思想为指导,全面贯彻党的教育方针,落实________根本任务,着眼建设________,强化学校教育主阵地作用,深化校外培训机构治理,坚决防止侵害群众利益行为,构建教育良好生态,有效缓解家长焦虑情绪,促进学生________、健康成长。(　　)

A. 立德树人　高质量教育体系　全面发展　　B. 立德树人　高水平教育体系　个性发展

C. 教书育人　高质量教育体系　个性发展　　D. 教书育人　高水平教育体系　全面发展

3. 刘老师管理的班级中,有名顽皮的学生经常违反纪律而且屡教不改。有其他老师建议刘老师可以对违纪学生进行罚款,刘老师拒绝了这个建议,体现了刘老师遵守(　　)的要求。

A. 依法执教　　B. 因材施教　　C. 乐于奉献　　D. 廉洁从教

4. 中共中央办公厅、国务院办公厅印发的《关于进一步减轻义务教育阶段学生作业负担和校外培训负担的意见》指出,要有效减轻学生过重作业负担。对此,下列做法不符合规定的是(　　)

A. 不得要求学生自批自改作业　　B. 建立作业校内公示制度

C. 初中书面作业平均完成时间不超过90分钟　　D. 要求家长检查、批改作业

5. 为了学生的全面发展,学校开展了一系列以"国家认同,国际理解"为主题的活动,该举措属于培养学生核心素养中的(　　)

A. 人文底蕴　　B. 健康生活　　C. 责任担当　　D. 实践创新

6. 某学生勾结社会青年在学校内结伙斗殴,扰乱教育教学秩序,按照我国《教育法》的规定,应该由(　　)来处罚。(易错)

A. 学校　　B. 上级教育局　　C. 家长　　D. 公安机关

7. 某教师因与学校发生矛盾怀恨在心,故意不完成教育教学任务,给学校的教育教学工作造成了严重损失。对于该教师的做法,其所在的学校可以给予的处罚是(　　)(常考)

A. 管制或拘役　　B. 行政处罚　　C. 行政处分或解聘　　D. 追究民事法律责任

8. 《中国学生发展核心素养》,以科学性、时代性和民族性为基本原则,以培养(　　)为核心,分为文化基础、自主发展、社会参与三个方面。(易混)

A. "全面发展的人"　　B. "勇于创新的人"

C. "学会学习的人"　　D. "健康生活的人"

9. 初中教师陈某信奉佛教,他经常给学生讲佛教的知识,希望有的学生也信奉佛教。陈某的行为违反了《中华人民共和国教育法》规定的(　　)

A. 教育的公益性原则　　B. 教育的中立性原则

C. 教育的科学性原则　　D. 教育与宗教相分立的原则

10. 依据《中华人民共和国教师法》的规定,学校对教师的管理工作应(　　)

A. 根据章程的规定,自主进行　　B. 根据国家规定,自主进行

C. 在政府的领导下进行　　D. 不得自主进行

11. 在义务教育经费投入、学校设置和教师培训中起主导作用的是(　　)

A. 社会团体　　B. 国家和各级政府　　C. 民主党派　　D. 企业、事业单位

12. 吴老师对学校给予的通报批评处分不认可,根据国家法律规定,他可以(　　)

A. 向人民法院提起诉讼　　B. 向人民法院提起刑事诉讼

C. 向人力资源和社会保障局申请人事仲裁　　D. 向教育行政部门提出申诉

13. 11岁的小强去网吧查资料,根据《中华人民共和国未成年人保护法》的规定,网吧(　　)

A. 允许小强进入但不超过两小时　　B. 不用阻止小强进入

C. 不允许小强进入　　D. 要求小强由成年人带领进入

14. 根据《中华人民共和国义务教育法》的规定,适龄儿童、少年的父母或者其他法定监护人无正当理由未依照本法规定送适龄儿童、少年入学接受义务教育的,应当(　　)

A. 由当地乡镇人民政府或者县级人民政府教育行政部门对家长进行批评教育,责令限期改正

B. 由当地党的部门对家长进行党纪处分

C. 对家长进行罚款,直至其送子女入学

D. 由法院判决剥夺家长监护权

15. 根据我国《教育法》的规定，下列不属于学校及其他教育机构可行使的权利的是(　　)

A. 拒绝任何组织和个人对教育教学活动的非法干涉

B. 招收学生或者其他受教育者

C. 维护受教育者、教师及其他职工的合法权益

D. 组织实施教育教学活动

16. 依据《中学教师专业标准(试行)》，在教师专业能力中，合理处理课堂偶发事件属于(　　)

A. 教学设计能力　　B. 教学实施能力

C. 教育教学评价能力　　D. 反思与发展能力

17. 根据《中华人民共和国教育法》的规定，任何组织或者个人在国家教育考试中组织作弊，情节严重的，处(　　)拘留。

A. 三日以上十日以下　　B. 五日以上十五日以下

C. 七日以上二十日以下　　D. 十日以上三十日以下

18. 中共福建省委、福建省人民政府印发的《关于全面深化新时代教师队伍建设改革的实施意见》明确提出，公办中小学教师的特殊法律地位是(　　)

A. 教育服务人员　　B. 社会服务人员

C. 行政管理人员　　D. 国家公职人员

19.《中华人民共和国未成年人保护法》规定，国家对未成年人实行(　　)(常考)

A. 保护与教育相结合的原则　　B. 尊重与爱护相结合的原则

C. 爱护与保护相结合的原则　　D. 关心与爱护相结合的原则

20. 某市教育局下达了在全市小学开展国学经典诵读系列活动的实施意见，该举措旨在培养学生核心素养中的(　　)

A. 健康生活　　B. 实践创新　　C. 人文底蕴　　D. 学会学习

21. 以下教师的哪一行为违背了"传播优秀文化"这一要求(　　)

A. 教师在评优评奖工作中弄虚作假　　B. 教师在教学期间当众说学生是弱智

C. 教师拒绝参加由学生及家长付费的宴请　　D. 教师在学校论坛编造散布虚假信息

22. 美惠子是一位具有日本国籍的公民，她若是在中国的教育机构从事教育工作，她不能担任的职务是(　　)

A. 任课教师　　B. 教学辅导人员　　C. 学校校长　　D. 班主任

23. 张某是某县公立学校在编教师，因严重违反职业道德，经相关部门研究决定给予张某开除处分。这一处分决定应按照(　　)的程序进行。(常考)

A. 学校教代会讨论后，由学校领导班子集体研究决定并向县教育局备案

B. 学校研究后向县人社局提出建议，由县人社局决定并备案

C. 县教育局研究后向县人社局提出建议，由县人社局决定并备案

D. 学校研究后向县教育局提出建议，由县教育局决定并向县人社局备案

24.《中华人民共和国教育法》规定，明知校舍或者教育教学设施有危险，而不采取措施，造成人员伤亡或者重大财产损失的，对直接负责的主管人员和其他直接责任人员，依法追究(　　)

A. 民事责任　　B. 行政责任　　C. 一般责任　　D. 刑事责任

25.《中共中央 国务院关于全面加强新时代大中小学劳动教育的意见》指出："注重围绕丰富职业体验，开展服务性劳动、参加生产劳动，使学生熟练掌握一定劳动技能，理解劳动创造价值，具有劳动自立意识和主动服务他人、服务社会的情怀。"这一内容要求针对的学段是(　　)

A. 小学低年级　　B. 小学中高年级　　C. 初中　　D. 普通高中

26.《中共中央 国务院关于深化教育教学改革全面提高义务教育质量的意见》指出，"健全教学管理规程，统筹制定教学计划，优化教学环节"的主体是(　　)

A. 教育部　　B. 省级教育部门　　C. 市县级教育部门　　D. 学校

27. 学生林某放在课桌里的钱包不见了，于是班主任就对全班同学进行搜身。班主任的做法侵犯了学生的(　　)

A. 人格尊严权　　B. 人身自由权　　C. 隐私权　　D. 名誉权

28. 被撤销教师资格的，自撤销之日起(　　)年内不得重新申请认定教师资格，其教师资格证书由县级以上人民政府教育行政部门收缴。(易错)

A. 2　　B. 3　　C. 5　　D. 8

29. "掌握小学生品行养成的特点和规律"属于《小学教师专业标准(试行)》"专业知识"维度中的(　　)

A. 小学生发展知识　　B. 学科知识

C. 教育教学知识　　D. 通识性知识

30.《中华人民共和国义务教育法》规定，县级以上人民政府及其教育行政部门应当缩小学校之间办学条件的差距，促进学校(　　)

A. 跨越发展　　B. 优先发展　　C. 均衡发展　　D. 差异发展

31. 根据《中华人民共和国教师法》的规定，中小学教师和职业学校教师享受(　　)

A. 公务员同等待遇　　B. 教龄津贴和其他津贴

C. 职务津贴和教龄津贴　　D. 职务津贴和绩效津贴

32.《深化新时代教育评价改革总体方案》指出，教育评价改革要坚持科学有效，改进结果评价，强化过程评价，探索增值评价，健全综合评价，充分利用信息技术，提高教育评价的(　　)

A. 科学性、专业性、客观性　　B. 专业性、系统性、客观性

C. 科学性、全面性、有效性　　D. 专业性、全面性、有效性

33.《中共中央 国务院关于全面深化新时代教师队伍建设改革的意见》中指出，推动教师成为先进思想文化的传播者、党执政的坚定支持者、(　　)

A. 学生学习活动的指导者　　B. 学生心灵上的支持者

C. 学生健康成长的指导者　　D. 各种社会活动的参与者

34. 教师王某故意不按照大纲要求完成教学任务，而且经常对学生进行变相体罚，他的行为造成了恶劣的影响，所在学校或者教育行政部门应当给予其(　　)

A. 行政处分或者解聘　　B. 行政警告或者拘留

C. 行政管制或者拘留　　D. 行政处罚或者解聘

35. 李某是甲学校的教师，他为了防止学生早恋便随意私拆、毁弃学生的信件。李某的行为侵犯了学生的(　　)

A. 隐私权　　B. 肖像权　　C. 名誉权　　D. 生命权

36. 下列选项中，不属于《中华人民共和国教育法》规定的教育基本制度的是(　　)

A. 教育督导制度　　B. 教师培训制度

C. 教育评估制度　　D. 学业证书制度

37. 国务院和县级以上地方各级人民政府应当向(　　)报告教育工作和教育经费预算、决算情况，接受监督。

A. 本级人民代表大会或者其常务委员会　　B. 本级纪检监察部门

C. 上级人民法院　　D. 上级财政部门

38. 根据《中华人民共和国教育法》的规定，下列不属于设立学校及其他教育机构必须具备的基本条件的是(　　)

A. 有组织机构和章程

B. 有合格的教师

C. 有符合国际、国内双重标准的教学场所及设施、设备等

D. 有必备的办学资金和稳定的经费来源

39. 在整个教育法律体系中，(　　)处于“母法”和“根本大法”的地位。(常考)

A.《中华人民共和国宪法》　　B.《中华人民共和国教育法》

C.《中华人民共和国教师法》　　D.《中华人民共和国未成年人保护法》

40.《中华人民共和国教育法》规定，国家建立以(　　)为主、其他多种渠道筹措教育经费为辅的体制。

A. 财政拨款　　B. 社会捐资

C. 学杂费　　D. 学校利用智力资源创收

41. 依据《中华人民共和国教师法》的规定，学校聘任教师，签订聘任合同应当遵循的原则是(　　)(易混)

A. 机会均等　　B. 合理合法　　C. 权利义务对等　　D. 双方地位平等

42. 根据《中华人民共和国义务教育法》的规定，义务教育阶段适龄儿童、少年(　　)

A. 缴费入学　　B. 考核入学　　C. 注册入学　　D. 免试入学

43. 根据《中华人民共和国未成年人保护法》规定，学校应当与未成年学生的父母或者其他监护人互相配合，保证未成年学生的睡眠、娱乐和体育锻炼时间，不得加重其(　　)

A. 学习负担　　B. 精神负担　　C. 经济负担　　D. 体力负担

44. 班主任熊老师在翻看学生王强与朋友的书信时，发现王强对他的形象有调侃和不礼貌的描述，因此要求王强放学以后到办公室写检讨，不认真写完不准回家。熊老师的行为侵犯了学生的(　　)

A. 隐私权和人身自由权　　B. 名誉权和人身自由权

C. 隐私权和不被体罚权　　D. 通信权和人身自由权

45. 根据有关法律法规可知，受教育者可以享有的权利有(　　)

①参加学校组织的参观博物馆活动的权利

②因自己的家长是教师而获得奖学金的权利

③因不满意教师的讲课风格而提出诉讼的权利

④完成规定的学业后获得相应学业证书的权利

A. ①②　　B. ①④　　C. ②③　　D. ②④

46. 根据《中华人民共和国教育法》规定，下列不适用于该法的情况是(　　)

A. 香港的孩子到北京上学　　B. 中国学生到英国留学

C. 某私立小学扩招学生　　D. 某幼儿园开始招生办学

47. 学校和教师在教师资格认定的过程中，因为学校的过错行为而产生的法律后果应由(　　)承担。

A. 学校　　B. 教师　　C. 教育行政部门　　D. 人民政府

48.《中华人民共和国教育法》规定，教育应该坚持(　　)，对教育者加强社会主义核心价值观教育，增强社会责任感、创新精神和实践能力。

A. 依法施教　　B. 立德树人　　C. 培根铸魂　　D. 教书育人

49. 小华刚过十五岁生日，正逢一个企业招工，小华通过招聘被企业录用。该企业录用小华的行为主要违反了(　　)

A.《中华人民共和国教育法》　　B.《中华人民共和国义务教育法》

C.《中华人民共和国职业教育法》　　D.《中华人民共和国未成年人保护法》

50. 根据《中华人民共和国教育法》的规定，个人依法举办学校，负责筹措该学校办学经费的主体是(　　)

A. 举办者个人　　B. 当地政府

C. 当地教育行政部门　　D. 当地社会团体及其他社会组织

51. 下列属于教师权利的是(　　)(常考)

A. 不断提高思想政治觉悟和教育教学业务水平

B. 指导学生的学习和发展，评定学生的品行和学业成绩

C. 组织、带领学生开展有益的社会活动

D. 关心、爱护全体学生，尊重学生人格

52. 教师敷衍完成本职教学任务，进行兼职兼薪工作，根据《新时代中小学教师职业行为十项准则》，该教师违背了(　　)

A. 自觉爱国守法　　B. 潜心教书育人　　C. 坚守廉洁自律　　D. 规范从教行为

53.《中华人民共和国义务教育法》规定，教科书根据(　　)编写，内容力求精简，精选必备的基础知识、基础技能，经济实用，保证质量。

A. 国家课程标准和学生身心特点　　B. 国家建设发展需要

C. 教育规律和学生身心特点　　D. 国家教育方针和课程标准

54. 下列对教师的待遇和法律责任的描述，不符合《中华人民共和国教师法》规定的是(　　)

A. 教师的平均工资水平应当不低于或者高于国家公务员的平均工资水平

B. 教师的医疗同当地国家公务员享受同等的待遇，定期对老师进行身体健康检查

C. 县、乡两级人民政府应当为中小学老师解决住房问题、提供住宿

D. 教师品行不良、侮辱学生情节严重，构成犯罪的，依法追究刑事责任

55. 某老师常把犯错学生关在办公室反省，不允许其参加课外活动，老师的行为侵犯了学生的(　　)

A. 人格尊严权　　B. 人身自由权　　C. 生命健康权　　D. 个人名誉权

56. 教师有权享受国家规定的各种待遇，包括医疗、住房、退休方面的待遇和优惠政策以及寒暑假期的带薪休假，这体现了教师享有(　　)

A. 教育教学权　　B. 指导评价权　　C. 参与管理权　　D. 获得报酬权

57. 一个学生经常调皮捣蛋，成绩不理想，老师怕他拉低班级的平均分，在临近考试期间不让他上课和参加考试。这侵犯了学生的(　　)(常考)

A. 名誉权　　B. 受教育权　　C. 隐私权　　D. 人格尊严权

58. 学校、幼儿园、托儿所和公共场所发生突发事件时，应当优先救护(　　)

A. 校长、园长或所长　　B. 教师

C. 女教师　　D. 未成年人

59. 小学生李某经常故意扰乱课堂秩序，严重影响其他同学的学习状态，学校责令家长将其转走，否则予以开除处分。该校的做法(　　)

A. 正确，学校拥有教学管理权　　B. 正确，维护了正常的教学秩序

C. 不正确，学校应对该生长期停课　　D. 不正确，学校应对该生批评教育

60.《中国学生发展核心素养》以科学性、时代性和民族性为基本原则，包括的六大素养是(　　)

①人文底蕴、科学精神　　②学会学习、健康生活

③责任担当、实践创新　　④国际视野、爱国情怀

A. ①②③　　B. ①②④　　C. ①③④　　D. ②③④

61. 根据《中华人民共和国义务教育法》的规定，国务院和地方各级人民政府用于实施义务教育财政拨款的增长比例应当(　　)财政经常性收入的增长比例。

A. 等于　　B. 低于　　C. 高于　　D. 接近

62. 某小学语文老师经常给学生起侮辱性的绰号，造成恶劣影响。按照有关法律，可以给予该教师(　　)

A. 行政处分　　B. 行政处分或解聘　　C. 行政处罚　　D. 行政处罚或解聘

63. 下列情况中，违反我国《未成年人保护法》的是(　　)

A. 初中教师在学校食堂吃饭时喝酒并大声说笑，引起很多学生关注

B. 对无行为能力的未成年人的信件、邮箱等可由其父母代为开拆、查阅

C. 教师不得披露未成年人的个人隐私

D. 父母或其他监护人不履行监护职责，经教育不改的，可依法另行指定监护人

64. 12岁的小亮因为家里经济状况不好，放学后到饭店打工，饭店老板了解情况后聘用了他，并为他安排了较为清闲的工作。该饭店老板的做法(　　)

A. 合法，有助于改善小亮家庭的经济状况　　B. 合法，有助于锻炼小亮的自立能力

C. 不合法，任何人不得非法雇佣童工　　D. 不合法，没有取得小亮监护人同意

65. 下列关于《中华人民共和国教师法》的表述，不正确的是(　　)(常考)

A.《中华人民共和国教师法》自1994年1月1日起施行

B.《中华人民共和国教师法》是我国教育史上第一部关于教师的单行法律

C.《中华人民共和国教师法》仅适用于各级各类学校中专门从事教育教学工作的老师

D.《中华人民共和国教师法》第七条规定，教师享有参加进修或者其他方式的培训的权利

66. 甲学校校长打断刘老师正常的上课进程，让其去迎接临时到访的上级领导，该校长的做法侵犯了刘老师的(　　)

A. 管理学生权　　B. 科学研究权

C. 教育教学权　　D. 获取报酬权

67. 下列开拆、查阅未成年人的信件、日记、电子邮件或者其他网络通讯内容的情形中，违反我国《未成年人保护法》相关规定的是(　　)

A. 因国家安全或者追查刑事犯罪依法进行检查

B. 无民事行为能力未成年人的父母或者其他监护人代未成年人开拆、查阅

C. 紧急情况下为了保护未成年人本人的人身安全

D. 完全民事行为能力未成年人的父母因顾虑未成年人的异性交往问题

68. 根据《中华人民共和国未成年人保护法》的规定，对未成年人免费开放的场所不包括(　　)

A. 爱国主义教育基地　　B. 体育场馆

C. 图书馆　　D. 儿童活动中心

69. 根据我国《教育法》，盗用、冒用他人身份，顶替他人取得的入学资格的，由教育行政部门或者其他有关行政部门责令撤销入学资格，并责令停止参加相关国家教育考试(　　)

A. 一年以上三年以下　　B. 二年以上五年以下

C. 三年以上六年以下　　D. 四年以上十年以下

70.《中华人民共和国义务教育法》对义务教育阶段学校收费的规定是(　　)

A. 收学费、不收杂费　　B. 收杂费、不收学费

C. 不收学费、杂费　　D. 不收书本费、杂费

71. 根据我国法律规定,受到剥夺政治权利或者故意犯罪受到(　　)以上刑事处罚的,不能取得教师资格;已经取得教师资格的,丧失教师资格。
A. 拘役　B. 传讯审问　C. 有期徒刑　D. 无期徒刑

72. 下列说法正确的是(　　)
A. 义务教育是根据法律规定,适龄儿童、少年选择接受的教育
B. 义务教育在中国得到全面普及
C. 根据我国《教师法》的规定,教师的平均工资应当不低于或者高于当地公务员的工资
D. 现代学制改革的重点是延长义务教育年限

73. 根据我国有关法律规定,下列说法有误的是(　　)
A. 学校及其他教育机构中的管理人员,实行教育非职员制度
B. 国家鼓励学校及其他教育机构、社会组织采取措施,为公民接受终身教育创造条件
C. 学校及其他教育机构在不影响正常教育教学活动的前提下,应当积极参加当地的社会公益活动
D. 国家鼓励学校及其他教育机构推广运用现代化教学方式

74. 小北因为扰乱课堂秩序被吴老师罚站在教室后面听课三天,吴老师侵犯了小北的(　　)
A. 隐私权　B. 人格尊严权　C. 生命健康权　D. 肖像权

75.《中华人民共和国教育法》的颁布,标志着中国教育工作进入全面依法治教的新时期。下列内容与《中华人民共和国教育法》宗旨明显不符的是(　　)
A. 全社会应当尊重教师　B. 全社会应当关心和支持教育事业的发展
C. 教育活动必须符合国家和社会公共利益　D. 实行教育与宗教相结合

76. 某教师取得中学高级职务2022年5月,其受到降一级专业技术职务的处分。他从(　　)起可以重新申报中学高级职务。(易错)
A. 2023年6月　B. 2023年12月　C. 2024年6月　D. 2024年12月

77. 在英语课默写单词的环节上,小蔷因单词记得不牢固,默写不出来。老师看了很生气,说:"不知道你的脑袋里都装着什么,真是个笨蛋。"这位老师侵犯了小蔷的(　　)
A. 受教育权　B. 人身自由权　C. 人格尊严权　D. 隐私权

78. 下列关于《中华人民共和国教育法》的表述,不正确的是(　　)
A.《中华人民共和国教育法》是我国教育的根本大法,也是依法治教的根本大法
B.《中华人民共和国教育法》于1995年3月18日起施行
C.《中华人民共和国教育法》是国家全面调整各类教育关系,规范我国教育工作的基本法律
D. 其他单行教育法规的制定和实施都要以《中华人民共和国教育法》为依据

79. 下列关于教师资格证取得的说法,正确的是(　　)
A. 申请人普通话水平达到一级乙等以上标准
B. 申请人因过失犯罪被判刑不能取得教师资格
C. 受委托的高等学校可以受理教师资格认定申请
D. 外国人在中国境内任教的,可以申请教师资格

80. 根据我国《教育法》的规定,侵占学校及其他教育机构的校舍、场地及其他财产的,依法(　　)
A. 承担刑事责任　B. 承担民事责任　C. 给予行政处分　D. 给予行政处罚

81. 根据《中华人民共和国未成年人保护法》的规定,中小学校园周边可以设置的场所是(　　)(常考)
A. 歌舞厅　B. 网吧　C. 书店　D. 酒吧

82. 根据《中小学幼儿园安全管理办法》的规定,学校应当(　　)至少开展一次针对洪水、地震、火灾等灾害事故的紧急疏散演练,使师生掌握避险、逃生、自救的方法。(易错)
A. 每月　B. 每学期　C. 每学年　D. 每两年

83. 根据《中华人民共和国教育法》的规定,教师参与学校民主管理和监督的主要形式是(　　)
A. 校务委员会　B. 教师工会　C. 教师协会　D. 教职工代表大会

84. 依据《小学教师专业标准(试行)》,在教师专业能力中,"使用符合小学生特点的语言进行教育教学工作"属于(　　)
A. 组织与实施能力　B. 激励与评价能力
C. 沟通与合作能力　D. 反思与发展能力

85. 根据《中华人民共和国义务教育法》的规定,国家实行教科书审定制度。为学生选用教科书的审定办法由(　　)规定。
A. 教科书出版主管部门　B. 国务院教育行政部门
C. 地方各级人民政府　D. 地方人民政府行政部门

86.《中华人民共和国教师法》规定,寒暑假带薪休假属于(　　)
A. 教师享有的权利
B. 教师应当履行的义务
C. 既是教师享有的权利,也是教师应当履行的义务
D. 既不是教师享有的权利,也不是教师应当履行的义务

87. 下列观点符合《中华人民共和国义务教育法》规定的是(　　)
①教育教学工作应当符合教育规律和学生身心发展特点,面向全体学生
②应当把学生的智育工作放在各项工作的首位
③要注重培养学生独立思考能力、创新能力和实践能力,促进学生全面发展
④要促进学生养成良好的思想品德和行为习惯
A. ①②③　B. ②③④　C. ①②④　D. ①③④

88. 我国《义务教育法》的立法宗旨是发展(　　)
A. 高等教育　B. 职业教育　C. 基础教育　D. 专业教育

89. 对教师的考核应当(　　)(常考)
①客观、公正、准确　②充分听取教师本人的意见
③充分听取其他教师的意见　④充分听取学生的意见
A. ①②④　B. ①②③④　C. ②③④　D. ②④

90. 张老师经常向校长反映学校存在的问题，有的人理解，有的人认为张老师是打小报告，其实张老师是在(　　)

A. 履行教师义务　B. 履行教师职责　C. 行使教师权利　D. 行使公民权利

91.《中华人民共和国教育法》规定，国家实行(　　)

A. 教师资格、职务、聘任制度　B. 教师资格、职务、任命制度

C. 教师资格、职务、登记制度　D. 教师资格、职务、注册制度

92. 取得初级中学教师资格，应当具备(　　)(常考)

A. 中等师范学校毕业及其以上学历

B. 高等师范专科学校或者其他大学专科毕业及其以上学历

C. 高等师范院校本科或者其他大学本科毕业及其以上学历

D. 研究生或者大学本科以上学历

93. 国务院和县级以上地方人民政府改善薄弱学校的办学条件，保障农村地区、民族地区实施义务教育，保障家庭经济困难的和残疾的适龄儿童、少年接受义务教育。这些做法都是为了促进义务教育的(　　)

A. 均衡发展　B. 公平公正　C. 全面实施　D. 重点发展

94. 某学校教师黄某利用职务便利，收受教辅资料销售方的回扣30余万元，被当地人民法院以受贿罪判处有期徒刑1年6个月，缓刑1年，则黄某(　　)

A. 终身不能从事教师职业　B. 5年内不得从事教师职业

C. 可在私立学校从事教师职业　D. 缓刑期内可继续从事教师职业

95. 以下哪项体现了教师传播优秀文化的职业行为准则(　　)

A. 因材施教，教学相长　B. 忠于祖国，忠于人民

C. 不违背社会公序良俗　D. 不通过课堂发表错误观点

96. 健全学习制度，加强理想信念教育，深入学习领会习近平新时代中国特色社会主义思想，引导教师树立正确的历史观、民族观、国家观、(　　)

A. 人生观　B. 角色观　C. 大局观　D. 文化观

97.《中共中央　国务院关于全面加强新时代大中小学劳动教育的意见》指出：注重围绕卫生、劳动习惯养成，让学生做好个人清洁卫生，主动分担家务，适当参加校内外公益劳动，学会与他人合作劳动，体会到劳动光荣。这一内容要求针对的学段是(　　)

A. 小学低年级　B. 小学中高年级　C. 初中　D. 普通高中

98. 张老师是一名中学语文老师，他利用周末自费参加专业学术会议以提高自身业务水平。学校得知后，给予张老师警告处分。下列说法正确的是(　　)

A. 学校做法正确，校内专职教师不得参加校外活动

B. 学校做法正确，对教师的管理要严格

C. 学校做法错误，教师享有进修培训的权利

D. 学校做法错误，该老师没花学校的钱，学校不能管

99. 根据《新时代中小学教师职业行为十项准则》，以下属于传播优秀文化的准则内容的是(　　)

A. 严格要求学生　B. 贯彻党的教育方针

C. 弘扬真善美　D. 保护学生安全

100.《中共中央　国务院关于深化教育教学改革全面提高义务教育质量的意见》中强调，要坚持以习近平新时代中国特色社会主义思想为指导，全面贯彻党的教育方针，落实(　　)根本任务，遵循教育规律，强化教师队伍基础作用，围绕凝聚人心、完善人格、开发人力、培育人才、造福人民的工作目标，发展素质教育，培养德智体美劳全面发展的社会主义建设者和接班人。

A. 教育强国　B. 教育树人

C. 立德树人　D. 人才培养

101. 中学教师要将《中学教师专业标准(试行)》作为自身专业发展的(　　)

A. 次要依据　B. 主要依据

C. 基本依据　D. 重要依据

102.《关于加强和改进新时代师德师风建设的意见》强调，把(　　)作为评价教师队伍素质的第一标准。

A. 师德师风　B. 政治素养

C. 道德品质　D. 专业能力

103. 关于《新时代中小学教师职业行为十项准则》中的“规范从教行为”，以下说法错误的是(　　)

A. 勤勉敬业，乐于奉献　B. 可适当组织、参与有偿补课

C. 自觉抵制不良风气　D. 不得为校外培训机构介绍生源

104.《中共中央　国务院关于全面加强新时代大中小学劳动教育的意见》中提出，中小学劳动教育课(　　)

A. 每周不少于4课时　B. 每周不少于3课时

C. 每周不少于2课时　D. 每周不少于1课时

105.《中华人民共和国义务教育法》的立法目的是保障适龄儿童、少年接受义务教育的权利，保证义务教育的实施，(　　)(易混)

A. 提高全民族素质　B. 消灭文盲

C. 全面推动素质教育　D. 促进文化发展

二、多项选择题

1. 某校为谋取利益，违反法律规定，为不具备条件的人员颁发学位证书。对此，下列说法正确的是(　　)

A. 由教育行政部门或者其他有关行政部门宣布证书无效

B. 该证书要被收回或者没收

C. 若有违法所得，没收违法所得

D. 对直接负责的主管人员和其他直接责任人员，依法给予处分

2. 关于《教师专业标准(试行)》,下列说法正确的有(　　)

A. 是国家对优秀教师专业素质的基本要求

B. 是教师实施教育教学行为的基本规范

C. 是引领教师专业发展的基本准则

D. 是教师培养、准入、培训、考核等工作的重要依据

3. 2021年7月,中共中央办公厅、国务院办公厅印发了《关于进一步减轻________和________的意见》,并发出通知,要求各地区各部门结合实际认真贯彻落实。(　　)

A. 义务教育阶段学生作业负担　　B. 中小学生学业负担

C. 校外培训负担　　D. 课业负担

4. 我国《教师资格条例》中要求教师必须满足以下哪些条件(　　)(常考)

A. 必须是中国公民

B. 必须具有良好的思想品德

C. 必须具备规定的学历或者经国家教师资格考试合格

D. 必须具有教育教学能力

5. 依据《中华人民共和国教师法》,下列属于教师的义务的是(　　)

A. 进行教育教学活动,开展教育教学改革和实验

B. 参加进修或者其他方式的培训

C. 遵守宪法、法律和职业道德,为人师表

D. 不断提高思想政治觉悟和教育教学业务水平

6. 《关于加强和改进新时代师德师风建设的意见》提出了坚持尊重规律的基本原则,遵循(　　),注重高位引领与底线要求结合、严管与厚爱并重,不断激发教师内生动力。

A. 社会发展规律　　B. 教育规律

C. 教师成长发展规律　　D. 师德师风建设规律

7. 2021年7月,中共中央办公厅、国务院办公厅印发了《关于进一步减轻义务教育阶段学生作业负担和校外培训负担的意见》,其中就减轻学生过重作业负担提出了明确的要求。下列选项符合该意见要求的是(　　)(易错)

A. 学校要确保小学一、二年级不布置家庭书面作业

B. 严禁给家长布置或变相布置作业

C. 鼓励布置分层、弹性和个性化作业,杜绝重复性、惩罚性作业

D. 教师要指导中小学生在校内基本完成书面作业

8. 根据《中华人民共和国教师法》的规定,下列事例中,应当由所在学校、其他教育机构或者教育行政部门给予行政处分或者解聘的有(　　)

A. 李老师自恃为老教师,经常不备课

B. 张老师品行不良,经常给学生起侮辱性的外号,影响恶劣

C. 王老师体罚学生,多次被学生举报,但他仍屡教不改

D. 赵老师将不良情绪带到工作上,故意不完成教育教学任务,给教育教学工作带来严重损失

9. 张老师与某中学签订了聘期5年的聘用合同,张老师平时工作认真,教学效果良好,受到同事和学生的好评。张老师也积极为学校的发展献计献策,经常向校长提意见和建议,为此惹恼了校长,在聘期刚满3年时被校长解聘。关于学校的做法,下列说法正确的是(　　)

A. 学校应该承担行政责任　　B. 学校的行为构成违约

C. 学校不应该因张老师爱提意见就解除聘约　　D. 学校应承担违约责任

10. 根据我国《义务教育法》的规定,国务院和县级以上地方人民政府根据实际需要,设立专项资金,扶持(　　)实施义务教育。

A. 农村地区　　B. 城市地区

C. 沿海地区　　D. 民族地区

11. 下列行为中不属于侵犯学生的权利的有(　　)

A. 学校公布党史演讲比赛获奖个人　　B. 教师因个人喜好修改学生平时成绩

C. 教师采用分组教学法开展教学　　D. 教师因实验器材不足劝后进生不上实验课

12. 《中共中央 国务院关于全面加强新时代大中小学劳动教育的意见》中提出,劳动教育具有(　　)的综合育人价值。

A. 强体　　B. 增智　　C. 树德　　D. 育美

13. 根据《小学教师专业标准(试行)》的规定,教师应当富有(　　)

A. 爱心　　B. 责任心　　C. 耐心　　D. 细心

14. 关于《新时代中小学教师职业行为十项准则》中的"关心爱护学生",以下说法正确的有(　　)

A. 严慈相济,诲人不倦　　B. 不得歧视、侮辱学生

C. 实施管控、惩罚学生　　D. 严禁虐待、伤害学生

15. 《关于加强和改进新时代师德师风建设的意见》中强调,突出课堂育德,充分发挥课堂主渠道作用,引导教师把握学生身心发展规律,实现三全教育。三全教育包括(　　)

A. 全身心　　B. 全员　　C. 全方位　　D. 全过程

16. 根据《中华人民共和国义务教育法》第五十七条规定,学校有下列情形之一的,由县级人民政府教育行政部门责令限期改正;情节严重的,对直接负责的主管人员和其他直接责任人员依法给予处分,其中包括(　　)

A. 违反规定向学生收取费用的　　B. 分设重点班和非重点班的

C. 选用未经审定的教科书的　　D. 违反本法规定开除学生的

17. 近年来,校园安全引发高度关注,某县人民政府和学校认为及时消除安全隐患,预防事故发生是工作的重中之重,所采取的以下措施中正确的有(　　)

A. 学校建立、健全安全制度和应急机制　　B. 学校对学生进行安全教育并加强管理

C. 县政府定期对学校校舍安全进行检查　　D. 县政府及时维修、改造需维修、改造的校舍

三、判断选择题

1. 中共福建省委、福建省人民政府印发的《关于全面深化新时代教师队伍建设改革的实施意见》强调,优化县域教师资源配置,全面推进义务教育教师"县管校聘"。 ( )

A. 正确 B. 错误

2. 教师要加强作业管理,控制学生书面作业的总量与时长,严禁机械性、重复性和体罚性作业,提高作业育人质量。 ( )

A. 正确 B. 错误

3. 在我国教育法律体系中,其他各项教育法律、法规必须以《中华人民共和国教育法》为依据,不得与《中华人民共和国教育法》确定的原则和规范相违背。 ( )

A. 正确 B. 错误

4. 假如王老师主动要求前往少数民族地区和边远贫困地区从事教育教学工作,那么地方各级人民政府不应当予以补贴。 ( )

A. 正确 B. 错误

5. 凡年满六周岁的儿童,其父母或者其他法定监护人必须送其入学接受并完成义务教育。 ( )

A. 正确 B. 错误

6. 对违法犯罪的未成年人,实行教育、感化、挽救的方针,坚持教育为主、惩罚为辅的原则。 ( )

A. 正确 B. 错误

7.《关于加强和改进新时代师德师风建设的意见》中强调,突出规则立德,强化教师的法治和纪律教育,提高全体教师的法治素养、规则意识,提升依法执教、规范执教能力。 ( )

A. 正确 B. 错误

8. 国家鼓励运用金融、信贷手段,支持教育事业的发展。 ( )

A. 正确 B. 错误

9. 受教育对公民来说,既是权利又是义务。 ( )

A. 正确 B. 错误

10. 根据我国《教育法》的规定,各级人民政府可以根据实际需要开设各种特殊教育学校。 ( )

A. 正确 B. 错误

11. 发生违反《中华人民共和国义务教育法》的重大事件,妨碍义务教育实施,造成重大社会影响的,负有领导责任的人民政府或者人民政府教育行政部门负责人应当引咎辞职。 ( )

A. 正确 B. 错误

12. 学生入学后,学生的监护人由家长转变为学校。因此,学校是学生的法定监护人。 ( )

A. 正确 B. 错误

13. 教科书价格由省、自治区、直辖市人民政府价格行政部门会同同级出版主管部门按照微利原则确定。 ( )

A. 正确 B. 错误

14. 在某次期末考试中,某班级的平均成绩在全年级排名倒数第一,班主任王老师觉得自己的脸被丢光了,于是在年级会议上,当着其他老师和学生的面骂自己的学生太笨了,蠢得像猪一样,王老师的行为侵犯了学生的受教育权。 ( )

A. 正确 B. 错误

15. 学校以向学生推销或者变相推销商品、服务等方式谋取利益的,由县级人民政府教育行政部门给予通报批评。 ( )

A. 正确 B. 错误

16. 在学校和教师签订聘任合同时,教师的权利和义务应当由学校规定。 ( )

A. 正确 B. 错误

17. 冒名顶替别人上大学不仅侵犯了别人的姓名权,也侵犯了别人的受教育权。 ( )

A. 正确 B. 错误

18.《深化新时代教育评价改革总体方案》指出,不得下达升学指标或以中高考升学率考核学校和教师,不得将升学率与评优评先挂钩。 ( )

A. 正确 B. 错误

19. 国家通用语言文字为学校及其他教育机构的基本教育教学语言文字,以少数民族学生为主的学校及其他教育机构不得使用本民族或者当地民族通用的语言文字进行教学。 ( )

A. 正确 B. 错误

四、填空题

1.《中共中央 国务院关于深化教育教学改革全面提高义务教育质量的意见》提出了全面提高义务教育质量的主要任务,其中包括坚持________,全面发展素质教育,即德智体美劳全面发展。

2."双减"政策的工作原则之一是坚持________、回应关切,遵循教育规律,着眼学生身心健康成长,保障学生休息权利,整体提升学校教育教学质量,积极回应社会关切与期盼,减轻家长负担。

3. 中共福建省委、福建省人民政府印发了《关于全面深化新时代教师队伍建设改革的实施意见》,指出要大力提升乡村教师待遇。实施乡村优秀青年教师培养奖励计划,在进修培训、职称评聘、________等方面向乡村青年教师倾斜,关心他们工作生活,巩固乡村青年教师队伍。

4. 我国坚持以马克思列宁主义、毛泽东思想和________为指导,遵循宪法确定的基本原则,发展社会主义的教育事业。

5.《中华人民共和国教育法》是根据________制定的。(常考)

6.《中华人民共和国未成年人保护法》的立法目的是:保护未成年人身心健康,保障未成年人合法权益,促进未成年人德智体美劳全面发展,培养________、有道德、有文化、有纪律的社会主义建设者和接班人,培养担当民族复兴大任的时代新人。

7.《中国教育现代化 2035》提出了推进教育现代化的八大基本理念:更加注重以德为先,更加注重全面发展,更加注重面向人人,更加注重终身学习,更加注重因材施教,更加注重知行合一,更加注重融合发展,更加注重________。

8. 我国义务教育制度体现了一般义务教育的三个基本特质，分别是强制性、免费性和________。

9. “双减”的工作目标包括：学校教育教学质量和服务水平进一步提升，________更加科学合理，学校________基本满足学生需要，学生学习更好回归校园，校外培训机构培训行为全面规范。

10.《关于全面深化新时代教师队伍建设改革的意见》突出强调了加强教师队伍建设的四个重点任务：一是更加重视________；二是更加重视提高质量；三是更加重视增强活力；四是更加重视薄弱环节。

11. 根据《中华人民共和国义务教育法》第四十一条规定，国家鼓励教科书________使用。（常考）

12. 义务教育实行国务院领导，省、自治区、直辖市人民政府统筹规划实施，________级人民政府为主管理的体制。

13. 根据《教师资格条例》的规定，对符合认定条件的，应当在受理期限终止之日起________日内颁发相应的教师资格证书。（易错）

14. 义务教育是国家统一实施的所有适龄儿童、少年必须接受的教育，是国家必须予以保障的________事业。

15. 根据我国《教育法》第二十六条规定，以财政性经费、捐赠资产举办或者参与举办的学校及其他教育机构不得设立为________。

16. 根据《中小学教师违反职业道德行为处理办法》第三条规定，记过期限为________。

17. 根据《中华人民共和国义务教育法》的规定，地方各级人民政府应当保障适龄儿童、少年在户籍所在地学校________。

视频讲解

18.《小学教师专业标准(试行)》中要求教师在个人修养与行为领域做到善于自我________，保持平和心态。

19.《中学教师专业标准(试行)》中要求教师要引导中学生自主学习、自强自立，培养良好的思维习惯和________的能力。

20.《中华人民共和国义务教育法》的发布年份和第一次修订年份分别为________和________。

21. 根据有关规定，实施义务教育的普通学校应当接收具有接受普通教育能力的残疾适龄儿童、少年________。（常考）

22.《中学教师专业标准(试行)》要求教师要贯彻党和国家教育________，遵守教育________。

五、判断说理题

1. 义务教育是公益性事业。这种说法是否正确？请运用法律法规知识加以说明。

2. 对违规违纪情节严重或影响恶劣的小学生可以停学，要求家长在家进行教育、管教直至改正。这种说法是否正确？请运用法律法规知识加以说明。

3. 国家对接受义务教育的学生免除全部或大部分的就学费用。我们国家有些地区，高中三年也不收学费，在这些地区，义务教育已经延长至12年。这种说法是否正确？请运用法律法规知识加以说明。（易错）

4. 学校应当尊重未成年学生的受教育权，不得随意开除学生。这种说法是否正确？请运用法律法规知识加以说明。（常考）

5. 各级师范学校毕业生，应当按照国家有关规定从事教育教学工作。非师范高等学校毕业生不得到中小学或者职业学校任教。这种说法是否正确？请运用法律法规知识加以说明。

6. 王某是某公立学校的一名人民教师,那么他的工资是依据王某所教学生的升学情况而发放的。这种说法是否正确?请运用法律法规知识加以说明。

7. 国家机关工作人员和教科书审查人员,可以参与教科书的编写工作。这种说法是否正确?请运用法律法规知识加以说明。

六、简答题

1. 简述保护未成年人的原则。

2. 受教育者依法享有的权利有哪些?(常考)

3. 学校安全管理工作主要包括哪些内容?

4.《小学教师专业标准(试行)》要求教师具备哪些通识性知识?

5. 简述教师资格的构成要件。(易混)

6. 简述中共福建省委、福建省人民政府印发的《关于全面深化新时代教师队伍建设改革的实施意见》的基本原则。

7.《中学教师专业标准(试行)》确定的教师专业能力包括哪几个方面?

8. 请列举教育部发布的《新时代中小学教师职业行为十项准则》(2018年)中的任意六条。

9. 简述受教育者应当履行的义务。(常考)

七、案例分析题

1. 某日下午,杨老师把没有完成课后作业的小学三年级学生李同学叫到讲台前,然后向全班同学下达任务:"每个人去打李同学5个耳光或用教鞭打手掌,谁打得不狠就打谁。"结果,全班30名学生,除了另外5个没有做完作业的同学外,其余24名同学全部动了手。最后,杨老师也亲自动手打了李同学。挨打后,李同学的脸和手掌疼痛难忍,但杨老师还要求他坐好并认真听课,直到放学。回家时,他走到家门口就嚎啕大哭,泪流满面。李同学的母亲发现其脸部和手掌出现大面积红肿,有的部分已经成了紫红色。李同学的母亲带他去医院看医生,并了解相关原因。最后李同学告诉母亲:"我不想去上学了,想转班或转学。"

(1)从教师职业道德的角度,分析材料中杨老师的教育行为所存在的问题。

(2)如果你是李同学的班主任,你将如何来协调处理这件事情。

2. 某校因为师资紧张,就聘用了大学应届毕业生小李。小李到岗后担任四年级某班班主任,班上的小明因为个头矮、口吃,被同学排挤、歧视。同学经常不让他吃早餐,把他的书藏在别处,给他取侮辱性的绰号,小李得知之后却漠不关心,并未进行干预。一次,小明的雨伞被同学抢走,他冒雨回家导致感冒发烧引发严重肺炎,其父愤怒地冲到学校,和小李产生了激烈的肢体冲突,辱骂并威胁小李。在校长调解的过程中,小明父亲质疑小李老师的业务水平,此时大家才发现小李并未取得教师资格证。

根据《中华人民共和国教师法》分析上述案例中的违法行为。

3. 某中学一名物理教师在怀孕期间，所在学校为了照顾她，将其调到政教处工作。这名女教师休满三个月产假后来校上班，校长找其谈话说："你现在的工作已经安排了人，你看你想做什么工作?"这位教师说："我想教课。"校长说："好吧，我们研究研究。"

学校研究的结果是：由于该教师在政教处的工作岗位已安排了人，又因学校不缺物理教师，故无法为其安排工作，学校决定将其解聘，让该教师自己找单位。该教师不得已向教育局提出申诉。经教育局有关部门与学校多次协调后，学校留下了这名教师。工作虽然安排了，但这名教师觉得已经得罪了学校领导，最后还是离开了这所学校。

请运用相关教育法律知识对该案例进行分析。

4. 李老师参加了某教育学会组织的为期一天的学术研讨会，事先未向学校请假，也未向学校领导请示派人代课，导致他所任教的两个班各有一节缺课。学校发现后，按照本校的教学管理规定，认定为教学事故。李老师对学校认定意见不服，向学校的主管部门提出申诉，要求撤销对其教学事故的认定，其申诉理由是依据《中华人民共和国教师法》规定："教师享有从事科学研究、学术交流，参加专业的学术团体，在学术活动中充分发表意见的权利"。

请结合案例运用法律法规知识分析。

(1)该教师有权利对学校的认定意见提出申诉吗?

(2)该校的主管部门会同意他的申诉要求吗？为什么？

5. 小张是一名刚毕业参加工作并担任班主任的教师，因为年轻没有经验，害怕镇不住那些调皮的学生，他不仅在工作上兢兢业业，还对待学生十分严厉，经常采取罚款，不许学生进教室，甚至罚站一天、罚跑步等变相体罚的方式来惩罚犯错误的学生，严重影响了学生的身心健康。由于小张急于想在教学中做出一番成绩，他对成绩好的那些"好孩子"十分关心，在许多问题上，更多采纳"好孩子"们的意见，而不太注意其他学生的感受，学生和家长对他的做法意见很大。据此，学校领导也善意地批评过他，但小张却不以为然。

运用所学的教师职业道德规范的知识，对小张的做法进行分析。

6. 张某从某师范院校专科毕业后,被分配到一所小学教数学。一年后所教班级的数学成绩明显下降,学生对他意见很大,强烈要求换老师。学校经调查发现,张某不认真研究本专业知识,课前不备课或备课很简单,课堂教学效果不好。教育组多次找他谈话,组织有关教师听他的课,但张某不接受对其教学工作的检查,甚至在成绩评定时,有意评低对他有意见的学生的成绩,个别的甚至有意评不及格。学校经研究认为张某不再适宜担任该科教学工作,但又没有合适的科目,决定由他负责学校的治安工作。张某不服,认为自己是教师,应担任教学工作,学校的决定侵犯了他的教育教学权,于是向教育局提出申诉。

本案例中,学校是否侵犯了张某的教育教学权?为什么?

7. 某普通中学为提高毕业生的升学率和考入"重点"的名额而"因材施教"。在年初就要求毕业班同学参加本校组织的"高(中)考预考",按"预考"成绩重新分定班级。让"高分班"学生得到特别的"重点保护":配备最优的师资、设施和资源,并准备通过某些"有关系"的家长或其他人员,通过非正规渠道甚至非法手段(如修改学生原始档案材料等)帮助部分学生伪造"少数民族的户籍"等假材料、假证明,使之享受高(中)考的政策性加分;而对"低分班"的学生则"动员"他们放弃报考"重点",让其选报(限报)"专科或高职学校(职高)";同时,还要求那些"升学无望"的学生放弃报考,提前离校。后经一些学生家长反映到媒体,上级教育行政部门则着手调查这一事件。

从违法侵权的视角分析该学校的教育管理行为。

8. 随着智能手机的普及,中小学生上课玩手机的现象日益普遍。有一天,某校班主任李老师正在召开班会的时候,发现一位男同学正在玩手机游戏。李老师走过去想要没收他的手机,学生看见老师过来则迅速把手机藏在书包里面。李老师非常生气,大声训斥该学生不尊敬老师,不听老师讲话,并要求他立即交出手机,否则就把他赶出教室。这位男学生不承认自己在玩手机,并且小声说:"老师在上晚自习课的时候,不也在玩手机吗?"李老师听后,顿时感觉自己平时建立起来的教师威信受到挑战,没有面子。当时就搜出了这位男学生的手机并扔到垃圾桶里面。同时,为了杀一儆百,树立教师威信,李老师把这位男学生赶出了教室,让他到教室外面站一个小时。李老师对全班学生说:"我没收他手机、罚他站,是为了他好,否则我才不管他呢!以后开班会和上课期间还有谁玩手机,我就没收他的手机,或者干脆把它砸了,同时让他到教室外面罚站。"其他学生听后,都默不作声,但内心对李老师的做法都有不同的意见。

请根据以上背景材料,回答问题:

李老师的做法侵犯了学生的哪些合法权利?应该承担什么法律责任?

9. 中学生李某与其他同学玩耍时打坏了教室的一块玻璃,班主任段老师就此事批评了李某,并决定按照学校有关规定要求李某照价赔偿被打坏的玻璃。第二天上午课间休息时,李某的父亲冲进教室,不问青红皂白,对段老师就是一顿拳打脚踢,并且扬言,如果再"欺负"自己的儿子,自己还要"教训"他。经医院诊断,段老师眼底出血,鼻骨骨折,身上多处软组织受损,经鉴定为轻伤。

请运用教育法规的知识对该案例进行分析。

10. 某天,五(1)班班主任张老师带领全班学生来到学校附近的农场进行劳动实践活动。在活动过程中,张老师发现大多数同学不会劳动,甚至不爱劳动,要么手足无措,要么体力不支,还有好几个同学袖手旁观。回到学校后,张老师召开了一次班会,让同学们谈谈自己在家参与劳动的情况及对此的看法。有同学说:"我在家从来不干家务活,连自己的袜子都不会洗,因为爷爷奶奶已经把什么都做好了。"也有的同学说:"妈妈说,学习才是我的主要任务,不要因为劳动浪费学习时间。"还有同学说:"我爸妈说了,我以后是要当科学家或医生的,根本不用干这些低级的家务……"

请评析案例中家长对劳动教育的认知和做法,谈谈对中小学生开展劳动教育的意义和作用,就家长对孩子进行劳动教育提出建议。

真题精解

一、单项选择题

1.《关于进一步减轻义务教育阶段学生作业负担和校外培训负担的意见》指出小学三至六年级的书面作业与初中书面作业平均完成时间分别不超过(　　)

A. 30分钟;60分钟　　B. 60分钟;90分钟

C. 90分钟;120分钟　　D. 120分钟;150分钟

2. 教师故意不完成教育教学任务给教育教学工作造成损失的,由所在学校、其他教育机构或者教育行政部门给予(　　)

A. 民事赔偿或者解聘　　B. 刑事处罚或者解聘

C. 行政处罚或者解聘　　D. 行政处分或者解聘

3. 根据《中华人民共和国义务教育法》第三十八条规定,不得参与或者变相参与编写教科书的人员是(　　)(常考)

①科研人员　②中小学教师　③国家机关工作人员　④教科书审查人员

A. ①②　B. ②③　C. ①④　D. ③④

4. 根据《中华人民共和国教师法》的规定,下列属于教师义务的是(　　)(常考)

A. 参加进修或者其他方式的培训

B. 不断提高思想政治觉悟和教育教学业务水平

C. 对学校教育教学、管理工作和教育行政部门的工作提出意见或建议

D. 从事科学研究、学术交流,参加专业的学术团体,在学术活动中充分发表意见

5. 根据《中华人民共和国未成年人保护法》第十三条规定,应当尊重未成年人受教育的权利,必须使适龄未成年人依法入学接受并完成义务教育,不得使接受义务教育的未成年人辍学。承担这一保护义务的主体是(　　)

A. 司法机关　　B. 学校或老师

C. 各级人民政府　　D. 父母或者其他监护人

6. 根据《教师资格条例》的规定,参加教师资格考试有作弊行为的,其考试成绩作废,不得再次参加教师资格考试的限制年限是(　　)

A. 1年　B. 3年　C. 5年　D. 8年

7. 根据《中小学教师违反职业道德行为处理办法》第三条规定,警告期限为(　　)

A. 3个月　B. 6个月　C. 12个月　D. 18个月

8. 根据《中小学幼儿园安全管理办法》第二十六条规定,学校接送学生不得租用(　　)

①拼装车　②报废车　③个人机动车　④运输公司客车

A. ①②③　B. ②③④　C. ①③④　D. ①②④

9. 根据《中小学幼儿园安全管理办法》第二十四条规定，学校应当建立学生安全信息通报制度，将关系学生安全的信息及时告知其监护人，下列属于通报内容的是（　　）
①学生身体和心理的异常状况　②学生在校期间的知识掌握情况
③学校规定的学生到校和放学时间　④学生非正常缺席或擅自离校情况
A. ①②③　B. ①②④　C. ①③④　D. ②③④

10.《中共中央 国务院关于全面深化新时代教师队伍建设改革的意见》在战略意义中强调，教育发展的第一资源是（　　）
A. 教师　B. 知识　C. 制度　D. 技术

11. 根据《关于进一步加强学校体育工作的若干意见》的规定，中小学生每天校园体育活动的时间应该达到（　　）
A. 0.5小时　B. 1小时　C. 1.5小时　D. 2小时

12.《关于全面加强和改进学校美育工作的意见》提出了初步形成具有中国特色的现代化美育体系的总体目标，实现该目标的时间是到（　　）
A. 2018年　B. 2020年　C. 2025年　D. 2028年

13.《关于加强中小学劳动教育的意见》中提出，义务教育阶段中切实开设综合实践活动中的劳动与技术教育课的年级是（　　）
A. 三到六年级　B. 七到九年级　C. 六到八年级　D. 三到九年级

14. 福建省在《关于全面深化新时代教师队伍建设改革的实施意见》中提出，小学高级教师岗位比例将提高（　　）
A. 3个百分点　B. 4个百分点　C. 5个百分点　D. 6个百分点

15.《中华人民共和国教育法》第六条指出，教育应当增强受教育者的社会责任感、创新精神和（　　）
A. 思维能力　B. 实践能力　C. 自我管理能力　D. 问题解决能力

16. 依据《中华人民共和国教师法》可知，教师应当履行的义务是（　　）（常考）
A. 遵守宪法、法律和职业道德，为人师表
B. 进行教育教学活动，开展教育教学改革和实验
C. 指导学生的学习和发展，评定学生的品行和学业成绩
D. 从事科学研究、学术交流，在学术活动中充分发表意见

17. 根据《中国学生发展核心素养》可知，科学精神素养的要点之一是（　　）
A. 技术应用　B. 勤于反思　C. 乐学善学　D. 批判质疑

18. 中共福建省委、福建省人民政府印发的《关于全面深化新时代教师队伍建设改革的实施意见》明确提出，申报高级教师职称和特级教师的中小学教师必须到（　　）
A. 乡村学校任（支）教1年或薄弱学校任（支）教3年以上
B. 乡村学校任（支）教3年或薄弱学校任（支）教1年以上
C. 乡村学校任（支）教2年或薄弱学校任（支）教3年以上
D. 乡村学校任（支）教3年或薄弱学校任（支）教2年以上

19.《中共中央 国务院关于全面加强新时代大中小学劳动教育的意见》提出，注重围绕增加劳动知识、技能，加强家政学习，开展社区服务，适当参加生产劳动，使学生初步养成认真负责、吃苦耐劳的品质和职业意识。该劳动教育内容要求对应的学段是（　　）
A. 小学低年级　B. 小学中高年级　C. 初中　D. 普通高中

20. 中共福建省委、福建省人民政府印发的《关于全面深化新时代教师队伍建设改革的实施意见》中提出，实施"卓越教师培养计划"，分类推进教师培养模式改革。其中，小学教师培养的模式是（　　）
A. 综合培养　B. 全科型培养　C. "双师型"培养　D. "一专多能"培养

21.《中华人民共和国教育法》规定，国务院和地方各级人民政府领导和管理教育工作的原则是（　　）
A. 集中管理、分工负责　B. 分类管理、分工负责
C. 授权管理、分工负责　D. 分级管理、分工负责

22. 2020年5月28日，由第十三届全国人民代表大会第三次会议通过，被称为"社会生活百科全书"的法律是（　　）
A.《中华人民共和国立法法》　B.《中华人民共和国民法典》
C.《中华人民共和国民法通则》　D.《中华人民共和国民事诉讼法》

23. 根据《中华人民共和国教育法》第二十九条规定，学校及其他教育机构可行使的权利是（　　）
A. 按照章程自主管理
B. 自主确定收费项目
C. 义务教育阶段自主选用教科书
D. 从办学结余中提取一定比例用于支付教师工资

视频讲解

24. 根据《中华人民共和国教育法》第十九条规定，国家实行义务教育制度的年限是（　　）（常考）
A. 六年　B. 八年　C. 九年　D. 十二年

二、多项选择题

1. 根据《中华人民共和国教师法》第二十二条规定，学校或者其他教育机构应当对教师进行考核，考核内容包括（　　）（常考）
A. 政治思想　B. 业务水平　C. 工作态度　D. 工作成绩

2.《中国学生发展核心素养》确立了六大核心素养，其中自主发展的素养包括（　　）
A. 科学精神　B. 学会学习　C. 责任担当　D. 健康生活

3. 中共中央、国务院《关于全面深化新时代教师队伍建设改革的意见》要求全面加强师德师风建设。下列举措中属于加强师德师风建设的有（　　）
A. 实行义务教育教师"县管校聘"
B. 加强教师党支部和党员队伍建设
C. 提高教师思想政治素质，加强理想信念教育
D. 弘扬高尚师德，注重加强对师德师风的监察监督

4. 根据《中华人民共和国义务教育法》可知，下列关于教科书的说法，正确的有(　　)

视频讲解

A. 国家鼓励教科书循环使用
B. 教科书价格由出版社自行确定
C. 未经审定的教科书，不得出版、选用
D. 教科书根据国家教育方针和课程标准编写

5. 根据《中国学生发展核心素养》，下列属于实践创新的核心要点的有(　　)

A. 勤于反思　B. 劳动意识　C. 问题解决　D. 自我管理

6. 教师在课堂教学、日常管理中，对违规违纪情节较为轻微的学生，可以当场采取的教育行为有(　　)

A. 点名批评　B. 课后教导
C. 指派其他学生对该学生实施教育惩戒　D. 一节课堂教学时间内的教室内站立

7. 依据《中小学教育惩戒规则(试行)》规定，学生违反校规校纪，情节较重或者经当场教育惩戒拒不改正的，学校可以实施的教育惩戒措施包括(　　)

A. 承担校内公益服务任务
B. 由学校德育工作负责人予以训导
C. 安排接受专门的校规校纪、行为规则教育
D. 暂停或者限制学生参加游览、校外集体活动以及其他外出集体活动

三、判断选择题

1. 学校组织师生参加社会公益活动，必须以不影响正常教育教学活动为前提。(　　)

A. 正确　B. 错误

2. 根据《中华人民共和国教育法》第三十六条规定，学校及其他教育机构中的管理人员，实行专业技术职务聘任制度。(　　)

A. 正确　B. 错误

3. 教师可以通过教职工代表大会或者其他形式，参与学校的民主管理。(　　)

A. 正确　B. 错误

4. 经某省认定颁发的教师资格证书在其他省不适用。(　　)

A. 正确　B. 错误

5. 根据《中小学幼儿园安全管理办法》第三十二条规定，学生在教学楼进行教学活动和晚自习时，学校应当合理安排学生疏散时间和楼道上下顺序，同时安排人员巡查，防止发生拥挤踩踏伤害事故。(　　)

A. 正确　B. 错误

四、填空题

1.《中华人民共和国教育法》第五条规定，教育必须为社会主义现代化建设服务、________，必须与生产劳动和社会实践相结合，培养德、智、体、美等方面全面发展的社会主义建设者和接班人。

2. 根据《中华人民共和国教育法》第六条规定，教育应当坚持________，对受教育者加强社会主义核心价值观教育，增强受教育者的社会责任感、创新精神和实践能力。

3. 根据《中华人民共和国教育法》的规定，国家实行教师资格、职务、________制度，通过考核、奖励、培养和培训，提高教师素质，加强教师队伍建设。

4. 根据《中华人民共和国义务教育法》第二十七条规定，对违反学校管理制度的学生，学校应当予以批评教育，不得________。(常考)

5. 根据《中华人民共和国义务教育法》第十七条规定，县级人民政府根据需要设置________制学校，保障居住分散的适龄儿童、少年入学接受义务教育。

6. 根据《中华人民共和国教师法》第二十三条规定，学校对教师的考核应当客观、公正、准确，充分听取教师本人、其他教师以及________的意见。

7. 根据《中华人民共和国未成年人保护法》第三条规定，未成年人不分性别、民族、种族、家庭财产状况、宗教信仰等，依法________地享有权利。

8.《中华人民共和国未成年人保护法》中所称未成年人是指未满________周岁的公民。(常考)

9. 根据《中小学幼儿园安全管理办法》第五十二条规定，文化部门依法禁止在中学、小学校园周围________米范围内设立互联网上网服务营业场所。

10.《中华人民共和国教师法》规定，取得教师资格的人员首次任教时，应当有________期。

11.《国务院办公厅关于加强中小学幼儿园安全风险防控体系建设的意见》中要求，对实施暴力情节严重，构成违法犯罪的学生，公安、司法机关要坚持宽容但不________、关爱又严管的原则，指定专门机构或者专门人员依法处理。

12.《国务院办公厅关于加强中小学幼儿园安全风险防控体系建设的意见》中提出，应构建防控学生________和暴力行为的有效机制。

13.《中华人民共和国教师法》第三条规定，教师是履行教育教学职责的________，承担教书育人，培养社会主义事业建设者和接班人、提高民族素质的使命。(常考)

14.《关于加强和改进新时代师德师风建设的意见》指出，把________的成效作为检验学校一切工作的根本标准。

15.《中共中央 国务院关于深化教育教学改革全面提高义务教育质量的意见》明确提出，优化综合实践活动课程结构，确保________教育课时不少于一半。

16.《深化新时代教育评价改革总体方案》提出的目标是深入贯彻落实习近平总书记关于教育的重要论述和全国教育大会精神，完善立德树人体制机制，扭转不科学的教育评价导向，坚决克服唯分数、唯________、唯文凭、唯论文、唯帽子的顽瘴痼疾，提高教育治理能力和水平，加快推进教育现代化、建设教育强国、办好人民满意的教育。

17.《中华人民共和国义务教育法》第十九条规定，县级以上地方人民政府根据需要设置相应的实施________教育的学校(班)，对视力残疾、听力语言残疾和智力残疾的适龄儿童、少年实施义务教育。

五、判断说理题

有人认为家庭教育完全是父母或者监护人的事情。对此你觉得是否正确，请用法律法规知识说明理由。

六、案例分析题

1. 阅读案例，按要求作答。

A小学是一所农村片区中心学校，郑老师是该校的新任校长。开学前，郑校长深入调查了A小学之前的办学情况，了解到一些问题：因外来生源多而学位有限，采取考试入学；学校经费管理、使用不够规范，存在虚报、挪用少量代课金现象；个别教师在校外进行有偿补课。

开学后，郑校长组织全体教职员工系统学习教育法律法规，提高依法执教和依法治校的思想认识，纠正了原有的错误做法，对各项管理工作建章立制，以身作则，模范遵守。他工作兢兢业业，坚持深入教学第一线，承担一门课程的教学任务。他积极参加进修学习和课题研究，努力提高自身科学管理水平。他为人和蔼可亲，善于沟通激励，并且公平公正、铁面无私。有位教师对学生实施变相体罚，产生不良影响，郑校长拒绝熟人说情，召开学校行政会，依照学校规定给予该教师警告处分。

问题：

(1)结合相关教育法律法规，分析案例中存在的违反教育法律法规的现象。

(2)结合案例，分析郑校长践行了哪些中小学教师职业道德规范。

2. 阅读材料，按要求作答。

班主任李老师建立了家校联系微信群。为规范使用该群，他专门制定了群规，如不在群里发广告、不发网络投票链接等。李老师从不在群里公开学生成绩或布置家庭作业。学生家长高某在学校周边经营一家小书店，不时在群里发布有关商品信息。李老师在群里再三提醒，未能奏效，便发布严重警告。其他家长纷纷支持李老师，并指责高某行为不当。高某便到李老师家送礼，遭到果断拒绝。为此，高某四处发布李老师向他索取高额回报的消息，并向该校举报。

校长为避免事件扩大，要求李老师向高某道歉，李老师坚决拒绝。高某又向教育局匿名举报，称李老师参与有偿补课。教育局经调查核实后，相关部门对高某的不良行为给予相应的行政处罚。

问题：

(1)分析对高某给予行政处罚的法律依据。

(2)结合相关法律法规分析校长的做法。

(3)结合材料分析李老师遵守了哪些新时代教师职业行为准则。

3. 某小学五年级(1)班期中考试数学试卷改完了，有10多位学生的成绩低于80分，班主任戚老师很生气，便向这些学生的家长群发了短信："某某67分，某某73.5分，某某78分……这些连80分都达不到的成绩是垃圾成绩！某某只考了29分，简直是垃圾中的垃圾！留在学校没有任何意义，建议主动退学，收到短信的家长明天下午请到学校开家长会。"短信中使用了学生的真实姓名，所有家长能了解到每位学生的成绩。

根据《中华人民共和国未成年人保护法》，结合以上案例分析该老师的行为侵犯了学生的什么权利。

4. 阅读材料，回答问题。

细心的周老师发现，班上苏同学那活泼纯朴的样子有了一些改变，课上注意力不集中的现象也时有发生。周老师便找到苏同学要好的几位同学了解情况，有同学反映曾经在抖音上看到苏同学做直播。于是周老师对苏同学进行了家访，苏同学是单亲家庭(母亲意外早逝)的留守儿童，她奶奶称赞自己的孙女乖巧懂事，只是最近一段时间晚上回家迟了，苏同学解释为初一作业越来越多，就在学校做完作业才回家。

晚自习下课后，周老师跟踪发现，苏同学走进了学校附近的一家销售美容产品的店，跟进去时却没找到她，周老师经过追问店主得知，苏同学正在为该店进行网络直播带货。原来，店主为了营销产品，发现苏同学聪明秀气，又了解到其家庭经济困难，于是为其提供智能手机和相关设备，让苏同学注册直播账号，每天做1小时直播，并为其行为签约付费。周老师要求店主立即停止这种不当行为，让自己带领苏同学回家。在周老师耐心细致的开导和帮助下，苏同学改正了错误。

不久后，周老师发现本校另一位女生晚自习后也走进那家商店，许久未出店门，经过确认发现该生也在参与直播带货。周老师便与店主交涉，店主先是设法讨好周老师，遭到拒绝后，便称该生并非周老师班上的学生，让周老师不要多管闲事，还对周老师进行口头威胁。周老师见店主不能认识和改正自身的行为，果断地向相关部门进行举报。

问题：

(1)运用《中华人民共和国未成年人保护法》(2020年修订)分析材料中的违法主体及其违法行为。

(2)结合材料，分析周老师践行了新时代中小学教师哪些职业行为准则。

5. 阅读材料，回答问题。

某学生的母亲是个单亲妈妈，因为工作忙，经常不能按时接孩子。为了得到班主任徐老师的支持和理解，她把自己的情况告诉了徐老师。有一次，徐老师在跟同事的聊天中谈到了该学生的母亲是个单亲妈妈，还在全班同学面前把这件事情说了出去。一传十十传百，越来越多的人知道了该学生的情况，该学生知道之后觉得抬不起头来，再也不去上学了。

问题：

(1)徐老师侵犯了该学生的什么权利？

(2)徐老师的做法违反了哪些法规？

(3)徐教师应当承担什么法律责任？

6. 阅读材料，回答问题。

某小学的戴老师在组织学生开展课外活动时，一条大狗突然冲进操场，冲向学生。戴老师见此情况，不顾自己的恐惧，迅速地冲上去挡住了学生，并呼叫附近的老师一起将大狗驱赶走。随后，戴老师将学生带回教室，安抚受惊吓的学生。

问题：

结合《新时代中小学教师职业行为十项准则》的内容，分析戴老师的行为。

第二部分　教育学

第一章　教育与教育学

命题分析

[考查要点]

1. 识记教育及教育学的内涵。
2. 理解并区分教育的本质属性和各社会属性的内涵。
3. 识记教育的基本要素及其地位。
4. 区分教育起源学说的主要观点和代表人物。
5. 区分不同时期教育发展的特征,并重点识记古代社会和现代社会教育的主要内容。
6. 识记不同时期教育学发展的代表人物及其主要思想。

[考查题型]

以选择、判断、填空等客观题为主。

基础训练

一、单项选择题

1. 下列活动中,不属于教育现象的是(　　)
   A. 父母教子女　B. 幼猴学跳跃
   C. 到电影院看电影　D. 课外活动做航模
2. 教科书、教学参考书等属于教育基本要素中的(　　)
   A. 教育者　B. 受教育者　C. 教育影响　D. 教育媒体
3. 在古希腊最早提出"发现法"的大教育家是(　　)
   A. 德谟克利特　B. 亚里士多德
   C. 柏拉图　D. 苏格拉底
4. 中国古代学校教育的主要内容是六艺,它包括(　　)
   A. 礼、乐、射、辞、书、数　B. 文法、修辞、辩证法、书数、射御
   C. 算术、几何、文法、辩证法、天文、书数　D. 礼、乐、射、御、书、数
5. "教育与生产、生活相融合,教育内容主要是生产生活经验。"这句话反映了(　　)的教育特征。
   A. 原始社会　B. 现代社会
   C. 封建社会　D. 奴隶社会
6. 被人们看作教育学开始形成独立学科的标志性著作是(　　)
   A. 夸美纽斯的《大教学论》　B. 洛克的《教育漫话》
   C. 卢梭的《爱弥儿》　D. 赫尔巴特的《普通教育学》
7. 根据马克思主义理论的观点,教育起源于(　　)(常考)
   A. 心理模仿　B. 生物本能　C. 人的理性　D. 生产劳动
8. 从形式上说,教育影响是指(　　)
   A. 教育内容　B. 教育对象　C. 教育手段　D. 教育原则
9. 在古代欧洲,曾经出现过一种旨在培养多方面发展的人的和谐教育,它是(　　)
   A. 斯巴达教育　B. 雅典教育　C. 教会教育　D. 骑士教育
10. 俄国十月革命胜利后,专门从事流浪犯罪儿童教育,著有《教育诗》《论共产主义教育》的教育家是(　　)
    A. 马卡连柯　B. 克鲁普斯卡娅　C. 加里宁　D. 凯洛夫
11. 教育是人类所特有的社会现象,只要人类存在,就存在教育。这说明教育具有(　　)
    A. 历史性　B. 强制性　C. 相对独立性　D. 永恒性
12. 下列不属于孔子的教育思想的是(　　)
    A. 明人伦　B. 三人行,必有我师焉
    C. 温故而知新　D. 有教无类
13. 我国的教育方针在演进过程中的表述虽有一定变化,但重视道德教育的优良传统没有改变。这说明教育具有(　　)
    A. 历史性　B. 长期性　C. 继承性　D. 永恒性
14. 教育有广义和狭义之分,其中狭义的教育指(　　)
    A. 家庭教育　B. 学校教育　C. 基础教育　D. 社会教育
15. 某学校组织学生去学农基地体验农耕生活,小黑经历了辛勤的耕作后,更加珍惜坐在教室里学习的宝贵机会,在学业上更加刻苦。根据日本教育社会学家柴野昌山的分类,学农的经历对小黑的教育功能属于(　　)(易混)
    A. 正向显性功能　B. 正向隐性功能
    C. 负向隐性功能　D. 负向显性功能
16. 下列关于教育家及其教育主张,对应错误的是(　　)
    A. 蔡元培——德、智、体、美和谐发展　B. 柏拉图——体育应先于智育
    C. 昆体良——最早提出反对体罚　D. 奥苏伯尔——主动地接受学习
17. (　　)以强调军事体育训练和政治道德灌输,教育内容单一,教育方法比较严厉为特征。
    A. 古代印度　B. 古代埃及　C. 古代斯巴达　D. 古代雅典
18. 我国最早使用"教育"一词的是(　　)(常考)
    A. 孔子　B. 孟子　C. 许慎　D. 朱熹

19. 下列关于我国古代封建社会的教育,表述不正确的是(　　)(易错)

A. 西汉时期,汉武帝设立太学为最高教育机构

B. 隋唐时期建立完备的官学体系"六学二馆"

C. 宋朝的主要教育内容为"四书""五经"

D. 清朝出现"八股文"并成为科举考试的固定格式

20. "劳心者治人,劳力者治于人"的中国传统儒家思想把(　　)相隔离。

A. 教育与生活　　B. 教育与经济

C. 教育与政治　　D. 教育与生产劳动

21. 教育的基本内容是对广大青少年进行科学教育,包括自然科学教育、社会科学教育和人文科学教育,这体现的是现代教育的(　　)

A. 未来性　　B. 科学性　　C. 生产性　　D. 公共性

22. 我国近代教育史上,被毛泽东誉为"学界泰斗,人世楷模"的是(　　)

A. 陶行知　　B. 杨贤江　　C. 徐特立　　D. 蔡元培

23. 哲学家(　　)认为"人只有通过教育才能成为一个人。人是教育的产物"。

A. 柏拉图　　B. 康德　　C. 亚里士多德　　D. 苏格拉底

24. 教育学史上第一个正式提出的有关教育起源的学说是(　　)(常考)

A. 神话起源说　　B. 生物起源说

C. 心理起源说　　D. 劳动起源说

25. 将"教育"解释为"教,上所施,下所效也;育,养子使作善也"的著作是(　　)

视频讲解

A.《孟子》　　B.《学记》

C.《说文解字》　　D.《论语》

26. 作为一种培养人的社会活动,教育有其自身的规律,在特定的时期,教育存在"超前"或"滞后"的现象。这说明教育具有(　　)

A. 永恒性　　B. 民族性　　C. 相对独立性　　D. 历史性

27. "六艺"教育的中心是(　　)

A. 文字教育　　B. 计数教育　　C. 礼乐教育　　D. 射击教育

28. 全面和谐发展教育是指把德育、智育、体育、劳动教育、美育五个部分有机地结合起来,成为相互渗透的统一整体。提出上述观点的教育家是(　　)

A. 柏拉图　　B. 皮亚杰　　C. 卢梭　　D. 苏霍姆林斯基

29. "吾十有五而志于学,三十而立,四十而不惑,五十而知天命,六十而耳顺,七十而从心所欲,不逾矩。"这句话体现的教育思想是(　　)

A. 素质教育　　B. 终身教育　　C. 全民教育　　D. 全纳教育

30. "不陵节而施"的教育思想,出自(　　)

A.《论语》　　B.《学记》　　C.《孟子》　　D.《大学》

31. (　　)建立了典型的政教合一的官学体系。

A. 西周　　B. 西汉　　C. 春秋时期　　D. 隋唐

32. 按照美国教育哲学家谢弗勒对教育定义的分类,作者自己创制的、其内涵在作者的某种话语情境中始终是同一的定义属于(　　)

A. 描述性定义　　B. 纲领性定义　　C. 解释性定义　　D. 规定性定义

33. 教育形成自己相对独立的形态的标志是(　　)

A. 人类社会的出现　　B. 交往的出现

C. 学校的出现　　D. 语言的出现

34. 在教育史上提出"学而不思则罔,思而不学则殆"的教育家是(　　)

A. 孔子　　B. 孟子　　C. 墨翟　　D. 荀子

35. 否定教育的等级化、特权化和专制性的教育特征是(　　)(易错)

A. 教育的终身化　　B. 教育的多元化

C. 教育的民主化　　D. 教育的全民化

36. 古代西方以其雄辩和与青年智者的问答法而闻名的教育家是(　　)

A. 苏格拉底　　B. 柏拉图　　C. 亚里士多德　　D. 德谟克利特

37. 认为教育的最高目的是培养治理国家的哲学家,提出此观点的是(　　)

A. 苏格拉底　　B. 柏拉图　　C. 亚里士多德　　D. 昆体良

38. "相观而善之谓摩"是指教师在教学中要(　　)

A. 互相观察,互相模仿　　B. 相互观摩,取长补短

C. 互相观摩,从而变得善良　　D. 注重教材、教法分析

39. 中世纪西欧教会教育的内容包括(　　)

A. 文法、修辞、辩证法、算术、击剑、吟诗、音乐

B. 文法、修辞、算术、几何、骑马、打猎、天文

C. 文法、修辞、辩证法、算术、几何、天文、音乐

D. 文法、骑马、修辞、下棋、辩证法、投枪、游泳

40. 樊迟请学稼。子曰:"吾不如老农。"请学为圃。曰:"吾不如老圃。"樊迟出。子曰:"小人哉,樊须也!上好礼,则民莫敢不敬……"樊迟问稼的故事说明(　　)

A. 我国古代学校教育与生产劳动相脱离　　B. 我国古代教育具有鲜明的阶级性

C. 我国古代不重视农业　　D. 孔子不懂农业知识

41. 子曰:"不愤不启,不悱不发。举一隅不以三隅反,则不复也。"其中,朱熹对"悱"的解释是(　　)

A. 心求通而未得之意　　B. 达其辞

C. 口欲言而未能之貌　　D. 开其意

42. 孟禄属于教育的(　　)的代表人物。

A. 神话起源说　　B. 生物起源说　　C. 心理起源说　　D. 劳动起源说

43. 教育的本体功能是( )

A. 文化功能 B. 育人功能 C. 经济功能 D. 政治功能

44. 关于教育的起源问题一直众说纷纭，其中，我国的朱熹所持的观点是( )

A. 神话起源说 B. 生物起源说

C. 心理起源说 D. 劳动起源说

45. “今天的教育是明天的经济。教育的消费是明显的消费，潜在的生产；是有限的消费，扩大的生产；是今日的消费，明日的生产。”这一认识主要表明现代教育具有( )

A. 科学性 B. 价值性 C. 生产性 D. 未来性

46. 关于教育的起源问题在教育学史上有几种观点，以下关于它的描述不正确的是( )

A. 神话起源说是教育起源的最古老的观点

B. 劳动起源说是在马克思辩证唯物主义理论的指导下形成的

C. 生物起源说以达尔文的进化论为指导

D. 心理起源说的代表人物是美国教育家孟禄

47. “生活的磨难教育了我们”中的“教育”指的是( )

A. 正规教育 B. 形式化教育 C. 狭义的教育 D. 广义的教育

48. 关于教育的三要素的关系，下列说法不正确的是( )

A. 教育者是教育影响和受教育者之间的纽带

B. 受教育者是教育者选择和施加教育影响的对象

C. 教育影响是教育者对受教育者作用的桥梁

D. 这三个基本要素相互独立，没有关系

49. “时教必有正业，退息必有居学”体现的是( )相结合的教育思想。

A. 游戏与学习 B. 课内与课外 C. 学习与思考 D. 学习与行动

50. 昆体良的《雄辩术原理》被誉为( )

A. 教育的雏形 B. 世界上第一部论述教育的著作

C. 教育学成为一门独立学科的标志 D. 古代西方的第一部教学法论著

51. 教育是教育者根据一定的社会要求，有目的、有计划、有组织地对受教育者的身心施加影响，促使他们朝着期望的方向变化发展的活动。下列现象属于教育范畴的是( )(易错)

A. 妈妈指导小超在与他人的冲突中如何保护自己

B. 老师严格管理以保护小超等弱小学生不再受欺负

C. 小超在与同学的多次冲突中逐渐学会了如何与人和睦相处

D. 爸爸针对小超懦弱的个性设法训练小超如何以牙还牙，报复欺辱者

52. 孔子曰：“君子有九思：视思明，听思聪，色思温，貌思恭，言思忠，事思敬，疑思问，忿思难，见得思义。”这句话体现的教育思想是( )

A. 教书育人 B. 教育反思 C. 有教无类 D. 情境沉思

53. 古希腊百科全书式的哲学家是( )

A. 苏格拉底 B. 希波克拉底

C. 柏拉图 D. 亚里士多德

54. 推动教育学发展的内在动力是( )

A. 教育法律 B. 教育问题 C. 教育现象 D. 教育制度

55. 主张“有教无类”的中国古代教育家是( )

A. 孔子 B. 孟子 C. 荀子 D. 韩非子

56. 下列选项中教育学流派、代表人物及其代表作对应正确的是( )(易混)

A. 实用主义教育学——杜威——《民主主义与教育》

B. 文化教育学——克伯屈——《设计教学法》

C. 实验教育学——福利特纳——《国民教育与民主主义教育》

D. 马克思主义教育学——杨贤江——《论共产主义教育》

57. 下列关于孟子的说法中，错误的是( )

A. 提出了“明人伦”的教育目的 B. 坚持性善论

C. 认为教育的作用是“化性起伪” D. 提出“富贵不能淫，贫贱不能移，威武不能屈”

58. 下列人物与其主张对应有误的是( )

A. 杜威——课程即学习经验 B. 弗雷尔——课程即社会改造过程

C. 赫尔巴特——教育管理要运用惩罚 D. 孟禄——使人类教育心理学化

59. 凯洛夫主编的《教育学》被公认为世界上第一部马克思主义的著作，其主要特点是( )

A. 用心理学解释教学过程 B. 强调教学过程最优化

C. 强调教师主导作用 D. 重视学生品德和创造性培养

60. 古代埃及开设最多的是( )

A. 文士学校 B. 骑士学校 C. 僧侣学校 D. 私学

61. 主张按儿童心理发展的规律，对儿童进行分阶段教育的是( )

A. 杜威 B. 亚里士多德 C. 夸美纽斯 D. 赫尔巴特

62. 夸美纽斯认为德育比智育更重要，他认为道德教育的内容包括( )

A. 品行、勇敢、智慧、节制、劳动 B. 勇敢、智慧、节制、公正、劳动

C. 毅力、智慧、节制、公正、劳动 D. 友善、智慧、诚信、公正、劳动

63. 在教育问题上尤其重视道德教育，强调尚志养气和意志锻炼，主张“舍生取义”和“生于忧患死于安乐”的儒家学派的代表人物是( )

A. 孔子 B. 孟子 C. 荀子 D. 墨子

64. 苏联教育家赞科夫的教学理论是( )

A. 教学过程最优化理论 B. 结构教学理论

C. 发展性教学理论 D. 范例教学理论

65. 在当代教学理论发展中，德国教育家瓦·根舍因提出的是(　　)

A. 教学过程最优化理论　　B. 范例教学理论

C. 结构主义教学理论　　D. 教学与发展理论

66. 下列关于墨家的教育思想的论述中，错误的是(　　)

A. 认为教育是有功于天下的事

B. 要求学生树立"强力而行"的刻苦磨炼精神

C. 其教育内容的特色体现为偏重文事，轻视科技

D. 重视"说知"

67. 下列能够体现尊师重道的是(　　)

A. 幼者听而弗问，学不躐等也　　B. 当其为师，则弗臣也

C. 君子之教，喻也　　D. 不善学者，师勤而功半

68. "道而弗牵，强而弗抑，开而弗达"出自(　　)

A.《学记》　　B.《论语》

C.《大学》　　D.《中庸》

69. 因撰写《给教师的一百条建议》等著作而享誉世界的苏联教育实践家和理论家是(　　)

A. 苏霍姆林斯基　　B. 巴班斯基

C. 马卡连柯　　D. 凯洛夫

70. 下列人物与教育观点配对错误的一项是(　　)

A. 孟子——存心养性

B. 蔡元培——五育并举

C. 黄炎培——无业者有业，有业者乐业

D. 晏阳初——教育是把一切事物教给一切人类的全部艺术

71. 下列关于教育学派的说法中，正确的是(　　)

A. 实用主义教育学兴起于欧洲，代表人物是杜威

B. 实验教育学所强调的定性研究是20世纪教育学研究的一个范式

C. 批判教育学兴起于20世纪50年代，是当代西方教育理论界占主导地位的教育思潮

D. 文化教育学又被称为精神科学教育学

72. 下列属于《学记》的教育思想的是(　　)

A. 绝学无忧　　B. 性相近也，习相远也

C. 豫时孙摩　　D. "兼爱""非攻"

73. 19世纪末20世纪初，在欧美一些国家兴起的用自然科学的实验法研究儿童发展及其与教育的关系的理论是(　　)

A. 文化教育学　　B. 实验教育学

C. 实用主义教育学　　D. 制度教育学

74. (　　)是教育的对象，是学习活动的主体，教育活动顺利有效地进行，有赖于其积极参与。

A. 受教育者　　B. 教育者

C. 教育内容　　D. 教育措施

75. 书院作为中国古代民间教育机构，是由以下哪位创立成为正式的教育制度的(　　)

A. 王阳明　　B. 朱熹　　C. 陆九渊　　D. 王安石

76. 传统教育学派的代表人物是(　　)

A. 杜威　　B. 斯宾塞　　C. 赫尔巴特　　D. 卢梭

77. 董仲舒曾向汉武帝建议："古之王者明于此，是故南面而治天下，莫不以教化为大务。"从作用的对象看，这体现了教育的(　　)

A. 个体功能　　B. 社会功能　　C. 正向功能　　D. 负向功能

78. 下列选项中属于文化教育学的代表人物及著作的是(　　)(易混)

A. 梅伊曼;《实验教育学纲要》　　B. 杜威;《民主主义与教育》

C. 狄尔泰;《关于普遍妥当的教育学的可能》　　D. 斯普兰格;《经验与教育》

二、多项选择题

1. 教育民主是社会民主在教育领域的体现，下列先哲的理念中能够反映人类追求教育民主的是(　　)

A. 有教无类、因材施教　　B. 把一切知识教给一切人

C. 吾爱吾师，吾更爱真理　　D. 人人生而平等，人人都有同样权利

2. 根据教育系统自身标准划分，教育可以分为(　　)

A. 非制度化的教育　　B. 制度化的教育

C. 古代社会的教育　　D. 现代社会的教育

3. 教育的生物起源学说认为(　　)

A. 教育是只有人才有的本能　　B. 教育是动物的本能

C. 教育是种族发展的需要　　D. 教育不仅存在于人类社会，而且存在于动物界

4. 下列教育著作和作者匹配正确的是(　　)

A.《大教学论》——赫尔巴特　　B.《国民教育与民主主义教育》——皮亚杰

C.《爱弥儿》——卢梭　　D.《民主主义与教育》——杜威

5. 对于获得知识的理解，墨家认为有三个方面的来源，即(　　)

A. "亲知"　　B. "见知"　　C. "闻知"　　D. "说知"

6. 我国教育发展史上，曾经出现的属于教育机构的有(　　)

A. 庠　　B. 序　　C. 瞽宗　　D. 辟雍

7. 下列与"君子之教，喻也。道而弗牵，强而弗抑，开而弗达"所体现的教育思想不同的是(　　)

A. 学而不思则罔，思而不学则殆　　B. 温故而知新

C. 不愤不启，不悱不发　　D. 举一隅而不以三隅反，则不复也

8. 下列有关终身教育的观点,表述正确的是(　)

A. 终身教育是个体从小学到大学不间断的学校教育

B. 终身教育既包括正规教育,也包括非正规教育

C. 终身教育的影响扩展到学习者的私人生活和公众生活的所有方面

D. 终身教育求助于学校、家庭、社区、书籍、出版社、剧场等

9. 下列现象中,属于广义的教育现象的有(　)

A. 看一部优秀的电视剧　　B. 听一首优美的曲子

C. 参加一场激烈的足球赛　　D. 新生儿紧握住手触碰到的东西

10. 古代东西方教育的共同特征有(　)

A. 阶级性　　B. 道统性　　C. 专制性　　D. 刻板性

11. 以下说法正确的是(　)

A. 荀子主张"性善论"　　B. 孟子主张"性恶论"

C. 墨子主张"兼爱""非攻"　　D. 孔子重视"仁""礼"

12. 实验教育学的代表人物是(　)(常考)

A. 哈贝马斯　　B. 拉伊

C. 梅伊曼　　D. 杜威

13. 赞科夫依据其一般发展理论,提出了著名的教学原则,包括(　)

A. 高难度原则　　B. 高速度原则

C. 掌握学科结构原则　　D. 发现学习原则

14. 西方封建社会出现过的学校类型有(　)

A. 教会学校　　B. 骑士学校　　C. 文士学校　　D. 职官学校

15. 下列选项中,人物与其著作及出版时间相吻合的有(　)

A. 赫尔巴特于1806年出版《普通教育学》

B. 夸美纽斯于1632年出版《大教学论》

C. 杨贤江于1930年出版《新教育大纲》

D. 卢梭于1962年出版《爱弥儿》

16. 现代教学理论的三大流派是(　)(常考)

A. 人本主义教学理论　　B. 范例教学理论

C. 结构主义教学理论　　D. 发展性教学理论

三、判断选择题

1. 在西方教育史上,裴斯泰洛齐是第一个提出"教育心理学化"这一主张的教育家。(　)

A. 正确　　B. 错误

2. 美国的鲍尔斯、金蒂斯是批判教育学的代表人物。(　)

A. 正确　　B. 错误

3. 教育是人类社会所特有的一种现象,在动物界没有。(　)

A. 正确　　B. 错误

4. 在我国古代,受教育的目的主要不是获得实用的知识,而是社会地位的象征,教育的象征性功能占主导地位。(　)

A. 正确　　B. 错误

5. 教育的社会职能是传递社会生产和社会生活经验,促进新一代的成长。(　)

A. 正确　　B. 错误

6. 终身教育并不是一个教育体系,而是建立一个体系的全面组织所根据的原则。终身教育思想是杜威提出来的。(　)

A. 正确　　B. 错误

7. 教育规律是教育现象与其他社会现象及教育现象内部各个要素之间的本质的、内在的、必然的联系或关系。(　)

A. 正确　　B. 错误

8. 赫尔巴特等人将儿童的发展看作是一种自然过程,主张教师不要过多干预儿童的发展。(常考)(　)

A. 正确　　B. 错误

9. 由于学生群体的反学校、反教师的亚文化而导致的各种不良行为或越轨行为,属于教育的显性负向功能。(　)

A. 正确　　B. 错误

10. 道家主张"行不言之教"。(　)

A. 正确　　B. 错误

11. "吾爱吾师,吾更爱真理"是笛卡尔的名言。(　)

A. 正确　　B. 错误

四、填空题

1.《教育科学与儿童心理学》是瑞士教育家________的代表作,他认为教学的主要目的是发展学生的智力。

2. 我国封建社会的教育内容是________、________。(常考)

3. "三人行,必有我师焉;择其善者而从之,其不善者而改之。"这句话是________提出的。

4. "捧着一颗心来,不带半根草去"是我国著名教育家________的格言。

5. 明确提出"美德是否可教"问题的教育家是________。

6. 美国教育家布鲁纳出版了________一书,该书系统地阐述了他的结构主义教育思想。

7. "学而不思则罔,思而不学则殆"出自________(著作名)。

8. ________认为,教育的目的就是培养绅士,而这种培养只能通过家庭教育,由此提出了"绅士教育论"。

9. 鸿都门学是一种研究________的专门学校。

五、判断分析题

1. 孔子提出的化性起伪中的"伪"指虚伪、不真诚。所以教育就是要改变人的虚伪、不真诚。这种说法是否正确？请运用教育学知识加以说明。

2. 凡是能影响人的身心发展的活动都是教育。这种说法是否正确？请运用教育学知识加以说明。

六、简答题

1. 简述孔子的教育思想。(常考)

2. 简述原始社会教育的主要特征。

3. 简述学校产生的条件。

4. 教育的社会属性表现在哪些方面？(常考)

5. 20世纪后期教育改革和发展的特点主要有哪些？

七、论述题

试述《学记》中提到的主要教育思想。(常考)

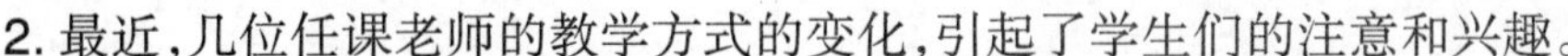

八、案例分析题

1. 材料一：2021年夏天，家住上海金山的70岁奶奶徐安玲从中国美术学院取得了自己的第二个艺术学学士学位。1951年出生的徐安玲自幼喜爱绘画，但工作的忙碌让她只能把这份喜爱藏在心底。退休后"闲不住"的徐奶奶决定重拾画笔，2009年进入中国美院进修班，2019年取得第一个艺术学学士学位。"因为热爱，我在学校里一待就是十几年！"徐奶奶骄傲地说。

   材料二：近日，"无臂男孩"彭超收到了同济大学的研究生录取通知书。6岁时，他不幸失去双臂，后来他用脚代手写字，自力更生。2015年考入四川大学，还成为中国诗词大会第一位擂主。2021年3月，他在研究生复试中用右脚答题的图片还在网络上刷屏。

   结合材料，谈谈你对"终身教育"的认识。

2. 最近，几位任课老师的教学方式的变化，引起了学生们的注意和兴趣。

   语文课上，秦老师在讲解《钓鱼的启示》前，让学生们回家跟家人聊聊钓鱼的事情或者最好去跟随父母钓一次鱼。下一次课上，秦老师先让学生分成小组讨论各自钓鱼的经历，最后由每个小组派出一个代表，将这篇文章的学习和自身的体验结合在一起，说说钓鱼的经历。学生们感同身受，有的说"钓鱼最重要的是有耐心""钓鱼的渔具特别关键""钓鱼要抓准时机"……学生们从自身的行动中获得了真正的启示。

   化学课上，在教学"使用燃料对环境的影响"后，廖老师组织学生到环境监测站参观，听取工作人员的介绍，让学生明白目前日趋严重的环境问题，知道燃烧煤、机动车辆排放废气、乡镇工业的较快发展和农村化肥、农药的大量使用会造成空气、水源与土壤的严重污染，导致在粮食、蔬菜等植物中残留，给人和牲畜造成潜在的危害。同时利用化学知识又可以帮助人们解决环境污染问题，使学生了解环境问题的前因后果及相应的解决办法，让学生了解、关注这些问题以达到培养学生的环境忧患意识的目的。

   在吴老师的英语课上，讲到"season"一课时，吴老师要求学生们搜集父母以及身边关于季节的图片、小视频或朋友圈，要求学生们阐述"How to identify seasons?"然后回到课堂上，要求学生们结合材料，用重点句型"What season do you like? What can you do in spring/summer/autumn/winter?"说一说自己的经历，最后引导学生以8人小组的形式排练一场关于季节的情景剧。吴老师认为这样能让学生们充分地感受并表达季节，不拘泥于教材，同时也能促进教学，学生们都很喜欢。

   几位老师纷纷表示，真正的学习需要我们创设教学需要的真实情境，让课文内容和真实体验相呼应，激发学生的潜能，这样的手脑联动，会让学生感受到课堂应有的魅力。

   (1)结合案例，请用陶行知的相关教育思想来分析上述教师的教学行为。

   (2)作为一名教师，你会如何将上述教育思想融入课堂教学之中？

真题精解

一、单项选择题

1. 西周“六艺”中属于体育内容的是(　　)

A. 书　B. 乐　C. 御　D. 数

2. 最早提出“白板说”的教育理论家是(　　)

A. 卢梭　B. 洛克　C. 夸美纽斯　D. 赫尔巴特

3. 主张运用自然科学的范式研究教育问题，该教育学流派是(　　)

A. 元教育学　B. 文化教育学

C. 批判教育学　D. 实验教育学

4. 将教学过程分为明了、联想、系统、方法四个阶段的教育家是(　　)

A. 杜威　B. 凯洛夫　C. 夸美纽斯　D. 赫尔巴特

5. 法国教育家卢梭的代表作是(　　)

A.《理想国》　B.《爱弥儿》　C.《教育漫话》　D.《教育与文化》

6. 主张“泛智教育”思想，并提出“把一切知识教给一切人类”的教育家是(　　)

A. 洛克　B. 杜威　C. 夸美纽斯　D. 裴斯泰洛齐

7. 中国古代的儒家经典“四书”是指《大学》《中庸》《孟子》和(　　)

A.《春秋》　B.《论语》　C.《礼记》　D.《学记》

8. 主张“教育即生活”“儿童中心”“做中学”的教育家是(　　)(常考)

A. 杜威　B. 凯洛夫　C. 赞科夫　D. 巴班斯基

9. 具有与生产劳动相分离特征的教育阶段是(　　)(易混)

A. 原始社会教育　B. 奴隶社会和封建社会教育

C. 近代教育　D. 现代教育

10. 下列关于教育的阐述，正确的是(　　)(易混)

A. 学校产生于封建社会时期　B. 现代教育的公共性日益突出

C. 原始社会的教育具有阶级性　D. 从词源看，中文的“教育”有潜质引发之意

11. 沛西·能认为“教育既无需周密的考虑使它产生，也无需科学予以指导，它是扎根于本能的不可避免的行为”。该观点属于(　　)(常考)

A. 生物起源论　B. 心理起源论　C. 劳动起源论　D. 交往起源论

12. 第一位在中国系统传播马克思主义教育理论的教育家是(　　)

A. 李大钊　B. 陶行知　C. 杨贤江　D. 恽代英

13. 主张有价值的知识是科学，强调教育的任务是“为完满生活作准备”的教育家是(　　)

A. 斯宾塞　B. 乌申斯基　C. 夸美纽斯　D. 凯兴斯泰纳

二、多项选择题

1. 下列属于赫尔巴特对教育学的贡献的有(　　)(易混)

A. 主张“教育即生活”

B. 撰写了代表作《雄辩术原理》

C. 将教学分为明了、联想、系统和方法四个阶段

D. 以伦理学和心理学为理论基础建立教育学体系

2. 属于古代社会教育特征的有(　　)

A. 官学与私学并行　B. 教育普及制度化

C. 教育与生产劳动相分离　D. 出现了专门的教育机构

三、判断选择题

“教育即生长”“教育即生活”“学校即社会”“从做中学”都是杜威的观点。(　　)

A. 正确　B. 错误

四、填空题

1. 教育活动主要包括教育者、受教育者和________三种基本要素。

2. 教育起源于日常生活中儿童对成人的无意识模仿，这是“________起源说”的观点。

3. 最早专门论述教育问题的著作是中国的《________》。(常考)

4. 1806年，赫尔巴特出版了《________》，标志着科学教育学的诞生。

第二章　教育与社会发展

命题分析

[考查要点]

1. 识记社会政治经济制度、生产力、文化、人口对教育的影响和制约。
2. 理解教育的政治功能、经济功能、文化功能、人口功能。

[考查题型]

以选择、判断、填空等客观题为主,有时也会以案例分析题的形式考查。

基础训练

一、单项选择题

1. 马克思说:"再生产科学所必要的劳动时间,同最初生产科学所需要的劳动时间是无法相比的,例如学生在一小时内就能学会二项式定理"。这说明教育具有(　　)
A. 政治功能　B. 文化功能　C. 经济功能　D. 人口功能
2. 列宁说:"文盲是站在政治之外的,必须先教他们识字,不识字就不能有政治,不识字只能有流言蜚语、传闻偏见,而没有政治。"从此话可以看出(　　)
A. 教育是形成社会舆论、影响政治时局的重要力量
B. 教育通过提高全民文化素质,推动国家的民主政治建设
C. 教育通过政治造就人才,促进政治体制改革与完善
D. 教育通过传播一定的社会政治意识形态,完成青年一代的政治社会化
3. 习近平总书记提出:"治贫先治愚。要把下一代的教育工作做好,特别是要注重山区贫困地区下一代的成长。下一代要过上好生活,首先要有文化,这样将来他们的发展就完全不同。"此段话集中体现了教育的(　　)
A. 文化功能　B. 生态功能　C. 政治功能　D. 经济功能
4. 要改变人的自然禀赋和能力,使其获得一定的技能和技巧,成为现实的劳动力,就要有一定的教育或训练。这体现了教育的(　　)
A. 政治功能　B. 经济功能　C. 文化功能　D. 人口功能
5. 人口学家研究发现,人的受教育程度与生育欲望呈(　　)
A. 正比关系　B. 反比关系　C. 持平　D. 没有关系
6. 唐朝"六学二馆"的入学要求反映了社会政治经济对(　　)的影响。(常考)
A. 受教育权　B. 领导权　C. 教育内容　D. 体制
7. 墨子认为:"国有贤良之士众,则国家之治厚;贤良之士寡,则国家之治薄。"这一思想体现的是教育的(　　)功能。
A. 政治　B. 经济　C. 文化　D. 育人
8. 在教育的文化功能中,将储存形态的文化转变为活跃形态的文化是教育(　　)
A. 活化文化的功能　B. 更新文化的功能
C. 交流文化的功能　D. 传递文化的功能
9. "建国君民,教学为先"体现的是(　　)(常考)
A. 教育与经济的关系　B. 教育与政治的关系
C. 教育与文化的关系　D. 教育与科学技术的关系
10. 中国古代强调教育"在明明德,在亲民,在止于至善",西方主张"知识就是力量"。这体现的制约和影响教育的因素是(　　)
A. 经济水平　B. 社会文化　C. 政治制度　D. 人口数量
11. 资本主义教育通过专门设置"公民课""宗教教育"向年青一代宣传资产阶级的思想和宗教精神,这体现了(　　)对教育的内容的影响。
A. 生产力　B. 政治经济制度
C. 文化　D. 科学技术
12. 社会生产力水平和方式决定了劳动力的规格,进而也决定了教育所培养的人的规格,尤其是人的知识、技能和态度的规格。这表明生产力发展水平影响(　　)
A. 教育发展的规模和速度　B. 课程设置及内容选择
C. 教育目的　D. 教学方法和组织形式
13. 教育可以再生产人的劳动能力,可以增加劳动力价值,还可以改变人的劳动能力的性质和形态,使劳动能力具有专门性。通常来说,一个国家人口的受教育范围越广,受教育程度越高,国民的综合素质就越高,劳动生产率就越高。这种观点主要体现了(　　)
A. 教育的经济功能　B. 教育的文化功能
C. 教育的政治功能　D. 教育的社会功能
14. 14世纪欧洲学校的课程有算数、几何、天文等,到16世纪增加了地理和力学,17世纪又增加代数、三角、物理和化学等。这说明对教学内容变化产生影响的是(　　)
A. 生产力　B. 生产关系
C. 上层建筑　D. 政治经济制度
15. 我国西周的"学在官府"以及欧洲的"政教合一"体现了教育的(　　)
A. 文化功能　B. 政治功能　C. 人口功能　D. 科技功能
16. 为加强校园文化建设,一些学校开设了莆仙戏、闽剧、高甲戏等反映福建传统文化的校本课程。这种做法主要体现了学校教育对文化的(　　)
A. 调节功能　B. 评价功能　C. 传承功能　D. 激励功能

17. 一个社会的统治阶级通过教育把符合他们需要的社会主流政治思想渗透、灌输给受教育者,从而维护本阶级的统治地位和利益。这属于教育的(　　)

A. 经济功能　B. 文化功能　C. 人口功能　D. 政治功能

18. 自然科学的教育内容之所以不可能在古代社会占主导地位,主要是因为古代社会(　　)

A. 教育规模的限制　B. 学生数量的限制
C. 教师水平的限制　D. 生产力水平的限制

19. 中国传统文化中的"书读百遍,其义自见""听君一席话,胜读十年书"表明(　　)

A. 文化传统影响教育规律　B. 文化传统影响教育方法
C. 文化传统影响教育目标　D. 文化传统影响教育观念

20. 教育可以使原来为少数人所掌握的科学知识在较短的时间内为更多的人所掌握,从而提高劳动生产效率,促进生产力的发展。这说明教育具有的功能是(　　)

A. 再生产劳动力　B. 再生产科学知识
C. 科学研究　D. 促进科研技术成果的开发利用

21. 美国学者舒尔茨提出的人力资本理论深刻地揭示了(　　)

A. 教育对经济发展的促进作用　B. 经济发展水平对教育的制约作用
C. 政治对教育的制约作用　D. 教育对科学技术的制约作用

22. 教育作用于政治经济制度的主要途径是(　　)

A. 传播思想和形成舆论　B. 促进民主化进程
C. 教育推进科学的体制化　D. 培养政治经济制度所需要的人才

23. 我国明朝末期的东林书院强调"家事、国事、天下事,事事关心",这在一定程度上反映了教育所具有的(　　)

A. 政治功能　B. 人口功能　C. 经济功能　D. 文化功能

24. 不论一个国家的社会道德的或政治的、经济的情况如何,政治社会化曾经是今后仍然是一切教育制度的一个主要功能。这句话说明教育具有(　　)

A. 社会功能　B. 政治功能
C. 道德功能　D. 经济功能

25. 蒸汽机时代要求工人具有初等教育水平,电气生产时代要求工人具有中等教育水平,自动化时代要求工人具有高中和专科以上水平。这说明影响人才培养规格的因素是(　　)

A. 生产力　B. 生产关系
C. 上层建筑　D. 政治经济制度

26. 高校中的重点实验室承担着科技研发的重任。在导师的指导下,科研者研发出一些新型科技产品如智能机器人,从而大大提高了某些行业的生产效率。这体现了(　　)

A. 教育制约人口发展　B. 教育影响政治经济制度
C. 教育对生产力的促进作用　D. 教育对文化的传播作用

二、多项选择题

1. 教育传承文化的功能有哪几种表现形式(　　)

A. 传递　B. 保存
C. 活化　D. 改造

2. 关于学校教育与文化的关系,理解正确的是(　　)

A. 文化决定学校教育发展的规模和速度
B. 学校教育承担着传递人类所有文化的任务
C. 学校教育具有普及、传播、交流文化的作用
D. 文化影响学校教育内容的选择

3. 与古代社会的教育相比较,当代社会的公共教育经费在整个国民生产总值中所占的比例增加了,学科门类增多了,接受教育的人口增加了。这说明生产力对教育的影响表现在(　　)

A. 生产力发展水平影响教育发展的规模　B. 生产力发展水平影响教育发展的速度
C. 生产力发展水平影响课程设置　D. 生产力发展水平影响教育手段

4. 2020年,为减少疫情对教育教学工作带来的影响,教育部提出,疫情防控期间,学校利用网络平台,停课不停教,停课不停学。要坚持国家课程学习与疫情防控知识学习相结合,注重加强爱国主义教育、生命教育和心理教育,鼓励学生锻炼身体,开展课外阅读。这体现出(　　)

A. 政治能够决定教学方式　B. 政治能够决定教学内容
C. 政治能够决定教学过程　D. 政治能够决定教学效果

5. 教育影响社会的各个方面,那么教育对人口的影响是(　　)

A. 减少人口数量,控制人口增长　B. 改善人口素质,提高人口质量
C. 有利于人口迁移　D. 使人口结构趋向合理化

三、判断题

1. 教育具有自身的发展规律,不受社会发展的制约。(　　)
2. 政治因素决定着教育体制和思想道德教育的内容。(　　)
3. 教育的相对独立性是指教育具有自身的规律,对社会的政治经济制度、生产力、文化等有能动作用。(　　)
4. 教育对社会发展有巨大作用,可以决定社会的发展方向。(　　)
5. 在阶级社会里,超阶级、超政治的教育是不存在的。(　　)

四、填空题

1. 制约着教育的内容、方法与手段的因素是________。
2. 倡导人力资本理论的学者尤其重视________的作用,认为教育不但是一种消费活动,也是一种________活动。
3. 教育既是文化的构成体,又是文化传递、深化与提升的手段。这就是教育的________属性。

五、简答题

1. 简述社会政治经济制度对教育发展的影响和制约作用。(常考)

2. 简述教育的文化功能。

3. 简述教育的政治功能。(常考)

六、案例分析题

宁夏一家企业耗巨资从国外进口一套机器设备,本指望借此抓住发展机会,不曾想却因工人技术达不到要求而导致设备闲置,最终企业被拖垮了。

辽宁本溪重型汽车制造厂从美国引进一套计算机控制系统,美国专家预言中国人要想操作这台设备需要花两年的学习时间。但是该厂自学成才的高级工程师李连才经过几个月时间就迅速掌握了该设备的操作技术,为企业赢得了时间,创造了效益。

澳大利亚一家体育用品公司分别在天津、深圳两地投资办厂,两年后天津的厂利税达到2000多万,深圳的厂却连年亏损。调查发现,在其他条件均不相上下的情况下,前者拥有大批训练有素的技术工人,后者却多是未经培训的民工。

根据所学的教育学知识,分析上述案例。

真题精解

一、单项选择题

1. 政治经济制度决定着( )

①教育领导权 ②受教育权 ③教育目的 ④教育结构 ⑤教育内容

A. ①②③④　　B. ①②④⑤　　C. ②③④⑤　　D. ①②③⑤

2. 如果产业结构和技术结构中的科技含量加大,劳动人口将流向第三产业,教育的类型和结构必然呈现多样化特点。这种现象体现了( )

A. 人口质量对教育发展的影响　　B. 人口增长速度对教育发展的影响

C. 人口就业结构对教育发展的影响　　D. 人口年龄结构对教育发展的影响

二、多项选择题

关于教育与社会发展的关系描述正确的有( )

A. 教育发展的规模由文化决定　　B. 教育具有自身发展的传统

C. 教育促进文化的传播与交流　　D. 教育对社会发展具有能动作用

三、判断题

文化制约着教育内容及人们的教育观念和思想。（　　）

四、填空题

1. 制约着教育事业发展规模和速度的因素是________。(常考)
2. 制约教育宗旨和目的的社会因素是________。
3. 近年来,福建许多中小学校通过挖掘本地特色资源,开发了地方戏曲、油纸伞工艺等一系列校本课程,有效地促进了传统戏曲和手工艺的传承与普及。这体现了教育的________功能。

五、案例分析题

阅读案例,按要求作答。

开发校本课程时,面对本地区丰富多样的课程资源,课程负责人刘老师认为,武术是中华民族优秀文化遗产的典型代表,它在弘扬民族精神和激发学生对民间体育活动的兴趣上有着不可替代的作用。因此,依据本校实际情况,学校开设了《武术》课程。校本课程《武术》的目标中,既有"仁、义、礼、智、信、勇"的传统武德,又提出了"树立理想、为国争光、见义勇为、团结互助、修身养性、举止端庄"的新时期武德。该课程依据学生的特点,综合各种武术要领,编排了别具一格的武术操,代替了传统广播操。

《武术》课程的实施取得了阶段性成果:通过教学增强了学生的体质,宣扬了戚继光等展现的民族正义感;举行全校性武术操比赛,邀请家长观看,产生了良好的反响;学校多次接待社会各界的参观访问;个别师生参加了国内外武术交流比赛活动;课程组成员发表相关学术论文十多篇;学校增加了"习武重德、强身健体"的校训。《武术》课程丰富了校园文化,形成了学校的办学特色,学校被正式授牌为"体育项目传统学校"。

问题:结合案例,分析教育的文化功能。

第三章　教育与个体的发展

命题分析

[考查要点]

1. 识记并区分内发论与外铄论的主要观点及代表人物。

2. 掌握个体身心发展的规律,具体包括个体身心发展的顺序性、阶段性、不平衡性、互补性、个别差异性、整体性。考生可重点识记前五个规律。

3. 识记影响个体身心发展的主要因素,包括遗传、环境、教育和个体主观能动性,考生应对此重点识记。

[考查题型]

以选择、判断、填空等客观题为主,有时也会以论述题的形式考查。

基础训练

一、单项选择题

1. "蓬生麻中,不扶而直,白沙在涅,与之俱黑"反映了(　　)因素对人发展的影响。

A. 遗传　B. 环境　C. 教育　D. 主观能动性

2. 下列说法中最接近内发论思想的是(　　)

A. 仁义礼智,非由外铄我也,我固有之也,弗思耳矣

B. 生而同声,长而异俗,教使之然也

C. 一个人的身心发展是内外因素在个体实践活动中相互作用的结果

D. 给我一打健康的婴儿,以及适合我培育他们的环境,我能把他们训练成任何我想要的样子,让他们成为医生、律师、艺术家、企业家,甚至乞丐、小偷

3. 王老师发现有的学生爱唱歌,就引导他们参加歌唱比赛;有的学生爱打球,就让他们写"我的打球体验日记"。王老师的做法遵循了学生在发展过程中的(　　)

A. 阶段性　B. 不平衡性　C. 顺序性　D. 个别差异性

4. 把教育隐喻为"园艺",把学生比作"祖国的花朵",称教师为"园丁"。持这种观点的人在人的身心发展影响因素问题上倾向于(　　)

A. 遗传决定论　B. 成熟论

C. 内外因交互作用论　D. 环境决定论

5. 某一教育主张认为人的认识来源于经验而非天赋,下列教育主张与此观点一致的是(　　)

A. 荀子:性恶论　B. 霍尔:一两的遗传胜过一吨的教育

C. 孟子:性善论　D. 威尔逊:"基因复制"决定论

6.“当一年级的教师遇到他班上年龄差不多都是六岁的孩子时，他事实上面对着一群能力不同的儿童，从他们准备状况的差异来说，实际上是从三岁到十一岁。”这主要体现了个体身心发展具有（　）

A. 不均衡性　　B. 可变性

C. 个别差异性　　D. 阶段性

7.“出淤泥而不染”“同流而不合污”说明人的身心发展的源泉和动力是（　）

A. 主观能动性　B. 社会环境　C. 教育　D. 遗传素质

8. 洛克认为：“我们日常所见的人中，他们之所以或好或坏，或有用或无用，十分之九都是他们的教育所决定的。”康德甚至认为：“人只有教育才能成为人，人完全是教育的结果。”这些话反映了（　）（常考）

A. 遗传决定论　　B. 多因素相互作用论

C. 教育万能论　　D. 辐合论

9. 有人把教育隐喻为“塑徒”，称教师是“人类灵魂的工程师”。这种观点在人的发展影响因素问题上倾向于（　）

A. 遗传决定论　　B. 成熟论

C. 外铄论　　D. 内因与外因交互作用论

10. 在个体身心发展动力的问题上，辩证唯物主义支持（　）

A. 内发论　　B. 外铄论

C. 多因素相互作用论　　D. 原发论

11. 三国时期，诸葛亮在《诫子书》中提到“才须学也，非学无以广才，非志无以成学”，这里所提到的影响人的发展因素有（　）

①遗传　②教育　③环境　④个体主观能动性

A. ①②　B. ②③　C. ②④　D. ①③

12. 在个体的童年时代，要多用视觉与触觉刺激进行教育，并且不能过早地对个体进行抽象思维训练。这体现了个体身心发展的（　）

A. 顺序性　B. 阶段性　C. 不平衡性　D. 互补性

13. 人的身心发展速度呈现出加速与平缓交替发展的状态，这体现的是身心发展的（　）特点。（易混）

A. 顺序性　B. 阶段性　C. 不平衡性　D. 个别差异性

14. 在以下表述中，能够体现出教育要依据个体身心发展的顺序性规律的是（　）

A. 老师要严格要求学生，但不使学生感到压抑

B. 老师要等学生实在无法想明白的时候再去启发他

C. 只读书而不肯动脑筋思考，就会感到迷惑而无所适从

D. 老师不传授超出学生接受能力的知识

15. 认为个人的发展依赖于遗传和环境，就像矩形的面积依赖于高也依赖于长一样。这是（　）的观点。

A.“白板说”　B.“性三品说”　C.“合并原则”　D.“相乘说”

16. 生物个体通过与他所在的社会环境相互作用，学习掌握基本生产、生活知识和技能，遵从社会规范，成为社会人的过程，称之为（　）

A. 发展　B. 成熟　C. 社会化　D. 个性化

17.“当其可之谓时，时过然后学，则勤苦而难成”，这表明教育工作要抓住人的身心发展的（　）

A. 关键期　B. 加速期　C. 稳定期　D. 高原期

18. 教学工作中要注意“长善救失”，这是针对个体身心发展的（　）特征而言的。

A. 阶段性　B. 互补性　C. 不平衡性　D. 个别差异性

19. 我国历史上著名的大思想家王阳明5岁还不能开口说话，却能默背祖父的众多藏书。这说明（　）

A. 人的发展具有阶段性　　B. 人的发展具有不均衡性

C. 人的发展具有顺序性　　D. 人的发展具有整体性

20. 人世间的事情永远不会有绝对结果，苦难对于天才是一块垫脚石，对于能干的人是一笔财富，对于弱者则是万丈深渊。这表明在人的发展中起作用的因素是（　）

A. 遗传　B. 环境　C. 实践活动　D. 主观能动性

21. 在影响个体身心发展的诸多因素中，决定个体身心发展从潜在的可能状态转向现实状态的条件是（　）（常考）

A. 遗传　B. 环境　C. 学校教育　D. 个体主观能动性

22. 下列教育主张中，符合教育“外铄论”的是（　）

A. 柏拉图认为教育即灵魂的转向

B. 卢梭主张让儿童通过实地探究明白知识是有用的

C. 荀子认为“人之性恶，其善者伪也”

D. 孟子主张“凡有四端于我者，知皆扩而充之矣”

23. 个体身心发展的（　）是指人的身心发展是一个由低级到高级、由简单到复杂、由量变到质变的连续不断的发展过程。

A. 顺序性　B. 阶段性　C. 互补性　D. 不平衡性

24. 美国心理学家格塞尔用“双生子爬楼梯”实验证明了（　）对人的发展的决定作用。

A. 基因复制　B. 性本能　C. 成熟机制　D. 行为改变

25. 人类在孩童时期学习语言特别快，而在中老年时期比较吃力，体现了人的身心发展具有（　）

A. 顺序性　B. 差异性　C. 不平衡性　D. 阶段性

26. 就内容而言，个体身心发展包括________和________两方面的发展。（　）

A. 身体　心理　　B. 智力因素　非智力因素

C. 人格　能力　　D. 个体社会化　个体个性化

27. 下列关于个体身心发展规律的说法中，不正确的是(　　)

A. 不顾学生的年龄特征，在教育教学内容和方法的选择上的“一刀切”违背了个体身心发展的阶段性规律

B. 有的人“少年得志”，有的人则“大器晚成”，这体现了个体身心发展的不平衡性规律

C. “一把钥匙开一把锁”“对症下药”“量体裁衣”反映了人的发展具有个别差异性

D. “儿童的认知发展是由具体思维发展到抽象思维，从机械记忆到意义记忆”，这显示了儿童身心发展的顺序性

28. 程老师在教育教学过程中，重视学生身心发展的敏感期，及时施教。程老师的这种做法适应了人的身心发展的(　　)

A. 顺序性　　B. 阶段性

C. 差异性　　D. 不平衡性

29. 个体在不同的年龄阶段表现出身心发展不同的总体特征及主要矛盾，面临着不同的发展任务。身心发展的阶段性启示我们教育工作者应做到(　　)(易混)

A. 抓关键期　　B. 扬长避短

C. 分段教学，不能搞一刀切　　D. 循序渐进

二、多项选择题

1. 从教育的角度看，下列反映了遗传因素对人发展的影响的有(　　)

A. 种瓜得瓜，种豆得豆　　B. 格塞尔的双生子爬楼梯实验

C. “一两的遗传胜过一吨的教育”　　D. “橘生淮南则为橘，生于淮北则为枳”

2. 下列哪些观点属于遗传决定论(　　)

A. 柏拉图的人分三等论　　B. 洛克的“白板说”

C. 中国的性善论　　D. 基督教的“原罪说”

3. 以下关于环境对个体发展的影响，正确的说法是(　　)(易混)

A. 环境对个体发展的影响可能是消极的　　B. 人接受环境的影响不是消极被动的

C. 人的发展完全由环境决定　　D. 环境为个体发展提供内在条件

4. 外铄论认为人的发展主要依靠外在的力量，如环境的压力、刺激和要求，他人的影响和学校的教育。持这一观点的思想家有(　　)

A. 孟子　　B. 荀子　　C. 洛克　　D. 华生

5. 个体的先天素质对人的身心发展有重要影响，其中遗传因素是先天因素中最基本的因素，下列有关它的说法，正确的是(　　)

A. 它为个体的身心发展提供了来自主体自身的足够的、广泛与多样的条件

B. 人的个别差异的存在完全由遗传因素造成

C. 它对个体身心发展的影响程度与机体具体机能的性质有关

D. 遗传因素对人的发展的影响在整个发展过程中总体上呈增强趋势

6. 个体身心发展具有一定的规律，其中个体身心发展的互补性要求教师做到(　　)

A. 做好阶段过渡　　B. 树立信心，相信学生

C. 发现学生优势　　D. 坚持正面疏导

7. 下列关于学生身心发展的规律与教育措施匹配正确的是(　　)(常考)

A. 身心发展的顺序性——循序渐进　　B. 身心发展的差异性——因材施教

C. 身心发展的不平衡性——长善救失　　D. 身心发展的互补性——抓关键期

8. “性相近也，习相远也。”对这句话解释正确的有(　　)

A. 这是遗传决定论的体现，否认环境对个体发展的作用

B. 后天的教育和社会环境才是导致人的发展差异的主要原因

C. 这是环境决定论的体现，抹杀了先天禀赋的差异

D. 这种观点为从平民中“举贤才”的主张提供了依据

9. 从教育与人的发展关系来看，遗传决定论完全否定了(　　)

A. 人的能动性　　B. 教育的影响　　C. 遗传的作用　　D. 环境的功能

三、填空题

1. ________是一种抹杀教育在人的发展中的作用的观点，认为教育对人的发展无能为力。

2. 影响人身心发展的因素有________、环境、学校教育和个体主观能动性等。

3. ________又称外塑论或经验论等。

4. 所谓________，就是指人的某种身心潜能在人的某一年龄段有一个最好的发展时期。

四、判断说理题

1. 教育对人的发展起主导作用是有条件的。这种说法是否正确？请用教育学知识说明理由。

2. 人的身心发展在整个生命过程中是均衡和匀速的。这种说法是否正确？请用教育学知识说明理由。(易混)

3. 与动物的完全依靠本能学习不同，人类的行为学习有时即便错过了关键期，也能经过补偿学习而获得。对此你觉得是否正确，请用教育学知识说明理由。

五、简答题

1. 为什么教育在人的发展中起主导作用?(常考)

2. 从活动水平角度看，个体主观能动性由哪几个层次构成?

3. 简述遗传素质在人的身心发展过程中的作用。

六、论述题

1. 结合学生个体的身心发展特点，阐述在教育过程中应如何遵循这些规律。

2. 试述"近朱者赤，近墨者黑""勤能补拙"所体现的教育学原理。(常考)

七、案例分析题

国学大师季羡林在回忆里说："我有意识地真正用功，是从这里开始的。我是一个很容易受环境支配的人。在小学和初中时，成绩不能算坏，总在班上前几名，但从来没有考过甲等第一。我毫不在意，照样钓鱼、摸虾。到了高中，作文无意中受到了王崑玉先生的表扬，英文是全班第一。其他课程考个高分并不难，只需稍稍一背，就能应付自如。结果我生平第一次考了一个甲等第一，平均分数超过九十五分，是全校唯一的一个学生。当时山大校长兼山东省教育厅长前清状元王寿彭，亲笔写了一副对联和一个扇面奖给我。这样被别人一夸，我的上进心就被激发出来了。从此认真注意考试名次，不再掉以轻心。结果两年之内，四次期考，我考了四个甲等第一，威名大震。"王寿彭给季羡林题写的对联中的上联是：才华舒展临风锦。下联是：意气昂藏出岫云。题头是：羡林老弟雅(察)。

结合案例，分析学校和个人在个体发展中的作用。

真题精解

一、单项选择题

1. 两个八岁儿童,一个只能简单造句,另一个能写好短文,这体现了个体身心发展的(　　)(易混)

A. 差异性　B. 顺序性　C. 互补性　D. 阶段性

2. 教育中"拔苗助长"的现象违反了个体身心发展的(　　)(易混)

A. 顺序性　B. 互补性　C. 不均衡性　D. 个别差异性

3. 荀子说:"干、越、夷、貉之子,生而同声,长而异俗,教使之然也。"这强调影响人的身心发展的因素是(　　)

A. 遗传　B. 环境　C. 教育　D. 个体主观能动性

4. 小学低年级教学很少使用模像直观,高中教学经常使用模像直观。这违背了个体身心发展的(　　)

A. 阶段性规律　B. 互补性规律　C. 稳定性规律　D. 可变性规律

二、判断选择题

影响个体身心发展的因素中起决定作用的是学校教育。(　　)

A. 正确　B. 错误

三、填空题

1. 影响人身心发展的主要因素中,提供必要的生物前提和发展潜在可能性的是________。
2. 人的身高发展的两大高峰出现在出生后第一年和青春期。这说明的身心发展规律是________。
3. 残疾学生身残志坚,用精神力量和意志来调节自身机体状态,使身心得以持续发展,该现象反映了个体身心发展的________规律。

四、论述题

霍尔说"一两的遗传胜过一吨的教育"。请评析这个观点,并说明遗传在人的身心发展中的作用。

第四章　教育目的

命题分析

[考查要点]

1. 识记教育目的的概念;教育目的与教育方针的关系。
2. 识记并理解教育目的的意义和作用。
3. 理解教育目的的层次结构的组成部分以及它们之间的关系。
4. 区分不同的教育目的的价值取向,并重点掌握各理论的代表人物和基本观点。
5. 识记现阶段我国教育目的的基本精神、确立的理论基础以及素质教育的内涵与误区。

[考查题型]

以选择、判断、填空等客观题为主。

基础训练

一、单项选择题

1. 一个国家对本国教育所要培养的人才的质量和规格的总要求是(　　)

A. 教育目的　B. 培养目标　C. 教育方针　D. 课程标准

2. 学习"昆虫的种类"这节课时老师要求学生能准确识别昆虫,这种要求属于教育目的的层次中的(　　)

A. 教育目的　B. 培养目标　C. 课程目标　D. 教学目标

3. 选择和确立教育目的时,在基本价值取向方面,长期存在的对立理论是(　　)

A. 神本位论与人本位论　B. 个人本位论与社会本位论

C. 社会本位论与自然本位论　D. 人本位论与自然本位论

4. "春姑娘用她那多变的魔法棒,赋予了万物绚丽的色彩:五颜六色的花儿,嫩绿的小草,浅蓝的天空,构成了一幅多么和谐的画面!"这属于美育的(　　)

A. 艺术美　B. 自然美　C. 技术美　D. 旅游美

5. "教育的过程,在它自身以外没有目的,它就是它自己的目的。"这种教育无目的论是(　　)提出的。

A. 杜威　B. 孔德　C. 斯宾塞　D. 斯普朗格

6. 以下关于教育目的的论述,错误的是(　　)

A. 教育目的是社会历史性与时代性的动态综合

B. 教育目的受制于生产力的发展

C. 教育目的就是各级各类学校的培养目标

D. 教育目的体现了人们的教育理想

7. “国家的教育制度只有一个目标，那就是造就公民。”这种教育目的观属于(　　)

A. 个人本位论　　B. 社会本位论

C. 生活本位论　　D. 知识本位论

8. 素质教育区别于应试教育的根本所在是(　　)(常考)

A. 创新能力的培养　　B. 读写能力的培养

C. 听说能力的培养　　D. 交往能力的培养

9. 衡量教育好坏的最高标准只能是看教育能否为社会稳定和发展服务，能否促进社会的存在和发展。这属于(　　)的观点。

A. 神学教育目的论　　B. 社会本位论

C. 教育无目的论　　D. 个人本位论

10. 教育目的及其所具有的层次性，不仅含有对整体教育活动努力方向的指向性和结果要求，而且还有对具体教育活动的具体性规定。这体现了教育目的对教育活动的(　　)

A. 管理功能　　B. 评价功能　　C. 调控功能　　D. 定向功能

11. 疫情防控期间，某小学举行线上期末测评表彰大会，本次大会不仅对期末考试成绩优异、进步明显的同学进行了表彰，还对虽然成绩不拔尖，但是特长突出、乐于助人，在班集体中不可或缺的学生同样进行了表彰，颁发了“阳光少年”“感动班级人物”“体育之星”等奖项。一至三年级还特别设立了“自理之星”。该学校的做法(　　)

A. 不利于学生的成绩提升　　B. 有利于端正学生的学习态度

C. 不利于强化学生之间的竞争　　D. 有利于促进学生的个性发展

12. 党的十八大报告中有关教育的叙述为：“要坚持教育优先发展，全面贯彻党的教育方针，坚持教育为社会主义现代化建设服务、为人民服务，把立德树人作为教育的根本任务，培养德智体美全面发展的社会主义建设者和接班人。全面实施素质教育，深化教育领域综合改革，着力提高教育质量，培养学生创新精神。”上述表述属于(　　)

A. 教育目的　　B. 课程目标　　C. 教学目标　　D. 培养目标

13. 马克思主义关于人的全面发展学说提出要培养德、智、体、美、劳等全面发展的人，为培养社会主义人才指明了方向。这体现了教育目的的(　　)作用。

A. 导向　　B. 激励　　C. 评价　　D. 控制

14. 对学生进行美育，指导学生掌握音乐的声调旋律、绘画的线条色彩、舞蹈的基本动作，是为了(　　)

A. 为学生创造良好的生活环境　　B. 鼓励学生的审美创造意向

C. 培养学生审美创造的技能技巧　　D. 培养学生美的创造力

15. 教育目的选择与确立的根本问题是(　　)

A. 个人发展问题　　B. 思想方法问题

C. 社会发展问题　　D. 价值取向问题

16. 下列有关素质教育的说法，正确的有(　　)

A. 素质教育就是全面发展学生的各种兴趣及体育爱好，并增强学生体魄

B. 素质教育是以培养创新精神和实践能力为重点的教育

C. 素质教育就是多开展课外活动，多上文体课，并和家长共同督促学生发展

D. 素质教育就是取消中小学各种考试

17. 新中国成立以来，我国教育目的多次变化，这说明了教育目的受(　　)的制约。

A. 文化传统　　B. 马克思主义关于人的全面发展学说

C. 社会生产方式　　D. 国家政治制度

18. 体育的根本任务是(　　)

A. 提高学生的身体素质　　B. 增强学生的组织纪律性

C. 培养学生勇敢、坚强的道德品质　　D. 培养学生的团队精神

19. 美育最高层次的任务是培养学生(　　)的能力。

A. 发现美　　B. 鉴赏美　　C. 创造美　　D. 感受美

20. 小丽和小明是同班同学。小丽是品学兼优的好学生，希望老师能够讲述一些课本以外的知识。小明学习稍吃力，希望老师能够多讲一些习题多做练习。尽管两名同学对老师的要求不同，老师选择按照教学大纲的要求，在保证课堂进度的同时适度练习，同时让学生学到课本以外的知识。这个案例体现了教育目的的(　　)

A. 调控功能　　B. 评价功能　　C. 导向功能　　D. 激励功能

21. 教育应当根据儿童的身心发展规律和兴趣需要去促进其生长与发展，从而在此基础上建立民主的理想国家和社会。这一观点体现的是(　　)(常考)

A. 个人本位论　　B. 社会本位论

C. 文化本位论　　D. 生活本位论

22. 下列属于生活本位论的代表人物的是(　　)

A. 赫尔巴特　　B. 巴格莱　　C. 斯宾塞　　D. 卢梭

23. “教育在于使青年社会化——在我们每一个人之中，造成一个社会的我。这便是教育的目的。”这种观点在教育目的论上属于(　　)

A. 神学的教育目的论　　B. 社会本位教育目的论

C. 个人本位教育目的论　　D. 马克思主义教育目的论

24. 国家规定的将中学生培养成什么样人才的要求是中学的(　　)

A. 教育内容　　B. 教育目标　　C. 教育原则　　D. 教育目的

25. 柏拉图在《理想国》中提出教育的最高目标是培养哲学家兼政治家，并且柏拉图认为教育应该由国家负责办理，教育内容也应该遵守国家的利益规定，因此柏拉图的观点属于(　　)

A. 宗教本位论　　B. 个人本位论

C. 教育无目的论　　D. 社会本位论

26.“素质教育要着眼于学生自我学习、自我教育、自我发展的知识与能力,真正把对学生教育的重心转移到启迪心智、孕育潜能,增强后劲上来。”这句话主要强调素质教育的(　　)特点。(易混)

A.全体性　B.基础性　C.发展性　D.全面性

27.诺笃尔普认为:“在事实上个人是不存在的,因为人之所以为人,只是因为他生活在人群之中,并且参加社会生活。”这种教育目的观的价值取向是(　　)

A.伦理本位论　B.科学本位论　C.社会本位论　D.个人本位论

28.智育的根本任务是(　　)

A.发展学生的智力　B.培养学生的独立能力

C.提高学生的学习成绩　D.提高学生的竞争意识

29.实施素质教育,鼓励学生发展某方面的特长,体现了(　　)

A.素质教育是把学生视为教育主体的教育　B.素质教育是着力提高社会责任感的教育

C.素质教育是促进学生个性发展的教育　D.素质教育是面向全体学生的教育

30.美育过程的起点是培养学生的审美(　　)能力。

A.感知　B.理解　C.创造　D.关怀

31.马克思主义关于人的全面发展学说在中国教育界的具体实践是(　　)

A.新课程改革　B.素质教育

C.教育的国际化走势　D.教育改革的实践

32.下列表述中属于社会本位论的是(　　)

A.个人的一切发展都有赖于社会　B.个人价值高于社会价值

C.社会要求会阻碍个体素质的发展　D.教育的目的应根据个人需要制定

33.在全面发展的教育中起导向和动力作用的是(　　)(常考)

A.德育　B.智育　C.体育　D.美育

34.海伦·凯勒曾说:“如果我是大学的校长,我要设定一门‘如何使用你的眼睛’的必修课,致力于让学生善于发现生活中被忽视的欢乐。”这体现了(　　)的重要性。

A.德育　B.美育　C.智育　D.体育

35.主张教育的目的是培养自然人,发展人的个性,增进人的价值,促使个人自我实现的教育目的论为(　　)

A.宗教本位论　B.社会本位论　C.个人本位论　D.文化本位论

36.我国的教育目标是培养德智体美劳全面发展的学生,下列属于美育的是(　　)

A.组织学生去森林公园捡垃圾　B.在课上采用新型体育器材

C.开展各种道德讲堂活动　D.开设美术、音乐、书法课

37.教育目的是各级各类学校遵循的总要求,但各级各类学校应有各自的具体工作方针和培养目标,这就决定了教育目的具有层次性,其中(　　)居于第二个层次。

A.国家的教育目的　B.各级各类学校的培养目标

C.学校的课程目标　D.教师的教学目标

38.在培养目标上,各级各类学校的培养目标必须(　　)(常考)

A.同中有异、重点突出、特色鲜明　B.异中有同、特点突出、差异鲜明

C.标准统一、重点突出、特色各异　D.异中有同、个性突出、特色鲜明

二、多项选择题

1.某小学组织全校学生参与的“童心课堂”“童趣社团”“童真沙龙”等系列教育活动,校园内营造出生动活泼的学习氛围。学校更有效地推进“童乐校园”的建设,学生好学乐学,身心得到全面发展。从实施素质教育的角度分析,上述材料说明素质教育(　　)

A.面向全体学生　B.促进学生全面发展

C.可以开展丰富多彩的活动　D.要求学生主动学习

2.下列关于教育目的的价值取向确立应注意的问题,说法正确的有(　　)

A.当代教育目的的选择和确立,要认清和摆脱科学主义和人文主义哲学观的片面性

B.当代教育目的的选择和确立,在价值取向上不能将理性和非理性对立

C.就现实社会的同一方面而言,教育对其适应或超越有固定的先后之分

D.教育的人文价值与功利价值是对立的,应该引导“以义抑利”

3.联合国教科文组织在1996年发布的《教育——财富蕴藏其中》的报告中提出的学习与教育的几个“支柱”包括(　　)(常考)

A.学会认知　B.学会做事　C.学会共同生活　D.学会生存

4.以下属于个人本位论的代表人物的有(　　)

A.卢梭　B.巴格莱　C.萨特　D.孟子

5.美育的实施途径主要有(　　)

A.通过各种教学和课外文艺活动实施美育　B.通过大自然进行美育

C.通过社会的日常生活实施美育　D.通过综合实践实施美育

6.下列关于个人本位论的主要观点,说法正确的有(　　)(常考)

A.一个人应为他自己受教育,而不是为社会需要受教育

B.个人只是教育加工的原料,个人的发展必须服从社会需要

C.个人价值高于社会价值,个人决定社会

D.社会价值高于个人价值,个人发展依赖于社会

7.从社会关系认识教育目的,教育目的受(　　)的制约。

A.社会交往范围　B.社会生产力发展水平

C.社会政治制度　D.社会文化传统

8.下列关于教育目的的说法,正确的有(　　)

A.教育目的与教育方针既有联系,也有区别,教育目的较理想,而教育方针较现实

B.按结构层次从高到低依次是教育目的、培养目标、教学目标、课程目标

C.在当下中小学中,“升学率”最被看重,这属于教育中实然的教育目的

D.教育目的是人提出来的,形式上是主观的,因此教育目的没有客观性

三、判断选择题

1. 教育目的和培养目标是普遍与特殊的关系。(易错)　(　　)

A. 正确　　B. 错误

2. 只要升学率提高了,学校就实现了素质教育的目标。　(　　)

A. 正确　　B. 错误

3. 教育目的通常是由国家的宪法和法律明确规定的。　(　　)

A. 正确　　B. 错误

4. 五育中,智育对应着数学、语文课,体育对应着体育课,美育对应着美术课,它们是一一对应的。(易错)　(　　)

A. 正确　　B. 错误

5. 全面发展教育与发展学生的个性是矛盾的。　(　　)

A. 正确　　B. 错误

6. 促进学生全面发展就是要学生平均发展。　(　　)

A. 正确　　B. 错误

四、填空题

1. ________鲜明地体现了基础教育的本质属性和基本特征。

2. 我国的教育目的适应时代要求,强调学生个性的发展,重点是培养学生的________和________。

3. 教育方针是________的政策性表达。

4. 在教育目的的层次结构中,________居于第一个层次,它是由国家提出来的,其决策要经过一定的组织程序,一般体现在国家的教育文本和教育法令中。

5. 我国的教育目的主要是培养社会主义事业的________和________。

五、判断说理题

1. 素质教育就是要学生什么都学,什么都学好。这种说法是否正确?请结合相关知识说明理由。

2. 教育与生产劳动相结合,是培养全面发展的人的唯一方法,两者的结合必然促进人的全面发展。这种说法是否正确?请结合相关知识说明理由。

六、简答题

1. 在实施素质教育中应避免的误区有哪些?(常考)

2. 简述教育目的与教育方针的关系。

3. 简述教育目的的功能。

4. 简述马克思主义关于人的全面发展学说的观点。

5. 简述确立教育目的的依据。

七、论述题

1. 德育在全面发展教育中有什么意义？为什么要在中小学实际教学中发展德育？

2. 你是怎样认识素质教育的？在全面推进素质教育中，你认为广大教育工作者可以有何作为？

八、案例分析题

1. 9月，正是各高校开学的时间，连日来，记者采访发现，不少大学新生几乎都是被家长"抱着"送进大学的。高校迎新时，各校报到处的马路上挤满了送学生的汽车。有的父母双手拎着几个箱子，孩子却空手而行。在一处新生报到台前，一位农村母亲拿着入学通知书满头是汗地到处找人，女儿却远远地坐在树荫下，当老师要她喊女儿自己来办时，她忙解释说："她一路坐车累了。"在各处新生公寓，最常见的一景是：家长跑来跑去领公寓生活用品、铺床、买饭、打水，孩子则多甩手在一边看着，有些学生甚至不会存钱，找不到宿舍，找不到超市买牙膏。

请结合材料，从素质教育的角度谈谈我国应该如何深化义务教育教学改革？作为教师应该怎样做？

2. **材料一**：黑龙江省哈尔滨市的一所高中，将扭秧歌带进了课堂，刚开始学生们很难接受，感觉扭秧歌很"土"，还挺搞笑的。但随着课堂上音乐的响起，学生不自觉地拿起手绢，跟着老师扭动起来，并且表示扭秧歌挺美的，跳起来之后整个人都开心了。该学校开设扭秧歌选修课的初衷就是弘扬东北地区的艺术文化，而且高中的学业比较繁重，有这样一堂扭秧歌课，可以很好地缓解学生们的压力。

材料二：在云南省巍山县的一所小学，所有的课程都由老师们自主研发，内容取材于真实生活，比如刷牙也可以是一门课程。老师会提前准备好牙齿模具和刷牙的视频，向同学们展示牙齿的构成以及不好好刷牙可能带来的危害，并且把同学们带到洗手池边，手把手地纠正他们不正确的刷牙姿势，让同学们更好地去学习刷牙。通过刷牙这个课程，同学们爱上了刷牙。在小学教学楼上写着"生活即学习，学习即生活"，这也是这所小学的办学理念。学校认为，生活就是不断学习的过程，而学习是一种美好生活的方式。

上述材料对你有何启示，请结合相关理论与理念进行阐述。

3. 黄老师是刚刚从大学毕业的新老师。

黄老师刚刚开始教学时，为了了解六(3)班的英语成绩，组织了一次随堂测验，结果发现该班学生的成绩差距很大，成绩好的学生可以在测验中取得96分，而成绩差的学生只取得31分。

这让黄老师感到很意外，在黄老师不知道该如何进行教学工作时，突然想到了大学时期学到的"要按素质教育的要求进行教育教学"，根据这点，黄老师认为，如果按照优秀学生的水平进行教学，则基础不好的学生会跟不上讲课的进度，所以应该按照班上学生的最低英语水平进行教学，这样才能确保每一位学生都能听懂。

请你分析黄老师的观念是否正确，并说明理由。

真题精解

一、单项选择题

1. 裴斯泰洛齐认为:"发展个人天赋的内在力量,使其经过锻炼,使人能尽其才,能在社会上达到他应有的地位。这就是教育的目的。"这种观点反映的教育目的价值取向是(　　)

A. 生活本位论　B. 社会本位论　C. 个人本位论　D. 文化本位论

2. 根据马克思主义教育学的基本观点,培养全面发展的人的唯一方法是(　　)

A. 创新与动手实践相结合　B. 认知与情感体验相结合

C. 道德与知识学习相结合　D. 教育与生产劳动相结合

3. 下列关于教育目的的层次,从抽象到具体进行排列的顺序是(　　)

①培养目标　②教学目标　③教育目的　④课程目标

A. ③①④②　B. ①②④③　C. ③①②④　D. ①②③④

二、填空题

1. 教育目的是一切教育工作的________和归宿。(常考)
2. 我国教育目的的理论基础是马克思主义关于人的________学说。
3. 我国教育目的的基本特征之一是坚持全面发展与________发展的统一。

三、案例分析题

阅读材料,回答问题。

某九年一贯制学校五年级的李老师发现,班上有近半数的学生劳动积极性不高,有的学生连打扫校园和日常值日都相互推诿,甚至让别人替代。有不少学生在家里从来没有洗过碗和衣物。针对这一问题,李老师要求家长督促和指导孩子完成洗碗、洗衣、扫地、整理房间等力所能及的家务,并利用周末带孩子一起去郊外种植蔬菜和参加社区公共卫生劳动。同时,李老师还在班上开展玩具拼装、技术作品评析、纸塑泥塑制作等活动,让学生体验劳动的价值和创造的愉悦。

几个月后,李老师欣喜地看到,许多学生精神状态更为饱满,同学关系更加融洽,学生值日时主动自觉,教室卫生也变得更好了。一些学生由于感受到实践活动的神奇魅力,学习兴趣更加浓厚了。家长们也高兴地发现,孩子在家开始主动整理床铺、打扫房间,也懂得了一些家电的操作方法,认识了更多蔬菜的名称,而且身体更加健康,情趣更高雅了。

问题:

(1)结合材料,分析中小学劳动教育的内容主要包括哪些方面?

(2)结合材料,分析劳动教育对学生全面发展的作用。

第五章　学校教育制度

命题分析

[考查要点]

1. 理解学校教育制度的内涵;建立学制的依据;现代学制的三种主要类型。
2. 区分我国不同时期的学校教育制度。

[考查题型]

以选择、填空等客观题为主。

基础训练

一、单项选择题

1. 一般认为,我国最早的学校出现在(　　)

A. 夏朝　B. 原始社会　C. 周朝　D. 十九世纪末

2. 发达国家实行12年甚至更多年限的义务教育,发展中国家实行9年义务教育,这反映了学校教育制度受(　　)

A. 历史传统影响　B. 政治制度影响

C. 经济发展水平影响　D. 社会成员意识影响

3. "教育主体确定,教育对象相对稳定,有相对稳定的活动场所和设施等。"这些特征的出现标志着学校教育制度进入(　　)

A. 前制度化教育阶段　B. 制度化教育阶段

C. 非制度化教育阶段　D. 学校教育萌芽阶段

4. 现代学制的类型主要有三种,即(　　)

A. 多轨学制、双轨学制、单轨学制　B. 双轨学制、单轨学制、集支型学制

C. 三轨学制、双轨学制、单轨学制　D. 双轨学制、单轨学制、分支型学制

5. 学校的考试制度规定在考试中任何学生和老师不得有舞弊行为,否则一经发现,就要给予处分。这说明了我国教育制度的(　　)

A. 规范性　B. 客观性　C. 权威性　D. 强制性

6. 我国现代学制确立和发展中所沿用的基本类型是(　　)

A. 单轨学制　B. 双轨学制　C. 多轨学制　D. 分支型学制

7. 现代学制主要有三种类型,下列哪个国家的学制属于单轨制(　　)

A. 英国　B. 联邦德国　C. 美国　D. 法国

8.(　　)第一次规定男女同校,废除读经,充实了自然科学的内容,将学堂改成学校。

A.壬子癸丑学制　　B.壬寅学制

C.癸卯学制　　D.壬戌学制

9."教育不应再限于学校的围墙之内"是(　　)阶段的教育主张。(常考)

A.制度化教育　　B.现代教育

C.前制度化教育　　D.非制度化教育

10.我国最早提出普及九年义务教育的是(　　)

A.《中华人民共和国义务教育法》　　B.《中国教育改革和发展纲要》

C.《中华人民共和国教育法》　　D.《中共中央关于教育体制改革的决定》

11.英国政府1870年颁布的《初等教育法》中,一方面保持原有的专为资产阶级子女服务的学校系统,另一方面为劳动人民的子女设立国民小学、职业学校。这种学制属于(　　)

A.双轨学制　　B.单轨学制　　C.中间型学制　　D.分支型学制

12.1993年颁布的《中国教育改革和发展纲要》中的"两基"指的是(　　)

A.基本普及九年义务教育和基本扫除青壮年文盲

B.基础知识和基本技能

C.基本普及九年义务教育和基本知识

D.基本扫除青壮年文盲和基本技能

13.在我国颁布并施行的某一学制中,规定学堂的立学宗旨是"以忠孝为本,以中国经史之学为基,俾学生心术壹归于纯正,而后以西学瀹其智识,练其艺能,务期他日成材,各适实用"。这一学制是(　　)

A.癸卯学制　　B.壬戌学制　　C.壬寅学制　　D.壬子癸丑学制

14.壬寅学制作为我国近代教育史上最先制定的系统的学制,是以下列哪个国家的学制为蓝本而制定的(　　)

A.美国　　B.日本　　C.德国　　D.朝鲜

15.教育制度的(　　)主要表现为:入学条件和各级各类学校培养目标的日益标准化。

A.客观性　　B.规范性　　C.历史性　　D.强制性

16.以美国学制为蓝本,一直沿用到全国解放初期的现代学制是(　　)

A.癸卯学制　　B.壬寅学制

C.壬子癸丑学制　　D.壬戌学制

17.苏联的学制类型为(　　)

A.单轨学制　　B.中间型学制

C.双轨学制　　D.多轨学制

18.我国1922年颁布的"壬戌学制"实行的是(　　)

A.四四四制　　B.五四三制　　C.六三三制　　D.八四制

19.我国普通中小学的性质属于(　　)

A.基础教育　　B.中等教育　　C.初等教育　　D.双基教育

20.下列能体现张之洞"中学为体,西学为用"思想的学制是(　　)

A.癸卯学制　　B.壬子癸丑学制

C.壬戌学制　　D.1951年学制

21.在蔡元培的主持下制定的我国近代学制是(　　)(易混)

A.1902年学制　　B.1904年学制

C.1922年学制　　D.1912~1913年学制

22.1902年,清政府颁布了《钦定学堂章程》,亦称(　　),这是我国正式颁布的第一个学制,但未实施。

A.壬寅学制　　B.癸卯学制　　C.壬戌学制　　D.戊辰学制

23.制度化教育的形成标志是(　　)

A.学校教育系统的形成　　B.学校出现

C.文字出现　　D.终身教育出现

24.对于义务教育中的"义务"一词,理解不正确的是(　　)

A.国家有制定法律强迫儿童、青少年在学龄期受教育的义务

B.教师有强迫儿童入学的义务

C.儿童及少年在学龄期有入学受教育的机会

D.社会有交纳捐税或集资兴办学校、发展教育的义务

25.为适应我国经济社会的不断发展,学校教育制度也不断完善,当前我国九年制义务教育学制年限划分采用的是(　　)

A.六三制　　B.五四制　　C.九年一贯　　D.多种形式并存

二、多项选择题

1.从类型结构上来看,我国现行学校教育可划分为(　　)

A.基础教育　　B.学前教育　　C.成人教育　　D.特殊教育

2.1922年颁布的壬戌学制影响深远,下列表述正确的是(　　)

A.受美国实用主义教育的影响

B.强调适应社会进化的需要,发扬平民教育精神

C.是我国正式颁布的第一个现代学制

D.该学制未及实施

3.学制具体规定着(　　)

A.学校的性质　　B.学校的任务　　C.入学条件　　D.修业年限

4.下列属于广义教育制度范畴的是(　　)

A.学校管理制度　　B.教育政策法规　　C.教育行政体制　　D.入学条件

5. 下列选项中，以日本学制为蓝本的有(　　)

A. 壬寅学制　　B. 癸卯学制　　C. 新学制　　D. 壬戌学制

三、判断选择题

1. 我国唐代已建立了现代意义上的学校教育制度。(　　)

A. 正确　　B. 错误

2. 现代学制最早出现在欧洲。(　　)

A. 正确　　B. 错误

3. 非制度化教育就是对制度化教育的全盘否定。(　　)

A. 正确　　B. 错误

4. 伊里奇的"非学校化"主张是非制度化教育的核心思想。(　　)

A. 正确　　B. 错误

5. 国民教育制度的核心和实质是学校教育制度。(　　)

A. 正确　　B. 错误

四、填空题

1. ________是终身教育最大的特征。

2.《中国教育改革和发展纲要》确定了20世纪末教育发展的总目标，即"两基""两全""两重"，其中"两重"是指________。

五、简答题

1. 简述现代教育制度的发展趋势。(常考)

2. 建立学制的依据有哪些?(常考)

真题精解

一、单项选择题

1. "活到老，学到老"体现的现代学校教育制度的发展趋势是(　　)

A. 延长义务教育年限　　B. 终身教育体系的完善

C. 加强教育的国际交流　　D. 普通教育与职业教育相互渗透

2. 中国近代教育史上第一部由国家颁布并在全国实行的学制是(　　)(易混)

A. 壬戌学制　　B. 癸卯学制

C. 壬寅学制　　D. 壬子癸丑学制

3. 我国中小学目前实施的"六三三制"，源于1922年10月全国教育会联合会讨论后公布的《学校系统改革案》。该案史称(　　)(易混)

A. 壬寅学制　　B. 癸卯学制

C. 壬戌学制　　D. 壬子癸丑学制

二、填空题

1. 现代教育制度发展的趋势之一是普通教育与________朝着相互渗透的方向发展。

2. 我国现行学校教育系统包括________、初等教育、中等教育和高等教育四个层次。(常考)

第六章　课　程

命题分析

[考查要点]

1. 识记课程的内涵;课程的意义。
2. 区分不同的课程理论流派;课程的不同类型。
3. 区分不同的课程设计的模式。
4. 识记三维课程目标;课程标准的概念;教科书编写应遵循的基本原则与要求。
5. 掌握基础教育课程改革的理念;基础教育课程改革的具体目标。

[考查题型]

以选择、判断、填空等客观题为主。

基础训练

一、单项选择题

1. 下列关于课程的描述正确的是(　　)

A. 学科课程按照儿童心理逻辑进行组织　　B. 显性课程主要产生计划性和预期性的教育影响

C. 拓展型课程通常是必修课程　　D. 经验课程在于让学生掌握人类文明精髓

2. 为了保障和促进课程适应不同地区、学校、学生的要求,国家实行三级课程管理体制。这三级课程是(　　)

A. 必修课、选修课和活动课　　B. 国家课程、地方课程和校本课程

C. 理论课、实践课和活动课　　D. 显性课、隐性课与实践课

3. "课程"一词在我国始见于(　　)

A. 唐宋期间　　B. 明朝　　C. 汉朝　　D. 元朝

4. 新课程教学改革要求我们首先确立起(　　)

A. 以课堂教学为中心的教育观念

B. 与新课程相适应的、体现素质教育精神的教育观念

C. 教师为主导、学生为主体的教育观念

D. 先进的教育观念

5. 下列属于制订课程计划的首要问题的是(　　)

A. 课程设置　　B. 学科顺序

C. 课时分配　　D. 学年编制

6. 美国教育学家布鲁纳提出的课程理论是(　　)

A. 结构主义课程论　　B. 社会本位课程论

C. 实用主义课程论　　D. 人本主义课程论

7. "课程"一词最早出现在英国教育家(　　)的《什么知识最有价值》一文中。

A. 赫尔巴特　　B. 泰勒　　C. 斯腾豪斯　　D. 斯宾塞

8. 教材编写、教学、评估和考试命题的依据是(　　)(常考)

A. 课程目标　　B. 学生发展特点　　C. 课程标准　　D. 课程改革纲要

9. 课程标准通常包括了几种具有内在关联的标准,主要有内容标准和表现标准。下列内容不符合课程标准内涵的是(　　)

A. 它是按门类制定的

B. 它规定本门课程的性质、目标、内容框架

C. 它包括教学重点、难点、时间分配等具体内容

D. 它提出指导性的教学原则和评价建议

10. 李老师刚入职一周,为避免自己紧张,他总是在上课前写好教案,并在课堂上严格按照自己的教案来上课。李老师课程实施的价值取向为(　　)

A. 多元化取向　　B. 相互调适取向

C. 创生取向　　D. 忠实取向

11. 从课程论的角度来看,被正式列入学校教学计划的各门学科,有目的、有组织的课外活动均属于(　　)

A. 必修课程　　B. 综合课程　　C. 显性课程　　D. 隐性课程

12. 学生所应学习的学科知识的总和及其进程与安排,在教育学中具体指的是(　　)

A. 学科单元　　B. 专业　　C. 课程　　D. 学科体系

13. 既是学生获得系统知识的工具,也是教师进行教学的主要依据的是(　　)

A. 课程表　　B. 课程计划　　C. 教科书　　D. 课程标准

14. 对于每一位老师,尤其是新入职的老师,要求他们尽量每天读一遍本学科的课程标准。关于这种做法的意义,下列表述错误的是(　　)

A. 加强教学的计划性,保证教学质量

B. 是教师进行教学工作的直接依据

C. 对整个教学阶段的课内外活动做出统筹安排

D. 是衡量各科教学质量的重要标准

15. 教师检查自己教学质量的依据是(　　)

A. 教材　　B. 教科书　　C. 课程标准　　D. 课程计划

16. 主张"任何学科的基础都可以用某种形式教给任何年龄的任何人"的理论是(　　)(常考)

A. 学科课程论　　B. 活动课程论　　C. 结构课程论　　D. 综合课程论

17. 基础型课程注重学生基础学力的培养，即培养学生作为一个公民所必需的以"三基"为中心的基础教养。"三基"指的是(　　)

A. 读、写、画　B. 读、画、算　C. 画、写、算　D. 读、写、算

18. 隐性课程是以内隐的、间接的方式呈现的课程，下列属于心理性隐性课程的是(　　)

A. 教师的教育理念　B. 校园环境

C. 班级的管理方式　D. 学校人际关系状况

19. 下列不属于新课程改革的三大基本理念的是(　　)

A. 关注学生发展　B. 强调教师成长

C. 重视以学论教　D. 规范课程评价

20. 我国中小学开设的语、数、外等课程属于(　　)

A. 活动课程　B. 潜在课程　C. 综合课程　D. 学科课程

21. 在教育教学过程中，采用各种形式使教学系统中各要素、各成分之间形成有机联系的课程形态是(　　)

A. 综合课程　B. 核心课程　C. 选修课程　D. 活动课程

22. 各学科教材的编写都要以"三个面向""三个代表"和"科学发展观"等重要思想为指导，寓思想政治教育于学科教学内容之中。这体现了编写教科书要遵循的原则是(　　)

A. 科学性与思想性统一　B. 理论与实践统一

C. 知识内在逻辑与教学法要求统一　D. 知识与能力统一

23. 在学习"20以内数的进位加法和退位减法"时，教师要求学生准确计算出得数，并能够认识与记忆20以内数的加减法口诀。这属于教学目标中的(　　)

A. 情感态度与价值观　B. 思维与智慧

C. 知识与技能　D. 过程与方法

24. 1918年，(　　)的《课程》一书的出版，标志着课程作为一个独立的研究领域的诞生。

A. 泰勒　B. 斯腾豪斯　C. 博比特　D. 施瓦布

25. 老师非常重视教室的布置，在教室里设计了图书角、黑板报、光荣榜、植物区等。从课程理论的角度来看，这些都属于(　　)

A. 显性课程　B. 隐性课程　C. 活动课程　D. 综合课程

26. 某小学开设"小发明家""小科学家"等课程，让学生在课外活动时间自由选择学习。这些课程属于(　　)

A. 校本课程　B. 地方课程　C. 基础课程　D. 国家课程

27. 学校文化建设有多个落脚点，其中，课堂教学是学校文化建设的主渠道。在课堂教学中，教师必须注意加强学校文化和学科文化建设，这主要有利于落实三维课程目标中的(　　)

A. 知识与技能目标　B. 方法与过程目标

C. 情感态度与价值观目标　D. 课堂教学目标

28. 某小学为培养学生的"工匠精神"和动手能力，与企业合作开发"手工陶瓷工艺品制作"课程。从空间上讲，这种课程资源属于(　　)

A. 校内课程资源　B. 素材性课程资源

C. 校外课程资源　D. 条件性课程资源

29. 首次提出"隐性课程"概念的学者是(　　)

A. 杰克逊　B. 泰勒　C. 杜威　D. 博比特

30. 课程标准是学生经过学习以后应达到的(　　)(易错)

A. 最基本的水平标准　B. 最高的水平标准

C. 中等的水平标准　D. 特殊的水平标准

31. 永恒主义认为，教育内容或课程涉及的第一个根本问题就是为了实现教育目的，什么知识最有价值或如何选择学科。该理论认为"永恒学科"的价值高于实用学科的价值。下列属于此观点中的"永恒学科"的是(　　)

A. 社会实践活动　B. 教学及教材

C. 演讲学说　D. 经典名著

32. 杜老师在上美术课时，指导学生对洛阳"唐三彩"进行描述和讨论，让他们尝试用简单的美术术语对"唐三彩"进行内容与形式分析，感受古代陶器作品的艺术魅力。这体现了三维课程目标中的(　　)

A. 组织与实践目标　B. 过程与方法目标

C. 知识与技能目标　D. 情感态度与价值观目标

33. 按照课程内容的固有属性，可将课程分为(　　)(易混)

A. 分科课程和综合课程　B. 学科课程和活动课程

C. 必修课程和选修课程　D. 显性课程和隐性课程

34. 根据课程资源的存在方式，可将课程资源分为(　　)

A. 校内课程资源和校外课程资源　B. 显性课程资源和隐性课程资源

C. 素材性课程资源和条件性课程资源　D. 广义的课程资源和狭义的课程资源

35. 下列各项中，符合存在主义课程论主张的是(　　)

A. 课程内容不能超出儿童经验和生活的范围，而且课程要考虑儿童的需要和兴趣

B. 课程不应该帮助学生去适应社会，而是要建立一种新的社会秩序和社会文化

C. 如果知识不能引起学习者的感情，就不可能是明确的知识

D. 学校的课程应该给学生提供分化的、有组织的经验，学科课程是最有效的途径

36. 坚持知识统一性观点，而且可以发挥学习者的迁移能力的课程类型是(　　)

A. 学科课程　B. 活动课程　C. 综合课程　D. 隐性课程

37. 多尔将后现代主义课程论的课程标准概括为"4R"，即丰富性、循环性、关联性和(　　)

A. 严密性　B. 关键性　C. 操作性　D. 实践性

38. 学生可以参与编制的教材种类是(　　)

A. 国家教材　B. 校本教材　C. 乡土教材　D. 地方教材

39. 课程改革的直接诉求和终极目标是(　　)

A. 教学改革　B. 学校文化的重建

C. 评价方式的改革　D. 学习方式的变革

40. 在世界范围内,影响近代课程体系的最主要的观点是(　　)

A. 课程是知识　B. 课程是经验

C. 课程是活动　D. 课程是游戏

41. 新课程的核心理念是(　　)(常考)

A. 使学生更快乐地学习　B. 一切为了每一位学生的发展

C. 使学生全面掌握知识与技能　D. 对传统教育课程的改革

42. 新课程的"三维目标"体现了学生的全面发展、个性发展和终身发展的基本规律,其中,立足于让学生学会的维度目标是(　　)(易混)

A. 知识和技能　B. 过程与方法

C. 情感态度与价值观　D. 以上均是

43. 综合课程打破了学科界限和知识体系,按照学生发展的阶段,以社会和个人最关心的问题为依据组织内容。这种课程内容的组织形式是(　　)

A. 直线式组织　B. 横向组织　C. 纵向组织　D. 螺旋式组织

44. 下列对于教材的认识不正确的是(　　)

A. 教材是根据学科课程标准编制的、系统反映学科内容的教学用书

B. 教材是知识授受活动的主要信息媒介

C. 教材是课程标准的进一步展开和具体化

D. 优秀教师进行教学时不需要教材

45. 下列选项是某老师在讲授"物体沉浮的条件"一课时拟定的三维学习目标,其中属于过程与方法目标的是(　　)

A. 能与同学互相协作友好相处　B. 注重实验探究方案设计的思考与改善

C. 能解释生活中常见的沉浮现象　D. 能说出物体沉浮的三种情况及其条件

46. 要素主义课程理论的产生是源于对(　　)课程的反思。

A. 儿童中心　B. 教师中心　C. 学科中心　D. 教学中心

47. 新课程改革倡导(　　)的课程评价。(常考)

A. 强调学生学会学习　B. 强调新的学习方式

C. 突出甄别与选拔功能　D. 立足过程,促进发展

48. 将课程理念转化为课程实践活动的桥梁是(　　)

A. 课程计划　B. 课程标准　C. 课程设计　D. 课程类型

49. 被称为"现代课程理论之父"的教育家是(　　)

A. 杜威　B. 泰勒

C. 裴斯泰洛齐　D. 斯塔弗尔比姆

50. 在古德莱德的五种课程分类中,(　　)指由一些研究机构、学术团体和课程专家提出的应该开设的课程。(易混)

A. 理想的课程　B. 经验的课程

C. 实行的课程　D. 正式的课程

51. 思想品德老师在设计《看看谁的主意妙》一课的教学目标时,列举了知识与技能、过程与方法、情感态度与价值观目标。下列属于情感态度与价值观目标的是(　　)

A. 强化学生主人翁意识和团队精神

B. 让学生初步了解教室布置的科学性和合理性

C. 让学生认识到教室是自我生活和成长的重要空间

D. 通过学生自己动手布置教室,形成装扮教室的能力

52. 杜威根据儿童兴趣,在学校中开设烹饪、金工、木工等多种课程是(　　)的具体体现。

A. 选修课程　B. 经验课程

C. 国家课程　D. 学科课程

二、多项选择题

1. 义务教育阶段的课程应体现(　　)

A. 普及性　B. 强制性　C. 基础性　D. 发展性

2. 下列哪些属于新课程"三维目标"中的"情感态度与价值观目标"(　　)

A. "通过对本节课的学习,掌握有效的学习方法"

B. "通过对本节课的学习,理解不同学习策略的基本含义"

C. "通过对本节课的学习,端正学习态度,养成良好的学习习惯"

D. "通过对本节课的学习,激起探究自然科学的兴趣,产生强烈的求知欲望"

3. 潜在课程主要是指(　　)

A. 学生在人际交往中受到的影响

B. 教学过程中思想品德教育内容

C. 学校、班级中长期形成的制度与非制度文化的影响

D. 学校物质环境所构成的物质文化的影响

4. 综合实践活动课主要包括信息技术教育、(　　)

A. 劳动与技术教育　B. 合作性学习

C. 研究性学习　D. 社区服务与社会实践

5. 依据不同的标准,可以把课程分为不同的类别,依据管理主体的不同可以把课程分为(　　)(常考)

A. 国家课程　B. 综合课程　C. 地方课程　D. 学校课程

6. 学科课程强调按照学科知识的逻辑体系来编制课程,这种课程的优点有(　　)

A. 有利于人类文化的传递

B. 重视知识逻辑,强调学生的需要和生活经验

C. 具有高度的简约性,便于组织教学和评价

D. 有利于发挥教师的主导作用,有利于提高教学效率

7. 校本课程是促进学校特色发展的重要途径。下列说法正确的有(　　)

A. 校本课程开发必须落实为相关的校本课程书面教材

B. 应该加强一线教师的课程开发能力

C. 校本课程开发可以借助校外专家的指导

D. 地方教育行政部门应该鼓励学校因校制宜地开发校本课程

8. 课程资源的特点包括(　　)(易混)

A. 多样性　　B. 潜在性　　C. 多质性　　D. 静态性

9. 课程改革要改变原有课程结构过于强调学科本位、科目过多和缺乏整合的现状,整体设置九年一贯的课程门类和课时比例,并设置综合课程,以适应不同地区和学生发展的需求。这体现了课程结构的(　　)

A. 多样性　　B. 综合性　　C. 选择性　　D. 均衡性

10. 安排课程表应遵循的原则有(　　)

A. 生理适宜原则　　B. 迁移性原则　　C. 整体性原则　　D. 简约性原则

11. 课程的多样化主要是指(　　)

A. 课程需要反映不同地区的发展要求　　B. 课程需要反映不同阶级的利益要求

C. 课程需要反映不同学生个人的发展要求　　D. 课程需要反映国家的核心价值

12. 课程实施的取向包括(　　)

A. 忠实取向　　B. 目标取向

C. 相互调适取向　　D. 创生取向

13. 下列选项中,说法正确的是(　　)

A. 学习方式的转变是新课程改革的核心任务

B. 学习方式的转变是新课程改革的显著特征

C. 学习方式的转变将会引起思维方式、生活方式甚至生存方式的转变

D. 教学方式的转变最终都要落实到学生学习方式的转变

14. 关于课程内容的组织形式,下列表述正确的有(　　)

A. 螺旋式结构中,同一课题内容会重复出现

B. 对理论性较强、学生不容易理解和掌握的内容,螺旋式结构较为合适

C. 对理论性较强的内容,宜采用直线式结构

D. 课程内容的最佳组织形式是在保持直线式结构组织的同时,恰当地融入螺旋式课程要素

15. 拓展型课程适用于下列哪些情况(　　)(易混)

A. 读与算的基础课程教学

B. 注重加强学生文学、艺术鉴赏方面的教育与拓展学生文化素质的课程

C. 提供目标、结论,引导学生自己探索研究的课程

D. 培养学生知识与社会实践相结合的能力的环境保护课程

三、判断选择题

1. 所谓地方课程,就是省、自治区、直辖市教育行政机构和教育科研机构编订的课程,属于一级课程。(　　)

A. 正确　　B. 错误

2. 新课程观下,课程就是指文本课程,即教学计划、教学大纲、教科书等文件。(　　)

A. 正确　　B. 错误

3. 学校课程即校本课程。(　　)

A. 正确　　B. 错误

4. 课程的实施与其设计关系巨大,一般来说,课程设计得越好,实施起来就越容易,效果也就越好。(　　)

A. 正确　　B. 错误

5. 我国现阶段整体设置九年一贯的义务教育课程,小学阶段以综合课程为主。(　　)

A. 正确　　B. 错误

6. 体验性是新课程背景下学习方式的核心特征。(　　)

A. 正确　　B. 错误

7. 教师确定教学目标需要认真研究学生,没有必要研究课程标准。(　　)

A. 正确　　B. 错误

8. 李老师上课时注重用教材教而不是教教材,这种做法是正确的。(　　)

A. 正确　　B. 错误

9. 要求学生研究他们所处社会的特征与问题,如学校的功能、社会生活的主要活动等的课程,属于广域式综合课程。(　　)

A. 正确　　B. 错误

10. 教师是一种课程资源。(　　)

A. 正确　　B. 错误

四、填空题

1. 美国学者博比特提出了课程研究的________,为后来盛行的课程目标模式提供了方法论依据。

2. ________的主导价值在于培养和发展学生的共性。

3. ________是最古老、使用范围最广泛的课程类型。

4. 在课程实施上,结构主义课程理论倡导________学习法,重视培养学习者的直觉思维和独立思考能力。

5. CIPP评价模式的四个步骤是:背景评价、输入评价、________、成果评价。

6. ________是指某一门学科。

7. ________是根据学科课程标准系统阐述学科内容的教学用书,它是知识授受活动的主要信息媒介,是课程标准的进一步展开和具体化。

8. ________属于一级课程。

9. 我国古代的"六艺"和古希腊的"七艺"都属于古老的________课程。(常考)

10. 就我国现阶段基础教育课程现状而言,必修课程一般包括国家课程和________。

五、判断说理题

1. 显性课程与隐性课程是对立的。这种说法是否正确?请结合相关知识说明理由。(易错)

2. 活动课程夸大了儿童的个人经验,忽视了知识本身的逻辑顺序,影响了系统知识的学习,容易导致教学质量的降低。这种说法是否正确?请结合相关知识说明理由。(常考)

3. 开发地方课程和校本课程就意味着要编写教材。这种说法是否正确?请结合相关知识说明理由。

4. 选修课开设得越多越好。这种说法是否正确?请结合相关知识说明理由。(常考)

六、简答题

1. 简述当前课程评价发展的基本特征。

2. 简述编写教科书应遵循的基本原则与要求。(常考)

3. 制约课程的主要因素有哪些?(常考)

4. 简述课程组织的原则和方式。

七、论述题

1. 试述课程目标与教育目的、培养目标、教学目标的关系。(易混)

2. 如何理解并落实新课程标准中的三维课程目标?

八、案例分析题

1. 下面是教师们的一些"抱怨":

教师1:现在的高考试题真是离谱,不论我们如何教,都很难教好,高考的题很少在教材上能够找到。比如,历史试题,大部分是材料分析,课本上根本没有,你让学生怎么做?我们教师真难,把教材让学生全背会都不行,那我们不教教材教什么?

教师2:新课改后的教材的知识一点也不系统,东一榔头西一棒子,学生看了找不着北。特别是某某版的教材,哪里像给中学生讲的课,简直是给高中复习班编的复习资料,或者是给高校学生写的专题讲座。

教师3:上面的领导一点也不了解基层的情况,天天叫嚷着搞课改,一点也不知道"分分分,学生的命根;考考考,教师的法宝"。让我们搞课改,可以。成绩下滑,谁负责?学生考不上大学,谁负责?别说我们不推行课改,你们问问家长愿意吗?

教师4:这一批学生真笨,我一天到晚勤勤恳恳,备课、上课、批改、辅导一丝不苟,怎么才考了那么点分?如今教学这活真的不能干了,好学生全让重点学校挑走了,我们累死累活也不会有什么成绩的。

(1)你如何看待教师们的"抱怨"?

(2)如何破解这些课堂教学的困惑?

2. 周五下午,某校三(2)班学生最盼望的"茶道课"开始了!在清雅的古典音乐中,老师、家长和孩子们一起煮水、温杯、洗茶、泡茶、品茶。教室里茶香四溢,所有人都凝神静气,沉浸在优雅淳厚的古风古韵中。

说起这"茶道课"还有一段故事呢!

半年前,班里一位对茶文化有研究的家长发现自己的孩子和班里不少同学都有喝碳酸饮料的习惯,于是她和班主任沟通,希望通过让孩子们学习茶道,亲近几千年的中国茶文化,来改变这种不健康的习惯。她的建议得到了班主任和家长委员会的积极响应,家长委员会很快为班级购置了茶具,并由这位家长亲自担任授课教师。她不仅教给孩子们泡茶的方法,还为孩子们讲解饮茶历史、饮茶与健康、中外茶道、饮茶与中国传统礼仪。为了让更多孩子喜欢喝茶,她还和孩子们一起尝试在淡淡的茶水中加入水果、牛奶、蜂蜜、冰糖、抹茶等,制成了各具特色的"创意茶"。

如今"创意茶"成为孩子们最喜爱的饮料,"茶道课"也成为最受孩子们欢迎的课程之一。

请阐述上述校本课程开发及实施的案例对你的启示。

真题精解

一、单项选择题

1. 杜威认为:"学校课程中相关的真正中心,不是科学,不是文学,不是历史,不是地理,而是儿童本身的社会活动。"该观点体现的课程理论是( )

A. 知识中心课程论　　B. 学生中心课程论

C. 社会中心课程论　　D. 后现代主义课程论

2. 为适应学生的个性差异而开发的课程类型是( )

A. 选修课程　　B. 必修课程　　C. 学科课程　　D. 综合课程

3. 国家规定某一学科的课程性质、课程目标、内容标准和实施建议的教学指导性文件是( )

A. 教科书　　B. 课程计划　　C. 课程标准　　D. 课程设计

4. 校园环境、班级氛围和学校风气都属于( )

A. 活动课程　　B. 核心课程　　C. 隐性课程　　D. 显性课程

5. 不能把教材看作为学生谋求职业做好准备的手段,也不能看作对学生进行心智训练的材料,而应该把它们看作用来自我发展和自我实现的手段。不能使学生受教材的支配,而应该使学生成为教材的主宰,主张该观点的课程理论流派是( )

A. 经验主义课程论　　B. 存在主义课程论

C. 学科中心课程论　　D. 社会改造主义课程论

二、多项选择题

下列属于综合课程的有哪些( )

A. 数学　　B. 科学　　C. 历史　　D. 艺术

三、判断题

1. 隐性课程的影响是非预期、非计划性的,所以应尽量减少它对学生的影响。　( )

2. 课程计划由课程标准、学科顺序、课时分配、学年编排和学周安排构成。(易错)　( )

四、填空题

1. 在一定程度上,以学生的兴趣爱好和发展需要为中心的________课程可以弥补学科课程的不足。

2. 当前我国课程的表现形式中,________是教师教学、学生学习的基本材料。

3. 根据课程目标从人类的经验体系中选择出来,并按照一定的逻辑序列组织编排而成的知识体系和经验体系称为________。

第七章　教师与学生

命题分析

[考查要点]

1. 识记教师的概念、作用以及教师职业的性质。
2. 区分不同的教师职业角色和教师劳动的不同特点,并掌握建立教师威信的途径。
3. 掌握新课程背景下教师角色的转变以及教师教学行为的转变。
4. 识记并理解教师的四大职业素养,重点掌握教师的职业道德素养、知识素养、能力素养。
5. 重点掌握学生的特点以及现代学生观。
6. 识记两种对立的师生观的代表人物与主要观点;师生关系的内容、基本类型。
7. 掌握良好师生关系建立的途径与方法;理想师生关系的特点。

[考查题型]

以选择、判断、填空等客观题为主,有时也会以案例分析题的形式考查。

基础训练

一、单项选择题

1. 王老师下班后,仍惦记着情绪不好的小明,积极与家长进行电话联系,这反映了教师劳动的( )

A. 广延性　　B. 创造性　　C. 长期性　　D. 主体性

2. 学生问:"老师,我考试总是很紧张,怎么办?"老师说:"你学习不够努力,没有复习好,所以就紧张了。"由此可以看出这位老师缺乏( )

A. 本体性知识　　B. 条件性知识

C. 实践性知识　　D. 通识性知识

3. 某教研员和一位语文老师就林海音的《冬阳·童年·骆驼队》一文的教学进行了争论。教研员认为重点应该教学生写作的方法,语文老师认为重点应该引导学生体会文中蕴含的情感。这说明教师的劳动具有( )

A. 复杂性　　B. 示范性　　C. 长期性　　D. 创造性

4. "道之所存,师之所存也"反映了教师职业角色中的( )(常考)

A. "传道者"角色　　B. 示范者角色

C. "授业、解惑者"角色　　D. "研究者"角色

5. "教育有法可依,但无定法可抄"说明教师劳动具有( )

A. 情境性　　B. 创造性　　C. 示范性　　D. 个别性

6. 夸美纽斯曾说过，教师的职责是以自己为榜样去教育学生。在言谈举止、为人之道等方面，教师会对学生产生潜移默化的影响。这指的是教师的(　　)角色。

A. 传道者　B. 朋友　C. 示范者　D. 管理者

7. 李老师能力强，善于与学生交流，经常倾听学生对于开展教学活动的意见，班上的学生学习积极性高，兴趣广泛，和老师配合默契。这种师生关系属于(　　)(常考)

A. 专制型　B. 放任型　C. 民主型　D. 权威型

8. 下列教师行为，属于心理健康表现的是(　　)

A. 冷静地处理课堂环境中的偶发事件

B. 将生活中的不愉快情绪带入课堂，迁怒于学生

C. 偏爱甚至袒护学习成绩好的学生

D. 在交往中，将关系建立在互惠的基础上

9. 教师的(　　)被视为教师的最基本形象。

A. 道德形象　B. 文化形象　C. 科学形象　D. 人格形象

10. "茶壶煮饺子，有货倒不出"形象地说明一名合格教师需具备特定的(　　)

A. 师德素养　B. 能力素养　C. 心理素质　D. 健康人格

11. 世界上最早的师范教育机构诞生于(　　)

A. 美国　B. 英国　C. 德国　D. 法国

12. 在新课程改革中，教师的教学行为发生的变化是(　　)

A. 在对待教学关系上，新课程强调教导、答疑

B. 在对待与其他教育者的关系上，新课程强调独立自主精神

C. 在对待自我上，新课程强调反思

D. 在对待师生关系上，新课程强调权威、批评

13. 教师要具有符合时代特征的学生观。这就要求教师能正确理解学生全面发展和个性发展的关系、全体发展与个体发展的关系以及(　　)

A. 智力发展与创造力发展的关系　B. 现实发展与未来发展的关系

C. 智力发展与体力发展的关系　D. 思想发展与心理发展的关系

14. "资之深，则取之左右逢其源"强调教师应具有(　　)(易混)

A. 崇高的政治理论素养　B. 精深的学科专业知识

C. 广博的科学文化知识　D. 丰富的教育理论知识

15. 教师借助"微课""翻转课堂"等新技术、新方法进行教学，体现了教师劳动的(　　)特点。

A. 复杂性　B. 长期性　C. 创造性　D. 示范性

16. 新课程改革中教师角色将发生转变，下列表述正确的是(　　)

A. 从教师与学生的关系看，新课程要求教师应该是学生学习的模仿者

B. 从教学与研究的关系看，新课程要求教师应该是教育教学的研究成果推广者

C. 从教学与课程的关系看，新课程要求教师应该是课程的建设者和开发者

D. 从学校与社区的关系来看，新课程要求教师应该是学者型的独立的教师

17. 教师帮助学生制定适当的学习目标，提供学习方法的指导，并为学生创造良好的教学环境。这体现的教师角色是(　　)

A. 研究者　B. 反思者　C. 管理者　D. 促进者

18. 1966年，联合国教科文组织在《关于教师地位的建议》中指出，应该把教师工作视为一种(　　)

A. 独立的社会职业　B. 非独立的社会职业

C. 非专门化职业　D. 专门化职业

19. 杨老师关注学生的整体发展，关注课堂内部的活动以及实效性，关注学生是否真的在学习，鼓励学生自己去发现建构意义。根据叶澜关于教师发展的五阶段理论，该教师处于(　　)

A. 虚拟关注阶段　B. 生存关注阶段

C. 任务关注阶段　D. 自我更新关注阶段

20. "学生如同泥坯，他能否成型，依赖于教师的雕塑。"这个说法忽视了学生的(　　)

A. 可塑性　B. 发展性　C. 主观能动性　D. 向师性

21. 青年教师小李刚入职就加入王老师主持的名师工作室，积极参与各项教研活动，很快适应了岗位工作。这表明小李老师在专业发展上注重(　　)

A. 自我反思　B. 同伴互助　C. 自我研修　D. 脱产进修

22. 孔子说："其身正，不令而行；其身不正，虽令不从。"这反映了教师劳动的(　　)特点。

A. 主体性　B. 广延性　C. 示范性　D. 直接性

23. 我国最早的师范教育产生于(　　)

A. 明末　B. 清初　C. 清末　D. 建国初期

24. 下列选项中关于教师劳动具有创造性的表述，不恰当的是(　　)(易错)

A. 发挥教育机智　B. 创造性地设计教学方法

C. 事事与众不同　D. 针对不同学生因材施教

25. 下列选项中，属于教师反思途径的是(　　)

A. 撰写教学日志　B. 进行案例教学　C. 参加集体备课　D. 开展课题研究

26. 王某从事教师工作20余年，热爱自己的教师职业，对学生富有热情，而且善于了解学生的差异并充分发挥每个人的特长和优势，通过认真钻研教学技巧，具备了独特的教育思想和理念，形成了成熟又独特的教学风格。这个事例属于(　　)

A. 教师专业理想的建立　B. 教师专业知识的拓展

C. 教师专业能力的发展　D. 教师专业自我的形成

27. "学为人师，行为世范"体现了教师工作的(　　)

A. 复杂性和创造性　B. 连续性和广延性

C. 长期性和间接性　D. 主体性和示范性

28. 教师职业的特殊要求是必须具有(　　)
A. 教育能力　B. 管理能力　C. 研究能力　D. 控制能力
29. “应当把成人看作成人,把孩子看作孩子。”这体现了什么样的学生观(　　)(常考)
A. 学生是责权主体　B. 学生是独特的人
C. 学生是学习的主体　D. 学生是完整的人
30. 张老师在李鹏的评语册中写道:“虽然还存在诸多不足,但只要继续努力,就一定能取得更大的进步。”该评语最能体现出张老师的学生观是(　　)
A. 学生是发展中的人　B. 学生是具有独立意义的人
C. 学生是独特的人　D. 学生是教育活动的对象和自我教育的主体
31. 推动教师发展的巨大动力是(　　)
A. 专业态度　B. 专业自我　C. 专业理想　D. 专业人格
32. 在一所学校的人际关系中,最基本的也是最重要的关系是(　　)
A. 同事关系　B. 学生关系　C. 师生关系　D. 家校关系
33. 新课程体系改革下,我们倡导的学生观是(　　)
A. 学生是被动的人　B. 学生的能力是有限的
C. 学生是“边际人”　D. 学生是独立自主的人
34. 学生主观能动性最基本的表现是(　　)
A. 独立性　B. 自发性　C. 创造性　D. 自觉性
35. 对学生发展最有利的领导方式是(　　)
A. 权威型　B. 民主型　C. 放任型　D. 专制型
36. 了解学生的身心发展规律、懂得如何评价学生,这是教师应具备的(　　)
A. 本体性知识　B. 条件性知识
C. 文化性知识　D. 实践性知识
37. 教学过程中,你发现学生趴在桌子上,于是走到他面前,伸手摸他的额头,看其是否感冒发烧,这时你扮演的角色是(　　)
A. 研究者　B. 管理者　C. 传道、授业者　D. 家长代理人
38. (　　)是促进学生身心健康发展、促进教育教学活动顺利进行的基本保证。
A. 良好的师生关系　B. 良好的硬件设施
C. 良好的课堂纪律　D. 良好的学校环境
39. 某同学的数学成绩比较差,每次考试都不及格。这次考试及格了,该同学本以为老师会表扬他,没想到老师一进教室就当着全班同学的面问他:“你这次考得特别好,不是抄来的吧?”老师的这种做法忽视的是(　　)
A. 学生的完整性　B. 学生的个体性
C. 学生的独立性　D. 学生的发展性
40. 学生入学后会自然地亲近教师,甚至崇拜教师,把教师作为获取知识的智囊。上述体现了学生具有(　　)
A. 向师性　B. 依赖性　C. 可塑性　D. 主动性
41. 教师不控制学生的行为,也不指示学习的方法,一切活动由学生自己进行。上述属于哪种师生关系模式(　　)
A. 专制型　B. 民主型　C. 放任型　D. 支持型
42. 良好的师生关系是实现教学相长的(　　)
A. 前提　B. 基础　C. 保障　D. 催化剂
43. “教师是人类灵魂的工程师”是(　　)的名言。
A. 夸美纽斯　B. 苏格拉底　C. 加里宁　D. 杜威
44. 教育思想中始终强调儿童中心论的思想家是(　　)
A. 夸美纽斯　B. 赫尔巴特　C. 苏霍姆林斯基　D. 杜威
45. (　　)认为,教师是太阳底下最崇高、最优越的职业。
A. 苏格拉底　B. 赫尔巴特　C. 夸美纽斯　D. 裴斯泰洛齐
46. (　　)是现代师生伦理关系的核心要求。
A. 鼓励学生　B. 关心学生　C. 以人为本　D. 民主平等
47. 第一个主张儿童权利的国际性文件是(　　)
A.《儿童权利宣言》　B.《儿童生存、保护和发展世界宣言》
C.《儿童权利公约》　D.《日内瓦儿童权利宣言》
48. 随着学校结构的复杂和规模的扩大,教师职业开始向专门化方向发展。这出现在(　　)
A. 原始社会　B. 奴隶社会　C. 封建社会　D. 资本主义社会
49. 一位语文教师上公开课,在引经据典时,讲到了《木兰诗》中花木兰女扮男装、替父从军的故事。不巧,这时有位学生突然举手问道:“我国古代妇女都要裹小脚,裹了小脚的妇女怎能行军作战呢?”面对这突如其来的提问,老师显得十分尴尬,只好如实对学生说:“这个问题我还真没想到,待下课后查阅资料再做解答。”这一教学片段体现了教师(　　)的不足。
A. 学科专业知识　B. 通用知识
C. 教育学科知识　D. 实践知识
50. 语文教师所拥有的教育学、心理学方面的知识属于(　　)
A. 本体性知识　B. 实践性知识
C. 条件性知识　D. 通识性知识
51. “家有一斗粮,不当孩子王。”这种说法反映了中国传统社会中教师普遍较低的(　　)(易错)
A. 政治地位　B. 经济地位　C. 法律地位　D. 专业地位
52. 解决师生冲突的关键是(　　)
A. 学生　B. 教师　C. 校长　D. 家长

53.(　　)也称主动性,表现在学生能根据一定的目标或要求,自行采取相应的态度或行动。

A. 独立性　　B. 自觉性　　C. 创造性　　D. 自主性

54. 经过长时间的积累,教师会形成个性化的、独特的、富有规律性的做法。这些做法属于(　　)

A. 本体性知识　　B. 通识性知识　　C. 条件性知识　　D. 实践性知识

二、多项选择题

1. 之所以说教师职业具有创造性是因为(　　)

A. 学生的学习往往是通过对教师的模仿来进行的

B. 教师在教学中需要因材施教

C. 教学情境往往是难以控制的

D. 学生的一举一动都反映着教师的影子

2. 下列教师的行为中,不利于建构良好师生关系的是(　　)

A. 利用QQ、微信和学生谈心　　B. 对班级中的学困生产生"魔鬼效应"

C. 认为好学生就是考试成绩高的学生　　D. 利用业余时间学习书法、绘画

3. 教师的职业形象包括(　　)

A. 社会形象　　B. 人格形象　　C. 道德形象　　D. 文化形象

4. 教学相长是教师和学生在教学中共同的相互关系。以下哪些是对"教学相长"的正确理解(　　)

A. 教师和学生相互制衡　　B. 教师的教可以促进学生的学

C. 教师可以向学生学习　　D. 学生可以超越教师

5. 现代学生观的基本观点包含(　　)

A. 学生是教育活动的主体　　B. 学生是自由的人

C. 学生是发展的人　　D. 学生是独特的人

6. 影响师生关系的环境因素主要包括(　　)

A. 学校的教学设施建设　　B. 学校的人际关系环境

C. 课堂的组织环境　　D. 教师的领导方式

7. 下列选项中属于增强师生之间心理相容性的措施的是(　　)

A. 多接触学生,研究学生,了解学生的心理状态

B. 指挥学生,发挥权力性影响

C. 遵循教育规律,多采取讨论、启发等教学方法

D. 为人师表,以人格力量感化学生

8. 学生是发展中的人,包括的含义有(　　)

A. 学生具有与成人不同的身心发展特点　　B. 学生具有发展的可能性和可塑性

C. 学生是具有发展需要的人　　D. 学生具有获得成人教育关怀的需要

9. 师生之间的现实关系是丰富多样的,可以从不同的层面进行划分,主要表现为(　　)

A. 社会关系　　B. 教育关系　　C. 心理关系　　D. 伦理关系

10. 下列行为属于教师教学反思的是(　　)

A. 教师在教学前思考教学内容的深度和范围是否适合

B. 教师在教学过程中,根据学生的反馈对教学计划进行调整

C. 帮助学生检视反思自我,明了自己想要学习什么和获得什么

D. 教师根据执行教学计划的情况,反思采用其他的活动和方法是否更有效

11. 现代教育要求教师的知识不仅要"专",而且要"博",教师的专业知识应该建立在广博的科学文化知识的基础之上,这是(　　)

A. 科学知识日益融合和渗透的要求　　B. 青少年多方面发展的要求

C. 学科专业化发展的要求　　D. 学科研究成果的要求

12. 教育中培养学生主体性的措施有(　　)

A. 建立民主而和谐的师生关系,重视学生自学能力的培养

B. 重视学生主体参与课堂,获得体验

C. 尊重学生的个性差异,进行针对性教育

D. 教育目标要反映社会发展

三、判断选择题

1. 教师职业的专业化指的是教师职业的专业性逐步"深化"和教师职业逐渐被"分化"的过程。教师个体专业化发展的最直接、最普遍的途径是教师的自我教育。(　　)

A. 正确　　B. 错误

2. 任何师生关系都能促进班集体凝聚力的形成。(　　)

A. 正确　　B. 错误

3. 热爱教育事业是教师职业道德的基础,也是教师劳动积极性和创造性的源泉。(　　)

A. 正确　　B. 错误

4. 落红不是无情物,化作春泥更护花。这体现了教师劳动的主体性和示范性。(　　)

A. 正确　　B. 错误

5. 理想的师生关系就是教师和学生之间建立亲密无间、"零距离"的关系。(　　)

A. 正确　　B. 错误

6. 师生关系是一所学校的精神风貌、校风、教风、学风的整体反映和最直观反映。(　　)

A. 正确　　B. 错误

7. 中国古代的师生关系是民主平等的。(　　)

A. 正确　　B. 错误

8. 学生是学习的主体,任何教学手段必须通过学生起作用。(　　)

A. 正确　　B. 错误

9. 教师是最活跃的教育力量,教师的行为是形成良好师生关系的主导因素。(　　)

A. 正确　　B. 错误

10. 教师即学生学习的促进者，这是教师角色中的核心特征。（　）

A. 正确　B. 错误

11. 随着儿童知识的增加，"向师性"越来越强。（　）

A. 正确　B. 错误

12. 学生是教学活动的对象，因此教师可以随意对待学生。（　）

A. 正确　B. 错误

四、填空题

1. ________被认为是"教师专业发展和自我成长的核心因素"。
2. 教师的________是学生亲近或疏远教师的首要因素。
3. 教师职业的最大特点在于________。
4. 教师是教育工作的组织者、________，在教育过程中起________作用。
5. 在对待师生关系上，新课程强调________、________。
6. 教师是履行教育教学职责的专业人员，承担教书育人，培养社会主义建设者和接班人、提高________的使命。
7. 教师专业发展的核心以及最终体现在于________。
8. 教师威信主要包括________、学识威信和情感威信三个方面的内容。

五、判断分析题

教师取得资格证书就意味着教师已经达到了专业化水平。对此你觉得是否正确，请用教育学知识说明理由。

六、简答题

1. 教师的职业角色有哪些？（常考）

2. 教师威信的作用是什么？

3. 简述良好师生关系构建的基本策略。

4. 简述建立教师威信的途径。

5. 教师的语言表达能力应符合什么样的要求？

6. 简述师生关系的意义。

7. 教师精深的学科专业知识主要包括哪些内容?

8. 我国新型师生关系的特点有哪些?(常考)

七、论述题

1. 请结合以人为本的学生观,说一说当学生犯了错应该怎么做。

2. 试述师生关系的几种基本类型,并结合实际谈谈自己的理解。

3. 教师劳动的复杂性主要表现在哪些方面?(常考)

八、案例分析题

1. 近年来,人工智能的发展环境发生了深刻的变化,呈现出深度学习、跨界融合、人机协同、自主操控等新特征。在可预见的未来,诸如超市收银员、银行柜台服务人员、高速公路收费人员、餐饮服务人员等将会被人工智能部分或全部取代。但是,根据一项国际研究的预测和分析,未来二十年最不容易被人工智能取代的职业之一是教师职业。

   请结合案例,运用教育学知识分析:人工智能时代教师职业角色的"不变"与"变化"各是什么?

2. 为了参加学校举办的课本剧比赛,李老师为他们班选了一篇课文,改成了剧本。第二天,李老师把她的计划和大家说了说,全班同学都很高兴,这时李老师听到有的同学小声议论:"老师怎么选这篇课文,又长又不好演。""你管呢,让你演什么你就演什么呗。""我可不想演。"听到这儿,李老师的心一沉,原来是刘海。下课后,李老师把刘海叫到办公室,请他谈谈对演课本剧的想法。刘海说:"老师,我觉得您选的课文不好,而且您每次都是写好了剧本让我们演,您应该让我们自己来试一试。"刘海的话让李老师突然意识到他们并不希望老师什么都"包办代替",他们长大了。于是,李老师把导演的任务交给了刘海同学,他高兴地接受了任务,开始和同学们商量演哪一课,然后找李老师做参谋,请李老师帮忙做道具。课本剧表演得非常成功,李老师和孩子们一同品尝了成功的喜悦。

   这个案例引发了你的哪些思考?请你谈谈自己的看法。

3. **材料一**　教育部、财政部于2010年启动实施的“中小学教师国家级培训计划”走过了10年历程，参与其中的教师达1500万人次，效益显著。为进一步提升教师培训的针对性和实效性，教育部组织相关专家，研究制定了“中小学教师专业能力建设项目系列指南”，包括《新教师入职培训指南》《青年教师助力培训指南》《骨干教师提升培训指南》和《教师培训者团队研修指南》。“系列指南”致力于探索建立基于教师发展规律开展分层分类培训新体系，推动我国教师培训工作进入从规划设计、组织实施到过程管理、效果评价等全流程专业引领、分项目科学实施新阶段，更好地实现教师学习的变量控制、教师培训的生态优化，从而形成“学习强师”的新局面。

材料二　我是一位有着30年教龄的老教师，看到4月22日《读书周刊》讨论理科教师的阅读，我想说，在我的教师生涯中，让我受益最大的是全科阅读。刚刚参加工作时学校里没有书，我就到处去借，一次偶然的机会看到了一本过期的数学杂志，里面有一篇介绍解题方法的文章，如获至宝的我在课堂上应用了这些方法，取得了良好的教学效果。尝到甜头的我自费订阅了二十多种教育报刊，并长期在教育书店邮购书籍。我的阅读面非常广，《教育学》《心理学》《初等数论》《马桥词典》都在我的阅读书单中。多年的阅读让我受益匪浅，教育教学能力得到很大提升，教学效果得到学生、同行和家长的一致认可，先后获得特级教师等多项荣誉称号。在教学之余，我还将自己对教育教学的思考和经验汇聚成籍，先后出版了《现场与背后》《寻变》《重新认识课堂》等多本著作。读书、教书、写书就是我的生活。

(1)结合材料分析影响教师专业发展的主要因素。

(2)根据教师专业标准，你认为新时代教师应具备哪些专业素养？

(3)作为新任教师，你认为应如何提升自己的专业素养？

4. 刘老师发现小月同学有些自卑，便决定召开一次主题班会活动，帮助同学们克服自卑心理。在班会上，刘老师让每个人在自己的背后贴一张纸，由其他同学在纸上写出他的优点。小月看到自己的纸条上写着“帮助班级浇花”“帮助同学答疑”……她才发现原来自己也是有很多优点的。后来小月的自卑心理渐渐改善了，学习的积极性也提高了。

请从学生观的角度评价刘老师的教学行为。

5. 一个青年教师在进行公开课《伊犁草原漫记》的教学时，课文第二段第三层描写秋天猎人猎熊的果敢，但有一名学生没有按要求归纳猎人果敢的特点，而是说猎人残忍，同时指出猎人的行为是违法的。原本课文中这一段是歌颂猎人的，学生却痛斥猎人的猎熊行为，这是教师所始料不及的。可喜的是，这位教师并没有因为学生当着听课教师的面提出不同的观点而气恼或逃避，而是因势利导，让学生充分讨论、发表自己的意见。最后全班学生从保护野生动物的角度出发，推翻了课文的观点。

请对这位教师的行为进行分析。

6. 曹老师从教12年,对教育本质意义的思考更加深入:为什么孩子们总是把自己的学习当作老师和家长合伙强加的任务?为什么孩子们总是把本来充满乐趣且促进成长的学习视为令人痛苦而又无法逃避的负担?为什么孩子们总是把对于个体生命的发展和人类社会的进步都很重要的规则与品德抛诸脑后?因此,曹老师的新初一班级建设就从"唤醒孩子的生命主体意识"开始。

首先,曹老师对初中学生的一般特征进行了分析:天真活泼,好奇心、求知欲、可塑性强;绝大部分都是独生子女,任性固执,以自我为中心;成长环境不同,在性格、能力、素质等方面个体差异大;处于青春期,易受同伴言行和环境的负面影响;沉浸在关爱之中,却麻木、脆弱、冷漠。

其次,曹老师对所带班级的具体情况进行了分析:学生学业基础、行为习惯、能力素养、思想认识参差不齐;多数学生没有做好进入初中的准备,面对新同学、新老师、新环境、新要求、新的学习内容和方式都表现出明显的不适应;早上到校以后,有的扎堆儿聊天,有的大呼小叫,有的补写作业,有的随意进出,有的翻找东西,有的沉默发呆,就是不能自觉安静下来读书学习;多数孩子在家中和小学里养成自由散漫、骄纵任性、自作聪明、自欺欺人、自我中心的行为习惯和思维习惯,而且还自以为是、自我感觉良好。

鉴于此,曹老师利用美文导读的方略来达到教育目的:《每一只小狗都有一个目标》《建造自己的房子》《成为自己》《努力请从今天开始》《一分钟》……在曹老师的推荐引导之下,学生们在感知中慢慢改变,班级管理日渐起色。

(1)请对曹老师的"唤醒孩子的生命主体意识"进行评析。

(2)曹老师的教学行为对你的教育工作有何启示?

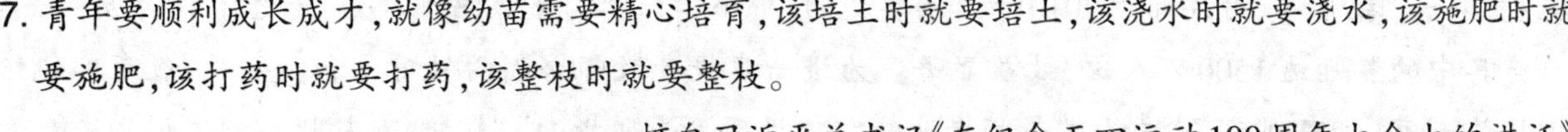

7. 青年要顺利成长成才,就像幼苗需要精心培育,该培土时就要培土,该浇水时就要浇水,该施肥时就要施肥,该打药时就要打药,该整枝时就要整枝。

——摘自习近平总书记《在纪念五四运动100周年大会上的讲话》

作为一名高中/职校教师,请你简要分析上述材料所蕴含的教育内涵。

真题精解

一、单项选择题

1. 学生往往会"度德而师之",因而要求教师应扮演好(　　)

A. 研究者角色　　B. 管理者角色

C. 示范者角色　　D. 授业、解惑者角色

2. 某教师教授《景阳冈》时发现学生积极性不高,便灵机一动,让学生替武松写一封求职自荐信,学生表现出浓厚的学习兴趣。这体现出教师劳动的(　　)

A. 复杂性　　B. 长期性　　C. 创造性　　D. 示范性

3. 乌申斯基说:"如果你厌恶学生,那么,教育工作刚刚开始时就已经结束了。"这强调教师应具备(　　)

A. 高尚的师德　　B. 广博的文化素养

C. 专门的教育素养　　D. 扎实的学科素养

4.“既知教之所由兴，又知教之所由废，然后可以为人师也”表明教师应具备(　　)

A. 广博的文化修养　　B. 扎实的专业基础知识

C. 丰富的教育理论知识　　D. 良好的实际工作能力

5.“亲其师，信其道”表明教育目标的顺利完成受师生之间的(　　)(易错)

A. 道德关系的影响　　B. 心理关系的影响

C. 组织关系的影响　　D. 非正式关系的影响

6. 某老师在教育教学活动中善于激发学生的学习热情，引导学生形成自主学习的习惯，该老师扮演的角色是(　　)

A. 知识的传授者　　B. 教学活动的设计者

C. 教学改革的研究者　　D. 学生心灵的培育者

7. 某教师为培养学生晨诵暮读的习惯，带头在师生微信群早晚读书打卡，该行为体现的教师劳动特点是(　　)

A. 示范性　　B. 创造性　　C. 复杂性　　D. 长期性

二、多项选择题

下列关于学生的表述，正确的有(　　)

A. 学生具有独特性　　B. 学生具有可塑性

C. 学生是以学习为主要任务的人　　D. 学生对教育施加的影响是无条件接受的

三、判断题

教师劳动的创造性表现为教育机智。(易错)　　(　　)

四、填空题

1. 师生关系反映的是教师与学生各自的角色、地位、行为方式和相互对待的________。

2. 师生关系在人格上是________的关系。

五、案例分析题

阅读材料，按要求回答问题。

某农村初中校友会的座谈会上，几位校友谈起了母校的物理教师张老师。

省级教学骨干教师李某说：“如果没有张老师那次突袭家访，我成为一名教师的梦想就不可能实现。”李老师当年家境困难，尽管自己学习成绩优异，但父母还是决定终止他的学业，班主任张老师冒雨步行几十里崎岖的山路，与他的家长进行了推心置腹的沟通。家长很受感动，邀请张老师留下吃饭却被他婉拒。

林董事长接着说：“当年自称为下棋神童的我，学习成绩不理想，却只想着早点闯世界，无心读书。张老师作为科任老师主动邀请我对弈，结果难分伯仲。在他的悉心开导下，我的思想发生了根本转变，大学毕业后我的创业也深受他的影响。可很遗憾的是，为表达对张老师的感激，我几次请他和他的家人到国外旅游都被他果断拒绝。”

陈总工迫不及待地说：“我是张老师开小灶的得益者，每次参加物理竞赛前，他都专门为我准备系统的学习资料并精心辅导，遇到无法解答的难题向他请教时，他竭尽全力的指导总会让我茅塞顿开。”

“是啊，张老师的课总是那样深入浅出、生动活泼、引人入胜，听他的课简直是一种享受。他曾多次参加教学竞赛并获奖，出版过个人诗集，长期参加业余马拉松比赛，还是市书法协会的副会长，真是令人钦佩！”某学院李教授补充道。

苏某说：“我可是张老师家的常客，最近张老师家获得‘教育世家’称号，你们不知道，当年师娘没少抱怨张老师，说他只会顾及人家的孩子。我提议林董事长如果真想报答张老师，不妨以张老师的名义设立一个教育基金。”

问题：

(1)结合材料，分析张老师践行了新时代中小学教师哪些职业行为准则？

(2)结合材料，分析张老师所具备的知识素养。

第八章　教　学

命题分析

[考查要点]

1. 识记教学的意义和一般任务。
2. 识记并理解教学过程的基本规律及结构。
3. 识记并理解我国目前中小学主要的教学原则和常用的教学方法。
4. 识记并理解教学工作各基本环节的意义及要求。
5. 识记班级授课制的相关内容。
6. 识记并区分教学评价的基本类型,理解现代教育评价的相关内容。

[考查题型]

以选择、判断、填空、论述、案例分析的形式考查,题型多样。

基础训练

一、单项选择题

1.《学记》提出"语之而不知,虽舍之可也",其体现的教学原则是(　　)

A. 量力性原则　　B. 循序渐进原则
C. 因材施教原则　　D. 科学性与教育性相结合原则

2. 我国古代既有"指引者,师之功也"的箴言,又有"师傅引进门,修行靠个人"的教谕。这体现了教学过程具有(　　)的规律。

A. 学生认识的间接性　　B. 教学与发展相互促进
C. 知识学习与品德形成相统一　　D. 教师主导作用和学生主体作用辩证统一

3. 我国学校最早实行班级授课制的时间是(　　)年。(易混)

A. 1862　　B. 1903　　C. 1935　　D. 1949

4. 学生在教师指导下,运用一定的仪器设备获取知识的教学方法是(　　)

A. 演示法　　B. 练习法
C. 实习作业法　　D. 实验法

5. 有一位学生在课堂上问老师:"老师,在月亮上看天,天是不是蓝的呢?"这位老师很不满意地说:"你懂什么,听老师说不就行了,你呀,经常在课堂上打岔,这是不礼貌的!今后不能这样。"这位学生听后鼓着气坐下了。这位老师违背了(　　)教学原则。

A. 启发性　　B. 系统性　　C. 巩固性　　D. 因材施教

6. 某课堂上,政治老师在讲授完法律常识的有关内容后,组织全班同学围绕"学法、知法、守法"的主题发表自己的见解,同学们畅所欲言,说出了他们各种各样的想法。这位老师采取的教学方法是(　　)

A. 探究法　　B. 讨论法　　C. 谈话法　　D. 练习法

7. 学校的模范教师刘老师,在上每一堂课之前都会先和同学们进行交流,了解大家的学习准备情况,然后才会设计教学过程。而且在实际教学过程中,他也会不断启发学生思考,调动学生的积极性、主动性,这体现了刘老师遵循教育过程中(　　)

A. 直接经验与间接经验相统一的规律　　B. 掌握知识与发展能力相统一的规律
C. 教师主导与学生主体相统一的规律　　D. 传授知识与思想教育相统一的规律

8. 五年级的张老师在上课时用一段音乐导入新课,这种教学方法属于(　　)

A. 实践活动法　　B. 发现法　　C. 情境教学法　　D. 演示法

9. 评价是为了促进学生的全面发展,发展性评价的核心是(　　)

A. 关注学生的学业成绩　　B. 关注和促进学生的发展
C. 关注学生在群体中的位置　　D. 帮助学生认识自我、建立自信

10. 在教育活动中,教师负责组织、引导学生沿着正确的方向,采用科学的方法,获得良好发展。这句话的意思是(　　)(易错)

A. 学生在教育活动中是被动的客体
B. 教师在教育活动中是被动的客体
C. 要充分发挥教师在教育活动中的主导作用
D. 教师在教育活动中不能起到主导作用

11. 在教学过程中,学生对客观世界的认识主要是通过(　　)

A. 直接感知事物　　B. 间接经验
C. 学生的实践活动　　D. 交往

12. 为使学生了解和熟悉显微镜的操作步骤和注意事项,孟老师在课堂上指导学生操作显微镜,让学生通过亲自动手,掌握显微镜的使用方法。孟老师采用的教学方法是(　　)

A. 现场教学法　　B. 直观演示法　　C. 练习法　　D. 实验法

13. (　　)是教师上课的必要补充。

A. 布置作业　　B. 检查作业　　C. 课外辅导　　D. 课后练习

14. 陈老师为某中学的数学教师,他在给学生讲解完等差数列的基本概念之后,不断给他们出新的题目进行练习,加深学生对等差数列概念的理解。陈老师遵循了教学过程中的(　　)

A. 循序渐进原则　　B. 直观性原则　　C. 巩固性原则　　D. 启发性原则

15. 教学与教育的关系是(　　)

A. 整体与部分的关系　　B. 教学包含了教育
C. 部分与整体的关系　　D. 教学等同于教育

16.《礼记·学记》中说:"记问之学,不足以为人师。"这主要体现的教学规律是(　　)

A. 直接经验与间接经验相统一　B. 掌握知识与发展智力相统一
C. 传授知识与思想品德教育相统一　D. 教师主导作用与学生主体地位相统一

17. 最早从理论上对班级授课制做了阐述的是(　　)

A. 赫尔巴特　B. 杜威　C. 桑代克　D. 夸美纽斯

18. 王老师组织学生到郊区的牛奶厂参观,请工人师傅为学生讲解牛奶的生产加工流程。王老师采用的教学组织形式是(　　)

A. 复式教学　B. 小组教学　C. 个别辅导　D. 现场教学

19. 通过教学活动,学生可以"上知天文,下知地理",这说明学生认识的对象是(　　)

A. 直接的　B. 间接的　C. 模糊的　D. 具体的

20. 有利于学生获得直接经验,深刻理解理论知识,增加教学趣味性并使教学更为生动、丰富,而且可以让学生在轻松愉快的环境下掌握知识、技能,以增强学生动手操作能力,提高学生解决实际问题能力的教学组织形式是(　　)

A. 班级授课制　B. 个别辅导　C. 现场教学　D. 复式教学

21. "求也退,故进之;由也兼人,故退之"蕴含的教学原则是(　　)

A. 巩固性原则　B. 系统性原则
C. 因材施教原则　D. 量力性原则

22. 适用于学生少、教师少、校舍和教学设备较差的农村以及偏远地区的特殊的教学组织形式是(　　)(易混)

A. 班级授课制　B. 个别教学　C. 分组教学　D. 复式教学

23. 张老师在讲授《太空生活趣事多》一课时,向学生讲述了宇航员在宇宙飞船里的活动情况,还与学生分享了我国宇航员刻苦训练的故事,鼓励学生认真学习,探索宇宙的奥秘。该教师使用的教学原则是(　　)

A. 启发性原则　B. 理论联系实际原则
C. 直观性原则　D. 思想性与科学性相统一原则

24. 一般来说,教师会根据教学要求,布置适量的作业让学生在课外时间独立完成,其目的主要是(　　)

A. 使学生掌握新知识
B. 使学生对所学教材的内容当堂理解,当堂消化
C. 识记已学过的内容,并预习新的知识点
D. 使学生进一步巩固所学知识,并培养独立学习能力和学习习惯

25. 柏克赫斯特创立的学制是(　　)

A. 个别教学　B. 班级授课制
C. 分组教学制　D. 道尔顿制

26. 教学的教育性主要体现了教学过程中的哪一条基本规律(　　)(易错)

A. 间接经验与直接经验相结合的规律　B. 教师主导作用与学生主体作用相统一的规律
C. 掌握知识与发展智力相统一的规律　D. 传授知识与思想品德教育相统一的规律

27. 在某种评价方式中,教师不仅是评价的客体,也是评价的主体,与学生在同一个教学模块中共同参与,双方得到反馈并改变教学内容和方式,评价的结论对整个教学过程提供诊断性意见。此种评价是(　　)

A. 诊断性评价　B. 形成性评价
C. 总结性评价　D. 阶段性评价

28. 学生的主动性、创造性是否得到良好发挥,是否取得良好的学习效果,是衡量教师主导作用发挥得好坏的根本标志。这要求教师在教学过程中要处理好的关系是(　　)

A. 智力活动与非智力活动的关系　B. 掌握知识与进行教育的关系
C. 掌握知识与发展智力的关系　D. 教师的主导作用与学生主动性的关系

29. 教师能够有目的地引起新问题情境的认知冲突,促使学生积极介入;学生在教师的引导下充分发挥自主学习的主动性,获得对知识、技能的探究性理解,增强科学观点和有效的思考。处在这一阶段的教师,其教学水平达到了(　　)

A. 评价运用水平　B. 探究性理解水平
C. 记忆水平　D. 解释性理解水平

30. 某教师在备课时根据课程标准的要求,分别罗列出重点知识、必需知识、一般知识。该教师的做法符合贯彻循序渐进原则要求中的(　　)

A. 抓主要矛盾,解决好重点与难点　B. 将系统连贯性与灵活多样性结合起来
C. 由浅入深、由易到难、由简到繁　D. 按教材的系统性进行教学

31. 下列有关教学原则的表述错误的是(　　)

A. "我辈致知,只是各随分限所及"——量力性原则
B. "教之而不受,虽强告之无益"——启发性原则
C. "高者抑之,下者举之;有余者损之,不足者补之"——因材施教原则
D. "眼过千遍不如手过一遍"——理论联系实际原则

32. 传统教学模式过分强调书本知识的传授和学习,忽视引导学生通过实践活动、独立探索去积累经验、获取知识。这一教学模式违反的教学过程的基本规律是(　　)

A. 间接性规律　B. 双边性规律
C. 发展性规律　D. 教育性规律

33. "导生制"的班级组织形式最早出现在(　　)

A. 英国　B. 美国　C. 德国　D. 法国

34. 教育家陶行知先生指出:"接知如接枝",体现的教学原则是(　　)

A. 启发性原则　B. 直观性原则　C. 系统性原则　D. 量力性原则

35. 在领会知识的过程中，使学生获得关于所学内容的一个整体的表象，是所有教学活动的必经阶段。这一阶段是(　　)

A. 运用知识　B. 检查知识　C. 感知教材　D. 引起学习动机

36. 曾老师在生物课上讲述杂交水稻的内容时，向学生介绍了“杂交水稻之父”、“共和国勋章”获得者、中国工程院院士袁隆平的故事，通过图片与文字，向学生展示了袁隆平献身科学的感人事迹，同学们深受教育。这体现的教学原则是(　　)

A. 发展性原则　B. 理论联系实际原则

C. 启发性原则　D. 科学性与思想性相统一的原则

37. 王校长为了改革学校的教学组织形式，开始在初一年级进行试验，教师上课不再向学生系统地讲授教材，而只为学生分别指定自学的参考书、布置作业，由学生自学和独立完成作业，学生有问题时才请教老师指导。这种教学组织形式属于(　　)

A. 个别教学制　B. 班级授课制　C. 道尔顿制　D. 分组教学制

38. 关于教学的任务，实质教育论(　　)

A. 重视实用知识的传授，忽视智力的发展　B. 重视智力发展，忽视知识的传授

C. 既强调智力发展，又重视知识传授　D. 主张在发展智力的基础上传授知识

39. 在学习“水资源”这一章节的时候，老师带领学生到水厂边参观边教学，这一教学方法属于(　　)

A. 准备性参观　B. 并行性参观　C. 总结性参观　D. 复式教学

40. 教学过程的“三要素说”认为，组成教学过程的基本要素有三个，即(　　)

A. 学生、教学目的、过程　B. 学生、教学方法、教学环境

C. 教师、学生、教学内容　D. 教师、学生、教学评价

41. 把大班教学、小班研究和个别教学三种教学形式结合起来的教学组织形式是(　　)(常考)

A. 特朗普制　B. 复式教学

C. 贝尔—兰喀斯特制　D. 道尔顿制

42. 宋代著名思想家朱熹提出“未得乎前，则不敢求其后”。这体现了教学的(　　)

A. 启发性原则　B. 因材施教原则

C. 巩固性原则　D. 循序渐进原则

43. 根据一节课主要完成任务的多少，课的类型可分为(　　)(易混)

A. 新授课和巩固课　B. 练习课和检查课

C. 单一课和综合课　D. 技能课和讲授课

44. 关于现代教育评价的理念，以下表述不正确的是(　　)

A. 全面进行评价，根本目的是促使学生成绩更优秀

B. 综合评价，关注个体差异

C. 定量与定性相结合

D. 自评与他评相结合

45. 洛扎诺夫开创了一种运用心理学、生理学、精神治疗学的知识，精心设计教学环境，调动学习者的潜意识，使学生在心情愉快的状态下学习的教学方法，称为(　　)

A. 发现法　B. 纲要信号图表教学法

C. 暗示教学法　D. 非指导教学法

46. 讲完“校园的绿地面积”后，王老师要求学生回家测量自家房间的面积。这种教育方法是(　　)

A. 实践探究法　B. 实验教学法　C. 实习作业法　D. 实物演示法

47. 毛泽东指出：“一个人的知识，不外直接经验的和间接经验的两部分。而且在我为间接经验者，在人则仍为直接经验。”下列关于间接经验和直接经验的表述，不正确的是(　　)

A. 有目的地组织学生进行直接经验积累的活动就是教学

B. 学习间接经验必须以学生个人的直接经验为基础

C. 经验主义教育观违反教学的规律，割裂了间接经验与直接经验的内在联系，影响了教学质量的提高

D. 学生认识的主要任务是学习间接经验

48. 在教学中要做到“文以载道”“教书育人”，这体现了下列哪一项教学原则(　　)(常考)

A. 理论联系实际原则　B. 循序渐进原则

C. 科学性与思想性相统一原则　D. 直观性原则

49. “教之于学就如同卖之于买”说明(　　)(易错)

A. 学生上学要交学费　B. 教学相互依存

C. 一种新型师生关系　D. 教师要为学生服务

50. 语文老师在讲《鱼》这篇课文时，事先在水盆里放了一条活鲫鱼，让学生观察鱼的形状、表面、背鳍、胸鳍和尾鳍。这体现了教学的(　　)

A. 启发性原则　B. 巩固性原则

C. 因材施教原则　D. 直观性原则

51. “秀才不出门，能知天下事”的说法道出了教学过程中必须以(　　)为主的道理。

A. 传授书本知识　B. 组织学生活动

C. 通过实践获得经验　D. 学生的生活经验

52. 教师模拟了一场话剧，让学生扮演故事中的角色，体验人物的心路历程。该教师使用的教学方法是(　　)

A. 演示实验法　B. 谈话交流法　C. 情境教学法　D. 读书指导法

53. 教学原则中思想性与科学性相统一是指教学要在传授先进科学的基础知识和技能的同时，要结合知识和技能中的德育因素对学生进行教育。下列能够体现这一原则的情形是(　　)(易错)

A. 刘老师在语文课上讲苏轼的《念奴娇·赤壁怀古》时，对赤壁之战的历史和周瑜的人物形象也进行了讲解，使同学们很受启发

B. 张老师在道德与法治课上以生动形象的事例来帮助学生区分什么是“勇敢”，什么是“蛮干”

C. 王老师在化学课上讲到元素周期表中"镭"元素时，向学生介绍了该元素的发现者居里夫人献身科学的事迹，使同学深受教育

D. 赵老师在地理课上讲到山西的风土民情时，对黄土高原的形成和黄河的发源进行了讲解，使学生们对我国北方的自然条件有了更深的了解

54. 班主任对小明说："你前段时间的学习效果不是很理想，但你非常努力，如果注意总结学习方法，相信成绩会不断提高。"这种评价是(　　)

A. 形成性评价　B. 总结性评价　C. 相对性评价　D. 诊断性评价

55. 学习《捞铁牛》这篇课文时，老师为了让小学生理解得更透彻，提前准备了船的模型、水盆和沙子，学生通过自己动手做实验对捞铁牛的原理理解得更透彻了。李老师遵循了(　　)

A. 循序渐进原则　B. 直观性原则　C. 启发性原则　D. 因材施教原则

56. 教师在课堂上采用小组讨论的教学方法，重点是培养学生的(　　)

A. 搜集信息能力　B. 交流、协作和语言表达能力

C. 创新能力　D. 解决问题能力

57. 墨子提出："夫智者必量其力所能至而从事焉。"这句话体现了(　　)(常考)

A. 量力性原则　B. 循序渐进原则　C. 因材施教原则　D. 巩固性原则

58. 教学中学生的认识既是目的，也是手段，学生在学习过程中认识世界，促进了知、情、意、行的协调发展与人格的养成。这是指教学过程中学生认识的(　　)

A. 教育性　B. 交往性　C. 间接性　D. 领导性

59. 张老师在讲解"除数是小数的除法"时，把学生回答的分12个烙饼的计算板书出来：12÷3=4(人)，12÷2=6(人)，12÷1=12(人)，12÷0.5=24(人)。这一做法体现了(　　)

A. 巩固性原则　B. 直观性原则

C. 理论联系实际原则　D. 因材施教原则

60. 下列评价方式中，(　　)有利于在群体内做出横向比较，故常作为选拔和甄别的依据，同时它有利于学生在选拔中判断自己的位置，激发学生的竞争意识，增强学习的动机。

A. 绝对性评价　B. 相对性评价

C. 形成性评价　D. 个体内差异评价

61. 王老师在讲《落花生》一文时，让学生各抒己见，谈谈做人该做落花生这样的人，还是做苹果、石榴那样的人。王老师运用的教学方法是(　　)

A. 讲授法　B. 谈话法　C. 讨论法　D. 发现法

62. 有利于大面积、高效率培养人才的教学组织形式是(　　)

A. 班级授课制　B. 个别教学　C. 分组教学　D. 道尔顿制

63. 从计算能力、逻辑推理能力等各个侧面来评价学生的数学水平并从中找出其数学能力的强项和弱项，此评价是(　　)

A. 形成性评价　B. 内部评价　C. 外部评价　D. 个体内差异评价

64. 学生的智力不仅与掌握知识的性质、难度、分量有关，更重要的是与获得和运用知识的方法、态度有关。对此，下列表述正确的是(　　)

A. 生动活泼地理解知识与创造性地运用知识才能有效地发展智力

B. 防止单抓知识教学或只注重能力发展的单一性、片面性和简单性

C. 学生智力发展与知识掌握互相依存、互相促进

D. 学生认识与发展的主要任务是学习间接经验

65. 最早应用"启发式"进行教学的中外教育家分别是(　　)

A. 孔子、亚里士多德　B. 孔子、苏格拉底

C. 孟子、柏拉图　D. 朱熹、苏格拉底

66. 学生在学习圆锥体积的计算方法前，已经学习了长方体、正方体、圆柱体的体积计算公式。于是数学老师在教学前先向学生提问："我们学习了哪些物体体积的计算方法？哪种物体的体积计算方法跟圆锥体积计算方法有关系呢？为什么有关系？有什么样的关系呢？"这体现了哪一教学原则(　　)

A. 循序渐进原则　B. 因材施教原则　C. 启发性原则　D. 量力性原则

67. "举一隅不以三隅反，则不复也"的教学要求体现了教学的(　　)

A. 巩固性原则　B. 启发性原则　C. 循序渐进原则　D. 因材施教原则

68. (　　)又称现场教学，是教师根据教学目的和要求，组织学生进行实地考察、研究，使学生获取新知识，巩固、验证旧知识的一种教学方法。

A. 演示法　B. 实验法　C. 参观法　D. 实践活动法

69. 下列不属于以实际训练为主的教学方法的是(　　)(易错)

A. 练习法　B. 实验法　C. 实习作业法　D. 演示法

70. 凡是需要知道的事物，要通过事物本身来进行教学。这强调了(　　)

A. 学生的直接经验　B. 组织复习

C. 补充必要的乡土教材　D. 语言思想教育

71. 某种教学方法要求废除传统的班级授课制，摒弃教科书，不受学科限制，由儿童根据自己的兴趣决定学习内容，在自己设计、自己负责的单元活动中获得有关知识和解决实际问题的能力。因此，整个教学设计是包括实际的思考与各种活动在内的一个整体，要求学生一边思考，一边执行，既要用脑，也要用手。这种教学方法是(　　)

A. 蒙台梭利教学法　B. 德克乐利教学法

C. 五段教学法　D. 设计教学法

72. 某班学生数学成绩普遍很差，新来的数学老师小张为了提高班上同学的数学成绩，给班上同学每天都出一张难度很大的试卷，要求当天完成，第二天讲评。大多数学生都不会做，数学讲评课上气氛更加沉寂了。在学期末的考试中，班上同学成绩并没有太大提高。小张老师主要违背了(　　)

A. 启发性原则　B. 巩固性原则　C. 循序渐进原则　D. 因材施教原则

73. 学校实现教育目的的基本途径是(　　)
A. 德育　B. 教学　C. 考试　D. 学生管理

74. 教师通过语言对教材内容进行解释、说明、分析、论证等,引导学生理解和掌握知识的教授方式是(　　)
A. 讲述　B. 讲读　C. 讲解　D. 讲演

75. 某堂课以传授系统知识和理论为主要目的,应选择的教学方法是(　　)(常考)
A. 讲授法　B. 参观法　C. 练习法　D. 陶冶法

76.《学记》中指出:"独学而无友,则孤陋而寡闻";"相观而善,相互切磋"。这就启示我们在教学中要注意运用(　　)
A. 谈话法　B. 讨论法　C. 参观法　D. 练习法

77. 在教学过程中指导学生体验客观事物的真善美的一种教学方法是(　　)
A. 欣赏教学法　B. 情境教学法
C. 榜样教学法　D. 实践教学法

78. 实施启发性教学的关键在于(　　)
A. 提供反馈信息　B. 合理设置课堂环境
C. 创设情境　D. 把握作业难度

79. 王老师在讲解过厘米、分米和米的概念后,让学生通过实际测量桌子、铅笔、书本的长度来理解和掌握知识。王老师在教学过程中主要贯彻的教学原则是(　　)
A. 直观性原则　B. 教学相长原则
C. 理论联系实际原则　D. 启发性原则

80. 谭老师为了在班上采取分组教学方式,在新学期第一堂课就对学生进行了一次学科测试,并将学科测试的结果作为分组的重要依据。谭老师的这种教学评价属于(　　)(易混)
A. 诊断性评价　B. 形成性评价　C. 终结性评价　D. 个体内差异评价

81. 备课是教师根据(　　)的要求和本门课程的特点,结合学生的具体情况,选择最合适的表达方法和顺序,以保证学生有效地学习。
A. 教学目标　B. 学科课程标准
C. 培养目标　D. 学校教学计划

82. 实质教育论的代表人物是(　　)
A. 英国的洛克和瑞士的裴斯泰洛齐　B. 英国的洛克和德国的赫尔巴特
C. 德国的赫尔巴特和英国的斯宾塞　D. 瑞士的裴斯泰洛齐和英国的斯宾塞

83. 了解学生个体的能力水平、学习态度和兴趣特点,这属于教学工作中的哪个环节(　　)
A. 上课　B. 备课　C. 说课　D. 评课

84. 教师掌握教材有一个深化的过程,一般要经过(　　)三个阶段。
A. 懂、通、透　B. 明、练、透　C. 懂、透、化　D. 明、透、化

85. 在课程问题上,(　　)强调古典语言、数学、逻辑学等学科的教学,认为教学的主要任务是使学生官能或能力得到发展。
A. 个人本位论　B. 社会本位论　C. 实质教育论　D. 形式教育论

86. 教师利用教材边讲边读的教学方法称为(　　)
A. 讲述法　B. 讲解法　C. 讲读法　D. 讲演法

87. 关于掌握知识和发展智力的关系,下列说法有误的一项是(　　)
A. 智力的发展依赖于对知识的掌握
B. 知识不等于智力,但传授了知识等于训练了智力
C. 智力不是知识的简单记取,不是主观自生的东西
D. 智力是在掌握和运用知识、认识和改造世界过程中的认知与行动的内化

88. 讨论法是学生根据教师提出的某个问题,彼此说出自己的见解,相互启发、相互学习的一种教学方法,虽然讨论法有众多优点,但讨论法并不是适用于任何课堂的灵丹妙药,讨论法有其适用的条件。下列适合运用讨论法的是(　　)
A. 在新知识的传授阶段,或学生的准备不充分时
B. 教学内容比较难理解或存在争议,或问题有多种答案的情况
C. 那些高度一致的领域,如数学、物理、化学中的概念、原理和方法的学习和掌握
D. 小学低年级学生

二、多项选择题

1. 在进行《长江三峡》的教学时,考虑到大部分同学没有去过三峡,且对三峡了解不多的现实情况,王老师采用视频短片的方式导入新课,然后引导学生提出问题,让学生带着问题通读全文。王老师的这一教学片段体现的教学原则有(　　)
A. 直观性原则　B. 启发性原则　C. 巩固性原则　D. 因材施教原则

2. 备课时,教师要写好哪三种教学计划(　　)(常考)
A. 课时计划　B. 单元计划　C. 学期计划　D. 培养计划

3. 下列不属于以引导探究为主的教学方法的是(　　)
A. 练习法　B. 发现法　C. 实习作业法　D. 谈话法

4. 教师在课堂教学过程中经常采用的考查方式有(　　)
A. 口头提问　B. 检查作业　C. 书面小测验　D. 期末考试

5. 根据教学评价的作用,可以将教学评价分为(　　)
A. 诊断性评价　B. 形成性评价　C. 总结性评价　D. 目标性评价

6. 教学作为学校教育的重要环节,其意义是(　　)
A. 教学是社会经验再生产的一种手段
B. 教学为个人全面发展提供科学的基础和实践
C. 教学是教育工作构成的主体部分又是教育的基本途径
D. 教学是学生学习的唯一途径

7. 以下对教师在教学过程中起主导作用的理解，正确的是(　　)

A. 教师的指导决定着学生学习的方向、内容、进程、结果和质量

B. 教师的教影响学生的学习方式

C. 教师的教影响学生的学习主动性的发挥

D. 教师的教影响学生的个性及人生观、世界观的形成

8. 以下体现巩固性教学原则的有(　　)

A. 各因其材，各尽其能　　B. 师夷长技以制夷

C. 学而时习之　　D. 温故而知新

9. 根据教学的任务划分，课的类型有(　　)(易混)

A. 传授新知识课　　B. 培养技能技巧课

C. 检查知识课　　D. 巩固新知识课

10. 布置作业一般应遵循的原则有(　　)

A. 在内容上突出开放性和探究性　　B. 在容量上考虑量力性和差异性

C. 在形式上体现新颖性和多样性　　D. 在评判上重视过程性和激励性

11. 上课是整个教学活动的中心环节，上好一堂课的基本要求有(　　)

A. 明确教学目标　　B. 用教科书教而不是教教科书

C. 建立民主、平等的师生关系　　D. 注重教学过程的生成性

12. 我们强调教师吃透两头，即(　　)

A. 吃透重点、难点　　B. 吃透教法、学法

C. 充分理解教材　　D. 充分认识学生

13. 毛泽东同志曾经指出："研究任何过程，如果是存在两个以上矛盾的话，就要全力找出它的主要矛盾，抓住了这个主要矛盾，一切问题就迎刃而解了。"教学过程中的主要矛盾有(　　)

A. 教师与学生的矛盾　　B. 学生与教学内容的矛盾

C. 教学内容与教学手段的矛盾　　D. 教师与教学内容的矛盾

14. 下列对掌握知识与发展智力的关系理解正确的是(　　)

A. 掌握知识是发展智力的基础　　B. 掌握知识是为了发展智力

C. 发展智力是掌握知识的重要条件　　D. 二者统一于学生的认识活动中

15. 综合课的结构包括(　　)

A. 组织教学　　B. 讲授新教材

C. 巩固新教材　　D. 布置课外作业

16. 有人发现已裂开一条缝的茧中蝴蝶正在痛苦地挣扎，他于心不忍，便拿起剪子把茧剪开，帮助蝴蝶破茧而出。可是这只蝴蝶却因身体臃肿，翅膀干瘪，根本飞不起来，不久便死了。蝴蝶必先在痛苦中挣扎，直到把翅膀练强壮了，再破茧而出，才能飞得起来，省去了过程看似为其免除了痛苦，但结果却适得其反。上述材料给我们的启示是教学要遵循循序渐进原则，那么贯彻这一原则应注意(　　)

A. 按教材的系统性进行教学　　B. 突出重点、突破难点、抓住关键

C. 注重联系实际　　D. 由浅入深、由易到难、由简到繁

17. 参观教学法可分为(　　)

A. 可行性参观　　B. 准备性参观

C. 总结性参观　　D. 并行性参观

18. 在课堂上，张老师将事先插在红墨水瓶中的枝条剪下来，分到学生手里，让学生一边剥枝条一边观察，枝条有没有变红，什么地方变红了，为什么。学生边观察边回答，枝条的皮和中间的髓没有变红，木质部和部分叶子变红了。在这个例子中，张老师采取的教学方法有(　　)

A. 参观法　　B. 演示法

C. 谈话法　　D. 练习法

19. 我国新课改倡导的发展性评价的基本内涵主要有(　　)

A. 评价的根本目的在于促进发展　　B. 评价内容综合化

C. 评价方式多样化　　D. 评价主体多元化

20. 教师进行教学工作的基本程序包括(　　)(常考)

A. 备课　　B. 上课

C. 课外辅导　　D. 作业的布置与反馈

三、判断选择题

1. 教学方法是教师为完成教学任务而采用的教的方法。(　　)

A. 正确　　B. 错误

2. 教学原则是根据教学规律而制定的，所以二者没有区别。(　　)

A. 正确　　B. 错误

3. 讲解重在"讲"，主要用于陈述性知识的介绍，帮助学生明确概念、认识规律、掌握原理。在数学、物理、化学等学科中，讲解的应用比较广泛。(易错)(　　)

A. 正确　　B. 错误

4. 教案是教师整个备课进程物化的结果，也就是教师上课的主要依据，从这个意义上讲，备课就是写教案。(易错)(　　)

A. 正确　　B. 错误

5. 把学习过程概括为"博学之，审问之，慎思之，明辨之，笃行之"的是孔子。(　　)

A. 正确　　B. 错误

6. 观察、实验、测量、社会调查也可以作为课外作业的形式。(　　)

A. 正确　　B. 错误

7. 教师在布置作业时，应争取家长的配合，让家长也额外布置一些作业给学生。(　　)

A. 正确　　B. 错误

8. 学生在课堂中以学习间接经验为主，在课外活动时主要以学习直接经验为主。（　　）

A. 正确　　B. 错误

9. 在新课改背景下教学评价的根本目的是形成新的评价制度。（　　）

A. 正确　　B. 错误

10. 打乱传统的按年龄编班的做法，而按学生的能力或学习成绩编班属于内部分组。（　　）

A. 正确　　B. 错误

11. 一般来说，组织教学并不只在上课开始时进行，还应贯穿在整个教学过程中。（　　）

A. 正确　　B. 错误

12. 在教学过程中，教师的主导作用主要是针对能否引导学生积极学习与上进而言的。（　　）

A. 正确　　B. 错误

四、填空题

1. 以情感陶冶为主的教学方法有________和________。
2. 教育家乌申斯基认为"复习是学习之母"，他的观点反映了教学的________原则。
3. 计算机等级考试属于________评价。（易错）
4. 探究式教学以________为中心，注重学生独立活动的开展，注重学生的前认知，注重体验式教学，有利于培养学生的探究与思维能力。
5. 依据指导思想不同，各种教学方法可归并为两大类：________和启发式。
6. 学业成绩检查的方式有两大类，即________和________。
7. ________是教师教和学生学的最直接体现，是提高教学质量的关键。
8. 在以语言传递为主的教学方法中，________在高年级运用得比较多。
9. 与现代化大生产相适应的集体教学形式是________。

五、判断说理题

1. 诊断性评价主要针对在学习上存在问题障碍的学生，正常的学生不需要诊断性评价。这种说法是否正确？请结合相关知识说明理由。

2. 衡量教学方法是否先进、科学，关键看学生的学习成绩能否很快提高。这种说法是否正确，结合教学方法的知识说明理由。（易错）

3. 现代教学理论所倡导的因材施教、启发诱导、循序渐进、理论联系实际、温故知新等教学原则都是对传统教学原则的继承和发展。这种说法是否正确？请结合相关知识说明理由。

4. 教学永远具有教育性。这种说法是否正确？请结合相关知识说明理由。

5. 坚持以教学为主的办学规律，要求学校领导集中全校所有的人力、物力和财力用于教学活动。这种说法是否正确，结合教育学的知识说明理由。

六、简答题

1. 简述教学过程的基本规律。（常考）

2. 我国中小学的教学原则主要有哪些?(常考)

3. 贯彻理论联系实际原则的基本要求有哪些?(常考)

4. 教学的一般任务是什么?(常考)

5. 教师上好一堂课的基本要求是什么?

6. 教学中的启发性原则是什么?贯彻该原则的要求有哪些?

7. 简述班级授课制的优缺点。

8. 教师正确而及时地批改作业能有效地发挥反馈—矫正的作用。请简述教师批改作业应注意的事项。

七、论述题

1. 学生评价工作是现代教育事业发展过程中的重要组成部分,结合新时期教育改革工作开展过程中的实际情况,合理制定和落实有助于学生最优化成长发展的教育评价工作方案,是支持和保障我国现代化教育事业实现优质发展目标的重要途径。传统的评价体系由于过分强调甄别与选拔的功能,评价内容过于注重学生成绩,忽视综合素质和全面发展的评价,严重束缚了学生发展。新课程改革对评价体系提出了一系列的要求,要求创新学生评价方式。在这一过程中,如何更新传统评价理念,改革传统评价的体系,推动实施发展性评价,做好促进学生综合素质提高的评价工作就尤为重要。

试述在学生评价工作中实施发展性评价的意义,你认为在教育工作实践中,应如何运用好发展性评价,促进学生全面发展?

2. 试述在教学中,应该如何看待间接经验与直接经验的关系。

3. 结合实际,谈谈教师应如何备课。

4. 试述作业的育人功能有哪些,应该如何正确理解。

八、案例分析题

1. 徐老师和孙老师都是新入职的老师,两人工作很努力,但也存在很多困惑,以下是两人的对话:

徐老师:为了上好课,我学习了很多关于新课改的知识,意识到教学中要关注学生,要把课堂还给学生。我特别注意调动课堂气氛,我的课以学生发言、表演为主,上周公开课,气氛活跃,很是热闹,我的课上学生个个都很开心。可听课的老教师都说我的课缺乏深度,缺少学生高质量的思维活动,只注重形式。难道一堂课热闹不好吗?

孙老师:为了上好课,我也没少下功夫。我专门买了特级教师的教学录像,悉心模仿教学中的每个环节,上课几乎就是把录像中教师的教学复制到我的课堂上。可为什么同样的上课方式,我的课效果就不好?

(1)你是否赞成徐老师的教学观?结合教育理论相关知识谈谈你的想法。

(2)孙老师上课的问题出在哪里?请从选择教学方法的角度进行分析。

2. 华应龙有一节堪称经典的数学课"规律的规律"。这是一堂复习课。他打破了教材原有的教学目标，不是带领孩子回顾和巩固规律，而是鼓励他们主动怀疑和打破规律，在许多老师和学生看来，数学是真理，是就是，不是就不是，是确定的。但是，华应龙在课堂上明确地告诉学生："世界上的一切事物都是变化的，都是有范围的，可能在这个范围里是对的，超出这个范围就是不对的。所以，我们看问题不可以绝对化，要随时修正。"最后，他以"规律的王国也是有国界的"作为这节课的结束语，不仅孩子们意犹未尽，听课的老师也感到非常震撼。

华应龙在讨论自己的这节课时说过一句话："优秀的数学老师一定要有很高的视野，要跳出小学数学看数学，要跳出数学看数学，要用哲学的眼光看数学。数学老师要想上出具有文化味道的课，既要有一定的数学专业基础，也要有一定的文化素养。"

——材料来源：华应龙著．我不只是数学[M]．北京：中国人民大学出版社，2018.02.(有改动)

结合某一条教学规律，谈谈教师为什么要上"具有文化味道的课"?

3. A老师学识渊博，喜欢科研，认为教育就是教师对学生施加影响的过程。在课堂教学中，A老师详细讲解每一个知识点，掌控着教育内容和进程，留给学生参与、思考的时间很少。B老师才华横溢，爱好广泛，认为学生是学习和活动的主人，在开展综合实践活动前，B老师经常让学生集体讨论，出谋划策，活动过程中鼓励学生积极参与、勇于实践和创新，活动结束及时总结。

请运用教师和学生在教学活动中的地位的相关知识，评析A、B两位老师的做法。

4. 谢老师在科学课上讲解食物链和食物网的知识时，首先播放一个两分钟的短视频，导入新课后，用PPT展示一些动植物的图片，并提出一系列问题："这些动植物之间存在怎样的关联？它们能形成一个完整的食物链吗？为什么？"让学生自己去发现、分析问题。

在讲解完食物链和食物网的概念之后，谢老师又提供4组动植物名称，要求全班学生分成4个小组讨论并绘制食物网，提高学生分析问题、解决问题的能力。

谢老师采用了哪些教学方法？请结合案例进行分析。

5. 某教师在教文言文《强项令》时，提了一个问题："课文题目中的'强项'是什么意思？"学生根据课文的注释，马上回答是"硬脖子"的意思。为了让学生对比古今词义的区别，教师又追问："'强项'在现代汉语中是什么意思？"这个问题一下子把学生问懵了，课堂上出现了"冷场"的局面，教师接连问了几个学生都没有回答出来。课后，该教师进行了认真的教学反思。第二天在给另一个班上课时，该教师及时改变了提问策略。在学生找出"强项"在课文中的意思之后，教师请学生们思考："请问你们都有什么强项？"一个学生答道："我的强项是打乒乓球。"教师接着问："那么，你所用的'强项'是什么意思呢？"学生想了想说："是'长处'的意思。"于是，教师再次请大家思考："'强项'在古代汉语和现代汉语中的词义有什么差别？"学生们纷纷举手并给出正确的答案。

请运用相关教学理论对此案例进行分析评价。

6. 为了提高教学效果，加强学生的主体性，郝老师一改原来的教学方式，在课堂上使用"三少"教学法："少说"，用最少的语言呈现最多、最有价值的信息，让学生参与讨论；"少写"，板书简洁，层次分明，有主有次，内容明确；"少做"，不越俎代庖，相信学生，让学生动手实验。

有学生反映，"讲得太少，不理解学习内容""讨论学不到东西""老师不示范，学生瞎做"。郝老师很迷惑，一方面大家抱怨老师满堂灌，但让学生积极表达时，却又不尽如人意，是不是还要继续这种教学方式？

(1)结合案例，请对郝老师的教学进行评价。

(2)请谈谈在实际教学中，你是如何提高教学效果的。

7. 在教学过程中，要把犯错的机会留给学生。

犯错还需要机会吗？当然需要。教师为什么是个容易让人"犯困"的职业，是因为我们时刻都在防范学生发生错误，进而把错误苗头扼杀在摇篮中。比如，预感学生回答可能出错，马上打断他的话；学生有停顿时，立马把话头接过去，代他说出正确答案；甚至对可能发生错误的地方进行屏蔽，只为顺顺当当上完一节"成功"的课。

学生犯错的机会就这样被剥夺了。错误是正确之母，经历错误，学生才会找到正确的道路；理解错误产生的缘由，学生才能改正错误，避免发生类似错误。犯错不是走弯路，而是学生成长的必经之路。

留机会给学生犯错，不随意截断学生犯错的思维"进程"，使他们感觉自己有权利犯错，这也是在为其学习行为赋权和分权。权利属于学生，把权利归还他们，其实是一场学习的革命。

资料来源：冯卫东．为"真学"而教——优化课堂的18条建议[M]．北京：教育科学出版社，2018（有改动）

(1)结合某一条教学规律，谈谈教师为什么要"把犯错的机会留给学生"？

(2)"留机会给学生犯错"，教师在教学过程中应该怎么做？

8. 学生:平行四边形花坛的面积大。

学生:长方形花坛的面积大。

学生:老师,没有给出这两个花坛各自的长度,怎么能知道这两个花坛的面积大小呢?

老师:不好意思,老师忘记告诉大家了。平行四边形花坛的底是6米,高是4米;长方形花坛的长是6米,宽是4米。

学生:老师,我想知道平行四边形花坛倾斜边的长度是多少。

老师:这条边的长度没有给出。

学生:老师,根据长方形花坛的长和宽能够求出它的面积是24平方米。但只给出平行四边形花坛水平边的长度,不知道倾斜边的长度,怎么求平行四边形花坛的面积啊?

老师:同学们可以围绕平行四边形的高想一想啊。

(1)从材料中可以看出,该教师的备课存在着哪些突出问题?

(2)教师在备课过程中,应重点做好哪几方面的工作?

9. 阳阳(化名)现为六年级学生,原来是所谓的后进生,上课不专心,常捣乱,作业也经常完不成,下课后与同学之间摩擦很多,老师见了个个头痛,同学对他敬而远之。他上五年级时,我是他的老师,就想:应多给他鼓励,让他建立自信。所以在一年多的时间里,我常常对他进行表扬,尤其是在他有进步时(哪怕这点进步在别人看来是微不足道的)。一段时间下来,效果果然明显,他对自己的行为已能有所控制,自信心也大大增强。正当我为自己的成功教育而欣喜之时,接连发生的两件事情却让我陷入深思:一是有同学向我报告,阳阳又犯错误了,和很多劝他的同学吵上了,还说:"丘老师经常表扬我的,所以这次他也不会怎么说我,我才不怕你们呢!"二是在一堂课上阳阳屡次破坏课堂纪律,经多次"激励式"的引导无效后,我进行了批评,谁知他竟离开教室扬长而去……

结合案例,运用教育评价理论,分析丘老师的评价存在哪些问题,应该如何解决。

真题精解

一、单项选择题

1. 学校工作的中心环节是(　　)(常考)

A. 教学　B. 必修课程　C. 学科课程　D. 综合课程

2. 教学过程的中心环节是(　　)

A. 领会知识　B. 巩固知识　C. 运用知识　D. 检查知识

3. “不陵节而施之谓孙”体现的教学原则是(　　)

A. 启发性原则　B. 直观性原则　C. 巩固性原则　D. 循序渐进原则

4. 乌申斯基指出,一般说来,儿童是依靠形式、颜色、声音和感觉来进行思维的。这说明教学中应贯彻(　　)

A. 直观性原则　B. 启发性原则

C. 巩固性原则　D. 循序渐进原则

5. 教师按一定的教学要求提出问题让学生回答,通过问答、对话的形式引导学生思考、探究或获取知识,促进学生智能发展的教学方法是(　　)(易混)

A. 讲授法　B. 谈话法　C. 讨论法　D. 练习法

6. 夸美纽斯论述的教学组织形式是(　　)

A. 个别教学制　B. 分组教学制　C. 设计教学法　D. 班级授课制

7. 教师就某一单元内容编制试题,对学生进行测试,这是一种(　　)

A. 诊断性评价　B. 形成性评价

C. 终结性评价　D. 个体内差异评价

8. 把教师自评和学校领导评价、同行评价、学生评价等结合起来对教师进行评价,体现了(　　)

A. 评价主体的多元性　B. 评价内容的全面性

C. 评价功能的发展性　D. 评价方法的灵活性

9. 根据历史学科教学的需要,老师组织学生到校史馆进行教学,该教学组织形式是(　　)

A. 个别教学　B. 现场教学　C. 复式教学　D. 走班制教学

二、多项选择题

1. 选择与运用教学方法的依据包括(　　)

A. 学生特点　B. 教学目的和任务的要求

C. 教学内容的性质与特点　D. 教师自身素养及其具备的条件

2. 教与学辩证统一关系中,以下观点正确的有(　　)

A. 教师是教学中起主导作用的主体　B. 学生是参与教学活动的学习主体

C. 教学的中心是儿童,教师处于顾问地位　D. 教学是“教师教”和“学生学”的矛盾统一过程

三、判断题(判断选择题)

1. 教学的首要任务是引导学生掌握系统的科学文化基础知识和基本技能。(　　)

2. 讲授法容易导致灌输,谈话法有利于活跃学生思维。因此,教学时尽量避免使用讲授法,多用谈话法。(易错)(　　)

A. 正确　B. 错误

四、填空题

1. “道而弗牵,强而弗抑,开而弗达”体现了________式教学思想。

2. 美国教育学家布鲁纳在教学方法方面倡导________。

3. 在教师的指导下,学生以全班或小组为单位,围绕教材的中心问题各抒己见而获得知识的一种教学方法,称为________。

4. 教学工作的起始环节是________。

5. 根据一定教学目的,遵循一定教学过程规律制定的指导教学工作的基本要求为________。

五、判断说理题

1. “中小学教学中直观手段运用越多,教学效果越好。”这种认识是否正确?结合教学原则的知识说明理由。

2. 常言道“教学有法,但无定法”。某教师认为这意味着自己在教学中可以任意采用某一种教学方法。该教师的观点是否正确?请运用教育学知识并结合实际加以说明。

3. “生成性教学是在弹性预设的前提下,在教学的展开过程中,由教师和学生根据不同的教学情境,自主建构教学活动的过程。”这种说法是否正确?运用教育学知识加以说明。

六、论述题

阐述班级授课制的含义,并分析其成为教学基本组织形式的理由。(常考)

七、案例分析题

1. 阅读材料,按要求回答问题。

《揠苗助长》教学片段

片段一:

学生:一天,他终于想出了办法,就急忙跑到田里,把禾苗一棵一棵往高里拔,从中午一直忙到太阳落山,弄得筋疲力尽。

老师:为什么要把禾苗一棵一棵往高里拔,而不是猛得一大把往上拔,你们知道吗?

学生:因为他怕把禾苗拔死了。

学生:他怕把禾苗的根部拔断。

老师:是呀,其实他也有聪明的一面,对不对?他只是想帮助它们……

学生:长高。

老师:我有个问题,为什么是"揠苗助长"而不是"拔苗助长","揠"这个字是什么意思,谁知道?

学生:不知道。

老师:有什么办法能解决?

学生:可以查字典。

老师:对了,非常好。查字典是一个非常好的办法。

学生:查了字典,我知道"揠苗"是抓住苗芯往上拔。

老师:真了不起,自己就把问题解决了,这是新的收获。

片段二:

学生:他回到家里,一边喘气一边说:"今天可把我累坏了。"

老师:"一边喘气一边说"应该怎么读?

学生:(一边喘气一边说)今天可把我累坏了!力气总算没白费,禾苗都长高了一大截。

老师:再读一遍。(学生绘声绘色地读)

学生:他的儿子不明白是怎么回事。

老师:他的儿子不明白什么?

学生:不明白为什么这么短的时间内禾苗就长高了一大截。

老师:那么他的儿子明白的是什么,你们知道吗?

学生:这么短的时间内长高绝对有问题。

老师:绝对有问题,好极了!

学生:第二天跑到田里一看,禾苗都枯死了。

老师:这个人揠苗助长,无非就是想让禾苗快点长高,他这样做会有用吗?

学生:没用。

老师:有个成语叫欲速则……谁来接着说?

学生:欲速则不达。

老师:是呀,我们做任何事情都要遵循规律,否则会把事情弄糟,同学们,什么是寓言?寓言大多是故事,故事里还蕴含着道理,这是常识,是我们要掌握的知识,明白了吗?

学生:明白了。

片段三:

老师:同学们,谁能用自己的话讲讲这个故事?

学生:老师,我来试试!(生动地讲故事)

老师:讲得不错,大家多练练。(练习后)谁来把故事讲得更生动些?

学生:老师,我来!(学生如临其境,讲得活灵活现)

老师:讲得真好!你们回家再练几遍,然后讲给家人听。

(下课)

(1)结合材料,分析该教学片段遵循了哪几条教学规律。

(2)结合材料,分析该教学片段贯彻了哪些教学原则。

2. 根据上级通知，学校选派小学二年级数学科任老师参加2周的业务进修并安排李老师代课。上午最后一节课下课铃响时，李老师才匆忙地在屏幕上呈现课外作业：(1)《教材全解》练习X，7~15题；(2)《优化设计》专题X，1~8题；(3)《天天练》练习X，8~15题。教室里顿时躁动起来……次日上午，李老师收作业时，有的交了专门的作业本，有的交了册子，有的说老师没说清楚什么时候交。依据布置课外作业的要求，分析案例中李老师的做法。

第九章　思想品德教育

命题分析

[考查要点]

1. 识记德育的内涵和内容，并理解德育的性质、意义和目标等内容。
2. 识记德育过程的结构、基本矛盾，并理解德育过程的规律。
3. 重点掌握各德育原则的基本含义和贯彻要求。
4. 重点掌握各德育方法的概念和运用要求。
5. 识记德育的途径，并注意区分德育的基本途径和重要而又特殊的途径。

[考查题型]

以选择和案例分析为主，有时也会以填空和判断说理的形式考查。

基础训练

一、单项选择题

1. 我国古代教育家孔子提出的德育原则是(　　)

A. 防患未然原则　　B. 循循善诱、因材施教原则

C. 自然后果原则　　D. 在集体中进行教育原则

2. 心忧天下的领袖、感动中国的人物、新冠疫情中勇敢的逆行者、抗震救灾的英雄等，都代表了这个社会的道德良心。在德育活动中，如果我们用这些人物的事迹鼓励学生努力去做一个有道德的人，那么我们使用的德育方法是(　　)(易混)

A. 陶冶教育法　　B. 说服教育法　　C. 榜样示范法　　D. 自我教育法

3. 进行德育时要循循善诱，以理服人，从提高学生认识入手，调动学生的主动性，使他们积极向上。这体现了德育的(　　)

A. 疏导原则　　B. 导向性原则　　C. 因材施教原则　　D. 一贯性原则

4. 阿亮痴迷网络无法自拔，李老师找阿亮谈心，聊互联网和比尔·盖茨，并肯定他上网学习电脑技术的积极性，借此了解了阿亮的内心世界，在此基础上采取了一系列措施，转变了阿亮。李老师的做法最能体现的德育原则是(　　)

A. 疏导原则　　B. 导向性原则　　C. 知行统一原则　　D. 因材施教原则

5. 外在道德要求与个体原有品德水平之间的矛盾，是促进学生品德发展的内在动力，也是德育过程的主要矛盾，即(　　)之间矛盾的基本表现。

A. 教育者与德育内容　　B. 教育者与德育中介

C. 教育者与受教育者　　D. 德育内容与受教育者

6. 为培养学生艰苦奋斗、吃苦耐劳的坚强毅力和集体主义精神,增强学生的国防观念和组织纪律性,养成良好的学风和生活作风,我国各级学校纷纷组织新生军训。从德育方法看,军训属于(　　)

A. 实际锻炼法　B. 陶冶教育法　C. 榜样示范法　D. 品德修养指导法

7. 对学生进行水、电、门窗、玻璃等都应该爱护的教育,以此来培养学生的社会责任感,同时培养他们勤俭节约的良好习惯,这一类教育属于(　　)

A. 劳动教育　B. 爱国教育　C. 集体主义教育　D. 世界观教育

8. 2016年,习近平总书记明确提出让各类课程与思想政治课同向同行,形成协同效应。这说明对学生实施德育的基本途径是(　　)

A. 各种课外活动和品德课　B. 各种校外活动和品德课

C. 各科教学和品德课　D. 各种少先队活动和品德课

9. 某班主任在对学生进行德育的过程中,不仅积极协调各科老师对学生的影响,而且主动联系学生家长,与家长一起分析学生的表现,同时对各种社会影响进行引导和调节,利用社会中的积极因素,抵制各种消极因素,使得班内学生在校内校外都能受到良好环境的影响和熏陶。这位班主任的做法很好地贯彻了德育原则中的(　　)

A. 知行统一原则　B. 尊重热爱学生的原则

C. 因材施教原则　D. 教育影响的一致性与连贯性原则

10. 某学校通过组织学生交流分享与父母之间的故事、去儿童福利院献爱心、在新四军纪念馆当讲解员等系列主题活动来培养学生的品德。这体现了该学校充分认识到德育(　　)

A. 培养和发展了学生　B. 能够促进学生思想转变

C. 是长期的、反复的、逐步提高的过程　D. 是在活动和交往中接受多方面影响的过程

11. "齐风俗,一民心"反映了德育的(　　)(易错)

A. 社会性功能　B. 个体生存功能　C. 个体享用功能　D. 教育性功能

12. 老师上课时会说"做人要诚实,不能撒谎",而家长们有时会说"善意的谎言也是可以的"。这种现象违背了德育的(　　)

A. 长善救失原则　B. 教育影响的一致性和连贯性原则

C. 导向性原则　D. 正面教育与纪律约束相结合的原则

13. 老师培养学生逐步掌握自我批评的方法,具有自我批评的能力和习惯,这属于哪种德育方法(　　)

A. 品德评价　B. 说服教育　C. 环境陶冶　D. 道德修养

14. 我国学校对学生进行德育的基本方法是(　　)

A. 陶冶教育法　B. 实际锻炼法　C. 榜样示范法　D. 说服教育法

15. 德育的永恒主题是(　　)(常考)

A. 爱国主义教育　B. 集体主义教育

C. 理想教育　D. 劳动教育

16. 德育的性质是由(　　)决定的。

A. 社会的经济基础　B. 生产力

C. 政府　D. 政党

17. 徐老师为了培养学生良好的行为习惯,她在班会课上告诉学生要讲文明、爱卫生,垃圾随地乱扔加重了清洁工作者的负担,并在周末组织学生帮助清洁工作者清扫大街。徐老师对学生进行德育的过程中遵循的德育原则是(　　)

A. 导向性原则　B. 知行统一原则

C. 疏导性原则　D. 集体主义教育原则

18. 要统一学校内部各方面和社会各方面的教育力量,争取家长和社会的配合,逐步形成以学校为中心的"三位一体"的德育网络,处理好衔接工作,保持德育工作的经常性、制度化、连续性、系统性。这体现了(　　)的德育原则。

A. 知行统一　B. 内隐性

C. 情景教学性　D. 教育影响的一致性与连贯性

19. "要尽量多地要求一个人,也要尽可能地尊重一个人。"说出这句话的著名教育家是(　　)

A. 马卡连柯　B. 陶行知　C. 苏霍姆林斯基　D. 凯洛夫

20. "寓德育于教学之中,寓德育于活动之中,寓德育于教师榜样之中,寓德育于学生自我教育之中,寓德育于管理之中"体现了德育过程是(　　)

A. 长期的、反复的、逐步提高的过程

B. 培养学生知、情、意、行的过程

C. 组织学生的活动和交往,统一多方面教育影响的过程

D. 促进学生思想内部矛盾斗争发展的过程,是教育与自我教育相统一的过程

21. 为促进学生良好思想品德的形成,某班开展了"每周一星"的评比活动,通过评价一周内每一位学生的日常行为表现,选择表现好、进步大的学生作为当周小明星,并将照片贴在"明星墙"上以示奖励。这种德育方法属于(　　)

A. 说服教育法　B. 品德评价法

C. 指导实践法　D. 陶冶教育法

22. 为了培养学生守时的习惯,张老师不仅专门开了一节班会课,强调守时的重要性,还组织学生建立了相应的班规——如果下次再有学生上课迟到,就表演一个节目。这体现了德育的(　　)

A. 导向性原则　B. 知行统一原则

C. 集体教育与个别教育相结合原则　D. 正面教育与纪律约束相结合原则

23. 孔子提出"力行近乎仁",这一观点反映了德育的(　　)原则。

A. 导向性　B. 疏导性　C. 知行统一　D. 因材施教

24. 说服教育法的方式有语言文字说服和(　　)

A. 事实说服　B. 理论说服　C. 直接说服　D. 间接说服

25. 学校对学生进行德育的特殊途径是(　　)(易混)

A. 思想品德课　B. 学科教学　C. 社会实践活动　D. 班主任工作

26. 德育过程从本质上说是(　　)统一的过程。

A. 个体与环境　B. 个体与社会

C. 个体与教育　D. 个体社会化与社会规范个体化

27. 班主任通过委托学生筹备晚会节目来培养学生的品德，这属于(　　)

A. 陶冶法　B. 锻炼法　C. 奖励法　D. 榜样法

28. “让学校的每一面墙壁都开口说话”，这充分运用了下列哪一种德育方法(　　)(常考)

A. 陶冶教育法　B. 榜样示范法　C. 实际锻炼法　D. 品德评价法

29. 思想品德教育的实质是(　　)

A. 培养学生良好的道德品质　B. 提高学生的道德认知

C. 将学生的道德认知转化为道德行为　D. 将社会的思想道德转化为学生的思想品德

30. 孙老师关心学生的一举一动，对学生的各种愿望都有求必应，其做法违背了德育原则中的(　　)

A. 疏导原则　B. 因材施教原则

C. 尊重学生与严格要求学生相结合的原则　D. 平行教育原则

31. 劳动教育是学校德育的一个重要内容，它的主要内容不包括(　　)(易混)

A. 教育学生树立正确的劳动观念，认识劳动的意义与价值

B. 培养学生的文明行为

C. 学习是学生的主要劳动，要教育学生热爱学习，勤奋学习

D. 教育学生爱护公共财物和劳动成果，反对浪费，提倡节俭

32. 德育过程的一般顺序可以概括为(　　)

A. 提高品德认识、陶冶品德情感、锻炼品德意志、培养品德行为习惯

B. 提高品德认识、锻炼品德意志、陶冶品德情感、培养品德行为习惯

C. 陶冶品德情感、提高品德认识、锻炼品德意志、培养品德行为习惯

D. 提高品德认识、锻炼品德意志、培养品德行为习惯、陶冶品德情感

33. 小学二年级的娜娜帮助同学打扫卫生，老师奖励了她一朵小红花。此后，她更乐于助人了。该老师运用的德育方法是(　　)

A. 陶冶教育法　B. 说服教育法　C. 榜样示范法　D. 品德评价法

34. 提出“通过集体，在集体中进行教育”这一著名德育原则的是(　　)

A. 马克思　B. 陶行知　C. 苏霍姆林斯基　D. 马卡连柯

35. 苏联教育家马卡连柯认为：“当我们对一个人提出很多要求的时候，在这种要求里也包含着我们对这个人的尊重。”这主要体现的德育原则是(　　)

A. 因材施教原则　B. 依靠积极因素，克服消极因素的原则

C. 疏导原则　D. 尊重信任学生与严格要求学生相结合的原则

36. 学生具有善于模仿、崇拜英雄的特点，教师可以利用学生的这些特点对学生实施(　　)

A. 说服教育法　B. 榜样示范法　C. 品德评价法　D. 陶冶教育法

37. “晓之以理，动之以情，持之以恒，导之以行”所体现的是(　　)

A. 智育过程规律　B. 体育过程规律

C. 德育过程规律　D. 美育过程规律

38. 某校在开展“扫黑除恶”活动中，班主任仅上交德育处资料，未开展具体工作。其违反的德育原则是(　　)

A. 疏导原则　B. 尊重学生原则　C. 长善救失原则　D. 知行统一原则

39.《学记》提出“教也者，长善而救其失者也”，这句话体现的德育原则是(　　)

A. 依靠积极因素，克服消极因素的原则　B. 教育影响的一致性和连贯性原则

C. 疏导原则　D. 导向性原则

40. 张老师对懦弱、缺乏自信的同学以鼓励为主，而对骄傲又虚荣的同学在表扬时会适当指出其缺点或不足，使其严格要求自己。这说明张老师在选择德育方法时依据了(　　)

A. 德育任务　B. 学生成长需要

C. 德育内容　D. 学生的个性特点

41. 下列选项中，采用了实际锻炼法的是(　　)

A. 组织学生欣赏音乐、绘画作品　B. 委托学生担任课代表

C. 指导学生自觉学习、自我反省　D. 鼓励学生向“三好学生”学习

42. 每到深秋时节，张老师班上的清洁区总有扫不完的落叶，刚开始很多同学不愿意干活，后来张老师带领去干，在张老师的带动下，班里很多同学都加入了扫落叶的行列。张老师的班级因此经常受到学校领导的表扬，同学们也从中体会到了劳动的乐趣。张老师采用的德育方法是(　　)

A. 榜样示范法　B. 实际锻炼法　C. 讨论法　D. 品德评价法

二、多项选择题

1. 下列教学活动中，属于学校进行德育的有(　　)

A. 学习外国文化，拓宽学生视野

B. 教育学生养成良好的行为习惯，提倡节俭

C. 教师播放爱国影片，培养学生的爱国主义情怀

D. 引导学生树立科学的世界观和人生观

2. 小军是家里的独生女，父母、长辈对她都非常溺爱、百依百顺。然而学校的同学并不会像家里长辈那样迁就她，因此小军在学校里多次和同学发生冲突。班主任知道这一情况后，多次与小军进行单独谈话，并且鼓励小军多参加由学校组织的公益活动和集体活动，对于小军每次取得的进步，班主任都会给予肯定和鼓励。材料中班主任对小军进行德育时使用的方法包括(　　)

A. 说服教育法　B. 陶冶教育法

C. 实际锻炼法　D. 品德评价法

3. 心理健康教育的主要内容包括(　　)(易混)

A. 学习辅导　　B. 生活辅导

C. 择业指导　　D. 世界观教育

4. 邱老师看待学生总是"泾渭分明",认为学习成绩优异的学生自觉性强,从而放松对他们的管理,认为学习成绩落后的学生一无是处。邱老师的做法不符合德育原则中的(　　)

A. 长善救失原则　　B. 因材施教原则

C. 疏导原则　　D. 在集体中教育原则

5. 毛老师言出必行,对自己承诺的事情严格履行,在学生中非常有威望。一次在教育爱撒谎的李明时,毛老师私下找他谈心后,又在不指名道姓的情况下在班级进行了一次主题班会教育。毛老师的做法坚持的德育原则有(　　)

A. 长善救失原则　　B. 教育影响的一致性与连贯性原则

C. 集体教育与个别教育相结合原则　　D. 知行统一原则

6. 德育过程的构成要素有(　　)(常考)

A. 德育方法　　B. 德育内容

C. 教育者　　D. 受教育者

7. 说服教育的具体方式有(　　)

A. 讲解　　B. 表扬　　C. 谈话　　D. 报告

8. 新时期德育发展的新主题包括(　　)

A. 安全教育与生命教育　　B. 生存教育与生活教育

C. 升学就业指导教育　　D. 爱国主义教育

9. 关于学校德育,下列说法不恰当的是(　　)

A. 就是学生思想品德教育　　B. 主渠道是课堂教学

C. 德育内容及重点在各学段是相同的　　D. 网络文化对德育工作的影响都是负面的

10. 下列说法正确的是(　　)

A. 教师对学生的德育影响,必须经过他们主体的选择、吸收与能动的实践活动,才能转化为他们的品德

B. 自我教育能力是德育的一个重要条件,只有培养学生的这种能力,学生品德内部矛盾才能转化

C. 学校的德育工作必须主要放在调节学生品德发展的外部环境方面

D. 德育要注意发挥知、情、意、行的整体功能

11. 小林是个爱学习的孩子,但情绪容易冲动。一次因为找不到书掀翻了自己的课桌。刘老师找他谈话,表扬了他爱学习的优点,同时批评了他爱发脾气、破坏公物的不良行为。刘老师的做法遵循的德育原则是(　　)

A. 导向性原则　　B. 知行合一原则

C. 长善救失原则　　D. 严格要求与尊重学生相结合原则

12. 德育过程的矛盾包括(　　)

A. 教育者和受教育者的矛盾

B. 德育与智育的矛盾

C. 受教育者自身思想道德内部诸要素之间的矛盾

D. 受教育者与德育内容、方法的矛盾

13. 陶冶法是通过创设良好的情境,潜移默化地培养学生品德的方法,主要包括(　　)

A. 人格陶冶　　B. 环境陶冶　　C. 艺术陶冶　　D. 座右铭

14. 要求教育者必须长期、一贯、耐心、细致地教育学生,正确认识和对待学生的思想行为的反复,善于反复抓、抓反复,引导学生在反复中逐步前进。这是德育过程的哪些特点的要求(　　)

A. 长期性　　B. 反复性　　C. 双向性　　D. 渐进性

15. 某小学在第一学期开展了"追逐梦想"演讲比赛、"地震逃生"演练、"祭奠英雄"的活动,这些活动涉及的德育内容有(　　)

A. 安全教育　　B. 劳动教育

C. 理想信念教育　　D. 爱国主义教育

三、判断选择题

1. 学生思想品德形成的源泉和基础是活动和交往。(　　)

A. 正确　　B. 错误

2. 受教育者既是德育的主体,又是德育的客体。(　　)

A. 正确　　B. 错误

3. 德育是青少年、儿童健康成长的条件和保证。(　　)

A. 正确　　B. 错误

4. 德育就是道德教育。(　　)

A. 正确　　B. 错误

5. 发展性功能是德育个体性功能的最高境界。(　　)

A. 正确　　B. 错误

6. 老师应遵循启发性原则,一分为二地看待学生,看到其优点与不足。(　　)

A. 正确　　B. 错误

7. 学校的课程、教学中所采用的方法以及学校中每一样工作、学校生活中发生的每一件小事,都充满了进行道德教育的可能性。(　　)

A. 正确　　B. 错误

8. 德育应该遵循疏导原则。因此,正确的德育严禁惩罚。(　　)

A. 正确　　B. 错误

9. "春风化雨"体现了德育的说服教育法。(常考)(　　)

A. 正确　　B. 错误

四、填空题

1. 德育的基础是要教会学生________。
2. 广义的德育包括社会德育、________、学校德育和________。
3. 德育目标是通过德育活动在受教育者品德形成发展上所要达到的预期结果的________。
4. 衡量品德水平的重要标志是________。
5. ________是德育工作的出发点,它不仅决定了德育的内容、形式和方法,而且制约着德育工作的基本过程。
6. ________是教育者施教传道和受教育者受教修养之间相互作用的活动方式的总和。

五、判断说理题

1. 德育过程即思想品德形成过程。这种说法是否正确?请结合相关知识说明理由。(易混)

2. 德育具有明显的阶级性和历史性,不同的社会有不同的德育目标。这种说法是否正确?请结合相关知识说明理由。

3. 教育者严格要求学生,就很难尊重信任学生。这种说法是否正确?请结合德育的相关知识说明理由。

4. 德育过程中的活动和交往不同于一般的社交活动。这种说法是否正确?请结合相关知识说明理由。

六、简答题

1. 贯彻正面教育与纪律约束相结合原则的基本要求有哪些?

2. 简述德育过程的规律。(常考)

3. 确立德育目标的依据是什么?

4. 德育过程中贯彻因材施教原则的要求有哪些?

5. 试列举我国中小学常用的德育方法。(常考)

七、论述题

1. 有人说："学生在学校进一步，回到家里退一步，走入社会退两步。"请运用德育原则分析这种现象。

2. 为什么说德育过程是一个长期的、反复的、逐步提高的过程？(常考)

八、案例分析题

1. 小叶是一名初一学生，性格活泼好动。某次小叶将自己纸折的青蛙放在课桌上玩了起来，嘴里发出呱呱的叫声，干扰老师上课，老师非常生气，当着全班同学的面严厉地批评了他，结果第二天小叶带来了一只小狗。接着出现了麻雀、老鼠、兔子等，有一次小叶竟然将一条蚯蚓放在讲台上。班主任也拿他没辙，只能一次又一次地批评和惩罚他。他在大家眼中成了不可救药的调皮大王。

初二时来了一位新班主任，新班主任在了解小叶的情况后，没有着急批评他，而是仔细观察他。了解到他喜欢上生物课，于是找他谈话，还告诉他班上要成立一个动物兴趣小组，准备让他当小组长。小叶听后非常开心，向班主任表示一定改正自己的缺点。在小组活动中，他懂得了学好各门功课的重要性，对学习产生了浓厚的兴趣，成绩也有了很大的进步。后来他不仅完成了科学小论文，还带领小组在比赛中获得奖项。

根据以上案例，回答相关问题。

(1)教师应如何发现学生的闪光点？

(2)教师在运用长善救失教育原则时应注意哪些问题？

2. 四(3)班的小东，非常顽皮，不讲卫生，上课爱打瞌睡，学习成绩也不好，同学们很不喜欢他，他也常表现出破罐子破摔的样子。班主任黄老师看在眼里，急在心上。在一次班会活动中，黄老师发现小东在讲台上镇定自若，还很幽默，就及时表扬、鼓励了他。在一次"班级之最"评选中，小东被评为"小品演的最好的人"。由于小东点子多，大家选他做了班会策划的组长，得到老师和同学们的肯定后，小东积极为班级做事，而且变得干净整洁、热爱学习了。小东原来最不喜欢上黄老师的英语课，现在是英语课上发言最积极的人，学习成绩也有了明显的进步。

请用德育原则对此案例进行分析。

3. 张老师走进教室后,发现地上有一些碎纸片。"是哪个同学撕的废纸?"老师一问,同学们的目光不约而同地集中在陈伟的身上。"老师,是陈伟撕的。""不是我!"教室里一下子热闹起来,你一言,我一语,吵得不可开交。

张老师看在眼里,什么都明白了。这时张老师完全可以通过几个同学的证明把陈伟拉出来,当着同学的面狠狠地批评一顿,说他不能自觉保护环境,为班级丢分,使我们这个"优秀班级"荣誉受损。但张老师平静地把目光投向全班同学,说:"谁扔的纸片并不重要,重要的是大家都要自觉地保持班级的环境卫生,哪一个同学愿意把纸片捡干净?"张老师话音刚落,几乎全班同学都把手举了起来。张老师又说:"大家这么爱集体,关心班级,老师很感动,你们愿意做好事的精神真值得老师学习。这么多同学举手,该让谁来做呢?"这时陈伟连忙站起来大声说:"老师,让我去捡吧!"张老师笑着对他点头说:"好!"他马上把地上的纸片捡得干干净净。张老师用赞许的目光看着陈伟,说:"陈伟为了班级环境卫生不怕脏,一个人把纸片捡干净,为班级做了好事,给大家做出了榜样。我们每个人都要养成自觉保持卫生的好习惯。"

下课后,陈伟就来到张老师身边,低着头说:"老师,纸片是我扔的,以后我再也不随地乱扔东西了。"张老师轻轻地抚摸着他的头,脸上露出了欣慰的笑容。

(1)张老师采用了什么德育方法?

(2)这些德育方法符合什么德育原则?

4. 阅读材料,回答问题。

礼行天下,德留心中。

璧山是重庆西部的一座美丽小城,这里有巴渝地区保存很完好的孔庙,孔子"不学礼,无以立"的教诲浸润着这座小城。

璧山区秉承"绿色教育,儒雅璧山"的办学理念,以立德树人为导向,以社会主义核心价值观为主干,以礼仪课程为基础,以实际问题为起点,在农村中小学开展礼仪教育的实践探索,形成了区域德育新常态。

一是课程内容本土化。课程科学规划教育内容,贴近学生生活实际,构建了区域"共性礼仪课程"和学校"特需礼仪课程"。二是实施策略一体化。根据学生年龄特点开展项目实践,在小学、初中、高中不同学段系统推进实施。三是运行模式常态化。关注学生成长变化,加强督导评价,学校、家庭、社会多方协同,形成合力。有效提升了学生综合素质,促进了教师专业发展和学校管理变革,实现了三大转变:满意度从"常投诉"到"零投诉"的转变,关注度从"礼仪领头雁"到"教育先锋队"的转变,参与度从"被动旁观"到"主动深耕"的转变。获评国家教育主管部门"中小学德育工作优秀案例"、"《中小学德育工作指南》典型经验"、"首批'一校一案'落实《中小学德育工作指南》典型案例",重庆市首批2个"德育品牌"以及重庆市2个"德育特色基地"等多项荣誉。

(1)结合材料谈谈德育与中华优秀传统文化的关系。

(2)德育的目的是什么?

(3)我国德育的基本内容包括哪些方面?

5. 高三(5)班的班主任杨老师有一次发现不少男生头发很长。过去遇到这种情况时,杨老师常常是当面指出,但效果往往不佳。现在,杨老师琢磨用什么办法劝告他们,帮助他们真正从思想上提高认识。终于,杨老师想出了一种合适而又有效的方法。

一天中午,杨老师特意去了理发店,把自己不长的头发又精心地理了一次。下午上课前,杨老师不露声色地来到班里,召集全班同学开了个五分钟交流会。杨老师首先问:"看谁最先发现班中有哪些新变化?包括我和你们。"当小明发现并说出老师理发了,杨老师话锋一转:"现在,我很想知道老师理发之后你们感觉怎样?这样好吗?"杨老师听到了一片赞扬声。最后杨老师说:"有位名家说得好:'真心诚意地赞美别人一句,就能让人多活20分钟!'因此,我感谢同学们今天对我真心诚意地夸奖!"五分钟交流会在愉快的氛围中结束了。杨老师没点任何一个留长发的男生的姓名。第二天,杨老师再去上课时,欣喜地发现那几个男生的长发变短了,有的还剪成了小平头。

杨老师既不点名批评又能纠错的这样一个"高招"包含了哪些德育方法?

6. 学生李某从小父母离异,跟着年老多病的祖父生活,祖父对他管教不严,他经常和社会上的一些无业青年混在一起,打架斗殴。父亲偶尔回家,对他不是打就是骂。在学校,他破坏课堂纪律,拖欠作业,完不成学习任务,还欺负小同学,全班同学都看不起他、疏远他。但他喜欢运动,是班级篮球队的主力队员。

(1)简要分析李某不良品德行为形成的原因。

(2)结合案例,分析班主任应当如何开展对李某的教育工作。

真题精解

一、单项选择题

1. 电影《放牛班的春天》中,马修老师组建合唱团,借助音乐让顽劣的学生心灵受到感化和净化。这种德育方法是(　　)

A. 说服教育　　B. 榜样示范　　C. 情感陶冶　　D. 品德评价

2. 学校组织学生参加交通协管员志愿者活动,以此来培养学生良好的品德。这运用的德育方法是(　　)(常考)

A. 说服法　　B. 榜样法　　C. 陶冶法　　D. 锻炼法

3. "仁言不如仁声(音乐)之入人深也"体现的德育方法是(　　)(易混)

A. 榜样法　　B. 陶冶法　　C. 锻炼法　　D. 说服法

4. "法古今完人""择其善者而从之"体现的德育方法是(　　)

A. 说理教育法　　B. 品德评价法　　C. 实际锻炼法　　D. 榜样示范法

5. 教师坚持一分为二地看待学生,化其消极因素为积极因素,这贯彻了教育的(　　)(常考)

A. 知行统一原则　　B. 长善救失原则

C. 在集体中教育原则　　D. 严格要求与尊重学生相结合原则

二、填空题

1. 我国德育内容主要包括思想教育、政治教育、________、法纪教育以及心理健康教育。

2. 德育过程的主要矛盾是教育者提出的德育要求与受教育者已有________之间的矛盾。

3. "吾日三省吾身""君子必慎其独"所体现的德育方法是________。

三、判断说理题

1. 某位学科教师认为,自己的职责就是教好书,学生的思想品德教育那是班主任的事。该教师的认识是否正确,结合教育学的知识说明理由。

2. "德育过程必须严格按照知、情、意、行的顺序来进行,以知为开端,以行为终结。"这种说法是否正确?运用教育学知识加以说明。

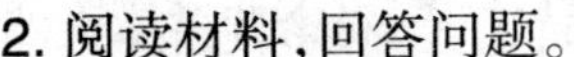

四、案例分析题

1. 升国旗仪式后，少先队大队部下发了为残疾儿童献爱心的倡议。回教室途中，班主任刘老师听到本班有位同学在嘀咕："献爱心，献爱心，想必又要让我们捐款了。"一旁的同学也在低声讨论着。下午的班队课上，刘老师组织同学们观看有关残疾儿童的纪录片，并围绕"有何感想"和"我们能做什么？"进行分组讨论。集体交流时，A同学说："我们小区有一个这样的孩子，真的很可怜，我去帮过他，但是我要上学做作业，只能偶尔帮帮他。"其他同学也纷纷发言："我们可以省下自己的零花钱，更多地帮助他们。""众人拾柴火焰高！""捐物捐款只是献爱心的一种表现，帮助他们对生活充满信心才是关键！""我们可以给他们写信、送贺卡"……刘老师总结时，分享了自己很喜欢的一句话——"让别人因为我们的存在而感到幸福"。

结合案例，分析刘老师的行为遵循了哪些德育规律。

2. 阅读材料，回答问题。

五年级(2)班全体同学首次参加实践基地活动。第一天晚上，有同学向班主任徐老师报告，男生刘同学在宿舍不停地哭，同学们劝不了，也问不出原因。徐老师一番劝导后得知，刘同学在家没有自己洗过澡，同寝室的同学都洗完回来了，他还在望着满满一箱子衣物和洗涤用品不知所措，经徐老师提议，一位班干部自告奋勇答应帮助他学会一些生活自理技能。

第二天上午组织学生到地里拔草，基地辅导员发现，刘同学居然把菜苗和杂草一起拔光，原来他根本就分不清楚哪些是菜苗、哪些是杂草。于是，部分同学在一旁悄悄议论着，刘同学又羞又愧。这时徐老师向同学们提出问题："哪位同学能准确说出菜园里所有蔬菜的名称？"同学们互相望着，嘀咕着，没有一位同学举手回答。徐老师建议基地辅导员给同学们开一堂现场讲座——《认识家乡农作物》，刘同学听得特别认真。

午休时，徐老师巡查中发现赵同学躲在被窝里玩手机，本次活动明确规定禁止学生带手机，徐老师本想立即批评制止，又担心会影响同学们休息，便放慢脚步继续往前走，转眼发现赵同学已藏好手机装睡。下午劳动结束后，徐老师将赵同学叫到一旁，严肃批评了她，要求她交出手机并承认错误。赵同学万分不舍地交出手机，低声地解释道："徐老师，我都没有玩游戏，也没有打电话，我想着这次基地活动一定很有趣，我平时又很喜欢拍照，就忍不住把手机偷带进来，我错了。"徐老师略有所思，说："那你'偷拍'到照片了吗？能和我分享一下吗？"赵同学同意了。徐老师发现，虽然手机里的照片效果明显受到了拍摄角度等因素影响，但有几张特写非常有价值。当晚的班会上，徐老师肯定了赵同学的初衷，并宣布一个决定：基地活动由赵同学负责拍照。

后来，班级在学校宣传栏成功举办了全校唯一的活动成果展，大多数照片是赵同学负责拍摄的。从那以后，徐老师还感受到，赵同学纪律性更强了，学习的积极性也明显提高了。

(1)结合材料，分析徐老师贯彻了哪些德育原则。

(2)结合材料，分析徐老师对赵同学的教育运用了哪些德育方法。

第十章　班级管理与班主任工作

命题分析

[考查要点]

1. 识记班级的概念与功能。
2. 识记班集体的概念、特征与教育作用。
3. 重点掌握班集体的形成与培养的内容。
4. 掌握班级管理的功能、内容与模式。
5. 了解当前我国学校班级管理中存在的问题及解决策略。
6. 识记班主任的概念、职责与任务;班主任工作的意义与作用。
7. 重点掌握班主任工作的内容与策略。

[考查题型]

以选择、填空、案例分析等形式为主。

基础训练

一、单项选择题

1. 小李同学在高一时被推选为劳动委员,妈妈发现小李自从当上劳动委员之后,越来越懂事了,会主动帮助他人,遇到事情总能换位思考,一分为二地看待问题。小李的变化主要体现了(　　)

A. 班级对学生社会化的影响　　B. 班级对学生独立人格的影响

C. 班级对学生心理品质的影响　　D. 班级对学生自我意识的影响

2. 班级管理的主要功能是(　　)(易混)

A. 形成良好的班风　　B. 维持班级秩序

C. 锻炼学生能力、学会自治自理　　D. 实现教学目标、提高学习效率

3. 教师在班级建设和管理时,不正确的做法是(　　)

A. 在班里设常务班长、值周班长和负责养鱼、养花的鱼长、花长等

B. 动态分配管理岗位,即实行干部轮换制度,让学生在不同岗位上得到多方面的锻炼

C. 鼓励学生相互找缺点,并开展"缺点大王"评比活动

D. 让几个学生承担同一干部岗位,让"老干部"带动"新干部"

4. 下列管理模式不属于班级管理模式的是(　　)

A. 常规管理　　B. 分散管理　　C. 平行管理　　D. 民主管理

5. 现代班级管理强调以(　　)为核心来建立管理机制。

A. 学校　　B. 教师　　C. 学生　　D. 教育内容

6. 班级成员主要是通过(　　)来形成和发展人际关系的。

A. 交往　　B. 学习　　C. 锻炼　　D. 考试

7. 班集体形成的重要标志是(　　)

A. 成立了班委会　　B. 开展了班级工作

C. 形成了正确的舆论和良好的班风　　D. 制订了班级工作计划

8. 肖老师是某班新来的班主任,在管理班级时,他首先设法影响整个班集体的氛围,然后再去影响单个学生的发展,最后再通过整个班集体和教师的影响来促进学生的发展。肖老师的这种班级管理模式属于(　　)

A. 班级集中管理模式　　B. 班级平行管理模式

C. 班级目标管理模式　　D. 班级民主管理模式

9. 最先提出"班级"一词的著名教育家是(　　)

A. 夸美纽斯　　B. 布鲁纳　　C. 罗杰斯　　D. 埃拉斯莫斯

10. 在领导班级的过程中,班主任不是以直接的方式管理,而是倾听学生的意见,以间接的方式引导学生,这属于班主任领导方式中的(　　)

A. 民主型领导　　B. 放任型领导

C. 权威型领导　　D. 迁就型领导

11. 下列不属于学生操行评语的基本写法的是(　　)

A. 谈心式　　B. 描述性　　C. 情境性　　D. 情感性

12. 班级平行管理的理论渊源是苏联教育家马卡连柯的(　　)的教育思想。

A. 民主影响　　B. 教师人格　　C. 平行影响　　D. 群体影响

13. 班级组织建构的首要原则是(　　)(易混)

A. 有利于教育的原则　　B. 目标一致的原则

C. 可接受性原则　　D. 有利于身心发展的原则

14. 在协调学校领导、家长、任课教师的关系中,班主任起到(　　)

A. 领导作用　　B. 决定作用　　C. 核心作用　　D. 纽带作用

15. 班主任在自然条件下,充分运用自己的感官或者借助各种观察仪器,有计划、有目的地通过观察学生的行为表现而了解学生心态的方法是(　　)

A. 实地研究法　　B. 调查法　　C. 观察法　　D. 量表法

16. 以下属于班级组织的个体化功能的是(　　)(易错)

A. 传递社会价值观,指导生活目标　　B. 教导社会生活规范,训练社会行为方式

C. 培养基本能力,促进发展的功能　　D. 提供角色学习条件,培养社会角色

17. (　　)是班集体生活与成员意愿的反映。

A. 班风　　B. 班集体的正常秩序

C. 班集体的发展目标　　D. 班集体舆论

18. 班主任在课余和学生聊天以了解学生的方法是(　　)

A. 谈话法　　B. 观察法　　C. 调查法　　D. 书面材料分析法

19. 建立学生档案一般分为(　　)四个环节。

A. 收集—整理—鉴定—保管　　B. 收集—整理—保管—鉴定

C. 整理—收集—保管—鉴定　　D. 整理—收集—鉴定—保管

20. 班主任工作实践反复证明:班主任要把工作做好,就必须经常及时全面地(　　),这是班主任探求工作规律与特点的主要途径,也是使班主任工作具有科学性、针对性、时效性的基础。

A. 了解学生,研究学生　　B. 服从安排

C. 认真学习,及时总结　　D. 提升自我素质

21. 班集体形成的基础是(　　)

A. 明确的共同目标　　B. 一定的组织结构

C. 一定的共同生活准则　　D. 集体成员之间平等融洽的气氛

22. 对个别学生的教育(　　)(易错)

A. 仅仅要靠班主任　　B. 就是要靠集体活动来教育

C. 是同集体教育相辅相成的　　D. 主要是对较差学生的教育工作

23. 张老师是初三班主任,为了更好地管理班级,加强与家长及社会等方面的联系,她主要采取家访、召开家长会、发放家校联系册和学生评价手册等方式。材料主要体现了班主任(　　)的工作任务。

A. 建立班级日常管理规则　　B. 协调各方面教育影响

C. 提高全班学生的学习质量　　D. 组织开展丰富多彩的活动

24. 班级管理的主要对象是(　　)

A. 学生资料　　B. 学生　　C. 班级信息　　D. 班级公共财物

25. 部分班级存在这样一种现象:班级成员为了获得班主任的重视而展开竞争,以竞争代替合作,学习不再是为了获得学习的喜悦,而是一心为了赢得个人在班级中的地位。导致这一现象产生的班级管理方式是(　　)

A. 开放型　　B. 放任型　　C. 民主型　　D. 专制型

26. 班级管理的根本目的是(　　)

A. 使学生充分、全面的发展　　B. 发展学生智力

C. 培养创造能力　　D. 发掘学生特长

27. 当班主任接到一个教育基础较差的班级时,首先要做好的工作是(　　)

A. 建立班集体的正常秩序　　B. 建立班集体的核心队伍

C. 组织形式多样的集体活动　　D. 确定班集体的发展目标

28. 班级管理模式中的"目标管理"是由(　　)提出的。(常考)

A. 马卡连柯　　B. 德鲁克　　C. 皮亚杰　　D. 夸美纽斯

29. 不少中学的班主任让学生轮流当班长,使每个学生都有机会参与班级事务及管理,成为班级的主人。这种班级管理模式是(　　)

A. 班级常规管理　　B. 班级平行管理　　C. 班级民主管理　　D. 班级目标管理

30. 班主任工作的前提和基础是(　　)

A. 组织建立班集体　　B. 协调校内外各种教育力量

C. 了解和研究学生　　D. 制定班主任工作计划

31. 情感式评语一般(　　)

A. 采用第一人称　　B. 采用第二人称　　C. 采用第三人称　　D. 以上皆可

32. 班主任的主要任务和工作重点是(　　)

A. 对学生进行品德教育　　B. 提高全班学生的学习质量

C. 指导学生课余生活,关心学生身体健康　　D. 注重学生的心理健康教育

33. 下列关于班级管理的说法,不正确的是(　　)

A. 教学管理是班级管理的基础和前提

B. 建立和培养良好班集体是班级管理的核心工作

C. 班主任在处理偶发事件时要坚持教育性、客观性、有效性、冷处理原则

D. 对于班集体中的非正式群体,教师应考虑如何为其提供良好的成长环境,而不是一味打击

34. 班主任刘老师的做法是"班干部能做的班主任不做,学生能做的班干部不做",此班级管理方法体现了(　　)

A. 平行管理原则　　B. 自主参与原则　　C. 教管结合原则　　D. 方向性原则

35. (　　)的领导方式认为,学生对集体的喜爱、期望、归属感、团结性与作业水平及学习成绩有关,班主任应信赖集体,将班级作为教育的对象,而不是一对一地去对待每个学生。

A. "集体中心"　　B. "教学中心"　　C. "教师中心"　　D. "学生中心"

36. 组织主题班会的阶段是(　　)

A. 确定主题—精心准备—具体实施—总结深化

B. 精心准备—确定主题—具体实施—总结深化

C. 精心准备—深化主题—具体实施—总结拓展

D. 精心准备—具体实施—深化主题—总结拓展

37. 人们常说"众人拾柴火焰高""三个臭皮匠顶个诸葛亮""人心齐,泰山移""一个人像棵小草,集体则是抗拒暴风雨的森林"。以上俗语体现的在班集体建设中的道理是(　　)

A. 班集体的力量在于团结　　B. 班集体的力量在于竞争

C. 班集体的力量在于成员的多少　　D. 班集体的力量在于少数精英的支撑

38. 对于一些偶发事件,教师不应急于表态,急于下结论,而应冷静地观察,待把问题的来龙去脉弄清楚,再去处理。这体现了(　　)

A. 客观性原则　　B. 教育性原则　　C. 可接受性原则　　D. 冷处理原则

39. 李老师在给小菲的素质教育操行评语中写道："你本学期参加英语角活动，成绩明显提高，下学期你的英语一定有新的进步。"这种评语写作方式是(　　)(易错)

A. 过程式　B. 总结式　C. 评价式　D. 谈心式

40. 班主任是班级的组织者、领导者和教育者，是学校贯彻国家教育方针，促进学生健康成长的骨干力量。班主任工作的首要任务是(　　)

A. 了解和研究学生的方方面面　B. 组织建立良好的班集体
C. 促进班集体全体成员的全面发展　D. 对学生进行思想品德教育

41. 班主任王老师通过制定班规、值日生制度、考勤制度、课堂纪律要求等，要求每名学生都要遵守、执行这些规定。王老师的班级管理模式属于(　　)

A. 班级常规管理　B. 班级平行管理　C. 班级民主管理　D. 班级目标管理

42. 班级活动的主要形式是(　　)

A. 小组活动　B. 集体活动　C. 个别教育　D. 主题班会

43. 班级是教育工作的基层单位，班主任是组织班级管理和德育的(　　)

A. 主要实施者　B. 指导者　C. 引导者　D. 管理者

44. 班主任与学生共同确定班级总体目标，并转化为小组目标及个人目标，使其与班级总体目标融为一体，以此实现班级目标的管理方式，称为班级(　　)

A. 目标管理　B. 民主管理　C. 平行管理　D. 松散管理

45. (　　)是学校对学生进行日常管理、思想道德教育和组织教学活动的基本单位。

A. 团队　B. 年级　C. 班级　D. 班集体

46. 要做好班级管理工作，必须培养优秀的班干部。在进行班干部的培养中，应注意做到(　　)

①严格要求　②尊重信任　③特殊关照　④积极指导

A. ①②③　B. ①③④　C. ①②④　D. ②③④

47. 学生置身于班级组织中时，其人格及能力上的特点、差异以及不足就会显现出来。在班级开展各项活动中，每个成员都会通过自己和他人的表现以及所获得的评价判断自己表现的优势与不足。特别是在班级组织有团体要求时，学生违反某种要求的倾向将会显现无遗。这主要体现了班级组织具有(　　)

A. 促进发展功能　B. 满足需求功能
C. 诊断功能　D. 矫正功能

48. 在班级管理中，要把握好班级管理的度，既不能太放松，也不能太紧，避免"放则乱，紧则呆"的局面。这体现了班级管理的(　　)

A. 方向性原则　B. 实效性原则　C. 集体性原则　D. 适度性原则

49. 实施班级民主管理是开展班级工作的有力保证，下列选项不属于民主管理方式的是(　　)

A. 小组评议　B. 健全班级守则
C. 班干部轮换制度　D. 值日生制度

二、多项选择题

1. 班主任的领导方式一般可分为(　　)

A. 权威型　B. 民主型　C. 理论型　D. 放任型

2. 下列教师的做法，正确的是(　　)

A. 教师组织学生参与抗日战争胜利70周年纪念活动，并进行爱国主义教育
B. 教师经常和学生家长保持联系，以便及时了解班内学生的家庭教育情况
C. 教师认为学生的主要任务是学习，不主张学生参加课外活动
D. 为了参加学校文艺汇演，最近一个月，教师组织学生课后排练舞蹈

3. 班会是班主任或班委会对班级进行有效管理、指导和教育的重要途径和形式。班会一般可分为三类，即(　　)

A. 常规班会　B. 生活班会
C. 政治教育班会　D. 主题班会

4. 某班主任将差生安排在教室的最后一排，并且留出2米距离与前面隔开，对这种做法理解正确的是(　　)(易错)

A. 体现了对差生的管理　B. 这一行为体现了对差生的歧视
C. 缺乏教育公平　D. 符合大多数学生的利益

5. 对于先进生的教育，教师需要注意的问题有(　　)(易混)

A. 严格要求，防止自满　B. 不断激励，弥补挫折
C. 培养和激发学习动机　D. 发挥优势，全班进步

6. 操行评定的一般步骤包括(　　)

A. 学生自评　B. 小组评议　C. 班主任评价　D. 信息反馈

7. 新学期开学，孙老师担任七年级的班主任，为了建立一个良好的班集体，孙老师可采取的措施有(　　)

A. 指导学生成立自治组织　B. 丰富班级管理角色
C. 形成班级管理角色的动态分配制度　D. 班级干部的岗位转换

8. 丽丽骄横无礼，常常违反课堂纪律，不交作业。班主任吴老师以谈爱好、拉家常等方式打开丽丽的心扉，他了解到丽丽小时候父母已离异，现由年老多病的奶奶照顾生活。吴老师便多次与丽丽爸爸沟通，丽丽比以前得到更多父爱，父女关系得到改善。同时，吴老师还借助课堂以及主题班会等，给学生讲解"同学之间友爱互助"的例子和道理，针对丽丽能干家务事的特点，吴老师任命她为生活委员。有一次，学校举办"我的班级我的爱"演讲比赛，丽丽表达出"我的言行举止与班集体息息相关，以后做事要三思而后行"的愿望。现在，丽丽变得热情大方、积极向上了。从班主任工作的原理分析，上述材料说明(　　)

A. 了解和研究学生是班主任工作的前提　B. 集体教育与个别教育是紧密联系的
C. 班主任的工作方法是多种多样的　D. 主题班会是班级活动的主要形式

9. 班主任在班级管理中的影响力主要表现在（　　）

A. 职权影响力　　B. 学术影响力　　C. 年龄影响力　　D. 个性影响力

10. 下列属于班级管理内容的是（　　）

A. 班级组织建设　　B. 班级活动管理　　C. 班级教学管理　　D. 班级制度管理

三、判断选择题

1. 深入实际了解学生，是教师做好学生操行评定的基本前提。（　　）

A. 正确　　B. 错误

2. 班级管理是一种组织活动过程，教师是管理者，学生是被管理者。（　　）

A. 正确　　B. 错误

3. 衡量和评价班级工作的基本标准是班级师生都和谐共处。（　　）

A. 正确　　B. 错误

4. 做好个别教育工作是指要做好优秀生的教育工作和后进生的转化工作。（易错）（　　）

A. 正确　　B. 错误

5. 在班级管理中，凡事都能与学生商量就是民主。（　　）

A. 正确　　B. 错误

6. 班级管理的自主参与原则要求班级管理者把教育工作和对班级的管理工作辩证统一起来。（　　）

A. 正确　　B. 错误

四、填空题

1. 班主任了解和研究学生最基本的方法是________。

2. 通过对集体的管理去间接影响个人，又通过对个人的直接管理去影响集体。这种班级管理模式是________。（常考）

3. 班主任是中小学日常思想道德教育和学生管理工作的主要实施者，是中小学生健康成长的引领者，班主任要努力成为中小学生的________。

五、判断分析题

1. 赵老师在团队管理中经常征求学生的想法，鼓励学生参与团队活动方案的制定，让学生学会自主管理。赵老师的管理风格属于放任型。对此你觉得是否正确，请用教育学知识说明理由。

2. 班主任应当选拔学生成绩中的佼佼者作为班干部。对此你觉得是否正确，请用教育学知识说明理由。

3. 学生不仅是班级管理的对象，也是班级管理的参与者。对此你觉得是否正确，请用教育学知识说明理由。

六、简答题

1. 简述偶发事件处理的原则。

2. 对于中等生的教育，班主任应注意哪些问题？

3. 简述班主任的职责与任务。

4. 班集体的教育作用有哪些?(常考)

5. 简述良好班集体的形成与培养。

6. 简述班主任工作的内容。(常考)

七、论述题

试述班主任了解学生的方法。(常考)

八、案例分析题

1. 放学路上,你听见几位同学议论:在疫情阻击战中,医护人员职业太辛苦、工作太危险,我将来肯定不会去学医。

假如你是这群学生的班主任,你将怎样引领班级舆论?

2. 美国斯坦福大学心理学家菲利普·津巴杜于1969年进行了一项实验,他找来两辆一模一样的汽车,把其中的一辆停在加州帕洛阿尔托的中产阶级社区,而另一辆停在相对杂乱的纽约布朗克斯区。停在布朗克斯的那辆,他把车牌摘掉,把顶棚打开,结果当天就被偷走了。而放在帕洛阿尔托的那一辆,一个星期也无人理睬。后来,津巴杜用锤子把那辆车的玻璃敲了个大洞,结果仅仅过了几个小时,它就不见了。

以这项实验为基础,政治学家威尔逊和犯罪学家凯琳提出了一个"破窗效应"理论,他们认为,如果有人打坏了一幢建筑物的窗户玻璃,而这扇窗户又得不到及时的维修,别人就可能受到某些暗示性的纵容去打烂更多的窗户。久而久之,这些破窗户就给人造成一种无序的感觉。结果在这种公众麻木不仁的氛围中,犯罪就会滋生、繁荣。

结合自身体验,试述"破窗效应"给班级管理工作带来的启示。

3. **案例一**　这学期,我新接手了一个班级,一段时间下来,一个叫小林的同学引起了我的注意。他平日里沉默寡言,总是穿着一身脏兮兮的校服,背着一个似乎从未洗过的书包。他座位前后排的同学的桌子拉的都离他很远,下课也没有人和他玩,他好像坐在一个孤岛上。我曾试图与他交谈,但他几乎不与我互动。

后来,从教过他的王老师那里了解到,小林从小父母离异,双方都不愿抚养他,是他年迈多病的奶奶一直照顾着他。王老师叹了口气,说道:“这孩子挺可怜的,可他自己也不争气,学习不上心,还不讲卫生,你看他的手、脸,几星期都不洗一次,老师说了多少次,他还是那样。班里同学也不喜欢他,不知道谁给他起了个外号‘臭鼬’就这么传开了。咱们想帮他也是心有余而力不足啊……”

听了王老师的一番话,我心里很不是滋味,作为小林的班主任,我必须帮他。第二天,我在办公室放了一条新毛巾,等小林到校后,把他叫到办公室,把他的手、脸洗干净,把镜子放在他面前,夸了他一句:“看,还挺帅的嘛。”他显得有点不好意思,我顺势鼓励他要保持讲卫生的好习惯。此外,在课堂上我给予他更多的关注,让他回答一些力所能及的问题,并及时给予鼓励和表扬。课后,我找机会跟他聊天,当面批改他的作业,并对他的错题进行有针对性的讲解。

一段时间后,我发现小林的个人卫生习惯有所改进,学习也有所进步,可他似乎还是有意无意地躲着我,课间总是一个人坐在座位上发呆,既不跟同学玩,也不跟老师聊天。看得出来,他依然没有朋友,还是那么孤独。

案例二　张老师是某班的班主任。接手该班级前,他就听说本班有几个不太好管的学生,经常上课捣乱、不交作业,学习成绩差,隔三差五就会被老师批评,是老师办公室的“常客”。

张老师一接手,就分别找这几位学生进行一次深入的谈心,并与他们的家长进行了沟通。刚开始这几位学生有明显进步,张老师感到很欣慰,可是没过多久,张老师就有些焦头烂额,英语老师拿来一张学生名单,说:“你们班这几个学生已经好几天没交作业了,怎么催都交不上来。”

数学老师也来找,说:“这次测验,你们班这几个学生只考了20多分,自己还不当回事,让改错也不改。这学生没法教了!”

德育主任找张老师谈话,说:“有几个学生频繁迟到,导致你们班在本月的学校班级量化考核中成绩倒数第一。”

……

张老师发现所有问题都跟那几个学生有关。班级其他学生也来告状,说他们上课几乎不听讲,小动作不断,经常说话,有时还打闹,不仅影响大家的学习,还害得班级被扣分。老师提醒也不管用,能不能别让他们在这个班了。

请根据以上案例,回答下列问题:

(1)请结合案例一,谈谈作为班主任应该如何对待和帮助班级中像小林这样的学生。

(2)假如你是案例二中的班主任张老师,将如何帮助班上那几位学生养成良好的学习习惯?

4. 王老师因近视佩戴了一副眼镜,后来他接手了一个新的班级,当他戴着眼镜走到这个班级里面的时候,发现同学们都神色紧张地盯着黑板,他转头一看,原来黑板上有一个戴眼镜的头像,上面写着四眼狗。王老师怒火中烧,本想着杀鸡儆猴,可是转念一想就上去把黑板擦干净了,转过头来对学生们说,这位画画的同学真是太有才了,但是这样的方式对待老师有点不太恰当。同学们都朝画画的那位同学看去,这位同学也低下了头,王老师见此情况说,如果把这个天赋运用到之后的班级服务就好了。后来这位同学真的成了班级的文艺委员,利用他的画画天赋主动为班级服务,成绩也提高了。假如王老师并没有采用这种方式,结果一定是不堪设想的。

(1)处理应急事件是教师工作的一门艺术,请尝试用相关教育理论知识,评价一下案例中王老师的做法。

(2)作为一名班主任,请问如何才能管理好班级?

真题精解

一、单项选择题

1.“没有规矩,不成方圆。”因此在组织和培养班集体时应(　　)

A. 确立班集体的目标　　B. 全面了解和研究学生

C. 建立健全必要的班级规则　　D. 开展丰富多彩的集体活动

2. 班主任工作的中心环节是(　　)

A. 了解学生　　B. 做好个别教育工作

C. 组织班会活动　　D. 组织和培养班集体

3. 班主任对学生一个学期或一个学年内的思想品德、学习、劳动、文体活动和社会工作等的表现和发展情况的评价是(　　)

A. 操行评定　　B. 诊断性评价　　C. 形成性评价　　D. 个体内差异评价

4. 在班级学习和生活中,几位学生因为兴趣爱好相同,自发组建了环保公益活动小组,该小组属于(　　)

A. 积极型非正式组织　　B. 娱乐型非正式组织

C. 消极型非正式组织　　D. 破坏型非正式组织

二、多项选择题

处理课堂起哄、学生争吵、损坏公物等偶发事件,做好学生的个别教育工作,班主任应(　　)

A. 遇事冷静、沉着、慎重　　B. 弄清事情真相和产生原因

C. 引导学生认识并改正错误　　D. 以批评、处分作为主要教育手段

三、填空题

1. 班主任对学生一学期或者一学年以来的思想品德发展变化情况的评价,称为________评定。

2.“抓中间,促两头”描述的班主任工作内容是________。(易错)

3. 班主任建设和培养班集体的主要方法包括确定班集体发展目标、建立班集体的________、建立班集体的正常秩序、组织多样的教育活动以及培养正确的舆论和良好班风。

4. 班主任既通过对集体的管理去间接影响个人,又通过对个人的直接管理去影响集体,把对集体和个人的管理结合起来。这种管理方式是班级________管理。

四、判断分析题

班主任工作内容中的个别教育,实质上是对少数学生的教育。对此你觉得是否正确,请用教育学知识说明理由。

五、案例分析题

阅读材料,按要求作答。

丁老师准备接任小学二年级某班班主任。开展工作前,他了解到该班的一些情况。该班班干部都是通过抽签产生的,他们没有讨论过班级的愿景,也不知道自己要做什么。个别班干部向原班主任反映问题时,得到的回答总是“做好你自己的事,别管那么多”。班级曾组织一次演讲比赛,只有个别同学报名参加,最后活动不了了之。其他几次活动都是执行学校的统一安排,多数同学觉得没意思,缺乏参与热情。该班纪律松散,时常有同学迟到,课堂上也总有人交头接耳。在校卫生评比中,该班屡屡落后。学习委员钟某偶然发现,自家钟点工阿姨竟是副班长林某的母亲,他便将这个“重大发现”在班上公开。林某发觉原来和自己要好的几个同学渐渐疏远了自己,情绪低落,工作和学习热情受到不小影响。此外,科任老师反映同学之间互起绰号的风气盛行。

问题:

运用班集体组织和建设的方法,分析该班级存在的问题,并就丁老师如何组织、培养班集体提出合理建议。

第十一章　教育科学研究

命题分析

[考查要点]

1. 识记教育科学研究与教育科学研究方法的内涵。
2. 理解教育科学研究的意义,并注意区分教育科学研究的特点。
3. 识记教育科学研究的基本过程,重点掌握选择研究课题的内容。
4. 识记并理解观察研究法、调查研究法、实验研究法、个案研究法、行动研究法、质性研究法以及教育叙事研究的内容。

[考查题型]

以选择的形式为主。

基础训练

一、单项选择题

1. 李老师每天都坚持写日记,记录自己当天的教育教学过程和事例,对自己的教学实践进行反思和改进。这种教育研究方法是(　　)

A. 历史研究法　B. 教育实验法　C. 调查研究法　D. 叙事研究法

2. 教育研究的最终目的是(　　)(易错)

A. 揭示教育规律　B. 撰写研究报告

C. 发现教育问题　D. 改进教育现状,促进教育发展

3. 小丁在班级中成绩非常不理想,平时特别敏感,既容易误会同学的一言一行,又会和同学有肢体冲突,班主任刘老师希望以小丁为切入点,对班级中这类有特殊需要的学生分别进行为期一年的研究。这种研究方法是(　　)

A. 个案研究法　B. 叙事研究法　C. 历史研究法　D. 比较研究法

4. 教师提高教学研究技能的三种途径是(　　)

A. 自主、合作、探究　B. 阅读、合作、行动研究

C. 学习、讨论、创新　D. 兴趣、发现、研讨

5. 起源于人类学、社会学、民俗学等学科,建立在经验和直觉的基础上,以研究者本人作为研究工具,在与研究对象的互动中理解和解释其行为和意义建构的教育研究方法是(　　)

A. 行动研究法　B. 质性研究法

C. 观察法　D. 教育叙事研究法

6. 某学校一年级语文教师邓老师发现所教学生错别字偏多,于是他在识字教学中尝试运用字理教学法,之后他设计申报"低年级小学生产生错别字的心理机制与对策研究"课题。就课题产生而言,邓老师设计的课题来源于(　　)

A. 文献的梳理　B. 教育改革的实践

C. 各级课题指南　D. 他人课题的启示

7. 在教育理论指导下,通过运用观察、列表、问卷、访谈、个案研究以及测验等方式,收集教育问题的资料,从而对教育的现状做出科学的分析认识,并提出具体工作建议的一整套实践活动的研究方法是(　　)

A. 导向研究法　B. 调查研究法

C. 教育规范研究法　D. 教育培养研究法

8. 贯穿教育研究整个过程的是(　　)

A. 文献检索　B. 收集资料　C. 分析资料　D. 选定课题

9. 各类研究中唯一能确定因果关系的研究方法是(　　)(常考)

A. 观察研究法　B. 行动研究法

C. 实验研究法　D. 个案研究法

10. 研究者根据研究的问题,通过与家长、教师等的谈话,了解问题的产生原因及历史情况,这种研究方法是(　　)

A. 历史研究法　B. 调查法　C. 实验法　D. 行动研究法

11. 教育科学研究报告的题目一般不超过(　　)个字。

A. 10　B. 15　C. 20　D. 25

12. 个案研究法属于(　　)(易混)

A. 历史研究　B. 比较研究　C. 调查研究　D. 实验研究

13. 教育教学叙事是(　　)

A. 教学反思的一种形式　B. 同伴互助的一种形式

C. 专业引领的一种形式　D. 行动研究的一种形式

14. 教师作为研究者以讲故事的方式表达其对教育的理解,这种研究方法是(　　)

A. 教育叙事研究　B. 教育调查研究

C. 教育反思研究　D. 个案研究

15. 教育行动研究是一个螺旋式加深的过程,其最后一个环节是(　　)(常考)

A. 考察　B. 计划　C. 行动　D. 反思

16. 在比较讲授法和讨论法的教学效果时,教师分别选用两个班级,一班采用讲授法,另一班采用讨论法,两班学生在智力、学业基础等方面尽量保持均衡,期末时测量其成绩差异。这种研究方法属于(　　)

A. 观察研究法　B. 实验研究法　C. 个案研究法　D. 调查研究法

17. 题录、书目、索引、提要和文摘等属于(　　)

A. 一次文献　B. 二次文献　C. 三次文献　D. 四次文献

18. 一线教师基于解决实际问题的需要,与专家、学者和本单位的成员进行共同合作,以解决实际问题的研究方法属于(　　)

A. 调查研究法　B. 行动研究法

C. 质性研究法　D. 教育叙事法

19. 某中学教师围绕中学生网瘾问题,采用问卷、谈话、座谈会等多种形式收集资料,并对所获得的资料进行定量、定性分析,找出中学生网络成瘾的原因并提出建议,这种研究方法属于(　　)

A. 调查研究法　B. 观察法　C. 实验法　D. 个案研究法

20. 文献检索中,按时间范围、以课题研究的发生时间为检索始点,按事件发生、发展时序,由远及近、由旧到新地查找资料的方法是(　　)

A. 顺查法　B. 逆查法　C. 引文查找法　D. 综合查找法

二、多项选择题

1. 教育科学研究的基本组成要素是(　　)

A. 客观事实　B. 科学理论　C. 科学假设　D. 方法和技术

2. 开展有效的教学研究是新课改对中小学教师的基本要求,教师进行研究的主要路径有(　　)

A. 教育日志　B. 互动研讨　C. 教育叙事　D. 教学反思

3. 在教学中,我们经常见到学生写错了字,动不动就被罚写十遍甚至几十遍。学生做错一道题,就被罚重新抄写。教师这种简单粗暴的处理方法是欠妥的。其实,教师可以以此作为研究课题,分析学生出错的原因,对症下药,解决问题。你认为教师进行教育研究的优势是(　　)

A. 教师工作于真实的教育教学情境之中,最了解教学的困难、问题与需求

B. 教师能准确了解自己教学的成效

C. 教师针对具体的、真实的问题所采取的变革尝试,能够在实践中得到检验

D. 教师能从教育教学现场中获得第一手资料

4. 教育研究的基本性质包括(　　)

A. 文化性　B. 价值性　C. 系统性　D. 主体性

5. 个案研究法是当今教育研究中运用广泛的定性研究方法。下列关于该研究方法的说法,正确的有(　　)

A. 能生动地描述过程,形象地展示个案

B. 不会遇到任何伦理道德问题

C. 对研究人员的语言技能、洞察力的要求较低

D. 研究结论的主观性较强

三、填空题

1. 教育行动研究的主体主要是________。(常考)

2. 人们通常把表达科学研究成果的学术性文章称为________。

3. ________的主要目的在于分析事物未来发展的前景和趋势,回答"将来怎么样"的问题。

4. 调查研究法中最基本、使用最广泛的研究方法是________。

5. 依据调查的对象,可将调查分为全面调查、________、抽样调查和个案调查。

四、简答题

1. 简述教育科学研究的基本过程。(常考)

2. 简述行动研究法的优缺点。

3. 简述行动研究法的特点。(常考)

4. 简述教育科学研究的意义。

五、案例分析题

小学三年级语文老师李华执教的两个班，90%的学生是外来务工人员子女。在日常教学中，李老师发现，这些孩子大多握笔姿势不正确、不善与人交流、知识面窄。为了进一步了解外来务工人员子女在学习上面临的困难及其原因，李老师对部分学生进行了家访，并就相关问题询问了本年级其他任课教师。结果显示：外来务工人员子女与本市居民子女相比，在学习上存在一定差距，其中英语学习差距最大，语文学习次之，数学学习差距不大。为了探索提高这些外来务工人员子女语文学习成绩的有效策略，李老师打算在这两个班进行以“扩展课外阅读”为自变量的实验研究。但是，学校科研顾问认为采取行动研究更为适当。李老师陷入了困惑，不能确定采用何种方法展开研究。

(1)案例中李老师在发现和确定研究问题的过程中使用了哪些研究方法？

(2)针对李老师的困惑，请为她选择一种研究方法，并从研究目的、研究过程、研究主体三个方面阐述做出这种选择的理由。

真题精解

单项选择题

1. 开展教育科学研究的第一个步骤是(　　)

A. 编制工具　　B. 提出课题　　C. 查阅文献　　D. 收集和分析数据

2. 在较长时间内，通过系统搜集特定个体的有关资料，研究其发展变化过程。这种研究方法是(　　)

A. 观察法　　B. 调查法　　C. 行动研究法　　D. 个案研究法

3. 为提高本班学生的课堂参与度，某教师在自然真实的教育环境中，按照一定的程序，综合多种方法与技术展开研究，该研究是(　　)

A. 理论研究　　B. 行动研究　　C. 基础研究　　D. 历史研究

4. 以故事的形式详细陈述个体所经历的事情如何开始、如何发展以及如何结束，这种研究方法是(　　)

A. 叙事研究　　B. 调查研究　　C. 案例研究　　D. 行动研究

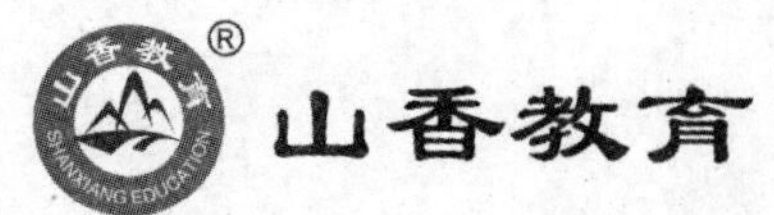

福建省教师招聘考试

高分题库精编

教育综合 上册

参考答案及解析

山香教师招聘考试命题研究中心　主编

目　录

第一部分　师德和教育法律法规与政策

基础训练

一、单项选择题

1. C 【解析】根据《中华人民共和国义务教育法》第五十六条规定,学校以向学生推销或者变相推销商品、服务等方式谋取利益的,由县级人民政府教育行政部门给予通报批评;有违法所得的,没收违法所得;对直接负责的主管人员和其他直接责任人员依法给予处分。本题中县教育局对学校应做出给予通报批评,没收违法所得的处罚。

2. A 【解析】本题考查时政知识。2021年7月,中共中央办公厅、国务院办公厅印发的《关于进一步减轻义务教育阶段学生作业负担和校外培训负担的意见》(以下简称"双减")中指出,"双减"的指导思想是坚持以习近平新时代中国特色社会主义思想为指导,全面贯彻党的教育方针,落实立德树人根本任务,着眼建设高质量教育体系,强化学校教育主阵地作用,深化校外培训机构治理,坚决防止侵害群众利益行为,构建教育良好生态,有效缓解家长焦虑情绪,促进学生全面发展、健康成长。故本题选A项。

3. A 【解析】本题考查依法执教的内涵。依法执教就是要求教师在教育教学活动中,按照教育法律、法规使自己的教育教学活动法制化和规范化。题干中的刘老师没有对经常违纪的学生进行罚款,体现了刘老师遵守依法执教的要求。

4. D 【解析】本题考查教育时政。《关于进一步减轻义务教育阶段学生作业负担和校外培训负担的意见》中指出,全面压减作业总量和时长,减轻学生过重作业负担。学校要完善作业管理办法,加强学科组、年级组作业统筹,合理调控作业结构,确保难度不超国家课标。建立作业校内公示制度,加强质量监督。严禁给家长布置或变相布置作业,严禁要求家长检查、批改作业。B项正确,D项错误。

   学校要确保小学一、二年级不布置家庭书面作业,可在校内适当安排巩固练习;小学三至六年级书面作业平均完成时间不超过60分钟,初中书面作业平均完成时间不超过90分钟。C项正确。

   教师要指导小学生在校内基本完成书面作业,初中生在校内完成大部分书面作业。教师要认真批改作业,及时做好反馈,加强面批讲解,认真分析学情,做好答疑辅导。不得要求学生自批自改作业。A项正确。

   本题为选非题,选D项。

5. C 【解析】《中国学生发展核心素养》中的"责任担当"主要是学生在处理与社会、国家、国际等关系方面所形成的情感态度、价值取向和行为方式。具体包括社会责任、国家认同、国际理解等基本要点。故本题选C项。

6. D 【解析】根据《中华人民共和国教育法》第七十二条规定,结伙斗殴、寻衅滋事,扰乱学校及其他教育机构教育教学秩序或者破坏校舍、场地及其他财产的,由公安机关给予治安管理处罚;构成犯罪的,依法追究刑事责任。

7. C 【解析】根据《中华人民共和国教师法》第三十七条规定,教师有下列情形之一的,由所在学校、其他教育机构或者教育行政部门给予行政处分或者解聘:(1)故意不完成教育教学任务给教育教学工作造成损失的;(2)体罚学生,经教育不改的;(3)品行不良、侮辱学生,影响恶劣的。

8. A 【解析】《中国学生发展核心素养》,以科学性、时代性和民族性为基本原则,以培养"全面发展的人"为核心,分为文化基础、自主发展、社会参与三个方面。

9. D 【解析】根据《中华人民共和国教育法》第八条规定,教育活动必须符合国家和社会公共利益。国家实行教育与宗教相分离。任何组织和个人不得利用宗教进行妨碍国家教育制度的活动。

10. B 【解析】根据《中华人民共和国教师法》第五条规定,学校和其他教育机构根据国家规定,自主进行教师管理工作。

11. B 【解析】根据《中华人民共和国义务教育法》第四十四条规定,义务教育经费投入实行国务院和地方各级人民政府根据职责共同负担,省、自治区、直辖市人民政府负责统筹落实的体制。农村义务教育所需经费,由各级人民政府根据国务院的规定分项目、按比例分担。各级人民政府对家庭经济困难的适龄儿童、少年免费提供教科书并补助寄宿生生活费。义务教育经费保障的具体办法由国务院规定。根据《中华人民共和国义务教育法》第十五条规定,县级以上地方人民政府根据本行政区域内居住的适龄儿童、少年的数量和分布状况等因素,按照国家有关规定,制定、调整学校设置规划。新建居民区需要设置学校的,应当与居民区的建设同步进行。根据《中华人民共和国教师法》第十九条规定,各级人民政府教育行政部门、学校主管部门和学校应当制定教师培训规划,对教师进行多种形式的思想政治、业务培训。由此可见,国家和各级政府在义务教育经费投入、学校设置和教师培训中起主导作用。

12. D 【解析】根据《中华人民共和国教师法》第三十九条规定，教师对学校或者其他教育机构侵犯其合法权益的，或者对学校或者其他教育机构作出的处理不服的，可以向教育行政部门提出申诉，教育行政部门应当在接到申诉的三十日内，作出处理。

易错警示：考生易混淆教师申诉制度。考生在做题时，需要注意题干的关键词是“学校或其他教育机构”还是“当地人民政府的有关行政部门”。教师申诉的处理机关，因被申诉主体的不同而有所区别：若是学校或其他教育机构则处理机关是主管的教育行政部门；若是当地人民政府的有关行政部门则处理机关是同级人民政府或者是上一级人民政府有关部门。

13. C 【解析】本题考查《中华人民共和国未成年人保护法》。根据《中华人民共和国未成年人保护法》第二条规定，本法所称未成年人是指未满十八周岁的公民。第五十八条规定，学校、幼儿园周边不得设置营业性娱乐场所、酒吧、互联网上网服务营业场所等不适宜未成年人活动的场所。营业性歌舞娱乐场所、酒吧、互联网上网服务营业场所等不适宜未成年人活动场所的经营者，不得允许未成年人进入。题干中的小强属于未成年人，因此，网吧应不允许小强进入。

14. A 【解析】根据《中华人民共和国义务教育法》第五十八条规定，适龄儿童、少年的父母或者其他法定监护人无正当理由未依照本法规定送适龄儿童、少年入学接受义务教育的，由当地乡镇人民政府或者县级人民政府教育行政部门给予批评教育，责令限期改正。

15. C 【解析】根据《中华人民共和国教育法》第二十九条和第三十条规定可知，A、B、D三项属于学校及其他教育机构可行使的权利，C项属于学校及其他教育机构应当履行的义务。故答案选C项。

16. B 【解析】根据《中学教师专业标准（试行）》可知，在教师专业能力领域中，教学实施能力之一是有效调控教学过程，合理处理课堂偶发事件。故答案选B项。

17. B 【解析】根据《中华人民共和国教育法》第八十条规定，任何组织或者个人在国家教育考试中有下列行为之一，有违法所得的，由公安机关没收违法所得，并处违法所得一倍以上五倍以下罚款；情节严重的，处五日以上十五日以下拘留；构成犯罪的，依法追究刑事责任；属于国家机关工作人员的，还应当依法给予处分：（1）组织作弊的；（2）通过提供考试作弊器材等方式为作弊提供帮助或者便利的；（3）代替他人参加考试的；（4）在考试结束前泄露、传播考试试题或者答案的；（5）其他扰乱考试秩序的行为。

18. D 【解析】中共福建省委、福建省人民政府印发的《关于全面深化新时代教师队伍建设改革的实施意见》中提出，确立公办中小学教师作为国家公职人员的特殊法律地位，明确权利和义务，强化保障和管理。故本题答案选D项。

19. A 【解析】本题考查《中华人民共和国未成年人保护法》。根据《中华人民共和国未成年人保护法》第四条规定，保护未成年人，应当坚持最有利于未成年人的原则。处理涉及未成年人事项，应当符合下列要求：（1）给予未成年人特殊、优先保护；（2）尊重未成年人人格尊严；（3）保护未成年人隐私权和个人信息；（4）适应未成年人身心健康发展的规律和特点；（5）听取未成年人的意见；（6）保护与教育相结合。

20. C 【解析】人文底蕴主要是学生在学习、理解、运用人文领域知识和技能等方面所形成的基本能力、情感态度和价值取向，具体包括人文积淀、人文情怀和审美情趣等基本要点。开展国学经典诵读系列活动有利于培养学生的人文底蕴。

21. D 【解析】《新时代中小学教师职业行为十项准则》中规定，传播优秀文化要求教师带头践行社会主义核心价值观，弘扬真善美，传递正能量；不得通过课堂、论坛、讲座、信息网络及其他渠道发表、转发错误观点，或编造散布虚假信息、不良信息。故答案选D项。另外，A项违背了秉持公平诚信的准则；B项违背了关心爱护学生的准则；C项遵守了坚守廉洁自律的准则。

22. C 【解析】根据《中华人民共和国教育法》第三十一条规定，学校及其他教育机构的校长或者主要行政负责人必须由具有中华人民共和国国籍、在中国境内定居、并具备国家规定任职条件的公民担任，其任免按照国家有关规定办理。

23. D 【解析】根据《中小学教师违反职业道德行为处理办法》第七条第三项规定，开除处分，公办学校教师由所在学校提出建议，学校主管教育部门决定并报同级人事部门备案；民办学校教师或者未纳入人事编制管理的教师由所在学校决定并解除其聘任合同，报主管教育部门备案。

24. D 【解析】本题考查《中华人民共和国教育法》。根据《中华人民共和国教育法》第七十三条规定，明知校舍或者教育教学设施有危险，而不采取措施，造成人员伤亡或者重大财产损失的，对直接负

责的主管人员和其他直接责任人员，依法追究刑事责任。

25. D 【解析】《中共中央 国务院关于全面加强新时代大中小学劳动教育的意见》指出，普通高中要注重围绕丰富职业体验，开展服务性劳动、参加生产劳动，使学生熟练掌握一定劳动技能，理解劳动创造价值，具有劳动自立意识和主动服务他人、服务社会的情怀。故答案选D项。

26. D 【解析】《中共中央 国务院关于深化教育教学改革全面提高义务教育质量的意见》指出，加强教学管理。省级教育部门要分学科制定课堂教学基本要求，市县级教育部门要指导学校形成教学管理特色。学校要健全教学管理规程，统筹制定教学计划，优化教学环节等。因此，答案选D项。

27. B 【解析】人身自由是公民的一项基本权利，包括身体行动自由和表达的自由。侵害学生人身自由的表现形式有：非法拘禁和限制学生、非法搜查学生、非法限制学生表达自由的权利等。A项人格尊严权，指学校和教师必须尊重学生的人格尊严，严禁对学生实施体罚、变相体罚或其他侮辱人格尊严的行为。C项隐私权，指公民生活中不愿为他人公开或知悉的个人秘密的不可侵犯的人身权利。学校和教师侵犯学生隐私的表现形式有：故意隐匿、毁弃或者非法开拆学生信件，披露、宣扬学生自身及家庭成员的资料，提供学生成绩的方式不适当等。D项名誉权，指学生的名誉不得受到歪曲或损害。

28. C 【解析】根据《教师资格条例》第十九条规定，有下列情形之一的，由县级以上人民政府教育行政部门撤销其教师资格：(1)弄虚作假、骗取教师资格的；(2)品行不良、侮辱学生，影响恶劣的。被撤销教师资格的，自撤销之日起5年内不得重新申请认定教师资格，其教师资格证书由县级以上人民政府教育行政部门收缴。

29. C 【解析】《小学教师专业标准(试行)》中关于"教育教学知识"的内容主要有：(1)掌握小学教育教学基本理论；(2)掌握小学生品行养成的特点和规律；(3)掌握不同年龄小学生的认知规律和教育心理学的基本原理和方法；(4)掌握所教学科的课程标准和教学知识。因此，答案选C项。

30. C 【解析】本题考查《中华人民共和国义务教育法》。根据《中华人民共和国义务教育法》第二十二条规定，县级以上人民政府及其教育行政部门应当促进学校均衡发展，缩小学校之间办学条件的差距，不得将学校分为重点学校和非重点学校。学校不得分设重点班和非重点班。

31. B 【解析】根据《中华人民共和国教师法》第二十六条规定，中小学教师和职业学校教师享受教龄津贴和其他津贴，具体办法由国务院教育行政部门会同有关部门制定。

32. A 【解析】本题考查《深化新时代教育评价改革总体方案》。《深化新时代教育评价改革总体方案》中指出：坚持科学有效，改进结果评价，强化过程评价，探索增值评价，健全综合评价，充分利用信息技术，提高教育评价的科学性、专业性、客观性。

33. C 【解析】《中共中央 国务院关于全面深化新时代教师队伍建设改革的意见》提出突出师德的基本原则。把提高教师思想政治素质和职业道德水平摆在首要位置，把社会主义核心价值观贯穿教书育人全过程，突出全员全方位全过程师德养成，推动教师成为先进思想文化的传播者、党执政的坚定支持者、学生健康成长的指导者。

34. A 【解析】本题考查《中华人民共和国教师法》。根据《中华人民共和国教师法》第三十七条规定，教师有下列情形之一的，由所在学校、其他教育机构或者教育行政部门给予行政处分或者解聘：(1)故意不完成教育教学任务给教育教学工作造成损失的；(2)体罚学生，经教育不改的；(3)品行不良、侮辱学生，影响恶劣的。因此，王某所在学校或者教育行政部门应当给予其行政处分或者解聘。

35. A 【解析】隐私权是指公民生活中不愿为他人公开或知悉的个人秘密的不可侵犯的人身权利。学校和教师侵犯学生隐私的表现形式有：故意隐匿、毁弃或者非法开拆学生信件，披露、宣扬学生自身及家庭成员的资料，提供学生成绩的方式不适当等。

36. B 【解析】本题考查《中华人民共和国教育法》。根据《中华人民共和国教育法》第二章可知，我国的教育基本制度有：学校教育制度、义务教育制度、职业教育制度和继续教育制度、国家教育考试制度、学业证书制度、学位制度、教育督导制度和教育评估制度等。因此，答案选B项。

37. A 【解析】本题考查《中华人民共和国教育法》。根据《中华人民共和国教育法》第十六条规定，国务院和县级以上地方各级人民政府应当向本级人民代表大会或者其常务委员会报告教育工作和教育经费预算、决算情况，接受监督。

38. C 【解析】根据《中华人民共和国教育法》第二十七条规定，设立学校及其他教育机构，必须具备下列基本条件：(1)有组织机构和章程；(2)有合格的

教师;(3)有符合规定标准的教学场所及设施、设备等;(4)有必备的办学资金和稳定的经费来源。

39. B 【解析】教育基本法律是由全国人民代表大会制定,调整教育内部、外部相互关系的基本法律准则。它对整个教育全局起宏观调控作用,或称为"教育宪法""教育母法"。我国的教育基本法律为1995年第八届全国人民代表大会第三次会议通过的《中华人民共和国教育法》。

40. A 【解析】根据《中华人民共和国教育法》第五十四条规定,国家建立以财政拨款为主、其他多种渠道筹措教育经费为辅的体制,逐步增加对教育的投入,保证国家举办的学校教育经费的稳定来源。

41. D 【解析】根据《中华人民共和国教师法》第十七条规定,学校和其他教育机构应当逐步实行教师聘任制。教师的聘任应当遵循双方地位平等的原则,由学校和教师签订聘任合同,明确规定双方的权利、义务和责任。实施教师聘任制的步骤、办法由国务院教育行政部门规定。

42. D 【解析】根据《中华人民共和国义务教育法》第十二条规定,适龄儿童、少年免试入学。地方各级人民政府应当保障适龄儿童、少年在户籍所在地学校就近入学。

43. A 【解析】根据《中华人民共和国未成年人保护法》第三十三条规定,学校应当与未成年学生的父母或者其他监护人互相配合,合理安排未成年学生的学习时间,保障其休息、娱乐和体育锻炼的时间。学校不得占用国家法定节假日、休息日及寒暑假期,组织义务教育阶段的未成年学生集体补课,加重其学习负担。幼儿园、校外培训机构不得对学龄前未成年人进行小学课程教育。

44. A 【解析】隐私权是指公民生活中不愿为他人公开或知悉的个人秘密的不可侵犯的人身权利,熊老师翻看王强与朋友的书信这一行为侵犯了王强的隐私权;人身自由是公民的一项基本权利,包括身体行动自由和表达的自由,熊老师要求王强放学以后到办公室写检讨,不认真写完不准回家,这一行为侵犯了王强的人身自由权。

45. B 【解析】本题考查受教育者享有的权利。根据《中华人民共和国教育法》第四十三条规定,受教育者享有下列权利:(1)参加教育教学计划安排的各种活动,使用教育教学设施、设备、图书资料;(2)按照国家有关规定获得奖学金、贷学金、助学金;(3)在学业成绩和品行上获得公正评价,完成规定的学业后获得相应的学业证书、学位证书;(4)对学校给予的处分不服向有关部门提出申诉,对学校、教师侵犯其人身权、财产权等合法权益,提出申诉或者依法提起诉讼;(5)法律、法规规定的其他权利。故①和④属于受教育者可以享有的权利,本题答案选B项。

46. B 【解析】本题考查《中华人民共和国教育法》。根据《中华人民共和国教育法》第二条规定,在中华人民共和国境内的各级各类教育,适用本法。因此去英国交流学习的情况不适用于该法,故答案选B项。

47. A 【解析】根据《教师资格条例》第二十二条规定,在教师资格认定工作中玩忽职守、徇私舞弊,对教师资格认定工作造成损失的,由教育行政部门依法给予行政处分;构成犯罪的,依法追究刑事责任。所以在教师资格认定过程中,因为学校的过错行为而产生的法律后果应由学校承担。

48. B 【解析】本题考查《中华人民共和国教育法》。根据《中华人民共和国教育法》第六条规定,教育应当坚持立德树人,对受教育者加强社会主义核心价值观教育,增强受教育者的社会责任感、创新精神和实践能力。

49. D 【解析】根据《中华人民共和国未成年人保护法》第六十一条规定,任何组织或者个人不得招用未满十六周岁未成年人,国家另有规定的除外。

50. A 【解析】根据《中华人民共和国教育法》第五十四条规定,企业事业组织、社会团体及其他社会组织和个人依法举办的学校及其他教育机构,办学经费由举办者负责筹措,各级人民政府可以给予适当支持。

51. B 【解析】根据《中华人民共和国教师法》第七条规定,教师享有下列权利:(1)进行教育教学活动,开展教育教学改革和实验;(2)从事科学研究、学术交流,参加专业的学术团体,在学术活动中充分发表意见;(3)指导学生的学习和发展,评定学生的品行和学业成绩;(4)按时获取工资报酬,享受国家规定的福利待遇以及寒暑假期的带薪休假;(5)对学校教育教学、管理工作和教育行政部门的工作提出意见和建议,通过教职工代表大会或者其他形式,参与学校的民主管理;(6)参加进修或者其他方式的培训。

52. B 【解析】本题考查《新时代中小学教师职业行为十项准则》。《新时代中小学教师职业行为十项准则》中,潜心教书育人要求落实立德树人根本任务,遵循教育规律和学生成长规律,因材施教,教学相长;不得违反教学纪律,敷衍教学,或擅自从事影响教育教学本职工作的兼职兼薪行为。故本题选B项。

53. D 【解析】本题考查《中华人民共和国义务教育

法》。根据《中华人民共和国义务教育法》第三十八条规定，教科书根据国家教育方针和课程标准编写，内容力求精简，精选必备的基础知识、基本技能，经济实用，保证质量。

54. C 【解析】本题考查《中华人民共和国教师法》。《中华人民共和国教师法》第二十五条规定，教师的平均工资水平应当不低于或者高于国家公务员的平均工资水平，并逐步提高。建立正常晋级增薪制度，具体办法由国务院规定。故A项符合。第二十八条规定，县、乡两级人民政府应当为农村中小学教师解决住房提供方便。故C项不符合。第二十九条规定，教师的医疗同当地国家公务员享受同等的待遇；定期对教师进行身体健康检查，并因地制宜安排教师进行休养。故B项符合。第三十七条规定，教师有下列情形之一的，由所在学校、其他教育机构或者教育行政部门给予行政处分或者解聘：(1)故意不完成教育教学任务给教育教学工作造成损失的；(2)体罚学生，经教育不改的；(3)品行不良、侮辱学生，影响恶劣的。教师有前款第(2)项、第(3)项所列情形之一，情节严重，构成犯罪的，依法追究刑事责任。故D项符合。答案选C项。

55. B 【解析】本题考查教师违法(侵权)行为的类型。人身自由是公民的一项基本权利，包括身体行动自由和表达的自由。侵害学生人身自由的表现形式有：非法拘禁和限制学生、非法搜查学生、非法限制学生表达自由的权利等。教师将学生关在办公室反省，禁止学生参加课外活动属于侵犯学生人身自由权的行为。

56. D 【解析】本题考查教师的权利。根据我国《教师法》第七条规定，教师享有以下六方面的权利：(1)教育教学权；(2)科学研究权；(3)管理学生权；(4)获得报酬权；(5)民主管理权；(6)进修培训权。其中，获得报酬权是指教师享有“按时获取工资报酬，享受国家规定的福利待遇以及寒暑假期的带薪休假”的权利。故答案选D项。

57. B 【解析】受教育权是学生最基本的权利。常见的教师侵犯学生受教育权的表现形式主要有：(1)侵犯学生受教育机会的平等权；(2)侵犯学生的入学权；(3)侵犯学生参加考试的权利；(4)随意开除学生。此外，还有侵犯学生上课学习的权利、侵犯学生受教育的选择权等。题干中老师的行为侵犯了学生的受教育权。

58. D 【解析】根据《中华人民共和国未成年人保护法》第五十六条规定，公共场所发生突发事件时，应当优先救护未成年人。

59. D 【解析】根据《中华人民共和国义务教育法》第二十七条规定，对违反学校管理制度的学生，学校应当予以批评教育，不得开除。

60. A 【解析】《中国学生发展核心素养》以科学性、时代性和民族性为基本原则，以培养“全面发展的人”为核心，分为文化基础、自主发展、社会参与三个方面。综合表现为人文底蕴、科学精神、学会学习、健康生活、责任担当、实践创新六大素养，具体细化为人文积淀、国家认同、批判质疑等18个基本要点。

61. C 【解析】根据《中华人民共和国义务教育法》第四十二条规定，国务院和地方各级人民政府用于实施义务教育财政拨款的增长比例应当高于财政经常性收入的增长比例，保证按照在校学生人数平均的义务教育费用逐步增长，保证教职工工资和学生人均公用经费逐步增长。

62. B 【解析】根据《中华人民共和国教师法》第三十七条规定，教师有下列情形之一的，由所在学校、其他教育机构或者教育行政部门给予行政处分或者解聘：(1)故意不完成教育教学任务给教育教学工作造成损失的；(2)体罚学生，经教育不改的；(3)品行不良、侮辱学生，影响恶劣的。某小学语文老师经常给学生起侮辱性的绰号，影响恶劣，按照有关法律，可以给予该教师行政处分或解聘。

63. A 【解析】根据《中华人民共和国未成年人保护法》第五十九条规定，学校、幼儿园周边不得设置烟、酒、彩票销售网点。禁止向未成年人销售烟、酒、彩票或者兑付彩票奖金。烟、酒和彩票经营者应当在显著位置设置不向未成年人销售烟、酒或者彩票的标志；对难以判明是否是未成年人的，应当要求其出示身份证件。任何人不得在学校、幼儿园和其他未成年人集中活动的公共场所吸烟、饮酒。

64. C 【解析】根据《中华人民共和国义务教育法》第十四条规定，禁止用人单位招用应当接受义务教育的适龄儿童、少年。

65. C 【解析】根据《中华人民共和国教师法》第二条规定，本法适用于在各级各类学校和其他教育机构中专门从事教育教学工作的教师。故C项说法不正确。

66. C 【解析】本题考查《中华人民共和国教师法》。根据《中华人民共和国教师法》第七条规定可知，教师享有“进行教育教学活动，开展教育教学改革和实验”的权利。题干中的校长打断刘老师正常的上课进程，让他去迎接临时到访的上级领导，此

行为影响了正在进行的教育教学活动，故本题答案选C项。

67. D 【解析】本题考查《中华人民共和国未成年人保护法》。根据《中华人民共和国未成年人保护法》第六十三条规定，除下列情形外，任何组织或者个人不得开拆、查阅未成年人的信件、日记、电子邮件或者其他网络通讯内容：(1)无民事行为能力未成年人的父母或者其他监护人代未成年人开拆、查阅；(2)因国家安全或者追查刑事犯罪依法进行检查；(3)紧急情况下为了保护未成年人本人的人身安全。故D项违反了《中华人民共和国未成年人保护法》的规定。

68. B 【解析】根据《中华人民共和国未成年人保护法》第四十四条规定，爱国主义教育基地、图书馆、青少年宫、儿童活动中心、儿童之家应当对未成年人免费开放；博物馆、纪念馆、科技馆、展览馆、美术馆、文化馆、社区公益性互联网上网服务场所以及影剧院、体育场馆、动物园、植物园、公园等场所，应当按照有关规定对未成年人免费或者优惠开放。

69. B 【解析】本题考查《中华人民共和国教育法》。根据《中华人民共和国教育法》第七十七条规定，盗用、冒用他人身份，顶替他人取得的入学资格的，由教育行政部门或者其他有关行政部门责令撤销入学资格，并责令停止参加相关国家教育考试二年以上五年以下。故答案选B项。

70. C 【解析】根据《中华人民共和国义务教育法》第二条规定，实施义务教育，不收学费、杂费。

71. C 【解析】本题考查《中华人民共和国教师法》。根据《中华人民共和国教师法》第十四条规定，受到剥夺政治权利或者故意犯罪受到有期徒刑以上刑事处罚的，不能取得教师资格；已经取得教师资格的，丧失教师资格。故本题答案选C项。

72. B 【解析】根据《中华人民共和国义务教育法》第二条规定，义务教育是国家统一实施的所有适龄儿童、少年必须接受的教育，是国家必须予以保障的公益性事业。故A项说法不正确。根据《中华人民共和国教师法》第二十五条规定，教师的平均工资水平应当不低于或者高于国家公务员的平均工资水平，并逐步提高。故C项说法不正确。经过各方面的努力，到2008年年底，中国不仅实现了义务教育的全面普及，而且实现了义务教育的全面免费，这是中国普及义务教育的伟大成就。但是中国的义务教育也存在发展不平衡的问题。促进义务教育均衡发展已经成为中国现阶段教育改革和发展的重大任务。延长义务教育年限是现代教育制度的发展趋势。故B项说法正确、D项说法不正确。

73. A 【解析】本题考查《中华人民共和国教育法》。根据《中华人民共和国教育法》第三十六条规定，学校及其他教育机构中的管理人员，实行教育职员制度。故A项说法错误。

根据第四十二条规定，国家鼓励学校及其他教育机构、社会组织采取措施，为公民接受终身教育创造条件。故B项说法正确。

根据第四十九条规定，学校及其他教育机构在不影响正常教育教学活动的前提下，应当积极参加当地的社会公益活动。故C项说法正确。

根据第六十六条规定，国家鼓励学校及其他教育机构推广运用现代化教学方式。故D项说法正确。

74. B 【解析】本题考查教师违法(侵权)行为的主要类型及其表现形式。学校和教师必须尊重学生的人格尊严，严禁对学生实施体罚、变相体罚或其他侮辱人格尊严的行为，否则将侵犯学生的人格尊严权。吴老师罚小北在教室后面站着听课，侵犯了小北的人格尊严权。故选B。

75. D 【解析】本题考查《中华人民共和国教育法》的内容。根据《中华人民共和国教育法》第八条规定，国家实行教育与宗教相分离。任何组织和个人不得利用宗教进行妨碍国家教育制度的活动。故选D。

76. C 【解析】根据《中小学教师违反职业道德行为处理办法》第三条规定，降低岗位等级或撤职期限为24个月。所以某教师从2024年6月起可以重新申报中学高级职务。

77. C 【解析】本题考查教师违法(侵权)行为的类型。学生享有人格尊严权，学校和教师必须尊重学生的人格尊严，严禁对学生实施体罚、变相体罚或其他侮辱人格尊严的行为。题干中的老师所说的话侮辱了小蕾的人格尊严，因此侵犯了小蕾的人格尊严权。

78. B 【解析】《中华人民共和国教育法》于1995年3月18日经第八届全国人民代表大会第三次会议通过，自1995年9月1日起施行。

79. C 【解析】根据《教师资格条例》第十四条规定，认定教师资格，应当由本人提出申请。教育行政部门和受委托的高等学校每年春季、秋季各受理一次教师资格认定申请。C项说法正确。申请人普通话水平一般应达到二级乙等以上标准，A项说法错误。申请人如果因故意犯罪受到有期徒刑以上刑事处罚的，不能取得教师资格，B项说法错

误。申请教师资格必须是中国公民，D项说法错误。

80. B 【解析】根据我国《教育法》第七十二条规定，侵占学校及其他教育机构的校舍、场地及其他财产的，依法承担民事责任。

81. C 【解析】根据《中华人民共和国未成年人保护法》第五十八条规定，学校、幼儿园周边不得设置营业性娱乐场所、酒吧、互联网上网服务营业场所等不适宜未成年人活动的场所。营业性歌舞娱乐场所、酒吧、互联网上网服务营业场所等不适宜未成年人活动场所的经营者，不得允许未成年人进入；游艺娱乐场所设置的电子游戏设备，除国家法定节假日外，不得向未成年人提供。经营者应当在显著位置设置未成年人禁入、限入标志；对难以判明是否是未成年人的，应当要求其出示身份证件。

82. B 【解析】根据《中小学幼儿园安全管理办法》第四十二条规定，学校应当每学期至少开展一次针对洪水、地震、火灾等灾害事故的紧急疏散演练，使师生掌握避险、逃生、自救的方法。

83. D 【解析】根据《中华人民共和国教师法》第七条规定，教师享有"对学校教育教学、管理工作和教育行政部门的工作提出意见和建议，通过教职工代表大会或者其他形式，参与学校的民主管理"的权利。

84. C 【解析】《小学教师专业标准(试行)》中，沟通与合作能力包括：(1)使用符合小学生特点的语言进行教育教学工作。(2)善于倾听，和蔼可亲，与小学生进行有效沟通。(3)与同事合作交流，分享经验和资源，共同发展。(4)与家长进行有效沟通合作，共同促进小学生发展。(5)协助小学与社区建立合作互助的良好关系。故本题选C项。

85. B 【解析】根据《中华人民共和国义务教育法》第三十九条规定，国家实行教科书审定制度。教科书的审定办法由国务院教育行政部门规定。

86. A 【解析】根据《中华人民共和国教师法》第七条规定，教师享有"按时获取工资报酬，享受国家规定的福利待遇以及寒暑假期的带薪休假"的权利。故答案选A项。

87. D 【解析】根据《中华人民共和国义务教育法》的规定，学校应当把德育放在首位。

88. C 【解析】我国《义务教育法》的立法宗旨是发展基础教育。

89. B 【解析】根据我国《教师法》第二十三条规定，考核应当客观、公正、准确，充分听取教师本人、其他教师以及学生的意见。

90. C 【解析】民主管理权是指教师依法享有"对学校教育教学、管理工作和教育行政部门的工作提出意见和建议，通过教职工代表大会或者其他形式，参与学校的民主管理"的权利。因此，题干中张老师的行为是行使民主管理权的表现。

91. A 【解析】根据《中华人民共和国教育法》第三十五条规定，国家实行教师资格、职务、聘任制度，通过考核、奖励、培养和培训，提高教师素质，加强教师队伍建设。故选A项。

92. B 【解析】根据《中华人民共和国教师法》第十一条规定，取得初级中学教师、初级职业学校文化、专业课教师资格，应当具备高等师范专科学校或者其他大学专科毕业及其以上学历。

93. A 【解析】根据《中华人民共和国义务教育法》第六条规定，国务院和县级以上地方人民政府应当合理配置教育资源，促进义务教育均衡发展，改善薄弱学校的办学条件，并采取措施，保障农村地区、民族地区实施义务教育，保障家庭经济困难的和残疾的适龄儿童、少年接受义务教育。

94. A 【解析】根据《中华人民共和国教师法》第十四条规定，受到剥夺政治权利或者故意犯罪受到有期徒刑以上刑事处罚的，不能取得教师资格；已经取得教师资格的，丧失教师资格。据此，黄某将丧失教师资格，并且不能再次取得教师资格，故其终身不能从事教师职业。

95. D 【解析】本题考查《新时代中小学教师职业行为十项准则》。根据《新时代中小学教师职业行为十项准则》可知，传播优秀文化要求教师带头践行社会主义核心价值观，弘扬真善美，传递正能量；不得通过课堂、论坛、讲座、信息网络及其他渠道发表、转发错误观点，或编造散布虚假信息、不良信息。故D项符合题意。而A项属于潜心教书育人的表现，B、C两项属于自觉爱国守法的表现，故排除。

96. D 【解析】中共福建省委、福建省人民政府印发的《关于全面深化新时代教师队伍建设改革的实施意见》中提出，健全学习制度，加强理想信念教育，深入学习领会习近平新时代中国特色社会主义思想，引导教师树立正确的历史观、民族观、国家观、文化观，坚定中国特色社会主义道路自信、理论自信、制度自信、文化自信。故本题选D项。

97. B 【解析】《中共中央 国务院关于全面加强新时代大中小学劳动教育的意见》指出，小学中高年级要注重围绕卫生、劳动习惯养成，让学生做好个人清洁卫生，主动分担家务，适当参加校内外公益劳动，学会与他人合作劳动，体会到劳动光荣。故选B项。

98. C 【解析】根据我国《教师法》第七条规定，教师享有参加进修或者其他方式的培训的权利。因此，C项说法正确。

99. C 【解析】《新时代中小学教师职业行为十项准则》中指出，传播优秀文化准则包括：带头践行社会主义核心价值观，弘扬真善美，传递正能量；不得通过课堂、论坛、讲座、信息网络及其他渠道发表、转发错误观点，或编造散布虚假信息、不良信息。故答案选C项。而A项属于关心爱护学生的准则内容；B项属于坚定政治方向的准则内容；D项属于加强安全防范的准则内容。

100. C 【解析】《中共中央 国务院关于深化教育教学改革全面提高义务教育质量的意见》中强调，要坚持以习近平新时代中国特色社会主义思想为指导，全面贯彻党的教育方针，落实立德树人根本任务，遵循教育规律，强化教师队伍基础作用，围绕凝聚人心、完善人格、开发人力、培育人才、造福人民的工作目标，发展素质教育，培养德智体美劳全面发展的社会主义建设者和接班人。

101. C 【解析】本题考查《中学教师专业标准（试行）》。《中学教师专业标准（试行）》指出，中学教师要将《中学教师专业标准（试行）》作为自身专业发展的基本依据。故本题答案选C项。

102. A 【解析】本题考查《关于加强和改进新时代师德师风建设的意见》。《关于加强和改进新时代师德师风建设的意见》强调，把立德树人的成效作为检验学校一切工作的根本标准，把师德师风作为评价教师队伍素质的第一标准。

103. B 【解析】本题考查《新时代中小学教师职业行为十项准则》。《新时代中小学教师职业行为十项准则》中"规范从教行为"的内容包括：勤勉敬业，乐于奉献，自觉抵制不良风气；不得组织、参与有偿补课，或为校外培训机构和他人介绍生源、提供相关信息。因此，B项说法错误。

104. D 【解析】《中共中央 国务院关于全面加强新时代大中小学劳动教育的意见》中提出，中小学劳动教育课每周不少于1课时，学校要对学生每天课外校外劳动时间作出规定。

105. A 【解析】根据《中华人民共和国义务教育法》第一条规定，为了保障适龄儿童、少年接受义务教育的权利，保证义务教育的实施，提高全民族素质，根据宪法和教育法，制定本法。这就是《中华人民共和国义务教育法》的立法目的。

二、多项选择题

1. ABCD 【解析】根据《中华人民共和国教育法》第八十二条规定，学校或者其他教育机构违反本法规定，颁发学位证书、学历证书或者其他学业证书的，由教育行政部门或者其他有关行政部门宣布证书无效，责令收回或者予以没收；有违法所得的，没收违法所得；情节严重的，责令停止相关招生资格一年以上三年以下，直至撤销招生资格、颁发证书资格；对直接负责的主管人员和其他直接责任人员，依法给予处分。

2. BCD 【解析】本题考查对《教师专业标准（试行）》的解读。《教师专业标准（试行）》是国家对合格教师专业素质的基本要求，是教师实施教育教学行为的基本规范，是引领教师专业发展的基本准则，是教师培养、准入、培训、考核等工作的重要依据。A项强调优秀教师，故不选。

3. AC 【解析】本题考查时政知识。2021年7月，中共中央办公厅、国务院办公厅印发了《关于进一步减轻义务教育阶段学生作业负担和校外培训负担的意见》，并发出通知，要求各地区各部门结合实际认真贯彻落实。

4. ABCD 【解析】根据《中华人民共和国教师法》第十条规定，中国公民凡遵守宪法和法律，热爱教育事业，具有良好的思想品德，具备本法规定的学历或者经国家教师资格考试合格，有教育教学能力，经认定合格的，可以取得教师资格。根据《教师资格条例》第六条规定，教师资格条件依照教师法第十条第二款的规定执行，其中"有教育教学能力"应当包括符合国家规定的从事教育教学工作的身体条件。

5. CD 【解析】根据《中华人民共和国教师法》第八条规定，教师应当履行下列义务：(1)遵守宪法、法律和职业道德，为人师表；(2)贯彻国家的教育方针，遵守规章制度，执行学校的教学计划，履行教师聘约，完成教育教学工作任务；(3)对学生进行宪法所确定的基本原则的教育和爱国主义、民族团结的教育，法制教育以及思想品德、文化、科学技术教育，组织、带领学生开展有益的社会活动；(4)关心、爱护全体学生，尊重学生人格，促进学生在品德、智力、体质等方面全面发展；(5)制止有害于学生的行为或者其他侵犯学生合法权益的行为，批评和抵制有害于学生健康成长的现象；(6)不断提高思想政治觉悟和教育教学业务水平。A、B两项属于教师的权利，故答案选C、D两项。

6. BCD 【解析】《关于加强和改进新时代师德师风建设的意见》中提出要坚持尊重规律的基本原则。遵循教育规律、教师成长发展规律和师德师风建设规律，注重高位引领与底线要求结合、严管与厚爱并重，不断激发教师内生动力。因此，答案选B、C、D三项。

7. ABC 【解析】本题考查时政知识。《关于进一步减轻义务教育阶段学生作业负担和校外培训负担的意见》指出：

健全作业管理机制。严禁给家长布置或变相布置作业，严禁要求家长检查、批改作业。故B项正确。

分类明确作业总量。学校要确保小学一、二年级不布置家庭书面作业，可在校内适当安排巩固练习。故A项正确。

提高作业设计质量。鼓励布置分层、弹性和个性化作业，坚决克服机械、无效作业，杜绝重复性、惩罚性作业。故C项正确。

加强作业完成指导。教师要指导小学生在校内基本完成书面作业，初中生在校内完成大部分书面作业。故D项错误。

8. BCD 【解析】本题考查《中华人民共和国教师法》。根据《中华人民共和国教师法》第三十七条规定，教师有下列情形之一的，由所在学校、其他教育机构或者教育行政部门给予行政处分或者解聘：(1)故意不完成教育教学任务给教育教学工作造成损失的；(2)体罚学生，经教育不改的；(3)品行不良、侮辱学生，影响恶劣的。教师有前款第(2)项、第(3)项所列情形之一，情节严重，构成犯罪的，依法追究刑事责任。因此，答案选B、C、D三项。

9. BCD 【解析】教师聘任制度必须遵循双方地位平等的原则；聘任双方在平等地位上签订的聘任合同具有法律效力，对聘任双方都有约束力，它以聘书的形式明确双方的权利、义务和责任。张老师积极为学校的发展献计献策，经常向校长提意见和建议，这是在行使教师所享有的民主管理权。校长不应该因此与张老师解除聘约，学校的行为构成违约，应承担违约责任。

10. AD 【解析】根据《中华人民共和国义务教育法》第四十七条规定，国务院和县级以上地方人民政府根据实际需要，设立专项资金，扶持农村地区、民族地区实施义务教育。

11. AC 【解析】本题考查学生的权利。根据《中华人民共和国教育法》第四十三条规定，受教育者享有下列权利：(1)参加教育教学计划安排的各种活动，使用教育教学设施、设备、图书资料；(2)按照国家有关规定获得奖学金、贷学金、助学金；(3)在学业成绩和品行上获得公正评价，完成规定的学业后获得相应的学业证书、学位证书；(4)对学校给予的处分不服向有关部门提出申诉，对学校、教师侵犯其人身权、财产权等合法权益，提出申诉或者依法提起诉讼；(5)法律、法规规定的其他权利。受教育权是学生最基本的权利。常见的侵犯学生受教育权的表现形式主要有：(1)侵犯学生受教育机会的平等权；(2)侵犯学生的入学权；(3)侵犯学生参加考试的权利；(4)随意开除学生。此外，还有侵犯学生上课学习的权利、侵犯学生受教育的选择权、侵犯学生升学复学方面的同等权利、以侵犯姓名权的手段侵犯学生的受教育权、延误学生录取通知书的发放等。故B项中的做法侵犯了学生获得公正评价的权利，D项中的做法侵犯了学生的受教育权。本题为选非题，因此，答案选A、C两项。

12. ABCD 【解析】《中共中央 国务院关于全面加强新时代大中小学劳动教育的意见》中提出，劳动教育是国民教育体系的重要内容，是学生成长的必要途径，具有树德、增智、强体、育美的综合育人价值。故本题答案全选。

13. ABCD 【解析】《小学教师专业标准(试行)》中要求教师应富有爱心、责任心、耐心和细心。故本题答案全选。

14. ABD 【解析】《新时代中小学教师职业行为十项准则》中“关心爱护学生”的内容有：严慈相济，诲人不倦，真心关爱学生，严格要求学生，做学生良师益友；不得歧视、侮辱学生，严禁虐待、伤害学生。

15. BCD 【解析】《关于加强和改进新时代师德师风建设的意见》强调，突出课堂育德，在教育教学中提升师德素养。充分发挥课堂主渠道作用，引导广大教师守好讲台主阵地，将立德树人放在首要位置，融入渗透到教育教学全过程，以心育心、以德育德、以人格育人格。把握学生身心发展规律，实现全员全过程全方位育人，增强育人的主动性、针对性、实效性，避免重教书轻育人倾向。

16. BCD 【解析】根据《中华人民共和国义务教育法》第五十七条规定，学校有下列情形之一的，由县级人民政府教育行政部门责令限期改正；情节严重的，对直接负责的主管人员和其他直接责任人员依法给予处分：(1)拒绝接收具有接受普通教育能力的残疾适龄儿童、少年随班就读的；(2)分设重点班和非重点班的；(3)违反本法规定开除学生的；(4)选用未经审定的教科书的。

17. ABCD 【解析】根据《中华人民共和国义务教育法》第二十四条规定，学校应当建立、健全安全制度和应急机制，对学生进行安全教育，加强管理，及时消除隐患，预防发生事故。县级以上地方人民政府定期对学校校舍安全进行检查；对需要维修、改造的，及时予以维修、改造。

三、判断选择题

1. A 【解析】中共福建省委、福建省人民政府印发的

《关于全面深化新时代教师队伍建设改革的实施意见》中提出，优化县域教师资源配置。全面推进义务教育教师“县管校聘”，县级机构编制部门按编制标准适时核定中小学教职工编制总量，编制不足部分可使用“人员控制数”；县级人社部门按专业技术岗位结构比例核定中小学岗位总量。故本题说法正确。

2. A 【解析】本题考查教育政策文件。中共中央办公厅、国务院办公厅印发的《关于进一步减轻义务教育阶段学生作业负担和校外培训负担的意见》中提出，要全面压减作业总量和时长，减轻学生过重作业负担。提高作业设计质量。发挥作业诊断、巩固、学情分析等功能，将作业设计纳入教研体系，系统设计符合年龄特点和学习规律、体现素质教育导向的基础性作业。鼓励布置分层、弹性和个性化作业，坚决克服机械、无效作业，杜绝重复性、惩罚性作业。故题干说法正确。

3. A 【解析】在我国整个教育法律体系中，《中华人民共和国教育法》处于“母法”和“根本大法”的地位，其他单行的教育法规只是调整和规范某一方面的教育关系或某一项教育工作，都是“子法”。一切教育法律、法规和规章等规范性文件的制定都必须以《中华人民共和国教育法》为依据，不得与《中华人民共和国教育法》的规定相抵触。

4. B 【解析】根据《中华人民共和国教师法》第二十七条规定，地方各级人民政府对教师以及具有中专以上学历的毕业生到少数民族地区和边远贫困地区从事教育教学工作的，应当予以补贴。

5. B 【解析】根据《中华人民共和国义务教育法》第十一条规定，凡年满六周岁的儿童，其父母或者其他法定监护人应当送其入学接受并完成义务教育；条件不具备的地区的儿童，可以推迟到七周岁。因此，并不是年满六周岁的儿童，其父母或者其他法定监护人必须送其入学接受并完成义务教育。题干说法过于绝对。

6. A 【解析】根据《中华人民共和国未成年人保护法》第一百一十三条规定，对违法犯罪的未成年人，实行教育、感化、挽救的方针，坚持教育为主、惩罚为辅的原则。

7. A 【解析】《关于加强和改进新时代师德师风建设的意见》强调，突出规则立德，强化教师的法治和纪律教育。以学习《中华人民共和国教师法》、新时代教师职业行为十项准则系列文件等为重点，提高全体教师的法治素养、规则意识，提升依法执教、规范执教能力。

8. A 【解析】本题考查《中华人民共和国教育法》。根据《中华人民共和国教育法》第六十二条规定，国家鼓励运用金融、信贷手段，支持教育事业的发展。故本题说法正确。

9. A 【解析】根据《中华人民共和国教育法》第九条规定，中华人民共和国公民有受教育的权利和义务。

10. B 【解析】根据《中华人民共和国义务教育法》第十九条规定，县级以上地方人民政府根据需要设置相应的实施特殊教育的学校(班)，对视力残疾、听力语言残疾和智力残疾的适龄儿童、少年实施义务教育。

11. A 【解析】根据《中华人民共和国义务教育法》第九条规定，任何社会组织或者个人有权对违反本法的行为向有关国家机关提出检举或者控告。发生违反本法的重大事件，妨碍义务教育实施，造成重大社会影响的，负有领导责任的人民政府或者人民政府教育行政部门负责人应当引咎辞职。

12. B 【解析】作为监护人产生的方式只有两种，即法定和指定。未成年人的法定监护人是父母及其亲属。学校不是未成年学生法定的或指定的监护人。

13. A 【解析】本题考查《中华人民共和国义务教育法》。根据《中华人民共和国义务教育法》第四十条规定，教科书价格由省、自治区、直辖市人民政府价格行政部门会同同级出版主管部门按照微利原则确定。故题干说法正确。

14. B 【解析】本题考查教师违法(侵权)行为的主要类型。学校和教师必须尊重学生的人格尊严，严禁对学生实施体罚、变相体罚或其他侮辱人格尊严的行为。王老师因为班集体的平均成绩排名靠后而骂自己的学生像猪一样蠢笨，这样的做法侵犯了学生的人格尊严权。故题干说法错误。

15. A 【解析】根据《中华人民共和国义务教育法》第五十六条规定，学校以向学生推销或者变相推销商品、服务等方式谋取利益的，由县级人民政府教育行政部门给予通报批评；有违法所得的，没收违法所得；对直接负责的主管人员和其他直接责任人员依法给予处分。

16. B 【解析】教师的权利和义务是由《中华人民共和国教师法》规定的。

17. A 【解析】冒名顶替别人上大学是以侵犯姓名权的手段侵犯别人的受教育权。

18. A 【解析】《深化新时代教育评价改革总体方案》指出，坚决纠正片面追求升学率倾向。各级党委和政府要坚持正确政绩观，不得下达升学指标或以中高考升学率考核下一级党委和政府、教育部

门、学校和教师，不得将升学率与学校工程项目、经费分配、评优评先等挂钩，不得通过任何形式以中高考成绩为标准奖励教师和学生，严禁公布、宣传、炒作中高考“状元”和升学率。故本题说法正确。

19. B 【解析】根据《中华人民共和国教育法》第十二条规定，国家通用语言文字为学校及其他教育机构的基本教育教学语言文字，学校及其他教育机构应当使用国家通用语言文字进行教育教学。民族自治地方以少数民族学生为主的学校及其他教育机构，从实际出发，使用国家通用语言文字和本民族或者当地民族通用的语言文字实施双语教育。

四、填空题

1. “五育”并举
2. 学生为本
3. 表彰奖励
4. 建设有中国特色社会主义理论
5. 《中华人民共和国宪法》
6. 有理想
7. 共建共享
8. 普及性(普遍性或统一性)
9. 作业布置　课后服务
10. 师德建设
11. 循环
12. 县
13. 30
14. 公益性
15. 营利性组织
16. 12个月
17. 就近入学
18. 调节情绪
19. 适应社会
20. 1986年　2006年
21. 随班就读
22. 方针政策　法律法规

五、判断说理题

1. 义务教育是公益性事业。这种说法是否正确？请运用法律法规知识加以说明。

(1)这种说法是正确的。(2)根据《中华人民共和国义务教育法》第二条规定，国家实行九年义务教育制度。义务教育是国家统一实施的所有适龄儿童、少年必须接受的教育，是国家必须予以保障的公益性事业。实施义务教育，不收学费、杂费。因此，题干中的说法是正确的。

2. 对违规违纪情节严重或影响恶劣的小学生可以停学，要求家长在家进行教育、管教直至改正。这种说法是否正确？请运用法律法规知识加以说明。

(1)这种说法是不正确的。(2)根据《中小学教育惩戒规则(试行)》第十条规定，小学高年级、初中和高中阶段的学生违规违纪情节严重或者影响恶劣的，学校可以实施以下教育惩戒，并应当事先告知家长：①给予不超过一周的停课或者停学，要求家长在家进行教育、管教；②由法治副校长或者法治辅导员予以训诫；③安排专门的课程或者教育场所，由社会工作者或者其他专业人员进行心理辅导、行为干预。对违规违纪情节严重，或者经多次教育惩戒仍不改正的学生，学校可以给予警告、严重警告、记过或者留校察看的纪律处分。对高中阶段学生，还可以给予开除学籍的纪律处分。根据规定，对违规违纪情节严重或影响恶劣的小学中低年级学生，不能实施停学这一惩戒措施；对小学高年级学生，则最多给予不超过一周的停学惩戒措施。故题干所说的“要求家长在家进行教育、管教直至改正”不正确，针对小学生实施停学这一教育惩戒必须要依照政策规章的要求执行，不能超过学生的年级范围及停学时间上限。

3. 国家对接受义务教育的学生免除全部或大部分的就学费用。我们国家有些地区，高中三年也不收学费，在这些地区，义务教育已经延长至12年。这种说法是否正确？请运用法律法规知识加以说明。

(1)这种说法是不正确的。(2)义务教育的年限是由法律规定的，不同的国家对义务教育的年限规定是不一样的。根据《中华人民共和国义务教育法》第二条规定，国家实行九年义务教育制度。

4. 学校应当尊重未成年学生的受教育权，不得随意开除学生。这种说法是否正确？请运用法律法规知识加以说明。

(1)这种说法是正确的。(2)根据《中华人民共和国未成年人保护法》第二十八条规定，学校应当保障未成年学生受教育的权利，不得违反国家规定开除、变相开除未成年学生。学校应当对尚未完成义务教育的辍学未成年学生进行登记并劝返复学；劝返无效的，应当及时向教育行政部门书面报告。

5. 各级师范学校毕业生，应当按照国家有关规定从事教育教学工作。非师范高等学校毕业生不得到中小学或者职业学校任教。这种说法是否正确？请运用法律法规知识加以说明。

(1)这种说法是不正确的。(2)根据《中华人民共和国教师法》第十五条规定，各级师范学校毕业生，应当按照国家有关规定从事教育教学工作。国家鼓励非师范高等学校毕业生到中小学或者职业学校任教。

6. 王某是某公立学校的一名人民教师,那么他的工资是依据王某所教学生的升学情况而发放的。这种说法是否正确?请运用法律法规知识加以说明。

(1)这种说法是不正确的。(2)根据《中华人民共和国教育法》第三十四条规定,国家保护教师的合法权益,改善教师的工作条件和生活条件,提高教师的社会地位。教师的工资报酬、福利待遇,依照法律、法规的规定办理。《中华人民共和国义务教育法》《中华人民共和国教师法》等法律也有关于教师工资报酬方面的规定。因此,教师的工资是由相关的法律法规保障的,而不是根据学生的升学情况来发放的。

7. 国家机关工作人员和教科书审查人员,可以参与教科书的编写工作。这种说法是否正确?请运用法律法规知识加以说明。

(1)这种说法是不正确的。(2)根据《中华人民共和国义务教育法》第三十八条规定,国家机关工作人员和教科书审查人员,不得参与或者变相参与教科书的编写工作。

六、简答题(参考答案)

1. 简述保护未成年人的原则。

保护未成年人,应当坚持最有利于未成年人的原则。处理涉及未成年人事项,应当符合下列要求:(1)给予未成年人特殊、优先保护;(2)尊重未成年人人格尊严;(3)保护未成年人隐私权和个人信息;(4)适应未成年人身心健康发展的规律和特点;(5)听取未成年人的意见;(6)保护与教育相结合。

2. 受教育者依法享有的权利有哪些?

(1)参加教育教学计划安排的各种活动,使用教育教学设施、设备、图书资料;

(2)按照国家有关规定获得奖学金、贷学金、助学金;

(3)在学业成绩和品行上获得公正评价,完成规定的学业后获得相应的学业证书、学位证书;

(4)对学校给予的处分不服向有关部门提出申诉,对学校、教师侵犯其人身权、财产权等合法权益,提出申诉或者依法提起诉讼;

(5)法律、法规规定的其他权利。

3. 学校安全管理工作主要包括哪些内容?

(1)构建学校安全工作保障体系,全面落实安全工作责任制和事故责任追究制,保障学校安全工作规范、有序进行;(2)健全学校安全预警机制,制定突发事件应急预案,完善事故预防措施,及时排除安全隐患,不断提高学校安全工作管理水平;(3)建立校园周边整治协调工作机制,维护校园及周边环境安全;(4)加强安全宣传教育培训,提高师生安全意识和防护能力;(5)事故发生后启动应急预案、对伤亡人员实施救治和责任追究等。

4.《小学教师专业标准(试行)》要求教师具备哪些通识性知识?

(1)具有相应的自然科学和人文社会科学知识;(2)了解中国教育基本情况;(3)具有相应的艺术欣赏与表现知识;(4)具有适应教育内容、教学手段和方法现代化的信息技术知识。

5. 简述教师资格的构成要件。

教师资格构成要件包括国籍、品德、业务、学历和认定五个方面,缺一不可。

(1)国籍。取得教师资格者,必须是中国公民,这是成为教师的先决条件。

(2)品德。取得教师资格者必须具有良好的政治思想水平和道德修养,这是成为教师的一个重要条件。

(3)学历。学历是一个人受教育的经历,一般表明其具有的文化程度。我国《教师法》第十一条对取得教师资格应当具备的相应学历作出了具体规定。

(4)业务。在《〈教师资格条例〉实施办法》中对教师的教育教学能力作了具体规定。

(5)认定。教师资格必须经过法律授权的行政机关或其委托的其他机构通过合法的程序认定。

6. 简述中共福建省委、福建省人民政府印发的《关于全面深化新时代教师队伍建设改革的实施意见》的基本原则。

(1)坚持正确方向,突出师德养成;(2)坚持优先发展,强化措施保障;(3)坚持改革创新,优化体制机制;(4)坚持分类施策,强化素质提升。

7.《中学教师专业标准(试行)》确定的教师专业能力包括哪几个方面?

(1)教学设计;(2)教学实施;(3)班级管理与教育活动;(4)教育教学评价;(5)沟通与合作;(6)反思与发展。

8. 请列举教育部发布的《新时代中小学教师职业行为十项准则》(2018年)中的任意六条。

(1)坚定政治方向。(2)自觉爱国守法。(3)传播优秀文化。(4)潜心教书育人。(5)关心爱护学生。(6)加强安全防范。(7)坚持言行雅正。(8)秉持公平诚信。(9)坚守廉洁自律。(10)规范从教行为。

(考生可结合自身实际,列举其中的任意六条即可)

9. 简述受教育者应当履行的义务。

(1)遵守法律、法规;(2)遵守学生行为规范,尊敬师长,养成良好的思想品德和行为习惯;(3)努力学习,完成规定的学习任务;(4)遵守所在学校或者其他教育机构的管理制度。

七、案例分析题(参考答案)

1.(1)材料中杨老师的行为违反了2008年修订的《中小学教师职业道德规范》中"爱国守法""关爱学生""教书育人"的要求。

①"爱国守法"的师德规范要求教师全面贯彻国家教育方针,自觉遵守教育法律法规,依法履行教师职责权利。材料中的杨老师动手打李同学,并让班级其他同学去打李同学5个耳光或用教鞭打手掌的行为违反了《中华人民共和国未成年人保护法》中的规定,违背了"爱国守法"的师德规范。

②"关爱学生"的师德规范要求教师关心爱护全体学生,尊重学生人格,平等公正对待学生。不讽刺、挖苦、歧视学生,不体罚或变相体罚学生。材料中的杨老师动手打李同学的行为违背了"关爱学生"的师德规范。

③"教书育人"的师德规范要求教师遵循教育规律,实施素质教育。循循善诱,诲人不倦,因材施教。培养学生良好品行,激发学生创新精神,促进学生全面发展。不以分数作为评价学生的唯一标准。材料中的杨老师因为李同学没有完成课后作业而动手打李同学,甚至让班级其他同学打李同学的行为严重违背了"教书育人"的师德规范。

(2)①与学生进行交流,关心爱护学生,安抚学生受伤的心灵。

②与家长进行沟通,站在家长的立场上,安抚家长的情绪。

③与杨老师进行沟通,让其理解自己的行为侵犯了学生的人身权,侮辱了学生的人格。帮助杨老师认识到自己的错误,并争取获得学生及家长的原谅。

④召开班会,指出老师打学生以及学生打学生的行为是错误的,引导学生与班级同学互相关爱,促进学生身心健康发展。

2.(1)学校的行为不符合法律规定,根据《中华人民共和国教师法》第十条规定,国家实行教师资格制度。根据《教师资格条例》第二条规定,中国公民在各级各类学校和其他教育机构中专门从事教育教学工作,应当依法取得教师资格。然而学校却聘用了没有取得教师资格证的小李。

(2)小李对小明受同学欺负未进行干预的行为不合法,属于不作为违法侵权行为。不作为侵权行为是指行为人以一定的不作为致人损害的行为。根据《中华人民共和国教师法》《中华人民共和国未成年人保护法》的规定,学校和教师负有保护学生的法定义务。如果教师没有积极履行保护职责或阻止有害学生的行为即构成不作为侵权行为。

(3)小明父亲辱骂李老师的行为不合法。根据《中华人民共和国教师法》第三十五条规定,侮辱、殴打教师的,根据不同情况,分别给予行政处分或者行政处罚;造成损害的,责令赔偿损失;情节严重,构成犯罪的,依法追究刑事责任。

3.(1)根据我国《教师法》第三十七条规定,教师有下列情形之一的,由所在学校、其他教育机构或者教育行政部门给予行政处分或者解聘:①故意不完成教育教学任务给教育教学工作造成损失的;②体罚学生,经教育不改的;③品行不良、侮辱学生,影响恶劣的。教师有前款第②项、第③项所列情形之一,情节严重,构成犯罪的,依法追究刑事责任。案例中的女教师没有出现上述三种情形,而学校以各种"非正当"理由将其解聘的行为,是不正确的,侵犯了该教师的合法权益。

(2)根据我国《教师法》第三十九条规定,教师对学校或者其他教育机构侵犯其合法权益的,或者对学校或者其他教育机构作出的处理不服的,可以向教育行政部门提出申诉,教育行政部门应当在接到申诉的三十日内,作出处理。案例中女教师在自己的合法权益受到侵害时,向教育局提出申诉,经教育局有关部门与学校多次协调后,学校留下了这名教师。这说明教育申诉提供了救济,可以更切实地保障教育行政相对人的合法权益。

(3)工作虽然被安排了,但这名教师觉得已经得罪了学校领导,最后还是离开了这所学校。这说明该教师的法律意识还不够,不能很好地运用法律手段保护自己。

4.(1)有权利申诉。根据《中华人民共和国教师法》第三十九条规定,教师对学校或者其他教育机构侵犯其合法权益的,或者对学校或者其他教育机构作出的处理不服的,可以向教育行政部门提出申诉,教育行政部门应当在接到申诉的三十日内,作出处理。教师享有培训进修权,李老师认为学校的认定意见侵犯了自己的培训进修权,所以从此角度出发,该教师可以对认定意见提出自己的申诉。

(2)不会同意。虽然教师具有进修的权利,但是任何权利的行使,不是没有条件的,李老师事先未向学校请假而造成教学损失,违反了《中华人民共和国教师法》。我国《教师法》第八条规定,教师应当履行"执行学校的教学计划,履行教师聘约,完成教育教学工作任务"的义务。第三十七条规定,教师故意不完成教育教学任务给教育教学工作造成损失的,由所在学校、其他教育机构或者教育行政部门给予行政处分或者解聘。此案例中李老师没有完成学校所规定的教育教学任务,所以学校有权按照学校管理规定,给予处分或者解聘。

5. 小张的做法主要违背了2008年修订的《中小学教师职业道德规范》中“关爱学生”的要求。

(1)“关爱学生”要求教师关心爱护全体学生，尊重学生人格，平等公正对待学生。小张老师更多采纳“好孩子”们的意见，而不注意其他学生的感受，没有做到关心爱护全体学生，没有平等公正对待学生，不符合“关爱学生”的教师职业道德规范要求。

(2)“关爱学生”要求教师对学生严慈相济，做学生的良师益友。关爱学生不是不要严格。严格要求学生，也是对学生的成长负责；然而严格不意味着没有宽容，学生成长总会出现这样那样的问题。所以，要严慈相济。小张老师因为害怕镇不住那些调皮的学生而严厉地对待学生，没有做到严慈相济。

(3)“关爱学生”要求教师不讽刺、挖苦、歧视学生，不体罚或变相体罚学生。这是对教师在与学生关系上的禁止性规定。在教育学生的方法上，采用体罚和变相体罚，是教师职业道德不容许的。小张老师采用变相体罚的方式来惩罚犯错误的学生，是错误的、不被容许的。

(4)“关爱学生”要求教师保护学生安全，关心学生健康，维护学生权益。小张老师采取罚款，不许学生进教室，甚至罚站一天、罚跑步等变相体罚的方式来惩罚犯错误的学生，严重影响了学生的身心健康。

6. (1)教师的教育教学权是教师基本权利的重要组成部分。教师的教育教学权主要指教师在教育教学活动及其专业性活动中享有的自主性权利。教师在教育教学、管理学生、教育评价等方面的权利，都属于教师教育教学权的范畴。

(2)学校没有侵犯张某的教育教学权。张某不认真研究本专业知识，课前不备课或备课很简单，导致课堂教学效果不好，并且不接受对其教学工作的检查，不公正评价学生。尽管张某在学历上符合做一名小学教师的条件，但其职业道德、专业能力、教学态度都不符合作为一名教师应该具有的基本素质。因此，他无法正常履行教师的教育教学职责，学校让其离开教师岗位而从事其他工作是合理的。

7. (1)该校的做法是违法的。违法的主体是学校、某些有关系的家长或其他人员。

(2)这所普通中学在年初要求毕业班学生参加本校组织的预考，并按成绩划分“高分班”和“低分班”，这种做法违反了《中华人民共和国义务教育法》第二十二条规定，即县级以上人民政府及其教育行政部门应当促进学校均衡发展，缩小学校之间办学条件的差距，不得将学校分为重点学校和非重点学校。学校不得分设重点班和非重点班。

(3)该学校对“低分班”的学生进行“动员”，让他们放弃报考“重点”，选报(限报)“专科或高职学校(职高)”；还要求“升学无望”的学生放弃报考，提前离校；学校还准备通过某些“有关系”的家长或其他人员，利用非正规渠道或手段帮助部分学生制造假材料、假证明，使之享受考试的政策性加分。这些做法违反了《中华人民共和国教育法》第三十七条规定，即受教育者在入学、升学、就业等方面依法享有平等权利。

(4)违法主体应当承担的责任：对在招收学生工作中徇私舞弊的违法行为人，根据其情节后果的轻重，决定适用行政制裁或刑事制裁，分别给予以下处理：①由教育行政部门责令退回招收的人员；②由教育行政部门或主管部门对直接负责的主管人员和其他直接责任人员，依法给予行政处分；③对构成犯罪的，由人民法院依法追究刑事责任。

8. (1)李老师侵犯了学生的财产权、受教育权、人格尊严权。具体内容如下：

①个人的财产所有权是指公民对个人所有的财产依法进行占有、使用、收益和处分的权利。教师侵犯学生财产权的表现形式有：损坏学生财物、非法没收学生物品、乱罚款、乱摊派、推销商品等。案例中，李老师把该学生的手机扔进垃圾桶，这属于损坏学生财物，侵犯了学生的财产权。

②受教育权是学生最基本的权利。常见的侵犯学生受教育权的表现形式主要有：侵犯学生受教育机会的平等权、侵犯学生的入学权、侵犯学生参加考试的权利、随意开除学生。此外，还有侵犯学生上课学习的权利、侵犯学生受教育的选择权、侵犯学生升学复学方面的同等权利、以侵犯姓名权的手段侵犯学生的受教育权、延误学生录取通知书的发放等。案例中，李老师在课上将该学生赶出教室，侵犯了学生的受教育权。

③学校和教师必须尊重学生的人格尊严，严禁对学生实施体罚、变相体罚或其他侮辱人格尊严的行为。案例中，李老师当着全班同学的面，大声呵斥该学生，并让他到教室外罚站一小时，这是以变相体罚或侮辱人格尊严的行为侵犯学生的人格尊严权。

(2)根据我国《教师法》第三十七条规定，教师有下列情形之一的，由所在学校、其他教育机构或者教育行政部门给予行政处分或者解聘：①故意不完成教育教学任务给教育教学工作造成损失的；②体罚学生，经教育不改的；③品行不良、侮辱学生，影响恶劣的。教师有前款第②项、第③项所列情形之一，情节严重，构成犯罪的，依法追究刑事责任。

9. 根据《中华人民共和国教师法》第三十五条规定，侮辱、殴打教师的，根据不同情况，分别给予行政处分或者行政处罚；造成损害的，责令赔偿损失；情节严重，构成犯罪的，依法追究刑事责任。案例中，中学生李某与其他同学玩耍时打坏了教室的一块玻璃。班主任段老师就此事批评了李某，并决定按照学校有关规定要求李某照价赔偿被打坏的玻璃。段老师的做法是正确的。而李某的父亲对段老师拳打脚踢造成段老师受伤，根据《中华人民共和国教师法》第三十五条规定，学生李某的父亲应承担相应的法律责任，并赔偿段老师的损失。

10. (1)案例中家长对劳动教育的认知和做法是错误的。劳动技术教育是引导学生掌握劳动技术知识和技能，形成劳动观点和习惯的教育。我国的教育目的是培养德智体美劳全面发展的社会主义建设者和接班人。案例中，家长对劳动教育的认知和做法不利于学生的全面发展，违背了素质教育的要求。

(2)对中小学生开展劳动教育的意义和作用包括：①劳动技术教育是培养全面发展的人的重要组成部分。开展劳动技术教育能够促进学生优良品德的发展，有利于学生掌握知识，形成技能，发展智力，还能够增强学生的体质。②开展劳动技术教育，有利于完成升学和就业的双重任务，适应社会主义现代化建设的需要。

(3)家庭要发挥在劳动教育中的基础作用。①家长要注重抓住衣食住行等日常生活中的劳动实践机会，鼓励孩子自觉参与、自己动手，随时随地、坚持不懈进行劳动，掌握洗衣做饭等必要的家务劳动技能，每年有针对性地学会1至2项生活技能。②家长要鼓励孩子利用节假日参加各种社会劳动。③家庭要树立崇尚劳动的良好家风，家长要通过日常生活的言传身教、潜移默化，让孩子养成从小爱劳动的好习惯。

真题精解

一、单项选择题

1. B 【解析】中共中央办公厅、国务院办公厅印发的《关于进一步减轻义务教育阶段学生作业负担和校外培训负担的意见》中指出：学校要确保小学一、二年级不布置家庭书面作业，可在校内适当安排巩固练习；小学三至六年级书面作业平均完成时间不超过60分钟，初中书面作业平均完成时间不超过90分钟。故本题选B项。

2. D 【解析】根据《中华人民共和国教师法》第三十七条规定，教师有下列情形之一的，由所在学校、其他教育机构或者教育行政部门给予行政处分或者解聘：(1)故意不完成教育教学任务给教育教学工作造成损失的；(2)体罚学生，经教育不改的；(3)品行不良、侮辱学生，影响恶劣的。教师有前款第(2)项、第(3)项所列情形之一，情节严重，构成犯罪的，依法追究刑事责任。故答案选D项。

3. D 【解析】根据《中华人民共和国义务教育法》第三十八条规定，教科书根据国家教育方针和课程标准编写，内容力求精简，精选必备的基础知识、基本技能，经济实用，保证质量。国家机关工作人员和教科书审查人员，不得参与或者变相参与教科书的编写工作。

4. B 【解析】详见《中华人民共和国教师法》第八条规定。A、C、D项属于教师的权利。

5. D 【解析】根据《中华人民共和国未成年人保护法》(2012年修正)第十三条规定，父母或者其他监护人应当尊重未成年人受教育的权利，必须使适龄未成年人依法入学接受并完成义务教育，不得使接受义务教育的未成年人辍学。

6. B 【解析】根据《教师资格条例》第二十条规定，参加教师资格考试有作弊行为的，其考试成绩作废，3年内不得再次参加教师资格考试。

7. B 【解析】根据《中小学教师违反职业道德行为处理办法》第三条规定，警告期限为6个月，记过期限为12个月，降低岗位等级或撤职期限为24个月。

8. A 【解析】根据《中小学幼儿园安全管理办法》第二十六条规定，学校购买或者租用机动车专门用于接送学生的，应当建立车辆管理制度，并及时到公安机关交通管理部门备案。接送学生的车辆必须检验合格，并定期维护和检测。接送学生专用校车应当粘贴统一标识。标识样式由省级公安机关交通管理部门和教育行政部门制定。学校不得租用拼装车、报废车和个人机动车接送学生。

9. C 【解析】根据《中小学幼儿园安全管理办法》第二十四条规定，学校应当建立学生安全信息通报制度，将学校规定的学生到校和放学时间、学生非正常缺席或者擅自离校情况，以及学生身体和心理的异常状况等关系学生安全的信息，及时告知其监护人。

10. A 【解析】《中共中央 国务院关于全面深化新时代教师队伍建设改革的意见》在战略意义中强调，教师承担着传播知识、传播思想、传播真理的历史使命，肩负着塑造灵魂、塑造生命、塑造人的时代重任，是教育发展的第一资源，是国家富强、民族振兴、人民幸福的重要基石。

11. B 【解析】《关于进一步加强学校体育工作的若

干意见》中指出，各地要规范办学行为，减轻学生课业负担，切实保证中小学生每天一小时校园体育活动，严禁挤占体育课和学生校园体育活动时间。

12. B 【解析】《关于全面加强和改进学校美育工作的意见》中提出的总体目标为：2015年起全面加强和改进学校美育工作。到2018年，取得突破性进展，美育资源配置逐步优化，管理机制进一步完善，各级各类学校开齐开足美育课程。到2020年，初步形成大中小幼美育相互衔接、课堂教学和课外活动相互结合、普及教育与专业教育相互促进、学校美育和社会家庭美育相互联系的具有中国特色的现代化美育体系。

13. D 【解析】《关于加强中小学劳动教育的意见》中提出，义务教育阶段三到九年级切实开设综合实践活动中的劳动与技术教育课。

14. C 【解析】福建省在《关于全面深化新时代教师队伍建设改革的实施意见》中提出，小学高级教师岗位比例提高5个百分点，初中高、中级教师岗位比例分别提高5个百分点，普通高中高级教师岗位比例提高5个百分点。

15. B 【解析】根据《中华人民共和国教育法》第六条规定，教育应当坚持立德树人，对受教育者加强社会主义核心价值观教育，增强受教育者的社会责任感、创新精神和实践能力。

16. A 【解析】根据《中华人民共和国教师法》第七条和第八条规定可知，A项属于教师应当履行的义务，B、C、D三项属于教师享有的权利。

17. D 【解析】《中国学生发展核心素养》指出，科学精神素养具体包括理性思维、批判质疑、勇于探究等基本要点，故答案选D项。A项技术应用属于实践创新素养的基本要点，B项勤于反思和C项乐学善学是学会学习素养的要点。

18. A 【解析】中共福建省委、福建省人民政府印发的《关于全面深化新时代教师队伍建设改革的实施意见》明确提出，将中小学教师到乡村学校任(支)教1年或薄弱学校任(支)教3年以上的经历作为申报高级教师职称和特级教师的必要条件。

19. C 【解析】《中共中央 国务院关于全面加强新时代大中小学劳动教育的意见》提出，初中要注重围绕增加劳动知识、技能，加强家政学习，开展社区服务，适当参加生产劳动，使学生初步养成认真负责、吃苦耐劳的品质和职业意识。故本题答案选C项。

A项，小学低年级要注重围绕劳动意识的启蒙，让学生学习日常生活自理，感知劳动乐趣，知道人人都要劳动。

B项，小学中高年级要注重围绕卫生、劳动习惯养成，让学生做好个人清洁卫生，主动分担家务，适当参加校内外公益劳动，学会与他人合作劳动，体会到劳动光荣。

D项，普通高中要注重围绕丰富职业体验，开展服务性劳动、参加生产劳动，使学生熟练掌握一定劳动技能，理解劳动创造价值，具有劳动自立意识和主动服务他人、服务社会的情怀。

20. B 【解析】中共福建省委、福建省人民政府印发的《关于全面深化新时代教师队伍建设改革的实施意见》中提出，实施"卓越教师培养计划"，分类推进教师培养模式改革，按照幼儿园教师综合培养、小学教师全科型培养、中学教师"一专多能"培养、特殊教育教师复合型培养、职业院校教师"双师型"培养的要求，提高师范生培养质量。故本题答案选B项。

21. D 【解析】根据《中华人民共和国教育法》第十四条规定，国务院和地方各级人民政府根据分级管理、分工负责的原则，领导和管理教育工作。故本题答案选D项。

22. B 【解析】2020年5月28日，第十三届全国人民代表大会第三次会议表决通过了《中华人民共和国民法典》，这部法律被称为"社会生活百科全书"，也是新中国第一部以法典形式命名的法律，开创了我国法典编纂立法的先河，具有里程碑意义。

23. A 【解析】根据《中华人民共和国教育法》第二十九条规定，学校及其他教育机构行使下列权利：(1)按照章程自主管理；(2)组织实施教育教学活动；(3)招收学生或者其他受教育者；(4)对受教育者进行学籍管理，实施奖励或者处分；(5)对受教育者颁发相应的学业证书；(6)聘任教师及其他职工，实施奖励或者处分；(7)管理、使用本单位的设施和经费；(8)拒绝任何组织和个人对教育教学活动的非法干涉；(9)法律、法规规定的其他权利。国家保护学校及其他教育机构的合法权益不受侵犯。

24. C 【解析】根据《中华人民共和国教育法》第十九条规定，国家实行九年制义务教育制度。

二、多项选择题

1. ABCD 【解析】根据《中华人民共和国教师法》第二十二条规定，学校或者其他教育机构应当对教师的政治思想、业务水平、工作态度和工作成绩进行考核。

2. BD 【解析】《中国学生发展核心素养》中自主发展素养包括：(1)学会学习；(2)健康生活。

3. BCD 【解析】中共中央、国务院《关于全面深化新时代教师队伍建设改革的意见》提出的“着力提升思想政治素质,全面加强师德师风建设”所包含的内容有:(1)加强教师党支部和党员队伍建设。(2)提高思想政治素质。加强理想信念教育,深入学习领会习近平新时代中国特色社会主义思想。(3)弘扬高尚师德。注重加强对教师思想政治素质、师德师风等的监察监督,强化师德考评,体现奖优罚劣,推行师德考核负面清单制度,建立教师个人信用记录,完善诚信承诺和失信惩戒机制,着力解决师德失范、学术不端等问题。

4. ACD 【解析】根据《中华人民共和国义务教育法》第四十一条规定,国家鼓励教科书循环使用。故A项说法正确。第四十条规定,教科书价格由省、自治区、直辖市人民政府价格行政部门会同同级出版主管部门按照微利原则确定。故B项说法错误。第三十九条规定,国家实行教科书审定制度。教科书的审定办法由国务院教育行政部门规定。未经审定的教科书,不得出版、选用。故C项说法正确。第三十八条规定,教科书根据国家教育方针和课程标准编写,内容力求精简,精选必备的基础知识、基本技能,经济实用,保证质量。故D项说法正确。

5. BC 【解析】根据《中国学生发展核心素养》可知,实践创新主要是学生在日常活动、问题解决、适应挑战等方面所形成的实践能力、创新意识和行为表现。具体包括劳动意识、问题解决、技术应用等基本要点。故答案选B、C两项。A项属于学会学习的核心要点,D项属于健康生活的核心要点。

6. ABD 【解析】根据《中小学教育惩戒规则(试行)》第八条规定,教师在课堂教学、日常管理中,对违规违纪情节较为轻微的学生,可以当场实施以下教育惩戒:(1)点名批评;(2)责令赔礼道歉、做口头或者书面检讨;(3)适当增加额外的教学或者班级公益服务任务;(4)一节课堂教学时间内的教室内站立;(5)课后教导;(6)学校校规校纪或者班规、班级公约规定的其他适当措施。因此,答案选A、B、D三项。而C项属于教师在教育教学管理、实施教育惩戒过程中不得出现的行为,故排除。

7. ABCD 【解析】根据《中小学教育惩戒规则(试行)》第九条规定,学生违反校规校纪,情节较重或者经当场教育惩戒拒不改正的,学校可以实施以下教育惩戒,并应当及时告知家长:(1)由学校德育工作负责人予以训导;(2)承担校内公益服务任务;(3)安排接受专门的校规校纪、行为规则教育;(4)暂停或者限制学生参加游览、校外集体活动以及其他外出集体活动;(5)学校校规校纪规定的其他适当措施。

三、判断选择题

1. A 【解析】根据《中华人民共和国教育法》第四十九条规定,学校及其他教育机构在不影响正常教育教学活动的前提下,应当积极参加当地的社会公益活动。

2. B 【解析】根据《中华人民共和国教育法》第三十六条规定,学校及其他教育机构中的管理人员,实行教育职员制度。学校及其他教育机构中的教学辅助人员和其他专业技术人员,实行专业技术职务聘任制度。

3. A 【解析】根据《中华人民共和国教师法》第七条规定,教师享有“对学校教育教学、管理工作和教育行政部门的工作提出意见和建议,通过教职工代表大会或者其他形式,参与学校的民主管理”的权利。

4. B 【解析】根据我国《教师资格条例》第十六条规定,教师资格证书在全国范围内适用。

5. A 【解析】根据《中小学幼儿园安全管理办法》第三十二条规定,学生在教学楼进行教学活动和晚自习时,学校应当合理安排学生疏散时间和楼道上下顺序,同时安排人员巡查,防止发生拥挤踩踏伤害事故。

四、填空题

1. 为人民服务
2. 立德树人
3. 聘任
4. 开除
5. 寄宿
6. 学生
7. 平等
8. 18(十八)
9. 200
10. 试用
11. 纵容
12. 欺凌
13. 专业人员
14. 立德树人
15. 劳动
16. 升学
17. 特殊

五、判断说理题

有人认为家庭教育完全是父母或者监护人的事情。对此你觉得是否正确,请用法律法规知识说明理由。

(1)这种说法是不正确的。(2)教育孩子是父母或者其他监护人的法定职责。因此,父母或者监护人应该全面学习家庭教育知识,系统掌握家庭教育科学理

念和方法，不断提升自身素质和能力，积极发挥榜样作用。但是在家庭教育中，学校和社会也发挥着重要作用。根据《中华人民共和国教育法》第五十条规定，学校、教师可以对学生家长提供家庭教育指导。根据《中华人民共和国未成年人保护法》第八十二条规定，各级人民政府应当将家庭教育指导服务纳入城乡公共服务体系，开展家庭教育知识宣传，鼓励和支持有关人民团体、企业事业单位、社会组织开展家庭教育指导服务。这些法律规定了学校和社会组织在家庭教育中的作用，旨在形成政府主导、部门协作、家长参与、学校组织、社会支持的家庭教育工作格局。因此，题干中的说法过于片面。

六、案例分析题(参考答案)

1. (1)①《中华人民共和国义务教育法》第十二条规定，适龄儿童、少年免试入学。地方各级人民政府应当保障适龄儿童、少年在户籍所在地学校就近入学。父母或者其他法定监护人在非户籍所在地工作或者居住的适龄儿童、少年，在其父母或者其他法定监护人工作或者居住地接受义务教育的，当地人民政府应当为其提供平等接受义务教育的条件。在该案例中，A小学因外来生源多而学位有限，采取考试入学的方式，违反了该条规定。

②《中华人民共和国义务教育法》第四十九条规定，任何组织和个人不得侵占、挪用义务教育经费，不得向学校非法收取或者摊派费用。在该案例中，A小学因学校经费管理、使用不够规范，存在虚报、挪用少量代课金现象，违反了该条规定。

③《中小学教师违反职业道德行为处理办法》第四条中规定，教师组织、要求学生参加校内外有偿补课，或者组织、参与校外培训机构对学生有偿补课的，视情节轻重给予相应处分。在该案例中，A小学的个别教师在校外进行有偿补课，违反了该条规定。

(2)郑校长践行了爱国守法、爱岗敬业、为人师表以及终身学习的教师职业道德规范。

①郑校长践行了爱国守法的教师职业道德规范。“爱国守法”方面所规定的具体职业行为要求有以下几点：全面贯彻国家教育方针，自觉遵守教育法律法规，依法履行教师职责权利。不得有违背党和国家方针政策的言行。在该案例中，郑校长组织全体教职员工系统学习教育法律法规，提高依法执教和依法治校的思想认识，对各项管理工作建章立制，践行了这一职业道德规范。

②郑校长践行了爱岗敬业的教师职业道德规范。“爱岗敬业”方面所规定的具体职业行为要求有以下几点：对工作高度负责，认真备课上课，认真批改作业，认真辅导学生。不得敷衍塞责。在该案例中，郑校长工作兢兢业业，坚持深入教学第一线，承担一门课程的教学任务，践行了这一职业道德规范。

③郑校长践行了为人师表的教师职业道德规范。“为人师表”方面所规定的具体职业行为要求有以下几点：坚守高尚情操，知荣明耻，严于律己，以身作则。衣着得体，语言规范，举止文明。作风正派，廉洁奉公。在该案例中，郑校长对于各项规章制度，以身作则，模范遵守；为人和蔼可亲，善于沟通激励，并且公平公正，铁面无私，对于违纪的老师拒绝熟人说情依规警告、处分。这些方面说明郑校长践行了这一职业道德规范。

④郑校长践行了终身学习的教师职业道德规范。“终身学习”方面所规定的具体职业行为要求有以下几点：崇尚科学精神，树立终身学习理念，拓宽知识视野，更新知识结构。潜心钻研业务，勇于探索创新，不断提高专业素养和教育教学水平。在该案例中，郑校长积极参加进修学习和课题研究，努力提高自身科学管理水平，践行了这一职业道德规范。

2. (1)根据《中华人民共和国教师法》第三十五条规定，侮辱、殴打教师的，根据不同情况，分别给予行政处分或者行政处罚；造成损害的，责令赔偿损失；情节严重，构成犯罪的，依法追究刑事责任。在本材料中，高某散布李老师收取高额回报的谣言、诬告李老师进行有偿补课，这些行为违反了《中华人民共和国教师法》第三十五条规定，因此可对高某给予行政处罚。

(2)校长的做法是不正确的，没有履行维护教师合法权益的义务。

根据《中华人民共和国教育法》第三十条规定，学校及其他教育机构应当履行“维护受教育者、教师及其他职工的合法权益”的义务。在本材料中，作为学校负责人的校长，在高某四处散布李老师索取高额回报的消息时，不但没有认真核实调查这一消息，反而为了避免事件扩大，要求李老师向高某道歉。因此，校长的做法是不正确的。

(3)《新时代中小学教师职业行为十项准则》是教师职业行为的基本规范，主要包括坚定政治方向、自觉爱国守法、传播优秀文化、潜心教书育人、关心爱护学生、加强安全防范、坚持言行雅正、秉持公平诚信、坚守廉洁自律、规范从教行为十项内容。

①李老师遵守了“自觉爱国守法”的准则。“自觉爱国守法”要求教师忠于祖国，忠于人民，恪守宪法原则，遵守法律法规，依法履行教师职责；不得损害国

家利益、社会公共利益,或违背社会公序良俗。在本材料中,李老师规范使用微信群,不在群里公开学生成绩或布置家庭作业,这体现了李老师遵守法律法规,依法履行教师职责。

②李老师遵守了"秉持公平诚信"的准则。"秉持公平诚信"要求教师坚持原则,处事公道,光明磊落,为人正直;不得在招生、考试、推优、保送及绩效考核、岗位聘用、职称评聘、评优评奖等工作中徇私舞弊、弄虚作假。在本材料中,李老师针对学生家长高某发布广告的行为,在群里再三提醒,未能奏效,便发布严重警告,这体现了李老师坚持原则,处事公道,光明磊落。

③李老师遵守了"坚守廉洁自律"的准则。"坚守廉洁自律"要求教师严于律己,清廉从教;不得索要、收受学生及家长财物或参加由学生及家长付费的宴请、旅游、娱乐休闲等活动,不得向学生推销图书报刊、教辅材料、社会保险或利用家长资源谋取私利。在本材料中,李老师果断拒绝高某送的礼物,做到了"坚守廉洁自律"。

④李老师遵守了"规范从教行为"的准则。"规范从教行为"要求教师勤勉敬业,乐于奉献,自觉抵制不良风气;不得组织、参与有偿补课,或为校外培训机构和他人介绍生源、提供相关信息。在本材料中,李老师没有参与有偿补课,做到了"规范从教行为"。

3. 根据《中华人民共和国未成年人保护法》,案例中班主任戚老师的行为侵犯了学生的受教育权、人格尊严权和隐私权。

(1)侵犯学生的受教育权。根据《中华人民共和国未成年人保护法》第二十八条规定,学校应当保障未成年学生受教育的权利,不得违反国家规定开除、变相开除未成年学生。案例中班主任戚老师在短信中说学习成绩差的学生留在学校没有任何意义,建议他们主动退学。这种行为侵犯了学生的受教育权。

(2)侵犯学生的人格尊严权。根据《中华人民共和国未成年人保护法》第二十七条规定,学校、幼儿园的教职员工应当尊重未成年人人格尊严,不得对未成年人实施体罚、变相体罚或者其他侮辱人格尊严的行为。案例中班主任戚老师在短信中说:"80分都达不到的成绩是垃圾成绩!某某只考了29分,简直是垃圾中的垃圾!"这种行为侵犯了学生的人格尊严权。

(3)侵犯了学生的隐私权。根据《中华人民共和国未成年人保护法》第四条规定,保护未成年人,应当坚持最有利于未成年人的原则。处理涉及未成年人事项,应当保护未成年人隐私权和个人信息。隐私权是指公民生活中不愿为他人公开或知悉的个人秘密的不可侵犯的人身权利。教师群发短信公布学生的成绩并使用学生真实姓名的行为侵犯了学生的隐私权。

4. (1)违法主体是苏奶奶、美容产品店店主和网络直播平台。

①根据《中华人民共和国未成年人保护法》第十六条规定,未成年人的父母或者其他监护人应当履行下列监护职责:为未成年人提供生活、健康、安全等方面的保障;对未成年人进行安全教育,提高未成年人的自我保护意识和能力;保障未成年人休息、娱乐和体育锻炼的时间,引导未成年人进行有益身心健康的活动;等等。材料中,苏奶奶作为苏同学的监护人,在苏同学持续长时间晚归的情况下,没有及时了解真实情况。同时,在向苏同学询问后,苏同学对其撒谎,苏奶奶也没有向学校核实苏同学说明的情况,说明苏奶奶履行监护职责不到位,没有做好家庭保护。

②根据《中华人民共和国未成年人保护法》第六十一条规定,任何组织或者个人不得招用未满十六周岁未成年人,国家另有规定的除外。材料中,美容产品店店主为了营销产品,与正在上初一的苏同学进行签约,付费让其每天直播1小时,因此店主的行为违反了上述规定。

③根据《中华人民共和国未成年人保护法》第七十六条规定,网络直播服务提供者不得为未满十六周岁的未成年人提供网络直播发布者账号注册服务;为年满十六周岁的未成年人提供网络直播发布者账号注册服务时,应当对其身份信息进行认证,并征得其父母或者其他监护人同意。材料中,网络直播平台同意了上初一的苏同学注册直播账号,网络直播平台监管不到位,故违反了上述规定。

(2)周老师践行了自觉爱国守法、关心爱护学生、坚守廉洁自律的职业行为准则。

①自觉爱国守法,要求教师要忠于祖国,忠于人民,恪守宪法原则,遵守法律法规,依法履行教师职责;不得损害国家利益、社会公共利益,或违背社会公序良俗。材料中,周老师自觉遵守法律法规,并依法履行教师应尽的义务,在店主不能认识和改正自身的错误行为时,及时采取法律手段向有关部门举报,这属于自觉爱国守法的体现。

②关心爱护学生,要求教师要严慈相济,诲人不倦,真心关爱学生,严格要求学生,做学生良师益友;不得歧视、侮辱学生,严禁虐待、伤害学生。材料中,周老师关注学生的学习情况,必要时进行家访,并

及时制止有害于学生的行为。这属于关心爱护学生的体现。

③坚守廉洁自律,要求教师要严于律己,清廉从教;不得索要、收受学生及家长财物或参加由学生及家长付费的宴请、旅游、娱乐休闲等活动,不得向学生推销图书报刊、教辅材料、社会保险或利用家长资源谋取私利。材料中,面对店主的讨好,周老师不为所动,这属于坚守廉洁自律的体现。

5.(1)隐私权是指公民生活中不愿为他人公开或知悉的个人秘密的不可侵犯的人身权利。学校和教师侵犯学生隐私的表现形式有:故意隐匿、毁弃或者非法开拆学生信件,披露、宣扬学生自身及家庭成员的资料,提供学生成绩的方式不适当等。材料中,徐老师将该学生的母亲是单亲妈妈这一信息披露、宣扬出去的行为侵犯了该学生的隐私权。

(2)根据《中华人民共和国未成年人保护法》第四条规定,保护未成年人,应当坚持最有利于未成年人的原则。处理涉及未成年人事项,应当符合下列要求:①给予未成年人特殊、优先保护;②尊重未成年人人格尊严;③保护未成年人隐私权和个人信息;④适应未成年人身心健康发展的规律和特点;⑤听取未成年人的意见;⑥保护与教育相结合。材料中,徐老师侵犯该学生的隐私权的行为违反了《中华人民共和国未成年人保护法》。

根据《中华人民共和国教师法》第八条规定可知,教师应当履行关心、爱护全体学生,尊重学生人格,促进学生在品德、智力、体质等方面全面发展的义务。材料中,徐老师侵犯该学生的隐私权的行为导致该学生觉得抬不起头来,违反了《中华人民共和国教师法》。

(3)根据《中华人民共和国未成年人保护法》第一百二十九条规定,违反本法规定,侵犯未成年人合法权益,造成人身、财产或者其他损害的,依法承担民事责任。徐老师侵犯了学生的隐私权,应当依法承担民事责任。

6. 戴老师的行为体现了对"关心爱护学生""加强安全防范""坚持言行雅正"的职业行为准则的遵守。

(1)关心爱护学生,要求教师要严慈相济,诲人不倦,真心关爱学生,严格要求学生,做学生良师益友;不得歧视、侮辱学生,严禁虐待、伤害学生。材料中,戴老师在遇到危险情况时,主动冲上去挡住学生的做法充分体现了他对学生的真心关爱,做到了"关心爱护学生"。

(2)加强安全防范,要求教师要增强安全意识,加强安全教育,保护学生安全,防范事故风险;不得在教育教学活动中遇突发事件、面临危险时,不顾学生安危,擅离职守,自行逃离。材料中,戴老师在遇到大狗冲向学生的突发事件时,没有自行逃离,而是冲上去挡住学生、呼叫其他老师一起驱赶大狗,回到教室后,及时安抚受到惊吓的学生等,做到了"加强安全防范"。

(3)坚持言行雅正,要求教师要为人师表,以身作则,举止文明,作风正派,自重自爱;不得与学生发生任何不正当关系,严禁任何形式的猥亵、性骚扰行为。材料中,戴老师在遇到危险情况时,以身作则,主动冲上去挡住学生,这一做法充分体现了为人师表的典范,做到了"坚持言行雅正"。

第二部分　教育学

第一章　教育与教育学

基础训练

一、单项选择题

1. B 【解析】教育是人类所特有的一种有意识的社会活动,B项属于动物的本能行为,不属于教育现象。

方法技巧:做此类试题时,谨记"三不原则":动物的学习、动物之间的本能活动不是教育,如幼猴学跳跃、母鸡带小鸡;人的先天本能不是教育,如新生儿吮吸母乳、膝跳反射;无目的的偶然影响不是教育,如孩子偶然被火灼烧而获得的关于火的知识。

2. C 【解析】教育影响即教育活动中作用于受教育者的全部信息,既包括信息的内容,也包括信息选择、传递和反馈的形式,是形式与内容的统一。从内容上说,主要就是教育内容、教育材料或教科书;从形式上说,主要是教育手段、教育方法和教育组织形式。故教科书、教学参考书等属于教育基本要素中的教育影响。

3. D 【解析】苏格拉底在教学中从不给学生现成的答案,而是让学生通过自己的探索、理解去得到结论,从这个意义上说,苏格拉底最早提出了发现法。

4. D 【解析】本题考查六艺教育的内容。六艺具体指礼、乐、射、御、书、数,其中,礼乐教育是六艺的中心。

5. A 【解析】原始社会的教育具有非独立性,教育和

社会生活、生产劳动紧密相连;原始社会的教育还具有原始性,教育内容简单,主要是传递生产经验。

6. A 【解析】本题考查教育学开始形成独立学科的标志性著作。夸美纽斯于1632年出版的《大教学论》是教育学开始形成一门独立学科的标志,该书被认为是近代第一本教育学著作。

7. D 【解析】马克思主义认为教育起源于人类所特有的生产劳动。

8. C 【解析】教育影响即教育活动中作用于受教育者的全部信息,既包括信息的内容,也包括信息选择、传递和反馈的形式,是形式与内容的统一。从内容上说,主要就是教育内容、教育材料或教科书;从形式上说,主要就是教育手段、教育方法、教育组织形式。故本题选C项。

9. B 【解析】古代雅典在西方最早形成体育、德育、智育、美育和谐发展的教育,教育内容比较丰富,教育方法也比较灵活,教育目的是培养有文化、有修养和多种才能的政治家和商人。

10. A 【解析】本题考查马卡连柯的教育思想。马卡连柯著有《教育诗》《论共产主义教育》,他在流浪儿童和违法者的改造方面做出了杰出贡献,其核心教育思想是集体主义教育。

11. D 【解析】本题考查教育的社会属性。教育的永恒性是指,教育是人类所特有的社会现象,它是一个永恒的范畴。只要人类社会存在,就存在着教育。故D项正确。

12. A 【解析】孟子认为教育是扩充“善性”的过程,教育的目的在于“明人伦”。故A项不属于孔子的教育思想。

13. C 【解析】教育的继承性是指不同历史时期的教育都前后相继,后一时期教育是对前一时期教育的继承与发展。我国教育方针中重视道德教育的优良传统就是教育的继承性的体现。

14. B 【解析】狭义的教育主要指学校教育。故本题选B项。广义的教育包括社会教育、学校教育和家庭教育。我国的基础教育通常包括学前教育、初等教育与中等教育(包括初中阶段和高中阶段)。

15. B 【解析】日本学者柴野昌山将教育功能的性质(方向)和形式结合起来,把教育功能划分为四类,即正向显性功能、正向隐性功能、负向隐性功能以及负向显性功能。小黑通过体验农耕生活体会到学习机会的来之不易,在学习上更加刻苦,这体现的是教育的正向隐性功能。

16. B 【解析】本题考查教育家的教育思想。蔡元培从资产阶级哲学观和政治观出发,认为:人的发展,应该是和谐、健全的发展,“养成健全的人格”。所以,教育必须是全面的教育。根据这样的理论基础,他提出了德、智、体、美和谐发展的教育方针。故A项正确。亚里士多德主张体育先于智育进行,因为智力的健全依赖于身体的健全。故B项对应错误。在教学的原则和方法上,昆体良的一个重要见解是反对体罚,他是最早提出反对体罚的教育家。故C项正确。奥苏伯尔强调主动地接受学习,并认为学生接受知识的学习过程是一种有意义的学习过程。故D项正确。

17. C 【解析】古代斯巴达教育以军事体育训练和政治道德灌输为主,教育内容单一,教育方法也比较严厉,其教育目的是培养忠于统治阶级的强悍的军人。故本题选C项。

18. B 【解析】“教育”一词最早见于《孟子·尽心上》中的“得天下英才而教育之,三乐也”。

易错警示:考生易混淆“教育”一词的最早出处与最早对“教育”一词的解释,考生在做题时应注意对选项进行分辨,强调最早提出的是孟子的《孟子·尽心上》,强调最早解释的是许慎的《说文解字》。

19. D 【解析】明朝出现“八股文”并成为科举考试的固定格式。

20. D 【解析】“劳心者治人,劳力者治于人”,这句话把脑力劳动和体力劳动区分开来,体现了教育与生产劳动的分离。

21. B 【解析】本题考查现代教育的特征。现代教育的科学性是指教育的基本内容是对广大青少年进行科学教育,包括自然科学教育、社会科学教育和人文科学教育。科学教育的目标是科学知识的传递,科学态度、科学精神及科学信念的培养。

22. D 【解析】A项的陶行知,毛泽东称颂他为“伟大的人民教育家”,宋庆龄赞誉他为“万世师表”。
B项的杨贤江,以李浩吾为化名出版的《新教育大纲》是我国第一部马克思主义的教育学著作。
C项的徐特立,党中央曾评价他“对自己是学而不厌,对别人诲人不倦”。
D项的蔡元培是我国近代著名的民主革命家和教育家。毛泽东评价他为“学界泰斗,人世楷模”。故D项说法正确。

23. B 【解析】题干所述出自《康德论教育》一书。《康德论教育》由康德的学生整理出版,记录的是康德的教育思想。故本题选B项。

24. B 【解析】生物起源说是第一个正式提出的有关教育起源的学说,它的提出标志着在教育起源问题上开始转向科学解释。

25. C 【解析】许慎在《说文解字》中这样解释："教，上所施，下所效也"，"育，养子使作善也"。

26. C 【解析】题干的描述体现了教育的相对独立性。故本题选C项。A项，永恒性是指教育是人类所特有的社会现象，与人类社会共始终。B项，民族性是指教育在具体的民族或国家中进行，有其民族性特征。D项，历史性是指不同时期的教育有不同的历史形态和特征。

27. C 【解析】礼乐教育是"六艺"教育的中心。

28. D 【解析】本题考查苏霍姆林斯基的教育思想。苏霍姆林斯基提出了和谐教育思想：学校教育的理想是培养全面和谐发展的人。要实现培养个性全面和谐发展的人的教育目的，就必须实施全面和谐发展的教育。苏霍姆林斯基认为，全面和谐发展教育由体育、德育、智育、劳动教育和美育组成。他主张通过实施全面和谐发展的教育，去形成儿童的统一的、丰富的精神世界，使儿童有一个广阔的胸怀和各方面的素养。题干所述属于苏霍姆林斯基的教育观点。

29. B 【解析】题干的意思是：我十五岁开始立志学习，三十岁能自立于世，四十岁遇事就不迷惑，五十岁懂得了什么是天命，六十岁能听得进不同的意见，到七十岁才能达到随心所欲，想怎么做便怎么做，也不会超出规矩。题干的描述体现了终身教育思想。

30. B 【解析】本题考查《学记》的教育思想。《学记》指出：禁于未发之谓豫；当其可之谓时；不陵节而施之谓孙；相观而善之谓摩。此四者，教之所由兴也。所以，题干所述教育思想出自《学记》。

31. A 【解析】西周建立了典型的政教合一的官学体系，其显著特征是"学在官府"，又称之为"学术官守"。

32. D 【解析】关于教育定义的方式，美国分析教育哲学家谢弗勒在《教育的语言》一书中探讨了三种定义的方式，即"规定性定义""描述性定义"和"纲领性定义"。具体如下：(1)规定性定义即作者自己所创制的定义，其内涵在作者的某种话语情境中始终是同一的。(2)描述性定义是指对定义对象的适当描述或对如何使用定义对象的适当说明。(3)纲领性定义是一种有关定义对象应该是什么的界定。故题干所述属于规定性定义。另外，C项，解释性定义不属于谢弗勒对教育定义的分类，可直接排除。

易错警示：区分谢弗勒的三种定义的方式的重点在于：规定性定义——"自创"；描述性定义——"实然""究竟是"；纲领性定义——"应然""应该是""理想状态"。

33. C 【解析】学校教育，使教育从社会活动中分化出来，成为独立的形态。

34. A 【解析】本题考查孔子的教育思想。孔子提倡学习知识面要广泛，在学习的基础上认真深入地进行思考，把学习与思考结合起来。在论述学与思的关系时，他说："学而不思则罔，思而不学则殆。"

35. C 【解析】教育民主化是对教育的等级化、特权化和专制性的否定。

36. A 【解析】本题考查苏格拉底的教育思想。苏格拉底是古希腊的哲学家，以其雄辩和与青年智者的问答法而闻名。

37. B 【解析】柏拉图的教育思想集中体现在其代表作《理想国》中。他认为教育与政治有着密切的联系，以培养未来的统治者为宗旨的教育乃是在现实世界中实现理想的正义国家的工具。

38. B 【解析】"相观而善之谓摩"即教师在教学中要相互观摩，取长补短。

39. C 【解析】中世纪西欧教会教育的目的是培养教士和僧侣，教育内容是"七艺"，包括"三科"(文法、修辞、辩证法)和"四学"(算术、几何、天文、音乐)，而且各科都贯穿神学。

40. A 【解析】孔子的教学内容偏重社会人事和文事，轻视科技与生产劳动，樊迟问稼的故事体现了我国古代学校教育与生产劳动相脱离的特点。

41. C 【解析】宋代理学家朱熹对题干的解释是："愤者，心求通而未得之意；悱者，口欲言而未能之貌；启，谓开其意；发，谓达其辞。"

42. C 【解析】美国教育学家孟禄在批判教育的生物起源说的基础上提出了教育的心理起源说，是"心理起源说"的代表人物。

43. B 【解析】A、C、D三项均属于教育的派生功能。

44. A 【解析】朱熹是神话起源说的代表人物之一。

45. C 【解析】人们日益认识到，今天的教育就是明天的经济，教育已经成为经济发展的杠杆。题干所述表明现代教育具有明显的生产性。

46. B 【解析】劳动起源说是在马克思历史唯物主义理论指导下形成的，认为教育起源于人类特有的生产劳动。故B项说法错误。

方法技巧：针对不同的教育起源学说，在做题时考生要通过题干中的关键词判断对应学说，如"上帝或天"对应的是神话起源说；"天性本能""动物界"对应的是生物起源说；"无意识模仿"对应的是心理起源说；"教育即生长，教育即生活"对应的是生活起源说；"劳动""马克思"对应的是劳动起源说。

47. D 【解析】正规教育主要指学校教育，是学生在有组织的教育机构中所受到的教育。形式化教育是学生在有组织的教育机构中所接受的教育。狭义的教育指学校教育。广义的教育指增进人的知识与技能、发展人的智力与体力、影响人的思想观念的活动，它包括社会教育、学校教育和家庭教育。“生活的磨难教育了我们”中的教育来自生活，其范围不单指学校教育以及其他教育机构，故属于广义的教育。

48. D 【解析】教育作为社会的一个有机系统，构成教育的诸因素之间不是孤立的，它们之间是相互联系，相互配合，互为中介的关系。具体体现在：(1)教育者是教育影响和受教育者之间的纽带；(2)教育影响是教育者对受教育者作用的桥梁；(3)受教育者是教育者选择和施加教育影响的依据。故A、B、C三项说法正确，D项说法不正确。

49. B 【解析】“时教必有正业，退息必有居学”，这句话的意思是：按照一定的时间进行正课的教学，休息的时候也必须有各种课外作业。这体现的是课内教育与课外教育相结合的教育思想。

50. D 【解析】《雄辩术原理》(《论演说家的教育》)是西方最早的教育著作，也被誉为古代西方的第一部教学法论著。

51. A 【解析】本题考查对教育概念的理解。B项所述不是教育者对受教育者身心施加的影响，而是由教师进行的学生管理，不属于教育的范畴。C项所述属于学生的自我教育，不属于教育的范畴。D项的描述中，小超的爸爸没有对其进行正确的引导，形成的是一种负向影响，而“教育”总是包含必要的“规范”“限制”和“引导”，反映现实社会的一般要求，使受教育者“朝着期望的方向变化发展”，因此D项所述也不属于教育的范畴。本题答案选A项。

52. B 【解析】本题考查孔子的教育思想。题干引文的意思是：君子有九种思考：看的时候要思考看明白了没，听的时候要思考听清楚了没，待人接物时，要想想脸色是否温和，样貌是否恭敬，说话时要想想是否忠实，做事时要想想是否严肃认真，有疑难时要想着询问，气愤发怒时要想想可能产生的后患，看见可得的要想想是否合于义。孔子从九个方面论述了如何提高个人修养的问题，强调的是反思和自省。

53. D 【解析】古希腊的百科全书式的哲学家是亚里士多德，他秉承了柏拉图的理性说，认为追求理性就是追求美德，就是教育的最高目的。

54. B 【解析】教育问题是推动教育学发展的内在动力。

55. A 【解析】孔子在教育对象上主张“有教无类”。

56. A 【解析】实用主义教育学的代表人物及其著作包括：杜威的《民主主义与教育》和《经验与教育》；克伯屈的《设计教学法》等。故A项正确。文化教育学的代表人物及其著作包括：狄尔泰的《关于普遍妥当的教育学的可能》；斯普兰格的《教育与文化》；福利特纳的《大众学校思想的四个来源》等。实验教育学的代表人物及其著作包括：拉伊的《实验教育学》；梅伊曼的《实验教育学纲要》等。马克思主义教育学的代表人物及其著作包括：克鲁普斯卡娅的《国民教育与民主主义教育》；加里宁的《论共产主义教育》；杨贤江以李浩吾为化名出版的《新教育大纲》等。故B、C、D项错误。

57. C 【解析】孟子持“性善论”，这是其教育思想的基础。孟子认为教育是扩充“善性”的过程，教育的目的在于“明人伦”。在一般的人伦关系上，孟子又提出了一种理想的“大丈夫”人格，即“富贵不能淫，贫贱不能移，威武不能屈”。与孟子相反，荀子提出了“性恶论”，“人之性恶，其善者伪也。”他认为教育的作用是“化性起伪”，C项是荀子的观点。

58. D 【解析】本题考查教育家及其主要的教育思想。美国教育家杜威根据实用主义经验论，认为手段与目的是同一过程不可分割的部分。所谓课程，即学生的学习经验。A项正确。弗雷尔主张课程即社会改造的过程，建议课程把重点放在当代社会的主要问题和主要弊端、学生关心的社会现象，以及改造社会和规划社会活动等方面。B项正确。关于儿童管理，赫尔巴特认为，所谓儿童管理就是为了克服儿童身上的烈性和冲动所采取的种种措施，这些措施包括惩罚。C项正确。裴斯泰洛齐明确地提出“使人类教育心理学化”的口号，对于推动教育活动的科学化及教育学的诞生都起到了重要的作用。D项说法错误。

59. C 【解析】本题考查凯洛夫主编的《教育学》的主要特点。1939年，苏联教育家凯洛夫主编了当时被认为是具有权威性的马克思主义的《教育学》，其主要特点是重视智育在全面发展中的地位和作用；肯定课程教学是学校工作的基本组织形式，强调教师在教育和教学中的主导作用，强调教材的权威性和稳定性。选项C符合题意。

60. A 【解析】古代埃及开设最多的是文士学校。B项，骑士学校属于中世纪西欧的学校类型；C项，僧侣学校是古代印度的学校类型；D项，我国古代私学兴起，促成了百家争鸣的社会盛况。

61. B 【解析】亚里士多德在教育史上首次提出了

"教育遵循自然"的观点,主张按照儿童心理发展的规律对儿童进行分阶段教育。

62. B 【解析】本题考查夸美纽斯的教育思想。夸美纽斯把智慧、勇敢、节制、公正作为道德教育的基本内容,还纳入了一个在当时是崭新的概念——劳动教育。

63. B 【解析】本题考查孟子的教育思想。孟子重视道德教育,他提出的道德修养方法主要有:(1)存心寡欲。(2)尚志养气。孟子与孔子一样,也要求学生树立远大的理想。孔子称之为"杀身成仁",孟子称之为"舍生取义"。(3)反求诸己。(4)磨炼意志。孟子通过对人处于不同境遇产生的不同心态分析,阐明了磨炼意志的重要意义。他认为生活于安逸环境中的人无忧无虑,往往不明事理,这就是所谓的"生于忧患,死于安乐"。题干所述为孟子的教育思想,故选B项。

64. C 【解析】苏联教育家赞科夫通过近20年的小学教学改革实验,出版了《教学与发展》一书。他把学生的一般发展作为教学的出发点,提出了发展性教学理论的五条教学原则,即高难度、高速度、理论知识起主导作用、理解学习过程、使所有学生包括"差生"都得到一般发展的原则。

65. B 【解析】本题考查瓦·根舍因的范例教学理论。德国教育家瓦·根舍因创立了范例教学理论,提出改革教学内容,加强教材的基本性、基础性,并通过对范例的接触,培养学生独立思考、独立判断与独立工作的能力。

66. C 【解析】墨家教育内容的特色和价值主要体现在科学技术教育和训练思维能力的教育上,它们突破了儒家六艺教育的范畴,堪称一大创造。故C项错误。

67. B 【解析】本题考查中国古代的教育思想。A项强调循序渐进,"幼者听而弗问,学不躐等也":年少的学生要注意听,而不要插问,因为学习应循序渐进,不能越级。B项强调师道尊严,"当其为师,则弗臣也"出自《学记》:"凡学之道,严师为难。师严然后道尊,道尊然后民知敬学。是故君之所不臣于其臣者二:当其为尸,则弗臣也;当其为师,则弗臣也"。这段话的意思是:在教育工作中,尊敬教师是难能可贵的。尊敬教师才能重道。在上的君王能尊师重道,百姓才能专心求学。所以君王不以臣子相待的臣子有两种人:一是正在代表死者受祭祀的人,不以臣子相待;二是教师,不以臣子相待。C项"君子之教,喻也"强调启发性原则。D项强调善学,"善学者,师逸而功倍,又从而庸之;不善学者,师勤而功半,又从而怨之"。这段话说的是会学习的人,能使教师费力不大而效果好,并能感激教师;不会学习的人,即使老师很勤苦而自己收效甚少,还要埋怨教师。故本题选择B项。

68. A 【解析】《学记》反对死记硬背,主张启发式教学,主张开导学生,但不要牵着学生走;对学生提出较高的要求,但不能使学生灰心:"故君子之教,喻也。道而弗牵,强而弗抑,开而弗达。道而弗牵则和,强而弗抑则易,开而弗达则思。和、易以思,可谓善喻矣"。

69. A 【解析】《给教师的一百条建议》是苏霍姆林斯基最重要的教育学著作之一,它是作者30余年教育实践经验和教育理论研究的结晶。

70. D 【解析】D项体现的是夸美纽斯的教育观点。夸美纽斯从他的民主主义的"泛智"思想出发,提出了普及教育的思想。提出"把一切事物教给一切人""一切男女青年都应该进学校"。晏阳初被誉为"国际平民教育之父",他提出了平民教育理论:"四大教育"(文艺教育、生计教育、卫生教育、公民教育)、"三大方式"(学校式、家庭式和社会式)。

71. D 【解析】实用主义教育学兴起于19世纪末20世纪初的美国,代表人物有杜威和克伯屈,A项错误;定量研究是实验教育学所强调的研究范式,B项错误;批判教育学是当代西方教育理论界占主导地位的教育思潮,兴起于20世纪70年代,C项错误。文化教育学又称精神科学教育学,是19世纪末出现在德国的一种教育学说,故D项正确。

72. C 【解析】《学记》提出了豫时孙摩的教学思想。"绝学无忧"是道家的主张,"性相近也,习相远也"出自《论语》,而墨家以"兼爱""非攻"为教。

73. B 【解析】实验教育学在19世纪末20世纪初产生于德国,随后在欧美一些国家发展的以教育实验为标志的教育思想流派,其显著特点就是运用自然科学范式研究教育现象。实验教育学重视研究儿童发展与教育的关系,重视实验,并强调从实验的结果中寻找教育的途径和方法。

74. A 【解析】本题考查教育的基本要素。受教育者是指在各种教育活动中接受影响、从事学习活动的人,既包括在学校中学习的儿童、青少年,也包括在各种教育机构中学习的成年人。受教育者是教育的对象,是学习活动的主体。教育活动顺利有效地进行,有赖于受教育者的积极参与。

75. B 【解析】书院即中国古代的民间教育机构。开始只是地方教育组织,最早出现在唐朝,正式的教育制度则是由朱熹创立,发展于宋代。

76. C 【解析】本题考查传统教育学派的代表人物。

杜威的教育学说提出以后,西方教育学便出现了以赫尔巴特为代表的传统教育学派和以杜威为代表的现代教育学派的对立局面。所以,C项正确。

77. B 【解析】题干引文的意思是:古代的帝王都明白这个道理,因此当他们登上王位治理天下的时候,都把建立教育感化体制作为非常重要的事务来对待。统治阶级通过培养人(政治和意识形态教育)来影响社会的存在和发展,这体现了教育的社会功能。

78. C 【解析】文化教育学又称精神科学教育学,是19世纪末出现在德国的一种教育学说,其代表人物及其著作包括:狄尔泰的《关于普遍妥当的教育学的可能》;斯普兰格的《教育与文化》等。故C项正确。A项属于实验教育学的代表人物及著作。B项属于实用主义教育学的代表人物及著作。另外,D项中的《经验与教育》属于实用主义教育学的代表作。

二、多项选择题

1. ABCD 【解析】孔子主张“富而后教”“有教无类”“因材施教”,夸美纽斯主张并亲身实践了“教育要普及到每一个人”、要“教一切人以一切知识”的思想,卢梭倡导“人人生而平等、人人都有同样权利”的教育思想以及亚里士多德的“吾爱吾师,吾更爱真理”均反映了人类对于教育民主的追求。

2. AB 【解析】教育的形态划分如下:(1)从教育系统自身的标准出发,可以将教育形态划分为“非制度化的教育”与“制度化的教育”。(2)从教育系统赖以运行的空间标准看,可以将教育形态划分为“家庭教育”“学校教育”与“社会教育”。(3)从教育系统赖以运行的时间标准以及建立于其上的产业技术和社会形态出发,可以将教育形态划分为“农业社会的教育”“工业社会的教育”与“信息社会的教育”。所以答案选A、B两项。

3. BCD 【解析】本题考查生物起源说的观点。教育的生物起源学说的代表人物是法国社会学家、哲学家利托尔诺与英国教育家沛西·能。利托尔诺在《各人种的教育演化》一书中认为,教育活动不仅存在于人类社会之中,而且也存在于人类社会之外,甚至存在于动物界;不仅在脊椎动物中存在,甚至在非脊椎动物中也存在。人类社会的教育是对动物界教育的继承、改善和发展。沛西·能在1923年不列颠协会教育科学组大会上以“人民的教育”为题说,“教育从它的起源来说,是一个生物学的过程”,“生物的冲动是教育的主要动力”。这就是说,教育的产生完全来自动物的本能,是种族发展的本能需要。A项表述不符合生物起源说的观点。

4. CD 【解析】本题考查各教育家的教育著作。《大教学论》是夸美纽斯的著作,A项匹配错误。《国民教育与民主主义教育》是克鲁普斯卡娅的著作,B项匹配错误。

5. ACD 【解析】墨翟是墨家的代表人物,对于获得知识的理解,他认为,人的知识来源可分为三个方面,即“亲知”“闻知”和“说知”。

6. ABCD 【解析】商代已经有了比较正规的学校教育场所,文献记载中关于商代学校的名称有“大学”“小学”“庠”“序”等。瞽宗是商代大学特有的名称,它是奴隶主贵族子弟学习礼乐的学校。西周时期的大学有两种,天子所在的大学称辟雍,诸侯所在的大学称泮宫。

7. AB 【解析】本题考查教育名言所体现的教育思想。题干引文的意思是:教师对人施教,就是启发诱导。(对学生)诱导而不牵拉;劝勉而不强制;指导学习的门径,而不把答案直接告诉学生。也即反对死记硬背,主张启发式教学。A项强调学思并重;B项强调复习巩固;C、D两项强调启发诱导。本题答案选A、B两项。

8. BCD 【解析】终身教育是人在一生各阶段当中持续不断地接受各种类型的教育活动。它既是人一生所受各种教育的总和,同时也是个人所受不同类型教育的统一综合。故A项说法错误。终身教育既包括正规教育,也包括非正规教育。这如同朗格朗所讲的:“终身教育的含义相当简单,指教育并非局限于学校教育。相反,它的影响扩展到学习者的私人生活和公众生活的所有方面——他的家庭和职业关系、政治、社会活动、业余爱好等。终身教育求助于各种各样的机构:学校、学院、大学,同时还有家庭、社区和工作领域、书籍、出版社、剧场和大众传播媒介。”故B、C、D三项说法正确。

9. ABC 【解析】D项属于新生儿的本能反应,不属于教育现象。

10. ABCD 【解析】古代东西方的教育虽然在具体内容和形式上存在许多差异,但也有一些共同特征:阶级性、道统性、等级性、专制性、刻板性、象征性。故本题选A、B、C、D四项。

11. CD 【解析】A项属于孟子的观点,B项属于荀子的观点。

12. BC 【解析】实验教育学的主要代表人物是德国的梅伊曼和拉伊、法国的比纳、美国的霍尔和桑代克等。

13. AB 【解析】赞科夫提出了发展性教学理论的五条教学原则,即高难度、高速度、理论知识起主导

作用、理解学习过程、使所有学生包括“差生”都得到一般发展的原则。

14. AB 【解析】本题考查西方封建社会的学校类型。西欧进入封建社会后，形成了两种著名的封建教育体系，即教会教育和骑士教育；出现了两种类型的学校，即教会学校和骑士学校。文士学校和职官学校是古代埃及的学校类型，属于奴隶社会的学校类型。故本题答案选A、B两项。

15. ABC 【解析】本题考查教育家及其著作的出版时间。卢梭于1762年出版教育小说《爱弥儿》，D项错误。

16. BCD 【解析】布鲁纳、赞科夫、瓦·根舍因等人提出的教学理论，充实了教育学的内容，提高了教育学的科学化水平，被视为现代教学理论的三大流派。结构主义教学理论、发展性教学理论、范例教学理论分别是布鲁纳、赞科夫、瓦·根舍因提出的教学理论。

方法技巧：现代教学理论的三大流派是常考点，考生可以结合口诀来记忆：布结构，赞发展，瓦范例。

三、判断选择题

1. A 【解析】本题考查裴斯泰洛齐的观点。在西方教育史上，裴斯泰洛齐是第一个明确提出“教育心理学化”口号的教育家。故本题说法正确。

2. A 【解析】批判教育学兴起于20世纪70年代，是在当代西方教育理论界占主导地位的教育思潮，主要代表人物是美国的鲍尔斯、金蒂斯、阿普尔，法国的布厄迪尔。

3. A 【解析】教育是一种社会现象，是人类特有的活动，动物界没有教育。

4. A 【解析】我国古代教育具有象征性，教育的象征性功能占主导地位，受教育的目的主要不是获得实用知识，而是受教育本身，即能不能受教育和受什么样的教育是区别社会地位的象征。

5. A 【解析】教育是一种培养人的社会活动，它的社会职能是传递社会生产和社会生活经验，促进新一代的成长。

6. B 【解析】本题考查终身教育。《学会生存——教育世界的今天和明天》一书认为：终身教育并不是一个教育体系，而是建立一个体系的全面组织所根据的原则，这个原则又是贯穿在这个体系的每个部分的发展过程之中的。法国教育家保罗·朗格朗最早系统论述了终身教育思想。

7. A 【解析】本题考查教育规律的概念。教育规律是教育现象与其他社会现象及教育现象内部各个要素之间本质的、内在的、必然的联系或关系。

8. B 【解析】赫尔巴特强调教师的权威作用和中心地位，而卢梭等人主张自然教育，强调教师不要过多干预儿童的发展。

9. A 【解析】本题考查教育的功能。日本学者柴野昌山将教育功能分为四类：显性正向功能、隐性正向功能、隐性负向功能和显性负向功能。学校教育作为一种价值追求，一开始就竭力避免教育的显性负向功能，但由学生群体的反学校、反教师的亚文化而导致的各种不良行为或越轨行为则属于显性负向功能。

10. A 【解析】“行不言之教”是老子哲学理论里的重要主张之一，认为人应该向自然学习，以万物为师。

11. B 【解析】本题考查教育名言。“吾爱吾师，吾更爱真理”是亚里士多德的名言。

四、填空题

1. 皮亚杰
2. “四书” “五经”
3. 孔子
4. 陶行知
5. 苏格拉底
6. 《教育过程》
7. 《论语》
8. 洛克
9. 文学艺术

五、判断分析题

1. 孔子提出的化性起伪中的“伪”指虚伪、不真诚。所以教育就是要改变人的虚伪、不真诚。这种说法是否正确？请运用教育学知识加以说明。

(1)这种说法是不正确的。(2)荀子持性恶论，认为教育在人的发展中起着“化性起伪”的作用。“化性起伪”中的“性”即人性，就是人与生俱来的自然属性，它完全排除任何后天人为的因素。“伪”是与“性”相对的一个范畴，即人为，是泛指一切通过人为努力而使人发生的变化。

2. 凡是能影响人的身心发展的活动都是教育。这种说法是否正确？请运用教育学知识加以说明。

(1)这种说法是不正确的。(2)教育是一种有目的地培养人的社会活动，这是教育区别于其他事物现象的根本特征，是教育的本质属性，这也是教育的质的规定性。如果失去这一质的规定性，就不能称之为教育。例如，一个顽皮的孩子偶然把手指伸到火苗上，被灼伤，并由此获得火的有关知识的过程，不能算是受到了“教育”。这样没有明确目的的、偶然发生的外界对个体发展的影响就不能称为“教育”。

六、简答题(参考答案)

1. 简述孔子的教育思想。

(1)孔子学说的核心是“仁”和“礼”。(2)教育对象上

主张“有教无类”。(3)教育内容。孔子整理修订了《诗》《书》《礼》《乐》《易》《春秋》六种教材，奠定了儒家教育内容的基础。(4)教学原则与方法。包括：启发诱导，孔子是世界上最早提出启发式教学的教育家；因材施教，孔子因材施教的前提是承认学生间的个体差异，并了解学生特点，在了解的基础上有针对性地进行教育；学、思、行相结合，即学思并重，强调学习知识要“学以致用”；温故知新，“温故而知新，可以为师矣。”

2. 简述原始社会教育的主要特征。

原始社会的教育主要有三个特征：(1)教育具有非独立性，教育和社会生活、生产劳动紧密相连。(2)教育具有自发性、全民性(普及性)、广泛性、无等级性(平等性)和无阶级性，是原始状态下的教育机会均等，只因年龄、性别和劳动分工不同而有差别。(3)教育具有原始性。

3. 简述学校产生的条件。

(1)生产力的发展以及社会生产水平的提高，为学校的产生提供了物质基础；(2)脑力劳动和体力劳动相分离，为学校的产生提供了专门从事教育活动的知识分子；(3)文字的创造与知识的积累，为学校教育活动的开展提供了有效的教育手段与充分的教育内容；(4)国家机器的产生，需要专门的机构来培养官吏和知识分子来为统治阶级服务。

4. 教育的社会属性表现在哪些方面？

教育的社会属性主要包括永恒性、相对独立性和时代性。

(1)教育具有永恒性。教育是人类所特有的社会现象，它是一个永恒的范畴。

(2)教育具有相对独立性。具体表现在：①教育具有自身的继承关系；②教育要受其他社会意识形态的影响；③教育与社会政治经济发展不平衡。

(3)教育具有历史性和时代性。

此外，教育还具有继承性、长期性、生产性、民族性等。

5. 20世纪后期教育改革和发展的特点主要有哪些？

(1)教育的终身化；(2)教育的全民化；(3)教育的民主化；(4)教育的多元化；(5)教育技术的现代化；(6)教育全球化；(7)教育信息化；(8)教育具有科学性。

七、论述题(参考答案)

试述《学记》中提到的主要教育思想。

(1)教学相长。“是故学然后知不足，教然后知困。知不足，然后能自反也；知困，然后能自强也。故曰：教学相长也。”

(2)尊师重道。“师严然后道尊，道尊然后民知敬学。”

(3)藏息相辅。《学记》认为正课学习与课外练习必须兼顾，课内与课外相结合，相互补充，《学记》指出：“大学之教也，时教必有正业，退息必有居学。”

(4)豫时孙摩。这是《学记》总结了长期教学中的经验教训后概括出的规律，包含四条原则。“豫”是预防，“禁于未发之谓豫”，要在不良倾向尚未发作时就采取预防措施；“时”是及时，“当其可之谓时”，要把握教学的最佳时机，适时进行；“孙”是指循序，“不陵节而施之谓孙”，教学要遵循一定的顺序进行；“摩”指观摩，“相观而善之谓摩”，学习中要相互观摩，取长补短。

(5)启发诱导。《学记》反对死记硬背，主张启发式教学。《学记》云：“故君子之教，喻也。道而弗牵，强而弗抑，开而弗达。道而弗牵则和，强而弗抑则易，开而弗达则思。和、易以思，可谓善喻矣。”主张开导学生，但不要牵着学生走；对学生提出较高的要求，但不能使学生灰心。

(6)长善救失。《学记》认为：“学者有四失，教者必知之。人之学也，或失则多，或失则寡，或失则易，或失则止。此四者，心之莫同也。知其心，然后能救其失也。教也者，长善而救其失者也。”

《学记》还主张“学不躐等”，即教学要遵循学生心理发展特点，循序渐进；同时，重视学生的学习，指出“善学者，师逸而功倍，又从而庸之”。

八、案例分析题(参考答案)

1. (1)终身教育是适应科学知识的加速增长和人的持续发展要求而逐渐形成的一种教育思想和教育制度，包括各个年龄阶段的各种方式的教育。强调职前教育与职后教育的一体化、青少年教育与成人教育的一体化、学校教育与社会教育的一体化。

(2)终身性是终身教育最大的特征，强调提供足够的教育机会，使人的整个一生都能获得良好的教育。徐奶奶退休后，进入中国美院进修班继续学习，并取得艺术学学士学位正是终身教育这一特点的生动体现。终身教育还具有全民性，接受终身教育的人包括所有的人，无论男女老幼、贫富差别、种族性别等都能平等获得教育机会。彭超虽身有残疾，但个性顽强，通过努力不仅成功考入大学，还收到了研究生录取通知书，继续学业。这些无不体现出终身教育强大的生命力和感召力。

2. (1)陶行知提出了生活教育理论，认为“生活即教育”，主张以人类的生活作为教育内容，在生活实践中接受教育；“社会即学校”，要“把学校里的一切延伸到大自然界中去”；“教学做合一”，强调学做结合。案例中的几位老师在教学过程中，注重结合生活实际，创设教学所需要的真实情境，让课文内容和真实体验相呼应，激发学生的潜能，这样的手脑联

动,会让学生感受到课堂应有的魅力。

(2)案例中的各位老师的做法都把教育思想融入课堂教学之中,都是值得借鉴的。如语文老师把《钓鱼的启示》和学生的钓鱼经历结合起来,将文章与学生自身的体验结合在一起,学生感同身受,获得真正的启示。化学老师把"使用燃料对环境的影响"和参观环境监测站结合起来。让学生明白目前日趋严重的环境问题,知道各种污染造成的危害,并懂得利用化学知识帮助人们解决环境污染问题,使学生了解环境污染的前因后果和相应的解决方法。培养学生的环境忧患意识。英语课上,英语老师结合学生身边有关季节的图片和视频资料等,创设了关于季节的情景剧,让学生把自己的经历运用到英语句式中,使学生在情景中学习英语。

真题精解

一、单项选择题

1. C 【解析】书,文字教育;乐,包括音乐、诗歌、舞蹈教育;御,以驾兵车为主的军事技术教育;数,简单的计算教育。故本题选C项。

2. B 【解析】洛克反对天赋观念,提出了"白板说"。他认为人的心灵原来就像一块白板,没有一切特性,没有任何观念,天赋的智能人人平等。

3. D 【解析】实验教育学是作为赫尔巴特传统教育学说的对立物而出现的。它的一个显著特点就是运用自然科学范式研究教育现象,主张把自然科学实验方法和技术应用于教育问题研究,以数理统计和心理测量等学科的研究成果作为教育统计和测量的基础,从而为教育实验提供科学的手段和方法,形成科学的教育实验模式。(具体内容参看柳海民主编的《现代教育原理》一书)

4. D 【解析】赫尔巴特提出了教学四阶段论,即明了、联合(联想)、系统、方法。

5. B 【解析】卢梭的代表著作是《爱弥儿》。

6. C 【解析】夸美纽斯从他的民主主义的"泛智"思想出发,提出了普及教育的思想。提出"把一切事物教给一切人""一切男女青年都应该进学校"。题干所述内容为夸美纽斯的教育观点。

7. B 【解析】"四书"是《大学》《中庸》《论语》《孟子》的合称。

8. A 【解析】杜威的理论是现代教育理论的代表,他提出了"新三中心论",即"儿童中心""活动中心""经验中心"。杜威认为,教育即生活,教育即生长,教育即经验的改组或改造,他还提出"从做中学"的观点。故题干所述的教育家为杜威。

9. B 【解析】奴隶社会的学校教育与生产劳动是相脱离和相对立的,封建社会由于生产仍是手工操作的小生产,生产劳动者的培养不需要通过学校教育,因而其学校教育仍然没有培养生产工作者的任务,基本上也是与生产劳动脱离的。

10. B 【解析】学校教育产生于奴隶社会,A项错误;原始社会的教育具有无阶级性,C项错误;从词源看,西方的"教育(education)"有潜质引发之意,D项错误。现代教育的特点之一是教育的公共性、普及性和多样性日趋突出。故B项说法正确。

11. A 【解析】题干所述内容强调了教育是一种生物现象,而不是人类所特有的社会现象,这属于生物起源说(论)的观点。沛西·能是生物起源说(论)的代表人物之一。

12. C 【解析】杨贤江是我国第一位系统传播马克思主义教育思想的教育理论家。他的著作《新教育大纲》是中国现代史上最早的一部系统阐述马克思主义教育原理的著作。

13. A 【解析】斯宾塞是19世纪英国著名的哲学家、社会学家和教育家,其代表作是《教育论》(1861年)。在《教育论》中,他提出教育的任务是"为完满生活作准备"。此外,斯宾塞还明确提出了科学知识最有价值的见解。故本题选A项。

二、多项选择题

1. CD 【解析】赫尔巴特的观点主要有:(1)教育理论体系的两个理论基础是伦理学和心理学;(2)教育的最高目的是道德和性格的完善;(3)在西方教学史上,赫尔巴特第一次提出了"教育性教学"的概念;(4)提出了教学四阶段论,即明了、联合(联想)、系统、方法。

2. ACD 【解析】古代东西方社会教育的共同特征有:(1)专门的教育机构和专职的教育人员;(2)鲜明的阶级性与严格的等级性;(3)教育内容更加丰富;(4)教育与生产劳动的分离和对立;(5)教育方法崇尚书本、呆读死记、强迫体罚、棍棒纪律;(6)官学和私学并行的教育体制;(7)个别施教或集体个别施教的教学组织形式。故A、C、D项属于古代社会教育的特征。B项属于现代社会教育的特征。

三、判断选择题

A 【解析】杜威认为,教育即生活,教育即生长,学校即社会。此外,他还提出"从做中学"的教学方法。

四、填空题

1. 教育影响
2. 心理
3. 学记
4. 普通教育学

第二章　教育与社会发展

基础训练

一、单项选择题

1. C 【解析】教育具有经济功能。教育对经济发展的作用,不是表现为直接创造物质财富,而是表现为为经济活动再生产劳动力和再生产科学知识。教育再生产科学知识的一个重要表现,即教育可以高效能地扩大科学知识的再生产,使原来为少数人所掌握的科学知识在较短的时间内为更多的人所掌握,从而提高劳动生产效率,促进生产力的发展。故题干所述体现了教育的经济功能。

2. B 【解析】本题考查教育的政治功能。教育促进民主化进程,一个国家的民主程度直接取决于一个国家的政体,但又间接取决于这个国家人民的文化程度和教育事业发展的程度,一个国家普及教育的程度越高,人的知识越丰富,就越能增强人民的权利意识,认识民主的价值,推崇民主的政策,推动政治的改革和进步。题干中,列宁认为只有先教文盲识字,才能有政治,体现的正是教育促进民主化的功能。

3. D 【解析】现代教育对经济发展的促进功能,主要通过以下两个途径来实现:(1)教育通过劳动力的生产促进经济的发展;(2)教育通过生产科学技术促进经济的发展。题干中的话是指,通过对山区贫困地区下一代的教育来帮助他们脱离贫困,促进生产力的发展,这体现了教育的经济功能。

4. B 【解析】题干所述表明教育可以使潜在的生产力转化为现实的生产力,这是教育的经济功能的表现之一。

5. B 【解析】本题考查教育对人口的影响和制约。人的生育欲望指数与受教育程度呈反比关系。一般来说,受教育程度提高,会相应提高就业率,直接导致婚育观念的改变。所以,受教育程度越高,生育欲望越低。

6. A 【解析】唐朝的“六学二馆”在入学方面针对不同阶级的人群有不同的规定,这很鲜明地反映了社会政治经济制度对受教育权的影响。

7. A 【解析】墨子这句话的意思是:如果国家有众多的贤良人才,国家就会被治理得很好;如果国家只有很少的贤良人才,国家就会被治理得很薄弱。人才的培养需要教育,因此题干的描述体现了教育的政治功能。

8. A 【解析】本题考查教育的文化功能。教育要实现真正意义上的文化传承,必须把储存形态的文化转化为现实活跃形态的文化,即把附着于物体、文字和技术性载体上的文化符号转化到人这一载体上,为人所掌握与内化。这一转化的过程就是文化的活化。

9. B 【解析】“建国君民,教学为先”的意思是:建设国家、管理公众事务,要把教育摆在一个优先发展的位置。这句话说明了教育对政治的重要作用。

10. B 【解析】本题考查教育的社会制约性。社会文化对教育发展的制约和影响的表现之一是文化制约和影响着教育目的。教育目的的确定深受各自文化尤其是文化传统的影响。不同的文化传统,教育的价值取向不同,因而教育目标不同。如中国古代以儒家文化为核心,以伦理文化为主体,反映在教育的价值取向上就是特别重视“人伦”教育,提出:大学之道“在明明德、在亲民、在止于至善”,教育目的是培养君子和圣人。西方文化是一种知识型文化,主张知识就是力量,注重通过教育使受教育者达到对真理的热爱和追求。故题干所述内容体现了社会文化对教育的影响和制约。

11. B 【解析】不同的政治经济制度要求传递不同的教育内容,特别是思想道德方面的内容。资本主义教育通过专门设置“公民课”“宗教教育”向年青一代宣传资产阶级的思想和宗教精神,并且利用国家机关建立教材审批制度等干预、控制教育内容,这反映了社会政治经济制度决定着教育内容的取舍。

12. C 【解析】本题考查生产力对教育发展的影响。生产力对教育发展的影响的表现之一是,生产力的发展水平影响教育目的。教育的根本问题是培养什么样的人的问题。生产力的发展水平之所以影响教育目的,主要是因为社会生产力水平和方式决定着劳动力的规格,进而也决定着教育所培养的人的规格,尤其是人的知识、技能和态度的规格。

13. A 【解析】教育可以提高劳动力的质量和素质,使之获得一定劳动部门认可的技能和技巧,成为发达的和专门的劳动力。这是教育再生产劳动力的表现之一,体现的是教育的经济功能。

14. A 【解析】从14世纪到17世纪,随着生产力的发展水平不断提高,教育的内容也不断增加,这体现了生产力的发展水平对教育内容的影响。

15. B 【解析】题干中的“学在官府”及“政教合一”都反映了教育与政治的紧密联系,体现了教育的政治功能。

16. C 【解析】题干中的这些学校开设的校本课程能够传递传统文化,体现了学校教育对文化的传承。

17. D 【解析】本题考查教育的政治功能。教育的政治功能主要表现为一个社会的统治阶级通过教育把符合他们需要的社会主流政治思想渗透、灌输给受教育者,从而维护本阶级的统治地位和利益。毫无疑问地说,教育是培养能够从事现代社会政治生活的合格公民的基本手段。

18. D 【解析】生产力的发展促进了科学技术的发展与更新,从而也要求教育内容不断调整与更新。古代社会的生产力水平相对较低,而自然科学的教育内容是适应于相对较高的生产力发展水平的。故D项正确。

19. B 【解析】本题考查文化对教育的影响和制约。中国的传统文化强调"书读百遍,其义自见"和"听君一席话,胜读十年书",即读书和聆听先生教诲是获得知识、增长才干的最佳途径。这反映到教育方法上,就是学校把教师的系统讲授看作获取知识的最佳途径,把读书看成获得真知的唯一源泉,故而倡导"多教多得,少教少得,不教不得"的理念。所以,题干所述表明文化传统影响教育方法。

20. B 【解析】教育再生产科学知识具体表现在:(1)教育可以高效能地扩大科学知识的再生产,使原来为少数人所掌握的科学知识在较短的时间内为更多的人所掌握,从而提高劳动生产效率,促进生产力的发展;(2)教育也担负着发展科学、再生产科学的任务,这在高校表现得尤为明显。

21. A 【解析】人力资本理论的主要代表人物是美国的经济学家舒尔茨。1959年,舒尔茨提出人力资本理论,指出全面的资本概念应该包括物力资本和人力资本。舒尔茨认为人力资本主要指凝聚在劳动者身上的知识、技能及其所表现出来的劳动能力,这是现代经济增长的主要因素。故该理论体现了教育对经济发展的促进作用。

22. D 【解析】通过培养人才实现对政治经济制度的影响,是教育作用于政治经济制度的主要途径。

23. A 【解析】书院是我国封建社会的主要学校类型之一。东林书院强调关心"国事""天下事",这在一定程度上反映了教育所具有的政治功能。

24. B 【解析】本题考查教育的政治功能。西方的许多教育家和评论家对教育的政治功能作出肯定的评价,他们认为:"不论一个国家的社会道德的或政治的、经济的情况如何,政治社会化曾经是今后仍然是一切教育制度的一个主要功能。"许多西方学者把运用教育的力量培养青年一代具有某种政治意识的过程称之为"政治社会化"过程。

25. A 【解析】从蒸汽机时代到电气生产时代再到自动化时代体现了生产力的发展,不同生产力时代要求工人具有不同的教育水平,这说明生产力的发展水平制约着人才培养的规格。

26. C 【解析】教育再生产科学知识具体表现在:(1)教育可以高效能地扩大科学知识的再生产,使原来为少数人所掌握的科学知识在较短的时间内为更多的人所掌握,从而提高劳动生产效率,促进生产力的发展;(2)教育担负着发展科学、再生产科学的任务,这在高校表现得尤为明显。题干所述是教育再生产科学知识的表现,体现了教育对生产力的促进作用。

易错警示:教育再生产科学知识既可以理解为教育的经济功能的表现之一,也可以理解为教育的科技功能的表现之一,但是作为教育的经济功能的表现之一,教育再生产科学知识还表现在教育担负着发展科学、再生产科学的任务,这在高校表现得尤为明显。

二、多项选择题

1. ABC 【解析】本题考查教育的文化功能。文化的传承是文化得以延续和发展的基本前提。教育传承文化的功能有三种主要表现形式:传递、保存、活化。

2. CD 【解析】生产力的发展水平制约着教育发展的规模和速度;教育是文化传递的手段,但又不等同于文化传递,并非所有的文化都能成为教育内容,教育必须对文化进行选择和整理。因此,A、B项错误。

3. ABC 【解析】本题考查生产力对教育的影响和制约。生产力发展在给教育提供一定物质基础的同时,对教育事业的规模和速度产生影响。生产力发展水平直接影响一个国家在教育经费方面的支付能力,而教育经费的支付能力直接影响校舍建设、仪器设备、教材建设、师资待遇和教师培养等多方面的教育条件,从而成为影响教育事业发展规模和速度的主要因素。

题干中,当代社会的公共教育经费在整个国民生产总值中所占的比例增加了,这说明生产力的发展水平影响着教育发展的规模和速度。生产力发展促进科学技术的发展与更新,也必然会影响学校课程设置及内容选择。从教育发展的历史来看,由于时代不同,生产力和科技发展水平不同,学校课程设置及内容选择也各不相同。题干中,学科门类增多了,说明生产力发展水平影响课程设置。

4. AB 【解析】本题考查政治对教育的影响和制约。学校利用网络平台,停课不停教,停课不停学,属于教学方式上的改变,体现了政治对教学方式的影

响。坚持国家课程学习与疫情防控知识学习相结合，注重加强爱国主义教育、生命教育和心理教育等，属于教学内容方面的改变，体现了政治对教学内容的影响。

5. ABCD 【解析】教育的人口功能表现在：(1)减少人口数量，控制人口增长；(2)改善人口素质，提高人口质量；(3)使人口结构趋向合理化；(4)有助于人口迁移。

三、判断题

1. × 【解析】本题考查教育与社会发展的关系。教育具有社会制约性，受到社会物质生产方式、社会政治和社会意识的制约；同时，教育又具有相对独立性，相对于其他社会现象来说，具有自身的规律和能动性。所以，教育虽然具有自身的发展规律，但还是要受到社会发展的制约，题干表述错误。

2. √ 【解析】本题考查教育的社会制约性。社会政治经济制度决定着教育体制。任何一个国家的教育体制都不存在固定僵化的模式，要随着政治体制、经济体制的变革而变革。社会政治经济制度决定着教育内容的取舍。不同政治经济制度的社会具有不同的政治方向、思想意识和主流文化，并且要求培养具有不同政治立场和思想意识的人，这自然要求传递不同的教育内容，特别是思想道德方面的内容。

3. √ 【解析】本题考查教育的相对独立性。教育的相对独立性是指教育具有自身的规律，对经济政治制度和生产力等具有能动作用。

4. × 【解析】本题考查教育与社会发展的关系。教育对社会发展具有重要作用，但是并不能决定社会发展方向，社会发展方向是由生产力与生产关系矛盾运动决定的，教育在这种矛盾运动中只起加速或延缓作用。

5. √ 【解析】在阶级社会中，统治阶级总是要采取种种直接或间接的手段，决定和影响受教育权在社会中的分配，决定谁有享受学校教育的权利，谁无享受学校教育的权利，谁有受什么样学校教育的权利等问题。在阶级社会中，超阶级、超政治的教育是不存在的。

四、填空题

1. 生产力的发展水平
2. 教育投资 投资
3. 双重文化

五、简答题(参考答案)

1. 简述社会政治经济制度对教育发展的影响和制约作用。

(1)社会政治经济制度决定教育的领导权；(2)社会政治经济制度决定受教育权；(3)社会政治经济制度决定教育目的；(4)社会政治经济制度决定着教育内容的取舍；(5)社会政治经济制度制约着教育体制；(6)社会政治经济制度制约教育的改革与发展。

2. 简述教育的文化功能。

(1)教育能够传承文化；(2)教育能够改造文化；(3)教育能够传播、交流和融合文化；(4)教育能够更新和创造文化。

3. 简述教育的政治功能。

(1)教育培养出政治经济制度所需要的人才；(2)教育通过传播思想、形成舆论作用于一定的政治经济制度；(3)教育促进民主化进程，但对政治经济制度不起决定作用。

六、案例分析题(参考答案)

生产力的发展推动和制约着教育的发展，而教育对生产力的发展也起着巨大的促进作用。主要表现在以下几个方面：

(1)教育再生产劳动力。劳动力的质量和数量是生产力发展的重要条件，教育承担着再生产劳动力的重任。教育再生产劳动力具体体现在：①教育使潜在的生产力转化为现实的生产力；②教育可以提高劳动力的质量和素质，使之获得一定劳动部门的技能和技巧，成为发达的和专门的劳动力；③教育可以改变劳动力的形态，把一个简单劳动力训练成一个复杂劳动力，把一个体力劳动者培养成一个脑力劳动者；④教育可以使劳动力得到全面发展，提高劳动转换能力，摆脱现代分工对每个人造成的片面性。

(2)教育再生产科学知识。科学知识是第一生产力，但是科学知识在未用于生产前只是一种意识形态的或潜在的生产力。必须通过教育才能把前人积累的科学知识传递给年青一代，把潜在的生产力转化为现实的生产力。所以，教育是实现科学知识再生产的重要手段。正如案例中所述，企业和工厂只有掌握了先进的科学技术，拥有高素质的劳动力，才能促进经济的发展，赢得高额利润。

真题精解

一、单项选择题

1. D 【解析】社会政治经济制度决定教育的领导权、受教育权、教育目的、教育内容的取舍等。生产力的发展促进经济结构产生各种变化，从而决定了教育结构的变化。因此答案选D项。

2. C 【解析】人口对教育发展的影响和制约包括：

(1)人口数量对教育发展的影响和制约。(2)人口质量对教育发展的影响和制约。(3)人口结构对教育发展的影响和制约:①人口年龄结构制约着教育发展。②人口就业结构制约着教育发展。人口的就业状况取决于一定地区的生产力发展水平,特别是产业结构和技术结构,但它又必然会对教育发展产生影响。例如,如果生产力发展水平低,大多数劳动者集中在第一和第二产业就业,此时的教育发展水平就十分有限,教育的类型结构也比较单一。相反,如果生产力中的科技含量加大,劳动人口流向第三产业,教育的发展就必然有良好的环境和条件,教育的类型和结构也必然呈现多样化特点。故本题选C项。

二、多项选择题

BCD 【解析】生产力的发展水平制约着教育发展的规模和速度,A项错误。教育的相对独立性表现之一是教育具有自身发展的传统与连续性,B项正确。教育的文化功能的表现之一是教育能够促进文化的传播与交流,C项正确。作为一种有目的地培养人的社会活动,教育的发展受社会政治经济制度、生产力水平、科学技术和文化传统等的影响,并对这些因素的变化发展产生反作用。D项正确。

三、判断题

√ 【解析】文化观念对教育观念的制约主要表现在:(1)文化观念制约人们对教育的态度和行为。(2)文化观念影响教育思想的产生和发展。

四、填空题

1. 生产力水平
2. 社会政治经济制度
3. 文化

五、案例分析题(参考答案)

(1)教育能够传承文化。教育传承文化的功能有三种主要表现形式:教育可以传递文化、保存文化和活化文化。案例中的老师开发校本课程《武术》体现了对中华民族优秀文化遗产的传递和保存。《武术》课程的目标中有“仁、义、礼、智、信、勇”的传统武德,也体现了对传统美德的传递和保存。“该课程依据学生的特点,综合各种武术要领,编排了别具一格的武术操”体现了教育活化文化的功能,即教育可以把储存形态的武术转化为现实活跃形态的武术操,为学生所掌握与内化。

(2)教育能够改造文化。教育对文化的改造主要是通过选择文化和整理文化来实现的。并非所有的文化都能成为教育内容,教育必须对文化进行选择和整理。“该课程依据学生的特点,综合各种武术要领,编排了别具一格的武术操”体现出该学校依据学生的特点,对传统的武术文化进行选择处理,选择了武术中的精华部分作为教育内容,教给了学生。

(3)教育能够传播、交流和融合文化。教育通过传播文化,使不同国家和民族的文化相互交流、交融,促进文化的优化和发展。案例中的“学校多次接待社会各界的参观访问”体现了学校向社会各界传播武术文化,也与社会各界进行武术文化的交流。案例中“个别师生参加了国内外武术交流比赛活动”体现了教育可以使不同国家和民族的文化进行交流和融合。

(4)教育能够更新和创造文化。校本课程《武术》的目标中,提出了“树立理想、为国争光、见义勇为、团结互助、修身养性、举止端庄”的新时期武德体现了教育对文化的更新。“课程组成员发表相关学术论文十多篇”体现了教育能直接创造新的思想,即体现了教育创造文化的功能。

第三章 教育与个体的发展

基础训练

一、单项选择题

1. B 【解析】本题考查影响个体身心发展的主要因素。题干引文的意思是:蓬草长在麻地里,不用扶持也能挺立住,白沙混进了黑土里,就再不能变白了。这句话反映了环境对个体身心发展的影响。
2. A 【解析】本题考查内发论的观点。内发论强调内在因素,如“需要”“成熟”,强调人的身心发展的力量主要源于人自身的内在需要,身心发展的顺序也是由身心成熟机制决定的。A项的意思是:仁义礼智都不是外部给予的,而是我本身所固有的,只是平时不用心思考、领悟罢了。这体现了内发论的观点。B、D项体现的是外铄论的观点,C项体现的是多因素相互作用论的观点。
3. D 【解析】本题考查个体身心发展的规律。个体身心发展的个别差异性的表现之一是不同儿童所具有的个性心理倾向不同,如同年龄的儿童具有不同的兴趣、爱好和性格等。个体身心发展的个别差异性要求教育必须因材施教。王老师根据不同学生的兴趣爱好进行因材施教,遵循了学生发展的个别差异性。
4. D 【解析】本题考查个体身心发展的动因。环境决定论(外铄论)认为人的发展主要依靠外在的力量,诸如环境的刺激和要求、他人的影响和学校的教育等。题干中的观点表明,教师教育学生的过程就是园丁修剪花朵的过程,突出强调了教育的作用,这在人的身心发展影响因素问题上倾向于环境决定论。

5. A 【解析】本题考查个体身心发展的动因。外铄论认为人的发展主要依靠外在的力量,诸如环境的刺激和要求、他人的影响和学校的教育等。题干所述是洛克的教育主张,这是一种典型的外铄论的观点。荀子主张性恶论,认为人的贵贱、愚智、贫富都取决于后天的教育和学习,教育在人的发展中起着“化性起伪”的作用。这也属于外铄论。故本题选A项。B、C、D三项的观点均属于内发论。

6. C 【解析】个体身心发展的个别差异性,是指个体之间的身心发展以及个体身心发展的不同方面之间,存在着发展程度和速度的不同。题干所述体现了个体身心发展的个别差异性。

7. A 【解析】题干所述都强调了主观能动性在人的身心发展中的重要作用,主观能动性是人的身心发展的源泉和内在动力。

8. C 【解析】“教育万能论”是一种片面地夸大教育在人的发展中的作用的观点,认为人完全是教育的产物。其代表人物有英国的洛克、德国的康德、美国的华生、法国的爱尔维修等。题干的描述体现了教育万能论的观点。

9. C 【解析】外铄论认为人的发展主要依靠外在的力量,诸如环境的刺激和要求、他人的影响和学校的教育等。题干中把教育隐喻为“塑徒”,称教师是“人类灵魂的工程师”是从外因来看影响人的发展因素的,属于外铄论的观点。

10. C 【解析】辩证唯物主义认为,人的发展是个体的内在因素(如先天遗传素质、机体成熟的机制)与外部环境(如外在刺激的强度、社会发展的水平、个体文化背景等)在个体活动中相互作用的结果。即体现了多因素相互作用论(共同作用论)。

11. C 【解析】题干所述的意思是:增长才干必须刻苦学习。不努力学习就不能增长才智,不明确志向就不能在学习上获得成就。这里所提到的影响人的身心发展的因素是教育和个体主观能动性。

12. B 【解析】本题考查个体身心发展的规律。个体身心发展在不同的年龄阶段表现出不同的总体特征及主要矛盾,面临着不同的发展任务,这就是身心发展的阶段性。例如,童年期学生的思维特点是具有较大的具体性和形象性,抽象思维能力还比较弱,对抽象的道理不易理解;少年期的学生,抽象思维已经有了很大的发展,但经常需要具体的感性经验作支持。题干做法符合个体童年时代思维的发展特点,体现了个体身心发展的阶段性。

13. C 【解析】人的身心发展的同一方面的发展速度,在不同的年龄阶段是不平衡的。题干的描述体现了人的身心发展的不平衡性特点。

14. D 【解析】D项说明教育不可“陵节而施”,要遵循个体发展的顺序性,循序渐进地促进人的发展。

15. D 【解析】美国心理学家吴伟士认为,儿童心理的发展等于遗传和环境的乘积。若设遗传为长,环境为宽,那么发展就等于二者所构成的长方形的面积。因此,题干所述内容为“相乘说”的观点。

方法技巧: 辐合论,也称为二因素论。这种观点肯定先天遗传因素和后天环境对儿童发展的重要作用,而且二者的作用各不相同,且不能相互替代。该理论的两个代表性观点:
施泰伦(德国):发展=遗传+环境;
吴伟士(美国):发展=遗传×环境。

16. C 【解析】个体社会化一般是指个体在出生后的发展中,习得社会化规范、价值观念和行为习惯等,并借以适应社会、参与社会的过程,即由一个“自然人”转化为“社会人”的过程。

17. A 【解析】题干引文的意思是:在适当的时机进行教育,叫作及时,错过了学习时机,事后补救,尽管勤苦努力,也较难成功。所谓关键期,就是指人的某种身心潜能在人的某一年龄段有一个最好的发展时期。在这一时期内,对个体某一方面进行训练可以获得最佳成效,并能充分发挥个体在这一方面的潜力。错过了关键期,训练的效果就会降低,甚至永远无法补偿。所以,题干所述表明教育工作要抓住人的身心发展的关键期。

18. B 【解析】个体身心发展的互补性要求教育工作者要掌握科学的教育方法,发现学生的优势,扬长避短、长善救失,激发学生自我发展的信心和自觉。

19. B 【解析】个体身心发展的不平衡性(不均衡性)一方面是指身心发展的同一方面的发展速度,在不同的年龄阶段是不平衡的;另一方面是就个体身心发展的不同方面而言的。题干中的王阳明5岁时不能开口说话,却能默背众多藏书,这说明他在语言方面发展比较晚,而在记忆方面发展较早,即体现了他的身心发展的不同方面发展的不均衡性。故本题选B项。

20. D 【解析】本题考查影响个体身心发展的主要因素。个体的主观能动性是一种寻求发展的积极动机和渴望,是人的身心发展的内在动力,也是促进个体发展从潜在的可能状态转向现实状态的决定性因素。苦难对于不同的人有不同的作用,结果完全因人而异,这主要是个体发挥主观能动性的结果。

21. D 【解析】个体的主观能动性是一种寻求发展的

积极动机和渴望,是人的身心发展的内在动力,也是促进个体发展从潜在的可能状态转向现实状态的决定性因素。

22. C 【解析】本题考查外铄论的观点。外铄论认为人的发展主要依靠外在的力量,诸如环境的刺激和要求、他人的影响和学校的教育等。C项的意思是:人的本性是邪恶的,人们善良的行为是后天作为的结果。这说明人的发展需要依靠后天的外在力量,这体现了外铄论的观点。故本题选C项。柏拉图认为"教育即灵魂转向",认识就是回忆,学习并不是从外部得到什么东西,它只是回忆灵魂中已有的知识。这符合教育"内发论"的观点。卢梭是坚定的"性善论"者。他认为教育的任务应该使儿童"归于自然",在自然主义教育的实施阶段中,卢梭主张选择生活中必要而有用的知识进行学习,培养儿童的学习兴趣。在智育的方法上,卢梭的基本原则是让学生在实际活动中自觉自动地学习,反对啃书本,反对长篇大论地口头解释。卢梭的教育思想符合"内发论"的观点。孟子认为人的本性是善的,"万物皆备于我",人的本性中就有恻隐、羞恶、辞让、是非四端,这是仁、义、礼、智四种基本品性的根源,人只要善于修身养性,向内寻求,这些品性就能得到发展。这符合"内发论"的观点。

23. A 【解析】本题考查个体身心发展的规律。个体身心发展的顺序性是指人的身心发展是一个由低级到高级、由简单到复杂、由量变到质变的连续不断的发展过程。

24. C 【解析】本题考查格塞尔的教育观点。美国心理学家格塞尔通过双生子爬梯实验证明了他的"成熟势力说",证明了成熟机制对人的发展起决定作用。

25. C 【解析】个体身心发展的不平衡性(不均衡性)的表现之一是指身心发展的同一方面的发展速度,在不同的年龄阶段是不平衡的。题干的描述体现的就是个体身心发展的不平衡性。

26. A 【解析】就内容而言,个体身心发展包括身体和心理两方面的发展。

27. B 【解析】B项说明不同儿童同一方面的发展速度和水平不同,即体现了个体身心发展的个别差异性。故B项说法错误。

28. D 【解析】本题考查个体身心发展的不平衡性。个体身心发展的不平衡性有两种表现:一方面是指身心发展的同一方面的发展速度,在不同的年龄阶段是不平衡的;另一方面是就个体身心发展的不同方面而言的。根据个体身心发展的不平衡性,教育教学要抓住关键期(也叫敏感期、最佳期),以求在最短的时间内取得最佳的效果。程老师重视学生身心发展的敏感期,及时施教,是适应了个体身心发展的不平衡性规律的表现。

29. C 【解析】本题考查个体身心发展阶段性的教育要求。个体身心发展的阶段性规律决定了教育工作必须根据不同年龄阶段的特点分阶段进行。不能不顾学生的年龄特征和接受能力,在教育工作中搞"一刀切""一锅煮"。故本题选C项。A项是个体身心发展不平衡性的教育要求,B项是个体身心发展互补性的教育要求,D项是个体身心发展顺序性的教育要求。

二、多项选择题

1. ABC 【解析】本题考查遗传对人的发展的影响的体现。遗传素质是人的身心发展的前提,为人的发展提供了可能性,但不能决定人的发展。格塞尔的双生子爬梯实验强调了遗传素质的成熟机制对人的发展的决定作用。A、B、C项都强调了遗传对人的发展的影响,D项反映了环境对人的发展的影响。

2. ACD 【解析】遗传决定论者认为,人性的个体差异是由个体的遗传素质或人的自然素质中的某些特点所决定的。在这一类思想中,有代表性的观点包括柏拉图的人分三等论、基督教的"原罪说"和中国古代的性善论等。B项洛克的"白板说"属于环境决定论。

3. AB 【解析】环境不决定人的发展,C项错误;社会环境是人发展的外部条件,D项错误。

4. BCD 【解析】外铄论的主要代表人物包括荀子、洛克、华生等。孟子是内发论的代表人物之一。

方法技巧:内发论与外铄论的代表人物,考生可结合口诀识记:

(1)内孟四尔弗。内发论:①孟,孟子;②四尔,威尔逊、高尔顿、格塞尔、霍尔;③弗,弗洛伊德。

(2)外出寻找落花生。外铄论:①寻,荀子;②落,洛克;③花生,华生。

5. AC 【解析】遗传素质的个别差异是人的身心发展的个别差异的原因之一,B项说法错误。遗传因素对人的发展的影响在整个发展过程中总体上呈减弱趋势,D项说法错误。

6. BC 【解析】本题考查个体身心发展互补性的教育要求。个体身心发展的互补性要求教育工作者:(1)要树立信心,相信每一个学生,特别是暂时落后或某些方面有缺陷的学生,通过其他方面的补偿性发展,都会达到与一般正常学生一样的发展水平;(2)要掌握科学的教育方法,发现学生的优势,扬长

避短、长善救失,激发学生自我发展的信心和自觉。B、C项符合个体身心发展的互补性的要求。

7. AB 【解析】个体身心发展的不平衡性(不均衡性)要求教育要抓住发展的关键期;个体身心发展的互补性要求教育要做到长善救失,故C、D项错误。

8. BCD 【解析】题干引文出自《论语·阳货》,意为:人的本性是相近的,由于习染不同才相互有了差别。强调的是环境对个体发展的重要作用,故A项说法不正确。

9. ABD 【解析】本题考查遗传决定论。内发论(遗传决定论)强调内在因素,如"需要""成熟",强调人的身心发展的力量主要源于人自身的内在需要,身心发展的顺序也是由身心成熟机制决定的。即在人的身心发展过程中起决定作用的是遗传素质。总的来说,内发论认为心理发展与生理发展没有什么根本的实质性区别,心理发展是先天因素成熟的结果,因而完全否定了后天学习、经验的作用等。故本题选ABD三项。

三、填空题

1. "教育无用论"
2. 遗传(遗传素质)
3. 外铄论
4. 关键期

四、判断说理题

1. 教育对人的发展起主导作用是有条件的。这种说法是否正确?请用教育学知识说明理由。

(1)这种说法是正确的。(2)学校教育主导作用的实现是相对的,有条件的。①从外部环境方面来说,它要求社会的发展为个体的发展提供相应的前提,它依赖于家庭环境的影响,包括家长的职业类别和文化程度、家庭的经济状况和自然结构;依赖于社会发展的状况,包括生产力水平、科技发展、社会环境、社会文化传统和民族心态以及公民整体素质等。②从教育系统内部来说,它依赖于教育自身的状况,包括学校的物质条件、师资队伍、教育管理者的水平等方面;依赖于学习者的主观能动性;它要求教育要遵循儿童的身心发展规律,还要积极协调社会、家庭等各个方面的教育影响,使其成为一股适合儿童需要的合力。

2. 人的身心发展在整个生命过程中是均衡和匀速的。这种说法是否正确?请用教育学知识说明理由。

(1)这种说法是不正确的。(2)个体身心发展具有不平衡性(不均衡性)。其主要表现在两个方面:一方面是指身心发展的同一方面的发展速度,在不同的年龄阶段是不平衡的。另一方面是就个体身心发展的不同方面而言的。研究表明,青少年身心的不同方面所达到的某种发展水平或成熟的时期是不平衡的,有的方面可能在较早年龄就达到较高水平,而有的方面则晚些。

3. 与动物的完全依靠本能学习不同,人类的行为学习有时即便错过了关键期,也能经过补偿学习而获得。对此你觉得是否正确,请用教育学知识说明理由。

(1)这种说法是正确的。(2)所谓关键期,就是指人的某种身心潜能在人的某一年龄段有一个最好的发展时期,也叫敏感期、最佳期。关键期并非绝对的,错过关键期之后,经过补偿性学习仍有可能得到发展,只是难度要大些。

五、简答题(参考答案)

1. 为什么教育在人的发展中起主导作用?

(1)学校教育是有目的、有计划、有组织的培养人的活动;(2)学校有专门负责教育工作的教师,相对而言效果较好;(3)学校教育能有效地控制和协调影响学生发展的各种因素。

2. 从活动水平角度看,个体主观能动性由哪几个层次构成?

从活动水平角度看,个体主观能动性由三个层次构成:第一个层次是人作为生命体进行的生理活动,第二个层次是个体的心理活动,最高层次是社会实践活动。

3. 简述遗传素质在人的身心发展过程中的作用。

(1)遗传素质是人的身心发展的前提,为人的发展提供了可能性,但不能决定人的发展;(2)遗传素质的个别差异是人的身心发展的个别差异的原因之一;(3)遗传素质的成熟机制制约着人的身心发展的水平及阶段。

六、论述题(参考答案)

1. 结合学生个体的身心发展特点,阐述在教育过程中应如何遵循这些规律。

(1)个体身心发展的顺序性是指人的身心发展是一个由低级到高级、由简单到复杂、由量变到质变的连续不断的发展过程。人的发展的顺序性是客观的、不以人的意志为转移的,教育工作要遵循这种顺序性,循序渐进地促进人的发展。

(2)个体身心发展在不同的年龄阶段表现出不同的总体特征及主要矛盾,面临着不同的发展任务,这就是身心发展的阶段性。个体身心发展的阶段性规律,决定了教育工作必须根据不同年龄阶段的特点分阶段进行。如果不顾学生的年龄特征和接受能力,在教育工作中搞"一刀切""一锅煮",让孩子同成年人一样地听报告、搞活动、开批判会,把对儿

童和青少年的教育“成人化”,就违反了个体身心发展的阶段性规律。

(3)个体身心发展的不平衡性(不均衡性)一方面是指身心发展的同一方面的发展速度,在不同的年龄阶段是不平衡的;另一方面是就个体身心发展的不同方面而言的。根据个体身心发展的不平衡性,教育教学要抓住关键期,以求在最短的时间内取得最佳的效果。

(4)个体身心发展的互补性是指机体某一方面的机能受损甚至缺失后,可通过其他方面的超常发展得到部分补偿。互补性也存在于心理机能与生理机能之间。个体身心发展的互补性规律要求教育工作者:①要树立信心,相信每一个学生,特别是暂时落后或某些方面有缺陷的学生,通过其他方面的补偿性发展,都会达到与一般正常学生一样的发展水平;②要掌握科学的教育方法,发现学生的优势,扬长避短、长善救失,激发学生自我发展的信心和自觉性。

(5)个体身心发展的个别差异性是指个体之间的身心发展以及个体身心发展的不同方面之间,存在着发展程度和速度的不同。根据个体发展的个别差异性规律,教育必须因材施教,充分发挥每个学生的潜能和积极因素,有的放矢地选择适宜、有效的教育途径和方法手段,使每个学生都能得到最大的发展。

(6)个体身心发展的整体性是指学生是一个整体的人,以其整个身心投入教学生活,并以整个身心来感知、体验、享受和创造这种教学生活。教师所面对的是一个活生生的、整体的人,尽管这个整体不是“完美”的整体。个体身心发展的整体性的教育要求包括:①教学应该面对学生的整个身心;②教学要着眼于学生的整体性,促进学生的一般发展,注意做到认知因素与非认知因素、意识与潜意识、科学与艺术的统一。

2. 试述“近朱者赤,近墨者黑”“勤能补拙”所体现的教育学原理。

(1)社会环境为个体的发展提供了多种可能,使遗传提供的发展可能变成现实。社会环境是人的发展的外部条件,为个体的发展提供了多种可能,离开社会环境这种外部条件,再好的遗传素质也难以发挥作用。“近朱者赤,近墨者黑”体现了环境对个体身心发展的影响。

(2)个体的主观能动性是一种寻求发展的积极动机和渴望,是人的身心发展的内在动力,也是促进个体发展从潜在的可能状态转向现实状态的决定性因素。“勤能补拙”体现了遗传不决定人的发展,决定人发展的是个体主观能动性的发挥。

(3)影响人的身心发展的因素是多方面的。遗传素质是人的身心发展的物质前提,环境为个体的发展提供了多种可能,而教育作为特殊的环境对人的身心发展起主导作用,个体主观能动性是人的身心发展的内因和动力。这些因素彼此关联、相互配合,共同发挥作用,促进人的身心发展。

七、案例分析题(参考答案)

(1)学校教育在人的身心发展中起主导作用。①学校教育对于个体发展做出社会性规范;②学校教育具有开发个体特殊才能和发展个性的功能;③学校教育对个体发展的影响具有即时和延时的价值;④学校教育具有加速个体发展的特殊功能。案例中,教师对季羡林在作文和英语方面的表扬,以及王寿彭先生的奖励,提高了季羡林学习的自我意识和自我教育能力,促进了他的其他学科学习成绩的提高,加快了他身心发展的速度,对他的个人发展具有长远意义。这些都是学校教育在人的发展中起主导作用的表现。

(2)个体主观能动性是个体发展的决定性因素。个体的主观能动性是人的一种内在需要和动力,是一种寻求发展的积极动机和渴望,也是促进个体发展从潜在的可能状态转向现实状态的决定性因素。王崑玉先生和山大校长王寿彭先生的表扬和奖励激发了季羡林学习的主观能动性,“从此认真注意考试名次,不再掉以轻心”,从而在四次期考得了四个甲等第一。这是个体发挥主观能动性的结果。

总之,学校教育对人的身心发展起主导作用,个体主观能动性是人的身心发展的内因和动力。二者彼此关联、相互配合,共同发挥作用,促进人的身心发展。

真题精解

一、单项选择题

1. A 【解析】个体身心发展的个别差异性,是指个体之间的身心发展以及个体身心发展的不同方面之间,存在着发展程度和速度的不同。其表现有:(1)不同儿童同一方面的发展速度和水平不同;(2)不同儿童不同方面的发展存在着差异;(3)不同儿童所具有的个性心理倾向不同;(4)个别差异也表现在群体间。题干中两个同岁儿童语言表达能力的不同说明不同儿童同一方面的发展速度和水平不同,这体现了个体身心发展的个别差异性。

2. A 【解析】个体身心发展的顺序性是指人的身心发展是一个由低级到高级、由简单到复杂、由量变到质变的连续不断的发展过程。“拔苗助长”违反了个体身心发展的顺序性。

3. C 【解析】题干的意思是:吴国、越国、东夷、北貉

之人，刚生下来啼哭的声音都是一样的，长大后风俗习惯却各不相同，就是教育使他们如此的。故题干内容强调了教育对人的身心发展的影响。

4. A 【解析】个体身心发展在不同的年龄阶段表现出不同的总体特征及主要矛盾，面临着不同的发展任务，这就是身心发展的阶段性。个体身心发展的阶段性规律，决定了教育工作必须根据不同年龄阶段的特点分阶段进行。小学低年级教学可以多应用直观的方法，而对高年级学生来说，要多注意培养学生的逻辑思维能力。

二、判断选择题

B 【解析】学校教育在人的身心发展中起主导作用，个体的主观能动性是促进个体发展从潜在的可能状态转向现实状态的决定性因素。

三、填空题

1. 遗传(遗传素质)
2. 不平衡性(不均衡性)
3. 互补性

四、论述题(参考答案)

霍尔说“一两的遗传胜过一吨的教育”。请评析这个观点，并说明遗传在人的身心发展中的作用。

(1)①霍尔认为“一两的遗传胜过一吨的教育”，遗传素质在人的身心发展过程中起决定作用。这属于内发论的观点，内发论认为心理发展与生理发展没有什么根本的实质性区别，心理发展是先天因素成熟的结果，因而完全否定了后天学习、经验的作用。②影响人的身心发展的因素是多方面的。遗传素质是人的身心发展的物质前提，环境为个体的发展提供了多种可能，而教育作为特殊的环境对人的身心发展起主导作用，个体主观能动性是人的身心发展的内因和动力。这些因素彼此关联、相互配合，共同发挥作用，促进人的身心发展。

故霍尔的观点是片面的、不科学的。

(2)遗传，也叫遗传素质，是指从上一代继承下来的生理解剖上的特点，如机体的形态、结构以及器官和神经系统的特征等。遗传素质是人的身心发展的前提，具体体现在以下几个方面：①遗传素质是人的身心发展的前提，为人的发展提供了可能性，但不能决定人的发展；②遗传素质的个别差异是人的身心发展的个别差异的原因之一；③遗传素质的成熟机制制约着人的身心发展的水平及阶段。

第四章　教育目的

基础训练

一、单项选择题

1. A 【解析】教育目的指教育要达到的预期结果，是根据一定社会发展和受教育者自身发展需要及规律，对受教育者提出的总的要求，规定了把受教育者培养成什么样的人，是培养人的质量规格标准，同时也反映了教育在人的努力方向和社会倾向性等方面的要求。

易错警示：教育目的与教育方针是容易混淆的知识点，考生可根据以下内容进行区分：教育目的着重于对人才培养规格做出规定，教育方针着重于对教育事业发展方向提出要求。

2. D 【解析】教师的教学目标是指教学活动结束后学生所能达到的预期标准。它是教育者在教育教学过程中，在完成某一阶段的工作时，希望受教育者达到的要求或产生的变化。根据题干所述，老师要求学生在学完“昆虫的种类”这节课后能准确识别昆虫，这属于教师的教学目标。

3. B 【解析】从古至今，在教育目的的价值取向上，争论最多、影响最大也最带有根本性的问题，是关于教育活动究竟是关注人的个性发展还是注重社会的需要的争论，即历史上的“个人本位论”和“社会本位论”之争。

4. B 【解析】自然美是指自然物本身所呈现出来的美的形态。题干所述属于美育中的自然美。

5. A 【解析】本题考查杜威的教育无目的论。杜威从“教育即生活”中引出他的“教育无目的论”。“教育的过程，在它自身以外没有目的，它就是它自己的目的；教育的过程是一个不断改组、不断改造和不断转化的过程。”

6. C 【解析】教育目的与培养目标处于两个层次，两者并不是等同的关系。故C项错误。

7. B 【解析】社会本位论认为教育的目的是为社会培养合格的成员和公民，使受教育者社会化，社会价值高于个人价值，教育的质量和效果可以用社会发展的各种指标来评价。由题干中的“造就公民”可知，题干所述属于社会本位论的观点。

方法技巧：做此类试题时要抓住关键词，个人本位论追求的是个人的发展，所以这类试题题干中常带有“本性”“潜能”“个人需要”“自由”“个人价值”等关键词；社会本位论追求的是社会的发展，所以题干描述中常带有“社会需要”“适应社会”“社会化”“社会价值”等关键词。考生做题时可根据关键词来进行判断。

8. A 【解析】创新能力的培养是素质教育的核心，是素质教育区别于应试教育的根本所在。

9. B 【解析】社会本位论认为，确立教育目的的根据是社会的要求，个人的发展必须服从社会需要，因为个人生活在社会中，受制于社会环境。

10. D 【解析】本题考查教育目的的功能。教育目的对教育活动的定向功能是指:任何社会的教育活动,都是通过教育目的才得以定向的,教育目的及其所具有的层次性,不仅含有对整体教育活动努力方向的指向性和结果要求,而且还含有对具体教育活动的具体性规定。故选D项。教育目的对教育活动的调控功能是指:一定的教育目的,是一定社会根据自身或人的发展需要对教育活动进行调节、控制的一种重要手段,以便达到其自身发展的目的。教育目的对教育活动的评价功能是指:教育目的不仅是教育活动应遵循的根本指导原则,而且也是检查评价教育活动的重要依据。故B项和C项不符合题意。A项是干扰项,不符合题意,排除。

11. D 【解析】本题考查素质教育的相关内容。素质教育是促进学生个性发展的教育。每一个学生都有其个别性,如有不同的认知特征、不同的欲望需求、不同的兴趣爱好、不同的创造潜能,这些不同点铸造了一个个千差万别的、个性独特的学生。因此,教育要尊重并充分发展学生的个性。题干中的小学不仅表彰了成绩优异、进步明显的同学,还对特长突出、乐于助人的同学进行了表彰,颁发了多个奖项,从不同方面对学生进行了评价,形成了多元化的评价方式,有利于促进学生的个性发展。

12. A 【解析】教育目的一般由国家或国家教育行政部门制定,指导一定时期各级各类的教育工作。题干的描述属于教育目的。

13. A 【解析】教育目的对教育工作具有导向作用,教育目的不仅为受教育者指明方向,预定发展结果,也为教育工作者指明工作方向和奋斗目标。题干所述体现的是教育目的的导向作用。

14. C 【解析】本题考查贯彻美育的创造性原则的要求。贯彻美育的创造性原则要求培养学生审美创造的技能技巧。如指导学生掌握音乐的声调旋律、绘画的线条色彩、舞蹈的基本动作,让学生不断集聚和发展自己的表现美、创造美的能力,能够把自己的审美意向与美妙构思创造出实际的美的成果。故答案选C项。

15. D 【解析】本题考查教育目的的选择与确立。对教育目的的选择和确立,人们总是从各自的利益和需要出发,在选择和取舍中体现不同的价值追求。教育目的选择与确立的根本问题是价值取向问题。

16. B 【解析】本题考查对素质教育的理解。素质教育是促进学生全面发展的教育,实施素质教育必须坚持“五育”并举,促进学生生动活泼地发展。A项表述过于片面。素质教育是以培养创新精神和实践能力为重点的教育,B项表述正确。“素质教育就是多开展课外活动,多上文体课”是对素质教育形式化的误解,教育培养人的基本途径是教学,学生的基本任务是在接受人类文化精华的过程中获得发展。这就决定了素质教育的主渠道是教学,主阵地是课堂。C项表述错误。“素质教育就是取消中小学各种考试”是对考试的误解,考试包括百分制考试本身没有错,要说错的话,就是应试教育中使用者将其看作学习的目的。考试作为评价的手段,是衡量学生发展的尺度之一,也是激励学生发展的手段之一。素质教育并不是要取消考试,D项表述错误。

17. C 【解析】教育要为现代化建设服务,当社会生产力和社会生产方式发生重大变化后,教育目的和教育方针也要相应调整才能发挥最大作用。

18. A 【解析】增强学生体质是学校体育的根本任务。

19. C 【解析】培养学生创造美的能力是美育的最高层次的任务。

20. A 【解析】教育目的对教育活动的调控主要借助三种方式进行:(1)通过确定价值的方式进行调控;(2)通过标准的方式进行调控;(3)通过目标的方式进行调控。题干中的老师选择按照教学大纲的要求,满足两名同学的不同要求,就是在通过标准的方式进行调控。题干中的案例体现了教育目的的调控功能。

21. A 【解析】本题考查教育目的的确立的理论。个人本位论认为教育的目的是培养健全发展的人,发展人的本性,挖掘人的潜能,增进受教育者的个人价值,个人价值高于社会价值。“教育应当根据儿童的身心发展规律和兴趣需要去促进其生长与发展”强调确立教育目的的根据是人的本性,体现的是个人本位论的观点。因此答案选A项。社会本位论认为教育的目的是为社会培养合格的成员和公民,使受教育者社会化。文化本位论认为教育目的应围绕文化这一范畴来进行,用“文化”来统筹教育、社会、人三者之间的关系。生活本位论认为教育要为完满的生活作准备,注重的是使受教育者怎样生活。

22. C 【解析】教育目的的生活本位论认为教育要为未来的生活做准备,斯宾塞是生活本位论的代表人物之一。A项的赫尔巴特和B项的巴格莱都是社会本位论的代表人物,D项的卢梭是个人本位论的代表人物。

23. B 【解析】题干强调教育的目的在于促进个体的社会化,这属于社会本位教育目的论的观点。

24. D 【解析】本题考查教育目的的概念。教育目的指教育要达到的预期结果,是根据一定社会发展和受教育者自身发展需要及规律,对受教育者提出的总的要求,规定了把受教育者培养成什么样的人,是培养人的质量规格标准。因此,国家规定的将中学生培养成什么样人才的要求是中学的教育目的。

25. D 【解析】本题考查有关教育目的确立的理论。社会本位论认为确立教育目的的根据是社会的要求,个人的发展必须服从社会需要,因为个人生活在社会中,受制于社会环境,社会价值高于个人价值,教育质量和效果可以用社会发展的各种指标来评价。题干中的柏拉图认为教育的最高目标是培养哲学家兼政治家,教育内容应该遵守国家的利益规定,这说明他认为确立教育目的的根据是社会的要求,社会的价值高于个人的价值,故柏拉图的观点属于社会本位论。

26. C 【解析】素质教育的发展性,是指要着眼于培养学生自我学习、自我教育、自我发展的知识与能力,真正把对学生教育的重心转移到启迪心智、孕育潜力、增强后劲上来。

27. C 【解析】社会本位论强调社会价值高于个人价值,认为确立教育目的的根据是社会的要求,个人的发展必须服从社会需要,因为个人生活在社会中,受制于社会环境。题干中的诺笃尔普强调社会的价值,属于社会本位论的教育目的观。

28. A 【解析】智育的根本任务是培育或发展学生的智慧,尤其是智力。

29. C 【解析】本题考查素质教育的内涵。素质教育是促进学生个性发展的教育。"特长"是对全体学生差别发展的个性教育,也是合格基础上的发展,注重培养学生的兴趣,鼓励每一个学生在某一方面形成优势、学有所长。所以,鼓励学生发展特长体现了素质教育是促进学生个性发展的教育。

30. A 【解析】美育从感知开始到理解,先有了感性认识才能上升到理性认识,所以培养学生审美感知能力是美育过程的起点。

31. B 【解析】素质教育提倡人的全面发展,它是马克思主义关于人的全面发展学说在中国教育界的具体实践。

32. A 【解析】社会本位论认为个人的发展必须服从社会的需要,A项符合社会本位论的观点。B、C、D项强调的都是个人价值的意义,属于个人本位论的观点。

33. A 【解析】德育对其他各育起着保证方向和保持动力的作用,它体现了社会主义教育的方向。

34. B 【解析】题干中海伦·凯勒认为学校教育应致力于让学生善于发现生活中的欢乐,善于发现生活中的美,这体现了美育的重要性。

35. C 【解析】本题考查个人本位论。个人本位的教育目的论注重教育对个人的价值,主张教育的目的是培养"自然人",发展人的个性,增进人的价值,促使个人自我实现。

36. D 【解析】美育是培养学生健康的审美观,发展他们感受美、鉴赏美、创造美的能力,培养他们高尚的情操与文明素养的教育。D项有助于培养学生的审美观,属于美育。A、C项属于德育,B项属于体育。

37. B 【解析】本题考查教育目的的层次结构。教育目的可分为三个层次:国家的教育目的、各级各类学校的培养目标和教师的教学目标;也可分为四个层次:教育目的、培养目标、课程目标和教学目标。无论哪种分法,各级各类学校的培养目标都居于第二个层次。

38. A 【解析】在培养目标上,各级各类学校的培养目标既有共同要求,又有一定差异。因此,各级各类学校的培养目标必须同中有异、重点突出、特点鲜明。

二、多项选择题

1. ABCD 【解析】从材料中可以看出该学校开展了"童心课堂""童趣社团""童真沙龙"等系列教育活动来营造活泼的学习氛围,这体现了素质教育可以开展丰富多彩的活动;该学校开展的一系列教育活动是针对全校学生的,这体现了素质教育是面向全体学生的;该学校开展的系列教育活动以及推进的"童乐校园"的建设使学生好学乐学,使学生的身心得到全面发展,这体现了素质教育可以使学生主动学习,能促进学生全面发展。

2. AB 【解析】就现实社会的同一方面而言,教育对其适应或超越具有不固定的先后之分。因此,C项错误。在重视人文精神、重视教育的人文价值的同时,要避免把它与功利价值对立起来。现实中"重利轻义"的现象是片面的,但因此而"重义轻利",甚至"以义抑利"也是不可取的。如果把人文精神或教育的人文价值与功利价值对立起来考虑问题,就易导致"以义抑利"的禁欲主义。因此,D项错误。

3. ABCD 【解析】1996年,国际21世纪教育委员会向联合国教科文组织提交了《教育——财富蕴藏其中》的报告,其中最核心的思想是教育应使受教育者学会学习,即教育要使学习者"学会认知""学会

做事”“学会共同生活(学会合作)”和“学会生存”。

4. ACD 【解析】个人本位论的代表人物有孟子、卢梭、裴斯泰洛齐、福禄贝尔、马利坦、赫钦斯、奈勒、马斯洛、萨特等。巴格莱是社会本位论的代表人物。

5. ABC 【解析】美育的实施途径有:(1)通过课堂教学和课外文化艺术活动进行美育;(2)通过大自然进行美育;(3)在日常生活中进行美育。

6. AC 【解析】本题考查个人本位论的主要观点。个人本位论的基本主张包括:(1)教育目的应根据人的本性需要来确定。个人本位论者主张教育目的应从人的本性、本能的需要出发,而不是从社会需要出发,人生来就有健全的本能,教育的职能就在于使这种本能不受影响地得到发展。(2)教育目的在于把学习者培养成人,充分发展人的本性,增进人的价值。教育目的在于使人的本性得到最完善的发展,除此之外,教育没有其他目的。这也说明教育目的不是根据社会的需要而制定的。(3)个人价值高于社会价值,社会只有在有助于个人的发展时才有价值。(4)评价教育的价值应以其对个人发展所起的作用来衡量。所以,AC项表述符合个人本位论的基本观点。BD项表述属于社会本位论的基本观点。

7. ABCD 【解析】本题考查教育目的的社会基础。教育目的的制定,总是以一定的社会基础为前提的,受各种社会条件的制约。从社会关系认识教育目的,教育目的受社会交往范围、社会生产力发展水平、社会政治制度以及文化传统制约。在阶级社会,教育目的还具有鲜明的阶级性。

8. AC 【解析】教育目的的层次从高到低依次是:教育目的、培养目标、课程目标和教学目标,B项错误。教育目的是一种理想,但其主观性质绝不意味着教育目的是意志自由的产物,是随心所欲的结果,它是建立在客观现实的基础上,是人们对客观现实的主观反映。在本质上,教育目的是受社会发展制约的,不同国家、不同时代的教育目的都要受到当时的社会政治、经济、文化和科技等因素的影响。所以,教育目的具有客观性,D项错误。

三、判断选择题

1. A 【解析】教育目的与培养目标是普遍与特殊的关系。

2. B 【解析】素质教育的目的是促进学生的全面发展,素质教育旨在提高国民素质,升学率只是衡量教育质量的标准之一。因此,升学率提高了,并不能说学校实现了素质教育的目标。

3. A 【解析】一个国家的教育方针和教育目的,通常是由国家的宪法和法律所明确规定的。

4. B 【解析】五育在各种教学活动中是相互渗透的,相辅相成的,不存在所谓单独的德育、智育、体育、美育或劳动技术教育。

5. B 【解析】本题考查对全面发展教育的理解。全面发展的教育同“因材施教”“发挥学生的个性特长”并不是对立的、矛盾的。人的发展应是全面、和谐、具有鲜明个性的。

6. B 【解析】本题考查对全面发展教育的理解。全面发展不是人的各方面平均发展、均衡发展。把全面发展看成是平均发展,这种认识是非常机械的。实质上,全面发展是指人的各方面素质的和谐发展。它意味着人高尚的思想信念、道德品质、审美情趣、智力发展以及物质需要和精神需要的有机结合,使人在工作和生活中体现出力量、能力、热情和需要的完美和谐,使人的身与心、灵与肉、情与理、才与德、个性与社会性等方面有机结合、相得益彰、健康发展。

四、填空题

1. 素质教育
2. 创新精神　实践能力
3. 教育目的
4. 国家的教育目的
5. 建设者　接班人

五、判断说理题

1. 素质教育就是要学生什么都学,什么都学好。这种说法是否正确?请结合相关知识说明理由。

(1)这种说法是不正确的。(2)题干所述是对素质教育使学生全面发展的误解。素质教育强调为学生的发展奠定基础,同时又要发展学生的个性,因此素质教育对学生的要求是合格加特长。这决定了一方面学生必须学习国家规定的必修课程,夯实基础;另一方面,学生还应该学习选修课程,充分发挥自己的特长,形成独特的个性。

2. 教育与生产劳动相结合,是培养全面发展的人的唯一方法,两者的结合必然促进人的全面发展。这种说法是否正确?请结合相关知识说明理由。

(1)这种说法是不正确的。(2)教育与生产劳动相结合是培养全面发展的人的唯一方法。但教育与生产劳动相结合,并不必然促进人的全面发展。促进人的全面发展的“教育与生产劳动相结合”,是有条件的,不仅对劳动有一定的要求,对教育也有一定的要求。因此,题干表述有误。

六、简答题(参考答案)

1. 在实施素质教育中应避免的误区有哪些?

(1)素质教育就是不要“尖子生”;(2)素质教育就是

要学生什么都学、什么都学好;(3)素质教育就是不要学生刻苦学习,“减负”就是不给或少给学生留课后作业;(4)素质教育就是要使教师成为学生的合作者、帮助者和服务者;(5)素质教育就是多开展课外活动,多上文体课;(6)素质教育就是不要考试,特别是不要百分制考试;(7)素质教育会影响升学率。

2. 简述教育目的与教育方针的关系。

教育目的与教育方针既有联系又有所不同。

从二者的联系来看,它们在对教育社会性质的规定上具有内在的一致性,都含有“为谁(哪个阶级、哪个社会)培养人”的规定性,都是一定社会(国家或地区)各级各类教育在其性质和方向上不得违背的根本指导原则。

从二者的区别来看,一方面教育方针所含的内容比教育目的的内容更多些。教育目的一般只包括“为谁培养人”“培养什么样的人”的问题;而教育方针除此之外,还含有“怎样培养人”的问题和教育事业发展的基本原则。另一方面教育目的在对人培养的质量规格方面要求较为明确,而教育方针则在“办什么样的教育”“怎样办教育”方面更为突出。

3. 简述教育目的的功能。

(1)教育目的对教育工作具有导向作用;(2)教育目的对贯彻教育方针具有激励作用;(3)教育目的是对教育效果进行评价的重要标准。

也有说法认为,教育目的的功能包括导向功能、调控功能和评价功能。

4. 简述马克思主义关于人的全面发展学说的观点。

(1)人的全面发展;(2)旧式分工造成了人的片面发展;(3)机器大工业生产为人的全面发展提供了基础和可能;(4)社会主义制度是实现人的全面发展的社会条件;(5)教育与生产劳动相结合是“造就全面发展的人的唯一方法”。

5. 简述确立教育目的的依据。

(1)特定的社会政治、经济、文化背景;(2)人的身心发展特点和需要;(3)人们的教育理想。

七、论述题(参考答案)

1. 德育在全面发展教育中有什么意义?为什么要在中小学实际教学中发展德育?

德育是培养学生正确的人生观、世界观、价值观,使学生具有良好的道德品质和正确的政治观念,形成正确的思想方法的教育。德育是我国全面发展教育的一个重要组成部分,对其他各育起着保证方向和保持动力的作用,它体现了社会主义教育的方向,是“五育”的灵魂,是实施各育的思想基础。

(1)加强德育是学校教育的重要任务。社会主义的教育目的是培养德、智、体等方面全面发展的社会主义建设者和接班人。近年来,由于受到片面追求升学率的冲击,忽视德育、德育实效性不高的状况一直没有得到很好的改变。为此,党中央颁布了一系列文件,对中小学德育工作面临的形势、任务以及德育工作的指导思想、任务、内容、途径、方法、领导体制等重要问题提出了明确要求。这一系列文件的颁行,充分说明了党中央对学校德育的重视,也充分表明了德育在学校各项工作中的意义和地位。因此,我们必须切实把德育放在学校工作的重要位置,坚持正确的育人方向,坚持社会主义教育的培养目标,并把德育工作的各项目标、任务、措施渗透到教学、管理和其他一切活动之中,重视学校教育、家庭教育和社会教育的结合,形成校内外协调一致的德育工作网络。(2)加强德育是社会主义现代化建设的必然要求。享乐主义、拜金主义、个人主义等资产阶级腐朽思想沉渣泛起,不断腐蚀青少年一代,不断侵袭教育阵地。当前的青少年肩负着未来社会主义现代化建设的历史重任和神圣使命,要使青少年一代真正成为现代化建设所需要的人才,就必须通过卓有成效的德育工作,培养他们崇高的理想、高尚的道德、坚定的信念以及分辨真、善、美与假、恶、丑的能力,最终成为社会主义事业的建设者。(3)加强德育是年轻一代身心发展的需要。青少年正处于成长阶段,可塑性极大。通过德育培养学生的正确思想和良好的道德品质,才能使他们逐步成长为积极向上、文明幸福的新一代。

德育是全面发展教育的重要内容,在全面发展中占有重要地位。可以说,学校德育工作的好坏,关系着能否把学生培养成社会主义现代化的建设者,关系着社会主义事业的成败,关系着国家和民族的前途和命运。

2. 你是怎样认识素质教育的?在全面推进素质教育中,你认为广大教育工作者可以有何作为?

(1)素质教育是依据人的发展和社会发展的实际需要,以全面提高全体学生的基本素质为根本目的,以尊重学生主体性和主动精神,注重开发人的智慧潜能,形成人的健全个性为根本特征的教育。素质教育是面向全体学生的教育,是促进学生全面发展的教育,是促进学生个性发展的教育,也是以培养创新精神和实践能力为重点的教育。对素质教育要有以下几点正确的认识:①素质教育不是对现行教育的全盘否定;②素质教育不是对考试的否定;③素质教育不是对加强“双基”教学的否定;④素质教育不是要淡漠对尖子人才的培养;⑤素质教育不是要让学生无所事事,没有课业负担;⑥素质教育

不仅仅是要加强薄弱课程和薄弱学校的建设;⑦素质教育不应该仅仅停留在日常概念的层面。

(2)①加强理论学习,转变教育观念。教师是实施素质教育的主体,教育观念的转变直接影响着素质教育的进展,要落实素质教育,搞好课程改革,教师首先必须转变观念。教师要转变传统的应试教育观念,树立素质教育理念,这样才能真正落实素质教育;还要转变学生观,尊重学生的主体地位,引导学生自尊、自重、自主、自律。②全面提高自身素质。实施素质教育的关键在教师,教师是推进整个素质教育前进的核心因素。教师素质是教师进行教书育人的前提和基础,也是教师自身成长的前提条件和基础。因而教师要不断提高自身各方面的素质,增强素质教育的实效性。③改革教学方法。实施素质教育,要求积极推进教学方法改革,提高教学质量。首先教师要改进教学方式方法,重视学生个体的体验;其次要改革教学组织形式,采用多种有效的组织形式。

(考生可结合自身理解加以阐述,言之有理即可)

八、案例分析题(参考答案)

1. (1)材料反映了学生劳动能力缺乏和劳动观念淡薄的现状。在教学过程中,由于智育有着较高的现实地位,不仅德育、体育和美育都或多或少地受到了影响和冲击,劳动技术教育也同样被冷落,青少年的劳动能力日渐萎缩,劳动观念日渐淡薄。材料中不少大学新生被家长"抱着"送进大学,报到过程中自己作为"旁观者",有些学生不会存钱、找不到宿舍、找不到超市买牙膏等现象就是学生劳动能力缺乏和劳动观念淡薄的体现,这也说明忽视劳动教育的不止有学校,家庭教育在这一方面也存在问题。

(2)深化义务教育教学改革,教师应坚持促进学生的全面发展,坚持"五育"并举,重视劳动技术教育,教育引导学生崇尚劳动,尊重劳动,树立正确的劳动观点,养成良好的劳动习惯。要注意培养学生自我服务的劳动能力,自己的事情自己做,培养学生日常生活必需的劳动技能。深化义务教育教学改革,加强劳动技术教育,可以通过校办工厂(或车间)和农场(或实验园地)的劳动进行,也可以通过参加校外的工厂、农场或农村的劳动进行,还可以通过服务性劳动,尤其是社会公益劳动进行。此外,教师还应该注意家庭教育和学校教育的结合,帮助家长树立正确的教育观念,掌握科学的教育方法,从而培养子女的良好习惯,提升子女的自我服务能力。

2. (1)全面发展是我国教育目的蕴含的总体要求,我国目前中小学的全面发展教育主要包括德育、智育、体育、美育、劳动技术教育。学校不能仅将目光定位在智育上,也要关注学生其他方面的发展。扭秧歌走进课堂,既能向学生渗透美育,也能使学生通过身体的律动,缓解学习压力,提高健康水平。而"刷牙"课程,则使同学们学习了卫生保健知识,养成了良好的卫生习惯。这些都是学校践行全面发展教育的表现。

(2)我国实行国家、地方和学校三级课程管理体制,"扭秧歌""刷牙课"作为学校自主开发的选修课,是针对学生的兴趣和需要,结合学校的传统和优势以及办学理念,充分利用学校和社区的课程资源,自主开发或选用的课程。这样的课程,有利于形成学校办学特色,满足学校"个性化"发展需求,有利于教师专业水平的提高,有利于学生主体性的发展,真正满足学生生存与发展的需要。

3. (1)黄老师的观念是不正确的,没有正确理解素质教育的内涵。

(2)素质教育是面向全体学生的教育。素质教育倡导人人有受教育的权利,强调在教育中每个人都得到发展,而不是只注重一部分人,更不是只注重少数人的发展。案例中,在看到学生的随堂测验成绩后,黄老师认为,如果按照优秀学生的水平进行教学,则基础不好的学生会跟不上讲课的进度,所以应该按照班上学生的最低英语水平进行教学,这样才能确保每一位学生都能听懂。这样的做法,照顾到了英语水平低的学生,使他们得以跟上讲课的进度。但是对于英语水平高的学生,其在课堂上的收获是极少的。同时要根据学生的个别差异,有的放矢地进行有差别的教学,使每个学生都能扬长避短,获得最佳的发展。而黄老师的做法,无法使优秀学生获得最佳的发展。

真题精解

一、单项选择题

1. C 【解析】裴斯泰洛齐的话语体现出其对个人价值的重视,强调了人的本性的发展。这反映了教育目的的个人本位论。

2. D 【解析】教育与生产劳动相结合是培养全面发展的人的根本途径,也是唯一途径。

3. A 【解析】有人认为,教育目的由四个层次构成:一是国家或社会所规定的教育总目的;二是各级各类学校的培养目标;三是课程目标;四是教学目标。教育目的的各层次之间的关系是:从教育目的到教学目标是抽象到具体的关系,后者是前者的具体化,只有实现了具体的教学目标,才能达到实现教育的总目的的要求;反过来,从教学目标到教育目

的是具体到抽象的关系，上一个层次的教育目标是下一个层次教育目标的依据、任务和方向，对下一个层次目标起制约和指导作用，而课程目标、教学目标又是教育目的、培养目标实现的保障。故A项正确。

二、填空题

1. 出发点
2. 全面发展
3. 个性

三、案例分析题(参考答案)

(1)中小学劳动教育的内容主要包括：

①自我服务性劳动技术。自我服务性劳动主要指学生在家庭、学校和社会的日常活动中为自己及自己所在集体所进行的服务性劳动。基本自我服务技术有管理家务、整理校园、烹调缝纫以及学会使用家用电器等。

②手工艺性劳动技术。手工艺性劳动是以手工操作为主的工艺劳作劳动。它的主要技术有纸工、编织、布贴、泥塑、木工等。

③工农业生产性劳动技术。工农业生产性劳动的主要内容不仅有无线电技术、制图技术、种植、栽培、园艺、饲养、农机维修、病虫防治、农产品加工等传统的生产技术，更要有现代化的生产技术。

④社会服务性劳动技术。社会服务劳动的内容主要涉及旅游、修理、咨询、交通、保险、外贸、金融、信息等方面。

(2)重视劳动教育可满足学生全面发展的需要。劳动教育对学生全面发展的作用包括：

①可以提高学生对劳动的认识，端正劳动态度，增进对劳动人民的感情，克服轻视体力劳动和体力劳动者的思想，促进良好品德形成。材料中，“几个月后，李老师欣喜地看到，许多学生精神状态更为饱满，同学关系更加融洽，学生值日时主动自觉，教室卫生也变得更好了”就体现了这一点。

②可以扩大学生的知识面，促进学生把所学知识应用于实践，提高学生解决问题的能力，发展学生智力。材料中，“一些学生由于感受到实践活动的神奇魅力，学习兴趣更加浓厚了”就说明了劳动教育激发了学生的学习兴趣，促进了学生的发展。

③可以增强学生机体器官的功能，提高抵抗疾病的能力，促进学生身体健康发展。材料中，学生经过劳动教育后，“身体更加健康，情趣更高雅了”，就体现了这一点。

④可以使学生在生产劳动中广泛接触美、感受美和体验美，激发创造美的热望。

总之，劳动技术教育能使学生在体力、智力、情感和道德诸方面和谐发展。

第五章　学校教育制度

基础训练

一、单项选择题

1. A 【解析】一般认为，在夏朝的时候，我国就出现了学校。但是，我们并没有从考古发掘中找到可靠的实物来证实。而有文字记载，同时又有考古出土的实物证实的学校出现在商朝。

方法技巧：关于我国最早的学校出现的时期，在选择题中，如果选项同时出现了夏朝和商朝，而题干中又没有严格的条件限制，一般认为我国最早的学校教育形态出现在夏朝。

2. C 【解析】学制的建立，必须考虑生产力发展水平与科学技术发展状况，要与它们的要求相适应。发达国家由于生产力发展水平与科学技术发展对劳动者的文化素质提出了较高的要求，义务教育的年限也比发展中国家要长。所以题干中发达国家和发展中国家义务教育年限的不同体现了经济发展水平对学制的影响。

3. A 【解析】前制度化教育是人类教育史上一个重要的发展阶段。一般认为，在奴隶社会初期出现的定型的教育组织形式即实体化教育——学校是其重要的标志。教育实体的形成具有以下特点：(1)教育主体确定；(2)教育的对象相对稳定；(3)形成系列的文化传播活动；(4)有相对稳定的活动场所和设施等；(5)由以上因素结合而成的独立的社会活动形态。故本题选A项。

4. D 【解析】现代学制主要有三种类型：一是双轨学制，二是单轨学制，三是分支型学制。

5. D 【解析】本题考查教育制度的特点。教育制度作为教育机构系统的制度，是先于个体而存在的。它独立于个体之外，对个体的行为具有一定的强制作用。例如，学校的考试制度规定任何学生和教师在考试过程中不能有舞弊行为，否则，一经查实，就要给予相应的处分。

6. D 【解析】本题考查我国的学校教育制度。从类型来看，我国现行学制是从单轨学制发展而来的分支型学制。我国20世纪初从西方引入的现代学制，从总体上看是单轨学制。新中国成立后，随着生产的快速发展，社会对劳动者的文化素质要求越来越高，为适应这一变化趋势，我国开始参考苏联的分支型学制，对原有的单轨制进行了改造。改造后的分支型学制促进了新中国教育事业的发展。近几十年来，我国学制改革和发展的基本方向是重建和完善分支型学制。所以，我国现代学制确立和

发展中所沿用的基本类型是分支型学制。

7. C 【解析】本题考查现代学校教育制度的类型。现代学制主要有三种类型:一是双轨学制,二是单轨学制,三是分支型学制。西欧双轨制以英国的双轨制为典型代表,法国、联邦德国等欧洲国家的学制都属这种学制。美国是单轨制的代表国家。C项正确。

8. A 【解析】本题考查旧中国的学制沿革。壬子癸丑学制明显反映了资产阶级在学制方面的要求,明令废除在受教育权方面的性别和职业限制,在法律上体现了教育机会均等。第一次规定了男女同校,废除读经,充实了自然科学的内容,将学堂改为学校。A项符合题意。

9. D 【解析】非制度化教育所推崇的理想是:"教育不应再限于学校的围墙之内。"

10. D 【解析】1985年我国正式颁布《中共中央关于教育体制改革的决定》,明确提出由地方承担九年义务教育的责任,有计划、有步骤地普及九年制义务教育。

11. A 【解析】英国是双轨学制的典型代表。它的学校系统分为两轨,一轨是学术教育,为特权阶层子女所占有,学术性很强,学生可升到大学以上;另一轨是职业教育,为劳动人民的子弟所开设,属生产性的一轨。故本题选A项。

12. A 【解析】《中国教育改革和发展纲要》确定了20世纪末教育发展的总目标——基本普及九年义务教育和基本扫除青壮年文盲;全面贯彻党的教育方针,全面提高教育质量;要建设好一批重点学校和一批重点学科。简称"两基""两全""两重"。

13. A 【解析】本题考查癸卯学制的宗旨。"癸卯学制"是我国正式实施的第一个学制,这个学制的指导思想是"中学为体,西学为用",宗旨是:"以忠孝为本,以中国经史之学为基。俾学生心术壹归于纯正,而后以西学瀹其智识、练其艺能,务期他日成材,各适实用。"

14. B 【解析】本题考查壬寅学制的制定蓝本。"壬寅学制"以日本的学制为蓝本,由当时的管学大臣张百熙起草,是中国近代教育史上最早由国家正式颁布的学制系统,虽然正式公布,但并未实行。

15. B 【解析】本题考查教育制度的特点。教育制度具有客观性、规范性、历史性和强制性。其中,教育制度的规范性主要表现为入学条件(即受教育权的限定)和各级各类学校培养目标的日益标准化。故选B项。

16. D 【解析】1922年,在北洋军阀统治下,留美派主持的全国教育会联合会以美国学制为蓝本,颁布了"壬戌学制"。此后,国民党政府于1928年就该学制做了一些修改,但基本上继承了"壬戌学制",并一直沿用到全国解放初期。

17. B 【解析】"十月革命"后,苏联制定了单轨学制,但与美国的单轨制不同,这种学制既有上下级学校间的相互衔接,又有职业技术学校横向的相互联系,形成了立体式的学制。所以,它是介于双轨学制和单轨学制之间的分支型学制,也被称为中间型学制或"Y"型学制。

18. C 【解析】壬戌学制以美国学制为蓝本,采用美国式的六三三分段法,即小学六年、初中三年、高中三年,又称"新学制"或"六三三学制"。

19. A 【解析】普通中小学教育的性质属于基础教育,它的任务是培养全体学生的基本素质,为他们学习做人和进一步接受专业(职业)教育打好基础,为提高民族素质打好基础。

20. A 【解析】"癸卯学制"明文规定教育目的是"忠君、尊孔、尚公、尚武、尚实",明显反映了"中学为体,西学为用"的思想。

21. D 【解析】1912年1月,中华民国成立中央教育部,蔡元培任教育总长,对旧学制进行修订,颁布了"壬子癸丑学制",又称"1912～1913年学制"。故本题选D项。A项,1902年学制即壬寅学制;B项,1904年学制即癸卯学制;C项,1922年学制即壬戌学制。

22. A 【解析】中国近代教育史上最先制定的系统的学校教育制度,是1902年清政府颁布的《钦定学堂章程》,亦称"壬寅学制"。虽然正式公布,但并未实行。

23. A 【解析】制度化的教育指向形成系统的各级各类学校。学校教育系统的形成,即意味着制度化教育的形成。

24. B 【解析】家长有送子女入学受教育的义务,而教师没有强迫儿童入学的义务。

25. D 【解析】本题考查我国现行学制。我国九年制义务教育的学制年限实行小学六年、初中三年的"六三制",小学五年、初中四年的"五四制",以及不划分为两个阶段的"九年一贯制"等。总体来看,学制年限的划分是多种形式并存的。

二、多项选择题

1. ACD 【解析】从类型结构上来看,我国现行学校教育可划分为基础教育、职业技术教育、高等教育、成人教育和特殊教育五个大类。故本题选A、C、D三项。

方法技巧:考生在区分我国学校教育制度的层次结构和类型结构时要注意:

层次结构是从纵向角度分析,根据教育对象的年

龄与程度的不同来划分的，各层次前后衔接并且不断深入，即包括学前教育、初等教育、中等教育和高等教育四个层次。

类型结构是从横向角度分析，根据教育的性质类型不同来划分的，即包括基础教育、职业技术教育、高等教育、成人教育和特殊教育五个大类，这五类可利用口诀记忆：高人特机(基)智(职)。

2. AB 【解析】本题考查壬戌学制的内容。1922年的"壬戌学制"(又称新学制或六三三学制)受美国实用主义教育的影响，强调适应社会进化需要，发扬平民教育精神，谋求个性发展，注重生活教育，使教育易于普及，给各个地方留有伸缩余地。故A、B两项说法正确。壬寅学制是中国近代教育史上最早由国家正式颁布的学制系统，虽然正式公布，但并未实行。故C、D两项说法错误。

3. ABCD 【解析】学校教育制度简称学制，是指一个国家各级各类学校的系统及其管理规则，它规定着各级各类学校的性质、任务、入学条件、修业年限以及它们之间的关系。

4. ABC 【解析】广义的教育制度指国民教育制度，是一个国家为实现其国民教育目的，从组织系统上建立起来的一切教育设施和有关规章制度的总和。具体而言，教育制度应包括生活惯例习俗、教育教学制度、学校管理制度、学校教育制度、教育行政体制、教育政策法规、教育价值理念七个方面。

5. AB 【解析】壬寅学制、癸卯学制是以日本学制为蓝本制定的。壬戌学制采用美国式的六三三分段法，即小学六年、初中三年、高中三年，因此又称"新学制"或"六三三学制"。故本题选A、B项。

三、判断选择题

1. B 【解析】我国现代学制的建立是从清末"废科举，兴学校"开始的。

2. A 【解析】本题考查现代学制。现代学制最早出现在欧洲。

3. B 【解析】非制度化教育指出了制度化教育的弊端，但又不是对制度化教育的全盘否定。

4. A 【解析】非制度化教育所推崇的理想是："教育不应再限于学校的围墙之内。"一般认为，库姆斯等人的"非正规教育"概念、伊里奇的"非学校化"主张都是非制度化教育的核心思想。提出构建学习化社会的理想是非制度化教育的重要体现。

5. A 【解析】本题考查学校教育制度的意义。学校教育制度是国民教育制度的核心与主体，体现了一个国家国民教育制度的实质。

四、填空题

1. 终身性

2. 要建设好一批重点学校和一批重点学科

五、简答题(参考答案)

1. 简述现代教育制度的发展趋势。

(1)加强学前教育并重视与小学教育的衔接；(2)强化普及义务教育，延长义务教育年限；(3)中等教育中普通教育与职业教育朝着相互渗透的方向发展；(4)高等教育的大众化；(5)终身教育体系的建构；(6)教育社会化与社会教育化；(7)教育的国际交流加强；(8)学历教育与非学历教育的界限逐渐淡化。

2. 建立学制的依据有哪些？

(1)生产力发展水平和科学技术发展状况；(2)社会政治经济制度；(3)青少年儿童身心发展规律；(4)人口发展状况；(5)文化传统；(6)本国学制的历史发展和国外学制的影响。

真题精解

一、单项选择题

1. B 【解析】"活到老，学到老"体现了终身教育的思想。终身教育体系的建构是现代教育制度的发展趋势之一。

2. B 【解析】"癸卯学制"是中国近代教育史上第一部由国家颁布并在全国实行的学制系统，成为中国近代教育走向制度化、法制化阶段的标志。

易错警示：我国"最早颁布""最早实施"的现代学制是一个容易混淆的知识点，壬寅学制是中国近代教育史上最早由国家正式颁布的学制系统，虽然正式公布，但并未实行；癸卯学制是中国近代教育史上第一部由国家颁布的并在全国实行的学制系统。二者的区别在于是否实施，考生应注意辨别。考生可以顺口溜的形式进行识记：人(壬)来颁布、鬼(癸)来实施，这样就能轻松区分二者。

3. C 【解析】1922年9月，教育部在北京专门召开了学制会议，会议对全国教育会联合会所提出的学制系统改革案稍作修改，又交予同年10月在济南召开的教育会联合会第八届年会征询意见，最终于11月1日以大总统令公布了《学校系统改革案》。这就是1922年的"新学制"，或称"壬戌学制"，由于采用的是美国式的六三三分段法，又称"六三三学制"。故题干所述为壬戌学制。

二、填空题

1. 职业教育

2. 学前教育

第六章　课　程

基础训练

一、单项选择题

1. B 【解析】学科课程强调按照知识的逻辑顺序组

织教学内容，活动课程(经验课程)强调按照儿童的心理顺序组织教学内容，故A项错误；显性课程的实施具有鲜明的计划性、组织性、可预期性的特点，故B项正确；拓展型课程通常是选修课程，故C项错误；学科课程在于让学生掌握人类文明精髓，经验课程的主导价值在于使学生获得关于现实世界的直接经验和真切体验，故D项错误。

2. B 【解析】本题考查三级课程管理体制。2001年颁布的《基础教育课程改革纲要(试行)》明确规定实行国家、地方和学校三级课程管理体制。这样做是为了改变我国原有课程管理过于集中的状况，通过确立地方和学校参与课程改革的权力主体地位，完善课程管理体系，进一步增强课程对地方、学校及学生的适应性。

3. A 【解析】"课程"一词在我国始见于唐宋期间。唐朝孔颖达在《五经正义》里为《诗经·小雅·巧言》中"奕奕寝庙，君子作之"一句注疏："维护课程，必君子监之，乃得依法制也。"这是"课程"一词在汉语文献中的最早显露。

4. B 【解析】本题考查教学改革的首要任务。确立新的教育观念，是教学改革的首要任务。新课程要求改革旧的教育观念，真正确立起与新课程相适应的、体现素质教育精神的教育观念。

5. A 【解析】开设哪些科目(课程设置)是课程计划的中心和首要问题。

6. A 【解析】结构主义课程理论是当代西方出现的一个重要的课程理论，其代表人物是该课程理论的创始人布鲁纳。

7. D 【解析】在西方，"课程"一词最早出现在英国教育家斯宾塞的《什么知识最有价值》一文中。

8. C 【解析】国家课程标准是教材编写、教学、评估和考试命题的依据，是国家管理和评价课程的基础。

9. C 【解析】课程标准包括以下内涵：(1)它是按门类制定的；(2)它规定本门课程的性质、目标、内容框架；(3)它提出了指导性的教学原则和评价建议；(4)它不包括教学重点、难点、时间分配等具体内容；(5)它规定了不同阶段学生在知识与技能、过程与方法、情感态度与价值观等方面所应达到的基本要求。故C项错误。

10. D 【解析】忠实取向认为，设计好的课程是不能改变的，课程实施的过程应该是忠实地执行课程计划的过程。李老师课前写好教案，在课堂上严格按照自己的教案来上课的行为属于课程实施的忠实取向。

11. C 【解析】本题考查课程类型。显性课程，亦称正式课程、公开课程、官方课程，是指为实现一定的教育目标而正式列入学校教学计划的各门学科，以及有目的、有组织的课外活动。故C项符合题意。A项，必修课程是指根据人的发展和社会发展需要制定的，所有学生都必须学习的科目。B项，综合课程是指打破传统的分科课程的知识领域，组合两门以上学科领域而构成的一门学科。D项，隐性课程亦称潜在课程、自发课程，是学校情境中以间接的、内隐的方式呈现的课程。

12. C 【解析】课程是指学校学生所应学习的学科总和及其进程与安排。

13. C 【解析】教科书又称课本，它是依据教学大纲(课程标准)编制的、系统地反映学科内容的教学用书，是课程标准的进一步展开和具体化，是教师进行教学的主要依据。教科书(课本)是教师教学、学生学习的基本材料。故本题选C项。

14. C 【解析】本题考查课程标准的意义。课程标准规定了学科的教学目标、任务，知识的范围、深度和结构，教学进度以及有关教学方法的基本要求，是编写教科书和教师进行教学的直接依据，也是衡量各科教学质量的重要标准，它有利于保证教学的计划性和质量。故A、B、D三项表述正确。教科书有利于确定本学科的主要教学活动、课外活动、实验活动或其他的社会实践活动，对各教学阶段的课堂教学和课外活动做出统筹安排。C项描述的是教科书的意义。

15. C 【解析】课程标准规定了学科的教学目标、任务，知识的范围、深度和结构，教学进度以及有关教学方法的基本要求，是编写教科书和教师进行教学的直接依据，也是衡量教学质量的重要标准。教师应将课程标准作为检查自己教学质量的依据。

方法技巧：理解课程计划、课程标准和教材的关系时应注意，从课程计划到课程标准再到教材是一个由宏观到微观、不断具体化的过程，它们之间的关系如下：课程计划(学校教育教学工作的指导性文件)$\xrightarrow{\text{分学科展开}}$课程标准(学科教学内容的指导性文件)$\xrightarrow{\text{具体化}}$教材(阐述学科内容)。

16. C 【解析】布鲁纳认为，任何学科的基础都可以用某种形式教给任何年龄的任何人。他提倡的是结构主义课程理论。

17. D 【解析】基础型课程注重学生基础学力的培养，即培养学生作为一个公民所必需的以"三基"(读、写、算)为中心的基础教养，是中小学课程的主要组成部分。

18. D 【解析】本题考查隐性课程。隐性课程的主要表现形式有：

(1)观念性隐性课程。包括隐藏于显性课程之中的意识形态，学校的校风、学风，有关领导与教师的教育理念、价值观、知识观、教学风格、教学指导思想等。

(2)物质性隐性课程。包括学校建筑、教室的设置、校园环境等。

(3)制度性隐性课程。包括学校管理体制、学校组织机构、班级管理方式、班级运行方式。

(4)心理性隐性课程。主要包括学校人际关系状况，师生特有的心态、行为方式等。

A项属于观念性隐性课程，B项属于物质性隐性课程，C项属于制度性隐性课程，D项属于心理性隐性课程。答案选D项。

19. D 【解析】新课程改革的三大基本理念包括：(1)关注学生发展；(2)强调教师成长；(3)重视以学论教。故选D项。

20. D 【解析】学科课程是指以文化知识(科学、道德、艺术)为基础，按照一定的价值标准，从不同的知识领域或学术领域选择一定的内容，根据知识的逻辑体系，将所选出的知识组织为学科的课程类型。我国中小学开设的语、数、外等课程属于学科课程。

21. A 【解析】本题考查综合课程的概念。综合课程是指采用各种有机整合的形式，使学校教学系统中分化的各种要素及各成分之间形成有机联系的课程形态。

22. A 【解析】编写教科书要注重科学性与思想性的统一，要注重课程内容的时代性，反映科学技术最新成果，并要做到在科学性上准确无误。同时，各学科教材的编写都要以辩证唯物主义和历史唯物主义为指导，寓思想政治教育于学科教学内容之中，力求结合本学科的特点和不同年级学生的接受能力，对学生进行具体生动的富有感染力的思想政治教育和品德教育。故本题选A项。

23. C 【解析】本题考查三维课程目标。“知识与技能”目标强调基础知识和基本技能的获得，相当于传统的“双基教学”，这一维度的目标立足于让学生学会。题干所述教学目标是对学生基础知识和基本技能方面的要求，属于知识与技能目标。

24. C 【解析】美国学者博比特在1918年出版的《课程》一书，标志着课程作为专门研究领域的诞生，这也是教育史上第一本课程理论专著。

易错警示：斯宾塞的《什么知识最有价值》与博比特的《课程》，这两部西方国家有关“课程”的著作是易考点，考生需注意区分两者的作者、地位等。

25. B 【解析】隐性课程是学校情境中以间接的、内隐的方式呈现的课程，有多种表现形式。其中，物质性隐性课程主要包括学校建筑、教室的设置、校园环境等。“图书角、黑板报、光荣榜、植物区等”就是一种物质性隐性课程。

26. A 【解析】由学校开设，让学生在课外活动自由选择学习的课程属于学校课程(校本课程)。

27. C 【解析】三维课程目标即知识与技能目标、过程与方法目标、情感态度与价值观目标。其中，情感态度与价值观目标强调教学过程中激发学生的情感共鸣，引起积极的态度体验，形成正确的价值观。课堂教学中，教师加强学校文化和学科文化的建设，有利于落实情感态度与价值观目标。

28. C 【解析】按照课程资源空间分布的不同，大致可以把课程资源分为校内课程资源和校外课程资源。凡是学校范围之内的课程资源就是校内课程资源，超出学校范围的课程资源就是校外课程资源。题干中的小学与企业合作开发的课程资源属于校外课程资源。

29. A 【解析】“隐性课程”一词是由杰克逊在1968年出版的《班级生活》一书中首先提出的。

30. A 【解析】课程标准主要规定某一学段或年级的所有学生在教师的帮助下或在自己的努力下都能达到的要求，它是面向全体学生的共同的、统一的基本要求，而不是最高要求。

31. D 【解析】本题考查永恒主义课程理论的观点。永恒主义认为具有理智训练价值的传统的“永恒学科”的价值高于实用学科的价值。“永恒学科”是课程的核心。永恒学科首先是那些经历了许多世纪而达到古典著作水平的书籍。本题答案选D项。

32. B 【解析】本题考查三维课程目标。过程与方法目标常用的行为动词有：经历、感受、参加、参与、尝试、寻找、讨论、交流、合作、分享、参观、访问、考察、接触、体验等。由题干中的“描述和讨论”“尝试”“感受”可知，杜老师的美术教学注重学生在教学过程中的经历和感受，这体现了三维课程目标中的过程与方法目标。

33. B 【解析】从课程内容的固有属性来划分，课程可分为学科课程与活动课程。

34. B 【解析】按课程资源的存在方式区分，可将课程资源分为显性课程资源和隐性课程资源。

35. C 【解析】本题考查存在主义课程理论的观点。存在主义课程理论认为，知识离不开人的主观性，它仅仅是作为人的意识和情感才存在的。如果知识不能引起学习者的情感，那么对他来说，就不可

能是明确的知识。故本题选C项。A项为经验主义课程论的观点,B项为社会改造主义课程论的观点,D项为学科中心主义课程论中要素主义课程论的观点。

36. C 【解析】综合课程坚持知识统一性的观点,把所有的知识视为一个整体,采用综合课程的形式教授。心理学家认为,综合课程可以发挥学习者的迁移能力。通过综合课程的学习,学生常常会把某一学科领域的概念、原理和方法运用到其他学科领域。

37. A 【解析】多尔在分析和批判泰勒模式的基础上,把他设想的后现代课程标准概括为"4R",即丰富性、循环性、关联性和严密性。

38. B 【解析】校本课程的开发主要依靠本校的教师或本校的教师与学生共同完成。因此,学生可以参与校本教材的编制。

39. B 【解析】学校文化的重建是课程改革的直接诉求和终极目标。

40. A 【解析】课程是知识,这是一种比较早、影响相当深远的观点,也是比较传统的观点。可以说,在世界范围内,近代的课程体系主要是在这种观点的影响下建立起来的。

41. B 【解析】"一切为了每一位学生的发展"是新课程改革的核心理念。

42. A 【解析】本题考查三维课程目标。新课程背景下的课堂教学,要求根据各学科教学的任务和学生的需求,从知识与技能、过程与方法、情感态度与价值观三个维度出发设计课程目标。可以说,知识与技能维度的目标立足于让学生学会,过程与方法维度的目标立足于让学生会学,情感态度与价值观维度的目标立足于让学生乐学,任何割裂知识与技能,过程与方法,情感态度与价值观三维目标的教学都不能促进学生的健全发展。故本题选A项。

43. B 【解析】横向组织,又称水平组织,是指打破学科的知识界限和传统的知识体系,按照学生发展阶段,以学生发展阶段需要探索的、社会和个人最关心的问题为依据,组织课程内容,构成一个一个相对独立的专题。

44. D 【解析】教材是教师进行教学的主要依据,任何教师都离不开教材。选项D说法错误,故选D项。

易错警示:考生易混淆教材和教科书,易将二者视为同一概念。做题时应注意:教材的范围比教科书要大,二者是包含与被包含的关系,不能等同。

45. B 【解析】三维课程目标中的"过程与方法"目标突出的是让学生"学会学习",使学生获得知识的过程同时成为获得学习方法和能力发展的过程。B项注重方案设计的思考和改善,属于过程与方法目标。A项属于情感态度与价值观目标,C、D项属于知识与技能目标。

46. A 【解析】要素主义是20世纪30年代美国出现的与进步主义教育相对立的教育思想流派,又称传统主义教育、保守主义教育,其代表人物是巴格莱。要素主义课程理论的产生源于对杜威实用主义"儿童中心"课程的反思,认为儿童中心的课程难以保证学生获得基本的知识技能,而教育和课程应当将人类文化要素传授给下一代。故本题选A项。

47. D 【解析】新课程倡导"立足过程,促进发展"的课程评价。

48. C 【解析】课程设计的实质是人们根据一定的价值取向,按照一定的课程理念,以特定的方式组织安排课程中的各种要素或各种成分,从而形成课程结构的过程及其产物。课程设计是将课程理念转化为课程实践活动的"桥梁"。

49. B 【解析】泰勒是美国著名的课程理论家,被美誉为"当代教育评价之父""现代课程理论之父"。

50. A 【解析】本题考查古德莱德关于课程的定义。古德莱德认为,存在着五种不同的课程:(1)理想的课程,即由一些研究机构、学术团体和课程专家提出的应该开设的课程;(2)正式的课程,即由教育行政部门规定的课程计划、课程标准和教材,也就是列入学校课程表中的课程;(3)领悟的课程,即任课教师所领会的课程;(4)运作的课程(实行的课程),即在课堂上实际实施的课程;(5)经验的课程,即学生实际体验到的东西。A项正确。

51. A 【解析】情感态度与价值观目标强调教学过程中激发学生的情感共鸣,引起积极的态度体验,形成正确的价值观。A项的描述属于情感态度与价值观目标。

52. B 【解析】本题考查课程类型。活动课程亦称经验课程,是指围绕着学生的需要和兴趣、以活动为组织方式的课程形态,即以学生的主体性活动的经验为中心组织的课程。题干中杜威根据儿童兴趣,在学校开设的烹饪、金工、木工等课程属于经验课程。

二、多项选择题

1. ACD 【解析】小学、初中阶段课程应体现普及性、基础性和发展性。

易错警示:义务教育阶段(小学、初中阶段)课程设

置的特点与义务教育阶段教学计划的特征是易混点，考生在复习过程中可对比记忆。义务教育的教学计划具有强制性、普遍性、基础性的特点。

2. CD 【解析】情感态度与价值观目标强调教学过程中激发学生的情感共鸣，引起积极的态度体验，形成正确的价值观。C、D项的描述属于情感态度与价值观目标。

3. ACD 【解析】潜在课程是一种潜移默化的教育影响，主要包括以下几方面内容：(1)学生在学校各种人际交往中受到的影响；(2)学校、班级中长期形成的制度与非制度文化的影响；(3)学校物质环境所构成的物质文化的影响。

4. ACD 【解析】本题考查综合实践活动的内容。综合实践活动的内容主要包括：信息技术教育、研究性学习、社区服务与社会实践、劳动与技术教育。

5. ACD 【解析】从课程设计、开发、管理主体或管理层次来看，可将课程分为国家课程、地方课程与校本(学校)课程。

6. ACD 【解析】学科课程过多考虑知识的逻辑和体系，不能完全照顾学生的需要和兴趣。故B项错误。

7. BCD 【解析】校本课程应该是学校教师开发和选用的课程方案或指南，而不能是学生人手一本的教材，所以校本课程开发并不是必须开发出相应的书面教材。故A项错误。

8. ABC 【解析】课程资源具有多样性、潜在性、多质性和动态性的特点。

9. BCD 【解析】本题考查新课程改革的具体目标。新课程改革要求改变课程结构过于强调学科本位、科目过多和缺乏整合的现状，整体设置九年一贯的课程门类和课时比例，并设置综合课程，以适应不同地区和学生发展的需求，体现了课程结构的均衡性、综合性和选择性。

10. ABC 【解析】安排课程表应遵循的原则有：(1)整体性原则；(2)迁移性原则；(3)生理适宜原则。

11. ABC 【解析】课程的多样化主要指：(1)课程应当广泛反映不同地区的不同经济社会发展的要求；(2)反映不同民族、阶级、阶层、群体的不同文化、利益与需求；(3)反映不同学生个人的个性发展的选择与诉求。简言之，要反映各方面的多样化需求。

12. ACD 【解析】课程实施有三种取向：忠实取向、相互调适取向、创生取向。

13. ABCD 【解析】本题考查新课程背景下学习方式转变的相关内容。学习方式转变是新课程改革的显著特征和核心任务。故A、B项说法正确。

学生学习方式的转变具有极其重要的意义，这是因为学习方式的转变将会牵引出思维方式、生活方式甚至生存方式的转变。故C项说法正确。

就教与学关系而言，教师教育观念、教学方式的转变最终都要落实到学生学习方式的转变上。故D项说法正确。

14. ABD 【解析】本题考查课程内容的组织形式。直线式与螺旋式是课程内容组织的两种基本逻辑方式。直线式是指把课程内容组织成一条在逻辑上前后联系的“直线”，前后内容基本不重复，即课程内容直线式前进，前面安排过的内容在后面不再呈现。螺旋式是指在不同单元乃至阶段或不同课程门类中，使课程内容重复出现，逐渐扩大知识面，加深知识难度，即同一课程内容前后重复出现，前面呈现的内容是后面内容的基础，后面内容是对前面内容的不断扩展和加深，层层递进。故A项说法正确。直线式与螺旋式二者各有利弊。对理论性较强、学生不易理解和掌握的内容，尤其对低年级的儿童来说，螺旋式较适合；对一些理论性相对较低的学科知识，操作性较强的内容，采用直线式组编则较适合。故B项说法正确，C项说法错误。直线式课程和螺旋式课程对学习者思维方式有不同的要求，前者要求逻辑思维，后者要求直觉思维。两者各有其特点，最佳的选择是在保持线性编排思想的同时，恰当融入螺旋式课程要素和直觉思维特点，形成直线前进与螺旋上升的优化编排体系。故D项说法正确。

15. BD 【解析】本题考查拓展型课程的适用类型。拓展型课程注重拓展学生的知识和能力，开阔学生的知识视野，发展学生各种不同的特殊能力，并迁移到其他方面的学习。例如，注重加强学生文学、艺术鉴赏方面的教育与拓展学生文化素质的文化素养课程和艺术团队活动，注重加强学生科学素质教育、培养学生知识与社会实践相结合的能力的环境保护等课程，都属于拓展型课程。A项适用于基础型课程；C项适用于研究型课程。

三、判断选择题

1. B 【解析】地方课程是省级教育行政部门以国家课程为基础，依据当地的政治、经济、文化、民族等发展的需要而开发设计的课程。它属于二级课程。

2. B 【解析】本题考查新课改背景下课程的内涵。新课程改革背景下，课程不只是“文本课程”(教学计划、教学大纲、教科书等文件)，更是“体验课程”(被教师与学生实实在在地体验到、感受到、领悟

到、思考到的课程)。题干说法错误。

3. A 【解析】学校课程即校本课程,是学校在确保国家课程和地方课程有效实施的前提下,针对学生的兴趣和需要,结合学校的传统和优势以及办学理念,充分利用学校和社区的课程资源,自主开发或选用的课程。

4. A 【解析】课程实施即将已经编定好的课程付诸实践的过程,它是达到预期的课程目标的基本途径。一般来说,课程设计得越好,实施起来就越容易,效果也就越好。

5. A 【解析】本题考查新课程结构的内容。《基础教育课程改革纲要(试行)》规定,在课程结构上,整体设置九年一贯的义务教育课程。小学阶段以综合课程为主,初中阶段设置分科与综合相结合的课程,高中以分科课程为主。

6. B 【解析】本题考查现代学习方式的基本特征。独立性是现代学习方式的核心特征,它对应于传统学习方式的依赖性。体验性是现代学习方式的突出特征。

7. B 【解析】课程标准规定了学科的教学目标、任务,知识的范围、深度和结构,教学进度以及有关教学方法的基本要求,是编写教科书和教师进行教学的直接依据。教师确定教学目标,也要研究课程标准。

8. A 【解析】新课程改革倡导教师"用教材教",而不是简单地"教教材"。教师完全可以而且应该根据学生的情况来处理教材。因此,李老师的做法是正确的。

9. B 【解析】本题考查综合课程的具体分类。综合课程可分为学科本位综合课程、社会本位综合课程、儿童本位综合课程。其中,社会本位综合课程是以源于社会生活的问题为课程整合的核心,其目的是使学习者适应或改进当代社会生活。这类课程的内容主要源于某一社会或整个人类的条件和状况,学生研究社会(特别是他们自己的社会)的种种特征与问题,如学校的功能、社会生活的主要活动等。

10. A 【解析】教师不仅是课程资源的开发者,而且其本身也是重要的课程资源。教师作为课程资源,其自身的知识结构、能力素质、价值取向在课程实施过程中发挥着无可替代的特殊作用。

四、填空题

1. "活动分析法"
2. 必修课程
3. 学科课程
4. 发现式
5. 过程评价
6. 狭义的课程
7. 教材
8. 国家课程
9. 学科
10. 地方课程

五、判断说理题

1. 显性课程与隐性课程是对立的。这种说法是否正确?请结合相关知识说明理由。

(1)这种说法是不正确的。(2)①隐性课程对于某一个或某几个课程主体来说总是内隐的、无意识的;而显性课程则是以直接的、明显的方式呈现的课程,它对课程的实施者和学习者来说都是有意识的。②显性课程的实施总是伴随着隐性课程,而隐性课程也总是蕴藏在显性课程的实施与评价过程之中的。③隐性课程可以转化为显性课程。当显性课程中存在的积极或消极的隐性课程影响为更多的课程主体所意识到而有意加以控制的时候,隐性课程便转化为显性课程。(3)由此可见,显性课程与隐性课程不是二元对立的,二者互动互补、相互作用,在一定的条件下,二者可以相互转化。

2. 活动课程夸大了儿童的个人经验,忽视了知识本身的逻辑顺序,影响了系统知识的学习,容易导致教学质量的降低。这种说法是否正确?请结合相关知识说明理由。

(1)这种说法是正确的。(2)活动课程以学习者的经验为中心来组织,容易导致学科知识的支离破碎,学生难以掌握系统完整的学科知识体系;同时,活动课程以学习者的活动为中心,在实施中容易导致"活动主义",为活动而活动,如果把握不当,会极大地影响教学效率和教育质量。

3. 开发地方课程和校本课程就意味着要编写教材。这种说法是否正确?请结合相关知识说明理由。

(1)这种说法是不正确的。(2)开发地方课程和校本课程并不能等同于编写教材,或者说主要不是编写学生统一使用的、人手一本的教材,而应该充分开发和利用当地的课程资源,更多地采用活动形态以及为开展活动而提供给教师一些参考性的课程方案。

4. 选修课开设得越多越好。这种说法是否正确?请结合相关知识说明理由。

(1)这种说法是不正确的。(2)选修课程是针对必修课程的不足之处提出来的,是为发展学生的兴趣、爱好和个性特长而开设的课程。因此,选修课的开设并不是越多越好,要适量而为。

六、简答题(参考答案)

1. 简述当前课程评价发展的基本特征。

(1)重视发展,淡化甄别与选拔,实现评价功能的转变;(2)重综合评价,关注个体差异,实现评价指标的多元化;(3)强调质性评价,定性与定量相结合,实现评价方法的多样化;(4)强调参与与互动、自评与他评相结合,实现评价主体的多元化;(5)注重过程,终结性评价与形成性评价相结合,实现评价重心的转移。

2. 简述编写教科书应遵循的基本原则与要求。

(1)科学性与思想性统一;(2)强调内容的基础性与适用性;(3)知识的内在逻辑与教学法要求的统一;(4)理论与实践统一;(5)教科书的编排形式要有利于学生的学习;(6)注意与其他学科的纵向和横向联系。

3. 制约课程的主要因素有哪些?

总的来说,社会、知识、儿童是制约学校课程的三大因素。

(1)一定历史时期社会发展的要求及提供的可能(社会需求);(2)一定时代人类文化及科学技术发展水平(学科知识水平);(3)学生的年龄特征、知识与技能的基础及其可接受性(学习者身心发展的需求)。

4. 简述课程组织的原则和方式。

原则:(1)连续性;(2)顺序性;(3)整合性。

方式:(1)直线式与螺旋式;(2)纵向组织与横向组织;(3)逻辑顺序与心理顺序。

七、论述题(参考答案)

1. 试述课程目标与教育目的、培养目标、教学目标的关系。

(1)教育目的是总体性的、高度概括性的,而不是具体的;课程目标旨在详细描述学生身心发展的预期结果,明确学生所要达到的发展水平,是具体的,可以付诸实现,不是一般性的规划,与教育目的不同。

(2)培养目标的实现,主要是通过学校所设置的课程而达成的,但培养目标通常不涉及具体的学习领域。因此,为了使课程编制工作切实有效,我们还必须使培养目标具体化,即要确定课程目标。课程目标是培养目标的下位概念。

(3)教学目标是课程目标的进一步具体化,是指导、实施和评价教学的基本依据,是师生在学科教学活动中预期达到的教学结果、标准。教学目标是课程目标的下位概念。课程目标的制定关系到某一科类或某一学科的全局,而教学目标是为教师的教和学生的学提供依据,它主要是对局部的教与学产生导向作用。

(4)从教育目的到培养目标到课程目标再到教学目标,它们是一个紧密联系的统一体,上一层次目标制约着下一层次的目标,而下一层次目标是上一层次目标的落实与具体化。

2. 如何理解并落实新课程标准中的三维课程目标?

新课程标准中的三维目标是:知识与技能,过程与方法,情感态度与价值观。三者是一个相互联系的、密不可分的有机整体,融合于教育教学活动之中。教师在教学中落实课程的三维目标的途径有以下几点:

(1)依据课程标准的要求,结合新教材特点,在教学设计时充分考虑"三维目标"的落实;

(2)"三维目标"是一个有机整体,不是三项并列目标,不能将其硬性割裂分开;

(3)三维目标的落实是一个灵活创新求真的过程,要根据实际情况,灵活有序地落实;

(4)受传统的习惯影响,教师尤其要强化"过程与方法""情感态度与价值观"这两个层面上的目标意识。

八、案例分析题(参考答案)

1. (1)①案例中的第一位教师和第二位教师没有树立正确的教材观。新课程将教材视为"跳板"而非"圣经",倡导教师"用教材教",而不是简单地"教教材"。新的课程计划和课程标准为教学活动预留了充分的空间,视教材为案例,开放教材,鼓励教师充实并超越教材。教师应将教材视为教学活动的"跳板",使之成为学生学习和创新的有力凭借。

②案例中的第三位教师和第四位教师对新课程倡导的素质教育有误解,认为素质教育就会影响升学率。这是对素质教育内涵的误解。首先,素质教育的目的是促进学生的全面发展,素质教育旨在提高国民素质,升学率只是衡量教育质量的标准之一。其次,真正的素质教育不会影响升学率,因为素质教育强调科学地学习、刻苦地学习、有针对性地学习,这样反而有助于升学率的提高。

(2)之所以出现案例中各位教师的"抱怨",是因为部分教师对新课程改革的理解仍然存在误区。为了更好地执行新课程改革的各项措施:

①教师要树立正确的教学观:全面发展的教学观;交往与互动的教学观——教学不只是教师教学生学的过程,更是师生交往、积极互动、共同发展的过程;开放与生成的教学观——教学不只是课程传递和执行的过程,更是课程创生与开发的过程。

②教师要树立正确的学生观:学生是发展中的人,要用发展的观点认识学生;学生是独特的人;学生是具有独立意义的人。

③教师要树立正确的教材观:新课程倡导教师“用教材教”,而不是简单地“教教材”。教师完全可以而且应该根据学生的情况来处理教材。

(考生可结合实际进行阐述,言之有理即可)

2. (1)校本课程开发要树立“学生为本”的课程理念,校本课程开发要基于学生的实际发展需要,尤其重视学生个体有差异的学习需要,同时兼顾社会的需要。案例中的“茶道课”引起了学生的学习兴趣,同时能够改变不健康的习惯,符合“学生为本”的课程理念。

(2)校本课程开发要体现“全员参与”的合作精神。在校本课程开发过程中,要充分发挥校长、学生家长、学生和社区代表等的作用,形成一个开发校本课程的合作共同体,大家都有权对课程发表自己的看法,集思广益,最终形成一个最优的课程方案。案例中校本课程的开发是由家长提议,得到了班主任和家长委员会的积极响应,学生也积极参与,体现了“全员参与”的合作精神。

(3)校本课程开发要善于利用蕴藏在当地社区和学校师生中的各种课程资源,更好地反映学生的实际生活。校本课程开发要根据已有的条件进行资源重组,开发出适合自己学校的、具有特色的、学生喜欢的课程。案例中的“茶道课”是在学生家长提议、家长委员会购买茶具、由研究茶文化的学生家长担任教师等因素的组合下开发出来的课程,这充分利用了已有资源,开发出学生喜欢的特色课程。

真题精解

一、单项选择题

1. B 【解析】学生中心课程理论也称儿童中心课程理论,是以儿童的现实生活特别是活动为中心来编制课程的理论,因此,这种课程理论又称活动课程理论。活动课程理论的主要倡导者是美国实用主义教育家杜威。

2. A 【解析】选修课程是针对必修课程的不足之处提出来的,是为发展学生的兴趣、爱好和个性特长而开设的课程。

3. C 【解析】课程标准是课程计划中每门学科以纲要的形式编写的、有关学科教学内容的指导性文件。课程标准的基本框架包括前言(阐述课程改革的背景、课程性质等)、课程目标、内容标准、实施建议和附录。

4. C 【解析】隐性课程亦称潜在课程、自发课程,是学校情境中以间接的、内隐的方式呈现的课程。隐性课程的主要表现形式有:(1)观念性隐性课程;(2)物质性隐性课程;(3)制度性隐性课程;(4)心理性隐性课程。校园环境、班级氛围和学校风气都属于隐性课程。

5. B 【解析】存在主义课程理论的主要代表人物之一美国学者奈勒认为,不能把教材看作为学生谋求职业做好准备的手段,也不能把它们看作对学生进行心智训练的材料,而应当把它们看作用来作为自我发展和自我实现的手段;不能使学生受教材的支配,而应该使学生成为教材的主宰。故本题选B项。

二、多项选择题

BD 【解析】综合课程是指打破传统的分科课程的知识领域,组合两门以上学科领域而构成的一门学科。“科学”课程包含了物理、化学、生物等学科内容,“艺术”课程包含了音乐、美术等学科内容,所以这两门课程都属于综合课程,答案选B、D项。分科课程是指根据学校教育目标、教学规律和一定年龄阶段的学生发展水平,分别从各门学科中选择部分内容,组成各种不同的学科,彼此分立地安排它们的教学顺序、教学时数和期限。我国普通中小学教育大多采用分科课程,A、C项也在这一课程类型之列,故不选。

三、判断题

1. × 【解析】隐性课程具有潜在性和非预期性,通常体现在学校和班级的情境之中,包括物质情境、文化情境、人际情境。这些情境对学生起潜移默化的影响和作用,有时这些影响甚至超过有意安排的课程活动。故不应减少隐性课程对学生的影响。

2. × 【解析】课程标准不属于课程计划的内容。

四、填空题

1. 活动
2. 教科书(课本)
3. 课程内容

第七章 教师与学生

基础训练

一、单项选择题

1. A 【解析】教师劳动的广延性是指空间的广延性。教师没有严格界定的劳动场所,课堂内外、学校内外都可能成为教师劳动的空间。题干所述体现了教师劳动的广延性的特点。

易错警示:教师劳动的广延性与长期性是易混点。广延性强调空间,无严格界定的劳动场所;长期性强调时间,培养周期长、影响迟效。考生要注意两者的区别。

2. B 【解析】教师的教育科学知识(条件性知识)主要包括三个方面:(1)学生身心发展知识;(2)教与

学的知识;(3)学生成绩评价的知识。教育学、心理学及各科教材教法是教师首先要掌握的最为基本的教育科学知识。题干中的教师不能从心理学的角度帮助学生缓解考前紧张的情绪,就体现了该教师缺乏条件性知识。

方法指导:本体性知识与条件性知识是易错易混点,具体考生可这样理解:缺乏本体性知识的教师不能称为教师,缺乏条件性知识的教师不能称为好的教师。

3. A 【解析】教师的劳动任务具有复杂性。教师不仅要传授科学文化知识和训练学生的技能,发展学生的智力、培养能力,还要培养学生一定的思想品德,促进学生的身心健康发展。题干的描述即体现了教师劳动任务的复杂性。

4. A 【解析】教师的"传道者"角色是指,教师负有传递社会道德传统、价值观念的使命,"道之所存,师之所存也"。除了社会一般道德观、价值观外,教师对学生的"做人之道""为业之道""治学之道"等也有引导和示范的责任。故本题选A项。

5. B 【解析】教师劳动的创造性的表现之一是对教材内容的处理、教学方法的选择和运用。"教学有法,教无定法"是对教师劳动创造性的最好注脚。所以题干所述说明教师劳动具有创造性。

6. C 【解析】本题考查教师的职业角色。教师的示范者角色表明教师的言行是学生学习和模仿的榜样。学生具有可塑性和向师性的特点,教师的言谈举止、行为方式、为人处世的态度等都会对学生产生耳濡目染、潜移默化的影响。因此,题干所述指的是教师的示范者角色。

7. C 【解析】在民主型师生关系中,教师能力强、威信高,善于与学生交流,不断调整教学进程和方法;学生学习积极性高,兴趣广泛、独立思考,和教师配合默契。题干所述内容属于民主型的师生关系。

8. A 【解析】本题考查心理健康的表现。教师心理健康的构成是指一个优秀教师所应有的心理素质,也就是教师对内外环境及人际关系有着良好适应的条件。这些条件包括高尚的职业道德、愉悦的情绪情感、良好的人际关系、健康的人格特征等。教师在教学过程中要有成熟的、积极的心理素质,要把积极愉悦的情感带给学生,而不能将生活中的不愉快带到课堂之中,故B项错误。教师要公正平等地对待所有学生,要一视同仁,不能偏袒某些学生,故C项错误。教师在与学生交往过程中,应将师生关系建立在民主平等的基础之上,故D项错误。因此,本题答案选A项。

9. A 【解析】教师的道德形象被视为教师的最基本形象。教师的文化形象是教师形象的核心。教师的人格形象是学生亲近或疏远教师的首要因素。

10. B 【解析】"茶壶煮饺子,有货倒不出"形象地说明了一位合格的教师不仅要有渊博的知识,而且要有语言表达能力及教育教学组织能力,能将自己的知识教给学生。

11. D 【解析】世界上最早的师范教育机构诞生于法国。1681年,法国"基督教兄弟会"神甫拉萨儿在兰斯创立了世界上第一所师资训练学校,这是世界上独立的师范教育的开始。

12. C 【解析】本题考查新课程改革中教师教学行为的变化。新课程改革中教师教学行为的变化表现在:(1)在对待师生关系上,新课程强调尊重、赞赏;(2)在对待教学关系上,新课程强调帮助、引导;(3)在对待自我上,新课程强调反思;(4)在对待与其他教育者的关系上,新课程强调合作。C项表述正确。

13. B 【解析】符合时代特征的学生观要求教师全面理解学生的发展,理解学生全面发展与个性发展、全体发展与个体发展、现实发展与未来发展的关系。

14. B 【解析】"资之深,则取之左右逢其源"的意思是:知识积累深厚了,就能在取用之时左右逢源而取之不尽。对于教师来说,就是强调教师具备精深的学科专业知识的重要性。

15. C 【解析】教师劳动的创造性的表现之一是对教材内容的处理、教学方法的选择和运用。教师借助新技术、新方法进行教学,就体现了教师劳动的创造性特点。

16. C 【解析】本题考查新课程倡导的教师角色。新课程倡导的教师角色有:(1)从教师与学生的关系看,教师是学生学习的促进者;(2)从教学与研究的关系看,教师是教育教学的研究者;(3)从教学与课程的关系看,教师是课程的开发者和建设者;(4)从学校与社区的关系看,教师是社区型开放的教师。C项表述正确。

17. D 【解析】本题考查新课程倡导的教师角色。新课改倡导学生主动参与、乐于探究、勤于思考、善于动手。这就要求教师调整改变教学行为和策略,转变角色,不再是知识的占有者、传递者,应成为学生学习的促进者。教师要帮助学生制定适当的学习目标,并确认和协调达到目标的最佳途径,指导学生形成良好的学习习惯,掌握学习策略,发展认知能力;要创设丰富的教学情境,激发学生学习动机,培养学生的学习兴趣,鼓励学生将自己掌握的各种知识、实践经验带到课堂中,促进自主学

习,使学生能够自己去实验、观察、探究、研讨,使他们身心全部投入到学习活动之中,在愉快中学习,掌握新知识。所以,题干所述体现了教师的促进者角色。

18. D 【解析】1966年10月,国际劳工组织和联合国教科文组织在巴黎会议上通过的《关于教师地位的建议》中提出:“教师工作应被视为一种专业。”专业即专门化职业。

19. D 【解析】本题考查教师专业发展的自我更新阶段论。我国学者叶澜等人在参考国外教师专业发展研究成果的基础上,提出了以教师专业的自我更新为取向的五个发展阶段:“非关注”阶段、“虚拟关注”阶段、“生存关注”阶段、“任务关注”阶段、“自我更新关注”阶段。其中,“自我更新关注”阶段,教师已经完全掌握了教学机制和课堂管理策略,更加关注课堂内部的活动及其实效,关注学生是否真的在学习,关注教学内容是否真的适合学生,关注学生的差异。这一阶段的教学由关注情境转变为关注学生。根据题干的描述,杨老师在这一阶段关注的重点是学生,杨老师处于“自我更新关注”阶段。D项正确。

20. C 【解析】题干所述内容强调了学生的可塑性,而忽视了学生的主观能动性。

21. B 【解析】王老师主持的名师工作室是教师分享知识、共同研究和探讨问题的同伴互助形式,小李老师加入其中,积极参与各项教研活动,很快适应了岗位工作,表明小李老师在专业发展上注重同伴互助。

22. C 【解析】“其身正,不令而行;其身不正,虽令不从”出自《论语》,可译为:当管理者自身端正(作出表率时),不用下命令,被管理者也会跟着行动起来;相反,如果管理者自身不端正(而要求被管理者端正),纵然三令五申,被管理者也不会服从的。这句话强调了教师做好榜样示范的重要性。故C项说法正确。

23. C 【解析】我国最早的师范教育产生于清末。1897年,盛宣怀在上海开办“南洋公学”,分设上院、中院、师范院和外院。其中的师范院即中国最早的师范教育,外院则是师范院的附属小学。

24. C 【解析】教师劳动的创造性主要表现在:(1)因材施教;(2)对教材内容的处理、教学方法的选择和运用;(3)教育机智。因此,发挥教师劳动的创造性主要体现在这三个方面,而并非要“事事与众不同”,故选C项。

25. A 【解析】本题考查教学反思的途径。教学反思的途径包括:(1)阅读理论文献,在理论解读中反思;(2)撰写教学日志,通过写作进行反思;(3)寻求专业引领和同伴互助,在对话讨论中反思;(4)征求学生意见,从学生反馈中反思。故A项属于教师反思的途径。

26. D 【解析】教师的专业自我是指教师在职业生活中创造并体现符合自己志趣、能力与个性的独特的教育教学生活方式以及个体自身在职业生活中形成的知识、观念、价值体系与教学风格的综合。题干所述内容体现了教师专业自我的形成过程。

27. D 【解析】本题考查教师劳动的特点。“学为人师,行为世范”的意思是:所学要为世人之师,所行应为世人之范。也就是说教师在教育过程中要以身作则,为人师表,为学生做好榜样。这体现了教师劳动的主体性和示范性特点。

28. A 【解析】教师的教育能力是教师职业的特殊要求。

29. B 【解析】学生是独特的人,学生和成人之间是存在很大差别的,学生的观察、思考、选择和体验,都和成人有明显不同,“应当把成人看作成人,把孩子看作孩子。”

30. A 【解析】现代学生观的内容之一是学生是发展中的人,要用发展的观点认识学生。作为发展中的人,意味着学生还是不成熟的人,是一个正在成长的人。没有缺陷,就没有发展的动力和方向。把学生作为发展中的人来对待,就要理解学生身上存在的不足,就要允许学生犯错误。当然,更重要的是要帮助学生解决问题,改正错误,从而不断促进学生的进步和发展。题干中的张老师没有一味地指责李鹏,而是鼓励他继续努力、并相信李鹏能取得更大的进步,就体现了该学生观。

31. C 【解析】教师的专业理想是教师对成为一个成熟的教育专业工作者的向往与追求,它为教师提供了奋斗的目标,是推动教师发展的巨大动力。

32. C 【解析】师生关系是教育活动过程中人与人关系中最基本、最重要的关系。

33. D 【解析】新课程提倡的学生观主要包括:(1)学生是发展中的人,要用发展的观点认识学生;(2)学生是独特的人;(3)学生是具有独立意义的人。

34. D 【解析】学生的主观能动性主要表现在三个方面:自觉性,也称主动性,这是学生主观能动性最基本的表现;独立性,也称自主性,这是自觉性进一步发展的表现;创造性,这是学生主观能动性的最高表现。

易错警示:考生易混淆学生主观能动性最基本的表现是自觉性还是独立性。自觉性是指学生能

够自行采取相应的态度或行动;独立性表现在学生不仅具有自觉性,而且能自行确定或选择目标和行动方式,并且自我监督和调控。所以独立性是自觉性进一步的发展,自觉性才是学生主观能动性的最基本表现。

35. B 【解析】本题考查教师的领导方式。教师的领导方式有专制型、民主型、放任型三种。大量教育实践表明,民主型领导方式下的师生关系比较融洽,最能发挥学生的主观能动性。故本题选B项。

36. B 【解析】教师应具备的知识素养主要包括:政治理论修养、学科专业知识(本体性知识)、科学文化知识、教育科学知识(条件性知识)和实践性知识。其中,教师的教育科学知识主要包括三个方面:(1)学生身心发展的知识;(2)教与学的知识;(3)学生成绩评价的知识。故选B项。

37. D 【解析】教师走到学生面前,伸手摸他的额头,看其是否感冒发烧,此时主要是关心学生的身体健康,扮演着学生家长代理人的角色。

38. A 【解析】良好师生关系的意义有:(1)良好的师生关系是教育教学活动顺利进行的保障;(2)良好的师生关系是构建和谐校园的基础;(3)良好的师生关系是实现教学相长的催化剂;(4)良好的师生关系能够满足学生的多种需要。此外,良好的师生关系还有助于提高教师的威信,有助于师生的心理健康发展。

39. D 【解析】学生是发展中的人,要用发展的观点看待学生。题干中的老师就是用一种静止的观点去看待学生,认为学习差的孩子就会一直学习差,忽视了学生的发展性。

40. A 【解析】本题考查学生的特点。学生具有向师性。学生入学后,会自然地亲近、信赖、尊敬甚至崇拜教师,把教师作为获取知识的智囊、解决问题的顾问、行为举止的楷模。

41. C 【解析】本题考查师生关系的基本类型。放任型师生关系以无序、随意、放纵为主要特征。在教学中,以这种师生关系类型为主的教师采取放任的方式,不负任何实际责任,给予学生充分的自由,允许他们学习自己所喜欢的东西。教师不控制学生的行为,也不指示学习方法,一切活动由学生自己进行。题干表述属于放任型师生关系模式。

42. D 【解析】本题考查师生关系的作用。关于师生关系的作用,有说法认为:(1)良好的师生关系是教育教学活动顺利进行的保障;(2)良好的师生关系是构建和谐校园的基础;(3)良好的师生关系是实现教学相长的催化剂;(4)良好的师生关系能够满足学生的多种需要。所以,D项符合题意。

43. C 【解析】加里宁称教师是"人类灵魂的工程师"。

44. D 【解析】本题考查儿童中心论的代表人物。从批判传统学校教育的做法出发,杜威认为,学校生活组织应该以儿童为中心,使得一切主要是为儿童的而不是为教师的。因为以儿童为中心是与儿童的本能和需要协调一致的,所以,在学校生活中,儿童是起点,是中心,而且是目的。杜威强调说:"我们必须站在儿童的立场上,并且以儿童为自己的出发点。"所以教育思想中始终强调儿童中心论的思想家是杜威。

45. C 【解析】夸美纽斯认为,教师是太阳底下最崇高、最优越的职业。

46. D 【解析】民主平等是现代师生伦理关系的核心要求。

47. D 【解析】1924年,国际联盟通过了《日内瓦儿童权利宣言》,这是第一个主张儿童权利的国际性文件。

易错警示:1989年11月20日联合国大会通过的《儿童权利公约》的核心精神,正是维护青少年儿童的社会权利主体地位。考生注意不要将两者混淆。

48. C 【解析】在封建社会,随着学校结构的复杂和规模的扩大,教师职业开始向专门化方向发展。

49. B 【解析】题干中的这位教师之所以不能回答学生的提问,是因为他的知识不够渊博,缺乏广博的科学文化知识即通用知识。

50. C 【解析】必备的教育科学知识(条件性知识)即教师要加强教育工作的科学性和有效性,就必须掌握相关的理论知识。其中,教育学、心理学及各科教材教法是教师首先要掌握的最为基本的教育科学知识。故题干所述属于条件性知识。

51. B 【解析】教师职业的经济地位指将教师职业与其他职业相比较,其劳动报酬的差异状况及其经济生活状态。它是教师社会地位的最直接体现。自古以来,除少数大师鸿儒外,普通教师的经济地位一直比较低下,"家有一斗粮,不当孩子王""两袖清风"等正是这种情况的真实写照。

52. B 【解析】解决师生冲突的关键是教师。教师用民主的态度对待学生,热情、耐心地帮助学生,使学生不断加深对教师的了解,是建立良好师生关系的基础,也是防止师生冲突的一个重要前提。

53. B 【解析】自觉性也称主动性,表现在学生能根据一定的目标或要求,或在某种情境的激发下,自行采取相应的态度或行动。

54. D 【解析】教师的实践性知识是基于教师个人的经验积累,在对待和处理教育问题时体现出的个人特质和教育智慧。题干所述属于实践性知识。

二、多项选择题

1. BC 【解析】教师劳动的创造性主要表现在三个方面:(1)因材施教;(2)对教材内容的处理、教学方法的选择和运用;(3)教育机智。教学情境往往难以控制也即需要教师具备一定的教育机智。因此,答案选B、C项。

2. BC 【解析】B项中对学困生产生"魔鬼效应"是指教师认为学习有困难的学生在其他方面也是差的,即学生只要学习差,则任何方面都是不好的;C项是对好学生的片面理解。所以B、C项都不利于建立良好的师生关系。

3. BCD 【解析】本题考查教师的职业形象。教师的职业形象是教师群体或个体在其职业生活中的形象,是其精神风貌和生存状态与行为方式的整体反映。教师职业形象至少包括三个方面:(1)教师的道德形象;(2)教师的文化形象;(3)教师的人格形象。

4. BCD 【解析】教学相长包括三层含义:(1)教师的教可以促进学生的学;(2)教师可以向学生学习;(3)学生可以超越教师。

5. ACD 【解析】本题考查现代学生观的基本观点。王本陆在《面向21世纪的学生观》中提出,现代学生观的基本观点有:(1)学生是发展的人;(2)学生是独特的人;(3)学生是教育活动的主体;(4)学生是责权主体。B项表述错误。

6. BC 【解析】影响师生关系的环境主要是学校的人际关系环境和课堂的组织环境。学校领导与教师的关系、教师之间的关系、教师与家长的关系,必然影响师生关系。课堂的组织环境主要包括教室的布置、座位的排列、学生的人数等。

7. ACD 【解析】要增强师生之间的心理相容性,提高教学效果,应该着重在三个方面努力:(1)多接触学生,研究学生,了解学生的心理状态;(2)遵循教育规律,多采取讨论、启发等教学方法;(3)为人师表,以人格力量感化学生。故本题选A、C、D三项。另外,民主平等要求教师理解学生,发挥非权力性影响。

8. ABCD 【解析】本题考查"学生是发展中的人"的含义。学生是发展中的人,包括四层含义:(1)学生具有和成人不同的身心发展特点;(2)学生具有发展的巨大潜在可能性;(3)学生具有发展的需要;(4)学生具有获得成人教育关怀的需要。

9. ABCD 【解析】师生之间的现实关系是丰富多样的,可以从不同的层面进行划分,主要表现为社会关系、教育关系、心理关系和伦理关系。

10. ABD 【解析】本题考查教学反思。在对待自我上,新课程强调反思。依据教学进程,教学反思分为教学前、教学中、教学后三个阶段。A项属于教师教学前的反思,B项属于教师教学中的反思,D项属于教师教学后的反思。C项描述的是教师帮助学生进行反思,不属于教师的教学反思。

11. AB 【解析】教师的知识不仅要"专",而且要"博",教师的专业知识应建立在广博的科学文化知识的基础之上。这是因为:(1)科学知识日益融合和渗透的要求;(2)青少年多方面发展的要求;(3)教师的任务是教书育人。

12. ABC 【解析】对于培养学生的主体性,一般学者主要从三个方面着手:(1)建立民主而和谐的师生关系,重视学生自学能力的培养;(2)重视培养学生主体参与课堂,让学生获得主体参与的体验,尤其是让学生体验成功;(3)尊重学生的个性差异,对学生进行具有针对性的教育。

三、判断选择题

1. A 【解析】本题考查教师职业的专业化。教师职业的专业化指的是教师职业的专业性逐步"深化"和教师职业逐渐被"分化"的过程,它包括"专业深化"和"专业分化"两个层面。推进教师职业的专业化要依托于教师个体专业化和教师群体专业化。教师个体专业化是重心和根本。教师个体专业化发展具有多重路径,其中,教师的自我教育就是专业化的自我建构,它是教师个体专业化发展最直接、最普遍的途径。

2. B 【解析】师生关系的类型有三种:专制型、放任型、民主型。其中民主型的师生关系是理想的师生关系类型,只有民主型的师生关系才有助于班集体凝聚力的形成,题干的说法过于绝对。

3. A 【解析】热爱教育事业是教师做好教育工作的前提,是教师职业道德的基础,也是教师劳动积极性和创造性的源泉。

4. B 【解析】本题考查对古诗词的理解。题干这两句诗出自龚自珍的《己亥杂诗》,诗句以落花为喻表明自己的心志,常用于表现生命不息、奋斗不止的奉献精神,并不能体现教师劳动的主体性和示范性。

5. B 【解析】教师与学生在心理上应协调一致,在教学实施过程中表现为师生关系密切、情感融洽、平等合作,但这并不是要求教师与学生建立亲密无间、"零距离"的关系。

6. A 【解析】本题考查师生关系。师生关系是学校

中最基本、最重要的人际关系,是一所学校的精神风貌、校风、教风、学风的整体反映和最直观反映。师生关系状况投射出学校价值取向、人际关系状况、管理水平等。师生关系作为校园文化的组成部分,对学校精神文化的建设、对学生在校的发展和今后的成长都起着重要的作用。

7. B 【解析】中国古代的师生关系受等级制度的影响,强调师道尊严,教师的权威地位得以建立。民主平等是现代师生关系的特点。

8. A 【解析】每个学生都有自己的感官、头脑、性格、知识和思想,教师不可能代替学生读书,不可能代替学生感知、观察与分析,更不可能代替学生掌握规律。因此,学生是学习的主体,任何教学手段必须通过学生起作用。

9. A 【解析】影响师生关系的因素既有主观的,也有客观的;既有教育内部的,也有教育外部的;既有直接的,也有间接的。但无论怎样,教师是学校教育中最活跃的教育力量,是教育活动的组织者、领导者,在教育教学中起主导作用,教师的行为是形成良好师生关系的主导因素。

10. A 【解析】教师即学生学习的促进者,这是教师最明显、最直接、最富时代性的角色特征,是教师角色中的核心特征。

11. B 【解析】随着儿童成长、知识的增加,其个体主观能动性也相应增加,对教师的向师性、依赖性会逐渐减弱。

12. B 【解析】虽然学生是教育的对象,但是学生具有主观能动性,并不是被动地接受教育,所以教师不能随意对待学生。

四、填空题

1. 教学反思
2. 人格形象
3. 职业角色的多样化
4. 领导者　主导
5. 尊重　赞赏
6. 民族素质
7. 教师个体的专业发展
8. 人格威信

五、判断分析题

教师取得资格证书就意味着教师已经达到了专业化水平。对此你觉得是否正确,请用教育学知识说明理由。

(1)这种说法是不正确的。(2)教师专业发展,又称教师专业成长,是指教师在整个专业生涯中,依托专业组织、专门的培养制度和管理制度,通过持续的专业教育,习得教育教学专业技能,形成专业理想、专业道德和专业能力,从而实现专业自主的过程。教师的专业发展是一个长期的过程,是教师自身素质不断提高和专业自我逐渐形成的过程。取得教师资格证只能说明教师拥有了从事教师职业的资格,而不能说明教师已经达到了专业化水平,完成了专业发展。

六、简答题(参考答案)

1. 教师的职业角色有哪些?

(1)"传道者"角色(人类灵魂的工程师);(2)"授业、解惑者"角色(知识传授者、人类文化的传递者);(3)示范者角色(榜样);(4)"教育教学活动的设计者、组织者和管理者"角色;(5)"家长代理人、父母"和"朋友、知己"的角色;(6)"研究者"角色和"学习者""学者"角色。

2. 教师威信的作用是什么?

(1)有利于教师作为学生学习的引导者和促进者角色的实现;(2)有利于教师作为班集体管理者角色的实现;(3)有利于教师作为行为规范的示范者角色的实现。

3. 简述良好师生关系构建的基本策略。

(1)教师方面:①了解和研究学生;②树立正确的学生观;③提高教师自身的素质;④热爱、尊重学生,公平对待学生;⑤发扬教育民主;⑥主动与学生沟通,善于与学生交往;⑦正确处理师生矛盾;⑧提高法制意识,保护学生的合法权利;⑨加强师德建设,纯化师生关系。

(2)学生方面:①正确认识自己;②正确认识教师。

(3)环境方面:①加强校园文化建设,确保校园文化的相对独立性、完整性和纯洁性;②加强学风教育,促进良好学风的养成,使学生在一个良好的学风氛围下健康地学习。

4. 简述建立教师威信的途径。

(1)培养自身良好的道德品质;(2)培养良好的认知能力和性格特征;(3)注重良好仪表、风度和行为习惯的养成;(4)给学生以良好的第一印象;(5)做学生的朋友与知己。

5. 教师的语言表达能力应符合什么样的要求?

(1)准确、简练,具有科学性;(2)清晰、流畅,具有逻辑性;(3)生动、形象,具有启发性;(4)口头语言和肢体语言的巧妙结合。

6. 简述师生关系的意义。

(1)良好的师生关系是教育教学活动顺利进行的保障;(2)良好的师生关系是构建和谐校园的基础;(3)良好的师生关系是实现教学相长的催化剂;(4)良好的师生关系能够满足学生的多种需要。此外,良好的师生关系还有助于提高教师的威信,有助于师生心理健康发展。

7. 教师精深的学科专业知识主要包括哪些内容?

精深的学科专业知识(本体性知识),这是教师知识结构的核心,也是教师向学生传授知识的必备基础。主要包括:(1)掌握该学科的基本知识和基本技能;(2)掌握该学科的基本理论和学科体系;(3)了解该学科的发展脉络;(4)教师还要了解学科领域的思维方式和方法论。

8. 我国新型师生关系的特点有哪些?

(1)人际关系:尊师爱生;(2)社会关系:民主平等;(3)教育关系:教学相长;(4)心理关系:心理相容。

七、论述题(参考答案)

1. 请结合以人为本的学生观,说一说当学生犯了错应该怎么做。

(1)学生是发展中的人,要用发展的观点认识学生。作为发展中的人,意味着学生还是不成熟的人,是一个正在成长的人。学生的不完善是正常的,而十全十美并不符合实际。没有缺陷,就没有发展的动力和方向。要把学生作为发展中的人来对待,理解学生身上存在的不足,允许学生犯错误。当然,更重要的是帮助学生解决问题,改正错误,从而不断促进学生的进步和发展。

(2)学生是独特的人,每个学生都有自身的独特性。独特性是个性的本质特征,珍视学生的独特性和培养具有独特个性的人,应成为我们对待学生的基本态度。因此,当学生犯了错,教师应主动了解学生,积极研究学生的特点,实现与学生的有效沟通,得到他们的认同和配合,从而达到教育他们的目的。

(3)学生是具有独立意义的人,每个学生都是独立于教师的头脑之外,不以教师的意志为转移的客观存在,绝不是教师想让学生怎么样,学生就怎么样。教师对学生的教育与改造,只是学生发展的外部条件和外因,学生的主体活动才是学生获得发展的内在机制和内因。因此,当学生犯了错,教师还应注意引导学生进行反思,启发学生自省改错,培养学生自我教育的意识和能力。

2. 试述师生关系的几种基本类型,并结合实际谈谈自己的理解。

(1)专制型师生关系。此类师生关系中,教师教学责任心强,但不讲求方式方法,不注意听取学生的意愿和与学生的协作;学生对教师只能唯命是从,不能发挥独立性和创造性,学习是被动的。师生交往一般缺乏情感因素,难以形成互尊互爱的良好人际关系,学生甚至会因教师的专断粗暴、简单随意而产生反感、憎恶甚至对抗,造成师生关系的紧张。

(2)放任型师生关系。此类师生关系中,教师缺乏责任心和爱心,对学生的学习和发展任其自然;学生对教师的教学能力怀疑、失望,对教师的人格议论、轻视。师生关系冷漠,班级秩序失控,教学效果较差。

(3)民主型师生关系。此类师生关系中,教师能力强、威信高,善于同学生交流,不断调整教学进程和方法;学生学习积极性高,兴趣广泛、独立思考,和教师配合默契。民主型师生关系,来源于教师的民主意识、平等观念以及较高的业务素质和强大的人格力量,这是理想的师生关系类型。

(考生可结合实际适当加以阐述)

3. 教师劳动的复杂性主要表现在哪些方面?

教师劳动的复杂性是由其工作性质、任务及过程的特殊性所决定的。教师劳动的复杂性主要表现在以下五个方面:

(1)教师劳动性质的复杂性。教师的劳动属于专业行为,是一种高度复杂的心智劳动。

(2)教师劳动对象的复杂性。教师的劳动对象是千差万别的人。教师不仅要经常在同一个时空条件下,面对全体学生,实施统一的课程计划、课程标准,还要根据每个学生的实际情况施教。

(3)教师劳动任务的复杂性。教师不仅要传授科学文化知识和训练学生的技能,发展学生的智力、培养能力,还要培养学生一定的思想品德,促进学生的身心健康发展。

(4)教师劳动过程的复杂性。要使学生形成一种良好的思想品德,需要经过知识的传授、情感的体验、意志的锻炼、信念的建立以及行为习惯的培养这样一个长期的过程。

(5)教师劳动手段的复杂性。教育要有效地促进学生的全面发展,必须保持教育影响的一致性,优化组合各种影响,使之发挥最佳的合力。然而,把这些复杂的影响有效地组织到教育过程中,使来自各方面的影响协调一致,这是一种复杂的工作。

八、案例分析题(参考答案)

1. (1)教师职业角色的"不变":①"传道者""授业、解惑者"角色。教师的根本任务依然是教书育人。②"示范者"角色。在教育活动中,教师的言行举止依然是学生学习和模仿的榜样。③"家长代理人、父母"和"朋友、知己"的角色。在人工智能时代,教师要教好学生,依然需要做到热爱、关心学生,理解学生。此外,教师在教育教学过程中依然扮演着"教育教学活动的设计者、组织者和管理者"角色以及"研究者""学习者"和"学者"的角色。

(2)教师职业角色的"变化":教师需要转变单纯的知识传授者角色,成为学生学习的促进者。教师不

仅要培养学生的各种能力,还要成为学生人生的引路人。

2. (1)新课程改革的核心理念是“一切为了每一位学生的发展”,即学生是学习的主体。这就要求我们在教育教学中要适当地放手,让学生自己去创造、去实践。案例中的李老师一开始为学生选择并编写课本剧,这在一定程度上束缚了学生的创造力,让孩子按教师的思维、想法去行事,体现的是传统的教学理念。

(2)在对待教学关系上,新课程强调帮助、引导。教师“教”的职责在于帮助学生检视和反思自我,明了自己想要学习什么和获得什么,确立能够达成的目标;帮助学生寻找、搜集和利用学习资源;帮助学生设计恰当的学习活动并形成有效的学习方式。案例中的李老师,开始的时候是学生活动和行为的决定者,而后来放手让学生去做,自己做参谋,这体现出她开始转变为学生的帮助者和引导者。

(3)新课程改革认为,要让孩子自己去行动,做一个智能人,开发潜能,追求独特。案例中的李老师在听取学生的意见之后,放手让学生去选择,最后取得了成功。

3. (1)①社会因素。社会心理学认为,一个人的发展,在很大程度上取决于社会心理环境,材料一中,“中小学教师国家级培训计划”和“中小学教师专业能力建设项目系列指南”等内容,体现了国家政策对教师专业发展的影响。②群体因素。教师不是孤立存在的,他生活、工作在一定的群体之中,群体组织对于个体成长的影响和作用是十分明显的。材料二中不同教育工作者根据自己对教育教学的思考和经验所编辑的书籍,便是各教师之间的思想交流与学习。③学校因素。学校是教师进行教育教学工作的主要场所,更是教师专业发展的主阵地。④个体因素。个体因素是影响教师专业发展最直接、最主要、也是最根本的因素。材料二中的教师自费订阅了二十多种教育报刊,并长期在教育书店邮购书籍。多年的阅读让他受益匪浅,教育教学能力得到很大提升,教学效果得到学生、同行和家长的一致认可,先后获得特级教师等多项荣誉称号。该教师通过阅读、学习,促进了自身专业发展。这体现了个体因素对教师专业发展的影响。

(2)新时代教师应具备的专业素养包括:①教师的职业道德素养,包括对待事业,忠于人民的教育事业;对待学生,热爱学生;对待集体,团结协作;对待自己,为人师表。②教师的知识素养,主要有政治理论修养、精深的学科专业知识、广博的科学文化知识、必备的教育科学知识和丰富的实践知识。③教师的能力素养,包括语言表达能力、组织管理能力、组织教育和教学的能力、自我调控和自我反思能力。④职业心理健康,主要表现为高尚的师德、愉悦的情感、良好的人际关系、健康的人格。

(3)作为新任教师,可以通过入职培训、在职培训和自我教育等提升自身的专业素养。此外,积极参加跨校合作(如教师专业发展学校)、专家指导(如讲座、报告)以及政府教育部门和教研机构组织的各类专业培训和交流活动也是促进自身专业发展的途径。

4. 刘老师的教学行为符合现代学生观,具体分析如下:

(1)学生是处于发展过程中的人。作为发展中的人,意味着学生还是不成熟的人,是一个正在成长的人。把学生作为发展中的人来对待,就要理解学生身上存在的不足,就要允许学生犯错误。当然,更重要的是要帮助学生解决问题,改正错误,从而不断促进学生的进步和发展。刘老师在发现小月同学有些自卑后,决定召开主题班会帮助同学们克服自卑心理,说明刘老师把学生当成了发展中的人,重视学生心理问题的解决。

(2)学生是独特的人。学生并不是单纯的、抽象的学习者,而是有着丰富个性的、完整的人,每个学生都有自身的独特性。刘老师让同学们互相写出别人的优点,帮助同学们发现自己的优点,培养他们的自信心,正是因为刘老师关注到了每个学生的独特性和差异性。

(3)学生是具有独立意义的人。每个学生都是独立于教师的头脑之外,不以教师的意志为转移的客观存在,教师不能随意支配学生,也不能把自己的意志强加给学生。刘老师通过主题班会引导学生们发现自己的优点,进而克服自卑心理,而不是直接进行说教,说明刘老师把学生当成具有独立意义的人,尊重了学生的主体地位。

5. (1)案例中的教师很好地运用了教育机智。在课堂上遇到一些突发情况时,教师应该沉着冷静,用自己的智慧巧妙地解决问题。案例中的学生提出了不同的意见,而学生的观点是教师事先没有想到的,这个时候这位教师并没有因为学生当着听课教师的面提出不同的观点而气恼或逃避,而是因势利导,让学生充分讨论,发表自己的意见,使这一突发情况得到了圆满的解决。

(2)案例中的教师真正做到了把学生当作学习的主体。新课程理念强调学生是学习的主体,教师只有在教学过程中把学生当作学习的主体,才能提升学生的学习兴趣,提高课堂效率和效果。案例中的教

师在学生提出不同意见时,尊重学生的意见,并让学生充分发表自己的意见,正是将学生当作学习主体的表现。

(3)案例中的教师做到了尊重学生、平等对待学生,并形成了民主的课堂氛围。案例中的学生观点与课本、教师有不同之处,教师不再像以前那样直接否定学生的答案,而是采取让学生进行讨论、比较或辨别的方法,达到意见的统一,或者并不统一意见,留着悬念让学生课后进一步探讨。

(4)案例中的教师是学生学习的帮助者和引导者。当案例中的学生提出不同观点时,教师没有否定,也没有直接公布答案,而是让学生发表意见。在这一过程中,教师起到的是学生学习的帮助者和引导者的作用。这样的教学方式打破了唯课本是准、唯教参是准的传统教学观念,体现了真正意义上的教学行为的转变。

6. (1)曹老师的做法是值得我们借鉴的。曹老师的"唤醒孩子的生命主体意识"的做法,有助于做好班级管理工作;有助于学生整体素质的不断提高;有助于教师不断进行教学反思,总结经验教训,获得理想的教育成效;有助于建构良好的师生关系,建立教师权威。

(2)对我的教育工作的启示有:①在教学中应帮助学生确立具体、明确的学习和生活目标,并明确目标的意义。②帮助学生发现自己、认识自己和完善自己。③在教学中帮助学生制订好学习计划,做好合理的时间规划。④帮助学生养成良好的学习和生活习惯。

7. 这一论述深刻揭示了教师要做好培土、浇水、施肥、打药、整枝的工作,当好学生的引路人,帮助学生顺利成长成才。

(1)培土:悉心呵护学生成长。学生的成长成才需要通过"培土"打下坚实基础,增强其抵御风险困难的韧劲和信心。为此,要实施家庭、学校、社会三结合教育。一要"培"家庭环境之土,让学生在良好的家风、家教中成长。二要"培"学校环境之土,创设一个美好的校园环境。三要"培"社会环境之土,营造风清气正的社会氛围,为学生成长打造健康的社会环境。

(2)浇水:用心滋润学生心田。在引导学生成长的过程中,教师要扮演好自己的角色,要用心滋润学生心田,为学生内心注入正能量。一方面,当学生遇到挫折时,需要给予他们鼓励和信心,让学生感受到关怀和温暖,激发学生的生命力和创造力;另一方面,要鼓舞学生奋进,催其紧跟时代步伐,用蓬勃的生机创造美好的人生。

(3)施肥:呕心提升学生综合素质。促进学生的成长成才与全面发展,要不忘为学生"施肥",确保学生成才所需的养分。同样地,一个人的成长成才也需要各种各样的肥料,包括全面的知识体系、良好的道德品质和过硬的能力素质等。为学生成长成才施肥,一要施"知识肥";二要施"道德肥";三要施"经验肥"。

(4)打药:精心预防学生思想行为偏差。为学生"打药",就是要用猛药消除阻碍学生健康成长的安全隐患。为学生"打药",还要增强学生自身抵御风险的能力,通过世界观、人生观和价值观教育为学生确立起内在的价值准绳;通过法治观教育培育学生的法治观念,补足学生的法律知识,增强其法律意识,树立起学生对宪法和法律的敬畏之心,从而增强法律对学生行为表现的约束力。

(5)整枝:尽心引导学生向上向善。学生在青年时期,当性格、情感、行为等方面出现一些不良迹象时,要及时地加以修剪、矫正,否则难以成为社会需要的人才。首先,要为学生整"思想枝"。其次,要为学生整"心态枝"。再次,要为学生整"行为枝"。

真题精解

一、单项选择题

1. C 【解析】"度德而师之"的意思是:衡量(一个人的)德行是否能够服人,然后向其学习。这说明教师在教育教学工作中应扮演好示范者角色,成为学生学习和模仿的榜样。
2. C 【解析】教师通过改变教学内容的学习方式激发学生的学习兴趣体现了教师劳动的创造性特点。
3. A 【解析】高尚的师德应包括热爱学生、教书育人、为人师表和团结协作等内容。依照题干可知教师应该热爱学生,具备高尚的师德。
4. C 【解析】题干的意思是:教师只有懂得了教育成功的因素,同时又懂得了教育失败的原因,然后才能胜任教师的工作。这表明教师应具备丰富的教育理论知识。
5. B 【解析】"亲其师,信其道"的意思是:一个人只有在亲近、尊敬自己的师长时,才会相信、学习师长所传授的知识和道理。在教学过程中,师生的心理情感总是伴随着认识、态度、情绪、言行等的相互体验而形成亲密或排斥的心理状态。不同的情绪反应对学生课堂上参与的积极性和学习效率有着重大影响。这体现了师生之间的心理关系对教育目标顺利完成的影响。
6. D 【解析】现代教师的角色是多重的、不断变化和

创新的。其基本角色有:(1)学习者和学者;(2)知识的传授者;(3)学生心灵的培育者;(4)教学活动的设计者、组织者和管理者;(5)学生学习的榜样;(6)学生的朋友。其中,扮演"学生心灵的培育者"角色的教师不但教学生学习知识,而且教学生学会学习;善于激发学生的学习热情,培养学生自主学习的能力和习惯,调整学生的不良情绪和心态;经常提醒学生仔细、认真、勤奋、刻苦,培养良好的学习心理品质;善于发现学生的学习差距,特别关注学习成绩不佳的学生;并善于使学生相互帮助,形成良好的学习风气。故本题选D项。

7. A 【解析】教师劳动的示范性指教师的言行举止,如人品、才能、治学态度等都会成为学生学习的对象。教师在师生微信群里进行读书打卡的行为体现了教师劳动的示范性特点。

二、多项选择题

ABC 【解析】学生是有意识、有情感、有个性的社会人,是具有主观能动性的人。他们不是盲目、机械、被动地接受作用于他们的影响。故D项说法错误。

三、判断题

× 【解析】教师劳动的创造性主要表现在三个方面:(1)因材施教;(2)对教材内容的处理、教学方法的选择和运用;(3)教育机智。因此,教育机智只是教师劳动创造性的表现之一。

四、填空题

1. 态度
2. 平等

五、案例分析题(参考答案)

(1)材料中的张老师践行了《新时代中小学教师职业行为十项准则》,具体表现如下:

①关心爱护学生,是指严慈相济,诲人不倦,真心关爱学生,严格要求学生,做学生良师益友;不得歧视、侮辱学生,严禁虐待、伤害学生。材料中,对于家境困难中断学业的学生,张老师步行几十里崎岖的山路进行家访,并与家长进行沟通,最终改变家长的想法让学生完成学业;对于无心读书的学生,张老师对学生进行悉心开导,最终让学生改变想法,认真读书。这些做法都体现了张老师践行关心爱护学生的行为准则。

②坚守廉洁自律,是指严于律己,清廉从教;不得索要、收受学生及家长财物或参加由学生及家长付费的宴请、旅游、娱乐休闲等活动,不得向学生推销图书报刊、教辅材料、社会保险或利用家长资源谋取私利。材料中,张老师拒绝了李某家长请其在家吃饭的邀请,以及学生林某付费的旅游。这些做法都体现了张老师践行坚守廉洁自律的行为准则。

③潜心教书育人,是指落实立德树人根本任务,遵循教育规律和学生成长规律,因材施教,教学相长;不得违反教学纪律,敷衍教学,或擅自从事影响教育教学本职工作的兼职兼薪行为。材料中,张老师从学生爱下棋的特点入手,通过对弈来对学生进行教育;张老师根据学生的特点,专门为学生准备系统的学习资料并精心辅导。这些做法都体现了张老师践行潜心教书育人的行为准则。

④坚持言行雅正,是指为人师表,以身作则,举止文明,作风正派,自重自爱;不得与学生发生任何不正当关系,严禁任何形式的猥亵、性骚扰行为。材料中,张老师自身教育教学能力突出,关心爱护学生,并有多项特长,如写诗、书法等,这些做法给自己的学生树立了良好的榜样,他的这些品质也深深地影响着自己的学生,学生苏某提议林董事长建立教育基金的做法即体现了张老师对学生的正面影响。这些做法都体现了张老师践行坚持言行雅正的行为准则。

(2)①张老师具备精深的学科专业知识。学科专业知识是教师知识结构的核心,也是教师向学生传授知识的必备基础。张老师为参加物理竞赛的学生准备系统的学习资料并进行辅导,在学生遇到难题时,张老师的指导总能让他茅塞顿开,这说明张老师具备精深的学科专业知识。

②张老师具备广博的科学文化知识。教师的知识不仅要"专",而且要"博",教师的专业知识应建立在广博的科学文化知识的基础之上。张老师懂下棋,也出版过个人诗集,还是市书法协会的副会长,这些都说明张老师具备广博的科学文化知识。

③张老师具备丰富的教育科学知识。教师要加强教育工作的科学性和有效性,就必须掌握相关的理论知识。教育学、心理学及各科教材教法是教师首先要掌握的最为基本的教育科学知识。张老师悉心开导无心读书的学生,最终使学生的思想发生了根本转变,这说明张老师具备且善于运用教育科学知识。

④张老师具备丰富的实践性知识。教师的实践性知识是基于教师个人的经验积累,在对待和处理教育问题时体现出的个人特质和教育智慧。面对学习成绩优异但却因为家境困难即将辍学的学生,以及学习成绩不理想却只想着早点闯世界的学生,张老师能以恰当的方式,引导学生及学生家长转变思想,妥善解决问题,这说明张老师具备丰富的实践性知识。

第八章　教　学

基础训练

一、单项选择题

1. A 【解析】本题考查教学原则。量力性原则是指

教学的内容、方法、分量和进度要适合学生的身心发展，使他们能够接受，但又要有一定的难度，需要他们经过努力才能掌握，以促进学生的身心发展。“语之而不知，虽舍之可也”的意思是：如果老师开导了(学生)还是不懂，那么暂时放弃开导，也是可以的。这在一定程度上表明教学的内容、方法、分量和进度要适合学生的身心发展，使他们能够接受。这体现了量力性原则。

2. D 【解析】“指引者，师之功也”的意思是：教师的功劳在于引导、指导学生。“师傅领进门，修行靠个人”的意思是：师傅只起着引导作用，学业或技艺上的钻研与提高，还得靠学子自身的努力。题干中“师傅”和“个人”的关系体现了教学中教师主导作用与学生主体作用相统一的规律。

方法技巧：考生需要特别注意，当题干中出现引言时，往往解题的关键就在引言所表达的含义中。如本题两句引言都是在讲“师傅”和“个人”在教学过程中的关系，根据所学知识可以判定出本题考查教学过程的基本规律中教师主导作用与学生主体作用相统一规律。

3. A 【解析】在我国，最早采用班级授课制的是清政府于1862年设于北京的京师同文馆。

4. D 【解析】实验法是指教师引导学生使用一定的仪器和设备，进行独立操作，引起某些事物和现象产生变化，从而使学生获得直接经验，培养学生技能和技巧的教学方法。题干所述的教学方法是实验法。

5. A 【解析】题干中的老师在面对学生提出的问题时，没有耐心引导，而是粗暴地批评了学生，打击了学生学习的积极性。这说明题干中的老师未发扬教学民主，没有创造民主、和谐的教学氛围。而贯彻启发性原则的要求之一是发扬教学民主。故题干中的老师违背了启发性教学原则。

易错警示：本题容易产生混淆的是启发性原则和因材施教原则。启发性原则强调的是要调动学生的积极性和主动性，发挥学生在学习过程中的主体作用。而因材施教原则强调的是教师要根据学生的不同特点，有针对性地进行教育，以发挥每个学生的个性特长。题干主要体现了教师打击了学生学习的主动性和积极性，没有很好地引导学生独立思考，并没有涉及学生的个性特点或者是个性特长的相关内容。

6. B 【解析】讨论法是全班或小组成员在教师的指导下，围绕某一中心问题发表自己的看法和见解，从而进行相互学习的一种方法。题干中的政治老师组织全班同学围绕“学法、知法、守法”的主题发表自己的见解，体现了对讨论法的运用。

7. C 【解析】教学过程应遵循教师主导作用与学生主体作用相统一的规律。一方面要充分发挥教师的主导作用，另一方面要充分发挥学生主体参与教学的能动性。刘老师上课前先了解学生的学习准备情况，然后才设计教学过程，这说明刘老师是教学活动的领导者和组织者，在教学过程中发挥了主导作用。在实际教学中，刘老师不断启发学生思考，调动学生的积极性、主动性，这说明刘老师充分发挥了学生主体参与教学的能动性。故选C项。

8. C 【解析】本题考查教学方法。情境教学法是指在教学过程中，教师有目的地引入或创设具有一定情绪色彩的生动具体的场景，以引起学生一定的情感体验，从而帮助学生理解教材，并使学生的心理机能得到发展的教学方法。教师创设的情境一般包括生活展现的情境、图画再现的情境、实物演示的情境、音乐渲染的情境、言语描述的情境等。张老师用音乐导入新课，创设教学情境，这种教学方法属于情境教学法。

9. B 【解析】本题考查发展性评价的核心。学生的发展是一个过程，促进学生的发展同样是一个过程，发展性评价的核心是关注学生的发展、促进学生的发展。而要实现这种发展性评价的功能，主要就是突出评价的过程性，即通过对学生发展过程的关注和引导，在一定目标的指引下通过评价改进教学，不断促进学生的发展。

10. C 【解析】教师在教学中具有主导作用，是指教师是教学活动的领导者、组织者，是学生学习的指导者和学习质量的检查者，他能够引导学生沿着社会所期望的方向发展，使学生成为社会所需要的人才。因此，题干所述的意思是要充分发挥教师在教育活动中的主导作用。

11. B 【解析】教学活动是学生认识客观世界的过程，要以间接经验为主、直接经验为辅，将二者有机结合起来。学习间接经验是学生认识客观世界的基本途径。这是因为：(1)借助间接经验认识世界，是认识上的捷径；(2)学习间接经验也是由学生特殊的认识任务决定的。故选B项。

12. D 【解析】本题考查常用的教学方法。实验法是指教师引导学生使用一定的仪器和设备，进行独立操作，引起某些事物和现象产生变化，从而使学生获得直接经验，培养学生技能和技巧的教学方法。题干中的孟老师指导学生操作显微镜，让学生通过亲自动手操作，掌握显微镜的使用方法，这体现了对实验法的运用。现场教学又称参观法，是教师根据教学目的和要求，组织学生进行实地

考察、研究,使学生获取新知识,巩固、验证旧知识的一种教学方法。A项不符合题意。直观演示法是指教师通过展示实物、教具和示范性的实验来说明、印证某一事物和现象,使学生掌握新知识的一种教学方法。B项不符合题意。练习法是指学生在教师的指导下巩固知识,培养各种技能和技巧的基本教学方法。C项不符合题意。

13. C 【解析】课外辅导是教师上课的必要补充,是适应学生个别差异、贯彻因材施教的重要措施。

14. C 【解析】巩固性原则指教师在教学中要引导学生在理解的基础上牢固地掌握基本知识和基本技能,而且在需要的时候,能够准确无误地呈现出来,以利于知识技能的利用。题干中的陈老师在给学生讲解完等差数列的基本概念后,不断给学生出新的题目进行练习,加深学生对该知识的理解,体现的是巩固性原则。

15. C 【解析】教学与教育的关系是一种部分与整体的关系。

易错警示:考生在掌握教学的概念时,需要与以下几个概念相区分:

(1)教学与教育:部分与整体。

(2)教学与智育:既有联系又有区别。教学是智育的主要途径,但不是唯一途径。

(3)教学与上课:上课是实施教学的一种方式。

(4)教学与自学:教学包括教师指导下的自学,不包括学生自主进行的自学。

16. B 【解析】"记问之学,不足以为人师"的意思是:仅仅靠背诵和记忆前人的东西而没有自己的见解和想法,这样的人是不足以给别人当老师的。"记问之学"说的是掌握知识,"不足以为人师"说明仅仅掌握知识是不够的,还要发展智力,这句话主要体现的是掌握知识与发展智力相统一的规律。

17. D 【解析】捷克教育家夸美纽斯出版的《大教学论》最早从理论上对班级授课制做了阐述,为班级授课制奠定了理论基础。

18. D 【解析】现场教学是指教师把学生带到事物发生、发展的现场进行教学活动的形式。题干所述内容就体现了现场教学的内涵。

19. B 【解析】题干的描述体现了学生认识的范围突破了他们个人生活的狭小范围,表明了学生的认识对象具有间接性。

20. C 【解析】现场教学有其特殊的意义。首先,现场教学把教材同自然现象和社会现象紧密结合起来,使学生获得直接的经验,增强教学的趣味性,使教学更为生动和丰富,激发学生的学习兴趣;其次,向学生提供丰富的感性知识,能加深对理性知识的理解,使理论和实际联系起来;再次,它可以营造轻松、愉快的学习氛围,调动学生的积极性与主动性;最后,现场教学还要求学生自己动手操作,使他们的动手操作能力和解决实际问题的能力得到充分的锻炼和提高。题干所述体现的是现场教学的意义,故选C项。

21. C 【解析】"求也退,故进之;由也兼人,故退之"来源于《论语》。子路和冉有向孔子请教同一个问题:听到一个很好的主张,是不是应该马上去做呢?孔子却对不同的人做出不同的回答。可见,孔子针对不同学生的不同特点,采用不同的教育方法,这体现了因材施教的原则。

22. D 【解析】复式教学适用于学生少、教师少、校舍和教学设备较差的农村以及偏远地区。

23. D 【解析】本题考查教学原则。思想性(教育性)和科学性相统一的原则是指教学要以马克思主义为指导,授予学生科学知识,并结合知识教学对学生进行社会主义品德和正确人生观、科学世界观教育。这一原则的实质是要求在教学活动中把教书和育人有机地结合起来。张老师在讲课时,既给学生讲授了科学知识,也通过讲述我国宇航员刻苦训练的故事对学生进行了思想品德教育,这体现的教学原则是思想性与科学性相统一的原则。故本题选D项。A项启发性原则是指在教学活动中,教师要调动学生的主动性和积极性,引导他们通过独立思考、积极探索,生动活泼地学习,自觉地掌握科学知识,提高分析问题和解决问题的能力。B项理论联系实际原则是指教师在教学中,应使学生从理论与实际的结合中来理解和掌握知识,并引导他们运用新获得的知识去解决各种实际问题,培养他们分析问题和解决问题的能力。C项直观性原则是指在教学活动中,教师应尽量利用学生的多种感官和已有的经验,通过各种形式的感知,使学生获得生动的表象,从而比较全面、深刻地掌握知识。

24. D 【解析】布置作业的目的在于使学生进一步巩固所学知识,并培养学生独立学习能力和学习习惯。

25. D 【解析】道尔顿制是由美国教育家柏克赫斯特创建的教学组织形式。

26. D 【解析】传授知识与思想品德教育相统一规律,即教学过程的教育性规律。

27. B 【解析】本题考查形成性评价的特点。形成性评价的突出特点是充分重视评价的过程,教师不仅是评价的客体,也是评价的主体。形成性评价是学生与教师在同一个教学模块中共同参与,双方得到反馈并改变教学内容和方式,从而提高教

学水平的一种教学活动。评价的结论对整个教学过程提供诊断性意见,通过反馈不断完善评估体系。

28. D 【解析】本题考查教师在教学过程中要处理好的关系。在教学中,教师的教依赖于学生的学,学生的学离不开教师的教,教与学是辩证统一的。教师主导作用是针对能否引导学生积极学习与上进而言的。学生的主体性调动得怎样,学习的效果怎样,是衡量教师主导作用发挥得好坏的主要标志。这要求教师在教学过程中要处理好教师的主导作用与学生主动性的关系。

29. B 【解析】本题考查教学水平的分类。教与学的水平,包括记忆水平、解释性理解水平和探究性理解水平三个等级,不同等级水平的教学所能达到的目标是截然不同的。记忆水平的教学,目的在于识别或记住事实材料,使之再认或再现,不求理解,机械模仿,教学中以教师得出结论为主,反复训练学生的记忆功能。解释性理解水平的教学指的是教师变换各种角度对知识和技能进行讲授和解释,设计各种例题和变式,使学生对知识加以领会,并将学到的知识技能在一定范围内的新的情境中加以应用。探究性理解水平的教学指的是有目的地引起新问题情境的认知冲突,促使学生积极介入。教师与学生共同参与提出问题和解决问题、共同进行研究和评价。学生在教师的引导下充分发挥自主学习的主动性,获得对知识、技能的探究性理解,增强科学观点和有效的思考。根据题干所述,教师的教学水平达到了探究性理解水平。(具体内容参见钟启泉主编的《教育方法概论》)

30. A 【解析】本题考查贯彻循序渐进原则的要求。贯彻循序渐进原则的要求包括:(1)按教材的系统性进行教学。要求教师深入领会教材的系统性,结合学生认识特点和本班学生的情况,编写一个讲授提纲或设计一个教学双边活动过程计划,以组织、指导教学的进程。(2)抓主要矛盾,解决好重点与难点。要求区别主次、分清难易、有详有略地教学。例如,教师在备课时,根据大纲的要求,分别排出重点知识、必需知识、一般知识。(3)由浅入深、由易到难、由简到繁。这是循序渐进应遵循的一般要求,是行之有效的宝贵经验。(4)将系统连贯性与灵活多样性结合起来。在课堂教学中,教师应当将教学的系统性、连续性与灵活性、多变性机智地结合起来,以完成教学任务。所以题干中该教师的做法符合循序渐进原则要求中的"抓主要矛盾,解决好重点与难点"。(具体内容参见王道俊、郭文安主编的《教育学(第7版)》)

31. D 【解析】"我辈致知,只是各随分限所及"意为:我们在致知上下功夫,只是随着各人所能达到的程度去做。这体现的是量力施教的教育思想。A项正确。"教之而不受,虽强告之无益"的意思是:教导他却不肯接受,即使强行告诉他也没有任何益处。这说明教师要注重启发诱导而不是单纯灌输知识。B项正确。"高者抑之,下者举之;有余者损之,不足者补之"的意思是:(天之道,犹如高明的射手拉弓射箭一样)弓弦拉高了就往下压低点,弓弦拉低了就往上举高点;多出来的时候,就要加以减损,不足的时候,就要加以补充。"损有余而补不足"实际上是一种因材施教。C项正确。"眼过千遍不如手过一遍"说明要组织好学生的复习工作,教会学生记忆的方法,这体现的是巩固性原则。D项错误。

32. A 【解析】在教学中,要贯彻直接经验与间接经验相统一的规律(间接性规律),必须防止两种倾向:(1)过分强调书本知识的传授和学习,忽视引导学生通过实践活动、亲身参与、独立探索去积累经验、获取知识;(2)只强调学生通过自己探索去发现、积累知识,忽视书本知识的学习和教师的系统讲授。

33. A 【解析】贝尔—兰喀斯特制,也称为导生制,是由英国人贝尔和兰喀斯特创建的。这种组织形式是在英国工场手工业向大机器生产过渡的过程中,在需要大规模培养学生且师资比较缺乏的情况下出现的。故选A项。

34. B 【解析】直观性原则通过提供给学生直接经验或利用学生已有的经验,帮助他们掌握原本生疏难解的理论知识。陶行知先生所说的"接知如接枝"的意思是:比如接树,这一种树枝,可以接到另一种树枝上去,使它格外发荣滋长,开更美丽的花,结更好吃之果。如果把别人从经验里发生出来的真知识,接到从自己经验里发生出来的真知识上去,那么,我们的知识必定格外扩充,生活必可格外丰富。故题干体现的是直观性原则。

35. C 【解析】本题考查教学过程的结构。领会知识包括使学生感知和理解教材。感知教材主要是使学生获得关于所学内容的一个整体的表象,是所有教学活动的必经阶段。理解的目的在于形成概念、原理,真正认识事物的本质和规律。本题答案选C项。

36. D 【解析】本题考查教学原则。思想性(教育性)和科学性相统一的原则是指教学要以马克思主义为指导,授予学生科学知识,并结合知识教学

对学生进行社会主义品德和正确人生观、科学世界观教育。这一原则的实质是要求在教学活动中把教书和育人有机地结合起来。题干中的曾老师在讲述杂交水稻的内容时，向学生介绍袁隆平的故事，展示袁隆平献身科学的感人事迹，在教书的同时也做到了育人，体现了科学性与思想性相统一的教学原则。

37. C 【解析】道尔顿制是由美国教育家柏克赫斯特创建的一种新的教学组织形式。运用这种方法时，教师不再讲授，只为学生指定自学参考书、布置作业，由学生自学和独立完成作业后，向老师汇报学习情况和接受考查。根据题干所述，王校长推行的这种教学组织形式属于道尔顿制。

38. A 【解析】实质教育论认为教学的主要任务在于传授给学生有用的知识，至于学生的智力则无需进行特别的培养和训练。

39. B 【解析】并行性参观是在学习某课题的过程中，为使学生把所学理论知识与实际紧密结合而进行的参观。"老师带领学生到水厂边参观边教学"属于并行性参观。

40. C 【解析】构成教学过程的要素有许多方面，人们从不同的立场和视角进行分析，形成了不同的观点。其中三要素说是指教师、学生、教学内容。

易错警示：关于教学过程的构成要素有许多说法，考生要注意识记与区分。其代表性观点如下：
(1)三要素说——教师、学生、教学内容；
(2)四要素说——教师、学生、教学内容、教学手段；
(3)五要素说——教师、学生、教学内容、教学手段、教学环境；
(4)六要素说——教师、学生、内容、方法、媒体、目的；
(5)七要素说——学生、目的、内容、方法、环境、反馈和教师。

41. A 【解析】特朗普制是美国教育家劳伊德·特朗普于20世纪50年代提出的教学组织形式。它把大班教学、小班研究和个别教学三种教学形式结合起来，既具有班级授课制的优点，也有个别教学的长处，但管理起来比较麻烦。

42. D 【解析】"未得乎前，则不敢求其后"的意思是：没有学会或者懂得前面的内容，就不能进行后面的内容。这体现的是循序渐进原则。

43. C 【解析】课的类型一般有两种：一种是根据教学的任务，可分为传授新知识课(新授课)、巩固新知识课(巩固课)、培养技能技巧课(技能课)和检查知识课(检查课)。但在实际的教学中，有时一节课只完成一个任务，有时一节课则需完成多项任务，所以，根据一节课所完成任务的类型数，又可分为单一课和综合课。另一种是根据使用的主要教学方法，可分为讲授课、演示课(演示实验或放幻灯片、录像)、练习课、实验课和复习课。

44. A 【解析】现代教育评价的理念是发展性评价与激励性评价。评价的根本目的在于促进评价对象的发展。故A项说法有误。

45. C 【解析】题干所述为暗示教学法的内涵。

方法技巧：本题考查学生的识记能力，在做此题时，考生有两种方法选出正确答案。第一种，即通过题干所出示的教学方法的内涵选出相匹配的教学方法；第二种，本题题干中出现了人名——"洛扎诺夫"，故考生可通过教学方法的代表人物选出正确答案。在本题中，A项，发现法由布鲁纳所倡导；B项，纲要信号图表教学法由沙塔洛夫所创造；C项，暗示教学法由洛扎诺夫首创；D项，非指导教学法由罗杰斯提出。

46. C 【解析】实习作业法是指教师根据学科课程标准要求，指导学生运用所学知识在课上或课外进行实际操作，将知识运用于实践的教学方法。这种方法在自然学科的教学中占有重要的地位，如数学课的测量练习、生物课的植物栽培和动物饲养等。王老师运用的教学方法就是实习作业法。

47. A 【解析】本题考查间接经验与直接经验的关系。处理好间接经验与直接经验的关系，是正确有效进行教学的重要问题。(1)学生认识的主要任务是学习间接经验。有目的地组织学生进行间接经验学习的活动就是教学。(2)学习间接经验必须以学生个人的直接经验为基础。(3)防止只重书本知识传授或直接经验积累的偏向。经验主义教育观过于重视学生个人的感知、探究、从做中学，而忽视系统知识的传授，使学生难以掌握系统缜密的学科知识，违反了教学的规律，割裂了间接经验与直接经验的内在联系，影响了教学质量的提高。A项说法不正确。(具体内容参见王道俊、郭文安主编的《教育学(第7版)》)

48. C 【解析】"文以载道""教书育人"都强调在传授知识的同时，注重对人的教化。这体现的是科学性和思想性(教育性)相统一的教学原则。

49. B 【解析】教学是在一定教育目的的规范下，教师的教和学生的学共同组成的传递和掌握社会经验的双边活动。可见，教学是教与学的统一，教之于学就如同卖之于买。

50. D 【解析】直观性原则是指在教学活动中，教师应尽量利用学生的多种感官和已有的经验，通过

各种形式的感知，使学生获得生动的表象，从而比较全面、深刻地掌握知识。题干中的教师让学生观察活鲫鱼，体现的是教学的直观性原则。

51. A 【解析】本题考查教学过程的基本规律。人们认识客观事物主要有两条途径：一是获取直接经验，即通过亲自探索、实践所获得的经验；二是获取间接经验，即他人的认识成果，主要是指人类在长期认识过程中积累并整理而成的书本知识。以间接经验为主是教学活动的主要特点。“秀才不出门，能知天下事”说的就是通过获得间接经验来获得知识，强调了在教学过程中必须以传授书本知识为主的道理。故选A项。

52. C 【解析】情境教学法是指在教学过程中，教师有目的地引入或创设具有一定情绪色彩的生动具体的场景，以引起学生一定的情感体验，从而帮助学生理解教材，并使学生的心理机能得到发展的教学方法。教师创设的情境一般包括生活展现的情境、图画再现的情境、实物演示的情境、音乐渲染的情境、言语描述的情境等。教师模拟话剧并让学生扮演故事中的角色，运用的就是情境教学法。

53. C 【解析】思想性(教育性)和科学性相统一的原则是指教学要以马克思主义为指导，授予学生科学知识，并结合知识教学对学生进行社会主义品德和正确人生观、科学世界观教育。这一原则的实质是要求在教学活动中把教书和育人有机地结合起来。C项中的王老师在传授化学知识的同时，向同学们介绍居里夫人献身科学的事迹，使同学们在学习知识的同时，感受到居里夫人献身科学的精神，帮助学生树立正确的人生观、科学世界观，从而为人类社会做贡献。A、B、D三项中的老师只是对知识进行讲解，并没有渗透德育的内容。

54. A 【解析】本题考查教学评价的基本类型。形成性评价是在教学过程中为改进和完善教学活动而进行的对学生学习过程及结果的评价。形成性评价的目的不是注重成绩的评定，而是使师与生都能及时获得反馈信息，更好地改进教与学，以促进教师和学生的发展、提高。题干中班主任根据小明前段时间的学习效果，勉励小明改进提高，体现了对形成性评价的运用。

55. B 【解析】本题考查直观性原则。直观性原则是指在教学活动中，教师应尽量利用学生的多种感官和已有的经验，通过各种形式的感知，使学生获得生动的表象，从而比较全面、深刻地掌握知识。题干中学生通过自己动手做实验来理解捞铁牛原理，体现了对直观性原则的具体运用。

56. B 【解析】与小组其他成员进行交流讨论能够培养学生的交流、协作和语言表达能力。

57. A 【解析】“夫智者必量其力所能至而从事焉”的意思是：聪明的人，按自己的力量所能达到的最大程度，去做力所能及的事。这体现了量力性的教学原则。

58. A 【解析】教学中学生认识的形成既是目的，也是发展的手段，认识中追求并实现着学生的知、情、意、行等方面的发展与完全人格的养成，也即认识的教育性与发展性。

59. C 【解析】理论联系实际原则是指教师在教学中，应使学生从理论与实际的结合中来理解和掌握知识，并引导他们运用新获得的知识去解决各种实际问题，培养他们分析问题和解决问题的能力。这一原则要求教师在传授知识的过程中注重联系实际。张老师在讲除法时，将除法的学习与日常生活中常见的分烙饼结合起来，体现了理论联系实际原则。

易错警示：部分考生看到题干中的老师将“计算板书出来”，误认为题干内容体现了直观性原则。仔细审视题干内容，可发现题干中的老师通过分烙饼的例子，让学生联系生活实际来理解这一知识点，这体现的是理论联系实际原则。若题干表述的内容是老师向学生展示分烙饼的不同方法，让学生直观感受如何分烙饼，则体现了直观性原则。

60. B 【解析】相对性评价又称为常模参照性评价，是运用常模参照性测验对学生的学习成绩进行的评价，它主要依据学生个人的学习成绩在该班学生成绩序列或常模中所处的位置来评价和决定他的成绩的优劣，而不考虑是否达到教学目标的要求。具有甄选性强的特点，因而可以作为选拔人才、分类排队的依据。故选B项。

61. C 【解析】本题考查教学方法。讨论法是全班或小组成员在教师的指导下，围绕某一中心问题发表自己的看法和见解，从而进行相互学习的一种方法。王老师让学生围绕“做人该做落花生这样的人，还是做苹果、石榴那样的人”这一主题发表自己的观点，是运用讨论法的体现。

62. A 【解析】班级授课制的优点之一就是，有利于经济有效地大面积培养人才，提高教学效率。

63. D 【解析】个体内差异评价是对被评价者的过去和现在进行比较，或将评价对象的不同方面进行比较。题干所述是把评价对象的某几个方面进行比较，考察其长处与不足，即属于个体内差异评价。

64. A 【解析】本题考查智力发展与知识掌握的关系。生动活泼地理解知识与创造性地运用知识才能有效地发展智力。不是任何一种教学都能有效地促进学生智力的发展,因为学生的智力不仅与他们所能掌握的知识的性质、难度、分量有关,更重要的是与他们获取和运用知识的方法和态度紧密相关。

65. B 【解析】孔子曾说过:“不愤不启,不悱不发。举一隅不以三隅反,则不复也。”他是中国最早运用启发式教学的教育家。苏格拉底提倡“产婆术”,是外国最早进行启发式教学的教育家。

66. C 【解析】本题考查教学原则。启发性原则是指在教学活动中,教师要调动学生的主动性和积极性,引导他们通过独立思考、积极探索,生动活泼地学习,自觉地掌握科学知识,提高分析问题和解决问题的能力。贯彻启发性原则的要求之一是:设置问题情境,启发学生独立思考,培养学生良好的思维方法和思维能力。题干中的教师在教学生学习圆锥体的体积计算方法时,对学生提出了一系列问题,有利于调动学生学习的积极性,引导学生积极探索,这体现了启发性教学原则。

67. B 【解析】“举一隅不以三隅反,则不复也。”这句话比喻从一件事情类推而知道其他许多事情。从教学原则的角度而言,这体现了孔子善于启发引导学生去探索未知的事物。故本题选B项。

68. C 【解析】参观法又称现场教学,是教师根据教学目的和要求,组织学生进行实地考察、研究,使学生获取新知识,巩固、验证旧知识的一种教学方法。题干描述的是参观法的概念。

69. D 【解析】以实际训练为主的教学方法主要有练习法、实验法、实习作业法、实践活动法。演示法是以直观感知为主的教学方法。

70. A 【解析】本题考查教学原则。中世纪捷克教育家夸美纽斯率先提出了教学的直观性原则,他在著作《大教学论》中指出:“凡是需要知道的事物,都要通过事物本身来进行教学。就是说,应该尽可能地把事物本身或代替它的图像放在面前,让学生去看看、摸摸、听听、闻闻等等。”这强调了学生的直接经验的重要性。

71. D 【解析】本题考查设计教学法。设计教学法主张废除班级授课制和教科书,打破传统的学科界限,教师不直接向学生传授知识和技能,而是指导学生根据自己已有的知识和兴趣,自行组成以生活问题为中心的综合性学习单元。学生在自己设计、自己负责的单元活动中获得有关的知识和能力。

72. C 【解析】循序渐进原则在西方常称为系统性原则,是指教师要严格按照科学知识的内在逻辑和学生的认知发展规律进行教学,使学生掌握系统的科学文化知识,能力得到充分的发展。题干中的小张老师没有结合班里学生的实际情况,由易到难地布置作业,违背了这一原则。

73. B 【解析】教学是贯彻教育方针,实施全面发展教育,实现教育目的的基本途径。

74. C 【解析】讲解即教师向学生对概念、原理、规律、公式等进行解释、论证。

75. A 【解析】讲授法是教师运用口头语言系统连贯地向学生传授知识、技能,发展学生智力的教学方法。

76. B 【解析】讨论法是全班或小组成员在教师的指导下,围绕某一中心问题发表自己的看法和见解,从而进行相互学习的一种方法。题干所述强调了讨论法的作用。

77. A 【解析】欣赏教学法是指在教学过程中指导学生体验客观事物的真善美的一种教学方法。

78. C 【解析】启发式教学的实质在于正确处理教与学的相互关系,它反映了教学的客观规律。随着现代科学技术的进步和教学经验的积累,启发式教学将不断得到丰富和发展。当前,一些国家教学法改革中的许多创造和见解,都是同启发式教学的要求相关联的。启发式教学的关键在于设置问题情境。

79. C 【解析】本题考查教学原则。理论联系实际原则是指教师在教学中,应使学生从理论与实际的结合中来理解和掌握知识,并引导他们运用新获得的知识去解决各种实际问题,培养他们分析问题和解决问题的能力。王老师在课堂教学之后,引导学生将新知识运用于实际,使学生将所学知识与实际结合起来,主要贯彻了理论联系实际原则。

80. A 【解析】诊断性评价是在学期开始或一个单元教学开始时,为了了解学生的学习准备状况及影响学习的因素而进行的评价。题干中的谭老师在新学期第一堂课对学生进行的学科测试属于诊断性评价。

81. B 【解析】备课就是教师根据学科课程标准的要求和本门课程的特点,结合学生的具体情况,选择最合适的表达方法和顺序,以保证学生有效地学习。

82. C 【解析】实质教育论起源于古希腊和古罗马,形成于18世纪,兴盛于19世纪,20世纪初衰落。其代表人物是德国的赫尔巴特和英国的斯宾塞。实质教育论认为教学的主要任务在于传授给学生

有用的知识,至于学生的智力则无需进行特别的培养和训练。另外,英国的洛克和瑞士的裴斯泰洛齐是形式教育论的代表人物。

83. B 【解析】本题考查教学工作的基本环节。教师教学工作包括五个基本环节(即基本程序):备课、上课、作业的布置与反馈、课外辅导和学业成绩的检查与评定。教师备课首先要做好三方面的工作,即钻研教材、了解学生、设计教法。了解学生首先要考虑学生总体的年龄特征,熟悉他们身心发展的特点;其次要了解学生个体的能力水平、学习态度和兴趣特点。所以,题干所述属于教学工作中的备课环节。

84. C 【解析】教师掌握教材有一个深化的过程,一般要经过懂、透、化三个阶段。

85. D 【解析】本题考查形式教育论。形式教育论认为教学的主要任务在于通过开设希腊文、拉丁文、逻辑、文法和数学等学科发展学生的智力,至于学科内容的实用意义则是无关紧要的。题干所述符合形式教育论的观点,D项正确。

86. C 【解析】讲读是读(教科书)与讲的结合,边读边讲,亦称串讲。题干所述内容体现了讲读法的内涵。

87. B 【解析】通过传授知识发展学生的智力是教学的一个重要任务。然而,知识不等于智力,传授了知识不等于训练了智力。一个学生知识的多少并不一定能标志他的智力发展的高低。

88. B 【解析】讨论法是全班或小组成员在教师的指导下,围绕某一中心问题发表自己的看法和见解,从而进行相互学习的一种方法。B项中对一些存在争议或较难理解的或者有多种答案的教学内容进行讨论,可以结合他人的看法和见解,从而进行相互学习。故B项正确。运用讨论法需要学生具备一定的基础知识、一定的理解能力和独立思考能力,因此,讨论法在高年级运用得比较多。故A、D项错误。对概念、原理、规律、公式等进行解释、论证比较适合用讲授法中的讲解法。故C项错误。

二、多项选择题

1. AB 【解析】王老师"采用视频短片的方式"体现了直观性原则,"引导学生提出问题"体现了启发性原则。

2. ABC 【解析】教师在备课时要写好三种计划,即学年(或学期)教学计划、课题(或单元)计划、课时计划(教案)。

3. ACD 【解析】以引导探究为主的教学方法,是指教师组织和引导学生通过独立的探究和研究活动而获得知识的方法,主要是发现法。故B项不选。练习法和实习作业法是以实际训练为主的教学方法;谈话法是以语言传递为主的教学方法。故本题选A、C、D三项。

4. ABC 【解析】期末考试通常是在学期结束后对学生学习结果的评价,不是教师在课堂教学过程中经常采用的考查方式。

5. ABC 【解析】根据教学评价的作用可将教学评价划分为诊断性评价、形成性评价和总结性评价。

6. ABC 【解析】教学工作的意义具体体现在:(1)教学是传播系统知识、促进学生发展的最有效的形式,是社会经验的再生产、适应并促进社会发展的有力手段;(2)教学是进行全面发展教育、实现培养目标的基本途径,为个人全面发展提供科学的基础和实践,是培养学生个性全面发展的重要环节;(3)教学是学校教育的中心工作,学校教育工作必须坚持以教学为主。

7. ABCD 【解析】教师的主导作用主要体现在三个方面:(1)教师决定着学生学习的方向、内容、进程、结果和质量,并起着引导、规范、评价和纠正的作用;(2)对学生的学习方式以及学习态度发挥作用;(3)影响学生的个性以及人生观、世界观的形成。此外,教师的主导作用和学生主体作用是辩证统一的,发挥学生的主动性离不开教师的主导作用。因此,A、B、C、D项正确。

8. CD 【解析】本题考查巩固性教学原则。巩固性原则是指教师在教学中要引导学生在理解的基础上牢固地掌握基本知识和基本技能,而且在需要的时候,能够准确无误地呈现出来,以利于知识技能的利用。孔子重视知识的巩固问题,要求"学而时习之""温故而知新",这些都体现了巩固性教学原则。A项体现了因材施教原则,B项是魏源提出的口号,即学习外国先进的科学技术,以抵制外国的侵略。

9. ABCD 【解析】根据教学的任务,课的类型可分为传授新知识课(新授课)、巩固新知识课(巩固课)、培养技能技巧课(技能课)和检查知识课(检查课)。

方法技巧: 考生在掌握课的类型时,可结合下面的表格进行对比记忆。此外,考生还可结合常用的教学方法来记忆,看到"课"前面是与教学方法对应的内容,一般就属于按照教学方法进行分类的课型。

分类依据	课的类型
教学任务	新授课、巩固课、技能课、检查课
教学方法	讲授课、演示课、练习课、实验课、复习课

10. ABCD 【解析】布置作业的原则有:(1)在内容上

突出开放性和探究性;(2)在容量上考虑量力性和差异性;(3)在形式上体现新颖性和多样性;(4)在评判上重视过程性和激励性。

1. ABCD 【解析】本题考查上好一堂课的基本要求。上好一堂课的基本要求有以下四个方面:(1)明确教学目标;(2)用教科书教而不是教教科书;(3)建立民主、平等的师生关系;(4)注重教学过程的生成性。(具体内容参见项贤明主编的《教育学原理》)

2. CD 【解析】本题考查教学过程的相关内容。在教学过程中,强调教师应该"吃透两头",即充分理解教材和充分认识学生。

3. ABCD 【解析】本题考查教学过程的主要矛盾。教学通常由四个因素组成,即教师、学生、教学内容、教学手段。教学是由这些要素相互作用、相互制约、相互影响而形成对立统一的整体,于是便形成了教师与学生的矛盾、教师与教学内容的矛盾、教师与教学手段的矛盾、学生与教学内容的矛盾、学生与教学手段的矛盾、教学内容与教学手段的矛盾。

14. ACD 【解析】掌握知识和发展智力二者是相互统一、相互促进的。(1)传授知识与发展智力这两个教学任务统一在同一个教学活动之中,统一在同一个认识主体的认识活动之中;(2)掌握知识是发展智力的基础;(3)发展智力又是掌握知识的重要条件。

15. ABCD 【解析】一般来说,构成课的基本组成部分有组织教学、复习过渡(检查复习)、讲授新教材、巩固新教材、布置课外作业等。

16. ABD 【解析】贯彻循序渐进原则的要求有:(1)教师的教学要有系统性;(2)抓主要矛盾,解决好重点与难点;(3)教师要引导学生将知识体系化、系统化;(4)按照学生的认识顺序,由浅入深、由易到难、由简到繁地进行教学。C项是理论联系实际原则的贯彻要求。

17. BCD 【解析】参观教学法可以分为准备性参观、并行性参观和总结性参观。

18. BC 【解析】演示法是指教师通过展示实物、教具和示范性的实验来说明、印证某一事物和现象,使学生掌握新知识的一种教学方法。"张老师将事先插在红墨水瓶中的枝条剪下来,分到学生手里,让学生一边剥枝条一边观察"采用的是演示法;谈话法也叫问答法,它是教师按一定的教学要求向学生提出问题让学生回答,通过问答、对话的形式来引导学生思考、探究,获取或巩固知识,促进学生智能发展的方法。教师提问,学生边观察边回答,体现的是谈话法。

19. ABCD 【解析】我国新课改中发展性评价的基本内涵是:(1)评价的根本目的在于促进发展;(2)评价功能与课程功能的转变相适应,发展性评价体现基础教育课程改革的精神,有利于基础教育课程改革的顺利实施;(3)评价观念转向关注人的发展;(4)评价内容综合化;(5)评价方式多样化;(6)评价主体多元化;(7)关注评价过程,将形成性评价与终结性评价有机地结合起来。

20. ABCD 【解析】教师教学工作包括五个基本环节(即基本程序):备课、上课、作业的布置与反馈、课外辅导和学业成绩的检查与评定。

三、判断选择题

1. B 【解析】教学方法是为完成教学任务而采用的方法,它包括教师教的方法和学生学的方法,是教师引导学生掌握知识技能、获得身心发展而共同活动的方法。

易错警示:部分考生对教学方法的概念理解不透彻,导致做题过程中出错。考生在遇到涉及"教学"字眼的判断题时,如果题干仅仅解释了其中的一个——"教"或"学",则一般都是错误的。

2. B 【解析】本题考查教学原则与教学规律的区别。教学原则虽然是人们主观制定的,但是反映了教学过程的客观规律。教学原则与教学规律的关系很复杂,二者不是一一对应的关系,根据一条规律可以提出若干条教学原则,而有的教学原则也可能反映着不同规律的要求。所以,教学原则与教学规律是两个不同的概念,二者不能等同。

3. B 【解析】讲解重在"解",主要应用于程序性知识的介绍,帮助学生明确概念、认识规律、掌握原理。在数学、物理、化学等学科中,讲解的应用比较广泛。

4. B 【解析】教师备课要做好三方面的工作,即钻研教材、了解学生、设计教法。教师要写好三种计划,即学年(或学期)教学计划、课题(或单元)计划、课时计划(教案)。所以说备课不仅仅是写教案。

5. B 【解析】本题考查不同教育家对学习过程的理解。孔子把学习过程概括为"学—思—行"(也有说法认为是"学—思—习—行")的统一过程。儒家思孟学派进一步提出"博学之,审问之,慎思之,明辨之,笃行之"(《礼记·中庸》)的学习过程。

6. A 【解析】作业的形式有多种:(1)阅读作业,如复习、预习教科书,阅读人文和科学读物;(2)口头作业,如口头回答、朗读、复述、背诵;(3)书面作业,如演算习题、作文、绘图;(4)实践作业,如观察、实验、测量、社会调查等。

7. B 【解析】在布置作业时要适量、适度,不能给学生布置过多的作业。

8. A 【解析】课堂教学主要是让学生学习间接知识，课外活动则是让学生直接参与实践活动获得直接的实践性知识。学生在课外活动中获得的感性知识和直接经验，也可以作为课堂教学时掌握理论知识的准备。

9. B 【解析】现代教育评价的理念是发展性评价与激励性评价。以被评价者的发展为本，重视被评价者的起点和发展过程中的各种问题。教学评价的根本目的是促进学生的发展。

10. B 【解析】外部分组，即取消按年龄编班，按学生的能力或某些测验成绩编班。内部分组，即在按年龄编班的班级内，再根据学生的成绩将他们分成若干个不同的小组。

易错警示：内部分组与外部分组都有以成绩为参照的分法，但二者的前提不同：
内部分组——在班级内，再根据成绩分组；
外部分组——直接按照能力或成绩编班。

11. A 【解析】本题考查综合课的组成。一般来说，构成综合课的基本组成部分有组织教学、检查复习、讲授新教材、巩固新教材、布置课外作业等。其中，讲授新教材是教学过程中最主要、最基本的部分，是一节课的核心环节，组织教学并不只在上课开始时进行，而是贯穿在教学过程的各个环节中，直到下课。

12. A 【解析】本题考查教学过程的双边性规律。在教学中，教师的教依赖于学生的学，学生的学离不开教师的教，教与学是辩证统一的。教师主导作用是针对能否引导学生积极学习与上进而言的。学生的主体性调动得怎样，学习的效果怎样，是衡量教师主导作用发挥得好坏的主要标志。

四、填空题

1. 欣赏教学法　情境教学法
2. 巩固性
3. 绝对性
4. 问题解决
5. 注入式
6. 平时考查　考试
7. 上课
8. 讨论法
9. 班级授课制

五、判断说理题

1. **诊断性评价主要针对在学习上存在问题障碍的学生，正常的学生不需要诊断性评价。这种说法是否正确？请结合相关知识说明理由。**
(1)这种说法是不正确的。(2)诊断性评价是在学期开始前或一个单元教学开始时，为了了解学生的学习准备状况及影响学习的因素而进行的评价。诊断性评价不仅可以辨别造成学生学习困难的原因，还能检查学生的学习准备程度，决定对学生的适当安置。故正常的学生也需要诊断性评价。

2. **衡量教学方法是否先进、科学，关键看学生的学习成绩能否很快提高。这种说法是否正确，结合教学方法的知识说明理由。**
(1)这种说法是不正确的。(2)衡量教学方法是否先进、科学，不能只看学生的学习成绩能否很快提高。教学方法的选择旨在达成教学方法的优化，从而促进教学过程的优化，以实现最佳的教学效果。应特别注意以下几个方面：①以启发式为运用教学方法的指导思想；②着眼于学生的整体发展；③重视学生的个别差异；④注重多种教学方法的有机配合。

3. **现代教学理论所倡导的因材施教、启发诱导、循序渐进、理论联系实际、温故知新等教学原则都是对传统教学原则的继承和发展。这种说法是否正确？请结合相关知识说明理由。**
(1)这种说法是正确的。(2)教学原则伴随着教学活动的产生而产生，并不断发展变化。随着教学实践的日益深化，教学原则也在不断地推陈出新。千百年来，人们在教学实践中创造了因材施教、启发诱导、循序渐进、学思行结合、温故知新等众多的教学原则。这些传统教学原则，各有其不同的特点、功能和应用范围，但由于它们正确地反映了教学规律，都对后世产生了深远的影响，直至今天仍有巨大的价值。现代教学理论中所倡导的因材施教、启发诱导、循序渐进、理论联系实际、温故知新等教学原则就是对上述传统教学原则的继承和发展。

4. **教学永远具有教育性。这种说法是否正确？请结合相关知识说明理由。**
(1)这种说法是正确的。(2)教学具有教育性，是指教学在传授和学习知识的同时，总有某种思想、观点和道德精神影响学生。这里的“教育”，指的是道德教育、思想品德教育。西方有句名言：教学永远具有教育性。“永远具有”指出了教学具有教育性不是一种暂时的偶然的现象，而是一条规律。正如19世纪德国教育家赫尔巴特所说：“我想不到有任何‘无教学的教育’，正如相反方面，我不承认有任何‘无教育的教学’。”教学具有教育性揭示了教学过程中教书与育人两个方面之间的内在的必然的联系。

5. **坚持以教学为主的办学规律，要求学校领导集中全校所有的人力、物力和财力用于教学活动。这种说法是否正确，结合教育学的知识说明理由。**
(1)这种说法是不正确的。(2)学校工作以教学为

主，既是由教学本身的性质决定的，也是多年来教育工作经验的总结。但这并不意味着可以轻视甚至忽略其他工作，应当坚持“教学为主，全面安排”的原则。

六、简答题（参考答案）

1. 简述教学过程的基本规律。

(1)间接经验与直接经验相结合（间接性规律）；(2)教师主导作用与学生主体作用相统一（双边性规律）；(3)掌握知识和发展智力相统一（发展性规律）；(4)传授知识与思想品德教育相统一（教育性规律）。

2. 我国中小学的教学原则主要有哪些？

(1)思想性（教育性）和科学性相统一的原则；(2)理论联系实际原则；(3)直观性原则；(4)启发性原则；(5)循序渐进性原则；(6)巩固性原则；(7)因材施教原则；(8)量力性原则。

3. 贯彻理论联系实际原则的基本要求有哪些？

(1)重视书本知识的教学，在传授知识的过程中注重联系实际；(2)重视引导和培养学生运用知识的能力；(3)加强教学的实践性环节，逐步培养与形成学生综合运用知识的能力，进行“第三次学习”；(4)正确处理知识教学与能力训练的关系；(5)补充必要的乡土教材。

4. 教学的一般任务是什么？

(1)引导学生掌握科学文化基础知识和基本技能；(2)发展学生智能，特别是培养学生的创新精神和实践能力；(3)发展学生体能，提高学生身心健康水平；(4)培养学生高尚的审美情趣和审美能力；(5)培养学生具备良好的道德品质和个性心理特征，形成科学的世界观。

5. 教师上好一堂课的基本要求是什么？

(1)教学目标明确；(2)教学内容准确；(3)教学结构合理；(4)教学方法适当；(5)讲究教学艺术；(6)板书有序；(7)充分发挥学生的主体性，这是上好课最根本的要求，离开了这一点，以上的所有要求就失去了意义。

6. 教学中的启发性原则是什么？贯彻该原则的要求有哪些？

启发性原则是指在教学活动中，教师要调动学生的主动性和积极性，引导他们通过独立思考、积极探索，生动活泼地学习，自觉地掌握科学知识，提高分析问题和解决问题的能力。贯彻该原则的要求有：(1)加强学习的目的性教育，调动学生学习的主动性；(2)设置问题情境，启发学生独立思考，培养学生良好的思维方法和思维能力；(3)让学生动手，培养学生独立解决问题的能力，鼓励学生将知识创造性地运用于实际；(4)发扬教学民主。

7. 简述班级授课制的优缺点。

优点：(1)有利于经济有效地大面积培养人才，提高教学效率；(2)它以“课”为教学活动单元，能保证学习活动循序渐进，有利于学生获得系统的科学知识；(3)有利于发挥教师的主导作用；(4)有利于发挥学生集体的教育作用；(5)有利于学生德、智、体多方面的发展；(6)有利于进行教学管理和教学检查。

缺点：(1)不利于学生主体性的发挥；(2)不利于培养学生的探索精神、创造能力和实际操作能力；(3)不能很好地适应教学内容和教学方法的多样化；(4)不利于因材施教，难以满足学生个性化的学习需要；(5)不利于学生之间真正的交流和启发；(6)以“课”为基本的教学活动单位，某些情况下会割裂内容的整体性。

8. 教师正确而及时地批改作业能有效地发挥反馈—矫正的作用。请简述教师批改作业应注意的事项。

(1)批改作业要及时；(2)批改方式要灵活；(3)要尊重学生；(4)批改态度要认真；(5)批改符号要统一；(6)批改要与讲评紧密结合。

七、论述题（参考答案）

1. 试述在学生评价工作中实施发展性评价的意义，你认为在教育工作实践中，应如何运用好发展性评价，促进学生全面发展？

(1)实施发展性评价的意义包括：①发展性评价是学校教育进步和发展的现实要求；②发展性评价对学生的自主发展具有巨大的积极影响；③发展性评价的过程就是一种积极有效的教育过程；④发展性评价是遵循人的发展规律和教育规律的教育评价；⑤发展性评价引导和激励学生自主发展；⑥发展性评价促进学生的个性发展；⑦发展性评价注重过程，让教师更主动，学生更自主，教育更有效；⑧发展性评价促进师生关系的和谐融洽；⑨发展性评价促进教师乐教、学生乐学的有机融合。

(2)在教育工作实践中，运用好发展性评价的措施包括：①制定评价内容与评价标准。评价内容不能是单一的，应是多方面的。发展性评价不仅要关注学生的学业，同时也应关注学习以外的情感、态度、意志品质等各方面的综合素质。而所设的标准要因人而异，使每个学生在自己的基点之上获得进步，并得到积极的评价。②记录评价结果。将学生在学习中的各种表现，以量化的形式表现出来，使学生能看到自己成长的轨迹，培养学生积极进取的精神。③实施多元化评价。积极开展学生自评、互评以及教师评价的活动，合理地运用这三种评价方式，培养学生积极的情感态度，形成有效的学习策略，发展他们的自主学习能力和合作精神。④发挥

评价的反馈与反思功能。发展性评价所具有的这一功能,可以及时调整教师的教学行为与学生的学习行为。教师须全程关注学生在课内外的每一种表现、每一次进步,并从中得到反馈信息,及时调整自己的教学行为。也让学生通过评价,能反思自己的学习行为与情感态度,适时调整自己,做到自我完善,自我发展。

2. 试述在教学中,应该如何看待间接经验与直接经验的关系。

(1)人们认识客观事物主要有两条途径:一是获取直接经验,即通过亲自探索、实践所获得的经验;二是获取间接经验,即他人的认识成果,主要是指人类在长期认识过程中积累并整理而成的书本知识。教学活动是学生认识客观世界的过程,要以间接经验为主、直接经验为辅,将二者有机结合起来。

(2)以间接经验为主是教学活动的主要特点。学习间接经验是学生认识客观世界的基本途径。这是因为:①借助间接经验认识世界,是认识上的捷径;②学习间接经验也是由学生特殊的认识任务决定的。

(3)学生学习间接经验要以直接经验为基础。书本知识,一般表现为概念、定理、原理等,这对学生来说是间接经验。学生要把这些知识转化为自己的知识,必须以个人以往积累的或现时获得的感性经验为基础,教师要根据教学需要充分利用和丰富学生的直接经验。

(4)贯彻直接经验与间接经验相统一的规律,要防止两种倾向:①过分强调书本知识的传授和学习,忽视引导学生通过实践活动、亲身参与、独立探索去积累经验、获取知识的倾向;②只强调学生通过自己探索去发现、积累知识,忽视书本知识的学习和教师的系统讲授。因此,在教学中应该将直接经验与间接经验有机结合起来。

3. 结合实际,谈谈教师应如何备课。

(1)教师备课要做好三方面的工作,即钻研教材、了解学生、设计教法,也即备教材、备学生、备教法。

①钻研教材:钻研教材包括钻研学科课程标准、钻研教科书和阅读有关参考资料。

②了解学生:了解学生应当是全面的。首先要考虑学生总体的年龄特征,熟悉他们身心发展的特点;其次要了解学生个体的能力水平、学习态度和兴趣特点。此外,还要了解班级的一般状况,如班纪、班风等。

③设计教法:教师要在钻研教材、了解学生的基础上,考虑用什么方法使学生有效地掌握知识并促进他们能力、品德等方面的发展。教师应根据教学目的、内容、学生的特点等来选择最佳的教学方法。此外,还要相应地考虑学生的学法,包括预习、学生在课堂中的学习活动与课外作业等。

(2)写好三种计划,即学年(或学期)教学计划、课题(或单元)计划、课时计划(教案)。

①学年(或学期)教学计划:该计划包括学生情况的简要分析、本学期或学年的教学总要求、教科书的章节或课题、各课题的教学时数和时间的具体安排、各课题所需要运用的教学手段等。

②课题(或单元)计划:在制订好学年教学计划的基础上,教师还要制订课题计划。课题计划一般包括课题名称、课题教学目的、课时划分、各课时课的类型、主要教学方法、必要的教具。此外,教师还要考虑课题之间的联系,做好协调工作。

③课时计划:即教案,它通常是指教师为某一节课而拟定的上课计划,一般包括班级、学科名称、授课时间、课题、教学目的、课的类型、教学进程等。其中教学进程是教案的主要部分,教师要详细设计和安排教学内容的展开,教学方法的运用和时间的分配等。

(考生可结合实际适当加以阐述,言之有理即可)

4. 试述作业的育人功能有哪些,应该如何正确理解。

假如说教学更多体现了教师指导下的学习过程,那么作业更多反映了学生自主学习的过程,而不仅仅是诊断评估学生已经掌握知识技能的评价过程。作业折射了学校与教师的教育理念和专业能力,是学校教育的名片。作业影响着学生的学习兴趣、学习压力、自主学习能力、学习习惯、学习方法、责任感、自律性、持之以恒的意志力、时间管理能力、学业成绩等方面。作业是促进教育质量提升的核心问题,与教学、评价有着千丝万缕的联系,与教学共同促进学生发展。因此,作业本质上也是全面育人的过程。

八、案例分析题(参考答案)

1. (1)我不赞成徐老师的教学观,他对教学观的认识有误。

①教学中应将教师的主导作用与学生的主体地位相结合。教师要善于引导,教学的本质在于引导。案例中的徐老师只注重发挥学生的主动性,忽略了自己在教学中的主导作用,因而很难取得良好的教学效果。②教学是师生交往、积极互动、共同发展的过程。在这个过程中,教师与学生分享彼此的思考、经验和知识,交流彼此的情感、体验与观念,丰富教学内容,求得新的发现,从而达成共识、共享、共进,实现教学相长和共同发展。徐老师在上课的过程中,没有参与到学生的学习中,没有与学生进行充分的交流,这是不正确的。③上好一堂课除了

气氛热烈，还应做到目标明确、重点突出、内容正确、方法得当、表达清晰，教学进程要组织严密、结构紧凑，这样才能使学生明确一堂课的任务和重难点，使学生巩固每节课学到的知识。徐老师只注重课堂气氛，忽略了其他方面的要求，这也是徐老师今后应当改进的地方。

(2)孙老师上课的问题在于生硬地照搬优秀教师的教学，而忽视了具体的教学情境及学生的学习程度。教学方法的选择应充分考虑教学内容、教学目标、学生的学习程度及可接受性等。

2. 材料中的课明显体现了教学过程中传授知识与思想品德教育相统一的规律，即教育性规律。教师要上"具有文化味道的课"的原因：

(1)在教学过程中，学生掌握科学文化知识和提高思想品德修养是相辅相成的。知识是思想品德形成的基础，思想品德修养水平的提高为学生积极地学习知识提供动力。

(2)脱离知识进行思想品德教育，这会使思想品德教育成为无源之水、无本之木，不仅不利于学生品德修养水平的提高，而且还影响系统知识的教学。

(3)只强调传授知识，忽视思想品德教育，不利于学生的成长。教学的教育性必须要经过教师给学生施加积极影响，必须通过启发、激励，使学生对所学知识产生积极的态度，教学的教育性才能得以实现。在教学过程中要注意把二者有机结合起来。

3. (1)在教学中，教师的教依赖于学生的学，学生的学离不开教师的教，教与学是辩证统一的。教师是教学活动的领导者、组织者，是学生学习的指导者和学习质量的检查者，在教学活动中起主导作用。学生是学习的主人，具有主观能动性，在教学中应充分发挥学生主体参与教学的能动性。只有教师、学生两方面互相配合，才能收到最佳的教学效果。

(2)A老师掌控着教育内容和进程，留给学生参与、思考的时间很少，说明其发挥了教师主导作用，但并未尊重学生的主体地位，没有发挥学生参与教学的积极性。B老师在活动中鼓励学生积极参与、勇于实践和创新，活动结束及时总结，既充分发挥了教师主导作用，又尊重和发挥了学生的主动性，有利于学生的长远健康发展。

4. 谢老师主要采用了演示法、谈话法、发现法、讲授法和讨论法。

(1)演示法是指教师通过展示实物、教具和示范性的实验来说明、印证某一事物和现象，使学生掌握新知识的一种教学方法。谢老师播放短视频、用PPT展示动植物的图片，运用的是演示法。

(2)谈话法也叫问答法，它是教师按一定的教学要求向学生提出问题让学生回答，通过问答、对话的形式来引导学生思考、探究，获取或巩固知识，促进学生智能发展的方法。谢老师提出一系列的问题让学生自己发现问题、分析问题，运用的是谈话法。

(3)发现法，通常称作发现学习或问题教学法，就是让学生通过独立工作，自己主动发现问题、解决问题及掌握原理的一种教学方法。谢老师先是提出一系列问题，启发学生自己去发现、分析问题，然后在讲解完课堂内容之后组织学生讨论并绘制食物网，解决之前提出的问题，从而提高学生分析问题、解决问题的能力，这一系列过程运用的是发现法。

(4)讲授法是教师运用口头语言系统连贯地向学生传授知识、技能，发展学生智力的教学方法。谢老师讲解食物链和食物网的概念，运用的是讲授法。

(5)讨论法是全班或小组成员在教师的指导下，围绕某一中心问题发表自己的看法和见解，从而进行相互学习的一种方法。谢老师将全班学生分为4组，要求他们讨论并绘制食物网，运用的是讨论法。

5. (1)案例中的教师通过教学反思，呈现了两种不同效果的教学情境，这体现了启发性原则、循序渐进原则和理论联系实际原则。

①启发性原则是指在教学活动中，教师要调动学生的主动性和积极性，引导他们通过独立思考、积极探索，生动活泼地学习，自觉地掌握科学知识，提高分析问题和解决问题的能力。贯彻此原则的要求有：加强学习的目的性教育，调动学生学习的主动性；设置问题情境，启发学生独立思考，培养学生良好的思维方法和思维能力。案例中的教师在第一堂课中提出的问题："'强项'在现代汉语中是什么意思？"出现了课堂"冷场"的局面，这是由于没有引起学生的兴趣；而在进行教学反思后的第二堂课上，学生们能够紧跟问题思考，最后"纷纷举手并给出正确的答案"，这说明学生们的积极性被成功地调动起来，证明教师的启发有了效果。

②循序渐进原则是指教师要严格按照科学知识的内在逻辑和学生的认知发展规律进行教学，使学生掌握系统的科学文化知识，能力得到充分的发展。贯彻此原则的要求有：教师的教学要有系统性；按照学生的认识顺序，由浅入深，由易到难，由简到繁地进行教学。案例中教师在第一堂课中的问题之所以没有得到学生的回应，正是因为他直接把难题摆了出来，没有遵循由易到难的顺序；改进后的第二堂课中，教师先问了容易的问题，学生们做出回答之后再一步步地引导到目标问题。这样通过循序渐进地引导，学生们自然而然就理解了教师的问题。

③理论联系实际原则是指教师在教学中，应使学生从理论与实际的结合中来理解和掌握知识，并引导

他们运用新获得的知识去解决各种实际问题,培养他们分析问题和解决问题的能力。贯彻此原则的要求有:重视书本知识的教学,在传授知识的过程中注重联系实际;重视引导和培养学生运用知识的能力。案例中教师在第一堂课中的问题没能引起学生的兴趣,正是因为“强项”这个词被单独拿出来直接让学生解释,学生无法联系已有的经验。而到了第二堂课,教师先问了“你们的强项是什么?”当学生说出了自己的强项之后,教师再让学生思考刚才说的“强项”是什么意思。这成功地使学生将理论与实际联系起来,因此他们很快就明白了这个词的现代意义,也理解了“强项”一词古今词义的区别,这节课最终也取得了很好的效果。

(2)新课程强调教师要经常进行教学反思,教学反思也是教师专业发展和自我成长的核心因素。案例中的教师通过教学反思之后,对第一次上课中效果不好的环节进行了修正,第二次上课时该环节就得到了很好的效果。这说明该教师的教学反思是积极有效的,教师应该经常通过教学反思来改进自身的教学。

6. (1)在教学过程中,教师的主导作用和学生的主体作用是辩证统一的。案例中,郝老师采用的“三少”教学法有利于调动学生的主动性,但是由于在教学中没有充分发挥教师的主导作用,没能结合学生的实际情况进行及时引导和调整,最终导致教学效果不佳。教师在教学过程中除了做到“三少”,还要做到“三多”,即要“多看”“多听”“多交流”,才能及时了解学生的学习动态,掌握学生学习的第一手资料,真正实现课堂的高效性。

(2)在实际教学中,要提高教学效果,既要充分发挥教师的主导作用,又要充分发挥学生主体参与教学的能动性,把二者有机地结合起来。①发挥教师的主导作用是学生简捷有效地学习知识、发展身心的必要条件。只有借助于教师的教导和帮助,才能以简捷有效的方式掌握人类创造的基本文化科学知识,迅速提高自己的身心发展水平,成为社会需要的人才,就连学生的学习主动性、积极性的正确发挥都有赖于教师的引导。②调动学生的学习主动性是教师有效地教学的一个主要因素。教师的教是为了学生的学,在教学过程中,必须充分调动学生的学习主动性、积极性。学生的学习主动性是以教学为前提的,是对教师的教的积极配合,是在教师引导下自觉、专心、刻苦学习,善于创造性地完成独立作业。背离教师的主导作用,学生的积极性就会具有盲目性,进而使学生在学习上费力而不讨好,成效甚微。可见,在教学过程中,充分发挥教师的主导作用是学生简捷掌握知识的必要条件,而要使学生自觉掌握知识主要靠调动学生个人的主动性、积极性,如果师生双方能积极配合就能获得教学的最佳效果,这是教师主导作用与学生主动性之间的必然联系。

7. (1)①“把犯错的机会留给学生”是遵循教师主导作用与学生主体作用相统一规律的体现。②在教学中,教师的教依赖于学生的学,学生的学离不开教师的教,教与学是辩证统一的。教师的主导作用要依赖于学生主体作用的发挥。学生学习的主动性、积极性越高,说明教师的主导作用发挥得越好。反过来,学生的主体作用要依赖于教师的主导作用来实现。只有教师、学生两方面互相配合,才能收到最佳的教学效果。材料中所说的教师要“把犯错的机会留给学生”,是指教师在充分发挥自身主导作用的前提下,可以促进学生在不断尝试错误中找到正确答案,从而充分发挥学生的主观能动性。

(2)①教师要树立正确的学生观。作为发展中的人,学生的不完善是正常的,而十全十美并不符合实际。没有缺陷,就没有发展的动力和方向。把学生作为发展中的人来对待,就要理解学生身上存在的不足,就要允许学生犯错误。当然,更重要的是要帮助学生解决问题,改正错误,从而不断促进学生的进步和发展。

②教师要充分发挥教师的主导作用和学生的主体作用,充分发挥学生的主观能动性,注重教能力而不仅仅是教知识,不是代表学生说出正确答案,而是要允许学生从错误中寻找正确的答案。

③教师要贯彻启发性原则。该原则是指在教学活动中,教师要调动学生的主动性和积极性,引导他们通过独立思考、积极探索,生动活泼地学习,自觉地掌握科学知识,提高分析问题和解决问题的能力。

8. (1)材料中的老师在备课时没有充分了解学生的知识储备情况以及学生的学习需要。材料中的学生不知道平行四边形的面积如何求,学生询问倾斜边的长度,老师才告诉学生这条边没有给出,在学生很困惑时,老师又让学生围绕平行四边形的高来想办法,这种教学方法不符合学生的身心发展规律。针对这种学生知识储备不足的课程,老师采用演示法更为恰当。

(2)教师备课要做好三方面的工作,即钻研教材、了解学生、设计教法,也即备教材、备学生、备教法。钻研教材:教师备课首先要钻研教材,吃透教材。了解学生:备学生关键在于了解学生学习的需要。备学生需要从了解学生学习的需要出发,而非以对教材的了解为出发点。设计教法:教师要在钻研教材、了解学生的基础上,考虑用什么方法使学生有

效地掌握知识并促进他们能力、品德等方面的发展。

9. (1)根据案例的描述可知,丘老师存在的问题主要有:①评价主体单一。丘老师对阳阳的表扬,让阳阳只关注到教师的评价,没有形成教师、家长、同学等多主体共同参与、交互作用的评价模式。②评价方法单一。丘老师只采取表扬和肯定的方式来评价阳阳,而没有做到尊重信任学生与严格要求学生相结合,导致阳阳把教师的表扬当作了放纵的理由。③评价重心有失偏颇。丘老师只看到了阳阳短期内的变化,而没有从长远的角度对他各个时期的进步状况和努力程度进行评价,不能很好地发挥评价促进发展的功能。

(2)解决对策包括:①让家长、同学以及阳阳本人都作为评价的主体参与评价,使评价主体多元化;②要做到鼓励有度,将奖励与惩罚相结合;③深入了解阳阳,发现他的优点和兴趣,通过多种渠道增强他的自信心。

真题精解

一、单项选择题

1. A 【解析】学校工作的中心环节是教学。
2. A 【解析】领会知识是教学过程的中心环节。

易错警示:在考试中,"中心环节"属于常考且易混知识点。在本章中,有关"中心环节"的知识点有三个,考生可结合以下内容进行整体识记:
学校工作的中心环节——教学;
教学工作的中心环节——上课;
教学过程的中心环节——领会知识。

3. D 【解析】"不陵节而施之谓孙"是指教学要遵循一定的顺序进行,这体现的是循序渐进的教学原则。
4. A 【解析】直观性原则是指在教学活动中,教师应尽量利用学生的多种感官和已有的经验,通过各种形式的感知,使学生获得生动的表象,从而比较全面、深刻地掌握知识。这一原则的提出是由学生的年龄特征所决定的。题干所述体现出教学中应贯彻直观性原则。
5. B 【解析】题干描述的是谈话法的概念。
6. D 【解析】1632年,捷克教育家夸美纽斯出版的《大教学论》最早从理论上对班级授课制做了阐述,为班级授课制奠定了理论基础。
7. B 【解析】形成性评价是在教学过程中为改进和完善教学活动而进行的对学生学习过程及结果的评价。它包括在一节课或一个课题的教学中对学生的口头提问和书面测验。题干所述测试属于形成性评价。
8. A 【解析】新课程强调参与与互动、自评与他评相结合,实现评价主体的多元化。目前世界各国的教育评价逐步成为由教师、学生、家长、管理者,甚至包括专业研究人员共同参与的交互过程,这也是教育过程逐步民主化、人性化的体现。
9. B 【解析】现场教学是指教师把学生带到事物发生、发展的现场进行教学活动的形式。它可以以班级为单位,也可以以小组或个人为单位,通常需要有关现场人员的参加。历史老师组织学生到校史馆进行教学,所采用的就是现场教学。

二、多项选择题

1. ABCD 【解析】选择与运用教学方法的依据包括:(1)教学的目的和任务;(2)教学内容的性质和特点;(3)教学对象的实际情况(主要指学生的特点);(4)教师自身素养及所具备的条件;(5)教学方法的类型与功能。
2. ABD 【解析】教学是教与学矛盾统一的过程,教和学是互为条件而存在的,又是相互影响、相互促进的。教师和学生是教学活动中的主体,教师是教的主体,在教学活动中起主导作用;学生是学的主体,在教学活动中发挥主体作用。在教学中只有把教师的主导作用与学生的主体作用结合起来,才能很好地完成教学任务。故A、B、D项表述均正确。C项忽视了教师的主导作用,表述错误。

三、判断题(判断选择题)

1. √ 【解析】教学的首要任务是使学生掌握系统的科学文化基础知识,形成基本技能、技巧,其他任务的实现都是在完成这一任务的过程中和基础上进行的。

方法技巧:考生在本题中需要注意的关键词是"首要任务",但在部分题目中还会存在其他的说法,如"在教学任务中处于基础地位的是"。考生在做题时要注意灵活运用、深入分析。

2. B 【解析】讲授法容易导致灌输,但也可以是富有启发性的;谈话法有利于活跃学生思维,但使用不当也容易导致机械对话。两种教学方法各有利弊,关键是看教师能否促进学生积极主动地去学习,而不是单从形式上去加以判断、选择。

四、填空题

1. 启发
2. 发现法
3. 讨论法
4. 备课
5. 教学原则

五、判断说理题

1. "中小学教学中直观手段运用越多,教学效果越好。"这种认识是否正确?结合教学原则的知识说明理由。

(1)这种说法是不正确的。(2)直观性原则是指在

教学活动中，教师应尽量利用学生的多种感官和已有的经验，通过各种形式的感知，使学生获得生动的表象，从而比较全面、深刻地掌握知识。在教学中贯彻直观性原则的要求之一是：要明确直观教学的目的，恰当地选择直观手段。选择和使用直观手段，必须从教学的需要出发，直观教学是手段不是目的。一般来说，学生对于教学内容比较生疏，在理解和掌握上遇到困难或障碍时，或所教内容是教材的重点时，才需要教师运用直观。故在教学过程中，要根据具体的教学需要来选择是否运用直观手段，并不是直观手段运用得越多，教学效果就越好。不恰当地运用直观手段，教学效果反而会不好。

2. 常言道"教学有法，但无定法"。某教师认为这意味着自己在教学中可以任意采用某一种教学方法。该教师的观点是否正确？请运用教育学知识并结合实际加以说明。

(1)该教师的观点是不正确的。(2)"教学有法，但无定法"的意思是我们的教育教学活动是有规律可遵循、有法则可遵守、有模式可遵照的，是有可以掌握的基本方法、基本规律的。但是教学的模式、方法、技能等不是机械的、教条的，而是灵活多变、富有个性、充满灵性的。教师劳动的创造性要求教师不断更新教学方法，但绝不意味着教师可以任意选择教学方法。在实际教学中，教师要根据教学目的和任务、教学内容的性质和特点、教学对象的实际情况、教师自身素养及所具备的条件、教学方法的类型与功能等因素科学、合理地选择和有效地运用某一种或某几种教学方法。故题干观点错误。

(考生可结合实际加以阐述，言之有理即可)

3. "生成性教学是在弹性预设的前提下，在教学的展开过程中，由教师和学生根据不同的教学情境，自主建构教学活动的过程。"这种说法是否正确？运用教育学知识加以说明。

(1)这种说法是正确的。(2)生成性教学是当前"新课改"所提倡的一种教学理念。生成性教学主张教师要应用灵活的教学方法，在课堂教学中要随时关注有教育价值的事件，及时调整教学计划，以满足学生的需要。其内涵是指在弹性预设的前提下，在教学展开过程中，由教师和学生根据不同的教学情境，自主建构教学活动的过程。

六、论述题(参考答案)

阐述班级授课制的含义，并分析其成为教学基本组织形式的理由。

(1)班级授课制是把学生按年龄和文化程度分成固定人数的班级，教师根据课程计划和规定的时间表进行教学的一种组织形式。

(2)班级授课制之所以能成为基本的教学组织形式，是因为它具有其他教学组织形式无法比拟的优点：①有利于经济有效地大面积培养人才，提高教学效率；②它以"课"为教学活动单元，能保证学习活动循序渐进，有利于学生获得系统的科学知识；③有利于发挥教师的主导作用；④有利于发挥学生集体的教育作用；⑤有利于学生德、智、体多方面的发展；⑥有利于进行教学管理和教学检查。

七、案例分析题(参考答案)

1. (1)①间接经验与直接经验相结合规律(间接性规律)。教学活动是学生认识客观世界的过程，要以间接经验为主、直接经验为辅，将二者有机结合起来。上述教学片段中，教师通过引导学生学习和阅读课文，给学生传授知识，遵循了间接性规律。

②掌握知识和发展智力相统一规律(发展性规律)。传授知识与发展智力二者是相互统一和相互促进的，在教学中，要把二者有机地结合起来。在片段一中，教师在教学的同时，引导学生通过查字典的方式解决问题，这是对学生能力的培养，遵循了发展性规律。

③教师主导作用与学生主体作用相统一规律(双边性规律)。在教学过程中，教师的教依赖于学生的学，学生的学离不开教师的教，教与学是辩证统一的。上述三个教学片段中老师通过一步步提问来引导学生，是教师发挥主导作用的体现；片段三中学生们积极主动地用自己的话讲故事是学生发挥主体性的表现。

④传授知识与思想品德教育相统一规律(教育性规律)。在教学过程中，学生掌握科学文化知识和提高思想品德修养水平是相辅相成的两个方面。教师借助揠苗助长的寓言故事，教育学生做任何事情都要遵循规律，是遵循教育性规律的体现。

(2)①思想性(教育性)和科学性相统一的原则。这一原则是指教学要以马克思主义为指导，授予学生科学知识，并结合知识教学对学生进行社会主义品德和正确人生观、科学世界观教育。这一原则的实质是要求在教学活动中把教书和育人有机地结合起来。教师通过揠苗助长的寓言故事，使学生明白欲速则不达的道理，体现了思想性(教育性)和科学性相统一的原则。

②启发性原则。启发性原则是指在教学活动中，教师要调动学生的主动性和积极性，引导他们通过独立思考、积极探索，生动活泼地学习，自觉地掌握科学知识，提高分析问题和解决问题的能力。在上述教学片段中，教师引导学生想办法弄清楚"揠"的意思，让学生自己思考并解决问题，都遵循了启发性原则。

③循序渐进原则。循序渐进原则是指教师要严格按照科学知识的内在逻辑和学生的认知发展规律进行教学,使学生掌握系统的科学文化知识,能力得到充分的发展。上述教学片段中,教师由易到难地提出问题,逐步引导学生理解揠苗助长这一故事背后的道理,然后才让他们用自己的话讲故事,这一过程遵循了学生的认识顺序,贯彻了循序渐进原则。

④巩固性原则。巩固性原则是指教师在教学中要引导学生在理解的基础上牢固地掌握基本知识和基本技能,而且在需要的时候,能够准确无误地呈现出来,以利于知识技能的利用。在片段三中,教师让学生在课堂上以及回家后多多练习讲故事,有助于学生对所学知识的掌握,贯彻了巩固性原则。

2. 李老师的做法违背了布置作业的要求,具体如下:

(1)作业内容应符合课程标准的要求。李老师所布置的作业只有大量的练习题,不利于学生加深对所学知识的理解,不利于培养学生的能力。

(2)作业应分量适宜、难易适度。由案例可知,李老师给学生布置了很多练习题,一味追求数量的多少,而未能照顾到学生的实际能力,导致学生完成作业的情况不佳,没有达到通过课外作业巩固所学知识的目的。

(3)布置作业应考虑不同学生的能力需求。李老师在布置作业时并没有考虑不同学生的能力需求,不利于不同层次学生的知识掌握。

(4)作业形式要多样,具有多选性。李老师所布置的课外作业全部为不同练习册上的练习题,形式单一,不利于全面锻炼学生的能力。

(5)布置作业应要求明确,规定完成时间。李老师在一节课快要结束时才匆匆呈现课外作业,且并没有规定完成时间和要求,导致次日上午在收作业时,学生的作业呈现方式不一,完成情况参差不齐。

此外,李老师布置的作业也并未体现出具有典型意义或含有鼓励学生独立探索并进行创造性思维的因素。

第九章 思想品德教育

基础训练

一、单项选择题

1. B 【解析】中国古代教育家孔子很重视"循循然善诱人";对人不仅"听其言",更重视"观其行";而且采取因材施教、以身作则等原则。故选B项。防微杜渐,防患于未然是中国古代德育的重要原则,《学记》指出"禁于未发之谓豫"。英国教育家洛克提出"自然后果"原则,强调受教育者在自己的行为后果中自动对行为加以调节,反对教育的外力干涉。苏联教育家克鲁普斯卡娅、马卡连柯提出了通过集体进行教育,尊重学生与严格要求学生相结合,以及结合生产劳动进行教育等德育原则。

2. C 【解析】榜样示范法是用榜样人物的优秀品德来影响学生的思想、情感和行为的德育方法。由于榜样能把社会真实的思想、政治和法纪、道德关系表现得更直接、更亲切、更典型,因而能给人以极大的影响、感染和激励,教育、带动和鼓舞人们前进。榜样包括伟人的典范、教育者的示范、学生中的好榜样等。题干中的心忧天下的领袖、感动中国的人物、新冠疫情中勇敢的逆行者、抗震救灾的英雄都是学生可以学习的榜样人物。

3. A 【解析】本题考查德育的疏导原则。疏导原则是指进行德育时要循循善诱、以理服人,从提高学生认识入手,调动学生的主动性,使他们积极向上。疏导原则也就是循循善诱原则。

4. A 【解析】题干中李老师先是找阿亮谈心,了解阿亮的内心世界,并在此基础上采取措施转变阿亮,做到了因势利导,循循善诱。李老师还肯定了阿亮上网学习电脑技术的积极性,做到了以表扬、激励为主,坚持正面教育。因此,李老师的做法是贯彻疏导原则的表现。

易错警示: 导向性原则和疏导原则都有一个"导"字,故部分考生会混淆二者的概念。导向性原则强调的是"方向"(正确的方向、理想),通常跟国家方针、政治相关。疏导原则强调教师要耐心开导学生,循循善诱,以理服人。

5. D 【解析】德育过程的基本(主要)矛盾是教育者提出的德育要求(社会所要求的道德规范)与受教育者已有品德水平之间的矛盾。故选D项。

6. A 【解析】本题考查常用的德育方法。实际锻炼法是有目的地组织学生参加各种实际活动,使其在活动中锻炼思想,增长才干,培养优良的思想和行为习惯的德育方法。各级学校通过组织新生军训来培养学生的坚强毅力和集体主义精神,增强学生的国防观念和组织纪律性,这体现的德育方法是实际锻炼法。B项陶冶教育法是教师利用环境和自身的教育因素,对学生进行潜移默化的熏陶和感染,使其在耳濡目染中受到感化的德育方法。C项榜样示范法是用榜样人物的优秀品德来影响学生的思想、情感和行为的德育方法。D项品德修养指导法是教师指导学生自觉主动地进行学习、自我品德反省,以实现思想转化及行为控制的德育方法。

7. A 【解析】本题考查劳动教育。劳动教育是学校

德育的一个重要内容,它的主要内容包括:(1)教育学生树立正确的劳动观念,认识劳动的意义与价值;(2)培养学生热爱劳动和热爱劳动人民的情感,养成良好的劳动习惯;(3)学习是学生的主要劳动,要教育学生热爱学习、勤奋学习;(4)教育学生爱护公共财物和劳动成果,反对浪费,提倡节俭。题干中,教育学生爱护公共财物,培养学生勤俭节约的良好习惯均属于劳动教育的内容。

8. C 【解析】本题考查德育的基本途径。思想品德课(思想政治课)与其他学科教学是学校有目的、有计划、系统地对学生进行德育的基本途径。结合题干中的"各类课程与思想政治课"可知,本题选C项。

9. D 【解析】教育影响的一致性与连贯性原则是指在德育工作中,教育者应主动协调多方面教育力量,统一认识和步调,有计划、有系统、前后连贯地教育学生,发挥教育的整体功能,培养学生正确的思想品德。贯彻这一原则要求教师要充分发挥教师集体的作用,统一学校内部的多种教育力量,使之成为一个分工合作的优化群体;争取家长和社会的配合,主动协调好与家庭、社会教育的关系,逐步形成以学校为中心的"三位一体"的德育网络。题干中班主任的做法显然体现了这一贯彻要求。

10. D 【解析】本题考查德育过程的规律。德育过程的规律之一是:德育过程是组织学生的活动和交往,统一多方面教育影响的过程。活动和交往是德育过程的基础。个体的思想品德是在活动和交往的过程中,接受外界教育影响,逐渐形成和发展,并通过活动和交往的过程表现出来的。题干中的某学校通过组织一系列的主题活动来对学生进行德育,说明该学校充分认识到德育是在活动和交往中接受多方面影响的过程。

11. A 【解析】德育的社会性功能指的是学校德育能够在何种程度上对社会发挥何种性质的作用。题干所述为古代中国德育的社会性功能的体现。因为,古代中国是一个特别重视道德教化的国度,德育一直是统治者"齐风俗,一民心""齐家治国平天下"的工具。

12. B 【解析】教育影响的一致性和连贯性原则是指在德育工作中,教育者应主动协调多方面教育力量,统一认识和步调,有计划、有系统、前后连贯地教育学生,发挥教育的整体功能,培养学生正确的思想品德。题干中老师和家长没有统一认识和步调,违背了教育影响的一致性和连贯性原则。

13. D 【解析】本题考查德育方法。修养是在教师引导下学生经过自觉学习、自我反思和自我行为调节,使自身品德不断完善的一种重要方法。学生品德的提高是一个能动的发展过程,它的成效同学生个人能否自觉主动进行道德修养紧密相关,德育要重视学生的道德修养和提高他们的修养能力。自我批评是青少年学生进行自我修养常用的一种方法。我们应当从小培养学生逐步掌握自我批评的方法,具有自我批评的能力和习惯。故本题答案选D项。

14. D 【解析】说服教育法是学校对学生进行思想品德教育的基本方法。

15. A 【解析】爱国主义教育是德育的永恒主题,在社会发展的不同历史时期具有不同的内容,建设有中国特色的社会主义是新时期爱国主义的崭新含义。

16. A 【解析】德育的性质是由特定的社会经济基础决定的。

17. B 【解析】本题考查德育原则。知行统一原则是指教育者在进行德育时,既要重视对学生进行系统的思想道德的理论教育,又要重视组织学生参加实践锻炼,把提高认识和行为养成结合起来,使学生做到言行一致。徐老师在班会课上告诉学生要讲文明、爱卫生,在课外又通过组织学生参加实践活动加深认识,增强情感体验,养成良好的行为习惯,这遵循了知行统一的德育原则。

18. D 【解析】本题考查德育原则。教育影响的一致性与连贯性原则是指在德育工作中,教育者应主动协调多方面教育力量,统一认识和步调,有计划、有系统、前后连贯地教育学生,发挥教育的整体功能,培养学生正确的思想品德。题干所述属于贯彻该原则的具体要求。

19. A 【解析】"要尽量多地要求一个人,也要尽可能地尊重一个人。"这句话出自苏联教育家马卡连柯。

20. C 【解析】本题考查德育过程的规律。个体的思想品德是在活动和交往的过程中,接受外界教育影响,逐渐形成和发展,并通过活动和交往的过程表现出来的。题干引文表明德育过程是组织学生的活动和交往,统一多方面教育影响的过程。

21. B 【解析】品德评价法是通过对学生品德进行肯定或否定的评价而予以激励或抑制,促使其品德健康形成和发展的德育方法。包括奖励、惩罚、评比和操行评定等。题干中"选择表现好、进步大的学生作为当周小明星,并将照片贴在'明星墙'"是通过评比的方式对学生进行奖励、鼓舞,这种德育方法属于品德评价法。

易错警示:针对本题,部分考生阅读题干之后,会认为"明星墙"是一种环境陶冶,故误选陶冶教育法。考生在审题时,需抓住关键词"评比活动"

"奖励"等,而不能仅仅看到"明星墙"这几个字就断章取义。

22. D 【解析】正面教育与纪律约束相结合原则是指德育工作既要正面引导,说服教育,启发自觉,调动学生接受教育的内在动力,又要辅之以必要的纪律约束,并使两者有机结合起来。题干中,张老师不仅开班会强调守时的重要性,还组织学生建立了班规,体现了正面教育与纪律约束相结合原则。

23. C 【解析】题干的意思是:无论何事都竭尽所能去做的人,离仁者也就不远了。这句话强调了行动的重要性,是知行统一原则的表现。

24. A 【解析】说服教育法的方式包括两类:第一类是运用语言文字进行说服的方式;第二类是运用事实进行说服教育的方式。故选A项。

25. D 【解析】班主任工作是学校对学生进行德育的一个重要而又特殊的途径。

26. D 【解析】德育过程从本质上说是个体社会化与社会规范个体化的统一过程。

27. B 【解析】实际锻炼法是有目的地组织学生参加各种实际活动,使其在活动中锻炼思想、增长才干、培养优良的思想和行为习惯的德育方法。题干中的班主任的做法是对实际锻炼法的运用。

28. A 【解析】陶冶教育法是教师利用环境和自身的教育因素,对学生进行潜移默化的熏陶和感染,使其在耳濡目染中受到感化的德育方法。题干所述为陶冶教育法的典型示例。

29. D 【解析】思想品德教育活动的实质在于把外在的社会要求内化为受教育者个体的思想品德。

30. C 【解析】尊重信任学生与严格要求学生相结合的原则是指在德育过程中,教育者既要尊重信任学生,又要对学生提出严格的要求,把严和爱有机地结合起来,使教育者的合理要求转化为学生的自觉行动。在德育工作中尊重信任与严格要求是辩证统一的,题干中的孙老师在关心学生的同时没有严格要求学生,其做法违背了该原则。

31. B 【解析】劳动教育的主要内容包括:(1)教育学生树立正确的劳动观念,认识劳动的意义与价值;(2)培养学生热爱劳动和热爱劳动人民的情感,养成良好的劳动习惯;(3)学习是学生的主要劳动,要教育学生热爱学习,勤奋学习;(4)教育学生爱护公共财物和劳动成果,反对浪费,提倡节俭。B项是人道主义与社会公德教育的主要内容之一。

32. A 【解析】本题考查德育过程的一般顺序。德育过程的一般顺序可以概括为:提高品德认识、陶冶品德情感、锻炼品德意志、培养品德行为习惯。德育过程一般以知为开端,以行为终结。

33. D 【解析】品德评价法是通过对学生品德进行肯定或否定的评价而予以激励或抑制,促使其品德健康形成和发展的德育方法。它包括奖励、惩罚、评比和操行评定等。娜娜帮助同学打扫卫生,老师奖励了她一朵小红花,这说明该老师运用的德育方法是品德评价法。

34. D 【解析】马卡连柯提出了著名的"平行教育原则",他指出:教师要影响个别学生,首先要去影响这个学生所在的集体,然后通过集体和教师一道去影响这个学生,便会产生良好的教育效果。

35. D 【解析】尊重信任学生与严格要求学生相结合的原则是指在德育过程中,教育者既要尊重信任学生,又要对学生提出严格的要求,把严和爱有机地结合起来,使教育者的合理要求转化为学生的自觉行动。根据题干中的"要求"和"尊重"两个词,可以得出答案是D项。

36. B 【解析】榜样示范法是用榜样人物的优秀品德来影响学生的思想、情感和行为的德育方法。运用榜样示范法符合青少年学生爱好学习,善于模仿,崇拜英雄,追求上进的年龄特点,也符合人的认识由生动直观到抽象的发展规律。

37. C 【解析】题干体现的是德育过程的基本规律之一:德育过程是对学生知、情、意、行的培养与提高过程。

38. D 【解析】知行统一原则是指教育者在进行德育时,既要重视对学生进行系统的思想道德的理论教育,又要重视组织学生参加实践锻炼,把提高认识和行为养成结合起来,使学生做到言行一致。题干中的班主任只提交材料,未开展"扫黑除恶"的具体工作,违反了知行统一原则。

39. A 【解析】依靠积极因素,克服消极因素的原则即长善救失原则。

40. D 【解析】张老师结合不同学生的特点,选择不同的德育方法,体现了张老师在选择德育方法时重视学生的个性特点。

41. B 【解析】锻炼是有目的地组织学生进行一定的实际活动以培养他们的良好品德的方法。教师或学生集体委托学生个人完成一定的工作任务,就是一种重要的实际锻炼。故B项正确。A项采用的是陶冶的方法,C项采用的是修养的方法,D项采用的是榜样的方法。

42. A 【解析】榜样示范法是用榜样人物的优秀品德来影响学生的思想、情感和行为的德育方法。由"在张老师的带动下,班里很多同学都加入了扫落叶的行列"可知,题干中的张老师起到了带头示范的作用,即在给学生进行德育时用了榜样示范法。

二、多项选择题

1. BCD 【解析】我国学校的德育内容主要包括政治教育、思想教育、道德教育和心理健康教育。B项属于道德教育,C项属于政治教育,D项属于思想教育。

2. ACD 【解析】班主任"多次与小军进行单独谈话"运用的是说服教育法,"鼓励小军多参加由学校组织的公益活动和集体活动"运用的是实际锻炼法,"对于小军每次取得的进步,班主任都会给予肯定和鼓励"运用的是品德评价法。

3. ABC 【解析】心理健康教育主要有三方面的内容,即学习辅导、生活辅导和择业指导。

4. AB 【解析】邱老师只看到成绩优异的学生身上的优点和成绩落后学生身上的缺点,没有做到一分为二地看待学生,违背了长善救失原则。对于先进生和后进生,教师应采取不同的教育方式,要严格要求先进生,防止他们产生自满情绪;要关心爱护后进生,尊重他们的人格,培养和激发他们的学习动机。这两点邱老师都没有做到,说明邱老师没有对学生进行因材施教,违背了因材施教的德育原则。

5. CD 【解析】本题考查德育原则。毛老师言出必行,对自己承诺的事情严格履行,是坚持知行统一原则的体现。在教育爱撒谎的李明时,毛老师私下找他谈心后,又在班级进行了一次主题班会教育,坚持了集体教育与个别教育相结合的原则。

6. ABCD 【解析】德育过程通常由教育者、受教育者、德育内容和德育方法四个相互制约的要素构成。

7. ACD 【解析】说服教育法的方式包括:(1)运用语言文字进行说服的方式,如讲解、报告、谈话、讨论、辩论、读书指导等;(2)运用事实进行说理教育的方式,主要包括参观、访问和调查。

8. ABC 【解析】新时期德育发展的新主题包括安全教育与生命教育、生存教育与生活教育、升学就业指导教育。

9. CD 【解析】本题考查德育的相关内容。德育即思想品德教育,是对学生思想品德给予多方面培养的各种教育活动的总称。故A项正确。德育工作的主渠道是课堂教学,教师要有意识地渗透德育到学科内容的教学过程中,使学生受到熏陶。故B项正确。德育内容及重点在不同学段是不同的,故C项说法错误。网络文化对德育工作的影响既有正面的,也有负面的,故D项说法错误。

10. ABD 【解析】学生思想品德的任何变化,都依赖于学生个体的心理活动。任何外界的教育和影响,都必须通过学生思想状态的变化,经过学生思想内部的矛盾斗争,才能发生作用,促使学生品德的真正形成。因此,学校的德育工作必须放在促进学生品德发展内部矛盾的产生与积极转化上。故C项说法不正确。

11. CD 【解析】长善救失原则是指在德育工作中,教育者要善于依靠、发扬学生自身的积极因素,调动学生自我教育的积极性,克服消极因素,以达到长善救失的目的。题干中的刘老师表扬小林的优点,批评他的缺点,遵循了长善救失原则。尊重信任学生与严格要求学生相结合的原则是指在德育过程中,教育者既要尊重信任学生,又要对学生提出严格的要求,把严和爱有机地结合起来,使教育者的合理要求转化为学生的自觉行动。刘老师对学生有强烈的责任感,既尊重了学生,又对学生严格要求,认真管理,体现了尊重信任学生与严格要求学生相结合的原则。

12. ACD 【解析】德育过程的矛盾是指德育过程中各要素、各部分之间和各要素、各部分内部各方面之间的对立统一关系,包括教育者与受教育者的矛盾,教育者与德育内容、方法的矛盾,受教育者与德育内容、方法的矛盾,受教育者自身思想品德内部诸要素之间的矛盾等。

13. ABC 【解析】陶冶法包括环境陶冶、人格陶冶和艺术陶冶等。座右铭属于品德修养指导法。

14. ABD 【解析】本题考查德育过程的特点。德育过程的长期、反复、渐进性的特点,要求教育者必须长期、一贯、耐心、细致地教育学生,不能"毕其功于一役",正确认识和对待学生思想行为的反复,善于反复抓、抓反复,引导学生在反复中逐步前进。

15. ACD 【解析】"追逐梦想"演讲比赛属于理想信念教育;"地震逃生"演练属于安全教育;"祭奠英雄"活动属于爱国主义教育。

三、判断选择题

1. A 【解析】本题考查德育过程的基本规律。活动和交往是学生思想品德形成和发展的基础和源泉。个体的思想品德是在活动和交往的过程中,接受外界教育影响,逐渐形成和发展,并通过活动和交往的过程表现出来的。

2. A 【解析】本题考查德育过程的结构。德育过程通常由教育者、受教育者、德育内容和德育方法四个相互制约的要素构成。其中,受教育者包括受教育者个体和群体,他们都是德育的对象。在德育过程中,受教育者既是德育的客体,又是德育的主体。

3. A 【解析】德育的意义之一是德育是青少年、儿童健康成长的条件和保证,故题干正确。

4. B 【解析】我国学校德育内容主要有政治教育、思想教育、道德教育和心理健康教育。因此德育不等于道德教育。

5. B 【解析】享用性功能是德育个体性功能的最高境界。

6. B 【解析】本题考查德育原则。依靠积极因素，克服消极因素的原则(长善救失原则)要求教育者要用一分为二的观点，全面分析，客观地评价学生的优点和不足。

7. A 【解析】我国学校德育途径是广泛多样的，其中基本途径是思想品德课(思想政治课)与其他学科教学。此外，学校的思想工作、管理工作、辅助性服务工作等，也是学校德育不容忽视的渠道。总之，学校的课程、教学中所采用的方法以及学校中每一样工作、学校生活中发生的每一件小事，都充满了进行道德教育的可能性。

8. B 【解析】疏导原则是指进行德育时要循循善诱、以理服人，从提高学生认识入手，调动学生的主动性，使他们积极向上。贯彻疏导原则要求以表扬、激励为主，坚持正面教育，但这并不等于德育要严禁惩罚。适当的惩罚在人的品德形成过程中是非常必要的。

9. B 【解析】“春风化雨”体现的德育方法是陶冶教育法。

四、填空题

1. 学会做人
2. 社区德育　家庭德育
3. 质量标准
4. 品德行为
5. 德育目标
6. 德育方法

五、判断说理题

1. 德育过程即思想品德形成过程。这种说法是否正确？请结合相关知识说明理由。

(1)这种说法是不正确的。(2)德育过程与思想品德形成过程是教育与发展的关系。德育过程是一种教育过程，它是教育者与受教育者双方统一活动的过程，是培养和发展受教育者品德的过程。而品德形成过程是受教育者思想道德结构不断完善的过程，品德形成过程属于人的发展过程，影响这一过程实现的因素包括生理的、社会的、主观的和实践的等多种因素。二者既有一定的联系，又有一定的区别，不能把二者等同起来。

2. 德育具有明显的阶级性和历史性，不同的社会有不同的德育目标。这种说法是否正确？请结合相关知识说明理由。

(1)这种说法是正确的。(2)德育的性质是由特定的社会经济基础决定的，具有社会性、历史性、阶级性和民族性、继承性。德育目标确立的主要依据包括国家的教育方针和教育目的、民族文化及道德传统、时代与社会发展需要等。所以，不同的社会有不同的德育目标。

3. 教育者严格要求学生，就很难尊重信任学生。这种说法是否正确？请结合德育的相关知识说明理由。

(1)这种说法是不正确的。(2)尊重信任学生，是相信学生的能力，相信他们未来的发展。严格要求是指教师按照教育目的的要求，教育、培养学生。在德育工作中尊重信任与严格要求是辩证统一的，是制约德育效果的两个相辅相成的必要条件。尊重和信任是严格要求的前提，正如苏联教育家马卡连柯所说：“要尽量多地要求一个人，也要尽可能地尊重一个人。”爱是严的基础，严是爱的体现，只有把两者紧密结合在一起，才能取得最佳教育效果。

4. 德育过程中的活动和交往不同于一般的社交活动。这种说法是否正确？请结合相关知识说明理由。

(1)这种说法是正确的。(2)活动和交往是德育过程的基础。有目的地根据德育目标和思想品德的形成规律设计实施活动，能加快个体品德发展的速度，对学生品德发展的方向起到规范和保证作用。因此与一般的社交活动相比，德育活动要求教育者要对其进行精心设计和组织。

六、简答题(参考答案)

1. 贯彻正面教育与纪律约束相结合原则的基本要求有哪些？

(1)坚持正面教育原则，以客观的事实、先进的榜样和表扬鼓励为主的方法教育和引导学生；(2)坚持摆事实，讲道理，以理服人，启发自觉；(3)建立健全学校规章制度和集体组织的公约、守则等，并且严格管理，认真执行。

2. 简述德育过程的规律。

(1)德育过程是对学生知、情、意、行的培养与提高的过程；(2)德育过程是一个促进学生思想内部矛盾斗争的发展过程，是教育与自我教育相结合的过程；(3)德育过程是组织学生的活动和交往，统一多方面教育影响的过程；(4)德育过程是一个长期的、反复的、逐步提高的过程。

3. 确立德育目标的依据是什么？

(1)青少年思想品德形成、发展的规律及心理特征；(2)国家的教育方针和教育目的；(3)民族文化及道德传统；(4)时代与社会发展需要。

4. 德育过程中贯彻因材施教原则的要求有哪些？

(1)以发展的眼光客观、全面、深入地了解学生，正确认识和评价青少年学生的思想特点；(2)根据不同年龄阶段学生的特点，选择不同的内容和方法进行教育，防止一般化、成人化、模式化；(3)注意学生的个别差异，因材施教。

5. 试列举我国中小学常用的德育方法。

(1)说服教育法;(2)榜样示范法;(3)陶冶教育法;(4)实际锻炼法;(5)品德评价法;(6)品德修养指导法。此外,常用的德育方法还有角色扮演法、合作学习法等。

七、论述题(参考答案)

1. 有人说:"学生在学校进一步,回到家里退一步,走入社会退两步。"请运用德育原则分析这种现象。

题干所述反映了学校德育和家庭德育、社会德育脱节的现象,该现象的产生主要是在德育过程中未能很好地贯彻教育影响的一致性与连贯性原则。教育影响的一致性与连贯性原则是指在德育工作中,教育者应主动协调多方面教育力量,统一认识和步调,有计划、有系统、前后连贯地教育学生,发挥教育的整体功能,培养学生正确的思想品德。贯彻这一原则的要求有:(1)充分发挥教师集体的作用,统一学校内部的多种教育力量,使之成为一个分工合作的优化群体;(2)争取家长和社会的配合,主动协调好与家庭、社会教育的关系,逐步形成以学校为中心的"三位一体"的德育网络;(3)保持德育工作的经常性和制度化,处理好衔接工作,保证对学生影响的连续性、系统性,使学生的思想品德得以循序渐进地持续发展。

2. 为什么说德育过程是一个长期的、反复的、逐步提高的过程?

(1)德育过程是一个长期的过程。一方面,随着人类社会的不断进步,德育要在内容、手段、方法等方面不断加以调整和补充;另一方面,知、情、意、行等心理因素的培养提高也需要长期的训练和积累,这就决定了德育过程必然是一个长期的、坚持不懈的过程。

(2)德育过程是一个反复的、逐步提高的过程。学生正处于成长期,世界观尚未形成,思想很不稳定,品德发展容易出现反复,这就要求教育者要正确认识和对待这种现象,持之以恒、耐心细致地教育学生,引导学生在反复中逐步前进。

八、案例分析题(参考答案)

1. (1)①捕捉亮点,正面引导。如案例中小叶初二时新来的班主任那般,善于发现小叶身上的亮点——亲近动物,并对小叶进行正面引导。②善于发现学生的爱好,并针对其爱好进行引导教育。如案例中新来的班主任发现小叶喜欢上生物课,于是就找小叶谈话,针对小叶的爱好,让其担任动物兴趣小组的小组长。③用欣赏的眼光看待学生。案例中新来的班主任就是以欣赏的眼光看待小叶。④善于发现每一个学生的优点,以表扬为主,鼓励学生进步。⑤培养自己的观察能力,同时多和学生接触以创造"机缘"。⑥肯定学生行为中合理的地方,赞赏学生解决问题的创造性。⑦包容学生的过失,能用期待的心情等待学生的每一点进步,用喜悦的激情去赞许学生的每一份成功。⑧创造条件,给予学生成功的机会,增强他们战胜困难的信心。

(考生可结合案例适当阐述,言之有理即可)

(2)①教育者要用一分为二的观点,全面分析,客观地评价学生的优点和不足;②教育者要有意识地创造条件,将学生思想中的消极因素转化为积极因素;③教育者要提高学生自我认识、自我评价能力,启发他们自觉思考,克服缺点,发扬优点。

2. (1)因材施教原则是指教育者在德育过程中,应根据学生的年龄特征、个性差异以及品德发展现状,采取不同的方法和措施,加强德育的针对性和实效性。案例中的黄老师发现小东在讲台上镇定自若,还很幽默,就及时表扬、鼓励了他。这体现了因材施教的德育原则。

(2)依靠积极因素,克服消极因素的原则(长善救失原则)是指在德育工作中,教育者要善于依靠、发扬学生自身的积极因素,调动学生自我教育的积极性,克服消极因素,以达到长善救失的目的。案例中的小东开始时非常顽皮,不讲卫生,上课爱打瞌睡,学习成绩也不好,当黄老师发现小东在讲台上镇定自若,还很幽默时,就及时表扬、鼓励了他。后来小东被评为"小品演的最好的人",还被选为班会策划的组长,得到老师和同学们的肯定后,小东积极为班级做事,而且变得干净整洁、热爱学习了。这些都体现了长善救失原则。

(3)集体教育和个别教育相结合原则是指在德育过程中,教育者要善于组织和教育学生热爱集体,并依靠集体教育每个学生,同时通过对个别学生的教育,来促进集体的形成和发展,从而把集体教育和个别教育有机地结合起来。案例中的小东在被选为班会策划的组长,得到老师和同学们的肯定后,就积极为班级做事,而且变得干净整洁、热爱学习了。这些都体现了集体教育和个别教育相结合原则。

3. (1)张老师主要采用了品德评价法、榜样示范法、品德修养指导法。①当几乎全班同学都举手表示愿意捡纸片时,张老师说:"大家这么爱集体,关心班级,老师很感动,你们愿意做好事的精神真值得老师学习。"对学生的行为进行了肯定的评价并给予激励,使用了品德评价法。②当陈伟把纸片捡干净后,张老师在全班面前对他进行了表扬,让大家向他学习,使用了榜样示范法。③张老师明知是陈伟扔的纸片,但故意装作不知,通过让陈伟自己捡纸片,指导陈伟进行自我品德反省,最后陈伟主动

找张老师承认了错误,实现了思想转化及行为控制,体现了品德修养指导法。

(2)这些德育方法符合:①依靠积极因素、克服消极因素的原则。张老师没有把陈伟拉出来狠狠地批评一顿,而是调动陈伟自我教育的积极性,依靠和发扬他自身的积极因素去克服他品德上的消极因素,实现了长善救失的目的。②尊重信任学生与严格要求学生相结合的原则。张老师尊重陈伟的人格,把对学生的思想和行为的严格要求与对学生的尊重与信任结合起来,使自己对学生的要求转化成了学生的自觉行动。③集体教育与个别教育相结合的原则。张老师对陈伟进行德育时注意依靠学生集体,在全班同学都积极去捡纸片的大环境下,通过集体对陈伟进行教育,充分发挥了学生集体在教育中的作用。

4. (1)①广义的德育泛指所有有目的、有计划地对社会成员在政治、思想与道德等方面施加影响的活动。中华优秀传统文化教育属于德育的重要内容之一,德育要传承中华优秀传统文化,增强文化自觉和文化自信。材料中,璧山区在中华优秀传统文化的基础上,开展礼仪教育的实践探索。表明中华优秀传统文化是德育的宝贵资源,它所蕴含的德育理念、内容、方法等,对现代德育依然具有重要的价值。

②德育也是弘扬中华优秀传统文化的有效途径。材料中,璧山区通过德育实践,形成了区域德育新常态,提升了学生综合素质,发展了中华优秀传统文化。

③德育与中华优秀传统文化是相辅相成、互相促进的。现代德育的实践要注重从中华优秀传统文化中汲取力量,从而发展中华优秀传统文化,增强学生的文化自信,涵养学生的家国情怀。

(2)《中小学德育工作指南》规定,德育的总体目标为:培养学生爱党爱国爱人民,增强国家意识和社会责任意识,教育学生理解、认同和拥护国家政治制度,了解中华优秀传统文化和革命文化、社会主义先进文化,增强中国特色社会主义道路自信、理论自信、制度自信、文化自信,引导学生准确理解和把握社会主义核心价值观的深刻内涵和实践要求,养成良好政治素质、道德品质、法治意识和行为习惯,形成积极健康的人格和良好心理品质,促进学生核心素养提升和全面发展,为学生一生成长奠定坚实的思想基础。

(3)《中小学德育工作指南》规定,德育内容包括:理想信念教育、社会主义核心价值观教育、中华优秀传统文化教育、生态文明教育、心理健康教育。

(考生可结合实际进行阐述,言之有理即可)

5. 杨老师采用了如下德育方法:

(1)榜样示范法。即用榜样人物的优秀品德来影响学生的思想、情感和行为的方法。由于榜样能把社会真实的思想、政治和法纪、道德关系表现得更直接、更亲切、更典型,因而能给人以极大的影响、感染和激励,教育带动和鼓舞人们前进。杨老师为了让男生剪短头发,先从自身出发,给学生树立了一个榜样,更能让学生接受教育。

(2)陶冶教育法。即教师利用环境和自身的教育因素,对学生进行潜移默化的熏陶和感染,使其在耳濡目染中受到感化的德育方法。案例中杨老师通过五分钟的交流会对男生剪头发产生了潜移默化的影响。

(3)说服教育法。说服教育法是通过摆事实、讲道理,使学生提高认识,形成正确观点的方法。这是一种坚持正面理论教育和正面思想引导,增强辨别是非能力,促进道德发展的重要方法。案例中的杨老师就理发事件开展了五分钟的交流会,这体现了他对说服教育法的运用。在运用说服教育法时,杨老师还注意到了说服的趣味性,抓住了运用该方法的时机。

(4)品德修养指导法。品德修养指导法是教师指导学生自觉主动地进行学习、自我品德反省,以实现思想转化及行为控制的德育方法。从“发现那几个男生的长发变短了”可以看出,学生在听到杨老师的一番话后进行了反省,这说明杨老师运用品德修养指导法产生了效果。

6. (1)①客观方面:首先,不良的家庭教养方式。李某从小父母离异,跟着祖父生活,祖父对他管教不严,而父亲偶尔回家对他非打即骂。家长对待子女过分放任或严厉,都容易使孩子产生不良的行为。其次,不良社会风气的影响。学生的品德行为在很大程度上受到社会风气的影响。李某经常和社会上的一些无业青年混在一起,打架斗殴,这些社会上的不良青年为李某树立了不好的榜样使李某在潜移默化中染上这种不良行为。再次,不良同伴关系的影响。在学校全班同学都看不起、疏远李某,李某归属与爱的需要得不到满足,这样容易加重李某的不良行为。②主观方面:李某道德意志薄弱,经常破坏课堂纪律,而且拖欠作业,不能完成学习任务,形成了不良的行为习惯。

(2)①加强学校与家庭之间的相互联系,通过学校对李某父母所进行的家庭教育进行指导,形成教育合力,从而促进学生的发展。案例中班主任可以通过对学生李某进行家访、邀请李某家长到学校与老师沟通交流、邀请李某父母参加学校举办的家长会等方式来转变李某父母的家教观念,形成学校、家

庭教育的合力,最终促进李某的发展。②在对学生进行德育时,应坚持依靠积极因素、克服消极因素和教育影响的一致性和连贯性原则,注意发扬学生身上的闪光点,帮助学生克服自身的问题和不足,同时教师要主动协调多方面的教育力量,发挥教育的整体功能。案例中的班主任要根据李某喜欢运动、擅长打篮球的特点,注意发挥李某在运动方面的优势,引导他多参加体育活动,同时又要通过陶冶教育等多种教育方式,统一校内外多种教育力量,使学生认识到自身的问题,并在教师的指导和帮助下改正不足,最终得到发展。

真题精解

一、单项选择题

1. C 【解析】马修老师借助音乐对学生进行潜移默化的熏陶和感染,使其在耳濡目染中受到感化,这种德育方法是陶冶法。

2. D 【解析】实际锻炼法是有目的地组织学生参加各种实际活动,使其在活动中锻炼思想,增长才干,培养优良的思想和行为习惯的德育方法。组织学生参加志愿者活动属于对锻炼法的运用。

3. B 【解析】"仁言不如仁声(音乐)之入人深也"的意思是:仁德的言辞不如使风俗变得淳厚的音乐深入人心。这说明了好的音乐感人之力量,强调的是对人进行潜移默化的熏陶和感染,使其在耳濡目染中受到感化的德育方法,也即陶冶教育法。

方法技巧:陶冶教育法是招教考试中的热门考点,一般会以名言的形式出题,如"让学校的每一面墙壁都开口说话""仁言不如仁声之入人深也"等。有时候也会以例子的形式出题,如:教师播放歌曲教育学生,利用黑板报、教室布置、良好班风教育学生,等等。考生在理解陶冶教育法的内涵时需注意:陶冶教育法强调的是"潜移默化",使学生在不知情的情况下受到教育。

4. D 【解析】榜样示范法是用榜样人物的优秀品德来影响学生的思想、情感和行为的德育方法。运用榜样示范法的要求之一是选好学习的榜样。选好榜样是学习榜样的前提,我国古代教育重视榜样,要求以尧舜孔孟为榜样,"法古今完人",提倡"论学取友""择其善者而从之"。所以答案选D项。

5. B 【解析】长善救失原则也称依靠积极因素,克服消极因素的原则。即在德育工作中,教育者要善于依靠、发扬学生自身的积极因素,调动学生自我教育的积极性,克服消极因素,以达到长善救失的目的。贯彻这一原则要求教育者要用一分为二的观点,全面分析,客观地评价学生的优点和不足;要有意识地创造条件,将学生思想中的消极因素转化为积极因素。所以题干所述贯彻了教育的长善救失原则。

二、填空题

1. 道德教育
2. 品德水平
3. 品德修养指导法

三、判断说理题

1. 某位学科教师认为,自己的职责就是教好书,学生的思想品德教育那是班主任的事。该教师的认识是否正确,结合教育学的知识说明理由。

(1)该教师的认识不正确。

(2)德育是学校教育的重要内容,长期以来,班主任一直担当学生德育工作的重任,相比来说,学科教师的德育意识稍弱,很多学科教师认为,只要自己把所教的学科教好就可以了,对学生进行思想品德教育那是班主任的分内事。但众所周知,学校的德育工作只有在全员参与的情况下才能取得较好的成绩,班主任工作是学校对学生进行德育的一个重要而又特殊的途径,学科教师应该参与学校的德育工作,并配合班主任做好学生的各项工作。学科教师要有德育意识,要把学科当作渗透德育的载体,在教授学生知识的同时,也要教他们做人。学科教师只要有德育意识,课堂中渗透德育就无处不在,润物细无声。

(3)作为教师,历史赋予我们教书育人的责任,我们应该义不容辞地承担德育任务,而不应该因为分工的不同推卸我们应当承担的责任,更不应为德育"不作为"找借口。学科教师对学生进行思想品德教育是对班主任工作的补充和完善,是教育系统不可缺少的一部分。如果把德育的任务全部推给班主任,那这所学校的德育工作是不全面的。作为教师,教书育人是我们的天职。我们不仅要教学生学好文化知识,更重要的是教学生学会做人。

2. "德育过程必须严格按照知、情、意、行的顺序来进行,以知为开端,以行为终结。"这种说法是否正确?运用教育学知识加以说明。

(1)这种说法是不正确的。(2)德育过程的一般顺序可以概括为:提高品德认识、陶冶品德情感、锻炼品德意志和培养品德行为习惯。德育过程一般以知为开端,以行为终结。但由于社会生活的复杂性、德育影响的多样性等因素,在德育具体实施过程中,又具有多种开端,可根据学生品德发展的具体情况,或从导之以行开始,或从动之以情开始,或从锻炼品德意志开始,最后达到使学生品德在知、情、意、行几方面和谐发展的目的。

四、案例分析题(参考答案)

1. 刘老师的做法遵循了以下德育规律:

(1)德育过程是对学生知、情、意、行的培养与提高的过程。学生的思想品德由知、情、意、行四个心理因素构成。学生思想品德的形成与发展,即这四个心理因素的形成与发展的过程。案例中,刘老师通过组织学生们观看纪录片、进行分组讨论和集体交流等方式提高了学生们对"献爱心"的认识,激发了他们的道德情感,最终提高了学生的思想认识。

(2)德育过程是一个促进学生思想内部矛盾斗争的发展过程,是教育与自我教育相结合的过程。学生思想品德的任何变化,都依赖于学生个体的心理活动。任何外界的教育和影响,都必须通过学生思想状态的变化,经过学生思想内部的矛盾斗争,才能发生作用,促使学生品德的真正形成。刘老师在听到学生的"嘀咕"后,因势利导,通过有计划的活动提高了学生的自我意识,发展了他们的自我教育能力,同时也促进了他们品德的发展。

(3)德育过程是组织学生的活动和交往,统一多方面教育影响的过程。活动和交往是品德形成的基础。个体的思想品德是在活动和交往的过程中,接受外界教育影响,逐渐形成和发展,并通过活动和交往的过程表现出来的。刘老师通过精心设计并实施活动,促进了学生品德的发展。

2. (1)徐老师贯彻了如下德育原则:

①疏导原则。疏导原则是指进行德育时要循循善诱、以理服人,从提高学生认识入手,调动学生的主动性,使他们积极向上。材料中,徐老师面对缺乏生活自理技能和生活常识的刘同学,没有直接进行批评教育,而是引导学生帮助他,既让刘同学摆脱了尴尬的局面,又能让他学到生活自理技能和生活常识,这一教育过程贯彻了疏导原则。

②因材施教原则。因材施教原则是指教育者在德育过程中,应根据学生的年龄特征、个性差异以及品德发展现状,采取不同的方法和措施,加强德育的针对性和实效性。材料中,徐老师对刘同学和赵同学在实践基地活动中表现出的不同问题采取了不同的教育方式和措施,贯彻了因材施教原则。

③知行统一原则。知行统一原则是指教育者在进行德育时,既要重视对学生进行系统的思想道德的理论教育,又要重视组织学生参加实践锻炼,把提高认识和行为养成结合起来,使学生做到言行一致。材料中,在发现班级学生不能说出所有蔬菜的名称时,徐老师建议基地辅导员给同学们开设现场讲座,帮助学生认识家乡的农作物,说明徐老师既重视实践锻炼,也重视提高学生的认识水平,贯彻了知行统一原则。

④集体教育和个别教育相结合原则。在德育过程中,教育者要善于组织和教育学生热爱集体,并依靠集体教育每个学生,同时通过对个别学生的教育,来促进集体的形成和发展,从而把集体教育和个别教育有机地结合起来。材料中,针对个别学生缺乏生活常识的情况,徐老师组织全班同学参加讲座,共同学习,贯彻了集体教育和个别教育相结合原则。

⑤尊重信任学生与严格要求学生相结合的原则。在德育过程中,教育者既要尊重信任学生,又要对学生提出严格的要求,把严和爱有机地结合起来,使教育者的合理要求转化为学生的自觉行动。材料中,针对赵同学违反纪律偷带手机的行为,徐老师对她进行了批评教育,体现了徐老师对学生的严格要求;但同时徐老师也肯定了赵同学带手机的初衷,并委以重任,体现了对学生的尊重信任。这一过程贯彻了尊重信任学生与严格要求学生相结合的原则。

⑥依靠积极因素、克服消极因素的原则。在德育工作中,教育者要善于依靠、发扬学生自身的积极因素,调动学生自我教育的积极性,克服消极因素,以达到长善救失的目的。材料中,徐老师充分发挥了赵同学喜欢拍照这一优点,对她进行教育,最终既增强了赵同学的纪律性,也提高了她学习的积极性。徐老师对赵同学的教育贯彻了依靠积极因素、克服消极因素的原则,取得了良好的效果。

(2)徐老师对赵同学的教育运用了以下德育方法:

①说服教育法。说服教育法是通过摆事实、讲道理,使学生提高认识、形成正确观点的方法。材料中,针对赵同学违反纪律偷带手机的行为,徐老师对她进行了批评教育,最终使赵同学认识到了自己的错误,运用了说服教育法。

②品德评价法。品德评价法是通过对学生品德进行肯定或否定的评价而予以激励或抑制,促使其品德健康形成和发展的德育方法。它包括奖励、惩罚、评比和操行评定等。材料中,徐老师对赵同学偷带、偷玩手机的行为进行了批评教育,运用了品德评价法。

③实际锻炼法。实际锻炼法是有目的地组织学生参加各种实际活动,使其在活动中锻炼思想,增长才干,培养优良的思想和行为习惯的德育方法。材料中,徐老师安排赵同学负责基地活动的拍照并且最终成功举办活动成果展,从而使赵同学的纪律性和学习的积极性都明显增强,这一过程运用了实际锻炼法。

第十章 班级管理与班主任工作

基础训练

一、单项选择题

1. A 【解析】提供角色学习条件,培养社会角色是班级组织的社会化功能之一。在班级组织中,每个学生都需要承担其服务者、管理者和被管理者的多重角色,为他们的角色学习提供了多方面的条件。班级教学过程中的师生交往和小组学习中的伙伴交往,以及集体生活的多种多样的教育情境,为学生积累交往经验、学习变换角色、提高担当角色的能力,提供了锻炼和体验的机会和条件。题干中小李同学的一系列变化是其社会化的表现,体现了班级对学生社会化的影响。

2. D 【解析】班级管理的功能包括:(1)有助于实现教学目标,提高学习效率——主要功能;(2)有助于维持班级秩序,形成良好的班风——基本功能;(3)有助于锻炼学生能力,学会自治自理——重要功能。所以答案选D项。

方法技巧:考生在复习这三个功能时,可以采取关键词记忆法,如:主要功能对应"教学目标""学习效率",基本功能对应"班级秩序""班风",重要功能对应"自治自理"。

3. C 【解析】教师在进行班级管理时,要多发现学生的优点,以达到长善救失的效果。鼓励学生相互找缺点会伤害某些学生的自尊心,不利于学生健康发展。

4. B 【解析】班级管理的模式有班级常规管理、班级平行管理、班级民主管理和班级目标管理。

5. C 【解析】学生的发展是班级管理的核心。现代班级管理强调以学生为核心,建立一套能够持久地激发学生主动性、积极性的管理机制,确保学生的持久发展。

6. A 【解析】交往是班级人际关系形成和发展的重要手段。

7. C 【解析】正确的舆论和良好的班风是班集体形成的重要标志。

8. B 【解析】班级平行管理是指班主任既通过对集体的管理去间接影响个人,又通过对个人的直接管理去影响集体,从而把对集体和个人的管理结合起来的管理方式。肖老师使用的班级管理模式为平行管理。

9. D 【解析】文艺复兴时期的著名教育家埃拉斯莫斯最先提出"班级"一词。

易错警示:最早提出班级授课制的人物与最早提出"班级"一词的人物是易混知识点,考生在复习过程中可结合以下内容进行识记:
最早提出班级授课制——夸美纽斯;
最早提出"班级"一词——埃拉斯莫斯。

10. A 【解析】采用民主型领导方式的班主任比较善于倾听学生的意见,不以直接的方式管理班级,而是以间接的方式引导学生。

11. C 【解析】学生操行评语的基本写法:(1)谈心式;(2)描述性;(3)过程性;(4)情感性。

12. C 【解析】班级平行管理的理论源于马卡连柯的"平行影响"的教育思想。

13. A 【解析】有利于教育的原则是班级组织建立的一条首要的原则。当其他的原则与其发生冲突的时候,其他原则都必须无条件地服从这一原则。

14. D 【解析】班主任是联系各科任课教师的纽带,是学校班级间互相联系的纽带,同时也是沟通学校与家庭、社会各方面教育力量的桥梁。

15. C 【解析】本题考查班主任了解和研究学生的方法。观察法是班主任在自然条件下,充分运用自己的感官或者借助各种观察仪器,有计划、有目的地通过观察学生的行为表现而了解学生心态的一种方法。这种方法是了解学生最基本的方法。

16. C 【解析】班级组织的个体化功能主要表现在:(1)促进发展的功能;(2)满足需求的功能;(3)诊断功能;(4)矫正功能。A、B、D三项属于班级组织的社会化功能。

17. D 【解析】班集体舆论是班集体生活与成员意愿的反映。

18. A 【解析】班主任通过与学生面对面谈话来深入了解学生情况的基本方法是谈话法。

19. A 【解析】建立学生档案一般分四个环节:收集—整理—鉴定—保管。

20. A 【解析】本题考查班主任工作的内容。班主任要调查研究、全面了解学生。要从学生特点和思想实际出发,进行工作和教学活动。讲究思想教育工作的科学性、针对性、实效性。班主任工作实践也反复证明:班主任要想把工作做好,就必须经常及时全面地了解学生,研究学生,这是班主任探求工作规律与特点的主要途径,也是使班主任工作具有科学性、针对性、实效性的基础。

21. A 【解析】明确的共同目标是班集体形成的基础。

22. C 【解析】对个别学生的教育要同对集体的教育结合起来,两者相辅相成,共同发展。

23. B 【解析】协调各方面教育影响包括加强学校与家庭之间的相互联系。学校可以通过与家庭相互访问、建立通讯联系、定时举行家长会、组织家长委员会、举办家长学校等途径加强与家庭之间的

联系。依据题干描述可选B项。

24. B 【解析】班级管理的对象是班级中的各种管理资源,而主要对象是学生,班级管理主要是对学生的管理。

25. D 【解析】本题考查班级管理方式。一般地说,在班级管理中存在三种风格类型的班主任:专制型、放任型和民主型。专制型的班主任喜欢学生听命于自己,他的话就是指示、命令,对不服从者动辄发怒、批评、威吓和谩骂。在专制型班主任管理的班级中,竞争替代了合作。班级成员为了获得班主任的器重而展开竞争,由此导致一些班级管理的负面结果。所谓的"好学生",学习不再是为了获得学习的喜悦,而是一心为了博得班主任的器重和在班级中的地位,生怕自己被视为劣等生,被人瞧不起。故导致题干现象产生的班级管理方式是专制型。放任型的班主任主张无为而治,而真正的动机是不愿意负责任,在这样的班级中,班主任与学生、学生与学生之间不过是物理空间上的集聚,在精神上则完全是疏远的、离散的。民主型的班主任赞同自己与学生作为一个人是完全平等的,他们善于倾听学生的批评,并且积极地采纳学生的合理化建议。班级能够形成一个充分自觉维护规则的氛围,使每一个学生都能把自己身上最美好的品质展示出来,体验成功和快乐。

26. A 【解析】班级管理是一种有目的、有计划、有步骤的社会活动,这一活动的根本目的是实现教育目的,使学生得到充分的、全面的发展。

27. A 【解析】教师在班集体的组建阶段,就应着手班集体的正常秩序的建立工作,特别是当接到一个教育基础较差的班级时,首先就要做好这项工作。

28. B 【解析】目标管理是由美国管理学家德鲁克提出来的。

29. C 【解析】班级民主管理是指班级成员在服从班集体的正确决定和承担责任的前提下参与班级全程管理的一种管理方式。班级民主管理的实质是在班级管理的全过程中,调动学生自我教育的力量,使人人都积极主动地参与班级事务。题干中班主任让学生轮流当班长的干部轮换制度就属于实行班级民主管理的方式之一。

30. C 【解析】了解和研究学生是班主任工作的前提和基础。

31. B 【解析】情感式评语是着眼于学生现有行为与以往行为的比较,以及行为改进的可能,从教师期待的角度对学生的行为所进行的描述。情感式评语一般采用第二人称。

32. A 【解析】本题考查班主任工作的任务。对学生进行思想品德教育是班主任的工作重点和经常性的工作。

33. A 【解析】本题考查班级管理。班级制度的管理是班级管理的基础和前提,也是维护正常教育教学活动的保证。A项错误。

34. B 【解析】自主参与原则是指班级成员参与管理,发挥其主体作用。班级的各种组织机构的干部成员都应该由学生民主选举产生,并授予他们进行管理的权利,不能随便干预。当他们遇到困难时,要帮助解决,但不要代替。这也就是我们通常所说的"班干部能做的班主任不做,学生能做的班干部不做"。

35. A 【解析】"集体中心"的领导方式视集体为管理主体,主张信赖而不是怀疑集体,用集体领导的手段管理班级,将班级作为教育的对象。题干所述体现了"集体中心"的领导方式的观点。

36. A 【解析】组织主题班会一般要经过四个阶段:(1)确定主题;(2)精心准备;(3)具体实施;(4)总结深化。

37. A 【解析】题干引用的俗语都强调了团结的重要性,故选A项。

38. D 【解析】本题考查偶发事件的处理原则。偶发事件处理原则中的冷处理原则是指,对于有些偶发事件,班主任不应急于表态,急于下结论,而应冷静地观察,待把问题的来龙去脉弄清楚,再去处理。

39. A 【解析】过程式评语反映学生的成长过程,既看过去和现在,还要预示未来。题干所述内容即过程式评语。

40. B 【解析】本题考查班主任工作的首要任务。班集体不仅是学校进行教育教学活动的基本单位,还是学生成长的摇篮、活动的基地、自我教育的课堂。因此,每个班主任在接手一个班级后,都把组织建立班集体作为自己工作的首要任务。本题答案选B项。

41. A 【解析】班级常规管理是指通过制定和执行规章制度来管理班级的经常性活动。遵守班级规章制度是对每个学生的基本要求,也是每个学生必须履行的基本义务和职责。题干所述体现出王老师的班级管理模式属于班级常规管理。

42. D 【解析】主题班会是班级活动的主要形式。

43. A 【解析】本题考查班主任的概念。教育部印发的《中小学班主任工作规定》指出:"班主任是中小学日常思想道德教育和学生管理工作的主要实施者,是中小学生健康成长的引领者,班主任要努力成为中小学生的人生导师。"故本题选A项。

44. A 【解析】班级目标管理是指班主任与学生共同

确定班级总体目标,然后转化为小组目标和个人目标,使其与班级总体目标融为一体,形成目标体系,以此推动班级管理活动,实现班级目标的管理方法。

45. C 【解析】本题考查班级的概念。班级是学校对学生进行日常管理、思想道德教育和组织教学活动的基本单位。

46. C 【解析】本题考查班干部的培养。对于班干部的培养,应注意做到:(1)严格要求;(2)尊重和信任班干部,树立他们的威信;(3)积极予以指导,注意传授工作方法。故本题选C项。

47. C 【解析】班级的诊断功能指学生置身于班级组织中时,其人格及能力上的特点、差异以及不足就会显现出来。在班级开展的各项活动中,每一个成员都会通过自己和他人的表现以及所获得的评价,判断其表现的优势与不足。特别是在班级组织有团体要求时,学生违反这种要求的倾向将会显现无遗。这些问题的暴露,为班主任或教师开展有针对性的教育、引导矫正学生的不良倾向创造了有利条件。

48. D 【解析】本题考查班级管理的基本原则。班级管理的基本原则有:尊重学生原则、民主性原则、方向性原则、规范性原则、适度性原则、主体性原则、整体性原则、科学性原则、实效性与效率性相结合原则。其中,适度性原则是指应把握好班级管理的度,既不能太宽也不能太紧。

49. B 【解析】实行班级民主管理要求建立班级民主管理制度,如干部轮换制度、定期评议制度、值日生制度、值周生制度、民主教育活动制度等。A、C、D项均属于民主管理方式。B项属于班级常规管理的要求。

易错警示:考生一般看到题干中的"制"字,就会将其归属为规章制度方面的内容,进而认为是常规管理。这里需要考生注意的是,并不是所有涉及"制度"的题目都选择班级常规管理。班级常规管理与班级民主管理在建立制度这一点上有重叠之处(如两者均提到了值日生制度)。故考生在做题时,要注意区分,灵活应对。

二、多项选择题

1. ABD 【解析】班主任的领导方式一般可以分为三种类型:权威型、民主型、放任型。

2. ABD 【解析】虽然学生的主要任务是学习,但是学生需要在德智体美等方面全面发展,学生也需要适当参加课外活动,所以C项错误。

3. ABD 【解析】班会一般有三类,即常规班会、生活班会和主题班会。

4. BC 【解析】对于后进生的教育,班主任应关心爱护他们,尊重他们的人格。题干中的班主任的做法严重伤害了这些后进生的自尊心,是一种不公平的做法。

5. ABD 【解析】对于先进生的教育,教师要注意:(1)严格要求,防止自满;(2)不断激励,弥补挫折;(3)消除嫉妒,公平竞争;(4)发挥优势,全班进步。培养和激发学生动机是教师对后进生进行教育时应注意的问题。

6. ABCD 【解析】操行评定的一般步骤是:学生自评、小组评议、班主任评价、信息反馈。

7. BCD 【解析】本题考查班级组织建设相关知识。所谓班级组织建设,主要是班级岗位角色的分配与运作。传统的班级角色分配制度对学生及班级的发展有负面作用,班级组织建设主要从两方面着手改变这种状态:(1)丰富班级管理角色。(2)形成班级管理角色的动态分配制度。在角色动态分配建设方面,动态变化的班级角色分配制度的建设大体上可以分为两大阶段:第一阶段是建立班级制度,初步形成班级岗位管理制度;第二阶段是岗位轮换,岗位轮换分两大类:一类是班级小干部的岗位转换,一类是其他各项岗位的轮换。故B、C、D项措施孙老师均可采取。

8. ABCD 【解析】班主任在了解了丽丽后,有针对性地对丽丽进行教育,取得了良好效果,说明了解和研究学生是班主任工作的前提,A项正确;班主任通过课堂和主题班会对学生进行教育,又任命丽丽为生活委员,后来丽丽认识到了"我"与班集体的密切关系,这体现了集体教育与个别教育是紧密联系的,B项正确;材料中班主任进行教育的方式是多种多样的,C项正确;吴老师借助课堂以及主题班会等,给学生讲解"同学之间友爱互助"的例子和道理,这体现了主题班会是班级活动的主要形式,故D项正确。

9. AD 【解析】班主任在班级管理中的影响力主要表现在两个方面:(1)班主任的权威、权力和地位,这些构成班主任的职权影响力;(2)班主任的个性特征与人格魅力,这些构成班主任的个性影响力。

10. ABCD 【解析】本题考查班级管理的内容。班级管理的内容包括:(1)班级组织建设;(2)班级制度管理;(3)班级教学管理;(4)班级活动管理。

三、判断选择题

1. A 【解析】班主任做好操行评定的前提就是要深入地了解学生。

2. B 【解析】本题考查班级管理。班级管理是一种组织活动过程,它体现了教师与学生之间的双向活动,是一种互动的关系。

3. B 【解析】本题考查班级制度管理的相关内容。

每一个班级都应遵守和服从规章制度，这是衡量和评价班级工作的基本标准。每个学生在群体中生活也必须有基本的规范，表现为角色意识、公众意识、责任感和义务感。

4. B 【解析】班主任做好个别教育工作，包括做好先进生的教育工作、中等生的教育工作和后进生的教育工作。

易错警示：考生在理解该知识点时，需要把握"个别教育工作"是根据学生的个别差异而对全体学生进行不同的教育，而非针对个别学生或部分学生进行的教育。

5. B 【解析】班级民主管理是指班级成员在服从班集体的正确决定和承担责任的前提下参与班级全程管理的一种管理方式，并不是凡事都要与学生商量。

6. B 【解析】班级管理的教管结合原则是指把班级的教育工作和对班级的管理工作辩证地统一起来。自主参与原则是指班级成员参与管理，发挥其主体作用。

方法技巧：班级管理的自主参与原则与教管结合原则是容易混淆的概念。考生可参考以下内容来理解这两个概念：自主参与原则强调的是"自主"，强调发挥班级成员的主体作用；教管结合原则可简单理解为"教育+管理"。

四、填空题

1. 观察法
2. 班级平行管理
3. 人生导师

五、判断分析题

1. 赵老师在团队管理中经常征求学生的想法，鼓励学生参与团队活动方案的制定，让学生学会自主管理。赵老师的管理风格属于放任型。对此你觉得是否正确，请用教育学知识说明理由。

(1)这种说法是不正确的。(2)放任型管理风格的教师给予学生充分的自由，事事让学生做决定，在班级管理中没有担负起应有的指导和引领的职责，有可能使班级变得较为松散，缺少班集体应有的精神风貌和秩序，从而使班级失去活力。民主型管理风格的教师在平等的思想基础上与学生进行沟通，在班级管理中征求学生的想法，鼓励学生参与班集体建设目标和活动方案的制定，给予学生较多的自主管理空间。由题干表述可知，赵老师的管理风格属于民主型。

2. 班主任应当选拔学生成绩中的佼佼者作为班干部。对此你觉得是否正确，请用教育学知识说明理由。

(1)这种说法是不正确的。(2)班主任选拔班干部不能以学生的成绩作为选拔标准，选拔班干部时要综合考虑以下因素：一是德才兼备、全面发展；二是关心集体，有一定的组织管理能力；三是情商发展比较好，在学生中有一定的影响力、感召力和凝聚力；四是有较强的自制力，能严于律己、以身作则和率先垂范。

3. 学生不仅是班级管理的对象，也是班级管理的参与者。对此你觉得是否正确，请用教育学知识说明理由。

(1)这种说法是正确的。(2)学生不仅是班级管理的对象，更重要的是班级管理的参与者。所以，在班级管理中，一方面教育行政部门、学校和教师要承担起应尽的职责；另一方面又要引导学生开展自我管理和参与管理。在某种意义上说，让学生学会自我管理和参与管理，是班级管理的重要目标，表明达到"管是为了不管"的最高境界。所以题干表述正确。

六、简答题(参考答案)

1. 简述偶发事件处理的原则。

(1)教育性原则；(2)客观性原则；(3)有效性原则；(4)可接受性原则；(5)冷处理原则。

2. 对于中等生的教育，班主任应注意哪些问题？

(1)班主任要重视中等生的教育，既要抓两头，也要抓中间，努力使中间因素向积极的方面转化，实现班级工作的良性循环；(2)根据中等生的不同特点有的放矢地进行个别教育。

3. 简述班主任的职责与任务。

2009年教育部颁发的《中小学班主任工作规定》第三章中规定了班主任的职责与任务。具体内容如下：

(1)全面了解班级内每一个学生，深入分析学生思想、心理、学习、生活状况。关心爱护全体学生，平等对待每一个学生，尊重学生人格。采取多种方式与学生沟通，有针对性地进行思想道德教育，促进学生德智体美全面发展。

(2)认真做好班级的日常管理工作，维护班级良好秩序，培养学生的规则意识、责任意识和集体荣誉感，营造民主和谐、团结互助、健康向上的集体氛围。指导班委会和团队工作。

(3)组织、指导开展班会、团队会(日)、文体娱乐、社会实践、春(秋)游等形式多样的班级活动，注重调动学生的积极性和主动性，并做好安全防护工作。

(4)组织做好学生的综合素质评价工作，指导学生认真记载成长记录，实事求是地评定学生操行，向学校提出奖惩建议。

(5)经常与任课教师和其他教职员工沟通，主动与学生家长、学生所在社区联系，努力形成教育合力。

4. 班集体的教育作用有哪些？

(1)有利于形成学生的群体意识；(2)有利于培养学

生的社会交往与适应能力;(3)有利于训练学生的自我教育能力。

5. 简述良好班集体的形成与培养。

(1)确定班集体的发展目标;(2)建立得力的班集体核心;(3)建立班集体的正常秩序;(4)组织形式多样的教育活动;(5)培养正确的舆论和良好的班风。

6. 简述班主任工作的内容。

(1)了解和研究学生;(2)有效地组织和培养优秀班集体;(3)组织课外、校外活动和指导课余生活;(4)协调校内外各种教育力量;(5)学习指导、学习活动管理和生活指导、生活管理;(6)建立学生档案;(7)操行评定;(8)班主任工作计划与总结;(9)个别教育工作;(10)班会活动的组织;(11)偶发事件的处理。

七、论述题(参考答案)

试述班主任了解学生的方法。

班主任了解和研究学生的要求是全面、经常和及时。其具体方法如下:

(1)观察法,即在自然条件下,有目的、有计划地对学生的各种行为表现进行观察。这是班主任了解、研究学生的最基本方法。

(2)谈话法,指班主任通过与学生面对面谈话来深入了解学生情况的基本方法。具有灵活、方便、容易了解事情细节、有利于感情沟通等特点。

(3)调查法,即通过对学生本人或知情者的调查访问,从侧面间接地了解学生,包括问卷、座谈等。通过这种方法可获得大量第一手材料,反映的问题比较深刻全面。

(4)书面材料分析法,即借助学生的成绩表、作业、日记等书面材料对学生进行了解的方法。这是了解学生基本情况最简易的方法。

八、案例分析题(参考答案)

1. (1)举行主题班会,培养正确的班级舆论。通过举行“走近医护人员”主题班会,让学生了解到医护人员的光荣和伟大,鼓励学生学习医护人员不畏艰难的优秀品质。同时,发挥民主让学生进行自我教育,开展批评与自我批评,使学生认识到自己的错误。

(2)通过组织各种活动,促进正确舆论的形成。开展为医护人员送温暖活动或其他志愿者活动,让学生们在活动中提高认识,自觉处理集体舆论和自我思想斗争的关系。

(3)结合班级学生的实际,及时进行批评和表扬。对于班级中出现的好的典型,及时进行表扬和鼓励,对于表现较差的学生,要以正面教育为主,引导他们积极向上。

(4)充分发挥班干部的带头作用,通过集体的力量来对个别学生进行教育,引导整个班级的舆论走向。

(5)发挥榜样作用。树立“疫情中的英雄”榜样,利用榜样的力量对学生进行教育,从而引导正确的班级舆论。

(6)个别学生要个别引导。对于个别表现较差的学生,应该分析原因,对症下药,用爱心、耐心、热情感化教育他们,并将这项工作作为一项长期的任务,逐步提高这类学生的思想觉悟。

2. “破窗效应”启示我们,班级管理工作要始终遵循“教育无小事”的原则,警惕在班级中产生“破窗效应”,让一切隐患消灭于萌芽状态。

(1)应该在班级中建立起一整套行之有效的规章制度,使学生有制度可依,有制度必依。

(2)要充分重视班级的各种“第一”,通过好的开端为教育教学的顺利实施奠定基础。有了平时的预防,“破窗效应”就没有了可乘之机。

(3)对学生的错误行为要及时制止,处理要到位。教育一旦错过了学生认识的兴奋点,就很难再在学生心中引起共鸣,说多了反而会引起学生的逆反心理。

3. (1)①面对案例中像小林这样的学生,班主任应对其进行个别教育,做好后进生的转化工作。首先,关心爱护后进生,尊重他们的人格;其次,培养和激发其学习动机,发现其“闪光点”并及时表扬;最后,常抓不懈,持之以恒。

②像案例中小林这样的学生,其归属与爱的需要、尊重的需要没有得到满足,班主任应该尊重、关心、爱护他们,尽量满足其归属与爱的需要、尊重的需要,进而提高其学习积极性。

③针对像小林这样的学生,班主任也应调整这些处境不利儿童在集体中的地位,例如,可通过训练提高他们的社交认识,纠正他们的自我评价,培养他们进行社会交往的兴趣,改善他们的社交技能。

(2)①班主任可以围绕目标制订切实可行的行为计划,包括总目标与阶段目标、实现目标所使用的各种方法、所使用的强化物及强化物发放的时间表、奖励或惩罚的措施等。

②培养学生按时独立完成作业的习惯。案例二中的学生不按时交作业,对此,班主任应和家长沟通交流,共同培养学生按时独立完成作业的习惯。

③班主任应遵循针对性原则,让学生在不知不觉中改变习惯。例如,案例中班上那几位学生好几天没交作业,班主任要去了解他们为什么不交作业,是不会做,还是没有时间做?只有找到根源,才有可能帮助他们解决问题,改正不良习惯。

④采用惩罚法。班主任在帮助这些学生时,针对他

们迟到、不交作业等情况，适当采取惩罚的方法，如警告等，以此来帮助他们形成良好的学习习惯。

4. (1)①在教育教学过程中，师生之间产生矛盾在所难免，教师要善于驾驭自己的情绪，冷静全面地分析矛盾，解决问题。案例中的王老师面对黑板上学生的恶作剧，由一开始的怒火中烧到后来夸赞学生的画画天赋，说明王老师能够控制自己的情绪，避免不良情绪对课堂氛围产生影响。②案例中的王老师认出恶作剧者后，并没有戳穿他，不仅顾及了学生的尊严，也成功地暗示了学生这种做法的欠妥性。从偶发事件处理的过程来看，王老师能够沉着冷静面对，并机智果断应对，还能够公正民主处理。这表明王老师处理偶发事件的能力很强，能够时刻秉承教育性原则去育人。这是值得我们去学习的。
(2)①严肃纪律，从严治班。制定班规是实施班级管理的第一步。当然，学生的纪律意识不强，这就需要班主任多加强调，让学生意识到遵守纪律的重要性。引导学生一起制定本班的班规，达成共识。
②正确引导班级舆论，营造良好氛围。在班级中形成扶持正气、伸张正义、制止错误思想、阻止不道德现象的集体舆论，以此感染和约束全班同学。
③培养优秀的班干部队伍。班干部是班主任的得力助手，他们能将学生的心声传达给班主任，也能将老师的意愿传达给学生。班干部的带头作用，对良好班风的形成、纪律的养成具有很大作用。
④开好班会，对学生进行思想教育。班主任应利用好班会时间，针对学生一段时间内在学习上、生活上、纪律上出现的问题与学生进行讨论，并提出解决问题的办法，端正学生的思想。
⑤班主任应以身作则，真诚地关心和爱护学生。学生的模仿能力很强，教师自然成为他们模仿的对象，所以，教师只有以身作则，为学生树立良好的榜样，才能引导学生养成良好的行为习惯。

真题精解

一、单项选择题

1. C 【解析】题干中“没有规矩，不成方圆”意为：做任何事都要有一定的规矩、规则，否则就无法成功。班集体的正常秩序是维持和控制学生在校生活的基本条件，是教师开展工作的重要保证。建立健全必要的班级规则就是为班级“立规矩”，建立正常的班集体秩序，以保证教师顺利开展工作。
2. D 【解析】组织和培养优秀班集体是班主任工作的中心环节。
3. A 【解析】操行评定是以教育目的为指导思想，以“学生守则”为基本依据，对学生一个学期内在学习、劳动、生活、品行等方面的小结与评价。题干所述符合操行评定的内涵。
4. A 【解析】非正式组织是源于班级组织的个人属性层面的人际关系，是学生在共同的学习与活动中基于成员间的需求、能力、特点的不同，从个人的好感出发而自然形成的。学生的非正式组织有四种类型：(1)积极型；(2)娱乐型；(3)消极型；(4)破坏型。其中，积极型非正式群体的价值目标与班级正式群体的价值目标是一致的，是班级正式群体的补充。例如，学生们自发组织的文艺活动小组、公益活动小组、体育活动小组等。因此，题干中学生自发组建的环保公益活动小组属于积极型非正式组织。

二、多项选择题

ABC 【解析】为了处理好偶发事件，做好肇事者的个别教育工作，班主任首先要遇事冷静、沉着、慎重；其次要注意弄清事情的真相，情节的轻重，产生的根源和造成的后果，经过认真研究才能做出处理，而不可偏听偏信，在没有掌握全面情况之前就匆忙简单地下结论；再次要重教育，启发引导学生认识错误，改过自新。批评与处分只能作为教育学生的辅助手段，如果企图借机整人、惩罚和压制学生，那么既不可能妥善解决问题，也无助于教育学生。故本题选A、B、C三项，D项说法错误。

三、填空题

1. 操行
2. 个别教育工作
3. 核心(核心队伍)
4. 平行

四、判断分析题

班主任工作内容中的个别教育，实质上是对少数学生的教育。对此你觉得是否正确，请用教育学知识说明理由。

(1)这种说法是不正确的。(2)班主任的个别教育工作包括做好先进生的教育工作、中等生的教育工作和后进生的教育工作。它是指根据学生的个别差异，进行有针对性的个别教育，目的是使每个学生都得到发展。故把个别教育理解为对少数学生的教育的观点是错误的。

五、案例分析题(参考答案)

该班级存在的问题主要有：(1)缺少共同的奋斗目标。该班的班干部都是通过抽签产生的，也没有讨论过班级的愿景表明该班级缺乏共同的奋斗目标。(2)未建立得力的班集体核心。个别班干部在向原班主任反映问题时，该班主任告诫班干部“别管那么多”，表明教师缺乏培养积极分子的意向。(3)没有建立班集体的正常秩序。该班纪律松散，时常有同学迟到，课堂上也总有人交头接耳体现了这一点。(4)未能有效组织形式多样的教育活动。在该班级组织的活

动中，学生参与度不高；在校卫生评比中，该班又屡屡落后，表明其组织活动的效果较差。(5)没有形成正确的舆论和良好的班风。学生在发现林某的"秘密"后，疏远林某，同学之间起绰号的风气盛行说明该班级并没形成正确的舆论和良好的班风。

建议：(1)结合班级具体情况制定共同的奋斗目标，充分调动班级成员的积极性，使实现目标的过程成为教育与自我教育的过程；(2)深入了解学生，发现和培养积极分子，建立得力的班集体核心；(3)着手正常秩序的建立工作，保证教学活动的顺利进行；(4)在组织各种教育活动时，明确目的和要求，精心设计内容，注意形式的适龄化，调动起学生参与的积极性，使活动的开展过程变成教育过程；(5)引导班级舆论方向，使学生具有正确的是非观念，培养正确的舆论和良好的班风。

第十一章 教育科学研究

基础训练

一、单项选择题

1. D 【解析】叙事研究是抓住人类经验的故事性特征进行研究并用故事的形式呈现研究结果的一种研究方式。它所关注的是在一定的场景和实践中所发生的故事，以及主人公是如何思考、筹划、应对、感受、理解这些故事的。即教育主体叙述教育教学中的真实情境的过程，是通过讲述教育故事，体悟教育真谛的一种研究方法。题干中，李老师通过记录自己的教育教学过程和事例，对自己的教学实践进行反思和改进的方法属于叙事研究法。

2. D 【解析】教育研究的最终目的是改进教育现状，促进教育发展。

3. A 【解析】本题考查教育研究方法。个案研究法是当今教育研究中运用广泛的定性研究方法，也是描述性研究和实地调查的一种具体方法。其任务是揭示研究对象形成、变化的特点和规律，以及影响个案发展变化的各种因素，并提出相应的对策。刘老师希望以小丁为切入点，对该类有特殊需要的学生分别进行为期一年的研究，这种研究方法是个案研究法。

4. B 【解析】教师提高教学研究技能的途径包括阅读、合作、行动研究。

易错警示：考生易混淆教师提高教学研究技能的途径与新课程倡导的学习方式。教师提高教学研究技能的途径有：阅读、合作、行动研究。新课程倡导的学习方式是：自主学习、合作学习、探究学习。因二者都包含"合作"，且"自主、合作、探究"在考试过程中出现的频率较高，故考生会误选。对此，考生应将新课程倡导的学习方式与教师提高教学研究技能的途径区分清楚。

5. B 【解析】质性研究法是基于经验和直觉的研究方法，以研究者本人作为研究工具，凭借研究者自身的洞察力，在与研究对象的互动中理解和解释其行为和意义建构。题干所述为质性研究法的内涵。

6. B 【解析】邓老师的研究课题来源于他自己在工作中发现的教学问题以及进行的教学方法改革，即教育实践。

7. B 【解析】本题考查教育研究方法。调查研究法是在教育理论指导下，通过运用观察、列表、问卷、访谈、个案研究及测验等方式，收集教育问题的资料，从而对教育的现状做出科学分析，并提出具体工作建议的一整套实践活动。

8. A 【解析】在教育研究过程中，文献检索是必不可少的步骤，它贯穿研究的全过程。

9. C 【解析】实验研究的目的是发现事物间的因果关系，是各类研究中唯一能确定因果关系的研究。

10. B 【解析】本题考查教育研究方法。谈话法(口头访问)是调查法的一种，是研究者根据研究的问题，通过与教师、学生、学校领导或学生家长等人的谈话，了解研究问题的产生原因和历史情况，以及他们对问题的看法和态度。因此，本题答案选B项。行动研究是指实际工作者(如教师)基于解决实际问题的需要，与专家、学者及本单位的成员共同合作，将实际问题作为研究的主题，进行系统的研究，以解决实际问题的一种研究方法。实验研究法是根据研究目的，运用一定的人为手段，主动干预或控制研究对象的发生、发展过程，通过观察、测量、比较等方式探索、验证所研究现象因果关系的研究方法。历史研究是以系统方式收集、整理教育现象发生、发展和演变的史料，诠释理解史料及事件关系的方法。

11. C 【解析】在一般情况下，教育科学研究报告的标题不超过20字。标题的简洁不仅不会影响内容的表述，而且正是深刻、准确、有力表述内容所需要的。

12. C 【解析】个案研究法是当今教育研究中运用广泛的定性研究方法，也是描述性研究和实地调查的一种具体方法。故选C项。

13. A 【解析】教师教育叙事的主要目的，是借所"叙"之"事"来反思自己的教育教学活动，并通过反思来改进自己的教育教学行为，以提高教育教学质量、提升自己的专业发展水平。从这个意义上来说，教师教育叙事的过程就是教师反思的过程，就是教师对自己经历过的看似平凡的教育事件进行重新咀嚼、回味和审视，从而发现不平凡的

教育意义的过程。因此,教师的教育叙事具有强烈的反思性。故本题选A项。

14. A 【解析】教育叙事研究是抓住人类经验的故事性特征进行研究并用故事的形式呈现研究结果的一种研究方式。题干的描述体现了叙事研究法的内涵。

15. D 【解析】行动研究的基本过程大致分为循序渐进的四个环节,即计划、行动、考察和反思。

16. B 【解析】实验研究法是根据研究目的,运用一定的人为手段,主动干预或控制研究对象的发生、发展过程,通过观察、测量、比较等方式探索、验证所研究现象因果关系的研究方法。题干所述内容体现了实验研究法的内涵。

17. B 【解析】按文献的处理、加工程度来分,可分为一次文献、二次文献、三次文献。

类型	概念	表现形式
一次文献	以作者本人的实践为依据而创作的原始文献,是直接记录事件经过、研究成果、新知识、新技术的文献	专著、论文、调查报告、档案材料等
二次文献	对原始文献加工、整理,使之系统、条理化的检索性文献	题录、书目、索引、提要和文摘等
三次文献	在利用二次文献的基础上对某个范围内的一次文献进行广泛深入的分析研究之后,综合浓缩而成的参考性文献	动态综述、专题述评、数据手册、年度百科大全以及专题研究报告等

"题录、书目、索引、提要和文摘"都属于二次文献,故本题答案选择B项。

方法技巧:考生错选多因混淆了一次文献、二次文献和三次文献的特点。考生在复习时,可抓住这三种文献的关键特征来识记。例如:一次文献强调作者原创,内容更具体;二次文献多具有检索功能;三次文献的综合性、浓缩性更高。

18. B 【解析】行动研究是指实际工作者(如教师)基于解决实际问题的需要,与专家、学者及本单位的成员共同合作,将实际问题作为研究的主题,进行系统的研究,以解决实际问题的一种研究方法。题干的描述体现了行动研究法的内涵。

19. A 【解析】调查研究法是在教育理论指导下,通过运用观察、列表、问卷、访谈、个案研究及测验等方式,收集教育问题的资料,从而对教育的现状做出科学分析,并提出具体工作建议的一整套实践活动。在教育调查研究中,常用的调查方法有查阅资料、问卷法、开调查会、访谈法和调查表法,其中最基本、使用最广泛的方法是问卷调查。题干中的研究方法属于调查研究法。

20. A 【解析】顺查法,即以课题研究发生的时间为起点,按事件发展的时序,由远及近地查找有关资料。题干描述的是顺查法的概念。

二、多项选择题

1. ABD 【解析】教育研究同所有的科学研究一样,由三个要素组成,即客观事实、科学理论和方法技术。

2. ABCD 【解析】本题考查教师进行研究的主要路径。教育日志是把反思这一单纯的内省活动外化的一种形式,通过撰写教育日志,教师可以及时、生动地再现教育教学活动中的各种欢乐与忧虑的事件,对自己的教育教学活动进行不断的分析、回顾、研究,以改进自己的教育教学活动,提高自身的反思能力。叙事研究是抓住人类经验的故事性特征进行研究并用故事的形式呈现研究结果的一种研究方式。教学反思是指教师以自己的教学活动为意识对象,对自己的教育理念、教学行为、决策以及由此所产生的结果进行认真的自我审视、评价、反馈、控制、调节、分析的过程。互动研讨是教研活动的一种形式。故选项所述均是教师进行研究的主要路径。

3. ABCD 【解析】教师进行教育教学研究有很多优势,这些优势主要有:(1)教师工作于真实的教育教学情境之中,最了解教学的困难、问题与需求,能及时清晰地知觉到问题的存在。(2)教师与学生的共同交往构成了教师的教育教学生活,因此教师能准确地从学生的学习中了解到自己教学的成效,了解到师生互动需要改进的方面,尤其是能从教育教学现场中、从学生的文件(如考卷、作业、作文、周记等)中获得第一手资料,这为研究提供了良好的条件。(3)实践性是教育教学研究的重要品性。教师是教育教学实践的主体,针对具体的、真实的问题所采取的变革尝试,能够在实践中得到检验,进而产生自己的知识,建构适合情境的教学理论。

4. ABD 【解析】本题考查教育研究的基本性质。教育研究的基本性质有:文化性、价值性和主体性。

5. AD 【解析】个案研究法的优点:它能生动地描述过程、形象地展示个案,这是定量统计难以做到的。个案研究法的局限:(1)研究结论的主观性较强;(2)常常会遇到伦理道德问题;(3)个案研究成果的推广性有限;(4)对研究人员的语言技能、洞察力有较高要求。

三、填空题

1. 教师
2. 研究论文
3. 预测研究
4. 问卷调查
5. 重点调查

四、简答题(参考答案)

1. 简述教育科学研究的基本过程。

(1)选择研究课题;(2)教育文献检索与综述;(3)制订研究计划;(4)教育研究资料的收集、整理与分析;(5)教育研究论文与报告的撰写。

2. 简述行动研究法的优缺点。

(1)行动研究法的优点:①灵活,能适时做出反馈与调整;②能将理论研究与实践问题结合起来;③对解决实际问题有效。

(2)行动研究法的缺点:①研究过程松散、随意,缺乏系统性,影响研究的可靠性;②研究样本受具体情境的限制,缺少控制,影响研究的代表性。

3. 简述行动研究法的特点。

教育行动研究的特点可以概括为"为教育行动而研究""在教育行动中研究""由教育行动者研究"。其中,"为教育行动而研究"指出了教育研究的目的,行动研究以提高行动质量、解决实际问题为首要目标;"在教育行动中研究"指出了研究的情境和研究的方式,行动研究以行动过程与研究过程的结合为主要表现形式;"由教育行动者研究"指出了教育行动研究的主体是实际工作者,主要是教师。

4. 简述教育科学研究的意义。

(1)探索教育规律,解决教育问题;(2)进行教育实验,创造研究成果;(3)促进教学质量提高和教师素质提高。

五、案例分析题(参考答案)

(1)观察法和访谈法。

(2)选择之一:行动研究法

理由如下:①在研究目的方面,教育实验研究侧重于因果关系或相关关系的探究,对理论研究更为适合;而对于李老师要探索新的教学策略这一实践性较强的研究目的来说,以改进实践为基本取向的教育行动研究更为适合。②在研究过程方面,教育实验要求严格的变量控制,难度较高;而教育行动研究在实际情境中进行,无需严格的变量控制,对李老师而言,相对简便易行。③在研究主体方面,教育实验中研究者与行动者的角色通常是分离的,而教育行动研究更强调行动者成为研究者,这对李老师的专业发展更有好处。

选择之二:实验研究法

理由如下:①在研究目的方面,教育行动研究追求教育实践的改进,而教育实验研究更侧重于因果关系的探究,更有利于李老师确证"扩展课外阅读"与"外来务工人员子女语文学习成绩"之间的因果关系。②在研究过程方面,教育行动研究强调在实际情境中进行,不做严格的变量控制,因而其研究过程的规范性和研究结果的代表性均不强;而教育实验研究要求对变量作适度控制,研究过程的规范性强,研究结果的普适性高,更有利于李老师研究成果的推广应用。③在研究主体方面,教育行动研究强调教师自己成为研究主体,受教师自身教育理论素养和研究视野的影响,研究有可能流于肤浅和零碎;而选择做实验,李老师的研究可以在学校科研顾问的指导下进行,这更有利于研究结果在理论上的概括提升和李老师教育理论水平的提高。

(考生选择其一进行阐述即可)

真题精解

单项选择题

1. B 【解析】选择研究课题是开展教育科学研究的第一个步骤。

2. D 【解析】题干所述内容体现了个案研究法的内涵。

3. B 【解析】行动研究是指在自然、真实的教育环境中,教育实际工作者按照一定的操作程序,综合运用多种研究方法与技术,以解决教育实际问题为首要目标的一种研究模式。理论研究是对复杂的教育问题的性质和相互关系从理论上加以分析和综合、抽象和概括,以发现其内在规律或一般性结论。历史研究涉及对过去发生事件的了解和解释。基础研究的主要目的在于发展和完善理论。(具体内容参看李锦宏著的《教科研修炼优秀教师专业成长之需》)

4. A 【解析】教育叙事研究是抓住人类经验的故事性特征进行研究并用故事的形式呈现研究结果的一种研究方式。案例研究是围绕某一研究对象或问题,通过系统地收集和整理资料,以获得对该对象或问题的整体性的认识与思考。叙事研究与案例研究的区别在于:虽然它们都以故事的形式呈现,但叙事研究叙述的只有一个完整的故事,是个案;而案例研究是教学的整合,可以在教育叙事的基础上,以某个核心主题为对象,选取若干个有典型意义的、多种角度的教学故事来进行研究、反思和讨论,是综案。题干所述更符合叙事研究的特点。故选A项。